신흥 무대의 미중 경쟁

정보세계정치학의 시각

이 저서는 2016년 대한민국 교육부와 한국연구재단의 지원을 받아 수행된 연구(NRF-2016S1A3A2924409)이며
2016~2017년도 서울대학교 국제문제연구소의 지원으로 연구를 수행했습니다.

이 도서의 국립중앙도서관 출판예정도서목록(CIP)은 서지정보유통지원시스템 홈페이지(http://seoji.nl.go.kr)와
국가자료공동목록시스템(http://www.nl.go.kr/kolisnet)에서 이용하실 수 있습니다.
(CIP제어번호: 양장 CIP2018023718 학생판 CIP2018023716)

서울대학교 국제문제연구소 총서 14

U.S.-China Competition in the Emerging Stage
: A Perspective of World Information Politics

신흥 무대의 미중 경쟁

정보세계정치학의 시각

하영선·김상배 엮음

한울
아카데미

차례

글쓴이(수록순)

하영선 / 동아시아연구원 이사장이며 서울대학교 명예교수이다. 서울대학교 외교학과에서 학사·석사 학위, 미국 워싱턴 대학교에서 국제정치학 박사학위를 받았다. 서울대학교 외교학과 교수(1980~2012)로 재직했으며 미국 프린스턴 대학교 국제문제연구소 초청연구원, 스웨덴 스톡홀름 국제평화연구소 초청연구원, 서울대학교 국제문제연구소장, 미국학 연구소장, 한국평화학회 회장을 역임했다. ≪조선일보≫와 ≪중앙일보≫에 "하영선 칼럼"을 7년간 연재했으며, 전파연구회, 정보세계정치연구회, 동아시아연구원 국가안보연구회, 한국외교사연구회 등을 이끌며 한국 국제정치학의 길을 개척해왔다.

김상배 / 서울대학교 정치외교학부 교수이다. 미국 인디애나 대학교에서 정치학 박사학위를 취득했다. 정보통신정책연구원(KISDI)에서 책임연구원으로 재직한 이력이 있다. 주 관심분야는 '정보혁명과 네트워크의 세계정치학'의 시각에서 본 권력변환과 국가변환 및 중견국 외교의 이론적 이슈와 사이버 안보와 디지털 경제 및 공공외교의 경험적 이슈 등이다.

조현석 / 서울과학기술대학교 행정학과 교수이다. 서울대학교 외교학과에서 정치학 박사학위를 취득했다. 전공분야는 국제정치경제와 국제정치이며 주 관심분야는 IT와 국제정치경제 및 신흥 군사안보이다. 최근 논문으로는 「빅데이터 시대 미국-EU간 개인정보보호 분쟁과 정보주권에 대한 함의」(≪21세기정치학회보≫, 2016), 「디지털 보호주의와 정책 대응」(≪평화학연구≫, 2017), 「미중 사이버 안보 협약 연구」(≪21세기정치학회보≫, 2017) 등이 있다.

배영자 / 건국대학교 정치외교학과 교수이다. 미국 노스캐롤라이나 대학교에서 정치학 박사학위를 취득했다. 과학기술정책연구원(STEPI)에서 부연구위원으로 재직한 이력이 있다. 주 관심분야는 과학기술과 국제정치, 과학기술외교, 국제정치경제 등이다.

전재성 / 서울대학교 정치외교학부 교수이다. 노스웨스턴 대학교에서 정치학 박사를 취득했다. 숙명여자대학교에서 조교수로 재직한 이력이 있다. 주 관심분야는 국제정치이론, 안보론, 국제정치사 등이다.

민병원／ 이화여자대학교 정치외교학과 교수이다. 미국 오하이오 주립대학교에서 정치학 박사학위를 취득한 후 서울과학기술대학교 IT정책대학원을 거쳤다. 주요 연구분야는 국제정치이론과 안보연구, 문화연구, 정보기술의 국제정치 등이다.

손열／ 연세대학교 국제학대학원 교수이다. 미국 시카고 대학교 정치학 박사학위를 취득한 후 중앙대학교를 거쳐 현직에 있으며 동아시아연구원장을 겸하고 있다. 주 전공은 일본과 동아시아 국제정치경제이며, 최근 저작으로 *Japan and Asia's Contested Order*(Palgrave-MacMillan, 2019), *Understanding Public Diplomacy in East Asia: Middle Powers in a Turbulent Region*(Palgrave-MacMillan, 2015)이 있다.

이승주／ 중앙대학교 정치국제학과 교수이다. 싱가포르 국립대학교 정치학과 교수와 연세대학교 국제관계학과 교수를 역임했다. 미국 캘리포니아 버클리 대학교에서 정치학 박사를 취득했으며 동 대학교의 버클리 APEC 스터디 센터에서 박사후과정을 역임했다. 주 관심분야는 동아시아 국제질서, 중견국 외교, 통상정책, 사이버 국제정치경제 등이다.

김치욱／ 울산대학교 국제관계학과 교수이다. 미국 텍사스 오스틴 대학교에서 정치학 석사 및 박사 학위를 취득했다. 세종연구소에 재직한 바 있으며, 주요 연구분야는 국제정치경제로서 「국제정치의 분석단위로서 중견국가」(2009), 「네트워크 이론으로 본 미-중 자유무역협정(FTA) 경쟁」(2012), "Building Multilateralism on Bilateralism"(2015), 「한국 국제정치경제(IPE)에 대한 언어네트워크 분석」(2017) 등을 저술했다.

이왕휘／ 아주대학교 정치외교학과 교수이다. 런던정경대학교(LSE)에서 동아시아 금융위기를 주제로 국제정치학 박사학위를 받았다. 중국의 경제적 부상이 동아시아와 국제정치에 미치는 영향을 연구하고 있다. 펴낸 책으로 『일대일로: 중국과 아시아』(공저, 2016) 등이 있고, 논문으로는 「세계금융위기 이후 미중 통화금융 패권 경쟁과 통화전쟁: 통화금융 책략의 관점」(2017), 「일대일로 구상의 지경학: 중아합작(中俄合作) 대 연아타중(連俄打中)」(2017) 등이 있다.

이신화 / 고려대학교 정치외교학과 교수이며 서울국제포럼 연구위원장을 맡고 있다. 미국 메릴랜드 주립대학교에서 국제정치학위를 취득한 이후 하버드대학교 국제관계연구원(CFIA) 박사후 연구원, 유엔 코피아난 사무총장 르완다독립조사위 특별자문관, 동아시아비전그룹(EAVG) 의장자문관, 컬럼비아대학교 정치학과와 SIPA 방문강의교수, 유엔사무총장 평화구축기금(PBF) 자문위원, MIT 국제문제연구원(CIS) 방문학자 등을 역임했다. 주요 연구분야는 다자안보협력, 외교정책, 동아시아국제관계, 국제기구, 인간안보 등이다.

구민교 / 서울대학교 행정대학원 교수이며 서울대학교 국제협력본부 본부장직을 수행하고 있다. 서울대학교 외교학과 및 행정대학원 졸업 후 미국 존스홉킨스 대학교에서 국제정치경제 석사학위를, UC 버클리에서 동아시아 영토분쟁을 주제로 정치학 박사학위를 취득했다. 이후 남가주대학교(USC) 박사후 연구원 및 전임강사, 연세대학교 행정학과 조교수로 근무했고 하버드-옌칭연구소 방문학자(2015~2016)를 역임했다. 연구 및 교육 관심분야는 동아시아 정치경제, 국제통상, 해양안보, 해양사, 해양법 등이다.

이동률 / 동덕여자대학교 중어중국학과 교수이다. 1996년 중국 베이징 대학교 국제관계학원에서 정치학 박사학위를 취득했다. 현재 현대중국학회장을 맡고 있다. 주요 연구분야는 중국의 대외관계, 중국의 영토 분쟁, 중국의 민족주의와 소수민족 등이다. 최근 연구로는 「시진핑 정부 '해양강국' 구상의 지경제학적 접근과 지정학적 딜레마」(≪국제정치논총≫, 2017), 「북핵 위기 대응의 '중국역할론'에 대한 비판적 평가와 대안 모색」(≪통일정책연구≫, 2017) 등이 있다.

최은실 / 서울대학교 정치외교학부 외교학 전공 박사과정 재학 중이다. 주요 연구분야는 국제정치, 국제정치이론, 국제규범 등이다. 최근 연구로는 「중견국 규범외교의 이론적 모색: 캐나다-스웨덴-브라질 대외전략의 함의」(2016), 「스웨덴 규범외교와 중견국 외교전략」(2014) 등이 있다.

송태은/ 서울대학교 국제문제연구소 선임연구원이다. 2016년 서울대학교에서 외교학 박사학위를 취득했다. 미국 캘리포니아 대학교 샌디에이고 캠퍼스에서 석사학위를, 성균관대학교에서 정치외교학과 학사학위를 취득했다. 주요 연구분야는 외교정책, 국제분쟁, 국제협상이며 세계여론 및 국내외 정치커뮤니케이션을 비롯하여 공공외교, 디지털 외교, 북한의 커뮤니케이션 전략 등 주로 세계정치의 커뮤니케이션 측면에 초점을 두고 연구하고 있다.

장기영/ 서울대학교 국제문제연구소 선임연구원이다. 서울대학교 동양사학과 및 외교학과 대학원 졸업 후 미국 노스캐롤라이나 주립대학교에서 정치학 석사학위를 받았고, 미국 메릴랜드 주립대학교에서 분쟁당사자들의 협상전략과 상대적 힘의 균형에 대한 인식 및 정부의 평판이 내전종결에 미치는 영향에 대한 주제로 박사학위를 받았다. 박사학위 이후에는 미국 노틀담 대학교에서 박사후 연구원으로 일했다. 연구 및 교육 관심분야는 국제정치이론(협상이론), 테러리즘 및 내전, 투표행태, 동아시아 국제정치 등이다.

유재광/ 중앙대학교 국익연구소 선임연구원이다. 미국 오하이오 주립대학교에서 국제정치학 박사학위를 취득했다. 주요 연구분야는 국제 라이벌리, 동아시아 국제정치, 남북한 관계, 외교정책 분석 등이다.

이 책은 2019년 봄에 20주년을 맞는 〈정보세계정치연구회〉(이하 〈정세연〉)에서 지난 2년여 동안 진행했던 협업의 결과물이다. 정보화와 사이버 공간, 네트워크 지식국가, 동아시아 지식질서, 소프트파워와 21세기 권력, 네트워크 세계정치, 복합 세계정치 등을 화두로 던졌던 공부모임 활동의 연속선상에서 일곱 번째로 내놓은 작업이다. 사실 지난 20여 년간 〈정세연〉의 공부는 이들 작업을 기둥 삼아 여러 갈래로 가지를 쳐서 이제는 어엿이 '정보세계정치학'이라는 작은 분과의 간판을 국내 국제정치학계의 대문 앞에 내걸게 되었다고 자평해본다. 이번 일곱 번째 작업에서 17명의 필자가 정보세계정치학의 시각을 바탕으로 학계에 던지려는 화두는 '신흥 무대의 미중 경쟁'이다.

정보세계정치학의 시각에서 볼 때, 신흥 무대라 함은 군사력과 경제력을 기반으로 했던 기성 국제정치 무대의 지평을 넘어서, 새로운 권력무대로서 부상하고 있는 기술, 정보, 지식, 문화, 커뮤니케이션 등의 영역을 지칭한다. 이른바 정보통신혁명 또는 4차 산업혁명의 전개를 바탕으로 새로이 부상하는 세계정치의 무대라는 의미에서 신흥 무대이다. 이러한 신흥 무대는 우리 삶의 여러 영역 가운데 가장 빠르게 성장하면서 여타 부문의 성장을 추동하는 선도부문(leading sector)의 역할을 담당하고 있다. 게다가 이러한 신흥 무대는 새로운 권력공간으로 급부상하면서 기성 국제정치의 전통 무대에도 큰 영향을 미치고 있다. 이러한 의미에서 신흥 무대는 세계정치의 미래를 좌우할 복합적인 권력공간이기도 하다.

다소 생소하게 들릴 수도 있는 '신흥(新興)'이라는 말은 복잡계 이론에서 말하는 창발(創發, emergence)의 또 다른 번역어이다. 미시적 단계에서는 카오스(chaos) 상태였던 현상이 자기조직화(self-organization)의 복잡한 상호작용을 거치면서 질서(order)가 창발하여 거시적 단계에 이르면 일정한 패턴과 규칙성을 드러내는 과정을 염두에 두고 사용한 용어이다. 이 책에서는 신흥이라는 말을

21세기 초반의 세계정치에서 발생하고 있는 복합적인 변환, 즉 권력과 국가 및 질서의 변환을 이해하기 위해서 원용했다. 또한 신흥이라는 말은 이 책에서 주제로 내건, 미중 경쟁의 새로운 성격, 즉 새로운 권력경쟁의 성격을 잘 보여주는 용어이기도 하다. 특히 미중 경쟁에서 관찰되는 신흥 권력은 다음과 같은 세 가지 차원에서 이해된다.

먼저, 21세기 세계정치에서 신흥 권력의 부상이라고 하면, 신흥대국으로서 중국의 부상을 떠올리게 되는데, 이는 세계정치의 권력 이동(power shift), 즉 권력구조의 변동 가능성을 암시한다. 중국의 부상은 그저 한 국가의 국력 성장이라는 차원을 넘어서 이해해야 하는데, 이는 아태지역 권력구조의 변동을 의미하며, 글로벌 차원에서 21세기 패권을 놓고 벌이는 미국과의 패권경쟁 가능성을 암시한다. 결과적으로 신흥 권력으로서 중국의 부상은 미래 패권질서의 변동을 야기할 것이며, 그러한 변동의 결과는 결과적으로 한반도의 국제정치적 삶에 지대한 영향을 미칠 것으로 예견된다. 이러한 과정에서 관건은 오늘날의 미중 경쟁이 과거와 같은 단순한 세력 전이(power transition)의 양상을 되풀이할 것이냐의 문제일 것이다.

둘째, 신흥 권력의 부상이라고 말할 때는 이들 국가 행위자가 추구하는 권력의 성격 변환(power transformation)이라는 뜻을 담고 있다. 21세기 미중 패권경쟁은 군사력이나 경제력과 같은 전통적인 자원권력 게임을 넘어 기술, 정보, 지식, 문화, 커뮤니케이션 등과 같은 비(非)물질적 자원을 둘러싸고 진행될 것이며, 더 나아가 행위자들이 보유한 자원과 속성으로 환원되는 권력게임이 아니라 행위자들이 구성하는 관계적 맥락에서 작동하는 권력게임의 양상으로 전개되고 있다. 이러한 권력 변환의 현상은 전통 국제정치의 영역에서도 발생하고 있지만, 경제적 상호의존, 기후변화, 에너지, 원자력, 보건·질병, 바이오, 식량, 이주·난민, 인권, 개발협력, 그리고 사이버 공간 등과 같은 새로운 이슈 영역에서 더욱 두드러지게 나타나고 있다.

끝으로, 신흥 권력의 부상은 단순히 새로운 국가 행위자의 부상이나 또는 이들 국가 행위자의 권력게임의 성격 변환을 논하는 차원 그 이상으로 비(非)국가 행위자들이 부상하는 권력주체의 분산(power diffusion)도 의미한다. 21세기 세계정치에서는 새로운 행위주체로서 다양한 비국가 행위자들이 새로운 영역을 중심으로 국가 행위자에 못지않은 '새로운 권력'을 발휘하고 있다. 이러한 새로운 행위자들로는 다국적 기업, 금융자본, 글로벌 싱크탱크와 지식 네트워크, 초국적 시민운동 단체, 테러 네트워크 등이 있으며, 국가 차원을 넘어서 활동하는 국제기구나 지역기구 등도 사례로 들 수 있다. 게다가 이러한 과정에서 기성의 국민국가 행위자 자체도 그 경계의 안과 밖에서 형태의 변환을 겪으며 새로운 역할을 모색하고 있다.

요컨대, 21세기 세계정치는 신흥대국으로서 중국의 부상에 따른 글로벌 패권구조의 변동 가능성과 그 기저에 깔려 있는 근대 국제정치의 질적 변화 가능성, 즉 새로운 권력게임의 출현과 새로운 행위주체의 부상으로 대변되는 신흥 권력의 부상을 복합적으로 경험하고 있다. 이러한 신흥 권력의 부상은, 제1장 21세기 아태 신질서 건축: 신흥 주인공과 무대에서 주장하듯이, 21세기 한국의 삶에 새롭게 재건축되고 있는 아태 질서에서 발생하는 문명사적 변환을 의미한다. 한국은 역사적으로 오랫동안 전통 천하질서 아래서 살아왔으며, 19세기 중반 이후 근대 국제질서의 충격에 적응해야만 했다. 또한 20세기 중반 이후 반세기 동안은 미국과 소련이 주도하는 냉전질서 속에서 생존과 번영을 추진했다. 이러한 연속선상에서 오늘날 한국은 새로운 행위주체들이 새로운 권력게임을 벌이는 신흥 무대의 부상이라는 도전에 맞서 있다.

이 책은 이러한 신흥 무대에서 벌어지는 미중 경쟁을 분석했다. 21세기 미중 경쟁의 본질을 제대로 읽어내기 위해서는 전통 무대 위의 국력경쟁 못지않게 미래 권력공간으로서 신흥 무대의 동향을 예의 주시해야 한다는 것이 이 책의 주된 인식이다. 특히 최근 4차 산업혁명의 급속한 전개는, 신흥 무대에서의 경쟁이 세계정치 전반의 승부를 가늠할 가능성을 전망케 한다. 이러한 정보세계정치학의 시각에서 보는 신흥 무대의 미중 경쟁은 기술지식력을 확보하기 위한 경쟁이며, 이를 뒷받침하는 무역과 금융, 그리고 외교·안보 분야의 경쟁이고, 가장 추상적인 의미에서는 자국의 매력을 발산하고 미래 세계질서의 규범을 주도하기 위해 벌이는 복합적인 경쟁이다. 제2장 신흥 무대 미중 경쟁의 정보세계정치: 분석 틀의 모색은 이러한 미중 경쟁을 보는 분석 틀을 기술경쟁과 표준경쟁, 매력경쟁의 세 가지 차원에서 제시하고, 이 같은 복합 경쟁의 과정에 영향을 미치는 변수들을 검토했다.

정보세계정치학의 시각에서 제일 관심을 끄는 분야는 4차 산업혁명의 물결을 타고 양국이 벌이는 기술과 표준의 경쟁이다. 반도체, 스마트폰, 슈퍼컴퓨터, 인공지능, 클라우드 컴퓨팅, 사물인터넷, 빅데이터, 전자 상거래, 핀테크 등의 분야에서 양국 기업들이 벌이는 경쟁의 승패는 패권의 미래를 결정할 것이다. 이러한 관점에서 미중의 미래 운명은 트럼프 대통령과 시진핑 주석으로 대변되는 정치 지도자들보다 사이버 경제와 산업 분야의 CEO들이 좌우할지도 모른다. 이 책의 제2부 미중 기술·표준 경쟁의 정보세계정치에서는 이러한 논제를 검토했다. 특히 제3장 미중 반도체 산업 경쟁은 그중에서도 세계 IT 산업의 핵심으로 여겨져 왔으며, 최근에는 4차 산업혁명의 진전과 인공지능의 발달로 인해 그 수요가 급증하고 있는 고성능 반도체 분야의 미중 경쟁을 분석했다. 제4장 미국과 중국의 패권경쟁: 중국 인터넷 기업의 도전과 인터넷 주권 이념을 중심으로도 중국 인터넷 기업인 텐센트와 알리바바가 미국 기업인 페이스북과 아마존에 도전하는 과정에 담긴 정보세계정치의 동학을 살펴보았다.

최근 4차 산업혁명 분야의 미중 경쟁은 국제정치의 안보게임으로도 전이되었다. 제일 먼저 달아오른 이슈는 사이버 안보이다. 미국의 주요 기반시설에 대한 중국 해커들의 공격은 오바마 행정부로 하여금 군사적 옵션까지 포함한 맞대응 카드를 꺼내들게 했다. 과잉 안보화 논란까지 야기했던 이른바 '중국 해커 위협론'은 2010년대 초중반 미중 관계를 달구었던 뜨거운 현안 중 하나였다. 제6장 사이버 안보를 둘러싼 미중 관계와 미국의 대응전략은 지난 10여 년에 걸쳐 미국과 중국 사이에 벌어지고 있는 사이버 안보의 이슈가 미국의 외교정책에 어떻게 반영되었는지를 집중적으로 검토했다. 사이버 안보 분야의 경쟁은 현실공간의 첨단 군비경쟁으로 비화될 가능성이 있다는 점에서 예사롭지 않다. 최근 드론이나 킬러로봇 등과 같은 무인무기 체계의 발달은 머지않은 미래에 양국 간 로봇전쟁이 발생할지도 모른다는 우려마저 낳고 있다. 이러한 맥락에서 제5장 미래 군사기술의 발전과 미중 군사경쟁은 21세기 미중 패권경쟁의 군사적 차원을 분석했다.

트럼프 행정부 출범 이후 두 나라의 사이버 권력 경쟁은 좀 더 복합적인 양상으로 전개되고 있다. 이제 사이버 안보는 산업과 통상 문제와 연계되고 있다. 트럼프 행정부는 이른바 '중국산 IT 제품 위협론'을 내세워 4차 산업혁명 분야를 주도하는 중국 기업들을 견제하고 있다. 최근 화웨이는 중국 정부와의 밀착관계를 의심받아 네트워크 장비 구매를 금지당했고, 중국의 통신장비 업체 ZTE는 미국 기업과의 거래금지 제재를 받았다. 이 밖에도 세계적으로 선두를 달리는 드론업체인 DJI나 CCTV 업체인 하이크비전 역시 미국 시장 진출에 빨간 불이 켜졌다. 이는 안보적 함의가 큰 민군 겸용(dual-use) 기술과 산업 분야에서 벌어졌던, 과거 1990년대 미일 패권경쟁의 전례를 떠올리게 한다.

이러한 갈등의 이면에는 경제적 고려뿐만 아니라 데이터 자원에 대한 미중의 이해관계도 걸려 있다. 2013년 스노든 사건 이후 개인정보와 데이터 안보는 미중 국가안보의 쟁점이 되었다. 미국의 다국적 기업에 의한 데이터 유출의 경계는 중국에서 2016년 '인터넷안전법'을 출현시켰다. 미국 기업들의 중국 내 서비스를 검열·통제하고, 개인정보가 담긴 데이터의 국외 이전을 국가주권이라는 명목으로 금지하려는 것이 핵심이다. 이러한 중국의 행보는 인터넷을 대하는 미중 양국의 정책과 이념의 차이를 반영한다. 2014년부터 중국은 글로벌 인터넷 거버넌스에 대한 미국의 주도권에 맞불을 놓으며 '세계인터넷대회'를 개최하고 있다. 사이버 공간의 미중 경쟁이 국내 정책과 제도의 차원을 넘어서 국제규범의 형성과정에까지 이르고 있음을 보여주는 대목이다. 그야말로 최근 신흥 무대의 미중 경쟁은 산업-통상-안보-군사-개인정보-법제도-국제규범 등에 걸친 미래권력 경쟁의 복합적인 양상으로 전개되고 있다.

이러한 문제의식을 배경으로 제3부 미중 무역·금융 경쟁의 정보세계정치는 무역과 금융 분야의 규범경쟁을 다루었다. 제7장 미국과 중국의 아태지역 무역 아키텍처 경쟁과 협력: 내장된 자유주의 2.0을 향하여는 아태 지역의 무역 플랫폼 경쟁이라는 관점에서 양자협정이나 환태평양경제동반자협정(TPP), 역내포괄적경제동반자협정(RCEP) 등 다자협정을 둘러싼 미중 경쟁을 고찰했다. 제8장 미중 경쟁과 디지털 무역 거버넌스의 국제정치경제는 1990년대 중반 이후 미국과 유럽연합(EU) 사이에 치열하게 전개되었던 디지털 무역 갈등이 2010년대 이후 미국과 중국의 갈등으로 변화하는 양상을 살펴보았다. 데이터 국지화·의무화, 데이터 유통 제한과 필터링, 지적재산권 침해, 로컬 표준 부과와 과도한 테스트 요구 등과 같은 디지털 무역 장벽의 사례들에 주목했다. 이러한 논의의 연속선상에서 아태 주식시장과 신흥 금융 서비스업인 핀테크 분야에서의 미중 경쟁을 각각 살펴본, 제9장 미중 경쟁과 국제 자본시장의 동조화와 제10장 핀테크(金融科技)의 국제정치경제: 미국과 중국의 경쟁의 논의를 이해할 수 있다.

제4부 미중 외교·안보 경쟁의 정보세계정치는 신흥 무대의 경쟁이 외교안보 분야와 연결되는 맥락에 주목했다. 제11장 유엔 다자주의 틀에서의 강대국 정치: 안보리 결의안과 미중 안보경쟁은 역사적으로 유엔 안보리 내에서 소극적인 입장을 견지해온 중국의 전략 변화를 살펴보고, 이러한 변화가 향후 미중 경쟁에 미칠 영향을 전망했다. 제12장 미중 해양패권 경쟁: 해군력인가, 해양법인가?는 동아시아의 해양이슈에 중립적인 입장을 견지해온 미국의 입장 변화와 이에 대

응하는 중국의 공격적인 해양정책을 미중 해양패권 경쟁의 시각에서 살펴보았다. 제13장 중국의 '글로벌 거버넌스 체제 개혁' 전개와 미중 경쟁은 트럼프 정부가 '미국 우선주의'를 내세우며 국제 사회에서 역할을 축소시켜가고 있는 상황 아래 글로벌 거버넌스 체제 개혁을 적극적으로 주장하고 나선 중국의 전략과 그 결과 발생할 국제질서의 변화를 살펴보았다. 제14장 강대국 규범경쟁과 정당성 게임: 미중 전략경제대화 담론 분석은 2009년부터 2016년까지 지속된 미중 전략경제대화에서 나타난 양국의 갈등을 신흥 무대의 규범경쟁이라는 측면에서 살펴보았다.

미국과 중국이 벌이는 신흥 및 전통 무대의 복합적인 규범경쟁은, 제5부 미중 매력·규범 경쟁의 정보세계정치에서 다루고 있는 매력경쟁으로 이어진다. 제15장 미국과 중국의 공공외교와 국제 평판은 탈냉전기 미국과 중국이 공공외교를 추진하게 된 계기와 그 이후의 변화과정을 비교·검토했다. 유사한 맥락에서 제16장 국내 청중 vs. 국외 청중: 중국 인권문제에 대한 미중 외교 갈등과 전략은 미중 인권분쟁의 전략적 측면을 이해하기 위해서는 중국 내 청중과 국제 사회의 청중을 고려하는 복합적 시각이 필요하다고 주장한다. 한편 제17장 미중 규범경쟁: 경제발전 규범에 관한 대립을 중심으로는 미중 간에 극명한 입장 차이를 보이고 있는 사례 가운데 하나로서 '성장규범'의 정치경제적 담론에 주목하고 이를 미국의 워싱턴 컨센서스와 중국의 베이징 컨센서스 간에 형성되는 '규범균형'이라는 관점에서 파악했다.

이 책에서 다룬 미중 복합 패권경쟁의 승부는 과거의 글로벌 패권경쟁이 그랬듯이 한판 전쟁을 벌이고 승패를 가르는 방식으로 마무리될 것 같지는 않다. 그만큼 오늘날 세계정치의 패권경쟁은 훨씬 더 복잡해졌기 때문이다. 부연컨대, 제1장에서 강조했듯이, 21세기 신(新)문명표준의 시대를 맞이하여 벌어지는 미중 경쟁은 단순히 전통 무대에 출연했던 국가 행위자만 관여하는 것이 아니라 21세기 안보, 번영, 문화, 생태, 지식의 신흥 무대에서 다양한 행위자들이 서로 경쟁하고 협력하면서 동시에 공존 및 공진(共進)하는 양상으로 전개될 것이기 때문이다. 이러한 와중에 발생하는 글로벌 및 아태 질서의 구조 변동은, 적어도 무정부 질서(anarchy) 아래 세력균형의 게임을 벌이는 과정에서 발생했던 '세력 전이'의 양상보다는 좀 더 복잡하게 진행될 가능성이 크다. 다시 말해 신흥 권력의 창발이라는 시각에서 보는 21세기 세계정치의 권력구조 변동은 미국과 중국 두 나라가 서로 얽히면서 경쟁과 협력을 동시에 벌이는 복합적인 양상으로 전개될 가능성이 커 보인다.

이상에서 살펴본 바와 같이, 신흥 권력의 부상으로 대변되는 21세기 세계정치의 변환에 직면하여, 미래 한국은 국가전략의 차원에서 체계적인 대응책을 마련해야 할 과제를 안고 있다. 특히 근대 국제정치의 전통 무대뿐만 아니라 탈근대 세계정치의 신흥 무대에서 벌어지는 미국과 중국, 두 강대국의 글로벌 패권경쟁의 양상을 면밀히 파악하고, 이들이 건축하려는 글로벌 및 아태 질서 속에서 한국의 위상과 역할을 찾는 작업은 매우 중요한 생존과 번영의 실마리가 아닐 수 없다. 특히 최근 글로벌 다자외교의 장에서뿐만 아니라 아태 지역의 양자 및 삼자 협상의 구도 속에서 이른바 중견국 외교의 가능성을 타진 중인 한국의 입장에서 보면 더욱더 그러하다. 정보세계정치학의 시각에서 볼 때 전통 무대의 부국강병 게임의 틀을 넘어 앞으로의 먹거리와 살아갈 방도를 찾아야 하는 한국에게 신흥 무대의 미중 경쟁은 기회와 도전을 동시에 제기하고 있다.

이 책이 나오기까지 많은 분들의 도움을 얻었다. 무엇보다도 이 책의 공동 편집자인 하영선 선생님의 가르침에 깊은 감사드린다. 아울러 또 한 번의 지적 협업에 기꺼이 동참해준 필자 선생님들께 감사드린다. 직접 집필에 참여하진 않았지만 지난 2여 년간 17명의 필자들이 논문의 구상을 발표하고 토론을 벌이면서 원고를 다듬어가는 과정에 도움을 준 〈정세연〉의 다른 선생님들께도 감사의 말씀을 전한다. 이 책이 편집되는 과정에서 "신흥 권력의 부상과 중견국 미래 전략"이라는 주제로 진행되고 있는 '2016년도 한국사회기반연구사업(SSK: Social Science Korea)'과 서울대학교 국제문제연구소의 재정적 지원을 받았다는 사실도 밝혀 둔다. 이 책의 작업이 진행되는 동안 〈정세연〉의 조교를 맡아준 서울대학교 정치외교학부 대학원 박사과정의 이종진·유신우·주연정·알리나 쉬만스카, 석사과정의 조문규·김유정·최용호·김화경의 수고에도 고마움을 표한다. 또한 성심껏 이 책의 출판작업을 맡아준 한울엠플러스(주) 식구들에게도 감사를 전한다.

2018년 6월 8일
김상배

제1부

신흥 무대 미중 경쟁의 분석 틀

하영선 (동아시아연구원 이사장)

21세기 아태 신질서 건축

신흥 주인공과 무대

21세기 한국의 삶은 새롭게 재건축되고 있는 아시아 태평양(아태) 질서 속에서 문명사적 변환을 맞이하고 있다. 따라서 21세기 한국은 새로운 공간개념을 필요로 하고 있다. 한국은 역사적으로 중국 선진시대 이래 오랫동안 전통 천하질서를 겪었으며 19세기 중반 이후에는 서구 근대 국제 정치질서와의 만남 속에서 새로운 변환을 모색해야 했다. 20세기 중반 이후 반세기 동안에는 미국과 소련이 주도하는 냉전질서 속에서 생존과 번영을 추진했다. 한국이 21세기에 들어서서 새롭게 맞이하고 있는 아태 질서는 주인공, 무대, 연기의 면에서 과거와는 다른 모습을 보여주고 있다. 그 속에서 동쪽의 미국과 일본, 서쪽의 중국, 그리고 북쪽의 유럽과 러시아, 남쪽의 인도, 동남아, 대양주를 동시에 초유동적으로 품어야 하기 때문에 이 글은 냉전시기의 동북아, 중국 중심의 동아시아, 미국 중심의 인도 아시아 태평양(인태)보다는 한반도를 중심으로 해서 동서남북을 모두 품는 아태 질서라는 공간개념을 사용하겠다.

아태 신질서의 기성 주인공인 미국은 오바마 행정부 당시 아태 신질서 건축을 위해 아태 4.0의 새로운 운영체계를 마련하고 구체적으로 정치, 안보, 기술, 안보 앱의 개발을 시도했다. 뒤를 이은 트럼프 행정부는 '미국 우선주의(America First)'와 '힘을 통한 평화(Peace through Strength)' 중심으로 인태질서의 설계를 수정하고 있다. 신흥대국으로 부상한 중국의 시진핑(習近平) 정부는 2017년의 제19차 당대회에서 그동안 강조해왔던 '신형 국제관계'와 '운명공동체'를 향후 5년의 설계도로 제시하고 있다. 이에 따라서 아태 질서의 신형 국제관계를 적극적으로 추진하게 될 것이다.

그러나 아태 신질서가 21세기 새로운 문명표준에 최적화되기 위해서는 단순히 미국과 중국뿐만 아니라 무대의 모든 출연자들이 21세기 안보, 번영, 문화, 생태, 지식, 공치(共治)의 신흥 무대에서 함께 경쟁하고 협력하면서 동시에 공생하기 위한 공동 진화의 설계도를 마련하고 실천에 옮기려는 노력이 필요하다.

1. 아태 질서의 역사적 변환

아태 신질서는 역사적으로 표 1-1에서 보는 것처럼 크게 천하질서, 국제질서, 냉전질서, 복합질서라는 문명사적 변화를 겪으면서 오늘에 이르고 있다(하영선, 근간 1: 9강, 근간 2: 1, 2강). 첫 단계의 전통 천하질서는 존 킹 페어뱅크(John King Fairbank)가 강조하듯이 천하국가의 예를 기반으로 한 위계질서나 모리스 로사비(Morris Rossabi)가 반론하듯이 다국 권력정치로 단순하게 이해하기 어렵다(Fairbank, 1968; Rossabi, 1983). 중국은 천하질서의 원형을 찾아볼 수 있는 선진(先秦), 천하통일이 이루어졌던 한당(漢唐), 다국의 세력과 명문이 각축했던 송원(宋元), 사대자소의 예치가 제도화되었던 명청(明靑)의 네 시기를 거치면서 사방 주변국들과 정벌(征伐), 기미(羈縻), 회유(懷柔), 예치(禮治)의 복합통치를 시도했다. 페어뱅크가 천하질서의 조공책봉 제도가 본격적으로 작동했다고 평가하는 청조시대에 건륭제는 몽골 지역을 정벌과 기미로, 티베트 지역을 회유로, 그리고 조선을 예치로 다스렸다. 동시에 로사비가 세력균형이 작동했다고 말한 바 있는 송원시대의 고려, 송나라, 요나라의 관계를 보면 정벌과 예치의 원리가 복합적으로 작동하고 있다.

아태의 천하질서는 두 번째 단계로서 19세기 중반에 서세동점의 문명사적 변화를 겪어야 했다. 한국은 근대국가들이 치열한 부국강병을 벌이는 구미의 근대 국제질서와 만나서 해방론(海防論), 원용부회론(援用附會論), 양절체제론(兩截體制論), 자강균세론(自强均勢論), 국권회복론(國權回復論)의 생존전략을 추구했으나 결국 국망의 비극을 맞이했다(하영선, 근간 1: 7강, 근간 3). 그리고 암울한 식민지 시기에 한국은 1920년대의 국제 협조주의나 1930년대의 '동아 신질

표 1-1 아태 질서의 역사적 변환

대분류	소분류
천하질서	원형기: 先秦
	형성기: 秦/漢-隋/唐
	변환기: 北宋/南宋·遼/金/元
	전개기: 明/清
국제질서	형성기: 천하질서와 국제질서의 만남
	전개기: '동아 신질서'의 신화와 현실
냉전질서	형성기: 냉전질서의 형성과 한국전쟁
	완화기: 미중 데탕트와 7·4 공동성명의 좌절
복합질서	형성기: 미국의 아시아 재균형 정책과 중국의 신형 국제관계
	전개기: 아태 신질서 건축의 미학

자료: 하영선(근간 1: 9강, 근간 2: 1, 2강).

서' 등의 신화와 현실 속에서 아태질서 무대로의 복귀를 위한 힘든 싸움을 해야 했다(하영선, 2011: 제5장, 근간 2: 6강).

제2차 세계대전이 끝난 이후 아태 질서는 1950년 한국전쟁 발발과 함께 기대와는 달리 세 번째 단계로서 미국과 소련이 주도하는 양극 냉전체제의 모습을 본격적으로 갖추게 된다. 군사와 경제 무대만 양극화된 것이 아니라 이념 무대의 갈등도 빠른 속도로 심화되었다. 1970년대에 들어서서 냉전 완화를 위한 노력이 시작되었고 지구적 차원에서는 신냉전 이후 1990년대를 맞으면서 본격적인 탈냉전 시기에 접어들었다. 한국전쟁으로 냉전질서의 세계적 주전장이 된 한반도는 1970년대의 긴장 완화를 위한 노력에 실패하고 전 세계는 탈냉전의 새로운 역사를 맞이하고 있음에도 불구하고 냉전의 고도로 남아서 비극을 극복하지 못하고 있다(하영선, 2018).

2. 아태 신질서 건축: 기성대국 미국과 신흥대국 중국

1990년대 초 소련의 해체에 따른 냉전질서의 종결로 자연스럽게 미국이 주도하는 자유주의 국제질서의 도래가 예상되었으나 예측은 빗나갔다. 대규모 전쟁을 방불케 하는 지구 테러의 발생, 1930년대 경제공황에 버금가는 경제위기의 반복, 생태 불균형의 심화, 문화갈등의 격화, 혁명적인 기술혁신, 지구적 통치의 부재가 복합적으로 세계질서의 문제를 심화시킴에 따라 기성대국 미국과 새롭게 부상하는 신흥대국 중국은 아시아 태평양 공간에서도 새로운 질서를 설계하기 시작했다.

미국의 힐러리 클린턴(Hillary Clinton) 국무부 장관은 2011년 ≪포린 폴리시(Foreign Policy)≫에 기고한 "미국의 태평양 시대"에서 처음으로 미국의 아시아 태평양 지역 재균형 전략(rebalance strategy)을 소개했다. 재균형 전략은 6대 행동방침으로 양자 안보동맹 강화, 중국 등 신흥세력과의 관계 강화, 지역 다자기구의 참여, 무역과 투자 확대, 광범위한 해외 주둔군 유지, 민주주의와 인권의 증진을 들었다. 특히 클린턴 장관은 "우리는 중국과 미국 사이에 서로 두려움과 오해가 존재한다는 것을 잘 알고 있다. 미국 일부에서는 중국의 부상을 미국에 대한 위협으로 여기고 있으며, 중국 일부 역시 미국이 중국의 성장을 막으려고 한다고 생각한다. 우리는 그러한 견해를 받아들이지 않는다. 번영하는 미국이 중국에 유익이고 번영하는 중국이 미국에 유익하다는 건 기정사실이다"라고 말했다(Clinton, 2011.10).

미국의 버락 오바마(Barack Obama) 대통령은 2014년 웨스트포인트 육군사관학교 졸업식에서 다음과 같이 축사를 했다. "미국은 단연코 세계 최강의 국가입니다. 미국이 쇠퇴하고 있다는 주장은 역사를 잘못 이해하고 있거나 당파정치에 휩쓸린 사람들의 억측일 뿐입니다. 세계 어느 국가도 미국의 국방력을 따라오지 못합니다. 따라서 미국이 외부의 어떤 국가의 위협에 노출될 가능성은 현저히 낮으며, 실제로 우리가 냉전시기에 겪었던 위험수준에 미치지도 못할 것입니다. 또한 우리 경제는 전 세계에서 가장 역동적이며 우리의 기업들은 전 세계에서 가장 혁신적입니다. 해를 거듭할수록 미국의 에너지 자립도 또한 높아지고 있습니다. 유럽에서 아시아에 이르기까지 미국은 세계 역사상 어떠한 국가도 필적할 수 없는 초강대국으로서 동맹의 중심에 있습니다"라고 자신감을 밝혔다(Obama, 2014.5.28).

오바마 행정부의 말년인 2016년 10월에 국무부 아태차관보 대니얼 러셀(Daniel R. Russel)은 전략 및 국제문제연구소(CSIS)의 '아시아 건축 회의(Asia Architecture Conference)에 오바마 행정부를 잇는 다음 정권의 아태지역 전략을 위해 "아시아 태평양 4.0, 아태지역 운영체제(AP 4.0, an Operating System for the Asia-Pacific Region)"라는 강연을 했다(Russel, 2016.10.11). 러셀 차관보는 아시아 태평양 1.0을 냉전의 출발시기로 잡고, 아시아 태평양 2.0을 1967년 동남아시아국가연합(ASEAN)이 시작된 시기로, 아시아 태평양 3.0을 아시아태평양경제협력체(APEC)가 형성된 1989년부터 미국과 러시아가 동아시아정상회의(EAS)에 포함된 2011년을 전후한 시기로 분류하고 있다. 아시아 태평양 4.0은 네트워크의 연결성을 담보하고 새로운 앱(App)을 담아내는 플랫폼으로 다섯 가지의 구성요소들을 설명했다.

첫 번째는 안보 앱으로서 포괄적 안보 네트워크 개념을 제시했다. 이 앱에서는 테러리즘과 초국경적 위협에 대응하고 국제행동의 규범을 형성하는 데 함께 기여하는 동맹과 파트너 국가들과의 연계를 강조하고 있다. 두 번째는 경제 앱으로서 APEC과 환태평양경제동반자협정(TPP: Trans-Pacific Strategic Economic Partnership)과 아시아인프라투자은행(AIIB: Asian Infrastructure Investment Bank)을 설명하고 있는데, 미국의 국가이익을 고려할 때 TPP는 반드시 진행되어야 할 전략이므로 우여곡절을 거치더라도 진척될 것으로 예상하고 있었다. 또한 중국이 주도하는 AIIB에 대해서는 본격적인 투자가 이루어지지 않고 있었기 때문에 조심스러운 입장을 견지하면서, 건축의 개방성과 공유원칙이라는 두 조건이 어떻게 충족되는지에 따라 상호 보완적으로 공존할 가능성 여부가 결정될 것으로 전망했다. 세 번째는 기술 앱으로서 정보기술 혁명에 따른 지식 기반 디지털 경제와 인구 문제를 들고 있다. 네 번째는 환경 앱으로서 기후변화와 관련하여 역사적인 합의가 최근 타결되었기 때문에 중요하다고 본다. 마지막은 건강 기반 앱으로서 사스(SARS)나 에볼라 등에 대한 대응을 꼽고 있다.

'미국 우선주의'와 '힘을 통한 평화'를 세계질서 운영의 2대 원칙으로 내걸은 트럼프 행정부는 2017년 연말에 발표한 국가안보전략 보고서(National Security Strategy Report), 2018년 초에 발표한 국가방어전략 보고서(National Defense Strategy Report of the United States), 핵태세 재검토(Nuclear Posture Review) 등을 통해 오바마 행정부의 아태 재균형 정책을 보완하는 인태 재균형 정책을 제시했다(US White House, 2017.12; US Department of Defense, 2018.1, 2018.2).

첫째, 오바마 행정부는 중국을 미국과 동맹을 위한 잠재적 파트너 국가로 평가하고 있으나 트럼프 행정부는 "중국, 러시아와 장기 전략경쟁은 현재와 미래의 미국 안보와 번영에 미치는 위협의 크기 때문에 미국 국방부의 기본 우선목표이며 보다 지속적인 투자 증가를 필요로 한다. 동시에 국방부는 북한이나 이란 같은 깡패국가(rogue regime)들을 억제하고 반격하려는 노력을 유지할 것이며, 테러의 위협을 물리치고, 이라크와 아프가니스탄에서 올린 성과를 견고화할 것"이라고 밝히고 있다.

둘째, 오바마 행정부는 아시아 태평양의 동맹 강화를 강조하고 있으나 트럼프 행정부는 "자유롭고 개방된 인도 태평양 지역이 모두에게 번영과 안보를 가져다주므로 미국은 인도 태평양의 동맹과 파트너들을 강화시켜 안정을 유지하고 공유영역의 자유 접근을 확보할 것이다. 인태 지역의 핵심 국가들과 함께, 미국은 양자와 다자 안보관계를 함께해서 자유롭고 열린 국제체제를 유지할 것"이라고 언급하고 있다.

셋째, 트럼프 행정부는 오바마 행정부보다 군사력의 중요성을 훨씬 더 강조하고 있다. 특히 기존 전투국면에서 미국의 군사력 우위가 상대적으로 쇠퇴하는 가운데 미국은 첨단 군사기술 혁신의 도움으로 육지, 바다, 공중, 사이버, 우주 공간을 동시적으로 활용하는 "다국면 전투전략(multi-domain battle)"을 중시하고 있다. 과거처럼 광대한 해상이나 상공을 더 이상 통제할 수 없다는 것을 인식하고, 인태의 "다국면 전투전략" 아래 해군과 공군력을 강화시킬 수 있는 지상, 우주, 사이버 군을 동시에 동원하여 우위를 지킨다는 것이다.

넷째, 미국은 에너지 안보, 경제발전, 환경보호의 균형 있는 접근을 계속해서 추진할 것이다. 미국은 경제를 확대하면서 동시에 전통적인 환경오염과 기후변화를 감소하는 데 지구적 선두주자로 남을 것이다.

다섯 째, 트럼프 행정부는 미국의 안보와 번영에 결정적으로 중요한 국가안보 혁신기반(National Security Innovation Base)—학계, 국립 연구소, 사설기관의 지식·능력·인력의 미국적 그물망—을 경쟁국으로부터 지켜낼 것을 강조하고 있다.

한편, 중국의 시진핑 주석은 2017년 10월 제19차 당대회에서 1단계로 2020년부터 2035년까지 2020년에 완성하게 될 전면적 소강사회를 기반으로 사회주의 현대화를 달성하고, 2단계로 2035년부터 2050년까지 사회주의 현대화 강국을 건설하겠다고 밝혔다. 그리고 향후 외교정책의 기본 방향으로 그동안 이미 강조해온 '신형 대국관계'와 '신형 주변국 관계'로 구성되어 있는 '신형 국제관계'와 '운명공동체' 건설을 다시 한 번 강조했다(习近平, 2017.10.18). 이러한 신형 국제관계는 이미 시진핑 1기에 형성된 것으로 중국 외교정책의 첫 번째 원칙인 중미 신형대국 관계에는 첫째, "분쟁 혹은 전쟁 방지[不冲突、不对抗]", 둘째, "상호존중(相互尊重)", 셋째, "공영을 위한 협력[合作共赢]" 등이 있다. 이는 중국이 적어도 2021년까지는 미국에 대하여 도광양회(韜光養晦) 전략을 유지할 것임을 보여준다. 중국은 21세기 전반기에는 군사적 대결은 회피하고 경쟁과 협력의 경제관계에 주력하면서 아시아 태평양 지역에서 새로운 지역질서를 구축하고 정통성을 확보하는 데 역점을 두고 있다.

중국 외교정책의 두 번째 원칙인 신형 주변국 외교는 첫째, '의(義)'의 국제정치로서 친(親), 성(誠), 혜(惠), 용(容)의 네 가지 핵심 가치를 기반으로 한다. 그리고 장기적인 목표로서 시진핑은 주변국과 '아시아 운명공동체' 건설이라는 용어를 사용하고 있다. 둘째는 '이(利)의 국제정치'로서 새로운 실크로드 경제벨트와 21세기 해상 실크로드를 골자로 하는 개발전략인 일대일로(一帶一路) 정책을 추진하고 있다. 셋째는 '힘[力]의 국제정치로서 주변국 외교를 수행하는 과정에서 3대 핵심이익을 군사력을 동원해서라도 적극적으로 확보할 것을 강하게 천명하고 있다. 그 구체적인 내용은 첫째로 중국의 기본 제도와 국가안전을 유지·보호하며, 둘째는 국가주권과 영토를 완전히 갖추고, 셋째는 중국 경제와 사회의 지속적인 안정과 발전을 추진한다는 것이다.

특히 남중국해의 영토분쟁, 한반도의 북핵위기, 일본과의 영토분쟁 같은 위험이 존재하는 동아시아 지역에서, 중국은 신형 대국관계와 신형 주변국 외교를 하나로 결합한 신형 국제정치 원칙을 추진하려고 한다. 따라서 중국 정부는 최근 남중국해의 영토분쟁에서도 영토주권과 해양에서의 권리와 이익, 국가통합 문제에 집중하면서 동시에 미국과 직접적인 대결을 피하고 있다.

'신형 국제관계(新型國際關系)'에 대해서 외교부장 왕이(王毅)는 2015년 3월의 강연과 2016년 6월의 글에서 보다 자세히 해설하고 있다. 왕이는 국제체계 형성사를 중국적 시야에서 언급하며, 300여 년 전 베스트팔렌 조약을 전후로 중요한 변화가 있는 것으로 본다. 그다음에는 나폴레옹 전쟁부터 제1차 세계대전까지의 시기로 나누고, 양차 대전의 혼란기를 거쳐 1945년 국제연합(UN) 체제에 따라서 새로운 국제질서의 변화에 상응하는 국제체계가 자리 잡았다고 보고 있다. 그리고 70여 년이 흐른 최근, 다시 한 번 무질서의 위험을 맞이하여 중국이 제시하는 새로운 이념으로서 '신형 국제관계'를 제시하고 보다 구체적으로 정치·경제·안전·문화 무대를 강조하고 있다(王毅, 2015.3.23, 2016.6.20).

첫째, 정치무대에서는 지구적 동반관계 네트워크를 강조하고 있다. 미국과는 신형 대국관계를, 러시아와는 전면적·전략적 협력관계를, 한국 같은 주변국들과는 명분적으로 친성혜용(親誠惠容)을 거쳐 아주 운명공동체를 건설하고 이익적으로는 일대일로 같은 경제협력을 강조한다. 아시아, 아프리카, 라틴아메리카 같은 발전 도상국들과는 의리의 국제 정치관에 따라 단결 협력을 강화하고자 한다.

둘째, 경제무대에서는 포용적 발전[包容性發展] 개념을 제시하고 있다. 지구 차원에서는 아시아·아프리카·유럽·미국 4대륙과 함께 발전의 길을 모색하고, 지역 차원에서는 아시아투자개발은행, 실크로드기금, 신흥국가신개발은행 등을 발전시켜 지구 차원과 지역 차원의 노력이 함께 이루어질 수 있도록 하겠다는 것이다.

셋째, 안보무대에서는 지구 차원에서 신안보개념을 제시하고 북핵이나 남중국해 문제 같은 뜨거운 사안들을 해결하는 세 가지 원칙—북핵문제는 정치적으로 해결하고, 남중국해 문제는 영토주권 존중과 지역평화를 병행 추진해서 해결한다는 것—을 분명히 하고 있다. 그리고 중국은 테러, 평화유지군, 사이버 안보, 기후변화 등과 같은 지구적 위협 문제를 해결하는 데도 대국으로서의 책임을 수행했다.

넷째, 문화무대에서 문명·문화의 다양성을 인정하고, 각국의 선택을 존중하며 침범하지 않는 자세를 강조하고 있다. 특히 중국은 역사적으로 유교, 불교, 이슬람교의 문화와 종교를 성공적으로 포용해왔음을 강조하고 있다.

왕이 외교부장은 2016년의 글을 끝내면서 "큰 도를 잡으면, 천하가 따른다[执大象, 天下往]"는 노자 도덕경 35장을 인용하고 있다. 즉 중국이 그리고 있는 전체적인 플랫폼은, 큰 도를 잡으면 천하가 중국을 따르게 된다는 것이다.

한편 중국 국무원은 2015년에 발표한 "중국제조(中国制造) 2025"에서 4대 무대의 기반을 이루는 기술무대의 중요성을 특별히 강조하고 있다. 중국은 1단계(2015~2025)에 10대 중점영역과 23개 발전방향을 바탕으로 제조강국 대열에 진입하고, 2단계(2025~2035)에 전체 제조업을 세계 제조강국의 중간 수준까지 끌어올리고, 3단계(2035~2045)에는 세계 제조강국의 선두에 서도록 노력하겠다고 밝히고 있다(中华人民共和国国务院, 2015.5).

그리고 중국 정부는 2017년 1월에 발표한 『중국적아태합작정책(中國的亞太安全合作政策)』에서 아태 지역에서 건축하는 신형 국제관계를 설명하면서 첫째, 미국과는 신형 대국관계를 건설하고, 둘째, 러시아와 전면적 전략협력 동반관계를 심화시키고, 셋째, 인도와 보다 긴밀한 발전 동반관계를 적극적으로 설립하고, 넷째, 일본과의 관계 개선을 지속해나가며, 다섯 째, 다른 아시아 아프리카 국가들과는 아주 운명공동체와 아태 운명공동체를 건설하겠다고 밝히고 있다. 그리고 지역의 위험문제로서는 조선반도 핵, 대미사일, 아프가니스탄, 대테러협력, 해상협력을 들고 있다(中华人民共和国国务院新闻办公室, 2017.1).

그러나 중국이 아태 신질서 건축의 중심 역할을 하려면 정치적 민주화, 발전과 사회복지의 조화, 세계화를 성공적으로 달성해야만 한다. 그래야 아태 지역의 새로운 문명표준을 제시할 수 있다. 이를 위해서는 중국과 아태 국가들의 공동진화적 노력이 필요하다.

3. 아태 신질서의 미래: 신흥 주인공과 무대

미국과 중국의 치열한 각축 속에 건축되고 있는 아태 신질서의 미래상을 입체적으로 조명·전망하기 위해서는 신흥 주인공과 무대를 본격적으로 검토해야 한다. 우선 신질서의 주연이 누가 될 것인가에 대해서는 미국의 지속적 우위, 미중의 공동 주도, 중국의 대체가능성에 대해 다양한 논의가 진행되고 있다. 이러한 논의에서 무엇보다도 중요한 것은 주연의 핵심적 자격요건인 힘의 내용이 문명사적 변화를 겪고 있다는 사실이다. 전통 아태질서의 주인공이 되기 위해서 예치력이 중요했다면, 근대 국제정치의 주인공에게는 무엇보다도 군사력과 경제력이 필요했다. 그러나 21세기 복합 국제정치의 주인공에게는 여전히 근대적 군사력과 경제력이 중요한 동시에, 탈근대적 기술지식력, 생태균형력, 문화력, 지구통치력과 같은 복합력이 필요하다. 따라서 21세기적 힘의 표준에 따라 주인공의 자격요건을 신중하게 검토해야 한다.

미국은 군사력과 경제력에서는 압도적인 우세를 유지하기 어렵지만 빠른 속도의 상대적 쇠퇴를 겪을 위험성은 낮다. 더구나 21세기 세계질서의 기반 무대인 기술지식 무대에서 미국의 상대적 우위는 21세기 후반에도 여전히 유지될 것으로 예상되고 있다.

중국이 2007~2008년 세계 금융위기를 성공적으로 관리하면서, 차이메리카(Chimerica) 세계 경제질서의 가능성이 논의되기 시작했다. 특히 중국의 국민총생산이 세계 경제 2위 국가였던 일본을 앞지른 2010년에 이 논의는 절정에 이르렀다. 그러나 중국의 경제성장이 '신상태(new normal)'를 맞이해서 6%대로 떨어지고, 미국의 경기가 회복됨에 따라 이 논의는 상대적으로 줄어들었다. 더구나 새로운 문명표준인 21세기 복합력의 지평으로 본다면, 근대적 군사력과 경제력에서 상대적 쇠퇴를 겪고 있는 미국은 21세기 복합력의 상대적 우위로서 21세기 신아태 질서의 중추적 위치를 유지할 가능성이 높다. 반면 중국은 근대적 군사력과 경제력을 빠르게 증가시키고 있으나 21세기 복합력의 한계 때문에 미국과 대등한 차원에서 세계질서를 공동으로 주도해나가는 데는 상당한 시간이 필요할 것이다.

미국의 인도 태평양 재균형 정책과 중국의 신형 아시아 태평양 주변국 정책이 전개되는 가운데 아태 질서 속에서 경제대국으로 정상 군사국가를 지향하는 일본이나 한국·아세안·호주 같은 중견 국가, 그리고 미래의 신흥 국가인 인도 등은 근대적 갈등과 협력하는 동시에 초보적인 지역 협력을 통해 이 지역의 안보 딜레마, 경제위기, 감정적 분쟁, 탈근대적 갈등문제를 풀기 위한 노력을 함께하고 있다.

아태 신질서의 주인공들은 기술지식 무대의 혁명적 변화에 따라서 '시간과 공간의 축약을 가능하게 하는 그물망 국가의 새로운 모습을 갖추려는 노력을 계속해왔다. 이러한 추세의 지속적 가속화는 주인공들의 정보비용과 거래비용을 빠르게 감소시켜 그물망 국가를 넘어서는 '초유동체(superfluid) 국가'로서의 새로운 가능성을 보여주고 있다. 초유동체는 점성(粘性)과 표면장력이 없어서 마찰을 일으키지 않고 얇은 박막처럼 흐르는 상태를 말한다. 이러한 상태는 초저온 상태의 헬륨 II에서 유동성이 기체처럼 높아지는 현상에서 처음 발견되었다(ex.com/EYQ, 2017).

신흥 주인공과 더불어 주목해야 할 것은 신흥 무대다. 아태 질서는 매우 복잡하게 얽힌 복합 삼층무대로 건축되고 있다. 즉 안보, 번영, 환경, 문화가 중심 무대를 이루고 있으며, 이 무대의 기반에는 기술지식 무대가 있고, 맨 위에는 공치무대가 있다. 21세기에 군사와 경제의 중심 무대는 국가이익뿐만 아니라 지역으로서의 동아시아와 세계 전체의 이해에 기여하는 바가 있어야 하고, 국내 시민사회의 이익 또한 고려해서 번영과 안보의 무대로 변화하고 있다. 동시에 근대 국제관계의 과도한 세력 경쟁과 부의 경쟁이 빚어내는 부정적 효과를 완화하기 위해 문화무대를 강화하여 국가정체성 및 지역정체성의 복합성을 모색하고, 아태 지역이 당면하고 있는 생태문제에 대응하기 위하여, 에너지/환경 무대의 중요성 또한 급속도로 증가하고 있다. 다음으로 정보기술과 디지털 지식의 급속한 발전이 복합시대를 주도하면서, 지식무대가 동아시아 '3중 무대'의 기초 무대로 등장하고 있다. 그리하여 우리는 아태 지역의 공치를 책임지는 담당자가 없는 상황에서, 복합무대들을 성공적으로 관리하기 위한 지역공치의 정교한 무대를 건축할 필요가 있다.

21세기 아태 질서의 안보무대에서 우선 주목해야 할 것은 중국 군사력의 급증이다. 중국의 전국인민회의는 2018년 군사비를 1.1조 위안(1750억 미국 달러)이라고 발표했다. 미국 국방부는 중국의 실제 군사비가 중국이 발표하는 군사비보다 20% 이상 많다고 보기 때문에, 중국의 2018년 군사비는 2150억 달러로 추정된다. 미국의 군사비인 6860억 달러에 비교하며 1/3 규모이지만 미국 군사력은 대서양과 태평양을 동시에 관리하는 반면, 중국의 군사력은 아태 지역에 집중되어 있으므로 실제로는 상당한 규모이다. 중국이 현재의 군사비 증강추세를 계속해서 유지한다면 2030년에는 중국의 군사비가 8천억 달러 규모가 되고 미국의 군사비는 1조 달러가 될 것으로 예상된다(wang, 2018.2.2). 그러나 아시아 태평양 공간의 갈등은 냉전과 상이하게 미중이 직접 충돌하지 않는 한계 내에서 국가의 핵심 이익을 극대화하는 형태로 형성되고 있다.

두 번째로 아태 질서의 분쟁 위험지역의 검토다. 미중 양국이 기존 강대국과 신흥 강대국의 깨지기 쉬운 안정성을 성공적으로 관리해왔더라도, 현재 양국의 전략적 불신을 감안할 때 양국 관계가 전략적으로 악화될 수 있는 잠재적 위험성이 도사리고 있다. 중국이 서구 문명의 기준을 자발적으로 채택하는 '책임감 있는 국가'로 발전할 가능성은 낮다. 따라서 미국은 21세기 중국의 외교정책 수립에 대해 보다 공세적인 전략을 추구할 필요가 있다. 이러한 상황에서, 양국의 직접적 군사 대결 가능성은 낮지만 미중 관계의 전략적 악화는 충분히 가능하다. 그뿐만 아니라 아태 지역의 지역안보 딜레마를 감안하면 중국은 '신형 주변국 외교'의 원칙에 따라 자국의 핵심 이익을 보다 적극적으로 수호하고자 할 것이다. 이 과정에서 중국과 주변국 사이에 군사적 대립의 위험성이 증가할 수 있다.

세 번째로 첨단 군사과학 기술의 발전에 따라 미국은 아시아 태평양에서도 다면전투 개념을 조직과 과정, 기술, 병력 차원에서 실전화하는 노력을 본격적으로 하고 있다. 다면전투 상대방의 병력, 무기체계, 전략을 첨단 정보기술로 완벽하고 신속하게 분석한 다음 다면전투 공간에서 동시에 유인과 무인 무기체계를 동원하여 상대방을 압도한다는 것이다(Brown, 2017.3). 이에 따라서 아태 군사무대의 모든 주인공들은 불가피하게 새로운 국면에 접어들고 있다.

아태 질서의 경제무대에서 우선 중요한 것은 중국 경제의 부상이 미칠 영향이다. 연 6.5% 성장의 중국 국민총생산은 12조 달러를 넘어서 연 2% 성장의 미국 국민총생산 19조 달러에 이어 세계 2위 규모를 차지하고 있으며, 현재의 양국 성장률이 그대로 지속되면 중국은 2020년에 14조 달러를 넘어서서 1인당 1만 달러 경제의 소강상태를 달성하고, 미국 국민총생산은 20조 달러를 넘게 된다. 그리고 2030년에 중국 국민총생산은 27조 달러에 이르러 미국을 처음으로 넘어서서 1인당 국민소득 2만 달러에 진입하게 될 것이다. 2040년에는 중국 국민총생산이 50조 달러에 도달해서 1인당 국민소득 3만 달러를 넘게 되고, 미국은 30조 달러에 머무르게 될 것이다(Brown, 2017.11.30). 중국 경제가 향후 30년 동안 1만 달러, 2만 달러, 3만 달러 시대에 진입함에 따라 아태 경제 질서에 커다란 영향을 미치게 될 것이다.

다음으로 무역이나 투자, 금융 등의 분야에서 트럼프 행정부는 중국에 대해 공세적인 태도를 취하고 있지만, 양국의 경제적 상호의존성 때문에 결국 최악의 순간까지 이르지 않고 적합한 타협을 찾으려는 노력을 하게 될 것이다. 중국도 아태 경제질서에서 미국의 역할을 대체하기는 어렵다. 따라서 아태 경제 무대에서 AIIB와 아시아개발은행(Asian Development Bank: ADB), 그리고 역내포괄적경제동반자협정(Regional Comprehensive Economic Partnership: RCEP)과 TPP는 파국적인 갈등관계로 치닫기보다는 경쟁과 협력의 가능성을 모색하게 될 것이다.

21세기의 인공지능, 사물인터넷, 빅데이터의 눈부신 발전은 정보비용을 빠른 속도로 낮추고 있으며 G5 같은 통신기술의 지속적 혁명은 거래비용 또한 동시에 낮춰서 전통적인 점성(viscous) 시장은 1995년부터 2015년의 인터넷 시장을 거쳐 초유동체 시장으로 접어들고 있다. 생산자와 소비자가 상호 완벽한 정보를 파악하고 중간 매개자 없이 직접 거래하는 단계로 접어들게 된 것이다. 이에 따라서 아태 번영질서는 대단히 새로운 변모를 겪게 될 것이다(ex.com/EYQ, 2017).

19세기 이래 서양의 근대 국제질서와 본격적으로 만난 아태 질서도 불가피하게 군사와 경제 무대에서 치열한 각축을 벌여왔다. 그러나 이러한 부강 무대에서 일국 중심의 경쟁과 갈등은 생태 불균형의 위험이라는 근대적 자기모순에 직면하고 있다. 가장 대표적인 것이 에너지의 미래와 환경오염이다. 아태 질서의 지속적인 성장을 위해 석탄, 석유에 이어 원자력, 천연가스, 셰일가스, 또는 대체 에너지 중 가장 효율적인 에너지 자원을 확보하기 위한 개별적 또는 공동의 노력이 계속될 수밖에 없다. 동시에 지속 성장의 추구는 기후변화로 대표되는 지구적 수준의 생태문제뿐만 아니라 해양오염, 산성비, 미세먼

그림 1-1 아태 신질서 4.0의 무대

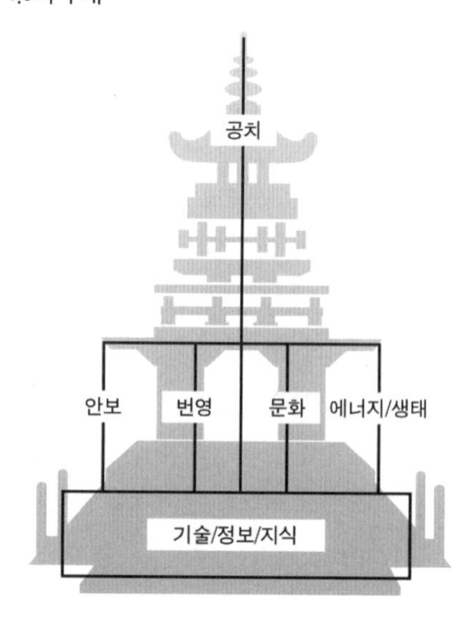

지 같은 지역생태 문제를 본격화하고 있다. 또한 이러한 문제들과 더불어 개별 국가의 토양, 식수, 공기오염 문제를 해결하는 것이 시급하다.

네 번째 신흥 무대는 문화무대이다. 아태 질서가 탈냉전을 맞이하고 뒤이어 등장한 미중 관계도 직접적인 군사 충돌을 피하고 경제 경쟁과 협력을 해나가면서 정통질서의 기반을 확대하려는 노력에 따라 외면세계의 구조적 중요성 못지않게 주인공의 내면세계가 주목을 받게 되었다. 이러한 내면세계를 제대로 이해하고자 주인공의 정체성이 역사적으로 어떻게 형성되었는지, 그리고 주인공의 동질성과 차별성을 보여주는 문화무대로서 신흥 무대가 중요해졌다. 특히 감정의 국제정치가 상대적으로 중요한 아태 공간에서 국제 정치문화 무대는 국제 정치공생 무대에 못지않게 주요한 위치를 차지하고 있다.

동아시아 국가들의 정체성 형성을 역사적으로 살펴보면 세 가지 주요한 특징을 찾을 수 있다.첫째, 전통 동아시아 세계질서의 영향력은 여전히 중요하다. 중국은 이러한 문화적 전통에 기반을 두고 아시아 운명공동체를 명분적으로 강조하고 있다. 둘째, 전통 아시아 국가들의 정체성은 19세기 중반 이래 서구 근대 민족주의의 세계적인 전파에 큰 영향을 받았다. 그리하여 서구는 21세기를 맞아 근대 민족주의를 졸업하려고 노력하고 있는 반면, 아시아 국가들은 민족주의의 청춘기를 겪고 있다. 따라서 19세기와 20세기 초 식민과 전쟁의 경험으로부터 비롯된 역사적 적대감이 해소되지 않은 상황에서, 동아시아는 여전히 감정의 국제정치로부터 자유롭지 못하다. 셋째, 21세기 아태 국가들은 정보기술의 혁명적 발달에 따른 시공의 축약에 따라 본격적으로 지구문화와 민족문화의 복합화를 겪고 있다.

다섯 번째 신흥 무대로서 하드웨어적인 기술과 소프트웨어적인 정보와 지식의 무대는 21세기의 기반 무대이다. 변화 속도의 폭발성이 과거 문명사의 기반 무대였던 종교, 정치, 경제의 폭발성보다도 더 큰 파급력을 가지고 다가오고 있기 때문에 그에 따른 변화에 특별히 주목해야 한다. 인공지능(AI)과 생명공학(BT), 사이버 공간(CS), 데이터 기술(DT)의 혁명적 변화가 21세기 아태 질서의 주요 무대를 새롭게 바꿔놓을 것이다.

21세기 신아태 질서에서 특별히 주목해야 할 것은 기반 무대로서 새롭게 부상하는 정보기술 무대이다. 안보무대에서는 핵전쟁 대신에 첨단 정보전쟁의 시대를 본격적으로 열게 만들고 있다. 근대적 병력이나 무기체제의 동원 없이도 전쟁에 승리할 수 있게 된 것이다. 번영무대에서도 전자 상거래의 빠른 성장과 정보산업의 선도적 역할이 눈에 띈다. 문화무대도 새로운 정보지식 무대와의 복합무대를 본격적으로 보여주기 시작하고 있다. 그리고 국내외적으로 협치가 강조되고 있는 정치무대에서도 군사 못지않게 네트워크 지식정치 및 외교가 중요해지고 있다. 그러나 정보기술 혁명이 가져온 가장 중요한 변화는 군사나 경제의 보조 무대로 머물러야 했던 지식무대가 21세기의 기반 무대로 화려하게 등장해서 기성 무대에 커다란 영향을 미치기 시작한 것이다.

마지막으로, 21세기 아시아 태평양에서 근대 무대의 21세기적 모습인 안보와 번영 무대, 근대 부강무대의 일국 중심적 자기모순을 극복하려는 문화와 생태 무대, 그리고 21세기의 기반 무대인 정보지식 무대를 어떻게 복합적으로 운영해나갈 것인지의 문제다. 기존의 미국이나 중국의 대국통치, 중견국들의 등장, ASEAN, APEC, TPP, 기존의 전통적인 대국 거버넌스와 어떻게 연결되는가 하는 식의 사고를 반영하는 것이다. 이러한 통치에 대한 사고, 즉 미국의 차기 정부가 생각하는 운영체제와 중국의 신흥 국제관계라는 중국 특색의 대국외교 가운데서 한국이 어떻게 제3의 운영체제를 새로운 대안으로서 제시할 수 있는지가 향후의 중요한 과제이다.

4. 아태 신질서 건축과 한국

기성대국 미국과 신흥대국 중국의 각축 속에서 21세기 아태 질서 건축의 본격적인 설계가 진행되고 있다. 오바마 행정부는 아시아 재균형 정책을 추진했고 트럼프 행정부는 인도 태평양 재균형 정책을 새롭게 시도하고 있다. 한편 중국은 아태 신형 국제관계를 건축하려는 노력을 하고 있다. 그러나 일국 중심의 부강국가라는 근대의 문명표준을 아직 졸업하지 못하고 있는 아태 질서가 복합 주인공과 무대의 새로운 문명표준을 선도하기란 현실적으로 대단히 어렵다. 따라서 미국이나 중국 중심의 설계와 건축을 넘어서는, 신질서의 복합 주인공들이 복합무대에서 경쟁과 협력을 넘어 공생을 추진하는 새로운 문명표준이 요구되고 있다.

21세기 아태 신질서 건축에서 중진국으로서 한국의 노력은 대국에 못지않게 중요하다. 한국은 새로운 문명표준으로서 복합 주인공의 모습을 선도적으로 보여줘야 한다. '자강과 균세'를 추진하는 19세기의 근대적 주인공에 머무르지 않고 한 걸음 더 나아가서 복합외교를 추진해야 한다. 무엇보다도 지난 70여 년간 심화되어온 한미일 그물망과 최근 20년 동안 눈부시게 확장된 한중 그물망을 연결하여 2중 그물망을 짤 수 있도록 노력해야 한다. 그와 동시에 중진국으로서 아태 질서의 대국과 비대국을 연결하는 핵심적 역할을 해야 한다. 더불어 한국은 정보기술의 세계 선두주자의 일원으로서 그물망 국가를 넘어선 초유동체 국가로서 아태 질서의 동서남북 사방에 무소부재하는 새로운 문명표준을 보여줄 수 있도록 노력해야 한다.

한국은 아태 질서의 새로운 문명표준으로서 다보탑 같은 3층 복합무대의 건축을 선도해야 한다. 한국은 아태 안보질서의 대표적 갈등문제의 하나인 북한 핵의 비핵화를 한반도 평화체제와 아태 평화체제의 결합으로 풀어내야 하며, 더 나아가서는 미중의 지역갈등을 완화하고 비대국들의 생존을 확보하는 데 기여해야 한다. 또한 한국은 아태 경제질서 아래 미국과 중국이 무역, 금융, 생산, 신경제에서 벌이고 있는 경쟁이 개별 국가와 아태 경제의 갈등으로 치닫지 않도록 노력해야 한다.

그리고 근대 국제질서의 과도한 민족주의적 악영향을 개선하기 위해서 한국은 아태의 문화무대에서 국가, 아태, 지구의 복합정체성을 키워 당면한 한일, 한중 간의 감정의 국제정치적 갈등을 완화하고, 더 나아가서는 미래지향적 표준을 제시해야 한다. 또한 근대 국제질서의 전형적 자기모순인 생태 불균형 문제를 풀기 위해서 아태의 생태 선진국으로 역할을 수행해야 한다. 정보기술의 일원인 한국이 아태 질서의 21세기 기반 무대로 급부상하고 있는 정보지식 무대의 건축에서 핵심적 역할을 담당해야 한다. 마지막으로 아태 통치질서에서 국가 연합이나 연방의 가능성이 없는 상황하에, 한국은 대국과 중진국과 비대국이 공치할 수 있는 정교한 무대를 건축하는 데 기여해야 한다.

아태 질서의 주인공들이 공생하면서 복합무대에서 자조(自助), 협력, 공진(coevolution, 共進)의 연기를 펼치고 있다. 근대 국제질서의 주인공들은 전형적으로 자기의 생존과 번영만을 우선시하는 늑대의 연기를 펼쳤다. 그러나 정보기술 혁명으로 지구가 급속도로 상호 연결되면서, 주인공들은 공간을 넓게 쓰기 위해 끊임없이 그물을 치는 거미의 연기 가능성을 확장하고 있다. 한국이 아태 질서에서 새로운 연기의 문명표준으로서 한류를 전파하려면 3층 다보탑 복합무대에서 늑대거미처럼 그물망 국가의 연기를 펼쳐야 하며, 더 나아가서는 복합 유동체 국가의 연기를 보여줘야 한다. 그리하여 지나치게 좁은 근대 민족주의와 너무 넓은 지국주의의 한계를 보완할 수 있는 아태 복합질서를 건축할 수 있다면, 세계의 다른 주인공들도 아태 질서를 미래문명의 새로운 표준으로 채택하게 될 것이다.

제2장

김상배 (서울대학교 정치외교학부 교수)

신흥 무대 미중 경쟁의 정보세계정치

분석 틀의 모색

1. 머리말

최근 정보통신기술(ICT) 발달이 가져오는 변화에 대한 논의가 활발히 진행되고 있다. 그중에서도 가장 큰 화두를 고르라면, 아마도 다보스 포럼에서 문제 제기를 해서 유명해진 4차 산업혁명과 인공지능 알파고와 프로기사 이세돌의 바둑 대결로 주목을 끈 인공지능(AI)을 들 수 있을 것 같다. 이 밖에도 수년 전부터 소셜 네트워크 서비스(SNS), 빅데이터, 사물인터넷(IoT), 클라우드 컴퓨팅, 가상현실(VR) 또는 증강현실(AR), 3D 프린팅, 로봇, 자율 주행차, 드론 등 각기 다른 이름으로 ICT의 발달이 창출하는 인터넷과 사이버 공간의 약진에 대한 논의가 뜨겁다. 또한 바이오·나노 기술까지 가세하면서 소재과학, 유전자 가위, 양자 컴퓨터, 블록체인 등의 기술에 대한 관심도 커지고 있다. 이러한 첨단기술들이 발전·융합·확산되면서 현재와 미래의 모든 산업과 비즈니스 모델의 혁신 초래 가능성이 커지고 있으며, 경제, 사회 전반을 크게 변화시키고 더 나아가 우리의 삶에 전례 없는 변화를 야기할 가능성이 거론되고 있다. 무엇이라 부르던 간에 기술 변화로 인해 주위의 물적·지적 조건이 크게 변하면서 우리가 앞으로 살아갈 새로운 삶의 무대, 즉 신흥 무대가 펼쳐지고 있음은 분명해 보인다. 이렇게 신흥 무대에서 벌어지는 경쟁과 협력의 문제는, 단순히 기술공학과 경제·경영학의 관심사에만 그치는 것이 아니라, 국제정치학의 관심사이며, 21세기의 미래를 풀어나갈 한국의 국가전략 이슈이다.

국제정치학의 시각에서 볼 때, 신흥 무대라 함은 기존의 군사·경제 영역 이외에 새로운 세계정치 경쟁과 협력이 벌어지는 기술, 정보, 지식, 문화, 커뮤니케이션 등의 영역을 뜻한다. 이는 새로운 권력정치의 무대라는 점에서 신흥 권력의 무대이기도 하다. 이 글에서 다루는 주제에 좀 더 초점을 맞추어 말하면, 이러한 무대는 우리 삶의 여러 영역 가운데 가장 빠르게 성장하면서 여타 부문의 성장을 추동한다는 의미에서 본 신흥 선도부문(emerging leading sector)이다. 이러한 신흥 선도부문은 새로운 기술의 발달과 이로 인해 가능해진 인간들의 네트워크, 그리고 거기서 창출되는 새로운 공간으로서 사이버 공간을 매개로 최근 급부상하고 있다. 여기서 사이버 공간이란 단순한 기술과 산업공간의 의미를 넘어서 온라인 공간과 오프라인 공간의 '복합공간'으로 부상하고 있는 21세기 세계정치의 공간이다. 예를 들어 ICT 부문의 기술혁신 경쟁, 전자상거래의 무역질서, 온라인 금융의 핀테크, 개인정보의 보호와 빅데이터 및 정보주권 논란, 디지털 외교와 매력 네트워크 등의 신흥 이슈들이 점점 더 중요한 국제정치학의 연구 어젠다로 떠오르고 있다. 이러한 문제의식을 바탕으로 이 글은 신흥 선도부문에서 벌어지는 미중 경쟁의 현재와 미래를 분석·전망하고자 한다.

최근 국내외 국제정치학계에서는 21세기 글로벌 패권을 두고 벌이는 미중 경쟁의 판세와 전망에 대한 연구가 활발히 이루어지고 있다. 미중 경쟁은 두 강대국의 경쟁이라는 단순한 차원을 넘어서 21세기 글로벌 패권 경쟁과 거기서 파생되는 권력구조 변환이라는 복합적인 의미를 갖고 있다. 그러나 신흥 무대에 주목하는 이 글의 시각에서 보면, 미중 경쟁에 대한 학계의 관심이 군사력이나 경제력과 같은 기성무대에서의 경쟁에만 초점을 두고 있어 다소 아쉽다. 세상이 아무리 변해도 부국강병 게임의 승리가 글로벌 패권의 향배를 결정하는 중요한 변수인 것이다. 그러나 글로벌화, 정보화, 민주화 등의 복합적인 변환을 겪고 있는 오늘날, 기성무대에서의 승부만으로 전체 무대의 판세를 가늠하려는 시도는 너무 단순하다고 하지 않을 수 없다. 특히 새로운 기술발달로 인해 복잡한 환경에서 벌어지는, 21세기 세계정치에서는 기성무대 자체도 복잡해질 뿐만 아니라 기존 국제정치의 경계를 넘어서는 새로운 권력무대들이 창발하고 있기 때문이다. 따라서 신흥 무대에서 벌어지는 경쟁의 동향을 아는 것은 그 자체의 의미뿐만 아니라 기성무대에 미치는 영향을 이해하는 데 중요하다고 말하지 않을 수 없다.

사실 해당 시기의 신흥 선도부문에서 벌어지는 강대국들의 경쟁은 국제정치 구조의 변동을 극명하게 보여주는 사례라는 점에서 국제정치 이론의 오래된 관심사 중 하나였다. 예를 들어 역사적으로 글로벌 경제의 선도부문에서 나타났던 경쟁력의 향배는 글로벌 패권의 부침과 밀접히 관련된 것으로 알려져 있다(Gilpin, 1987; Thompson, 1990; Modelski and Thompson, 1996). 가장 비근한 사례로는 20세기 전반 전기공학이나 내구 소비재 산업, 또는 자동차 산업 등을 둘러싸고 벌어진 영국과 미국의 패권경쟁을 들 수 있다. 좀 더 가까이는 20세기 후반 가전산업과 컴퓨터 하드웨어 및 소프트웨어 산업에서 벌어진 미국과 일본의 패권경쟁을 들 수 있다. 이러한 연속선상에서 21세기 선도부문인 정보산업 분야에서의 미국과 중국의 패권경쟁도 이해할 수 있다(Dynkin and Pantin, 2012; 김상배, 2012). 특히 미중 경쟁의 미래를 판별하는 잣대가 될 ICT 분야의 경쟁은 예전의 선도부문에서 나타났던 것과는 다른 양식의 새로운 권력게임의 출현이 예견된다는 점에서 더욱 주목을 끌고 있다.

이 같은 맥락에서 이 글은 신흥 선도부문으로서 ICT 산업에서 미국과 중국 간에 벌어지는 복합적인 경쟁의 현재와 미래를 보는 새로운 이론적 시각을 모색하고자 한다. 신흥 선도부문의 경쟁은 단순히 시장점유율이나 기술혁신을 놓고 벌이는 자원권력 게임이 아니라 표준의 장악과 매력의 발산, 규모의 변수와 체제의 성격까지도 관련되는 '플랫폼 경쟁'이다. 여기서 플랫폼 경쟁은 기술이나 제품의 양과 질을 놓고 벌이는 경쟁이 아니라, 판을 만들고 그 위에 다른 행위자들을 불러서 활동하게 하고 거기서 발생하는 규모의 변수를 활용하여 이익을 취하는 경쟁의 양상이다. 주로 컴퓨팅이나 인터넷, 그리고 좀 더 넓은 의미에서 본 네트워크 분야에서 원용된 개념으로 ICT의 발달로 대변되는 기술 변화를 밑바탕으로 변환을 겪고 있는 세계정치 분야에도 적용해보려고 한다. 특히 이 글은 이러한 플랫폼 경쟁의 개념을 기술 - 표준 - 매력의 세 가지 문턱에서 벌어지는 규모의 게임을 파악하기 위해서 제시했다. 이러한 플랫폼 경쟁에서는 국가 행위자들만의 경쟁이 아니라 민간기업이나 ICT 사용자로 대별되는 비국가 행위자들의 역할이 중요하다. 또한 이러한 경쟁의 결과는 기존의 세력전이 이론이 상정하는 것과 같은 단순한 권력이동 구도가 아니라 복합적인 '세력망(network of powers)'의 재편을 논한다는 점에서 현재 벌어지고 있는 미중 경쟁의 신흥권력 경쟁으로서의 성격을 잘 담아낸다(김상배, 2014).

이 글은 크게 네 부분으로 구성되었다. 제2절은 신흥 선도부문에서 벌어지는 미중 플랫폼 경쟁의 분석 틀을 기술경쟁, 표준경쟁, 매력경쟁의 세 가지 차원에서 제시하고 그 이면에서 작동하는 규모와 체제라는 변수의 이론적 의미를 설정했다. 제3절은 기술경쟁의 시각에서 제조업과 네트워크의 문턱에서 벌어지는 미중 경쟁의 복합적인 양상을 검토했으며, 네트워크 아키텍처 담론 경쟁의 시각에서 본 미국과 중국의 전략을 탐색했다. 제4절은 표준경쟁의 시각에서 컴퓨터와 모바일 운영체계 분야의 표준경쟁에서 벌어진 미국에 대한 중국의 도전을 살펴보고 최근 급부상 중인 인터넷 정보 서비스 분야에서의 미중 플랫폼 경쟁의 양상을 살펴보았다. 제5절은 매력경쟁의 시각에서 영화산업이나 디지털 콘텐츠 산업 분야에서의 미중 경쟁을 살펴보고, 좀 더 넓은 의미에서 본 규범외교나 제도모델 경쟁의 분야에서 나타나는 미중 경쟁을 살펴보았다. 맺음말에서는 이 글의 주장을 요약하고 신흥 선도부문의 미중 플랫폼 경쟁 와중에 한국이 모색할 '플랫폼 전략'의 방향과 내용을 간략히 짚어보았다.

2. 플랫폼 경쟁의 이론적 분석 틀[1)]

1) 기술-표준-매력의 3단 문턱

최근 신흥 선도부문의 경쟁은 단순히 값싸고 좋은 반도체, 성능 좋은 소프트웨어나 컴퓨터, 빠르게 접속되는 인터넷 등을 만들기 위해서 벌였던 예전의 경쟁과는 다른 면모를 보이고 있다. 다시 말해, 제품경쟁이나 기술경쟁처럼 어느 기업이나 국가가 자원을 확보하거나 역량을 기르는 차원의 경쟁을 넘어선다. 물론 이러한 경쟁에서 이기기 위해 충분한 자본과 첨단의 기술력을 확보하는 것이 중요하다는 사실은 부인할 수 없다. 그러나 복합적인 네트워크와 미디어 융합 환경에서 벌어지는 ICT 분야의 경쟁은 시장의 표준을 장악하는 것뿐만 아니라 소비자들의 취향을 만족시키기 위해서 매력을 발산하는 능력을 갖추는 것도 매우 중요하다. 요컨대, 선도부문의 경쟁은 자본과 기술의 평

1) 이 절에서 다룬 플랫폼 경쟁의 분석 틀에 대한 개념적 논의는 김상배(2017: 102~106)의 내용을 수정·보완하여 재구성했다.

그림 2-1 플랫폼 경쟁의 이론적 분석 틀

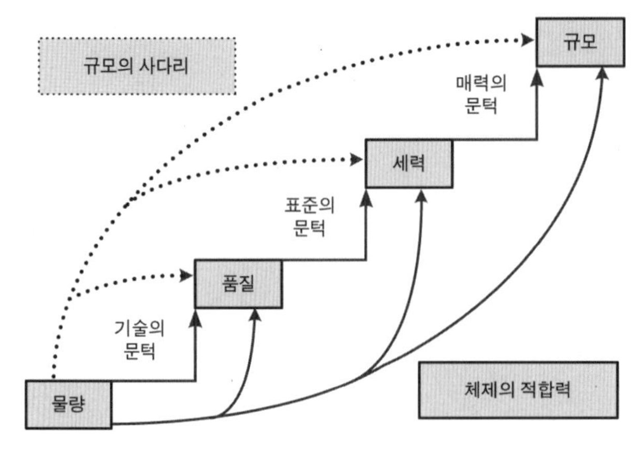

자료: 김상배(2017: 103) 일부 수정.

면적 경쟁을 넘어서 시장의 표준과 내용적 매력을 장악하기 위해 벌어지는 플랫폼 경쟁의 양상을 드러내고 있다.

이 글은 선도부문의 플랫폼 경쟁을 체계적으로 이해하기 위해서, 그림 2-1에서 보는 바와 같이, 기술혁신, 표준설정, 매력발산 등으로 요약되는 '3단 문턱'의 분석 틀을 제시했다. 이러한 세 가지 문턱은 논리적 설정이기도 하지만 지난 40여 년간 약 15년을 주기로 부상했던 (넓은 의미에서 본) ICT 분야 경쟁양식의 변천을 보여준다. 20세기 중후반 이래 (약간의 우여곡절은 있었지만) 대체적으로 미국은 이들 문턱을 모두 장악하고 선도부문의 혁신을 주도했다. 1980~1990년대 ICT 패러다임의 하드웨어 분야 기술경쟁에서 일본이 미국의 기술패권을 바싹 추격했었지만, 1990~2000년대 ICT의 초점이 소프트웨어와 인터넷 분야의 표준경쟁으로 옮겨 가면서 미국은 일본의 추격을 따돌리고 주도권을 되찾았다. 2010년대 이후 서비스와 콘텐츠의 매력경쟁에서도 미국이 주도권을 잡고 있는 가운데 중국이 도전장을 내밀고 있는 것으로 파악된다. 그렇다면 향후 20여 년간 펼쳐질 것으로 예상되는 새로운 경쟁의 국면에서 중국은 3단 문턱을 넘어서 미국의 주도권에 도전할 수 있을까?

첫째, 중국은 '물량'에서 '품질'로 가는 기술의 문턱을 넘어설 수 있을까? 기술의 문턱은, 토지, 노동, 자본의 생산요소를 투입하는 양적 성장을 넘어서 기술혁신을 통해 질적 경쟁력을 확보하는 문제를 의미한다. 일찍이 미국의 경제학자인 폴 크루그먼(Paul Krugman)이 1990년대 이전에 양적 성장을 이룩해온 동아시아 국가들이 넘지 못할 것이라고 지적했던 기술혁신의 문턱이기도 하다(Krugman, 1994). 이러한 기술의 문턱을 넘는 문제는 20세기 후반 미국과 일본이 벌였던 산업경쟁의 핵심이기도 했다. 마찬가지로 오늘날 미중 경쟁의 기저에도 이러한 기술의 문턱을 넘는 문제가 관건이 된다. 여태까지 중국의 성장이 생산요소 투입에 의한 양적 성장에 크게 의존했다면 앞으로는 기술혁신을 통한 질적 성장을 이룩해야만 할 것이다. 다시 말해, 중국이 추격게임을 넘어서 선도게임을 벌이기 위해서는 반드시 넘어야 할 문턱이다. 이러한 과제는 선도부문의 플랫폼 경쟁에서도 관건이 될 것이다.

둘째, 중국은 '품질'에서 '세력'으로 가는 표준의 문턱을 넘어설 수 있을까? 표준의 문턱은 단순한 기술혁신의 문제를 넘어 게임의 규칙과 제도를 설정하는 문제를 의미한다. 표준의 문턱을 넘는 일은 좋은 품질의 제품이 아니더라도 많은 이들에 의해서 채택되는 게 중요하다는 의미에서 '세력'의 문제이다. 표준은 하드웨어 분야보다도 소프트웨어 분야에서 더욱 문제시된다. 1990년대 제조업 분야의 성공을 바탕으로 미국의 패권에 도전했던 일본은 결국 소프트웨어 분야에서는 표준의 문턱을 넘지 못하고 좌절했다. 중국도 ICT 분야에서 표준의 중요성을 일찌감치 깨닫고 컴퓨터 소프트웨어나 모바일 분야를 중심으로 독자표준을 수립하기 위해 노력해왔다. 그러나 중국 표준은 여전히 중국 내에서만 통하는 정도였고 글로벌 표준이 되지는 못했다. 이러한 표준의 문턱은 단지 기술표준의 문제를 넘어서 비즈니스 모델이나 정책이나 제도 또는 가치 등의 표준에까지 미친다.

끝으로, 중국은 '세력'에서 '규범'로 가는 매력의 문턱을 넘어설 수 있을까? 매력의 문턱은 단순히 구조와 제도를 장악하는 차원을 넘어서 설득과 동의를 바탕으로 한 규범을 설정하는 문제를 의미한다. 하드웨어 중심의 제조업과는 달리 최근 더 그 의미가 부각되고 있는 정보·문화 산업의 경우에는 상대방의 마음을 얻는 콘텐츠를 생산하고 이것으로 누가 더 많은 감동을 만들어낼 수 있느냐가 관건이다. 단순히 감각적 감동이나 지적 감동만이 아니라 마음의 감동을 끌어내는 것이 중요하다. 더 나아가 매력적인 콘텐츠만 생산하는 것이 아니라 이를 전파하고 소통하는 문제도 중요하며, 이를 다루는 국가의 제도와 문화가 얼마나 본받을 만한가의 문제도 중요하다. 이런 점에서 보면 매력의 문턱은 보편적 가치관과 세계관을 포함하는 규범의 설립문제를 의미한다. 기술이나 표준의 경우와 마찬가지로 이러한 매력의 문턱도 아직까지는 미국이 장악하고 있다. ICT 분야에서 중국이 벌이는 도전은 이러한 매력의 문턱을 넘어서야 하는 과제를 안고 있다.

이상에서 언급한 기술경쟁, 표준경쟁, 매력경쟁은 전자가 후자를 순차적으로 대체하면서 출현하는 것이 아니라 역사의 전개와 함께 축차적으로 중첩되면서 동시에 발생한다. 그러나 ICT 패러다임이 진화하면서 경쟁의 종합성적을 결정하는 가중치를 지닌 무게 중심이 후자로 이동하고 있음에 주목해야 한다. 다시 말해, ICT 산업이 확대·발전하면서 그 핵심이 하드웨어에서 소프트웨어로, 그리고 서비스와 콘텐츠로 이동하고 있다. 앞으로도 대략 2020년대 초중반을 기점으로 15년 주기의 새로운 양식의 게임이 출현할 것으로 예상된다. 따라서 선도부문에서의 경쟁이 갖는 국제정치학적 함의를 떠올리면 미래의 패러다임에서 무엇이 선도부문으로 부상할 것인지, 그 선도부문에서는 어떠한 경쟁양식이 지배적일 것인지, 그리고 여기에 누가 더 잘 적응할 것인지를 미리 읽어내는 것이 중요하다.

2) 규모와 체제의 변수

신흥 선도부문의 미중 플랫폼 경쟁을 제대로 전망하기 위해서는 일차적으로 앞서 설명한 3단 문턱에서의 경쟁의 향배를 살펴보는 것이 중요하다. 그런데 오늘날 ICT 분야에서 벌어지고 있는 경쟁의 양상을 보면, 3단 문턱을 보완하는 새로운 변수에 대한 검토도 필요하다. 왜냐하면 네트워크 환경에서 벌어질 신흥 선도부문의 경쟁이 과거와 같은 단선적 경로(기술-표준-매력 경쟁으로 이어지는 그림 2-1 중앙의 계단형 굵은 실선 화살표)만을 따라서 발생하리란 보장은 없기 때문이다. 네트워크와 미디어 융합의 시대를 맞이하여 유례없이 이른바 '규모(scale)의 변수'를 놓고 벌이는 경쟁이 중요해지고 있다. 웹 1.0과 웹 2.0의 논의에 비유해보면, 기술 – 표준 – 매력의 문턱을 넘는 게임이 '선도부문 경쟁 1.0'이라고 한다면, 그림 2-1에서 묘사한 '규모의 사다리'는 '선도부문 경쟁 2.0'(그림 2-1 상단의 반타원형 점선 화살표)이라고 부를 수 있을 것이다. 이러한 규모의 경쟁에서는 '더 좋은(better)' 게 이기는 것이 아니라, '더 큰(bigger)' 것이 승리한다. 게임의 기본 논리가 자원권력의 게임이 아니라 신흥 권력으로서 '네트워크 권력'의 게임이기 때문이다.

실제로 네트워크와 미디어 융합을 특징으로 하는 ICT 분야에서는 질적으로는 부족하더라도 양적으로 많이 모여서 큰 규모를 이루고 이를 바탕으로 '기술'과 '표준'과 '매력'의 문턱을 넘는 일이 생길 수 있다. 이는 양적 증대가 질적 변화를 야기하는, 이른바 양질전화(量質轉化)의 발생을 뜻한다. 여기서 관건은 단지 숫자만 많다는 것이 아니라 작은 단위들이 중첩적으로 관계를 맺으면서 중간 단위와 대단위로 사다리를 타고 올라가 임계점을 넘어서게 되면서, 작은 단위에서는 볼 수 없었던 새로운 패턴이 창발하는 문제이다. 단순한 제품경쟁이나 기술경쟁과 같은 자원권력 게임이 아니라 표준경쟁이나 매력경쟁과 같은 네트워크 권력 게임이 발생하는 신흥 선도부문 산업의 경우, 이러한 '규모의 사다리'는 승패를 결정하는 큰 변수로 작동할 수 있다. 이러한 관점에서 보면, 중국이 인터넷 분야에서 규모의 힘을 바탕으로 정상적인 3단 문턱의 게임을 우회하여 새로운 표준과 매력을 장악할 가능성이 없지 않다. 여기서 더 주목해야 할 사실은 규모의 게임에서는 국가 행위자보다 기업이나 네티즌 같은 비국가 행위자들이 더 중요한 역할을 담당할 수도 있다는 사실이다.

좀 더 구체적으로 이러한 규모의 논리는 기술 - 표준 - 매력 경쟁의 양식에 각기 투영되면서 새로운 변화의 단초를 이끌어내고 있다. 예를 들어 기술경쟁의 경우 자체적인 기술혁신을 통해서 품질의 우위를 획득하는 것이 통례이지만, '규모의 경제'의 힘에 기댄 투자, 인수, 합병, 합작, 매입 등을 통해서도 기술의 문턱을 넘을 수 있다는 것은 이미 잘 알려진 사실이다. 표준경쟁의 경우를 보더라도, 초창기 ICT 산업에서는 주로 생산자가 주도하여 위로부터 표준을 세우는 것이 일반적 사례였다면, 오늘날 네트워크 시대에는 사용자들의 규모에서 비롯되는 아래로부터의 힘을 고려하지 않으면 제 아무리 지배적인 사업자라도 시장에서 표준을 장악하지 못하는 상황이 발생하곤 한다. 마찬가지로 매력경쟁의 경우에도 과거에는 '모두를 감동시키는' 좋은 콘텐츠를 생산해서 파는 것이 주안점이었다면, 오늘날에는 맞춤형 콘텐츠를 공유하는 사용자들이 모이는 플랫폼을 제공하고 그 플랫폼 위에 모이는 사용자들을 활용하여 또 다른 가치를 창출하는 새로운 비즈니스를 벌이는 것이 관건이 되고 있다.

이러한 규모의 변수와 더불어 신흥 선도부문의 경쟁을 입체적으로 이해하기 위해서는 이른바 '체제의 걸림돌'이라는 변수를 놓치지 말아야 한다. 이는 **그림 2-1**에서 묘사한 바와 같이, 규모의 사다리와는 반대 방향에서 작동하는 '체제의 적합력(fitness)'이다(그림 2-1 하단의 반타원형 가는 실선 화살표). 이러한 체제요인은 새로운 변수라기보다는 전통적으로 작동해왔던 변수라고 할 수 있다. 굳이 명명하자면, 앞서 언급한 '선도부문 경쟁 1.0'과 '선도부문 경쟁 2.0' 사이에서 결과 값의 내용에 영향을 미치는 매개변수라는 의미로 '선도부문 경쟁 1.5'라고 부를 수 있다. 여기서 주목할 점은 앞서 설명한 경쟁의 양식들이 주로 민간기업이나 소비자 또는 사용자들에 의해서 추동되었다면, 체제의 적합력을 확보하기 위한 경쟁에서 주요 행위자는 국가라는 점이다. 이 글이 상정하고 있는 국제정치학의 시각에서 볼 때, 기술-표준-매력의 문턱을 넘기 위해서 또는 규모의 사다리를 제대로 타고 올라가기 위해서는 새로운 환경 변화에 적응하여 기존의 정책과 제도를 효과적으로 변화시킬 수 있는 국가의 능력, 즉 환경의 변화에 적응하는 능력으로서 적합력을 얼마나 보유하고 있느냐가 관건이 된다.

예를 들어 1980~1990년대 ICT 패러다임 아래 일본이 미국을 성공적으로 추격할 수 있었던 주요 요인 중 하나는 이른바 '발전국가 모델'로 대변되는 일본의 체제 변수였다. 그러나 기존의 하드웨어 산업이 아닌 소프트웨어와 인터넷을 선도부문으로 하는 표준경쟁의 국면에 이르러서는 일본 모델로 대변되는 체제 변수가 새로운 경쟁력을 창출하는 데 오히려 걸림돌로 작동했다. 이에 비해, 한때 쇠퇴하는 것처럼 보였던 미국의 패권이 다시 부활의 길로 복귀하게 된 데는 실리콘밸리 모델로 대변되는 미국 체제의 적합력이 큰 역할을 했다. 이러한 시각에서 보면, 오늘날 신흥 선도부문의 경쟁에서도 주도국인 미국이나 도전국인 중국의 체제가 보유하고 있는 적합력이 관건이 되지 않을 수 없다. 그렇다면 현재 중국 체제에서 신흥 선도부문 경쟁을 뒷받침할 정도의 적합력을 기대할 수 있을까? 미래의 ICT 분야 경쟁을 전개해나가는 데 있어서 중국이 여태까지 취해온 국가주도 모델이 계속 효과를 발휘할 것인가, 아니면 오히려 걸림돌로 작동할 것인가?

요컨대, 신흥 선도부문에서 벌어지는 미중 플랫폼 경쟁은 앞서 언급한 3단 문턱의 경쟁, 즉 기술-표준-매력 경쟁의 종합적 결과에 의해서 판가름 날 것이다. ICT 산업의 역사를 보면 이러한 3단 문턱의 경쟁은 일종의 '상수'라고 할 수 있다. 그러나 앞서 언급한 규모의 사다리와 체제의 적합력이 '변수'로 작동할 것이다. 특히 앞으로 출현할 미래 기술 패러다임에서는 이러한 '변수'가 더 중요한 역할을 할지도 모른다. 왜냐하면 ICT 산업의 경쟁은 전통적인 국가 행위자들만의 게임이 아니고 국가-비국가 복합 행위자들이 벌이는 게임이기 때문이다. 게다가 이러한 경쟁의 결과는 자원권력 게임에서 보는 것과 같은 단순한 권력 이동과 수평적 세력 전이보다는 좀 더 복합적인 모습으로 나타날 가능성이 높다. 다시 말해, 경쟁의 분야별로 주도권의 패턴이 교차되고 경쟁과 협력이 동시에 진행되면서 형성되는 공생적 경쟁의 세력망이 출현할 가능성이 커 보인다.

3. 기술 문턱의 미중 플랫폼 경쟁

미중 플랫폼 경쟁이 벌어지는 기술의 문턱은, 그림 2-2에서 보는 바와 같이 적어도 두 가지의 하위 문턱으로 나눌 수 있다. 그중 하나는 '제조업 문턱'인데, 반도체, 컴퓨터, 스마트폰, 정보가전, AI 등과 같은 하드웨어/소프트웨어 분야의 제품생산력과 기술혁신력이 이러한 문턱을 넘는 경쟁의 관건이 된다. 다른 하나는 '네트워크 문턱'이라고 부를 수 있는데, 개별 기기의 생산 차원을 넘어서 다양한 기기들이 상호 연결된 인프라 환경에서 이해되는 네트워크 장비나 서버 및 센서 등과 같은 분야의 기술혁신력이 경쟁의 핵심이 된다. 최근에는 유무선 인터넷 이외에도 이른바 IoT 관련 기술혁신이 주목을 받고 있다. 이러한 제조업이나 네트워크와 관련된 기술 문턱의 이면에는 투자, 인수, 합병, 합작, 매입 등을 통해 기술력을 획득하는 '규모'의 변수도 작동할 뿐만 아니라, 기술혁신을 북돋우거나 혹은 제약하는 정부정책이나 제도적 여건 등과 같은 '체제의 적합력'의 변수도 겹쳐진다.

그림 2-2 기술 문턱의 플랫폼 경쟁

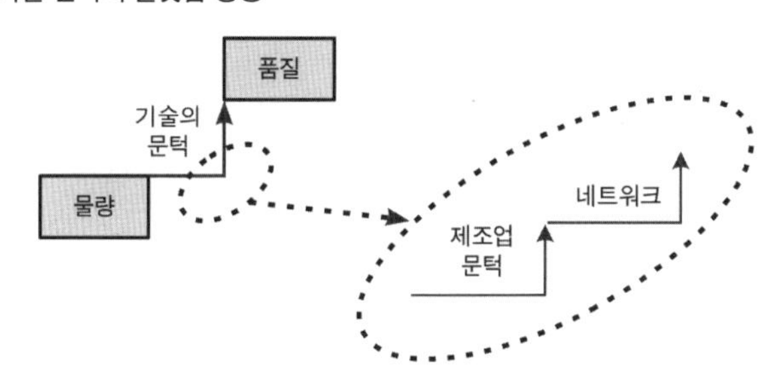

1) 제조업 문턱과 네트워크 문턱

첫 번째 제조업 문턱에서의 경쟁력을 재는 잣대로서 한때 반도체 분야의 기술혁신이 주목을 받았다면, 이와 더불어 최근에는 스마트폰이 관심대상이 되고 있다. 최근 샤오미, 화웨이 등 모바일 기기 업체들이 저가 스마트폰을 앞세워 중국 내뿐만 아니라 글로벌 시장을 공략하고 있다. 자율 주행차, 드론, AI 등과 같은, 이른바 4차 산업혁명과 관련된 분야에서 중국의 기술력도 급성장하고 있다. 특히 스마트 공장으로 알려진 사이버 물리 시스템(CPS: cyber physical systems) 기반 제조업 분야에서 중국의 기술력은 최근 상당한 정도로 성장하고 있는 것으로 알려져 있다. 또한 슈퍼컴퓨터 분야에서 중국의 기술력을 보면 미국 기업들을 제치고 지난 3년간 중국 기업들이 우위를 점하고 있다. 2016년 6월, 1위는 중국 기업 선웨이 타이후 라이트(중국산 칩 사용)이고, 2위는 중국 기업 텐허 2(인텔칩 사용)이며, 3위와 4위로는 미국 기업인 타이탄과 세코이어가 뒤를 잇고 있다(김준연, 2017).

AI는 제조업 문턱뿐만 아니라, 다음에서 살펴볼 다른 문턱에서의 경쟁을 예견한다는 점에서 최근 관건이 되고 있다. 국가별 AI 관련 기술특허 출원 수를 보면, 미국과 중국은 각각 9786건(28%)과 6900건(20%)을 차지했고, 기업별로는 IBM 2399건, 구글 2171건, 마이크로소프트 1544건에 이어, 바이두 446건, 알리바바 384건, 텐센트 201건 등이다. 미국이 빅데이터나 알고리즘 등 AI에 결합할 기술 개발에 주력해온 반면, 기술 기반이 여전히 취약한 중국은 주로 비즈니스 라이브앱(LiveApp) 관련 기술에 편중되어 있다. 최근 중국 기업들은 국가대표급 AI 연구소 설립을 발표하고 있는데, 바이두는 2014년 미국 실리콘밸리에 3억 달러를 투자하여 200명으로 구성된 AI 연구소를 설립하고 구글의 AI 연구를 주도한 앤드류 응(Andrew Ng) 등을 영입하여 화제가 되었다. 그리고 미국에서 자율 주행차를 시험 주행하고 2020년에는 대량 생산할 계획을 밝혔고, AI와 공상과학소설(SF)을 결합한 베른 프로젝트에 착수했다. 또한 알리바바도 중국 최초로 시각화 컴퓨터 클라우딩 지능 플랫폼인 DIPAI를 출시했으며, 텐센트는 글 쓰는 로봇인 드림라이터(Dreamwriter)를, 커다쉰페이는 음성과 언어 분야에서 핵심 기술을 축적 중인 것으로 알려졌다.

두 번째 네트워크 문턱의 경쟁에서 가장 큰 쟁점은 역시 중국 내에서 60~80%의 점유율을 보이고 있는, 미국의 통신장비 업체 시스코이다. 2012년 말

시스코는 금융업계에서 70% 이상의 점유율을, 해관·공안·무장경찰·공상·교육 등 정부기관에서는 50% 이상의 점유율을, 철도 시스템에서는 약 60%의 점유율을 차지했다. 민간항공·공중 관제 백본 네트워크에서는 전부 시스코의 설비를 사용하고 있고, 공항·부두·항공에서 60% 이상의 점유율을, 석유·제조·경공업·담배 등의 업계에서도 60% 이상의 점유율을 차지하고 있다. 심지어 중국 내 상위 20개 인터넷 기업들에서 시스코 제품이 차지하는 비율은 약 60%에 해당되고, 방송국과 대중매체 업계에서는 80% 이상이다. 인터넷랩의 창시자인 팡싱둥(方興東)은 "시스코가 중국 경제의 중추신경을 장악하고 있어 미국과 중국 간에 충돌이 발생하면 중국은 저항할 능력이 없을 것"이라고 지적했다(新浪网, 2012.11.27). 이러한 상황에서 '스노든 사건' 이후 시스코가 중국 정부의 견제를 더욱 많이 받게 되었다.

최근 네트워크 문턱의 경쟁에서 관건이 된 것은 IoT 관련 기술을 누가 주도하느냐의 문제이다. IoT 경쟁은 주로 인프라 및 플랫폼 구축, 다양한 영역에서의 기기 개발, 데이터의 활용 등 세 가지 영역에서 주도권을 다투는 방식으로 진행되고 있다. IoT를 주도하는 주체가 누구냐에 따라서 각기 다른 플랫폼을 구축하고 이를 바탕으로 상이한 IoT 생태계가 창출될 가능성이 크다. 이러한 IoT 경쟁에서 누가 승자가 될지는 아직 미지수이다. 적어도 현재 발견되는 경쟁구도에서는 IoT 서비스의 주도권을 미국의 인터넷 플랫폼 기업들(구글, 애플 등)과 솔루션 기업들(IBM, 오라클 등)이 쥐고 있는 가운데, 가전·자동차·반도체 등의 하드웨어 제조 역량을 보유하고 소프트웨어 역량을 강화하고 있는 독일·일본·중국·한국 등의 제조업체들과 각국의 네트워크 인프라를 장악한 통신사들이 추격하는 양상으로 나타나고 있다(박경수·이경현, 2015).

제조업과 네트워크 분야에서는 양적 측면에서 본 기술력 이외에도 규모의 사다리가 작동한다. 거대한 중국 시장의 규모를 배후로 하여 합작기업 설립이나 인수합병을 추진하는 중국 기업들의 행보에 주목할 필요가 있다. 예를 들어 가전업체였던 중국 메이디 그룹은 2016년 4월 산업용 로봇의 도입을 통한 스마트 공장을 건설하기 위해 유럽 시장 점유율 1위인 독일의 로봇기업 쿠카를 인수했다. 기술력 도입의 초기단계에서는 학습을 통해 습득했지만, 일정 정도의 수준에 이르고 난 후에는 굳이 기술을 도입하려고 시도하기보다 아예 인수합병이라는, 사다리를 타고 오르는 전략을 취한 것이다(김준연, 2017). 앞서 언급한 AI 분야의 사례처럼 첨단 분야의 고급 인재를 거액의 연봉으로 스카우트하는 전략도 취한다. IoT 산업의 경우에도 중국은 거대한 내수 시장에 기반을 둔 이점이 있으며, 급속한 경제성장으로 IoT 분야 신기술 도입을 위한 좋은 조건을 갖게 되었다. 중국 정부의 전폭적인 지원 아래 중국의 IoT 시장규모는 2012년에 2011년보다 38.6% 성장한 3650억 위안을 기록했다. 2020년에는 1조 위안 규모를 돌파할 것으로 예상되고 있다.

궁극적으로 제조업/네트워크 문턱에서 중국의 성공 여부는 체제의 적합력으로 판결날 것이다. 업계의 과감한 도전에 대해 중국 정부는 13차 5개년 계획, 인터넷 플러스, 중국제조 2025, AI 액션플랜 등과 같은 정책으로 지원하고 있다. 인터넷 플러스의 경우, 인터넷과 AI의 융합을 포함한 11대 중점과제를 추진하고 있다. 중국제조 2025의 경우, ICT와 로봇과 전기차 등 10대 전략산업 육성을 통해 2025년 제조강국으로의 도약이 목표이다. AI 액션플랜의 경우, 2018년까지 글로벌 수준의 AI 기업 육성을 위한 혁신적 생태계 조성을 추진하고 있다. 또한 중국은 일찍이 IoT 산업 활성화를 위해 산업단지를 전국 각지에 세우는 등 정부 차원에서 정책적인 지원을 아끼지 않았다. 2009년 우시가 이른바 '감지중국(感知中國, Sensing China)'의 중심 도시로 선정된 후, IoT 개념이 중국 전역에 급속도로 확산되었다. 2010년 12월, 충칭시 난옌에 '중국 국가 IoT 산업 시범기지'가 설립되었는데, 이미 이곳에 중국의 3대 통신회사가 자사의 IoT 산업기지를 설립했고, 중국의 대표 IT 기업 40여 개가 입주했다. 이렇듯 동아시아형 발전국가 모델을 연상케 하는 중국 정부의 정책모델이 어디까지 효과를 볼 것이냐가 관건이라 하지 않을 수 없다.

2) 네트워크 아키텍처 담론 경쟁

네트워크 문턱의 경쟁력을 판별하는 잣대 중 하나는 네트워크 관련 기술력 이외에도 네트워크 산업의 미래를 주도하고 그 아키텍처를 설계하는 담론경쟁의 성패이다. 오늘날 관건이 되는 네트워크 담론 경쟁은 1990년대 팔로알토 연구소의 마크 와이저(Mark Weiser) 박사가 제시했던 '유비쿼터스 컴퓨팅'이라는 이름으로 미국 기업들이 주도한 바 있는데, 도처에서 브로드밴드 네트워크에 대한 접근이 가능해서 이동하는 곳마다 컴퓨터를 사용할 수 있는 미국형 '유선 인터넷 담론'을 원형으로 했다. 이는 유비쿼터스(ubiquitous)라는 라틴어가 의미하는바 그대로 기독교 담론의 유일신 철학을 바탕으로 한다. 이는 중앙에 서버가 존재하며 하나의 장치를 통해서 RFID(Radio-Frequency IDentification) 칩이 내장된 다른 여러 장치를 동시에 통제하거나 동기화하는 클라우드 컴퓨팅 시스템과 빅데이터 활용 기반의 중앙제어적인 단(單)허브형 네트워크 모델로 계승되었다. 이는 4차 산업혁명의 맥락에서도 미국의 인터넷 플랫폼 기업들(구글, 애플 등)과 솔루션 기업들(IBM, 오라클 등)이 주도하는 담론, 즉 검색, 광고, 전자 상거래 등 온라인 서비스를 플랫폼으로 하여 로봇과 자율 주행차 등과 같은 오프라인의 사업분야로 확장해가는 전략으로 연결된다.

이러한 미국의 비전은 도쿄 대학교의 사카무라 켄(坂村健) 교수에 의해서 1980년대에 제시된 트론(TRON: The Real-time Operating-system Nucleus)과 1990년대의 '유비쿼터스 네트워크' 담론과 대비된다. 'Computing Everywhere'로 알려졌던 사카무라의 비전은 사람이 직접 네트워크와 통신할 수 있는 기능을 갖춘 소형 컴퓨터를 가지고 다니는 담론이었다. 이는 수많은 신들이 여기저기에 존재하는 일본 고유의 애니미즘 질서관을 바탕으로 했다고 한다. 사카무라의 비전은 근접 센서를 탑재한 기기들이 동일한 플랫폼을 기반으로 통신하는 다(多)허브형 네트워크 모델을 연상케 하는데, 최근 가전·자동차·반도체 분야의 일본 기업들이 제기하는 M2M(Machine To Machine) 인터랙션의 IoT 담론과 제조업의 스마트화 담론으로 연결된다. 이는 제조 현장의 생산 설비와 로봇 등 오프라인 세계의 강점을 지렛대 삼아 현장 데이터의 네트워크화를 통해 온라인 플랫폼 구축을 지향하는 독일형 전략인 인더스트리 4.0 담론과도 유사하다. 독일은 전통적인 제조강국의 기반을 견고히 하는 한편, 자국의 제조 시스템을 표준화하여 세계로 확장하고자 한다(하원규·최남희, 2015: 280).

이러한 구도 속에서 네트워크 문턱의 경쟁에 임하는 중국이 단순히 기술경쟁을 벌이는 것만이 아니라 그 나름의 미래 네트워크 담론을 궁리하고 있는지를 묻는 것은 중요한 질문이 될 수 있다. 이른바 중국형 네트워크 아키텍처 담론, 또는 4차 산업혁명 담론은 있는가? 아직까지는 미국, 일본, 독일 등의 경우처럼 명시적으로 나타나는 중국 고유의 담론을 개념화할 수 없지만, 현재의 양상으로 미루어 보건대 중국은 일종의 후발주자로서 미국형과 독일형(또는 일본형)의 '복합담론'을 추구할 가능성이 높다. 사실 IoT 기술의 진화양상을 보면, M2M 방식에서 클라우딩 방식으로 발전했기 때문에 현재 양 담론의 차이는 기술력의 차이를 반영하기도 한다. 최근 중국은 클라우딩 방식의 기술표준을 확보하기 위해 노력하고 있으며, 이를 기반으로 한 IoT 산업을 미래 산업으로 밀고 있다. 그러나 중국의 정책적인 IoT 구현에서 M2M 방식의 IoT가 주축인 사업이 대다수이기 때문에, 앞으로의 방향을 전망할 때 근접센서 방식을 이용한 M2M 방식의 IoT가 중국 내에서 좀 더 널리 확산될 것으로 예상할 수 있다(Bu, 2012). 실제로 GSMA 인텔리전스의 전망에 의하면, 2014년 약 1.4배 미국을 앞서고 있는 중국의 셀룰러 M2M 연결이 2020년에는 약 2배에 이를 것이라고 한다.

이러한 복합담론의 내용과 관련하여, 앞서 언급한 신학의 비유를 들자면, 향후 중국은 미래 네트워크의 아키텍처 담론을 개발하기 위해서 어떠한 상상력을 발휘할 수 있을까? 쉽게 생각해 볼 수 있는 것은 서구와 일본의 세계관이나 종교관이 아닌 중국과 동아시아의 고유한 철학과 관념이 담긴 담론을 개발할 가능성이다. 예를 들어 중국이 모색할 미래 네트워크 담론은 성리학에서 말하는 송대와 명대 사대부들의 네트워크에 발견되는 아키텍처에서 힌트를 얻을 수 있을 것이다. 아니면 유불선의 세계관과 우주관에 기반을 둔 탈(脫)허브형 네트워크 담론일 수도 있다. 이러한 탈허브형 네트워크 담론을 개념화하는 다양한 노력이 학계에서 벌어지고 있지만, 잠정적으로 '포스트 네트워크(post-network)'나 '메타 네트워크(meta-network)' 등으로 불러볼 수 있을 것이다. 또한 '네트워크들의 네트워크(a network of networks)'라는 의미에서 명명한 '망중망(網重網)'이라고 부를 수도 있다. 사실 이러한 망중망은 화엄경에서 말하는 중중무진제망(重重無盡帝網)의 탈허브형 네트워크와도 맥이 닿는데, 구슬과 구슬이 인연을 맺어서 연결되는 와중에 구슬 하나하나가 부처가 되는 네트워크인 인드라망(Indranet)의 아키텍처와도 유사하다. 이렇게 해서 생성되는 네트워크를 통칭해서 부르자면 일종의 '천하망라(天下網羅) 네트워크'일 것이다.

4. 표준 문턱의 미중 플랫폼 경쟁

미중 경쟁이 벌어지는 표준 문턱은 적어도, 그림 2-3에서처럼, 두 가지의 하위 문턱으로 나누어볼 수 있다. 첫째는 '운영체계 문턱'으로, 컴퓨팅 및 모바일 플랫폼의 핵심인 운영체계의 표준을 장악하기 위한 경쟁이 벌어진다. 둘째는 '정보 서비스 문턱'으로, 인터넷 검색, 전자 상거래, SNS 등과 같은 분야에서, 이른바 인터넷 플랫폼 경쟁이 벌어지는 영역이다. 이러한 표준 문턱은 기본적으로 '규모'의 변수가 주로 작동하는 분야이며, 최근 빅데이터를 매개로 한 규

그림 2-3 표준 문턱의 플랫폼 경쟁

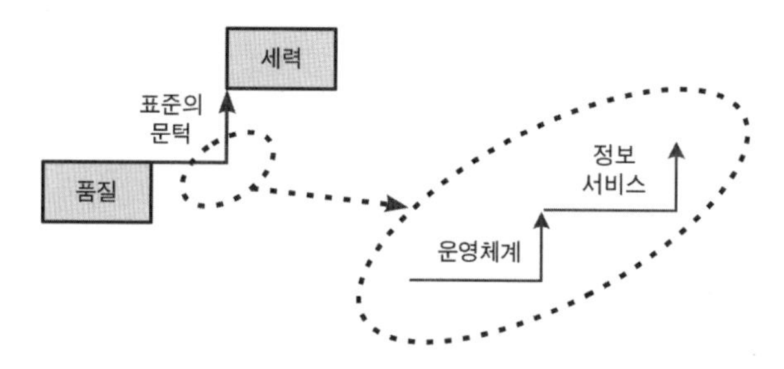

모의 게임이 더욱 부각되고 있다. 특히 구글, 아마존, 페이스북 등과 같은 미국 인터넷 기업들과 바이두, 알리바바, 텐센트 등으로 대변되는 중국 인터넷 기업들이 벌이는 인터넷 플랫폼 경쟁에서 이와 같은 규모 게임의 양상이 두드러지게 나타나고 있다. 표준 문턱은 디지털 시대를 맞이하여 민간기업이나 네티즌과 같은 비국가 행위자들의 존재와 역할이 중요한 의미를 갖는 분야이지만, 여전히 정부정책이나 체제의 성격 등과 같은 '체제의 적합력'도 중요한 변수로 작동한다.

1) 운영체계 문턱의 미중 경쟁

컴퓨터 산업의 초창기부터 중국은 부단히 미국의 기술패권에 대해 문제를 제기해왔는데, 중국이 미국 IT 기업들에게 너무 많이 의존하고 있으며 혹시라도 양국 간에 문제가 발생할 경우 이들 기업이 미국 편을 들 것이라는 걱정이었다. 사실 미국 IT 기업들은 사이버 공간의 중요한 기술과 산업을 거의 독점했다. 예를 들어 시스코는 네트워크 장비 분야에서, 퀄컴은 칩 제조 분야에서, 마이크로소프트는 운영체계 분야에서, 구글은 검색엔진 분야에서, 페이스북은 SNS 분야에서 모두 독점적인 위치를 차지하고 있다. 중국은 일단 양국 간에 사이버 전쟁이 발발한다면 이들 기업들이 모두 미국 정부에 동원될 것이라고 보고 있다(鲁传颖, 2013). 특히 정보화 초창기부터 중국 정부의 심기를 건드린 것은 미국 기업인 마이크로소프트에 의해 중국에서 사용되는 컴퓨팅 플랫폼이 거의 다 장악되고 있는 현실이었다.

이러한 중국의 문제의식은 마이크로소프트에 대한 대항의 행보로서 리눅스 운영체계를 지원한 정책에 잘 담겨 있었다. 중국 정부가 리눅스 운영체계를 지원한 정책의 배경에는 경제적 동기 이외에도 민족주의적 관점의 우려가 자리를 잡고 있었다. 이 과정에서 중국의 리눅스 전문 기업들이 정부의 강력한 지원에 힘입어 리눅스 보급의 선봉장 역할을 담당했는데, 1999년 8월 중국과학원이 후원하여 설립된 '홍치 리눅스'라는 기업이 대표적인 사례이다. 중국 정부는 홍치 리눅스의 설립과 더불어 민용 및 군용의 운영체계 개발에도 나섰는데, 2001년에 개발되어 2007년부터 사용된 '갤럭시 기린'과 2003년 개발을 시작한 '차이나 스탠더드 리눅스' 운영체계가 그 사례들이다. 2006년에 중국 정부의 체계적인 지원이 이루어지면서 2010년에는 '네오 기린'이라는 이름으로 두 운영체계가 통합되었고, 이는 '제2의 홍치 리눅스'라고 불리면서 중국산 운영체계의 대표 브랜드로 발돋움했다(中国电子报, 2010.12.21). 그러나 궁극적으로 중국의 리눅스 실험은 기대했던 것만큼의 큰 소득을 거두지 못했다.

모바일 운영체계 분야를 보면 역시 미국 기업들의 지배가 압도적인데, 글로벌 시장에서 구글 안드로이드와 애플 iOS 시스템의 시장점유율 합계는 97.7%에 이른다. 이러한 모바일 플랫폼 경쟁에서의 열세를 절감한 중국은 자체 운영체계 개발을 위해 다방면의 노력을 기울이고 있지만, 현재로서는 샤오미의 자체 운영체계인 마이유아이(MiUI)가 안드로이드 기반임에도 불구하고 중국색을 유지하고 있는 정도이다. 세계 최대 스마트폰 시장을 보유한 중국으로서는 아쉬울 수밖에 없는 대목인데, 중국 내 시장에서 모바일 기기 사용자가 많아질수록 운영체계의 국산화를 향한 열망도 커지고 있는 형세다. 이에 중국산 운영체계 개발과 보급을 향한 노력이 끊임없이 이루어지고 있으며, 중국산 모바일 운영체계인 '원신(元心)'이 그 사례 중 하나이다. 원신 운영체계는 리눅스를 기반으로 개발되었으며 안드로이드 운영체계와 공존할 수는 있지만 동시에 가동될 수는 없는 특징을 지닌다. 이 밖에 2010년대 초 알리바바도 리눅스 기반의 알리윈(Aliyun) 운영체계를 통해서 자체적인 모바일 플랫폼 개발을 시도한 바 있었다(키뉴스, 2016.2.24).

이러한 과정에서 중국 정부는 정책과 제도의 국가별 차이나 정치사회 체제의 발전 정도라는 인식을 넘어서, 미국의 글로벌 스탠더드에 대항하는 '중국형 정보화 모델'을 추구하고자 했다. 이 같은 맥락에서 중국 정부는 중국 내의 컴퓨팅 및 인터넷 서비스 제공자들이 자체 검열을 수행하도록 요구했으며 이러한 방침은 외국 기업들에게도 예외가 아니었다. 이러한 정책의 의미는 단순히 미국 IT 기업과 중국 정부의 갈등이라는 차원을 넘어서, 양국의 정치경제 모델의 차이와도 관련된다. 이 갈등의 표출과정에서 나타난 미국 IT 기업들의 행보가 미국 실리콘밸리에 기원을 두는 기업-정부 관계를 바탕에 깔고 있다면, 이를 견제한 중국 정부의 태도는 중국의 정치경제 모델에 기반을 둔다. 미국 내에서 IT 기업들이 상대적으로 정부의 간섭을 받지 않고 사실상 표준을 장악하기 위한 경쟁을 벌였다면, 중국에서는 아무리 잘나가는 기업이라도 정부가 정하는 법률상 표준을 따르지 않을 수 없는 상황이었다. 이러한 점에서 표준 문턱에서 벌어지는 경쟁은 미국과 중국의 정치경제 모델의 경쟁 또는 체제의 적합력 경쟁의 성격을 바탕에 깔고 있었다.

2) 정보 서비스 문턱의 미중 경쟁

표준 문턱의 두 번째 하위 문턱인 정보 서비스 분야에서 벌어지는 미중 경쟁은 최근 클라우드 컴퓨팅, 빅데이터, 핀테크 등의 분야를 주도하는, GAFA[구글(G), 아마존(A), 페이스북(F), 애플(A)]와 BATX[바이두(B), 알리바바(A), 텐센트(T), 샤오미(X)]의 인터넷 플랫폼 경쟁으로 나타나고 있다. 이 분야의 경쟁에서는 아직까지 미국 인터넷 기업들이 우세를 보이고 있다. 블룸버그에 따르면, 2016년 9월 21일 기준 세계 시가총액 상위 10대 기업 중 애플(6120억 달러)을 비롯해, 구글(5390억 달러), 마이크로소프트(4430억 달러), 아마존(3700억 달러), 페이스북(3690억 달러) 등 5곳이 미국의 IT 기업이다(≪중앙일보≫, 2016.9.26). 이러한 미국의 아성에 최근 중국의 인터넷 기업들이 도전장을 내밀고 있는데, 바이두는 구글을, 알리바바는 아마존을, 텐센트는 페이스북을, 샤오미는 애플을 앞지르기 위한 다양한 시도들을 벌이고 있다. 물론 이들의 경쟁관계가 이렇게 단선적인 도식으로 그려지는 것은 아니며, 특히 최근에는 좀 더 복잡한 양상이지만 이해의 편의를 위해서 대략 이렇게 말할 수 있겠다.

인터넷 플랫폼 경쟁의 가장 대표적인 분야는 인터넷 검색 시장에서의 경쟁이다. 인터넷 검색 시장에서 구글은 전 세계 점유율 1위를 차지하고 있다. 마케팅 회사인 리턴온나우에 따르면, 전 세계 30개국 중 구글 점유율이 90% 이상인 곳은 22곳이었으며, 70% 이상인 곳은 4곳이다. 그런데 유일하게 구글이 고전을 면치 못하고 있는 곳이 중국(바이두), 러시아(얀덱스), 일본(야후 저팬), 한국(네이버)의 검색시장이다. 중국의 바이두는 한때 '구글 짝퉁'이라는 말도 들었지만 지금은 구글을 위협하는 존재로 성장했다. 또한 인터넷 플랫폼 경쟁에서 중요한 또 다른 분야는 인터넷 전자 상거래인데, 이 분야에서는 알리바바의 위세가 대단하다. 알리바바는 기업 간 거래(B2B), 개인 간 거래(C2C), 기업과 개인 간 거래(B2C)의 모든 유통 채널을 두루 갖추고 있다. 알리바바의 간편 결제 시스템인 알리페이(Alipay)는 2016년 현재 8억 명의 회원을 보유하고 있어, 미국 이베이가 제공하는 페이팔(Paypal)의 1억 8천 명을 압도하는 규모를 자랑하고 있다. 또한 텐센트도 영향력을 키워가고 있다. 1998년 설립된 텐센트는 PC 메신저 서비스 QQ와 모바일 메신저 위챗, SNS 웨이보 등을 대표 서비스로 키워왔는데, 매일 수억 명의 사용자가 사용하는 이들 메신저 서비스를 기반으로 다양한 플랫폼 서비스를 확장해가고 있다(≪조선일보≫, 2014.11.3).

이러한 인터넷 플랫폼 경쟁의 이면에 규모의 사다리가 작동하고 있음을 주목할 필요가 있다. 특히 인터넷 플랫폼 경쟁에서 빅데이터의 무한한 잠재적 가치가 인식되면서 향후 빅데이터의 활용을 둘러싼 경쟁이 양국 간의 관심사로 급부상하고 있다. 게다가 바이두, 알리바바, 텐센트 등과 같은 중국의 빅데이터 기업들의 역량이 만만치 않은 기세로 성장하고 있다. 사실 이들 중국 인터넷 기업이 단기간에 성장할 수 있었던 배경에는 거대한 규모를 자랑하는 중국의 인구, 좀 더 구체적으로 말하면 중국어를 사용하는 많은 수의 네티즌이 존재한다. 예를 들어 한국에서 큰 성공을 거둔 카카오톡이 아무리 국내 모바일 메신저 서비스를 장악하고 중국으로 서비스를 확장한다 해도, 거대한 인구를 가진 중국을 장악하고 있는 텐센트의 메신저 위챗의 사용자 수를 따라잡기에는 출발선에서부터 역부족이다(≪조선일보≫, 2014.11.3). 최근 주목받는 알리바바는 전자 상거래 분야를 기반으로 성장한 엄청난 빅데이터 기업인데, 알리바바의 성장과 향후 확장과정에 거대한 규모의 중국 내 사용자층은 어마어마한 플랫폼이 아닐 수 없다. 아직까지는 이 분야를 미국이 주도하고 있는 상황이라고 하지만, 급성장하고 있는 중국이 빅데이터 분야에서 '양질전화'의 도약을 할 가능성이 항시 거론되는 것은 바로 이러한 이유 때문이다(김성옥, 2014).

이러한 사실상(de facto) 경쟁의 이면에서 개인정보의 초국적 흐름을 관리하기 위한 국제규범의 형성을 둘러싼 국가적 차원의 법률적(de jure) 경쟁도 벌어지고 있다. 주로 미국 기업인 초국적 인터넷 서비스 기업들은 데이터의 자유로운 이동 보장 환경을 옹호하는 반면, 중국 정부는 인터넷에 대한 국가 차원의 관할권을 고수하려는 입장이다. 중국은 국내외적으로 유통되는 인터넷상의 불건전하고 유해한 정보를 차단·검열하는 것은 주권국가의 정부가 취할 수 있는 정당한 권한이라고 주장한다. 사실 이러한 입장 차이의 이면에는 중국 정치체제의 특성이 존재한다. 그런데 이렇게 정부의 통제와 주권을 강조하는 중국의 정책적 입장과 정치체제의 특성은 여태까지 기술 추격을 벌이던 시대에는 큰 걸림돌로 작용하지 않았다. 하지만 앞으로 인터넷 플랫폼 경쟁이 가속화되면서 중국의 선도적 인터넷 기업들의 행보를 가로막는 요인이 될 수도 있다. 실제로 최근 알리바바와 중국 정부 사이에 형성되었던 미묘한 긴장관계가 그러한 가능성을 점치게 한다. 2015년 1월 알리바바는 중국 공상행정관리총국(공상총국)이 "알리바바 산하 최대 온라인 쇼핑몰인 타오바오에서 거래되는 상품 가운데 정품 비율이 37%에 불과하다"고 발표한 데 대해서 반발한 바 있었다. 끝내 알리바바가 승복하는 쪽으로 귀결되었지만 알리바바의 반발은 중국 풍토에서 매우 이례적인 일로 평가되었다(≪한겨레≫, 2015.2.2).

5. 매력 문턱의 미중 플랫폼 경쟁

미중 패권경쟁이 벌어지는 매력의 문턱은 적어도, 그림 2-4에서와 같이, 두 가지 하위 문턱으로 나누어볼 수 있다. 첫째는 '문화 콘텐츠 문턱'으로, 전통적인 영화산업 또는 디지털 문화 콘텐츠 시장에서 벌어지는 기술경쟁과 표준경쟁이 벌어지는 영역이다. 둘째는 '규범외교 문턱'으로, 자국의 문화와 정책 및 체제의 매력을 발산하는 공공외교나 국제규범의 형성과정에서 자신들의 이익을 보편성이라는 명목으로 담아내려는 규범경쟁이 벌어진다. 매력 문턱에서도 '규모의 사다리'라는 변수는 작동한다. 전통적으로 미국이 불특정 다수를 향한 보편적 감동 모델을 추구해왔다면, 최근 중국의 행보는 보편성은 떨어지

그림 2-4 매력 문턱의 플랫폼 경쟁

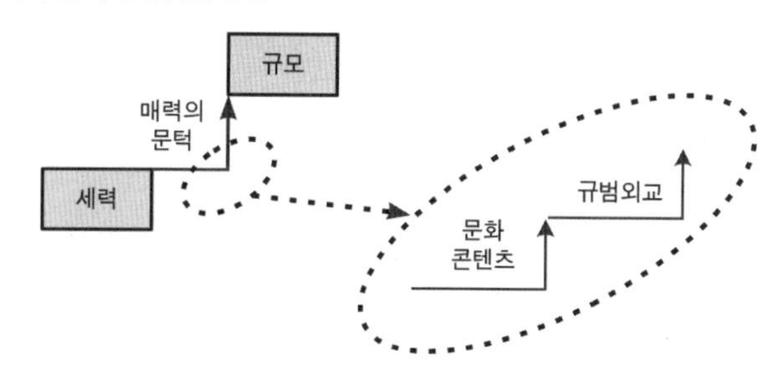

더라도 거대한 규모의 동지그룹(like-minded group)을 행하여 공감과 지지를 획득하려는 맞춤형 감동 모델의 양상이다. 매력경쟁에서도 '체제의 적합력'은 중요한 변수일 수밖에 없으며, 특히 창의성을 바탕으로 한 보편적 논리의 생산을 뒷받침하는 정책과 제도는 중요한 변수이다.

1) 문화 콘텐츠 문턱의 미중 경쟁

매력 문턱의 첫 번째 하위 문턱인 문화 콘텐츠 분야에서의 경쟁은 전통적으로 글로벌 문화패권을 상징해온 할리우드와 이에 도전장을 내민 중국 영화산업의 경쟁에서 발견된다. 디지털 시대의 할리우드는 영화산업에 IT 특수효과, 컴퓨터 그래픽(CG) 기술 등을 도입하여 블록버스터 전략으로 대변되는 기술과 규모의 차별화 전략을 통해서 새로운 도약의 계기를 만들었다. 이러한 미국의 문화패권에 대해서 최근 중국의 영화산업이 고속성장을 거듭하면서 도전하고 있다. 중국의 영화산업은 2015년 매출액 7조 9천억 원에 이르러 세계 2위를 차지했는데, 이는 미국 영화산업의 약 60%에 해당하는 규모이며, 더욱 중요하게는 10년 연속 30% 증가세를 유지하고 있다. 기술경쟁의 시각에서 볼 때, 중국의 영화산업은 최근 급속한 양적 성장을 바탕으로 할리우드에 버금가는 기술력 향상을 위해 노력 중이다. 자체적인 기술 개발도 모색하지만 합작과 투자 및 인수 등을 통해 할리우드로부터 기술을 구입하거나 이전받고자 고군분투하고 있다(김상배, 2017).

표준경쟁의 시각에서 볼 때, 표면적으로는 할리우드 영화의 표준이 중국 시장에 진출하여 중국 영화기업들뿐만 아니라 중국 관객들에도 전파되고 있는 것처럼 보이지만, 중국 시장에 원활히 진출하기 위해서 중국 정부와 관객이 제시하는 표준에 할리우드가 맞추어야만 하는 필요도 동시에 발생하고 있다. 이러한 관점에서 보면, 이 분야의 경쟁은 단순히 현실감을 배가하는 특수효과 기술을 확보해서 재미있는 영화를 만드는 차원 이상의 좀 더 복잡한 면모가 기저에 깔려 있다. 특히 최근 벌어지는 영화산업 분야의 미중 기술경쟁과 표준경쟁의 이면에 급성장하고 있는 중국 영화시장의 '규모의 사다리'라는 변수가 작동하고 있다는 사실이 이러한 판단을 뒷받침한다. 북미 영화시장이 정체하고 있는 가운데 현재 연평균 30% 성장을 지속하고 있는 중국 시장은 할리우드 영화 제작자들에게 큰 유인이 아닐 수 없다. 이러한 시장규모를 배후지로 하여 기술경쟁과 표준경쟁에서 중국 기업들이 새로운 지평을 열어갈 가능성을 배제할 수 없기 때문이다.

표준경쟁의 양상으로 나타나는 이러한 과정에서 주목할 것은 모바일 인터넷 보급에 따른 문화소비 양식의 변화이다. 최근 촬리우드(Chollywood)로 대변되는 중국 영화산업의 도전 가운데 완다그룹과 같은 극장재벌보다는 이른바 BAT[바이두(B), 알리바바(A), 텐센트(T)]로 일컬어지는 인터넷 기업들의 행보가 주목을 끄는 것도 바로 이러한 이유 때문이다. 정보·문화 산업의 미래를 영화 제작자가 아닌 인터넷 서비스 업체, 또는 콘텐츠 생산자가 아닌 콘텐츠 소비자들이 주도하는 새로운 모델의 출현 가능성이 거론되고 있다. 할리우드의 콘텐츠 생산자 모델과 촬리우드의 인터넷 플랫폼 모델 간에 벌어지는 '비대칭 표준경쟁'이라고나 할까? 게다가 유쿠투도우와 같은 동영상 공유 사이트나 인터넷 팬덤 커뮤니티 등에서 중국 네티즌이 보여주는 문화 콘텐츠의 소비와 공유, 그리고 재생산의 행태는 할리우드 콘텐츠 모델을 우회한 새로운 문화 콘텐츠 생산/소비 모델의 가능성을 엿보게 한다.

미중 문화 콘텐츠 산업 경쟁은 궁극적으로 누가 더 많은 매력을 발산하느냐에 달려 있다. 글로벌 관객들의 감동을 끌어내기 위해서 할리우드가 국경을 넘어서는 보편성의 문화코드를 공략했다면, 중국의 문화코드는 아직 민족주의의 경계 안에 머물러 있다. 실리우드(Siliwood) 블록버스터가 가능한 한 이념을 탈색시킨 콘텐츠를 가지고 글로벌 관객들에게 다가간다면, 중국의 영화 콘텐츠는 여전히 중국 영토 밖 관객들과 소통하는 데는 관심이 적다. 이러한 매력경쟁의 성패를 좌우하는 요인 중 하나는 창의력을 진작하는 정책과 제도의 역할이다. 할리우드가 세계적으로 뻗어나갈 수 있었던 것이 미국 정부의 보이지 않는 지원과 무관하지 않았다면, 현재 중국의 정부 주도형 영화발전 모델은 매력경쟁을 벌이는 데 있어 하나의 걸림돌로 작용할 가능성이 크다. 다시 말해 체제의 적합력이 문제시되는바, 중국은 기존의 사회주의 체제가 창작과 표현의 자유에 걸림돌로 작용한다는 평을 무색케 만드는 노력을 해야 하는 과제를 안고 있다.

2) 규범외교 문턱의 미중 경쟁

매력 문턱의 두 번째 하위 문턱에서는 미중 간 규범외교 경쟁이 벌어진다.

여기서 규범외교란 자국의 문화와 정책 및 체제의 매력을 발산하거나 국제규범의 형성과정에 자신들의 이익을 투영하려는 목적으로 진행되는 외교를 통칭한다. 소프트파워의 시각에서 본 공공외교 경쟁이 가장 일반적인 사례라고 할 수 있는데, 미중 간에는 자국에 대해서 좀 더 우호적인 이미지를 갖도록 상대방의 국민, 그리고 동시에 자국민을 설득하고 동의를 얻어내는 매력외교로서 공공외교 경쟁이 진행 중이다. 최근 공공외교 경쟁에서는 매스 미디어, 인터넷 미디어, 소셜 미디어 등을 활용하여 자국의 외교적 논리를 다듬고 널리 전파하려는 노력이 중요해지고 있다. 이러한 미디어에 어떠한 내용을 담을 것이냐의 문제가 공공외교 수행과정에서 매력과 비(非)호감을 결정하는 더 중요한 변수임은 물론이다. 이러한 관점에서, 미국의 공공외교는 9/11 이후 미국 세계전략의 딜레마를 해소하는 과정에서 적극적으로 제시되었으며, 오바마 행정부에 이르러서는 인터넷과 소셜 미디어를 적극적으로 활용하여 미국의 가치를 세계로 전파하는 양상으로 전개되었다. 이에 비해 중국의 공공외교는 중국중앙방송국(CCTV) 같은 매스 미디어나 공자학원 등을 활용하여 중국 경제의 성장을 바탕으로 한 매력을 발산하는 차원에서 중국의 제도모델과 가치를 전파하고자 노력해왔다.

매력 문턱의 공공외교 추진과정에서 규모의 사다리는 중요한 변수이다. 궁극적으로 공공외교의 성패는 충분한 소통을 통해서 얼마나 많이 내 편을 모을 것이냐, 즉 누가 더 영향력 있는 네트워크를 구축하느냐에 달려 있기 때문이다. 이러한 관점에서, 미국의 공공외교가 불특정 다수를 상대로 보편적 이념 네트워크의 구축을 지향한다면, 중국의 경우는 베이징 컨센서스의 사례에서와 같이 일종의 동병상련 네트워크나 화교 네트워크와 같은 디아스포라 네트워크 등을 활용하는 양상으로 그려진다. 또한 미국이 시민권력에 대한 강조와 함께 정부 간 상호작용을 넘어서는 비국가 행위자들과의 네트워킹 필요성을 강조하고 있다면, 중국은 미국의 패권에 대한 대항전선을 구축하는 차원에서 개도국의 국가 행위자들을 상대로 한 내 편 모으기에 주력한다. 예를 들어 최근 중국은 개발원조 등을 통해서 동남아시아, 라틴아메리카, 아프리카 등 제3세계 국가들에 대한 '매력공세'를 강화하고 있다. 중국어와 더불어 중국의 전통문화는 '내 편 모으기'의 가장 중요한 자산 중 하나이다.

이러한 차이는 미국과 중국이 제시하는 국제규범의 프레임 짜기에서도 드러난다. 미국이 패권 보편주의를 기반으로 한 규범 수립을 내세운다면, 중국은 급속히 성장하는 자국력에 대한 우려를 불식시키려는 방어적 담론을 생성하고 있다. 다시 말해 미국이 자유와 민주주의를 확산시키는 방향으로 국제규범의 프레임을 짜고 있다면, 중국은 자신들이 처한 특수성을 국제 사회에 호소하는 논리를 세우는 데 관심을 둔다. 이는 신흥 무대의 국제규범 설계의 사례에서도 나타나는데, 글로벌 지식질서의 규범 형성에 대한 양국의 입장 차이도 극명하게 드러나고 있다. 예를 들어 글로벌 패권으로서 미국이 다중 이해 당사자주의나 글로벌 거버넌스 모델에 입각한 규범과 질서의 형성을 모색한다면, 중국은 국가 행위자들이 좀 더 많은 역할을 할 여지가 있는 전통적 국제기구나 국제 레짐의 모델을 옹호한다. 이러한 구도는 서방 진영(서유럽 국가들)과 비서방 진영(중국, 러시아 등 구사회주의권 국가들)의 대립구도와도 겹친다. 요컨대, 미중 매력경쟁은 자신의 생각이 상대방 국가나 전 세계 시민을 상대로 보편성을 얻어내기 위한 세계정치 플랫폼 경쟁의 양상으로 나타나고 있다.

이러한 플랫폼 경쟁으로서 매력경쟁을 추진하는 과정에서 양국의 국내 체제와 정책 및 제도모델의 차이는 중요한 변수가 된다. 양국의 국내 정책과 제도의 차이는 이른바 워싱턴 컨센서스와 베이징 컨센서스의 경쟁구도로 그려진다. 부연컨대, 미국 모델은 정치적 자유주의와 경제적 시장논리의 결합을 의미하는 워싱턴 컨센서스로 알려져 있다. 이러한 워싱턴 컨센서스에 대항하는 차원에서 제시되는 것으로 평가되는 중국 모델은 시장경제와 정치적 권위주의의 조합 가능성을 탐색한다. 아직까지는 이러한 중국 모델이 베이징 컨센서스라고 불릴 만큼 보편성을 획득했다고 보기에는 논란의 여지가 있을 뿐만 아니라 중국 정부도 이러한 대안적 표준에 대한 논의에 조심스러운 입장을 보이고 있다. 그러나 트럼프 행정부 출범 이후 환태평양경제동반자협정(TPP) 탈퇴 등으로 대변되는 바와 같이, 국제규범에 대한 입장 변화가 예견되는 상황에서 중국이 주도하는 글로벌 질서가 보편성을 획득할 가능성과 한계에 대한 논의가 한창이다.

6. 맺음말: 한국의 플랫폼 전략?

이 글에서 살펴본 신흥 선도부문의 미중 플랫폼 경쟁사례는 단순히 미국과 중국이라는 두 강대국의 경쟁이라는 차원에서만 볼 것이 아니라 한반도의 운명에 영향을 미치는 구조적 권력의 변동이라는 맥락에서 이해해야 하는 변수이다. 역사적으로 보더라도 강대국들의 패권경쟁은 국제체제의 구조에 영향을 미쳐왔으며, 특히 오늘날 신흥 무대에서는 새로운 권력경쟁의 양상으로 전개되고 더욱더 주목을 요한다. 이러한 문제의식을 바탕으로 이 글은 기술경쟁, 표준경쟁, 매력경쟁의 3단 문턱에서 벌어지는 양국의 경쟁을 살펴보았으며, 이들 문턱을 관통하는 규모 및 체제의 변수를 고려하여 미래의 변화 가능성을 전망했다. 이러한 시각에서 본 미중 경쟁은 기술과 표준 및 매력 문턱에서 관찰되는 미국의 패권에 대한 중국의 양적 도전이 점점 더 거세지고 있는 가운데, 중국이 보유한 고유의 '규모'를 활용한 획기적인 경로의 개척 가능성이 전망되고 있다. 그럼에도 중국이 안고 있는 체제 변수의 경직성은 신흥 무대의 변화하는 환경에 중국이 유연하게 적응하는 적합력의 발휘를 제약하는 숙제로 작용하고 있다. 여기서는 신흥 선도부문의 미중 경쟁에 대한 논의의 연속선상에서 앞서 언급한 미중 플랫폼 경쟁구도에서 한국이 안고 있는 전략적 과제를 간략히 짚어보고자 한다.

먼저, 미국과 중국 사이에서 기술경쟁에 임하는 한국은 어떻게 해야 할까? 외래기술의 도입인가, 아니면 독자기술의 개발인가? 기술을 도입하더라도 미국의 기술인가, 중국의 장비인가? 이러한 질문과 관련하여 최근 한국의 어느 통신회사가 중국산 화웨이 장비를 구입하는 과정에서 미국과 갈등에 휩싸인 바 있다. 또한 최근 중국 시장에서 미국의 애플 폰과 중국의 샤오미 폰 사이에서 샌드위치 신세가 된 한국의 삼성 폰 사례는 이미 잘 알려져 있다. 이런 상황에서 한국 기업들은 저부가가치 제품경쟁에 중점을 두어야 할까, 아니면 고부가가치 기술경쟁에 초점을 맞추어야 할까? 더 나아가 앞서 언급한 미중 네트워크 아키텍처 담론 경쟁의 틈바구니에서 한국은 어떤 담론을 수용할 것인지도 논란거리이다. 최근 국내에서는 4차 산업혁명에 대한 논의과정으로 기존의 고도로 발달된 IT 인프라와 하드웨어 분야의 경쟁력을 새로운 빅데이터와 컴퓨팅 환경에 맞추어 제고하는 방안이 거론되고 있다. 이러한 시각 아래 인프라와 하드웨어 분야에서 IT 한국의 경쟁력을 충분히 활용하려면 클라우드 컴퓨팅과 빅데이터 등을 강조하는 미국발 담론과 제조업의 스마트화를 지향하는 독일발 담론을 어떻게 조합할 것이냐의 문제가 주요 관건이 되리라고 본다.

둘째, 미국과 중국 사이에서 표준경쟁에 임하는 한국은 어떻게 해야 할까? 한국형 운영체계 개발과 관련된 논란, WIPI(Wireless Internet Platform for Inter-operability)의 개발을 둘러싼 교훈 등 독자적 표준전략의 어려움이 있었음에도, 일부 ICT와 인터넷 분야에서 한국은 나름대로의 독자적인 국내 시장을 구축하고 있으며 이로써 해외 다국적 기업들이 쉽게 침투해 들어오지 못하는 상황이었던 것이 사실이다. 특히 컴퓨팅 및 인터넷 플랫폼은 일찌감치 미국 표준을 수용하고 그 위에 민족주의 정서 등을 활용한 한국형 응용 프로그램을 세우는 전략이 어느 정도는 통했던 것으로 볼 수 있다. 그러나 이러한 상황은 한국의 컴퓨팅과 인터넷 생태계를 국내에 한정시키고 향후 글로벌 표준과의 호환성을 유지해야만 하는 더 큰 숙제를 낳게 했음을 적시해야 할 것이다. 그렇다면 새로이 신흥 무대에서 벌어지는 GAFA와 BATX의 플랫폼 경쟁구도에서 한국은 어떠한 전략을 취해야 할까? 결국 한국의 취할 표준전략의 핵심은 개방성과 호환성을 유지하는 데 있을 수밖에 없다. 게다가 국제정치학의 시각에서 보면, 표준 선택의 문제가 동맹 선택의 문제로까지 비화될 가능성이 있다는 점에서 이러한 전략의 추진은 중요한 문제가 아닐 수 없다. 한미 동맹과 한중 협력 사이에서 호환성에 문제가 생기지 않는 것이 최고의 상황이겠지만, 2016년 사드 사태를 보면 신흥 무대에서도 쉽지 않은 상황이 창출될 가능성이 크다.

셋째, 미국과 중국 사이에서 매력경쟁에 임하는 한국은 어떻게 해야 할까? 매력 문턱에 선 IT 한국이 안고 있는 과제는 디지털 정보·문화 산업의 경쟁력을 내용적으로 확보하는 문제로 집약된다. 그러나 동시에 이 분야에서도 전략적으로 개방성과 호환성을 유지하는 것이 중요한 관건이 아닐 수 없다. 비유컨대, 문화 콘텐츠 산업 부문에서 미풍(美風)과 한파(漢波) 간 한류(韓流)의 성공을 이어나갈 방안은 무엇일까? 강대국이 아닌 중견국의 처지인 한국의 입장에서는 일방향의 매력발산 모델을 넘어서 양방향의 내 편 모으기 모델로 나아갈 필요가 있다. 또한 문화 콘텐츠뿐만 아니라 국내외 규범설계 과정에서도 미국과 중국으로 대변되는 강대국들의 모델을 유연하게 수용하고 경우에 따라서는 중개하는 전략의 지혜를 발휘해야 할 것이다. 이러한 관점에서 볼 때 워싱턴 컨센서스와 베이징 컨센서스의 복합모델로서, 이른바 서울 컨센서스 모델의 가능성에 대한 논의가 꾸준히 학계에서 진행되어 왔음에 주목할 필요가 있다(손열 엮음, 2007). 한편 신흥 무대에서의 국제규범 형성과정에 참여하는 문제에서도 한국은 미국의 글로벌 자유 담론과 중국의 사이버 주권 담론 사이에서 일정 정도의 중개자로서 역할을 발휘해나갈 여지를 찾아야 할 것이다. 이러한 과정에서 염두에 둘 것은 중견국으로서 한국의 매력전략이 기본적으로 열린 네트워크 담론일 수밖에 없다는 사실이다.

이상의 3단 문턱에서 벌어지는 각각의 신흥 선도부문 경쟁에서 '규모의 사다리'라는 변수가 점점 더 중요해질 것임을 명심해야 한다. 그러나 한국의 IT 시장은 이 분야에서 규모의 경쟁을 벌일 정도의 조건을 갖추고 있지 못하다. 게다가 해외로 진출할 배후지의 역할을 논하기에도 국내 시장의 규모는 매우 빈약하다. 이른바 빅데이터 시대에 독자적으로 적정한 '규모'를 확보할 수 없는 상황에서 IT 한국이 고려해야 할 변수는, 미국과 중국으로 대변되는 글로벌 네트워크와 어떠한 방식으로 호환성을 유지할 것이냐이다. 이러한 규모의 경쟁과정에서 제기되는 호환성의 숙제는 거의 모든 IT 분야에서 발생하고 있다. 예를 들어 유무선 인터넷과 유비쿼터스 담론의 수용과정이 그랬듯이 최근 IoT와 4차 산업혁명, 빅데이터, 클라우드 컴퓨팅 담론의 수용과정에서도 호환성과 관련된 한국의 고질적인 고민은 증폭될 가능성이 없지 않다. 인터넷 플랫폼 경쟁에서 만약 미국이 기원인 페이팔과 중국이 기원인 알리페이를 두고 IT 한국이 불가피한 선택을 해야만 하는 상황이라면 어떻게 해야 할까? 최근 미국과 중국이 벌이고 있는 IT 분야 패권경쟁의 양상은 한미 동맹과 한중 협력 사이에서 국가전략을 고민하는 한국에 또 다른 숙제를 안겨줄 가능성이 있다.

궁극적으로는 IT 한국을 지속가능케 하는 데 있어서 '체제의 적합력'이라는 변수가 매우 중요하다는 점을 놓쳐서는 안 된다. 현시점에서 볼 때 IT 한국이 그 성과를 지속하기 위해서는 새로운 패러다임을 뒷받침하는 시스템 개혁이 필요하다는 것이 중론이다. 기술경쟁, 표준경쟁, 매력경쟁 모두에서 기존의 발전국가 모델이나 대기업 모델, 그리고 이를 뒷받침하는 사회문화 인프라의 개혁이 필요하다. 이러한 연속선상에서 IT 외교를 추진하는 국내 거버넌스 체계를 정비하는 문제도 시급하지 않을 수 없다. 정부부문의 과제로는 분산된 업무 분담과 잦은 업무 교체에서 발생하는 문제, 컨트롤타워의 필요성 등에 대한 지적이 있어왔다. 정부, 시민사회, 기업의 협업체제 그리고 이를 뒷받침하는 전 국민적 차원의 관심 제고도 시급한 문제로서 지적되고 있다. 더 나아가 21세기 IT 한국의 지속성을 위해서는 가장 근본적인 차원에서 새로운 미래 국가모델에 대한 고민도 병행되어야 할 것이다.

제2부

미중 기술·표준 경쟁의 정보세계정치

제3장

조현석 (서울과학기술대학교 행정학과 교수)

미중 반도체 산업 경쟁

1. 서론

2016년 12월 초 버락 오바마(Barack Obama) 대통령은 중국의 반도체 펀드가 독일 반도체 기업인 아익스트론(Aixtron)을 인수하는 것을 허가하지 않았다. 이 불허 방침의 주요 이유는 독일 반도체 기업이 소유하고 있는 미국 자회사의 기술이 중국의 핵무기 개발 프로그램을 위한 반도체 생산에 활용될 수 있다는 것이었다. 또한 2017년에는 도널드 트럼프(Donald Trump) 대통령이 중국의 한 투자기업이 미국 반도체 기업 라티스(Lattice)를 인수하는 것을 막았다. 이러한 미국 대통령의 개입사례는 1990년 이래 국가안보에 대한 위협을 이유로 외국 자본의 미국계 첨단기술기업 인수를 미국 정부가 불허한 세 번째와 네 번째에 해당한다(Jackson, 2017: 7).[1]

최근 중국 기업들의 미국 내 투자에 대한 이 같은 미국 정부의 개입은 결코 일회성 에피소드가 아니다. 특히 반도체 분야에서 미국 정부에 의한 거부사례가 연달아 일어나고 있는 것은 2010년 이후 중국이 야심적으로 추진하고 있는 반도체 굴기를 배경으로 하고 있다고 볼 수 있다. 중국은 개혁개방 이후 반도체 산업의 육성정책을 다양하게 추진해왔지만 최근의 발전정책은 이제와는

1) 이전의 두 차례 거부 사례는 1990년과 2012년에 일어났다.

다른 차원의 야심적인 계획으로 평가받고 있다. 일련의 육성정책에서 가장 주목을 받고 있는 발전계획은 2014년에 발표된 반도체 발전 계획이다. 5년간 정부 차원에서 1700억 달러를 투자한다고 보도되고 있는데 이 규모는 이전 계획보다 40배나 큰 대규모 투자로 알려졌다.

이러한 중국의 야심 찬 반도체 굴기와 미국의 적극적인 대응은 세 가지 맥락에서 이해될 수 있다. 첫째, 반도체 기술 혁신에서 또 한 차례의 변곡점이 다가오고 있다. 실리콘 소재가 한계를 보이고, 무어의 법칙도 통하지 않는다는 평가가 나오고 있다. 따라서 나노기술, 생명공학, 양자기술 등을 통한 새로운 기술 돌파(technological breakthrough)가 다양하게 시도되고 있다(U.S. President's Council of Advisors on Science and Technology, 2017). 미국이 2011년부터 추진하고 있는 NII(National Nanotechnology Initiative)가 대표적인 예이다. 둘째, 이러한 급진적 반도체 기술 발전과 함께 반도체 수요가 크게 증가하고 있다. 이른바 4차 산업혁명으로 지칭되는 디지털 경제로의 전환이 본격적으로 이루어지고 있어서 반도체 수요가 급증할 것으로 예상되고 있다. 2016년 3600억 달러의 반도체 수요가 10년 이내 4~10배 성장할 것으로 예측되고 있다. 모바일 통신의 발달, 산업 인터넷과 사물인터넷의 확산, 자동차와 같은 제조분야에서 전자 구성품의 비중 증가 등이 반도체 수요가 증가하고 있는 배경이다. 또한 인공지능이 발전하면서 인공지능에 적용되는 반도체의 개발 경쟁도 치열해지고 있다.

셋째, 미국이 세계 반도체 산업에서 확고하게 주도적 위상을 유지하고 있지만 중국은 이러한 미국의 주도에 계속 끌려가기보다 좀 더 독립적인 산업적·기술적 위상을 확보해야 한다는 목적의식을 분명히 드러내고 있다. 반도체 산업이 변혁기에 놓여 있고 반도체 산업은 하드웨어 산업으로서 일본, 한국, 대만의 경험에서처럼 중국도 미국을 추격하기에 상대적으로 용이한 산업부문으로 인식된 것이다.

글로벌 정치경제 질서의 물질적 토대가 중요하다면 IT의 기술적·경제적 기반은 그것의 필수요소라고 볼 수 있다. 이 글은 IT 산업 중에서 핵심적인 하드웨어 구성기술인 반도체 산업을 사례로 미중 경쟁의 역동성과 성격을 밝혀보고자 한다.[2] 이 글은 무엇보다 중대한 군사기술적 적용성을 가지고 있는 반도

2) 두 국가 간 반도체 산업 경쟁에 대한 기존 연구는 배영자(2011) 참조.

체 산업에서의 미중 경쟁은 경제적 차원의 시장경쟁이나 기술혁신 경쟁을 넘어 국가안보적·지정학적 경쟁의 차원이 강하다는 점을 드러내 보이고자 한다.[3] 더구나 미중 반도체 산업 경쟁은 2000년대 중반 이후 심화된 양국 간 사이버 안보 갈등과 중첩되는 양상을 띠게 됨으로써 전통적인 군사안보적 경쟁뿐만 아니라 신흥 안보적 경쟁의 성격도 포함하고 있다.

이러한 연구 목적을 위해 이 글을 다음과 같이 구성한다. 우선 서론에 이어 제2절 이론적 논의에서는 미중 반도체 산업 경쟁의 논리와 분석 틀을 제시하고 제3절에서 중국과 미국의 반도체 산업 전략을 분석한다. 중국은 외국 직접 투자를 허용하는 시장전략과 국가 주도의 전략을 병행하는 신발전주의 전략을 구사하고 있으며, 미국은 글로벌 시장 주도 전략을 추진하는 가운데 국가도 기초연구 및 원천기술 연구에 예산을 투자하며 지적재산권 보호 등의 제도적 환경을 조성하는 데 노력하고 있다고 분석한다. 제4절에서는 최근 하드웨어를 통한 사이버 공격의 문제가 주목받으면서 미중 반도체 산업 경쟁은 사이버 안보 갈등이 중첩되는 양상이라는 점을 분석했다. 결론에서는 이러한 분석을 종합해 미중 반도체 산업 경쟁은 군사안보 차원을 포함하는 매우 복잡적인 성격이라는 점을 밝힌다.

2. 이론적 논의

1) 미중 반도체 산업 경쟁의 논리

미중 반도체 산업 경쟁은 경제적 차원의 시장경쟁과 기술혁신 경쟁을 넘어서 전개되고 있다. 특히 2000년대 중반 이후 미국의 글로벌 주도에 대한 중국의 야심적인 도전이 전개되고 있다. 미중 경쟁의 성격을 이해하기 위해서는 20세기 정보기술 분야에서 일어난 국제적 경쟁을 간략히 검토할 필요가 있다 (Cortada, 2012).

우선 1940~1960년대에 걸쳐 컴퓨터 개발과 통신 산업에서 미국과 유럽 국가들 사이에 국제적 경쟁이 전개되었다. 컴퓨터 개발 경쟁은 제2차 세계대전

3) 반도체 기술의 경제 및 국가 안보에 대한 중요성에 대해서는 Atta and Slusarczuk(2012) 참조.

중 시작되었고 영국의 경우 컴퓨팅 분야에서 상당한 경쟁력이 있었다고 평가되었다. 그러나 영국은 이러한 경쟁우위를 유지하지 못하고 미국과의 경쟁에서 밀려나게 되었다. ICT 산업 분야에서 유럽 국가들은 상대적으로 통신분야에서 경쟁력을 유지하고 있었다. 영국, 프랑스, 독일 등 국가들은 국가별로 챔피언 기업 육성전략을 폈으나 미국 주도로 통신산업의 자유화가 진행됨으로써 유럽의 챔피언 기업 모델이 경쟁력을 상실했다. 이 시기 미국과 유럽 간의 경쟁은 기본적으로 시장경쟁의 논리에 따라서 진행되었다고 평가된다.

이어서 IT 분야에서 또 한 차례의 국제적 경쟁이 일어났다. 1970년대 후반과 1980년대 중반 사이에 일어난 미일 반도체 무역 분쟁이다(조현석, 1997). 당시 전자산업의 핵심 부문으로 간주된 반도체 기술 혁신을 위해 일본이 정부-기업 협력모델을 고안하여 미국의 반도체 시장을 석권했다. 미국 국내시장에서 인텔 등 반도체 기업들의 경쟁력이 크게 하락하여 전자산업의 기반이 약화되었다. 미국은 두 가지 전략으로 이러한 일본의 공세에 대응했다. 하나는 일본과의 반도체 무역 협정을 체결하여 일본 반도체 기업들의 미국 시장 진출을 제한했다. 다른 하나는 반도체 제조기술을 개발하기 위해 미국식 정부-기업 협력을 추진했다. 1987년 정부와 산업계는 SEMATECH(Semiconductor manufacturing Technology)를 결성한 것이다. 이 프로그램을 위해 정부가 국방부 예산으로 1988~1996년 회계연도 동안 8억 7천만 달러를 제공했고 참여 민간기업들도 같은 규모를 투자했다(Platzer and Sargent, Jr., 2016: 19~20). 미일 간 반도체 산업 경쟁은 시장경쟁을 넘어 경제안보 경쟁의 차원을 포함했다고 볼 수 있다. 1991년 걸프전 당시 사용되었던 크루즈 미사일에 장착된 광학장비 부품이 일본 제품이라는 점에 대해 미국 정부 내에서 우려가 제기되었다. 일본이 미국 다음의 경제강국으로 위세를 떨쳤던 시기였지만 일본이 정치군사적 차원에서 미국의 주도적 위상에 도전했다고 보기는 어렵다. 이후 미국 반도체 산업과 컴퓨터 산업은 구조조정을 통해 윈텔리즘(Wintelism) 패러다임을 확립함으로써 글로벌 주도권을 회복하고 더 강화했다(김상배, 2007).

반도체 산업에서 미중 경쟁은 미일 반도체 무역 분쟁보다 더 복합적인 성격을 내포하고 있다. 미일 반도체 무역 분쟁과 비교하면 정치군사적 차원의 지정학적 경쟁의 성격을 포함하고 있다고 할 수 있다. 미국 기업들의 중국 반도체 시장에 대한 투자가 비교적 활발히 이루어지고, 중국 기업들이 미국의 반도체 기업들을 인수 합병하는 사례가 적지 않지만 경우에 따라서는 이러한 인수

합병 사례가 국가안보적인 고려에서 저지되는 경우도 다수 발생하고 있다. 잭슨(Jackson, 2017)에 따르면 2015~2016년간 중국 기업들이 시도한 미국 반도체 기업의 인수와 투자 21건 중에서 4건이 CFIUS(Committee on Foreign Investment in the United States)의 심사에서 저지되었다. 저지된 경우는 페리콤(Pericom)(4억 달러), 페어차일드(Fairchild)(230억 달러), 웨스턴 디지털(37억 8천만 달러), 글로벌 커뮤니케이션 반도체(2억 2600억 달러)의 경우이다(U.S.-China Economic and Security Review Commission, 2016: 8).[4]

2) 미중 반도체 산업 경쟁의 분석 틀

이러한 미중 반도체 산업 경쟁을 이해하기 위해서는 보다 복합적인 분석 틀이 필요하다. 이 글은 분석 틀의 요소로서 기술혁신, 기술표준과 지적재산권 제도, 산업 거버넌스 모델 등 세 가지 차원을 구분하여 검토한다.

우선 기술혁신 경쟁은 다양한 방식으로 일어난다고 볼 수 있다. 추구하는 기술혁신 전략이 급진혁신을 중시하는지, 아니면 점증혁신을 중시하는지 검토할 필요가 있고 기업조직 모델의 측면을 살펴보는 것도 중요하다. 기업조직 모델의 경우 기업들이 시장환경에서 치열하게 경쟁하는지, 아니면 대규모 챔피언 기업의 육성을 지향하는지가 중요하다. 마지막으로 글로벌 생산 네트워크(Global Production Network)의 측면에서 반도체 기업들이 어떤 전략을 추구하는지 분석해볼 필요가 있다. 콩 외(Kong et al., 2016)에 의하면 중국 기업들의 글로벌 생산 네트워크 참여는 여전히 하위 부문에 머물고 있고 제조부문에 제한되고 있다. 이러한 글로벌 생산 네트워크에의 참여는 중국 기업들에게 기술학습의 경로가 됨과 동시에 기술 발전의 새로운 경로를 개척하는 급진혁신이나 자주혁신의 제약요인으로 분석된다. 핵심 부품이나 기술의 공급 측면에서 미국의 기술기업들이 핵심 부품이나 기술 혹은 브랜드를 기반으로 글로벌 생산 네트워크를 조직·주도하고 있다. 이러한 차원을 제외하면 미중 경쟁을 이해하는 데 어려움이 있다.

다음으로 기술표준과 지적재산권을 둘러싼 경쟁이 중요하다. 이것은 다시

4) CFIUS는 재무부, 국방부, 국무부, 상무부 등 9개 부처가 참여하는 범부처 위원회로서 미국 내 외국 투자가 어떤 국가안보 위험을 가지는지 심사한다. Jackson(2017) 참조.

설계와 제조 부문의 기술표준과 지적재산권 표준으로 구분할 수 있다. 미국과 중국은 시장주도형과 국가주도형 전략을 취하고 있다. 각각 전략의 효과성과 약점을 검토한다.

마지막으로 미중 반도체 산업 경쟁은 산업 거버넌스 모델 경쟁을 포함하고 있다. 이것은 넓은 의미의 제도경쟁이라고 할 수 있다. 중국이 반도체 산업 부문에서 외국 투자의 유치를 적극적으로 추진하고 있지만 여전히 발전주의적 산업전략에서 벗어나지 못하고 있다. 예를 들어 2014년에 발표된 중국의 반도체 발전 정책은 국가 주도의 성격을 강화했다고 평가되고 있다. 설계와 제조 등 반도체의 여러 하부 부문에서 챔피언 기업을 육성함으로써 급진적 기술혁신, 자주혁신, 자주보장(Self Sufficiency)을 달성하려고 노력한다. 이에 대응해 미국은 보다 적극적인 시장주도 전략을 추진하고 있다. 미국이 지향하는 산업 거버넌스 모델은 간략하게 말하면 글로벌 시장 주도 전략이라고 할 수 있다. 미국은 1990년대 중반 세계무역기구(WTO) 출범 시 IT 제품의 무관세와 자유무역을 관리하는 ITA(Information Technology Agreement)를 설립하는 데 주도적인 역할을 했으며 ITA가 관리하는 제품의 범위를 확대해왔다. 또한 글로벌 시장에서는 기술 대기업들이 글로벌 생산 네트워크를 조직하여 글로벌 IT 시장에 대한 주도권을 유지하려고 노력하고 있다. 제도적 측면에서는 SEMATECH나 NNI 등의 기술 개발 프로그램을 통해 정부-기업 파트너십 전략을 추진하고 있다. 아울러 미국 정부는 국내적 차원에서 기초연구에 정부와 국방 예산을 투입하고 상업적 기술 개발을 주도하는 기업들의 지적재산권과 기술표준을 보호하는 데 정책적 노력을 기울이고 있다.

3. 미중 반도체 산업 경쟁

1) 중국의 국가 주도 발전전략

중국의 반도체 산업 전략은 크게 국가의 역할을 강조하는 비시장전략과 시장전략으로 구분된다. 시장전략은 중국 정부가 1990년대부터 견지해온 것으로, 적극적으로 외국 직접투자를 유치하고 해외 기업들을 인수하며 외국 기술의 도입을 장려하면서 서방 대기업들이 주도하는 글로벌 생산 네트워크에 적극적으로 참여하는 것이다. 이러한 점에서 1960년대, 1970년대의 동아시아 발전국가와 달리 중국은 신발전국가로 이해될 수 있다.

(1) 중국의 반도체 산업 전략의 전개

우선 중국의 반도체 산업의 발전 역사를 간략히 살펴본다. 크게 세 시기로 구분되는데 1978~1990년대 중반의 초기 시기, 1990년대 중반~2005년 추격 시기, 2005년 이후 시기로 구분할 수 있다.

닝(Ning, 2009)에 따르면 중국의 반도체 산업의 발전과정은 동아시아의 반도체 강국인 일본, 한국, 대만의 발전과정과는 매우 다른 경로를 보여왔다. 그는 이러한 차이가 반도체 산업의 군사기술에 대한 함의에 기인한다고 분석한다. 중국은 냉전시기 전략적으로 고립된 상황에서 자력갱생과 자급자족의 사고가 정책 결정을 지배했다. 경제상황이 안정된 1950년대에 이르러 중국 정부는 상당한 인력 및 재정적 자원을 투입하여 국방을 위한 산업기반을 확충할 수 있었다. 중국은 1960~1970년대 기간, 특히 반도체 생산을 위한 생산 장비와 기술을 도입하려고 여러 차례 노력했다. 이 시기 중국의 반도체 생산 계획은 성공하지 못했다. 중국이 기술적 지식을 갖추지 못하고 지원생산 기술을 보유하지 못했기 때문이다.

중국이 1970년대 말 개혁개방 노선을 천명하고 대외관계를 정상화한 이후 중국은 반도체 산업의 육성을 위해 소량의 생산장비를 수입할 수 있었다. 그러나 취약한 국내기술 능력으로는 대량생산 단계로 나아갈 수 없었다. 반도체와 같이 '양용기술(dual use)'의 잠재력을 가진 분야에는 많은 재정을 투자했고 대규모 국방 관련 프로젝트를 추진했다. 또 반도체 기업들은 모두 국가 소유로 운영되었다. 1980년대 말에 이르러서야 비로소 중국 지도자들은 자급자족적인 과학기술 시스템을 구축하는 것이 매우 어렵다는 것을 인식하게 되었다. 이런 맥락에서 중국 정부는 기술 이전의 길을 넓히기 위해서 외국 소유권에 대한 제한정책을 완화했다. 국유기업과 외국 파트너와의 소유권 배분을 50 대 50으로 하는 합작기업을 설립하도록 했다.

이러한 노력에도 불구하고, 미국의 기술금수 조치와 중국 국내의 취약한 지원 인프라의 조건 속에서 중국이 많은 수의 외국 직접투자를 유치하는 것이 매우 어려웠다. 중국 지도층은 반도체 생산능력을 구비하지 못하면 기술 종속이 발생하고 대외적 자율성에 큰 위협이 될 것이라는 점을 우려했다. 이런 배경에서 1996년 '909'라고 이름 붙여진 반도체 기술 진흥 프로젝트가 시작되었다. 이 프로젝트의 우선적인 목표는 반도체 대기업을 육성하고 상업화하는 것이었으며 이러한 수직 통합 대기업 육성으로 상하이 화훙 마이크로일렉트로닉스(Shanghei Huahong Microelectronics) 등 이른바 5대 대기업이 생겨났다(Ning, 2009: 146~147).

그러나 세계 시장에서 중국 반도체 산업의 비중은 매우 미미했다. 1995년 세계 반도체 시장에서 중국의 점유율은 0.2%에 불과했다. 중국 정부는 2000년 반도체 산업 정책의 근본적인 전환을 모색했다(Chen and Xue, 2010: 115~116). 2000년 6월 중국 국무원이 정책회람 18호 '소프트웨어 산업과 IC 산업의 진흥정책'을 발표했다. 여러 지역에 산업 클러스터를 조성하여 수직 통합 대기업 중심인 산업구조의 변화를 모색했다. 또한 이와 함께 중국 정부는 외국 직접투자에 대해서 더 자유화된 조치를 채택했으며 정부 관리들의 간섭을 최소화하고 세금 혜택도 부여했다. 대만, 미국, 유럽의 기업들이 중국에 진출했다. 이러한 결과 반도체 부문의 산업구조도 보다 유연해졌다.

이러한 정책 변화를 배경으로 중국은 2001년 WTO에 가입하고 2003년 ITA에 가입했다.[5] 중국의 ITA 가입은 자발적으로 이루어진 것이 아니다. 일본, 한국, 대만 등 동아시아 국가들이 반도체 산업 전략을 추진하는 과정에서 미국과의 반도체 무역 분쟁이나 특허 분쟁을 겪었던 것처럼 중국도 2003년 미국과 반도체 무역 분쟁을 겪었고 이 과정에서 미국으로부터 ITA 가입을 종용받았다(Ning, 2009).[6] 전반적으로 직접적인 정부의 개입은 크게 감소했으나 국내 기술과 생산능력을 진작하려는 데서 볼 수 있듯이 신흥 공업국 방식의 개입지향적 산업정책은 상당 부분 남아 있었다(Ning, 2007).

이러한 중국의 반도체 산업 전략이 외관상 신자유주의적 시장 접근방법과 유사하게 보일지 모른다. 그러나 중국 반도체 산업 전략의 궁극적인 목적은 국가안보를 위한 것이다. 이를 위해 소수의 자립적이며 수직적으로 통합된, 세계적으로 경쟁력을 갖춘 IT 산업을 육성하는 것이 중요했다. 시장은 기존의

5) WTO는 1995년, 이것의 부속 협정인 ITA는 1996년에 출범했다.

6) 1980년대 중반 미일 반도체 무역 분쟁, 1992년 한국의 삼성 등 반도체 기업과 미국 반도체 기업 간의 특허 분쟁, 1998년 대만과 미국 사이 기업들의 특허 분쟁을 말한다. 특히 1980년 중반 미일 반도체 무역 분쟁은 세계 반도체 산업에 중대한 결과를 초래했는데, 미국 IT 산업의 구조 재편을 초래한 계기가 되었다.

국유기업이나 국영기업의 효율성을 향상하기 위한 인센티브 기제로서 일차적으로 사용되었다. 시장이 슘페터주의적인 창조적 파괴나 자연 도태를 위한 근본적인 제도로 여겨지지 않았다는 것이다. 이러한 제도적 특징이 동아시아 국가들과 중국의 큰 차이점이다. 동아시아 국가들은 국가가 잠정적으로 개입하지만 궁극적으로는 사적 기업을 일으켜 글로벌 시장 경쟁에 대응했다(Ning, 2009).

(2) 중국의 반도체 산업 도약전략

중국은 반도체 분야에서 2000년대 중반 이후 보다 본격적인 발전계획을 추진했다. 이 중에서 중요한 것은 2006년 2월 중국 국무원이 추진한 '중장기 과학기술진흥계획(2006~2020)'과 2011년 2월 정책회람 4호 '소프트웨어와 IC 산업 진흥/확대 촉진정책'이다(Lu, 2015: 31). 2006년 중장기 과학기술진흥계획의 핵심 목표는 소프트웨어와 반도체 부문의 원천기술 개발에 있었다. 중국 정부는 핵심 디바이스와 고급 IC(Integrated Chip)의 개발, 그리고 반도체 장비와 재료기술 및 공정기술 연구 개발을 중점적으로 추진했다. 또한 2011년 2월 정책회람 4호는 2000년 18호 정책회람에서 천명했던 반도체 산업 진흥정책을 확대·지속하려는 목적을 보였다. 이러한 반도체 산업 진흥정책들은 상당한 성공을 거두었다고 평가된다. 반도체 칩 설계, 제조, 패키징과 검사 등 모든 반도체 부문에서 높은 성장을 했다(U.S. ITO, 2014). 2013년 기준으로 하이실리콘(Hisilicon)과 스프레드트럼(Spreadtrum)이 세계 20대 설계기업에 포함되었고 SMIC (Semiconductor Manufacturing International)는 세계 5대 제조기업에 올랐다.[7]

그러나 이러한 지속적인 정책 노력에도 불구하고 중국 정부는 자국의 반도체 산업이 미국뿐만 아니라 일본, 한국, 대만에도 미치지 못하는 수준에 머물고 있다고 인식했다. 2014년 중국(모든 내외 기업)의 반도체 구매(소비)는 세계 전체의 56.6%를 차지했다. 그림 3-1에서 중국의 반도체 생산 능력은 세계 전체의 10% 이하이며 대부분 중저가 부문에 속하고 고급부문을 포함한 나머지 90%는 미국, 한국, 일본, 대만 등으로부터 수입에 의존하고 있다. 질적 측면에서는 고급품의 설계, 일관 생산은 비중이 적고 특히 시스템 IC와 같은 비메모리 분야가 더 취약하다고 평가되고 있다. 또한 반도체 제조장비와 재료분야에

---

7) 하이실리콘은 화웨이(Huawei)의 자회사이다.

그림 3-1 주요 국가들의 세계 반도체 시장 점유율(2014년)

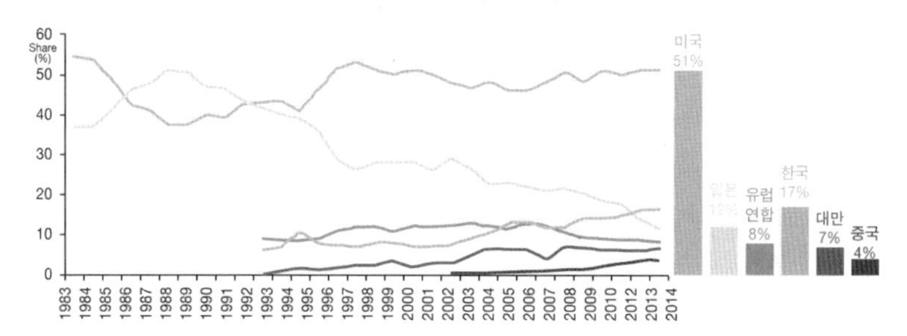

주: 판매 기업들의 본부가 있는 국가 기준. 위탁생산(foundry output)은 미포함.
자료: Yinug(2015: 2).

서도 취약성이 여전했다.

이러한 중국 반도체 산업의 질적·양적 취약성은 중국이 2014년 매우 야심차게 '국가 반도체 산업 발전계획'을 추진한 배경이 되었다.[8] 중국 국무원 공업정보기술부의 정보화 국장 먀오웨이(Miao Wei)는 인터뷰에서 반도체의 전략적 중요성을 세 가지 제시했다(U.S. ITO, 2014). 첫째, 미국과 일본 등 개발국가들은 IC 산업의 전략적·근본적·선도적 성격을 더욱 강조하고 있으며 2008년 세계 경제위기 이후 강력한 구조조정을 시행했다. 미국은 심지어 향후 20년 동안 제조부문을 변혁시킬 4대 부문 중에서 가장 중요한 부문으로 반도체 부문을 지목하고 있다. 둘째, 중국은 IT 기기의 제조부문에서는 크게 앞섰으나 IT 산업 공급사슬(Supply Chain)에서 핵심 가치를 창출하는 소프트웨어와 IC에서 매우 취약하다. 이런 연유에서 IT 산업의 이윤율이 산업 전체의 이윤율보다 상당히 낮다. 셋째, 이렇듯 중국의 IC 산업이 매우 취약해서 IC 산업이 중국의 경제사회 발전을 지원하지 못하고 있고 국가안보와 사이버 안보를 보장하지 못하고 있다. 이 같은 정치적·경제적 배경에서 IC 산업의 발전이 최고 우선순위의 하나가 되었다.

에른스트(Ernst, 2014)의 분석에 따르면 이 계획은 무엇보다 글로벌 반도체 산업에서 중국이 추격전략에서 선도전략으로 전환하기 위한 장기적 목적을 띠고 있다. 이러한 전략적 목적을 위해서 중국 정부는 두 가지 새로운 정책수

8) 영어로는 'Guidelines to Promote National IC Industry Development'로 번역된다. 중국의 공업정보기술부, 국가발전개혁위원회, 재무부, 과학기술부가 참여했다.

단을 채택했다.[9] 첫째, 추진체계가 최고위급 인사로 구성되었다. 반도체 산업 발전을 위한 영도소조가 설치되었다고 볼 수 있다. 정치국 위원이며 중국 국무원 부총리인 마 카이(馬凱)가 추진단장을 맡았으며 공업정보기술부, 국가발전개혁위원회, 재무부, 과학기술부 등 4개 관련 부처가 참여했고 기타 4~5명의 산업계와 과학계 대표들이 참여했다. 이러한 최고위급 영도소조를 바탕으로 정부 부처 간, 그리고 정부와 산업계 간 전략 조정을 원활히 하고자 했다. 또한 이 추진체계에는 산업계와 과학계 대표들도 참여했다. 에른스트(2014)에 의하면 정부는 민간부문 기업가와 전문가들을 참여하게 함으로써 상향적이고 시장주도적인 정책관점을 정책 설계와 집행에 도입하고자 했다.

둘째, 중국 정부는 '반도체 산업 주식투자 펀드'를 조성하여 반도체 기업들의 연구 개발, 구조조정, 국내외에 걸친 기업 간 파트너십 결성과 인수합병, 외국 기술의 도입을 지원하고자 했다. 이러한 기금 조성에는 중앙정부와 지방정부뿐만 아니라 대기업, 금융계, 산업계 등 시장 행위자들도 참여했다. 기금 조성에도 상향적이고 시장주도적인 방식을 적용하고자 했던 것이다.

중국정부가 제시한 2030년까지의 장기 목표는 2030년에 반도체 세계 1급 생산국가로 도약한다는 것이다. 보다 구체적으로 정책내용의 측면에서 세 가지가 이전의 발전계획과 차이를 보였다. 첫째, 5년간 정부의 투자규모를 1700억 달러로 제시했다.[10] 다른 투자처, 즉 국영기업과 지방정부가 투자한 규모를 합치면 전체 투자는 이를 훨씬 상회한다. 둘째, 반도체 산업의 세부 부문별, 즉 설계, 제조, 패키징과 검사부문별로 국가 챔피언 기업을 1~2개 육성하고자 했다. 이러한 챔피언 기업의 육성은 세계 반도체 산업에 나타나고 있는 산업집중과 공고화 추세에 대한 대응이라고 할 수 있다(U.S. ITO, 2014). 국내 반도체 기업들 간 파트너십 결성과 인수합병을 추진하는 한편, 국영기업 중심으로 외국(주로 미국) 기업을 공격적으로 인수 합병하는 전략을 병행 추진했다. 미국의 대표적 메모리 제조기업인 마이크론(Micron)의 인수합병(230억 달러 상당) 시도는 미국 정부의 불허 방침으로 무산되었다. 칭화유니그룹(Tsinghua Unigroup, 紫光集團有限公司)과 SMIC는 반도체 제조부문에 특화된 대기업으로 육성할 계

9) 중국 국무원 공업정보기술부의 정보화 국장 먀오웨이도 인터뷰에서 이러한 특성을 강조했다. U.S. ITO(2014) 참조.

10) 이것은 이전 계획보다 40배나 많은 대규모이다.

획이며 하이실리콘은 칩 설계부문의 챔피언 기업으로 육성하고자 했다. 칭화유니그룹은 최근 2개의 중국 기업—스프레드트럼은 17억 달러에, RDA 마이크로일렉트로닉스(RDA Microelectronics)는 9억 달러에—을 인수했다. 그러나 이러한 기업들은 경쟁력 확보에서 한계를 보이고 있다. 우선 순수한 사기업이 아니라 국영기업에 가깝다고 볼 수 있고 아직 이윤을 내지 못하고 있다(Economist, 2016). 셋째, 중국의 2014년 반도체 발전 계획은 기술혁신에서 급진적 제품혁신과 자주혁신을 추구하고 있다. 기술혁신의 국내적 기술기반 확충을 강조하고 있다고 볼 수 있다.

이러한 반도체 산업 국가발전계획에 대해 몇 가지 비판적 관점을 제시할 수 있다. 첫째, 국가 챔피언 기업 육성계획을 달성하기 위해서, 특히 우수한 미국 기업들을 인수 합병하려고 하는데 이러한 시도가 CFIUS의 엄격한 심사로 인해 성사되지 않는 경우가 많다. 미중 간 반도체 산업 경쟁이 첨예화되고 있다고 볼 수 있는 것이다. 둘째, 중국 정부는 이 반도체 발전 계획을 시행하면서 상향적이고 시장주도적인 정책 정향을 의도적으로 도입하고 있지만 실제의 정책 집행에서는 지난 시기의 수직적이고 하향적인 방식을 크게 벗어나지 못하고 있다. 예를 들어 반도체 진흥기금의 운용을 담당할 민간 금융 전문가와 금융조직 경영 전문가들이 상당히 부족하다는 분석이 있다(Ernst, 2014).

셋째, 국가 주도 챔피언 기업 육성정책으로 자주적인 급진혁신을 달성할 수 있을지는 매우 불확실하다. 브리즈니츠와 머피(Breznitz and Murphree, 2011)는 중국의 IT 산업을 '구조화된 불확실성'의 개념으로 분석하고 있는데 중앙정부의 급진적 제품혁신과 자주혁신 지향전략이 시장 행위자들의 경영전략과 지방정부의 산업육성 정책에 잘 먹혀들지 않는다고 평가하고 있다. 예를 들어 광둥성 선전 지역에서 지역기업들은 여전히 점증적인 혁신전략을 추구하고 외국기술 도입과 글로벌 생산 네트워크에의 참여로 치열한 시장경쟁에 적응하고 있다고 분석한다. 이런 중앙과 지방의 분절현상은 중앙정부가 강조하는 급진혁신과 자주혁신 전략의 효과성을 약화시키는 요인으로 작용하고 있다.

중국은 이어서 2015년 5월 발표한 '중국제조 2025'을 통해 반도체 산업을 중국 제조업 분야의 최우선 산업부문으로 지정했다(U.S. Chamber of Commerce, 2017). 반도체 자급자족 비율을 2020년 40%에서 2025년 70%로 높이고 반도체 제조능력도 2014년 중국 50억 달러와 나머지 국가 430억 달러 수준에서 2020년 중국 160억 달러와 나머지 국가 420억 달러, 2030년 중국 360억 달러와 나머지 국가 420억 달러로 높이는 야심 찬 목표를 제시했다.

중국은 2016년 13차 5개년 계획(2016~2020)을 시행했는데 굿리치(Goodrich, 2016)는 13차 5개년 계획에 포함된 반도체 산업 진흥계획을 분석했다. 이 계획에서 반도체 산업은 전략적 신흥 산업의 하나로 간주되었으며 반도체 산업의 발전을 위해서 여러 가지 정책수단을 적용하고 있다. 이러한 정책수단은 기술의 국산화를 의무화하는 것, 기술 이전을 확보하는 것, 중국식 표준의 개발, IT 제품의 지나친 암호화 제한, 하드웨어의 안전과 신뢰성을 위한 검사와 시험 강화, 사이버 안보 조치의 시행, 특허 풀제 시행을 포함하고 있다. 13차 5개년 계획의 반도체 산업 진흥계획은 2014년에 시작한 국가 반도체 산업 발전계획을 집행·보완하는 성격을 지녔다고 볼 수 있다(Goodrich, 2016).

또한 중국은 2017년 7월 상대적으로 새로운 경쟁 분야라고 할 수 있는 인공지능에 적용되는 반도체 분야에서 3년 내 미국과 대등한 수준을 달성하고 2030년 이 분야에서 세계 주도국이 되겠다는 계획을 발표했다. 인공지능 반도체 분야의 선두기업인 미국의 엔비디아(Nvidia)를 추월하겠다는 것이다.[11] 이를 위해 중국 과학기술부는 13개 변혁기술 프로젝트를 추진하고 베이징 소재 중국 기업인 캄브리코(Cambrico)에 중국 국가개발투자공사가 1억 달러를 투자하여 엔비디아에 도전하겠다고 발표했다.[12] 그러나 이러한 정책에도 중국 정부가 직면한 과제는 인공지능 반도체 프로젝트에 필요한 높은 수준의 전문인력 부족을 극복해야 한다는 점이다. 이러한 약점을 보완하기 위해서 중국 정부는 미국의 반도체 기업들을 매수하려고 시도하지만 미국 정부에 의해서 저지되는 경우가 늘어나고 있다(Simonte, 2017).

이러한 중국의 야심적인 반도체 육성정책에 대한 미국의 인식은 양면적이다. 중국 시장에 대한 접근은 미국의 반도체 산업에 매우 중요하므로 중국이 경제발전, 기술혁신, 자유화를 계속 추진하겠다는 공약은 미국 반도체 기업들에게 막대한 시장 기회를 지속적으로 제공하게 될 것이라고 인식한다. 세계와

11) 인공지능용 반도체 개발 경쟁은 세계적으로 인텔, 퀄컴, 구글, 엔비디아 간에 전개되고 있는데 세 기업 모두 엔비디아를 추격하는 양상이다. Simonte(2017) 참조.

12) 13개 변혁기술 프로젝트는 인공지능 신경 네트워크를 구동하는 반도체로 엔비디아의 반도체보다 20배 효율적인 제품을 생산하는 것을 포함하고 있다. 인공지능의 딥러닝(deep learning) 반도체 시장은 엔비디아가 지배하고 있다. 이것은 GPU(graphics processor)의 한 종류로서 게임 프로그램에 많이 사용되고 딥러닝 알고리즘을 구동하는 데 이상적이라고 한다. 이런 측면에서 엔비디아는 인공지능 혁명의 중심에 서 있다고 할 수 있다. Simonte(2017) 참조.

중국 시장에서 반도체 제품 수요가 계속 증가하게 될 것이기 때문이다. 정당하게 이루어진다면 중국의 반도체 산업에 대한 지원은 환영할 일이며 중국의 경제발전에도 도움이 될 것이라고 평가한다.

2) 미국의 글로벌 시장 주도 전략

미국의 반도체 산업 전략에 대해서 분석하기 전에 미국의 반도체 산업 실태부터 간략히 정리할 필요가 있다(Platzer and Sargent, Jr., 2016: 9~12). 우선 미국의 반도체 제조능력이 하락하고 있다. 세계 내 점유율은 1980년 42%에서 1990년 30%, 2007년 16%로 감소했다. 아시아 반도체 기업들의 생산능력이 증가하고 미국 기업들이 제조시설을 해외로 이전한 결과이다. 미국 내 반도체 팹(fab)은 인텔, 마이크론, 글로벌파운드리, TI(Texas Instruments) 등 몇 개의 기업들에 의해서 운영되고 있다. 이 중 인텔이 70%를 차지하며 마이크론은 메모리 반도체를 주로 생산하고 있다. 2015년 기준 반도체 무역에서도 미국의 위상이 크게 변화했다. 미국에 본부를 둔 기업들은 2015년 매출의 83%를 아시아 지역을 포함한 해외에 판매했다. 이것은 418억 달러에 해당하는 규모였으며 멕시코, 중국, 말레이시아, 한국, 대만이 주요 판매처였다. 2015년 반도체는 고도기술 제품의 수출에서는 1위를 기록했고 산업 전반에서도 민간 항공산업, 석유정제 산업, 자동차 산업에 이어 수출액 417억 달러로 4위를 보였다. 수입의 경우 주요 수입원은 말레이시아, 중국, 대만, 일본, 한국이다. 2015년 기준 미국 기업들의 제조시설이 대거 이전되어 있는 말레이시아가 30%를 점유하고 중국이 13%를 차지하고 있다. 미국이 수입하는 반도체의 1/3은 재수출된다. 이러한 점은 반도체 분야 글로벌 공급사슬이 복잡하게 얽혀 있다는 것을 반영한다.

(1) 국내적 차원

IT 산업은 제2차 세계대전을 전후하여 일어난 두 가지 주요 기술 발전에 기원하고 있다(Platzer and Sargent, Jr., 2016: 18). 1946년에 등장한 최초의 범용 디지털 컴퓨터인 에니악(ENIAC)와 1947년 벨 연구소가 발명한 트랜지스터이다. 이 두 가지 기술혁신은 모두 제2차 세계대전 시 미국 연방정부의 군사연구 개발에서 나왔다. 1950년대와 1960년대에 걸쳐 군 연구소와 민간기업 연구소에서 IC의 개발과 생산이 이루어졌다. 이 시기에는 미국 군대가 가장 중요한 수

요처였다. 국방 구매가 반도체 산업의 발전에 결정적인 역할을 했다는 것이다.[13] 1960년대 중반 이후 민간 전자산업이 발전하면서 국방 기초연구와 국방 구매의 비중이 낮아졌지만 기초연구 부문에서는 정부가 여전히 큰 역할을 맡았다.

미국은 기본적으로 기업 주도의 글로벌 시장 전략을 채택하고 있지만 국내적 차원에서 기업들을 지원하기 위한 다양한 정책을 시행하고 있다. 연구개발 정책의 경우 미국은 정부예산을 주로 기초연구와 국방연구에 투입하고 있으며 보완적으로 정부-민간 파트너십에 기초하여 원천기술 개발을 추진하고 있다. 반도체 산업에서는 1987년 시작된 SEMATECH와 1990년대 후반에 시작한 나노기술 개발을 위한 NNI가 대표적인 프로그램이다. SEMATECH는 1980년대 일본 반도체 산업의 발전과 미국 반도체 산업의 쇠퇴에 대응하기 위한 정부-기업 공동투자 프로그램인데 정부재정 투자는 국방부의 DARPA(Defense Advanced Research Projects Agency)를 통해서 이루어졌다.[14] NII도 부시 정부에서 시작되었으나 오바마 정부에 들어 정부예산 투입이 증가했다. 반도체 기술 개발과 직접 연관되는 하부 프로그램은 'Nano Electronics for 2020 and Beyond'이다. 나노 규모의 반도체 원천 제조공정을 개발하기 위한 것이다. 미국 의회는 2011년 이후 미국 국방부 등을 통해 5억 3천만 달러를 배정했다(Platzer and Sargent, Jr., 2016: 21).

문샷(Moonshot)이라고 지칭될 정도의 파괴적 혁신연구는 국방부의 DARPA에 의해서 수행되어왔는데 최근 반도체 산업분야에서 DARPA는 '전자기술부흥계획(Electronic Resurgence Initiative)'를 추진하고 있다. 2018년부터 매년 2억 달러 이상을 4년간 투자하며 새로운 종류의 반도체 소재, 아키텍처, 설계기술을 창안하는 것을 목표로 하고 있다. 혁신적 기초연구를 수행한다고 하여 대학공동마이크로전자개발계획(JUMP: Joint University Microelectronics Program)이라고 명명되었다(Galeon, 2017).

최근 반도체 기술 분야에서 연방정부가 추진하고 있는 다른 주요 프로그램은 2015년 오바마 대통령의 행정명령을 통해 추진하고 있는 NSCI(National Stra-

13) 예를 들어 1962년 말 정부 구매가 미국 반도체 판매의 100%를 차지했다.

14) 미국 반도체 산업의 세계 시장 점유율은 1960년대와 1970년대 중반 기간 60% 수준을 유지했는데 일본 반도체 산업의 발전으로 1980년대 중반 40% 이하로 하락했다. 1980년대 이후는 그림 3-1을 참조할 것.

tegic Computing Initiative)이다. 실리콘 소재의 물리적 한계점에 도달한 CMOS(Complementary Metal-Oxide-Semiconductor) 반도체 기술의 대안기술을 개발하는 것이 주요 연구목표 중 하나이다. 이 외에도 현재 반도체 기술의 물리적 한계를 극복하기 위한 기초 원천연구인 반도체기술발전네트워크(Semiconductor Technology Advanced Network), 반도체 공급사슬의 무결성(integrity)과 온전성(authentication)을 확보하기 위한 기초연구인 사이버 공간의 안전과 신뢰보장 프로그램(Secure and Trustworthy Cyberspace program), 고도로 에너지 효율적인 컴퓨팅 연구 등이 있다(Platzer and Sargent, Jr., 2016: 21).

미국이 추진하고 있는 제조업 부흥정책(Advanced Manufacturing Partnership)도 반도체 산업 발전을 위한 정부-기업 파트너십에 속한다. 오바마 정부에 의해서 시작되었으며 외국으로 생산기지를 이전한 미국 기업들의 국내 복귀(reshoring)에 긍정적인 영향을 미쳤다고 평가되고 있다. 이러한 미국 기업의 복귀정책은 트럼프 행정부에 의해 더 강력하게 추진되고 있다. 예를 들어 트럼프 대통령은 애플사에 중국의 공장을 미국 내로 이전하도록 요청하면서 인건비 상승을 벌충할 수 있도록 세금감면 혜택을 부여하겠다고 약속했다.

상당한 부분의 원천기술 개발과 상업적 기술 개발은 기업들이 주도하고 있다. 또한 역동적인 기업 조직모델을 유지함으로써 급진혁신과 제품혁신에서 상당한 성과를 거두고 있다고 할 수 있다. 반도체 산업은 어떤 산업 못지않게 지속적이고 강력한 혁신 압력을 받고 있다. 미국의 반도체 산업 전반의 연구개발투자 비율은 매출액의 15~20%를 보인다. 2012년 이 비율은 19.4%를 기록했는데 이것은 연구 개발이 매우 중요한 제약산업이나 전자제품 산업을 포함한 다른 주요 산업보다 높은 수준이다. 참고로 2012년 제조업 전체의 연구개발투자 비율은 3.6%를 보였다. 2015년 12월에는 오랫동안 폐지 여부가 논란이 되어온 연구개발(research and experimentation) 세액공제 제도가 한시법에서 벗어나 영구법이 되었다. 반도체 산업 관계자에 따르면 이러한 조세감면 제도는 반도체 기업들이 장기적인 연구 개발에 투자할 인센티브로 작용한다(Platzer and Sargent, Jr., 2016: 8).

아울러 미국 정부의 지적재산권 보호정책도 기업들의 기술혁신을 위한 제도 환경의 조성에 중요한 역할을 했다. 컴퓨터 프로그램과 관련된 지적재산권법의 정비는 미국 정부가 컴퓨터 하드웨어뿐만 아니라 소프트웨어를 위한 지적재산권 보호레짐을 수립하기 위해서 노력해왔음을 보여준다. 미국 정부는

1980년 컴퓨터소프트웨어저작권법을 제정했고 반도체 분야에서는 1984년 반도체칩보호법을 제정했다. 이 법은 미국 경제에 중요한 의미를 갖는 전략기술에 대한 지적재산권 조항으로까지 확대되었다. 또한 이 법은 지적재산권 문제에 대한 획기적인 변화를 야기했는데, 양자 간 무역 협상을 통해서 다른 국가들에게 지적재산권 보호를 시행하도록 압박하는 조항도 포함하고 있다(김상배, 2006). 또한 미국 정부는 1990년대 중반 WTO 무역 관련 지적재산권 협정(TRIPs)을 체결하는 데 적극적으로 나서는 등 국제적인 차원에서도 미국 IT 기업들의 지적재산권을 보호하려고 노력했다.

퀄컴, 인텔, 브로드컴 등 미국의 주요 반도체 기업들은 세계적으로도 상위 특허출원 기업들이다. 특히 이러한 지적재산권 관련 법제를 넘어 기업의 영업 비밀을 보호하기 위한 법제가 생겼다. 반도체 산업계는 미국 정부가 2015년 영업비밀보호법(Defend Trade Secrets Act)을 제정하는 데 큰 역할을 했다. 이 법을 통해서 기업들은 절도, 뇌물 공여, 스파이와 같은 부적절한 수단으로 절취된 영업 비밀이 오남용되어 생긴 피해로부터 구제받을 수 있는 법적 보호장치를 보유하게 되었다(Platzer and Sargent, Jr., 2016: 12~13).

(2) 국제적 차원: ITA와 글로벌 생산 네트워크

미국의 글로벌 시장 주도 전략의 국제적 차원은 두 가지 요소로 구성되어 있다. 하나는 반도체 산업에서 글로벌 경쟁을 주도하기 위해 1990년대 중반에 출범한 ITA 등이다. 이것을 미국의 국가 주도 국제화 전략이라고 할 수 있다. 다른 하나는 미국 기업들이 주도해온 글로벌 생산 네트워크이다.

1997년에 발효된 ITA는 정보기술 제품의 국제 교역에서 관세 인하와 관세 철폐를 제도화한 것이다. 미국의 반도체 산업은 1980년대 이후 거의 10년간 일본, 한국, 대만 등 동아시아 국가들의 반도체 산업 발전으로 극심한 경쟁 압박을 받았고 미국과 동아시아 국가들 사이에서 국가별로 여러 차례 반도체 무역 분쟁이 일어났다. 이 중에서 1980년대 중반 일어난 미일 반도체 무역 분쟁이 미국의 반도체 산업에 큰 영향을 미쳤다. 이러한 반도체 산업의 글로벌 경쟁의 심화와 무역 갈등을 완화하기 위해서 미국이 주도적으로 나서서 ITA가 설립되었다.

ITA 초기에는 중국이 가입하지 않았다. 중국의 반도체 산업이 발전하고 미국에 대한 수출이 증가하면서 미국과 중국 사이에 반도체 무역 분쟁이 일어났으며 이러한 과정에서 미중 협상을 거쳐 2003년 중국이 ITA에 가입했다.[15] 2010년대에 들어 ITA가 확대되는 과정에서 미국과 중국이 크게 충돌했다. IT 기술이 발전하고 새로운 IT 제품이 생산되면서 ITA가 이러한 변화를 반영할 필요가 생겼다. 신규로 관세 인하와 무관세의 대상이 되는 품목의 수를 확대할 필요가 생긴 것이다. 2013년 당시 ITA에 새로 추가될 예상품목의 수는 250여 개로 알려졌다. ITA-2의 새로운 출범은 미국과 중국의 협상에 달린 문제로 인식되었다. ITA의 관리품목에 추가되는 품목의 수를 늘여야 한다는 미국과 달리 중국은 무관세대상 품목의 수를 대폭 줄여야 한다는 입장이었다. 2013년 7월에 이루어진 협상에서 중국은 거의 140개에 달하는 품목을 추가대상에서 제외해야 한다고 요구했다. 양국 간에 이러한 의견 대립으로 협상이 결렬되었다(Tiezzi, 2013).

2013년 11월에 협상이 재개되었다. 이 협상에서 중국은 추가대상에서 제외하는 품목의 수를 60개로 줄이는 대신 관세를 10~15년에 걸쳐 단계적으로 인하하겠다고 주장했다. 반도체와 의학장비를 추가하느냐가 의견 대립의 이슈였다. 이번에도 회담이 결렬되었다. 중국은 무관세품목이 늘어나면 미국 제품의 수입이 증가하고 중국 기업의 시장점유율이 하락하는 것을 우려했다. 반면 미국은 예상되는 무관세 적용 제품 수의 증가로 미국 IT 기기의 수출이 28억 달러 증가하고 매출이 100억 달러 증가할 것을 기대했다. 미국 내 일자리가 6만 개 창출된다는 분석이 있었다. 이른바 ITA-2의 출범을 위한 협상은 2013년 11월 중국 베이징에서 개최된 아시아태평양경제협력체(APEC) 정상회의 동안 이루어진 미중 정상 간 회담으로 타결되었다. 중국이 요구한 추가대상에서 제외되는 제품의 수가 140개에서 크게 줄어 ITA-2에 추가되는 품목의 수가 201개가 되었다. 무관세 추가 리스트에는 추가 여부가 논란이 된 고성능 반도체와 의료장비가 포함되었다(Tiezzi, 2013). 미국은 ITA를 결성하고 확대함으로써 중국의 산업정책과 보호주의에 대응하고자 했다.

미국은 반도체 산업에서 자유무역 질서를 유지하고자 했지만 또한 글로벌 반도체 산업에서 기술적 주도권을 유지하고 군사적으로 민감한 반도체 기술

15) 미중 반도체 무역 분쟁에 대해서는 Ning(2009: 152~153) 참조. 이 무역 분쟁은 2003년 미국 반도체 산업협회가 중국 정부가 외국 기업이 생산한 제품에 대해서는 부가세 환급 비율을 낮게 적용한다고 주장하면서 시작되었는데 2004년 7월에 분쟁이 해결되었다.

의 외부 유출을 막으려는 정책을 펼쳤다. 첨단 반도체 기술을 보유한 미국 기업들을 인수하고 합병하기 위한 외국 기업들의 미국 내 투자를 심사하는 제도를 운영한 것이다. CFIUS라는 약칭으로 알려진 이 제도는 1995년 대통령 행정명령으로 시작되었는데 2007년 '외국 투자와 국가안보법(Foreign Investment and National Security Act of 2007)'으로 법규화되었다.[16] CFIUS는 물론 반도체 산업에만 적용되는 제도는 아니다. 그러나 중국의 반도체 굴기가 시작되고 중국 자본에 의한 미국 반도체 기업들의 인수 시도가 늘어나면서 국가안보적인 이유로 인수 시도가 이 제도에 의해 거부되는 사례가 증가했다. 앞에서도 언급했지만 2015~2017년 사이 중국이 미국 반도체 기업을 인수하려고 했던 6건의 시도가 미국 정부에 의해 저지되었다. 미국 정부는 또한 인수합병을 시도하는 중국 기업들이 대부분 국영기업 혹은 국유기업이라는 점을 더 우려했다(Jackson, 2017: 41~50). 미국은 또한 2018 회계연도 국방수권법에서 CFIUS 심사제도를 더 강화했다. 외국 기업들의 투자에 대해 초기단계부터 국가안보를 해할 수 있는 투자의 식별과 방지를 위한 범부처 조사를 시행하며 주요 군사동맹 국가와의 정보 공유를 유지하고자 했다(Walters, 2017).

또한 미국은 1996년에 출범한 재래무기와 군사기술의 수출을 통제하기 위한 바세나르 협정(Wassennaar Arrangement)을 국가 주도 국제화 전략에 활용했다. 국제적으로 미국은 1996년 바세나르 협정을 강화하여 중국이 첨단 반도체 기술에 접근하는 것을 차단하고자 했다.[17] 미국 정부는 중국이 첨단 반도체 기술과 제조능력을 획득할 시 미국과 아태 지역에 중대한 안보 위협이 될 것으로 간주하고 무역통제 규칙을 엄격히 적용하고자 했다. 중국으로 반도체 장비와 기술을 수출하는 것은 엄격한 통제대상이 되었다. 수출 허가는 건별로 미국 상무부와 국방부의 평가를 거치도록 했다. 따라서 위반에 대한 제재도 강력하게 시행되고 있다. 예로서 미국 상무부는 2004년 라티스 반도체 회사가 수출 허가를 받지 않고 중국에 온도 측정 반도체 칩을 수출하고 기술자료를 유출하며 중국 국적 인력에게 훈련을 제공한 것에 대해 민사상 벌금을 56만 달러 부과했다(Ning, 2008: 286).

---

16) CFIUS는 세 가지 기준을 중심으로 심사한다. 바로 이 기준들은 미국의 핵심 기술에 대한 위협, 국가안보적 취약점 초래, 취약점이 이용될 경우 나타날 수 있는 국가안보적 결과다. Jackson(2017) 참조.

17) 1995년에 출범한 바세나르 협정은 재래무기 및 양용기술의 국제적 확산을 방지하기 위한 다국적 수출 통제 협정이다. 양용기술인 반도체도 대상에 포함되었으며 한국과 일본도 참여했다.

미국의 반도체 산업계는 또한 시장 주도의 국제화 전략을 펼쳤다. 앞서 중국 반도체 산업의 역사에서 서술한 것처럼 1980년대 이후 세계 IT 산업은 제조와 생산기술의 경쟁력보다 글로벌 공급사슬을 조직하고 관리하는 네트워크 통제력이 더 중요한 경쟁력 요소가 되었다. 이를 시장 중심 글로벌 생산 네트워크 관리 전략이라고 할 수 있다. 특히 ICT 산업 부문에서 활동하는 다국적 기업들과 미국 정부로서는 반도체 분야에서 중국의 반도체 기업들이 글로벌 생산 네트워크에 통합되어 이를 받아들이고 인정하는 방향으로 노력하는 것이 높은 정책적 우선순위가 되었다. 이를 통해 중국이 외국 기업들의 지적재산권을 보호하고 적절한 시장 접근을 보장하는 것이 무엇보다 필요한 것이다. 반도체 산업에 대한 중국의 비시장적 접근, 산업정책이나 무역 보호에서 비롯되는 시장 왜곡을 완화할 수 있는 중요한 수단이 될 수 있는 것이다.[18]

4. 반도체 산업과 미중 사이버 안보 갈등

미국과 중국 간 사이버 안보 갈등은 기본적으로 미국의 '중국 해커 피해론'과 중국의 '미국 기술패권 경계론'의 구도에서 전개되어왔다(김상배, 2014). 미국의 주장에 따르면 중국의 해커들은 사이버 해킹을 통해 미국 군수기업들의 무기체계 설계나 민간기업들의 지적재산권을 탈취하는 것을 중요한 목적으로 삼았다. 중국의 입장에서는 미국의 기술기업들이 통신장비와 네트워크 장비 분야를 거의 지배하고 있어서 이러한 기술에 의존해야 하는 중국 기업과 정부에 심각한 안전문제를 제기한다는 것이다.

이 같은 미국과 중국 간 사이버 안보를 둘러싼 갈등과 밀접한 관련은 있지만 상당히 독립적인 맥락에서 중요성이 커지고 있는 부분이 바로 하드웨어나 전자 디바이스를 통해서 나타날 수 있는 사이버 위협이나 공격이다. 사이버 안보 노력은 최근까지 주로 소프트웨어 기반 취약점과 공격에 초점을 두고 있었다. 그러나 하드웨어의 취약점에 대한 경각심이 커지면서 반도체 칩에 대한 새로운 사이버 안보 우려가 생기고 있다. 안전에 위해를 야기할 수 있는 악성

18) 글로벌 생산 네트워크의 관점에서 중국 반도체 산업을 연구한 대표적인 연구로는 Breznitz and Murphree (2011) 참조.

하드웨어가 통신 인프라와 국가기간 인프라뿐만 아니라 군사장비에도 사용된다면 이것은 매우 심각한 위협을 발생시키는 것이다. 악성 하드웨어가 보여주는 위협은 소프트웨어 기반 위협보다 발견하기가 훨씬 더 어렵다고 평가되고 있다(Economist Intelligence Unit, 2014).

하드웨어의 안전문제는 미중 사이버 안보 관계의 맥락에서 간헐적으로 제기되어왔다(Villasenor, 2011, 2013; Cheng and Scissors, 2011). 그런데 2012년 영국 캠브리지 대학교 연구자들이 중국산 반도체 부품에 설치된 백도어의 존재를 실증하는 연구결과를 발표했다. 이들에 따르면 "정교한 암호표준을 갖추어서 매우 안전하다고 여겨진 중국산 미국의 한 군사용 칩" 안에서 "백도어"가 발견되었다. 반도체와 같은 하드웨어 기반 사이버 위협의 존재가 실제로 증명된 이 사례로 인해 반도체 관련 사이버 안보 이슈가 크게 주목받기 시작했다.[19)]

반도체와 같은 하드웨어를 통한 사이버 공격은 크게 세 가지로 분류된다. 우선 특정한 날짜에 맞추어 내부에서 촉발장치가 작동되어 공격이 일어날 수 있고, 다음으로 공격자가 보낸 데이터 내부에서 숨겨진 촉발장치가 작동하여 사이버 공격이 시작될 수 있다. 마지막으로 GPS(global positioning system) 칩의 경우처럼 특정한 지리적 위치에서 정해진 날짜가 지난 후에 사이버 공격이 나타나는 경우도 있다. 이러한 방식으로 하드웨어에 기반하여 사이버 공격이 일어나므로 사전에 탐지하기가 매우 어렵다고 알려져 있다(Villasenor, 2011).

이러한 하드웨어 기반 사이버 위협은 크게 두 가지 요인에 의해서 야기되었다고 분석되고 있다. 하나는 반도체의 기술 발전이 지속적으로 이루어져 왔다는 점이고, 다른 하나는 반도체 산업에서 생산의 세계화가 진행되어왔다는 점이다(Villasenor, 2011). 우선 반도체 기술의 발전으로 반도체의 기능이 매우 많아짐과 동시에 극소형화가 진행됨으로써 반도체 칩의 복잡도가 상상 이상으로 증가했다. 이러한 복잡도의 증가로 반도체 설계의 조직과 방식이 크게 변화했다. 반도체 설계의 조직과 방식의 변화는 반도체 산업에서 일어난 생산의 세계화 흐름을 반영하고 있다. 반도체의 복잡도가 비교적 단순한 시기에는 기업 내 단일 조직에서 칩 설계가 이루어졌다. 설계를 위한 개발과정에서 칩의 안전성이나 무결성의 확보가 중요한 목표로 인식되었다. 그런데 복잡도가 매

---

19) http://www.cl.com.ac.uk/~sps32/sec_news.html(검색: 2018.1.9) 나중에 추가 분석을 통해 사용된 칩이 99% 중국산이라는 점이 밝혀졌다.

우 높아짐과 동시에 비용 절감을 위한 아웃소싱(outsourcing)이 확대되어 칩 설계의 조직과 방식에 큰 변화가 일어났다. 우선 칩의 설계는 수백 명의 전문가들이 참여하는 대규모 프로젝트가 되었고 많은 기능들이 칩의 설계에 반영되어야 하므로 여러 기능 분야로 나누어져 설계과정이 진행되었다. 이러한 과정에서 많은 부분들이 국가 내외부의 제3자들에게 아웃소싱되어 설계작업이 이루어졌다. 이러한 변화를 기반으로 반도체 생산에서 글로벌 공급사슬이 형성되었고 하드웨어의 취약점이 부각되었다고 할 수 있다.

반도체와 같은 부품이라고 하더라도 설계, 제조, 패키징과 검사 등의 기본적인 생산단계에서 수많은 기업들이 참여하고 세계 여러 지역에서 분산되어 작업이 이루어진다. 이런 생산방식은 글로벌한 범위에서 매우 분절된 방식(Fragmented Global Production)으로 생산활동이 이루어지는 것을 의미한다. 이로 인해 어디에서 누가 어떻게 무엇으로 IT 제품이나 체계에 취약점 요소를 의도적으로나 실수로, 혹은 상업적 편익을 위해 심어놓는지 미리 탐지하는 것이 매우 어렵다는 것이다. 산업 공급사슬의 여러 단계에서 위조제품이 사용되는 경우도 생기고 의도적으로 백도어가 설치될 수도 있고 실수로 불량품이 사용될 수 있다는 것이다. 그렇다고 하더라도 민간용이든 군사용이든 이러한 공급사슬에 의존하지 않고는 가용성을 확보하기 어렵다는 것이 근본적인 딜레마라고 할 수 있다(Inserra and Bucci, 2014). 최근까지 사이버 안보 위협은 소프트웨어나 네트워크의 안전의 문제로 인식되었다. 그러나 사물인터넷이 확산되면서 반도체 칩의 안전은 더 이상 무시할 수 없는 문제가 되었다. 하드웨어도 침해될 수 있으며 침해로 인한 부정적 영향의 규모가 소프트웨어나 운영체제보다 더 크다고 여겨진다. 예를 들어 자동차와 같은 시스템 제조 기업들은 하드웨어의 안전에 매우 민감하게 반응하고 있다(Dorsch and Spering, 2016).

이렇듯 하드웨어에 내포된 사이버 위협이나 취약성 문제는 개별적인 디바이스의 결점문제라기보다는 국경을 넘어서 전개되어온 산업 공급사슬의 맥락에서 인식될 필요가 있다. 미중 경쟁관계에서 보면 미국의 정책적 어려움은 IT 산업의 글로벌 공급사슬에서 중국 기업들이 매우 중요한 역할을 차지하고 있다는 점에 있다. 중국은 IT와 전자제품의 제조공장이라고 말할 정도로 글로벌 산업 공급사슬에서 중요한 위상을 가지고 있는 것이다. 특히 이러한 현상은 반도체 산업 부문에서 두드러지게 나타나고 있다. 중국의 반도체 산업 전략에서 중요한 부분 중 하나가 글로벌 산업 공급사슬에 참여하여 중국의 반도체 산업 발전을 도모하는 것이라고 볼 수 있다(Chen and Lan Xue, 2010). 미국이 군사용 반도체의 공급을 어느 정도는 민간 반도체 산업 부문과 글로벌 공급사슬에 의존하지 않을 수 없는 환경에서 칩의 기술적 우수성, 안전 및 공급의 안정이 중요한 정책이슈로 다루어지지 않으면 안 된 것이다. 미국 국방부 DARPA는 이러한 정책문제를 다루기 위해 2007년 '반도체 칩 신뢰성 향상 프로그램'을 시작했고 이 프로그램을 계속 업그레이드하여 시행했다(Villasenor, 2013: 10). 미국 국방부도 공급사슬 기반 사이버 공격의 패턴 분석을 통해 이에 대한 대응책을 체계화하고 있다. 이러한 대응책에서 미국 국방성은 소프트웨어, 펌웨어, 체계와 데이터뿐만 아니라 구성품이나 부품과 같은 하드웨어도 공급사슬 공격의 중요한 대상요소로 설정하고 있다. 하드웨어에 악성요소를 삽입하는 것이 공급사슬 공격의 한 형태가 되고 있다는 것이다(Reed, Miller, and Popick, 2014).

하드웨어의 안전에 대한 미국의 우려는 중국의 IT 대기업인 화웨이의 사례에서 잘 드러난다(Markoff, 2012). 미국 하원은 2012년 10월 중국 IT 기업인 화웨이와 ZTE가 미국에 판매한 통신장비와 네트워크 장비에 트로이 목마와 같이 악성웨어를 심어놓을 수 있고, 심어놓았다고 볼 수 있는지에 관한 조사 보고서를 발표했다. 전문가들은 이러한 의심은 정당한 것이라고 말하고 있다(Economist, 2012). 2013년 2월 오바마 대통령은 행정명령을 통해 미국 상무부 NIST(National Institute for Standards and Technology)에 소프트웨어 등 산업 공급사슬의 위험관리를 위한 조치를 입안·시행하도록 지시했다. 특히 이전에는 경시되었던 제품과 서비스의 무결성을 확보하는 것을 강조했다. 최근 들어 안보와 무역 분야에서 미중 갈등이 심화되면서 중국산 하드웨어와 소프트웨어를 내장한 중국 통신장비의 미국 수입과 미국 내 사용에 대한 우려의 목소리가 커지고 있다. 일부 미국 공화당 상원의원들은 미국에서 화웨이 장비 사용을 금지해야 한다고 주장하고 나섰다. 이 상원의원들은 화웨이가 중국 정부와 긴밀한 관계를 유지하고 있기 때문에 화웨이에 대한 사이버 안보 침해 가능성을 조사할 필요가 있다고 미국 국방부에 요구했다고 보도되었다(≪조선일보≫, 2017.3.13).[20] 이렇듯 반도체 칩과 산업 공급사슬의 안전과 같은 사이버 안보 이슈가 맞물려

20) 이 미국 상원의원들이 "한국이 화웨이 장비로 5세대 네트워크를 구축하는 것을 국방부가 나서서 막아야 한다"고 요구했었다는 보도도 있다(≪조선일보≫, 2017.3.13).

전개되면서 미중 반도체 산업 경쟁은 더욱더 복잡한 성격을 보이고 있다.

최근 발간된 미국의 '반도체 산업 장기발전전략 보고서'에서도 통신장비나 네트워크 장비는 물론 무기체계 등에도 다양하게 사용되는 반도체 제품의 무결성 확보가 사이버 안보 위험을 방지하는 데 중요한 요소가 된다고 주장하고 있다.[21] 반도체 산업의 국가안보적 관련성은 통상적으로 미국 군대가 반도체 분야에서 첨단기술에 접근할 수 있어야 한다는 점에 초점을 두고 있다. 그러나 사이버 안보의 관점에서 반도체 분야 산업 공급사슬에 대한 위험을 줄이고 무결성과 가용성이 확보되어야 한다는 점도 반도체 산업의 중요한 국가안보적 관련성으로 인식되고 있다(U.S. President's Council of Advisors on Science and Technology, 2017).

중국에서 비롯된다고 인식되고 있는 하드웨어 기반 사이버 위협에 대해 미국이 우려하는 것과 같이 중국도 국가 기간 인프라에 사용되는 하드웨어 제품과 서비스에 대해서 중대한 우려를 보이고 있다. 중국 정부가 2014년 시작한 반도체 산업 발전계획에서는 이러한 사이버 안보 위험이 큰 관심을 받았다(Ernst, 2014: 45~46). 또 중국 정부는 2016년 사이버 안보법을 제정하여 중국 정부에 납품하는 IT 제품이나 통신시설 등 중국의 IT 핵심 인프라 구축에 사용되는 반도체 부품은 중국 내외 기업들을 막론하고 '안전하고 통제 가능한' 요건에 맞아야 한다고 명시했다(Clover and Ju, 2016).[22] 중국 내 외국 기업들, 특히 미국 IT 기업들은 이러한 법제는 중국 IT 산업을 위한 산업 보호주의 조치이고 외국 기업들을 차별하는 것이라고 반발하고 있다.[23] 미국의 반도체 산업 장기발전전략 보고서도 중국 정부는 '안전하고 통제 가능한' 요건에 맞는 반도체 부품을 사용해야 한다는 사이버 안보의 고려를 근거로 자국 기업들에게 중국산 반도체 사용을 장려하거나 심지어 강제하고 있다고 비판하고 있다(U.S. President's Council of Advisors on Science and Technology, 2017).

그러나 이러한 이슈를 보다 신중하게 다루어야 한다는 분석도 있다. 아이켄

21) IT 체계나 통신장비의 경우 사이버 안보를 지키기 위한 세 가지 요소가 무결성(Integrity), 기밀성(Confidentiality), 가용성(Availability)이다.

22) 미국 상공회의소도 중국제조 2025에 대한 평가에서 이러한 점에 대해 우려를 표명하고 있다. U.S. Chamber of Commerce(2017: 35~36) 참조.

23) 중국 지도층의 사이버 안보 목표가 중국의 IT 기술 혁신에 대한 중대한 장애로 작용할 수 있다고 분석되고 있다. Ernst(2015) 참조.

슨(Ikenson, 2017)은 최근 미국과 중국 간 핵심 민간 네트워크와 군사 네트워크의 보호라는 이름으로 전개되어온 첨단기술 무역을 둘러싼 갈등은 사실 사이버 안보 문제가 아니라 두 국가가 취하고 있는 산업정책과 산업 보호주의의 문제로 인식되어야 한다고 주장한다. 그렇지만 이러한 신중한 주장에도 불구하고 미중 사이버 안보 갈등과 맞물려 두 국가 간의 반도체 산업 경쟁은 경제적 의미뿐만 아니라 심각한 정치군사적 함의를 잘 보여주고 있다고 할 수 있다.

5. 결론

반도체 산업은 오랫동안 세계 전자산업과 IT 산업의 발전을 견인하는 핵심 부문으로 간주되어왔다. 그런데 최근 들어 일어나고 있는 몇 가지 변화로 반도체 산업의 정치경제적 중요성을 재조명할 필요가 생기고 있다. 첫째, 반도체 기술 혁신에서 또 한 차례의 변곡점이 다가오고 있다. 실리콘 소재가 한계를 보이고, 무어의 법칙도 통하지 않는다는 평가가 나오고 있다. 따라서 나노기술, 생명공학, 양자기술 등을 통한 새로운 기술 돌파가 다양하게 시도되고 있다. 둘째, 이러한 급진적 반도체 기술 혁신을 둘러싸고 국제경쟁이 치열해지고 있을 뿐만 아니라 반도체 수요가 크게 증가하고 있다. 모바일 통신의 발달, 산업 인터넷과 사물인터넷의 확산, 무인 자동차의 발전 등 4차 산업혁명과 디지털 경제로의 전환이 본격화되면서 반도체 수요가 급증하고 있다. 또한 인공지능이 발전하면서 인공지능에 적용되는 반도체의 개발 경쟁도 치열해지고 있다.

이러한 반도체 산업의 구조적 전환기를 맞아 세계 반도체 산업에서 확고하게 주도적 위상을 유지하고 있는 미국이 다른 분야에서와 마찬가지로 중국의 전략적 도전에 직면하게 되었다. 1990년대 이래 반도체 산업의 발전에 부심해온 중국이 2014년 들어 이제까지와는 차원이 다른 매우 야심적인 반도체 산업 발전계획을 추진하기 시작했다. 이른바 중국의 반도체 굴기가 시작된 것이다. 중국은 2030년까지 기술혁신과 시장경쟁에서 제1급 반도체 생산국가로의 도약을 목표로 삼고 있다. 이를 위해 중국 정부는 국가 주도 발전전략을 전개하고 있으며 급진혁신, 자주혁신을 추구하고 있다. 이러한 신발전주의적 반도체 산업 전략은 반도체 기술의 양용적 성격과 국가안보적 함의로 인해 미국의 정치경제적인 대응을 피할 수 없게 하고 있다.

이 글은 중대한 군사기술적 적용성을 가지고 있는 반도체 산업에서의 미중 경쟁이 경제적 차원의 시장경쟁이나 기술혁신 경쟁을 넘어 국가안보적·지정학적 경쟁의 차원을 보이고 있다는 점을 밝히고자 했다. 또한 이러한 반도체 산업을 둘러싼 전통적인 국가안보적 갈등이 2000년대 중반 이후 심화된 사이버 안보 갈등과 중첩되는 양상을 띠게 됨으로써 미중 반도체 산업 경쟁은 전통적인 군사안보적 경쟁뿐만 아니라 신흥 안보적 경쟁의 성격도 포함하게 되었다고 주장한다.

중국은 2014년 반도체 산업 발전계획을 통해 미국의 주도에 계속 끌려가기보다 좀 더 독립적인 산업적·기술적 위상을 확보해야 한다는 목적의식을 분명히 하고 있다. 또한 이러한 목적의식이 정치군사적인 동기에서 비롯되고 있음을 숨기지 않고 있다. 중국 정부는 국가가 나서서 대규모 재정자원을 확보하고 이를 기반으로 반도체 산업의 여러 부문, 즉 설계, 제조, 패키징과 검사 부문에서 각각 소수의 국가 챔피언 기업들을 육성하는 정책을 추진하고 있다. 이를 위해 미국의 첨단기술 기업들을 인수 합병하는 정책도 적극적으로 시행하고 있다.

이러한 중국의 반도체 굴기에 대항하여 미국은 국내적 차원에서 국방부를 중심으로 반도체 기초연구와 원천기술 연구를 지원하고 지적재산권 제도를 확립해왔다. 또 국제적 차원에서 미국 주도로 반도체 제품의 자유무역을 위한 ITA를 설립하여 중국 반도체 기업에 대한 중국 정부의 보조금 지원과 무역 보호주의를 견제하고 있다. 또한 중국 기업들이 미국의 우수 반도체 기업을 인수하는 것에 대응하고자 이러한 인수합병의 군사기술적 관련성을 심사하는 제도를 강화하고 있다. 또한 수출통제 정책에 의거해 양용기술과 첨단기술의 이전을 제한하고자 한다.

마지막으로 미중 반도체 산업 경쟁이 반도체와 같은 하드웨어의 안전을 둘러싼 사이버 안보 갈등을 포함하게 되었다는 점에 주목할 필요가 있다. 미중 간 사이버 안보 분쟁은 주로 소프트웨어나 정보체계를 중심으로 전개되어왔으나 사물인터넷과 무인 이동체가 확산되면서 반도체의 안전과 취약점이 미중 간 사이버 안보 분쟁의 중요한 대상이 되고 있다. 이러한 결과 미중 반도체 산업 경쟁이 보다 복합적인 성격을 보이게 되었다고 할 수 있다.

제4장

배영자 (건국대학교 정치외교학과 교수)

미국과 중국의 패권경쟁*

중국 인터넷 기업의 도전과 인터넷 주권 이념을 중심으로

1. 문제의식

이 글에서는 현재 진행 중인 미국과 중국의 패권경쟁이 과학기술혁신 영역에서 어떤 양상으로 드러나고 있는지 고찰한다. 특히 과학기술혁신력이라는 물적 토대 경쟁이 이념이나 제도의 경쟁과 맞물리고 있는 양상에 주목한다. 먼저 현재 중국에서 가장 혁신적인 기업으로 주목받고 있는 텐센트와 알리바바가 성장하면서 미국의 페이스북과 아마존에 도전해온 과정을 살펴본다. 이들은 미국 기업들에 의해 형성된 글로벌 소셜 네트워크 서비스(SNS)와 전자 상거래 네트워크와 경쟁하는 독립적인 네트워크를 구축하고 이를 확장하고자 노력하고 있다. 중국 정부는 인터넷상에서 자유로운 정보의 흐름을 강조하는 서구 국가들의 주장에 반발하며, 중국은 인터넷이 활발하게 사용되던 초기부터 인터넷을 통한 정보의 유통을 통제해왔고 국경이 없는 사이버 공간에서도 국가의 주권이 인정되어야 한다고 주장해왔다. 양국 인터넷 기업들의 경쟁과 인터넷 자유 대 인터넷 주권이라는 이념 경쟁은 글로벌 인터넷 거버넌스, 사이버 안보 규범 등의 제도화 과정에서 양국의 이해 및 입장 충돌과 밀접하게 관련되어 진행되고 있다. 이 글에서는 현재까지 중국 인터넷 기업들이 성장하면

* 이 글은 ≪21세기정치학회보≫ 제28집 1호(2018)에 게재된 논문을 수정·보완한 것이다

서 독자적인 네트워크를 구축해온 과정을 고찰하고 이를 평가해본다. 나아가 중국 정부가 인터넷 통제와 인터넷 주권 이념을 발전시켜온 과정을 함께 살펴보면서 중국 인터넷 기업들의 확장과 중국 정부의 인터넷 주권 이념이 어떻게 역동적으로 맞물리면서 상호 작용해왔는지 분석한다.

2. 이론적 배경

로버트 콕스(Robert Cox)는 특정 역사적 구조를 형성하는 세 축으로 물적 기반, 이념, 제도를 언급했고 패권은 세 축에서의 우위를 기반으로 작동한다고 보았다(Cox, 1981). 세계 정치경제 질서에서 물질적 능력은 자원과 기술로 확보되며, 이념은 세계질서의 규칙과 규범에 대한 집단적인 이미지를 주요 내용으로 구성되고, 특정 질서의 안정화와 영속화를 위해 제도화를 이룬다. 콕스의 패권개념은 물적 기반은 물론, 이념이나 제도라는 분석수준을 도입하여 패권이라는 구조적 권력이 구성되고 작동하는 역동적인 모습을 담을 수 있는 틀을 제공하고 있다. 그러나 물적 기반, 이념, 제도가 구체적으로 어떤 양상으로 맞물리는지에 대해서는 언급하지 않았다. 물적 기반의 확대가 자연스럽게 이념과 제도의 경쟁으로 확산되는 것인가? 아니면 물적 기반의 확대를 위해 이념이나 제도가 동원되는 것인가? 아니면 물적 기반과 이념과 제도 각 차원에서 패권경쟁이 상호 독립적으로 진행되는 것인가?

과학기술혁신은 유사 이래 전쟁의 승패를 가르는 군사력과 무기체계 발전의 핵심적인 동력이었다. 아울러 서구 근대 과학혁명과 이에 토대한 산업혁명이 진행된 이후 과학기술혁신은 국민경제 성장을 추동해온 가장 중요한 요인이었다. 과학기술혁신이 한 국가의 군사력과 경제력, 나아가 이념과 제도의 중요한 토대라는 인식이 널리 받아들여지고 있음에도 불구하고 국가 간 과학기술혁신 영역의 경쟁이 패권의 물적 토대 경쟁을 넘어 규범 및 제도 경쟁과 맞물리는 과정은 충분히 이해되지 못하고 있다. 세계 정치경제 질서에서 패권은 압도적인 군사력과 경제력에 토대한다. 그러나 콕스가 역설한 바와 같이 패권은 군사경제력이라는 물적 기반에 토대하지만 패권을 구성하고 유지하는 제도와 규범을 통해서도 작동한다고 볼 때 과학기술혁신에 토대한 물적 기반의 확대가 어떻게 이념과 제도 경쟁과 맞물리는지 주목할 필요가 있다.

19세기 영국 패권, 20세기 중반 미국 패권의 부상이 모두 양 국가의 압도적인 군사 및 경제력에 힘입은 것임은 자명하다. 당시 영국과 미국의 군사력과 경제력의 원천은 과학기술혁신과 밀접하게 관련되었다. 예컨대 '1800년대에 들어와서 변방의 시골국가로 대우받던 영국은 새로운 과학기술과, 특히 제임스 와트(James Watt)가 토머스 뉴커먼(Thomas Newcomen)의 장치를 개조해서 만든 증기기관으로 세계를 지배하는 패권국가로 부상했다'(신재인, 2003) 식의 인식이 과도한 단순화임에도 불구하고 이는 과학기술혁신이 패권국의 부상에 갖는 의미를 드러내는 것으로 보인다. 그러나 이 같은 인식이 보다 설득력을 갖기 위해서는 과학기술혁신이라는 물적 토대가 강대국들 간의 패권 구축을 위한 규범 및 제도 경쟁과 어떻게 맞물려 진행되는지 밝혀져야 한다.

이 글에서는 과학기술혁신을 통한 물적 토대 구축이 이념 및 제도 형성 및 발전과 어떻게 관련되는지를 기존의 인과관계로는 단순히 설명하기 어렵다고 주장한다. 겉보기에는 물적 토대 구축이 원인이 되어 이념이나 제도 경쟁이 결과로써 발생하는 것으로 설명될 수 있지만 이것은 실제 현실을 정확하게 포착하지 못한 것이다. 물적 토대의 구축과정은 규범이나 제도영역과 독립적으로 분리되어 진행되지 않는다. 기존 이념과 제도에 대한 반발이나 비판이 물적 토대의 구축과정에 개입하게 되는 경우가 많다. 기존 이념과 제도에 대한 비판이나 반발은 새로운 물적 토대 구축의 기반이 되기는 하지만 새로운 이념과 제도의 주창이 전적으로 물적 토대 구축과 강화를 위해 고안된 것으로 보기 어려운 경우도 많다.

서로 독자적인 영역으로 발전하지만 상호 영향을 주고받는 이러한 관계는 기존 인과관계에 의한 설명보다 이른바 '공동생산(co-production)' 혹은 '공진화(co-evolution)' 같은 개념에 의해 더 잘 설명될 수 있다. 공동생산 개념은 엘리너 오스트롬(Elinor Ostrom)에 의해 고안되었고 동일한 조직에 속하지 않는 개인이 그 조직이 제공하는 재화나 서비스 생산에 기여하는 과정[1]으로 정의되었다(Ostrom, 1996; Filipe et al., 2017). 이 개념은 다양한 영역에서 활용되었는데,[2]

1) "a process in which contributions from individuals who are not in the same organization are transformed into goods and services, including the assessment, management, and delivery of a public service by users and providers"(Ostrom, 1996).

2) 행정학이나 사회복지학에서 다양한 주체가 함께 참여하는 공공서비스 기획 및 제공 과정을 지칭하기 위해 공동생산이라는 개념을 사용하고 있다(김인, 1997).

특히 과학사회학에서 쉴라 자사노프(Sheila Jasanoff)는 기술과 사회의 관계를 이해할 때 기술결정론이나 사회구성론을 넘는 기술과 사회의 상호작용을 이해하기 위해 공동생산이라는 개념을 사용했다(Jasanoff, 2004). 과학기술지식과 산물은 사회적 규범이나 위계질서와 밀접하게 관련되며 생산되고, 생산된 과학기술지식이나 산물은 사회를 구성하는 중요한 요소가 된다. 과학기술과 사회의 역동적이고 상호구성적인 관계는 깔끔하고 고르게 설명하기 어려우며 이러한 관계를 이해하기 위한 개념들이 부족한 상황에서 이를 '구성적 공동생산(constitutive co-production)'으로 지칭하고 있다. 공진화 개념은 1964년 생물학자인 폴 에리히(Paul R. Ehrlich)와 피터 라벤(Peter H. Raven)이 나비와 식물 사이의 상호 진화를 연구하면서 '상호 작용하는 종(species)들의 상호호혜적·진화적 변화'라는 의미로서 최초로 사용했다(Ehrlich and Raven, 1964). 이후 생물학, 경영학, 경제학, 사회학 복잡계 이론 등에서 공진화 개념을 활발하게 사용하고 있다(손강호 외, 2014; Pacheo et al., 2014). 공진화 관계에서 당사자들은 서로의 진화과정에 선택적 압력을 행사하며 이에 따라 진화를 위한 경쟁이 벌어진다.

공동생산과 공진화 개념이 사회현상의 분석에 어떻게 원용될 수 있는지에 대한 좀 더 발전된 논의가 필요함에도 불구하고 이러한 개념들은 상호독립적인 영역을 가지고 있되 일방적인 인과관계가 아니라 서로 영향을 주고받으며 변화해가는 관계를 설명하는 데 유용할 것으로 생각된다. 여기서는 과학기술과 사회의 관계를 설명하기 위해 도입된 공동생산 개념의 틀로 패권의 물적 기반과 이념영역이 각각 독자적으로 발전하면서 상호 밀접하게 영향을 주고받는 과정을 설명해보고자 한다.

20세기 후반 이후 진행되어온 정보통신기술 혁신에 토대하여 등장한 인터넷, 클라우드 컴퓨터, 빅데이터 등은 패권의 물적 토대를 변화시키고 있으며 이를 둘러싼 제도 및 규범 경쟁이 맞물리면서 함께 진행되고 있어 주목된다. 구글, 페이스북, 아마존 등 미국 기업들이 주도하고 있는 인터넷 기반 혁신활동에 최근 알리바바, 텐센트, 바이두 등 중국 기업들의 도전이 거세지고 있다. 이들은 중국의 거대한 시장과 정부의 규제에 힘입어 빠르게 성장했고 지속적으로 혁신역량을 발전시키며 구글, 페이스북이 구축한 글로벌 네트워크와 경쟁할 만한 중국 중심의 네트워크를 구축하면서 패권의 물적 토대를 만들어가고 있다. 중국의 인터넷 서비스 혁신을 이끌고 있는 중국 기업들의 성과가 두드러지면서 중국 중심의 네트워크와 표준의 확산 가능성에 대한 논의가 전개되고 있다. 중국의 독자적인 인터넷 환경의 구축은 자연스럽게 미국이 내세어 온 '인터넷 자유'에 맞서는 '인터넷 주권'이라는 새로운 규범의 주창과 맞물리게 되었고 기존 인터넷관리기구(ICANN)의 개혁을 통해 인터넷 거버넌스를 정비하려는 미국에 대항하여 새로운 글로벌 인터넷 거버넌스를 구축해야 한다는 주장으로 이어지고 있다(배영자, 2011).

이 글은 첫째, 중국 기업들의 인터넷 서비스 혁신역량 발전과정을 고찰하고 이를 패권의 물적 토대 구축이라는 관점에서 어떻게 평가할 수 있는지 분석하고자 한다. 인터넷 분야에서 중국 기업이 이룬 성과에 대해서는 논의가 분분하다. 혹자는 이를 미국 기업을 모방하여 아직 발전되지 못한, 단지 중국 시장에 적용되는 낮은 수준의 혁신으로 폄하하는 반면(Lewin et al., 2015; Warner, 2015; Xie et al., 2014), 또 다른 혹자는 거대한 중국 시장에서 치열한 경쟁을 통해 이루어진 성과이고 이를 바탕으로 미국 기업이 구축한 글로벌 네트워크에 도전하는 의미 있는 성과라고 본다(Tse, 2015; Zhou et al., 2016). 이 글에서는 중국 인터넷 기업들이 성장해온 과정과 성과를 고찰하면서 현재까지 중국 기업들이 이룬 미국 기업에 대한 도전을 평가해본다. 중국 인터넷 기업들의 혁신역량은 중국의 시장 여건, 외국 기업들의 혁신 모방, 정부의 지원 등 다양한 요인들을 배경으로 발전되어왔다. 이 가운데 특히 중국 정부의 인터넷 통제와 인터넷 주권 이념이 중국 인터넷 기업들의 성장과 어떻게 관련되는지도 알아본다.

둘째, 중국 정부가 인터넷 주권을 내세우게 되는 과정을 고찰해본다. 중국 정부는 인터넷 활용을 위한 인프라에 적극 투자했지만 인터넷 도입 초기부터 인터넷을 통제의 공간으로 규정했다. 중국 정부가 인터넷 인프라를 적극적으로 확충하는 한편, 인터넷을 통제하기 시작하면서 인터넷 주권 개념을 내세우게 되는 과정은 보다 자세하게 분석될 필요가 있다. 아울러 이 글은 중국 정부의 인터넷 통제와 인터넷 주권 이념의 형성과 발전이 중국 기업들의 협력과 혁신역량 제고 및 확장과 맞물리는 과정을 구성적 공동생산 관점으로 설명하고자 한다. 중국 인터넷 기업들의 성장 및 발전과 중국 정부의 인터넷 통제 및 인터넷 주권 규범의 관계를 일방적인 인과관계로 설명하는 것은 적절하지 않다. 중국 인터넷 기업들의 발전이 원인이 되어 중국 정부의 인터넷 주권 이념 주창이라는 결과가 나온 것이 아니다. 반대로 중국 정부가 내세운 인터넷 주권 이념이 원인이 되어 중국 인터넷 기업들의 혁신역량 발전이라는 결과가 나온 것도 아니다. 양자는 서로 다른 맥락에서 발전하는 과정에서 내적으로 서로를 구성하며 변화되어 왔다고 볼 수 있다. 중국 정부가 내세운 인터넷 통제와 인터넷 주권 이념은 중국 인터넷 기업들의 기업환경과 혁신역량 발전에 영향을 미치면서 중국 인터넷 기업들이 현재의 방식으로 성장하는 데 중요한 역할을 했다. 아울러 중국 정부의 인터넷 통제와 인터넷 주권 주장은 중국 인터넷 기업들의 소극적 수용 내지 적극적 지지를 통해 더욱 공고하게 발전해왔고 중국 인터넷 기업들의 성장과 함께 중국 정부의 인터넷 주권 이념은 공허한 구호에 그치지 않고 보다 더 구체적이고 현실적인 힘을 가지는 규범으로 자리잡게 되었다.

이 글에서는 중국 인터넷 기업들의 발전과정을 구체적으로 살펴보면서 이들이 이룬 성과를 조망한다. 또 중국 인터넷 기업들의 성장에 중국 정부의 기업활동 규제와 인터넷 통제 및 인터넷 주권 이념이 어떻게 관련되었는지 분석한다. 다른 한편 중국 정부의 인터넷 통제가 인터넷 주권 이념으로 발전되는 과정을 고찰하고 이것이 중국 인터넷 기업들의 협력과 발전 속에서 구성적으로 공동 생산되어온 과정을 살펴본다.

3. 미국 인터넷 기업들에 대한 중국 인터넷 기업들의 도전: 텐센트와 알리바바 사례

2018년 1월 글로벌 시가총액 순위에 애플, 구글, 아마존, 페이스북, 텐센트, 알리바바 등이 올라와 있다. 특히 중국의 최대 SNS 업체이자 게임개발 업체인 텐센트(騰訊)와 중국의 최대 전자 상거래 기업인 알리바바(阿里巴巴)는 비교적 빠른 시간 내에 글로벌 규모의 기업으로 성장해 주목받고 있다. 여기서는 텐센트와 알리바바를 중심으로 중국 인터넷 기업들의 성장과 도전을 살펴본다.

1) 텐센트

중국 선전(深圳)에 본사를 둔 텐센트는 중국 내에서 모바일 메신저와 결제서비스, 게임사업 등을 전개하며 빠르게 성장해왔다(천평취안, 2015; 최병현, 2014; 티타임즈, 2017; Tse, 2015). 지난 20여 년간 텐센트의 성장과정에서 나타나는 키

표 4-1 글로벌 증시 시가총액 순위

기업명	시가총액(100만 미국 달러)
애플	8,736
구글	7,142
마이크로소프트	6,356
아마존	5,444
페이스북	5,201
텐센츠	4,905
알리바바	4,733

자료: http://www.mrktcap.com/(검색: 2018.1)

워드는 해외 기술 및 서비스의 중국화와 중국 인터넷 환경으로 볼 수 있다. 텐센트의 첫 번째 사업인 PC 기반 메신저 QQ는 이스라엘 출신 개발자가 만든 메신저 프로그램 ICQ를 모방한 것으로 1999년 2월 중국에서 QICQ로 서비스되기 시작했다. ICQ 서비스를 인수한 아메리카온라인(AOL)에 QICQ가 상표권 침해 소송을 당하면서 2001년 4월 QQ 메신저로 이름을 바꾸고 디자인도 교체했다. ICQ를 QQ로 전환시키는 과정에서 ICQ의 경우 자신이 사용하던 PC가 아닌 다른 기기에서는 친구정보를 볼 수 없고 오프라인 상태인 친구에게는 메시지를 남길 수 없었던 불편함을 개선했다. 그리고 고객정보를 가상서버에 저장해 어떤 기기에서나 쓸 수 있도록 했고 오프라인에서도 메시지 전송이 가능하도록 중국 소비자들에게 맞는 창조적 혁신을 했다(티타임즈, 2017).

1998년부터 서비스를 시작한 텐센트는 치열한 경쟁으로 가입자 수가 정체된 상황에서 메신저 무료 다운로드라는 전략을 도입하여 QQ 사용자를 급속히 증가시키는 데 성공하게 된다. 텐센트는 한국의 '싸이월드' 미니 홈페이지 서비스를 '큐존(QZONE)'으로 제공하면서 아바타 꾸미기 아이템 판매를 통해 수익을 창출하고, 페이스북을 'QQ 샤오요유'로, 트위터를 '텐센트웨이보'로 모방한 서비스를 지속적으로 내놓는다. 텐센트는 당장 수익을 내지 못해도 사용자의 중요성을 인식하고 전자 상거래, 간편 결재, 온라인 교육, 뉴스 등을 모두 QQ 안으로 집어넣으면서 메신저를 넘어 플랫폼으로 변모하는 전략을 취한다. 수많은 사용자가 이용하지만 자체적으로 콘텐츠를 생산하지 않아 수익모델이 결여된 상황에서 텐센트는 온라인 게임 시장에 관심을 가지게 된다. 텐센트는 한국에서 개발된 게임 크로스파이어를 서비스하는데, 이 게임이 텐센트의 성장에 기폭제가 되었고 이후 던전앤파이터의 성공이 이어지면서 세계 최대 게임 서비스 업체로 성장한다.

텐센트의 성공은 크게 내부 경쟁 시스템과 생태계 조성 전략으로 요약될 수 있다(김재현, 2017; 우샤오보, 2017). 치열한 중국 인터넷 시장에서 살아남기 위해 텐센트는 계속해서 QQ 시우(아바타), QQ 공간(미니홈피) 및 위챗 같은 새로운 서비스를 제공했고 이 성공에 힘입어 지속적으로 성장할 수 있었다. 텐센트는 일반 개발부서의 아이디어 개발 및 서비스 제공을 독려했고 성공한 새로운 서비스 개발 및 제공은 최고 경영자가 아닌 일반 부서 간의 경쟁에서 나온 것이다. 다른 한편, 텐센트는 설립 초기부터 SNS를 기반으로 한 생태계 구축을 염두에 두었다. 메신저와 게임 이후 텐센트는 한국의 카카오톡을 벤치마킹한 모바일 메신저 플랫폼 위챗을 제공하고 이 역시 모바일 시장에서 급속히 성장하게 된다. 여기에서도 텐센트의 중국식 창조적 혁신의 면모가 드러난다. 텐센트는 모방자인 카카오톡보다 먼저 위챗 내에서 음식 주문, 병원 예약, 쇼핑, 금융, 공과금 납부, 음악 감상, 온라인 결제 등 모든 서비스를 묶는 플랫폼화 전략을 구사하면서 플랫폼으로 진화하게 된다. 카카오톡을 비롯한 해외 선두업체가 텐센트의 이러한 전략을 모방하기도 한다. 텐센트가 운영하는 모바일 메신저인 위챗의 활성 사용자 수는 2017년 8월 9억 6300만 명에 도달했으며 10억 명 돌파를 앞두고 있다. 중국 내 스마트폰 사용자의 약 80%가 위챗을 쓰고 있다. 텐센트가 제공하는 온라인 결제 서비스 위챗페이(WeChat Pay) 이용자 수도 최근 6억 명을 돌파했으며, 거래액은 중국 1위인 알리페이(Alipay, 알리바바의 온라인 결제 서비스)에 이어 40%의 점유율을 기록하고 있다(Statista, 2017).

텐센트의 성장에서 중요한 또 하나의 요인은 외국자본 투자와 적극적인 인수합병이다(최병현, 2014). 2001년 QQ 메신저의 급성장으로 유지보수 비용이 급증하여 텐센트가 위태로워졌을 때 남아프리카공화국 투자회사인 내스퍼스(Naspers)는 자회사인 MIH를 통해 텐센트의 지분 46.5%를 매입했고 이로 인해 텐센트는 위기를 넘길 수 있었다. 텐센트는 2004년 홍콩증시 상장으로 자본을 모은 이후 중국은 물론 인도(전자 상거래 플랫폼 MIH), 미국(게임 개발사 라이엇 게임즈), 한국(카카오톡) 등의 해외 기업에 적극 투자해왔다. 텐센트는 현재 중국 시장을 넘어 해외 진출을 적극적으로 모색하면서 사업영역의 확대를 꾀하고 있다. 텐센트가 공략하고 있는 말레이시아에서 이미 2천만 명이 위챗을 사용하고 있는 것으로 알려져 있으며 미국 전기 자동차 제조업체인 테슬라에도 출자하는 등 성장분야에 대한 투자에 적극적이다.

텐센트의 성장과정을 보면 창업자 마화텅(馬化騰, Pony Ma)이 강조하는 창조

표 4-2 글로벌 SNS 사용자 수(2018년 1월)

SNS	이용자 수(100만 명)
Facebook	2,061
YouTube	1,500
WhatsApp	1,300
Facebook Messenger	1,300
WeChat	963
QQ	850
Instragram	700
QZone	606

자료: Statista(https://www.statista.com/)

적 모방이 과장만은 아님을 알 수 있다(임대현, 2016). 그는 "중국의 많은 ICT 기업들이 외국 모델을 모방해 망했지만 텐센트는 성공했다. 남들이 고양이를 보고 고양이를 그릴 때 텐센트는 고양이를 본떠 호랑이를 그렸다. 창조적인 모방, 이것이 바로 텐센트가 살아남은 비결이다. … 회사가 작을 때 성장하기 위해서 거인의 어깨 위에 올라서야 할 필요가 있었다. 관건은 중국으로 들여올 때 어떻게 창조적 혁신을 하느냐였다"고 주장한다.

표 4-2에 따르면 2017년 9월 전 세계적으로 페이스북 사용자는 약 20억 명, 위챗은 9억 6천명, QQ는 8억 5천명으로 기록되고 있다(Statista, 2017). 위챗이나 QQ 사용자의 대부분이 중국인이고 페이스북의 경우 인도 2억 4천명, 미국 2억 4천명, 브라질 1억 4천명, 인도네시아 1억 3천명, 이 외에 멕시코·필리핀·베트남·터키·영국 등 다양한 국가에서 이용하고 있다(Statista, 2017). 글로벌 증시에서 두 기업의 시가총액은 페이스북 5200억 달러, 텐센트 4900억 달러로서 비슷한 규모이지만 페이스북이 구미, 아시아, 남미 등에서 세계적으로 확산되어 활용되고 있는 데 반해 텐센트의 QQ나 위챗은 중국을 주요 무대로 하고 있음을 알 수 있다. 중국 시장에 기반하여 성장한 텐센트를 과연 페이스북에 도전하는 글로벌 기업으로 볼 수 있는지에 대한 논란이 있을 수 있다. 페이스북 매출의 약 60%가 해외 시장에서 발생하는 반면 텐센트의 해외 매출은 매우 미미한 형편이다. 텐센트는 2013년 이후 해외 진출에 관심을 가지고 페이스북이나 트위터가 힘을 쓰지 못하는 라틴아메리카와 동남아시아를 공략해왔으나 눈에 띄는 성과를 거두지 못하고 있다. 최근 해외 중국인들을 타깃으로 전략을 재조정하며 위챗과 위챗페이의 해외시장 진출에 공을 들이고 있다.

페이스북의 글로벌 이용자 20억 명과 텐센트의 중국 내 이용자 약 10억 명

표 4-3 텐센트와 페이스북 비교

구분	텐센트	페이스북
총시가총액	4900억 달러	5200억 달러
종업원 수	4만 3472명	2만 3125명
사용자 수	위챗 9억 6천 명	페이스북 20억 명

자료: Google Finance(https://www.google.com/finance) 외.

을 평면적으로 비교하기는 어렵지만 현재 글로벌 SNS 시장에서 페이스북의 압도적인 지위에 대항하며 국내 시장을 지키고 의미 있는 규모의 사용자를 확보한 유일한 기업이라는 점에서 텐센트의 성공에 주목할 수밖에 없고 텐센트의 성공은 미국에 대한 중국의 패권 도전에 성공적인 초석을 깐 것으로 평가할 수 있다.

2) 알리바바

세계 최대의 온라인 쇼핑 축제인 중국의 광군제(光棍節, 독신자의 날) 행사에서 알리바바(阿里巴巴)의 매출액은 2017년 1682억 위안(28조 3078억 원)을 기록했고 세계 225개 국가에서 지급 결제가 이루어진 주문량은 14억 8천만 건, 배송물량은 8억 1200만 건으로 보도되면서 주목을 받았다(연합뉴스, 2017.11.12). 알리바바는 '중국의 아마존'을 표방하며 1999년 3월 설립되었고 현재 세계 최대 전자 상거래 기업으로 성장했다(박정훈, 2016; 션지아·김명숙, 2016; Tse, 2015). 알리바바는 B2B 전자 상거래 서비스인 알리바바닷컴(Alibaba.com)과 1688닷컴(1688.com)을 시작으로 2003년 C2C 전자 상거래 서비스 타오바오(Taobao), 2008년 B2C 전자 상거래 서비스 티몰(Tmall)을 설립했다. 알리바바의 전자 상거래 플랫폼은 각각의 역할을 수행하고 서로 연계되어 있는데 B2B 플랫폼인 알리바바닷컴은 해외 도매업자가 상품을 구매하는 창구이고, 1688닷컴은 중국의 중소상인들이 구매하는 통로이다. 1688닷컴에서 구매한 중국의 중소상인은 C2C 플랫폼인 타오바오에서 중국 소비자에게 상품을 판매하고 알리익스프레스를 통해 해외 소비자에게 상품을 판매한다.

전자 상거래 플랫폼 이외에 알리바바는 전자 상거래 활성화 지원을 위한 서비스도 제공하고 있다. 2004년 알리왕왕(Aliwangwang)이라는 메신저 서비스를 타오바오에서 시작했고 같은 해에 제3자 지급 결제 서비스인 알리페이를 제공하기 시작했다. 즉 알리바바는 전자 상거래 플랫폼(타오바오, 티몰, 쥐화수안, 알리익스프렌스, 알리바바닷컴, 1688닷컴)과 결제 서비스 알리페이, 물류와 배송 서비스(차이나 스마트 로지스틱스의 48% 지분 취득), 알리바바에 입점해 있는 쇼핑몰을 운영하기 위한 클라우드 컴퓨팅 서비스(알리윈)로 생태계를 구성하며 사업을 확장해왔다.

알리바바의 성장 배경에는 특히 중국 시장의 특수성이 크게 작용했다. 중국은 세계의 공장이라 불릴 정도로 제조업이 발달했지만 영토가 너무 넓어 오프라인의 소매판매 인프라 수준은 미흡하다. 중국 소매판매 시장의 가능성을 가장 처음 발견한 유통업체는 이베이(eBay)였다. 이베이는 2002년 중국의 경매 사이트 이치넷(EachNet)의 지분을 인수하는 방식으로 중국 시장에 진출했다. 그러나 문화 차이를 극복하지 못한 마케팅, 전자 상거래 시스템의 미완성, 낙후한 상품 배송 시스템 등에 대한 해결방안을 찾지 못한 채 중국 시장에서 철수했다.

알리바바의 중국 시장 점유율은 각각 B2B 46.6%, B2C 57.4%, C2C 80%로 전자 상거래 시장에서 모두 1위 자리를 유지하고 있다(≪이코노미조선≫, 2017). 타오바오를 중국 시장에 설립했을 당시 이베이가 중국에서 독보적인 시장점유율을 보유하고 있었으나 타오바오가 빠르게 시장을 확대해나가며 이베이를 압도했다. 이렇게 알리바바가 빠르게 성장한 이유에는 알리페이를 통한 결제의 편의성과 안전성 확보,[3] 판매 수수료 폐지를 통한 많은 판매자 유치, 알리왕왕 메신저를 통해 판매자와 구매자가 제품 상담 및 흥정을 할 수 있는 공간 제공, 채팅내용을 기록해 분쟁 시 증거로 사용할 수 있도록 하는 등의 혁신이 중요했던 것으로 분석된다(이경현, 2014).

알리바바는 창업자 마윈(馬雲)이 수차례 창업에 실패한 끝에 야후의 창업자 제리 양(Jerry Yang)과 일본 소프트뱅크로부터 투자를 받아 성장하기 시작했으며, 전자 상거래 사이트 타오바오의 성공을 통해 본격적으로 성장하기 시작했다. 알리바바는 고객과 판매자 모두에게 이익이 돌아가는 유통 생태계 조성을 기획했다. 타오바오의 접근성을 활성화하기 위해 판매 수수료를 없앤 대신 광

3) 당시 중국에서는 신용카드가 활성화되어 있지 않았으며, 기존의 송금 서비스는 다른 행정구역의 계좌이체 수수료가 높은 상황이었다. 알리페이는 구매자가 돈을 입금하면 중간에 결제액을 대기하고 있다가 제품이 문제없이 구매자에게 전달된 경우에 판매자에게 결제액을 지급하는 담보 서비스를 제공하여 중국 소비자들의 신뢰를 얻을 수 있었다.

고 수익을 기대했다. 알리바바는 고객보다 중간 판매자를 우선시하는 정책을 취했고 중간 판매자의 권한을 유독 강조하고 있다. 알리바바는 신용카드나 은행계좌를 통해 현금을 충전해 사용하는 방식의 결제수단인 알리페이를 개발했다. 또한 그에 맞는 물품 구입 시스템을 적용해 소비자들이 구매와 결제 과정에서 겪는 번거로움을 최소화했다. 이와 같은 시스템의 도입은 알리바바가 빠르게 성장하는 밑거름으로 작용했다. 동시에 알리바바는 기업의 사회적 책임도 강조하면서 많은 소비자들의 지지를 얻었다. 마윈 회장은 공익신탁을 설립하기 위해 알리바바 주식의 2%에 달하는 스톡옵션을 내놓았다. 이를 통해 마련된 재원은 중국 환경 및 의료 시설 개선에, 나머지는 교육과 문화 등 삶의 질을 개선하는 데 쓰인다.

아마존의 경우 아마존닷컴(Amazon.com) 사이트를 통해 판매한 상품에서 이윤을 취함과 동시에 아마존 웹서비스(AWS)를 제공하는 반면, 알리바바는 중간 판매자들에게 판매를 맡기는 플랫폼을 구성하고 주로 광고와 알리페이 등 부가 서비스에서 수익을 창출하고 있다는 점이 다르다. 아마존의 전자 상거래 매출액에서 해외 매출이 차지하는 비중은 35%이다(정호윤·주영훈, 2017). 아마존의 해외 매출액은 주로 영국, 독일, 일본에서 발생하고 있다. 아마존은 해외 진출 시 진입 초기에는 서적이나 미디어 콘텐츠를 주로 공략하고 유통망과 플랫폼이 어느 정도 자리를 잡으면 상품 종류를 늘려나가는 전략을 구사해왔다. 아시아, 특히 일본에서 성공적으로 자리 잡은 데 반해, 중국에서는 중국 기업들에게 밀려 성공적으로 안착하지 못하고 있다. 아마존은 2004년 조요닷컴(Joyo.com)을 인수하면서 중국 시장에 진출했지만 2017년 기준 중국 전자 상거래 시장 점유율은 1% 내외로 알려지고 있다. 알리바바 역시 해외 진출에 관심을 가져왔고 2015년을 전후로 미국 스타트업 인수 등을 통해 미국 시장 진출을 모색해왔으나 현재까지 성공을 거두지 못하고 있다. 알리바바 해외진출 전략의 초점은 외국의 상인이나 브랜드가 중국 소비자들에게 접근할 수 있도록 맞추어져 있어 중국 시장 중심으로 진행되고 있다.

텐센트의 경우와 마찬가지로 주로 중국 소비자들을 대상으로 성장해온 알리바바가 아마존과 같은 글로벌 기업인지에 대한 논란이 있을 수 있다. 그러나 세계 전체 전자 상거래 시장 점유율에서 알리바바는 26.6%, 아마존은 13% 정도로 나타나고 있으며 이용자 수도 5억 명 정도로 3억 명 정도가 이용하는 아마존을 넘어서고 있다(Statista, 2017). 알리바바의 성공은 아마존이나 이베이

표 4-4 알리바바와 아마존 비교

구분	알리바바	아마존
시가총액	4730억 달러	544억 달러
종업원 수	5만 9572명	34만 1400명
쇼핑몰 이용자	5억 명	3억 명
세계 전자 상거래 점유율	26.6%	13%

자료: Google Finance(https://www.google.com/finance) 외.

라는 글로벌 전자 상거래 업체에 맞서 일정 규모 이상의 독립적인 생태계를 갖춘 기업이 성장한 사례이고 이것의 의미는 결코 과소평가어서는 안 된다. 알리바바의 성공 역시 중국의 미국 패권 도전의 중요한 초석이라는 의미로 받아들일 수 있다.

텐센트와 알리바바의 성장에 중국 정부는 구체적으로 어떤 역할을 했을까? 1994년 중국에서 처음으로 월드와이드웹이 연결되었고 인터넷이 빠르게 확산되면서 1998년 인터넷 접속자가 100만을 넘게 된다. 중국 정부는 인터넷이 가져올 잠재적인 경제효과를 고려하여 인터넷망 확충에 적극 투자하는 한편, 인터넷에 올라온 정보를 통제하기 위한 인터넷 만리장성(防火長城, Great FireWall of China)을 구축하기 시작했으며 2003년에는 특정 인터넷 사이트와 키워드를 중심으로 내용을 차단하는 인터넷 통제 시스템을 갖추게 된다 (Feng and Guo, 2013; Global Times, 2011.2.18). 텐센트나 알리바바를 포함하여 중국에서 활동하는 모든 기업들은 이와 같은 중국 정부의 인터넷 통제를 받아들일 수밖에 없었다.

중국 정부는 인터넷 통제와는 달리 국내외 인터넷 기업들의 활동을 엄격하게 규제하지 않았고 특별히 외국 인터넷 기업들의 진입을 규제하고 국내 기업들을 우대한 것도 아니었다. 인터넷 인프라 부문은 중국 국영기업만 진출할 수 있었으나 기타 부가 서비스 분야에서 기업활동에 대한 규제는 느슨한 편이었다(김성옥 외, 2013). 중국은 1998년 외국자본 투자 지도목록에서부터 외자기업들에게 '기술 서비스' 분야를 대폭 허용했고, 외자기업들은 인터넷 기술 투자 제공자로서 중국 기업들과 합작형태로 중국 인터넷 시장에 진입하기 시작했다. 인터넷 산업 발전에 따른 규제의 필요성이 제기됨에 따라 2000년 중국에서 처음으로 인터넷 관련 정책인 '인터넷정보서비스관리방법(互联网信息服务管理办法)'이 제정되는데, 이 안에는 외자에 대한 규제내용이 정확하게 명시되어 있지는 않다. 중국의 인터넷 산업 규제는 실질적으로는 인허가 제도를 중심으로 진행되었다. 인터넷 사이트를 경영하는 것은 물론 온라인 영상물 업로드, 출판, 전파 등에 문화경영허가증, 출판허가증, 시청각전파허가증 등의 허가가 필요하며 이 과정에서 외자기업뿐 아니라 중국 기업들도 진입 제한을 받게 된다. 중국의 세계무역기구(WTO) 가입을 전후로 중국 시장 개방에 대한 기대가 높아지는 상황이었고(Jiang, 2012) 느슨한 규제에 힘입어 이베이, 아마존, 야후 등의 기업이 합작형태로 중국 시장에 진입했다. 2000년대 초반까지 중국 인터넷 시장은 정부의 느슨한 규제 속에서 중국 기업과 외국 기업이 함께 경쟁하는 상황이었고 텐센트와 알리바바는 많은 불확실성이 존재하는 초기 중국 인터넷 시장에서 정부의 인터넷 통제를 받아들이며 여타 국내 및 외국 기업과 경쟁했다. 중국에 진입한 외국 인터넷 기업들은 빠르게 성장하는 중국 시장에 적절하게 대응하기 어려웠고 중국 내에서 보이지 않는 장벽과 차별을 넘는 것이 쉽지 않았을 것이다. 이러한 상황에서 텐센트와 알리바바 같은 중국 기업들이 약진할 수 있는 조건이 형성되었다고 볼 수 있다.

텐센트와 알리바바는 외국 기업의 사업 모델과 기술을 모방한 많은 다른 중국 기업들을 제치고 국내 시장을 공격적으로 확대하면서 성장했다. 이들은 국내외 경쟁자에게 맞서며 지속적으로 혁신적인 서비스를 제공하면서 중국 최고의 기업으로 성장해왔고 홍콩이나 뉴욕 증시 상장을 통해 해외 자본을 조달하여 투자하고 중국 및 해외 기업 합병을 통해 글로벌 기업으로 부상했다. 중국 정부의 인터넷 통제가 보다 체계화되고 인터넷 주권을 주장하기 시작한 2000년대 후반 이후 구글과 페이스북의 중국 내 접속이 차단되면서 텐센트와 알리바바와 같은 중국 기업들의 중국 내 위치는 더욱더 확고해지게 되었다. 중국 기업들에 대한 인터넷 통제 역시 강화되었지만 중국 인터넷 시장의 폭발적인 성장과 함께 경쟁자가 될 만한 외국 기업들의 중국 내 접속 제한은 중국 인터넷 기업들의 급속한 성장으로 귀결된다. 예컨대 2009년 텐센트의 매출액이 124억 위안에서 2016년 1519억 위안으로 급증했다(김재현, 2017). 이들은 특히 자사가 제공하는 서비스를 플랫폼으로 기획하고 이를 토대로 거대한 독립적 생태계를 구축하는 데 성공하면서 페이스북, 아마존이 운영하는 글로벌 네트워크와 경쟁할 만한 중국 중심의 네트워크를 구성하고 확장해왔다.

페이스북이나 구글, 아마존과 같은 글로벌 기업이 이제까지 중국 시장에서 왜 눈에 띄는 성과를 내지 못하지는지에 대한 많은 요인이 지적될 수 있다. 중국 정부의 규제가 한 축이라면 다른 한 축은 중국 시장의 특성에 대한 불충분한 이해 및 준비라고 볼 수 있다. 그렇다고 텐센트나 알리바바가 중국 정부의 규제라는 온실 속에서 순탄하게 성장해온 것이라고 볼 수는 없다. 중국 시장에 대한 이해나 대응은 중국 기업들에게도 저절로 주어지는 것은 아니다. 중국 인터넷 시장은 세계에서 가장 치열한 경쟁이 이루어지는 곳 중 하나이며 많은 중국 국내 기업들이 경쟁하며 부상하다가 스러진다. 텐센트와 알리바바 역시 많은 시행착오를 통해 중국 시장의 특성에 맞는 서비스 혁신을 지속하며 현재에 이르렀다. 중국이 구축해온 인터넷 환경과 이를 이끌고 있는 알리바바, 텐센트 등 중국 기업들의 성과가 향후 중국 중심 네트워크와 표준의 확산을 가능하게 하는 토대로 작용하고 있다. 이는 중국 패권의 물적 토대를 구축하고 확장하는 데 중요한 역할을 할 것으로 기대된다.

텐센트와 알리바바와 같은 중국 기업들은 중국 인터넷 시장의 규모 및 성장과 중국 시장에 맞는 혁신을 통해 중국 SNS와 전자 상거래 시장에서 독보적인 기업으로 성장했다. 중국 인터넷 시장의 규모에 힘입은 중국 인터넷 기업들의 부상은 중국 패권의 물적 토대로 작용하고 있다. 이러한 물적 토대 구축과정은 중국 기업들이 정부의 국내 인터넷 시장에 대한 규제와 인터넷 통제를 수용하고 이후 인터넷 주권 이념을 지지하는 과정과 맞물려 있다.

4. 중국 인터넷 기업 발전과 인터넷 주권 이념의 구성적 공동생산

인터넷상의 자유와 규제를 둘러싸고 자유의 보장, 규제의 정당성과 실효성, 적절한 규제방식 모색 등이 논의되어왔다. 오프라인 공간에서와 마찬가지로 인터넷 공간에서도 자유로운 의사 표현의 권리가 보장되고 정부의 검열과 개입을 최소한으로 제한해야 한다는 인터넷 자유의 입장이 많은 국가들에 의해 기본적인 규범으로 인식되어왔다. 이에 반해 중국은 인터넷이 확산되는 초기부터 인터넷 검열 체계를 구축하여 통제해왔고 이에 대한 국제 사회의 비난이 제기되어왔다. 중국은 인터넷상의 정권 전복, 민족 분열, 포르노, 폭력 등과 관련된 정보는 국가와 사회의 안정, 인민의 이익에 관계된 것이기 때문에 법률에 기초하여 규제해야 하고 이는 중국의 국정 및 국제 관행에 합치한다며 인터넷 검열의 정당성을 강조해왔다.

중국인들의 인터넷 이용이 확산되면서 중국 정부는 1998년부터 소위 '인터넷 만리장성' 혹은 '금순공정(金盾工程, Golden Shield Project)'으로 불리는 국가 인터넷 검열 체계를 구축해왔다(배영자, 2011; Hughes, 2010; Mulvenon, 2008; Tai, 2006). IP 주소나 키워드를 기반으로 접속 가능한 웹사이트를 제한하고 특정한 내용을 담은 게시물을 삭제하며, 일반적인 웹페이지뿐만 아니라 메일, 게임, 휴대폰 문자 등을 모두 포괄하는 광범위한 검열 시스템으로 알려져 있다. 물론 일부 네티즌들은 방화벽을 뚫고 제한이 걸려 있는 IP에 접속하는 등 해킹을 시도하거나 번장(翻墙)을 통해 해외 사이트 등에 접속하지만, 중국 정부의 대대적인 인터넷 통제는 대다수 중국 네티즌들에 대한 정보 통제, 표현의 자유 침해라는 이유로 국제 사회에서 비난을 받아왔다.

중국에서 활동하는 외국 기업은 물론 국내 기업들도 이러한 중국 정부의 인터넷 통제를 수용할 수밖에 없었다. 이런 상황에서 중국 정부의 국내 인터넷 규제가 특히 중국에 진입한 외국 인터넷 기업과 갈등을 겪게 되고 중국 정부가 서방 국가에 대항하는 인터넷 주권 개념을 확고하게 발전시킨 계기는 2009년부터 진행된 중국 정부와 구글 간의 갈등이었다. 인터넷 주권(网络主权) 개념은 중국 정부 공식 문건에서는 2010년 6월 국무원판공실(国务院新闻办公室)에서 나온 중국 인터넷 현황(中国互联网状况)[4]에서 처음 쓰인 것으로 알려져 있다(Jiang, 2010). 이 문건에서는 중국 정부의 인터넷 인프라 확충을 위한 노력을 설명하고 중국인들의 인터넷상의 자유를 언급하면서 인터넷의 건전한 발전과 효율적 활용을 위해 정부가 인터넷의 안전성을 지켜야 하며 '중국 국경 내에서 중국 정부는 인터넷에 대한 주권을 소유하며 중국의 인터넷 주권은 존중되고 보호되어야 한다고 언급했다(中华人民共和国境内的互联网属于中国主权管辖范围、中国的互联网主权应受到尊重和维护).' 이 문건이 나온 배경은 2009년부터 진행되었던 구글과 중국 정부의 갈등 및 당시 미국 국무부 장관 힐러리 클린턴(Hillary Clinton)의 중국 정부 비판에 대한 대응이었다.

널리 알려진 바와 같이 2009년 12월 중국 인권 운동가의 구글 메일 계정이 해킹당한 사실이 밝혀지면서 중국 정부와 구글의 갈등이 본격화되었다(배영자, 2011). 구글은 중국에 대한 새로운 접근(A New Approach to China)이라는 입장

4) 중국 국무원판공실 홈페이지에 원문 수록. http://www.scio.gov.cn/tt/Document/1011194/1011194.htm(검색: 2017.12)

을 내놓고,[5] 구글 지메일이 중국 현지 해커들로부터 공격을 받고 있고 특히 중국 인권 운동가들의 전자메일을 공격했다는 증거를 확보했다고 밝혔다. 이렇듯 구글은 중국 정부의 개입 의혹을 제기하면서 중국 철수 가능성을 언급하여 논란을 불러일으켰다. 이러한 구글의 반응에 대해 의구심이 제기된 것이 사실이다. 2006년 중국 진출 당시 구글은 중국 내 법규 위반을 피한다는 명분으로 중국 당국의 검색심사 제도 등 언론자유 제한조치를 받아들였기 때문이다(Amnesty International, 2006; Brenkert, 2009). 구글은 제한적인 접근을 통해서라도 정보를 확산해나가는 것이 더 자유로운 세계를 만들어가는 데 도움이 되고 각 국가에 적합한 전략을 선택할 수밖에 없다고 해명했다.[6] 많은 논란 속에서 중국 시장에 진출한 구글은 인터넷 검열 문제로 중국 정부와 자주 부딪쳤으나 기본적으로 중국 정부의 지침을 받아들이는 입장을 취하다가 2009년 돌연 중국 정부와 갈등관계에 들어서게 되었다. 2009년 당시 중국 정부는 중국에 진출한 외국 기업이 중국 내에서 중국 법률에 의거하여 사업을 하는 것은 당연하다고 맞섰다(CNN News, 2010.1.25). 중국 정부와 구글의 갈등은 2010년 당시 클린턴 미국 국무부 장관이 개입하면서 보다 복잡한 양상으로 전개되었다. 클린턴 장관은 구글로부터 심각한 우려와 문제점을 보고받았다고 언급하고 구글이 중국에서 인터넷 자유를 중요시하기로 한 결정을 지원한다고 밝힘과 동시에 인터넷 검열은 인권을 부정하는 행위라며 중국을 인터넷의 자유가 없는 나라로 지목하고 중국 정부의 인터넷 검열을 정면으로 비판함으로써 양국 정부가 정면 대치하게 되었다.

비슷한 시기인 2009년 중국 서부에서 소수민족 봉기가 일어난 직후 이들이 페이스북을 사용했다는 것이 알려지면서 중국 내에서 페이스북 서비스가 차단되었다.[7] 유튜브도 콘텐츠 중 대만, 티베트, 신장, 홍콩의 독립을 선동하는 내용이 있다는 이유로 접속이 차단되었다. 2011년 중동에서 진행된 '아랍의

5) "A new approcah to China" Jan 12 2010. http://googleblog.blogspot.com/2010/01/new-approach-to-china.html(검색: 2017.12)

6) Testimony of Google Inc. before the Subcommittee on Asia and the Pacific, and the Subcommittee on Africa, Global Human Rights, and International Operations Committee on International Relations, United States House of Representatives February 15 2006. googleblog.blogspot.com/.../testimony-internet-in-china.html(검색: 2017.12)

7) 2014년 홍콩의 민주화 시위인 우산혁명이 일어난 뒤에는 페이스북이 인수한 인스타그램도 중국 내에서 접속할 수 없게 되었으며 2017년 9월 페이스북이 인수한 메신저 서비스 왓츠앱 역시 차단되었다.

봄' 민주화 운동은 중국 정부가 인터넷 규제를 더욱 강화하는 계기로 작용했다. 중국 정부는 인터넷을 공공질서와 공산당 정권을 유지하는 사회 운영의 핵심적 요소로 인식하게 되었고 웨이보 실명제 등 중국 내부에서 감시를 강화하기 위한 조치들을 도입하는 한편 외국 인터넷 기업들에 대한 접속 금지를 계속 유지했다(Pieke, 2012; Jeng et al., 2017).

인터넷 주권은 2012년 시진핑(習近平) 집권 이후 공식적인 가이드라인으로 제시되고 이후 이에 대한 학계의 연구도 증대되기 시작했다(Jeng et al., 2017). 중국에서 인터넷 주권은 정보주권(information sovereignty)과 혼용되어 쓰이기도 하지만 양자는 다른 의미를 내포하고 있다. 정보는 사이버 공간과 오프라인 공간에 모두 존재한다. 정보주권은 국경을 넘는 정보의 흐름을 통제하는 의미로서 오랜 역사를 가지고 있는 반면(Kong, 2000; Jeng et al., 2017), 인터넷 주권은 사이버 공간의 정보는 물론 정보를 생산하고 전송하고 공유하는 플랫폼까지 포함하는 광범위하고 새로운 개념으로 인식된다(Du and Nan, 2014; Jeng et al., 2017).

중국은 청나라 말기에 영국, 덴마크, 러시아 등에 의해 정보통신과 철도 산업이 통제되고 이에 대한 민족주의자들의 봉기가 결국 청제국의 멸망으로 이어진 역사적 경험이 존재한다. 이에 입각해 외국 자본에 의한 정보통신산업 통제에 매우 민감하며 정보통신 영역을 고위 정치영역으로 인식하여왔다(Jeng et al., 2017). 인터넷 활용이 확산되면서 서구의 이념과 사상이 전달되는 통로로 주목되었고, 자연스럽게 정보통신 분야에 대한 외국의 영향력을 통제하려는 인식으로 이어져 내려왔다고 볼 수 있다.

인터넷 주권 이념의 주체에 대해서도 이견이 존재한다. 혹자는 인터넷 주권이 중국에서 처음 쓰였다고 주장하지만(Chen, 2015; Jeng et al., 2017; Ye, 2015), 반면 미국이 인터넷 주권을 먼저 주창했고 이는 서구 국가들이 주도한 사이버 안보에 관한 탈린 매뉴얼에 잘 담겨 있다는 주장도 있다(Jeng et al. 2017; Lu 2014). 탈린 매뉴얼 규칙 1에 따르면 '국가는 영토 내의 사이버 인프라와 행위들에 대한 통제권을 가지며… 영토 내에 위치한 사이버 인프라, 내해, 군도, 영공 등은 영토국가의 주권에 종속된다'고 규정하고 있다(Schmitt, 2013).[8] 그러나

---

8) "A state may exercise control over cyber infrastructure and activities within its sovereign territory. This rule emphasizes the fact that although no state may claim sovereignty over cyberspace per se,

사이버 공간에서 국가의 역할에 대한 서방 국가들의 입장은 조심스럽게 해석되어야 한다. 사이버 안보의 국제규범을 논의하는 구심점 역할을 해온 유엔 정부 전문가 그룹(UN GGE)에서 중국과 러시아의 인터넷 주권 주장에 대해 미국과 서방 국가들은 사이버 공간에서 국가주권과 불간섭원칙 인정을 명백히 반대했고 다만 사이버 공간에서 발생한 행위에 대해 국가책임성을 부인하지는 않는다는 입장을 표명해왔기 때문이다(배영자, 2017).

중국은 ICANN을 중심으로 운영되는 글로벌 인터넷 거버넌스의 개혁 논의에 적극 참여해왔고, 미국과 서방 국가가 내세우는 인터넷 자유에 대항하면서 러시아, 브라질 등 유사한 입장을 가진 국가들을 인터넷 주권 이념을 축으로 모아왔다(Jeng et al., 2017). 중국은 2013년 ICANN 회의를 개최한 바 있고 이전부터 독자적인 '.中國' 도메인 사용을 제안했으며 ICANN 개혁 논의에 정부는 물론 알리바바, 텐센트와 같은 기업들도 적극적으로 참여해왔다(CNNIC, 2008).

중국 정부는 인터넷 주권 이념을 널리 선전하고 이를 인터넷 거버넌스 논의의 구심점으로 만들기 위한 전략의 일환으로 2014년부터 매년 세계인터넷대회(世界互联网大会)를 정기적으로 개최하고 있다. 대회 축사를 통해 시진핑은 인터넷이 평화, 안정, 개방성, 협력의 공간이 되기 위해 다자주의, 민주주의, 투명성을 중심으로 글로벌 인터넷 거버넌스를 구축해야 하며 모든 국가는 상호신뢰에 기반하여 인터넷상의 주권을 존중해야 한다고 주장했다(China Daily, 2014.11.20). 국제사면위원회(Amnesty International) 등 중국의 인터넷 통제를 비판하는 단체들은 기업이나 국가들이 이 대회 참석을 거부해야 한다고 주장한다(Amnesty International, 2015.12.15). 그러나 알리바바, 텐센트, 바이두 등 중국 기업은 물론 구글, 애플, 페이스북도 매해 이 대회에 참석하고 있고, 특히 알리바바의 마윈은 인터넷 주권을 적극 옹호하며 중국에서 활동하는 모든 기업들은 중국법을 지켜야 한다고 주장하면서 중국 정부의 주장에 힘을 실어주고 있다(China Daily, 2014.11.20; Xinhuanet, 2014.12.3). 현재 중국 기업들은 초기 정부의 인터넷 서비스 산업에 대한 규제는 물론 인터넷 통제를 수용하는 입장에서 나아가 보다 적극적으로 인터넷 주권 이념을 지지하는 주요 받침목 역할을 하고 있다.

---

states may exercise sovereign prerogatives over any cyber infrastructure located on their territory, as well as activities associated with that cyber intrastructure"(Schmitt, 2013).

정리해보면 2000년대 중반까지 외국 인터넷 기업이 중국 정부의 느슨한 규제 상황에서 중국 기업들과 같이 경쟁했고 점차 중국 시장에 적합한 혁신을 지속하는 중국 기업들의 성장이 두드러지기 시작했다. 외국 인터넷 기업들의 중국 내 성과가 미미한 상황에서 2000년대 후반 중국 정부는 보다 체계적이고 강화된 인터넷 통제 체제를 구축했다. 중국 정부의 인터넷 통제는 외국 기업은 물론 중국 기업들에게도 압력으로 다가왔다. 대부분의 중국 기업들은 정부의 인터넷 통제를 수용하고 이에 협력했다. 그러나 중국 정부의 인터넷 통제는 2009년을 전후로 구글 등 외국 인터넷 기업과 갈등을 겪기 시작했고 중국 정부는 구글은 물론 페이스북, 유튜브 등 외국 인터넷 기업들에 대한 접속을 차단하기 시작했다. 중국 인터넷 통제에 대한 비판에 직면하여 중국 정부는 중국 영토 내에서 인터넷과 관련된 활동은 중국 법률에 의거해야 하며 중국 정부가 이에 대한 주권을 가진다는 소위 인터넷 주권을 본격적으로 내세우기 시작했다. 이즈음 본격적으로 확장되기 시작한 중국 인터넷 서비스 시장과 중국 정부의 외국 인터넷 서비스 기업 접속 차단이라는 일련의 조치들 속에서 텐센트와 알리바바 등 중국 인터넷 기업들이 급속히 성장했고 이들의 위상은 더욱더 공고화되었다. 이들은 페이스북과 아마존의 글로벌 네트워크에 대항하는 중국 중심 네트워크를 구성하고 이의 확장을 도모하기 시작했다. 중국 정부의 인터넷 통제와 인터넷 주권 이념이 국내 기업의 보호와 성장을 목적으로 실행된 것은 아니었지만 결과적으로 중국 기업들이 빠르게 성장하는 데 중요한 역할을 했다고 판단할 수 있다. 다른 한편 중국 정부가 국내 인터넷 통제를 지속하고 인터넷 주권을 내세우는 과정에서 중국 인터넷 기업들의 협력과 지지 역시 필수적인 요인이었다. 중국 인터넷 기업들은 정부의 통제에 직면하여 이를 수용할 수밖에 없는 상황이었고 정부의 통제에 협력하면서 발전했다. 중국 정부가 국제 무대에서 인터넷 주권 이념을 내세우면서 ICANN 개혁을 주장하거나 세계인터넷대회를 개최할 때, 세계 인터넷 환경에서 무시할 수 없을 만큼 중요한 위상을 차지하게 된 중국 기업들의 중국 정부 입장에 대한 지지는 인터넷 주권 이념을 공고화하는 데 기여했다.

5. 마치며

텐센트, 알리바바와 같은 중국 인터넷 기업들은 중국 시장에 맞는 혁신을 통해 국내외 경쟁자들을 물리치면서 성장해왔다. 중국 인터넷 시장의 급속한 성장과 규모에 힘입어 이들은 글로벌 기업으로 우뚝 서게 되었으며 중국 시장에서 구축한 플랫폼을 해외 시장으로 확대해나가고 있다. 이들은 현재 글로벌 SNS, 전자 상거래 시장에서 강자인 페이스북이나 아마존이 구축한 생태계에 맞설 수 있는 유일한 후보기업들이다. 향후 이들의 지속적인 성장과 시장 확대 행보를 지켜보아야 할 일이지만 이 글에서는 텐센트, 알리바바와 같은 자국 인터넷 기업의 성공으로 중국이 21세기 세계 정치경제 질서의 가장 중요한 물적 토대를 확보하고 이를 확장시켜갈 수 있는 발판을 마련했다고 평가했다.

이 글에서는 중국 인터넷 기업의 성장과 중국 정부의 인터넷 통제 및 인터넷 주권 이념의 관계를 구성적 공동생산이라는 개념으로 설명했다. 중국 인터넷 기업들의 성장, 물적 토대의 확장과 중국 정부의 인터넷 통제 및 인터넷 주권 이념 주창은 원인과 결과라는 직선적인 관계가 아니라 역동적인 상호작용 속에서 공동 생산되어온 것으로 이해하는 것이 보다 적절하다. 중국 정부의 인터넷 통제와 인터넷 주권 이념의 주창이 전적으로 중국 인터넷 기업들의 성장을 도모하기 위한 목적으로 마련된 것이라고 보기는 어렵다. 하지만 중국 인터넷 기업들은 정부의 규제에 보다 익숙하게 적응하면서 적절한 혁신을 지속하고 성장할 수 있었다. 또 중국 정부의 인터넷 통제가 외국 기업들과의 갈등으로 이어지면서 텐센트와 알리바바가 더욱 공고하게 독자적인 네트워크를 구축하는 데 유리하게 작용했다.

중국 정부는 인터넷의 확산 이후 인터넷 감시와 통제를 실행하고 강화해왔다. 중국 정부의 인터넷 통제는 외국 기업들은 물론 국내 기업에게도 큰 압력이었다. 국내 인터넷 기업들은 정부의 통제를 수용하고 이에 협력하면서 성장을 꾀할 수밖에 없었다. 2009년 중국 정부의 인터넷 통제가 구글의 반발을 불러일으키면서 중국 내에서 구글, 페이스북, 유튜브 등 외국 인터넷 기업들의 접속이 차단되었고 이에 대한 국제 사회의 반발에 대응하여 중국 정부는 인터넷 주권 이념을 적극적으로 주장하기 시작했다. 중국이 내세운 인터넷 주권의 주요 내용은 내부적으로는 정부가 인터넷에 대한 감시 및 규제 권한을 가진다는 것으로, 외부적으로는 미국을 위시한 서방 국가들이 내놓은 인터넷 자유 이념을 견제하며 글로벌 인터넷 거버넌스나 사이버 안보 규범 형성과정에서 자국의 권한을 인정받고 위상을 강화하기 위한 것으로 보인다. 중국은 자국 정부의 인터넷 규제를 정당화하고 글로벌 인터넷 거버넌스에서의 서구와 미국의 우위에 반감을 가진 러시아, 브라질 등의 국가들을 규합하는 이념으로 인터넷 주권을 내세우면서 이를 제도화하려는 노력을 전개하고 있다. 중국 정부의 인터넷 통제 정책은 중국 기업들의 수용과 협력 속에서 더욱 정교하게 강화·발전되어왔으며 중국 정부가 본격적으로 인터넷 주권 이념을 내세우기 시작한 이후 중국 기업들이 국제 무대에서 공공연하게 중국 정부의 인터넷 주권에 지지 입장을 표명하면서 중국 정부가 추진하는 인터넷 정책의 든든한 받침대 역할을 하고 있다.

중국 인터넷 기업들의 성장, 물적 토대의 확장과 중국 정부의 인터넷 통제 및 인터넷 주권 이념 주창은 양자 모두 중국이 미국에 도전하는 패권의 주요 구성요소로서 작용하고 있다. 중요한 점은 현재까지 중국이 미국의 패권에 도전하는 상황에서 양자는 선순환 관계 속에서 중국 패권의 부상을 이끌어왔으나 향후에도 중국 정부와 인터넷 기업들의 협력이 지속될지에 대해서는 낙관적으로 전망하기 쉽지 않다는 것이다. 인터넷 주권 개념을 통해 과연 중국 패권의 공고화와 확장이 지속될 것인지 대한 의문이 제기되는 것은 이념의 보편성 및 세계 정치질서 흐름의 조응 여부 때문이다. 다양한 행위자들이 영토적 공간을 넘어 실시간으로 상호 작용하는 새롭고 복합적인 사이버 공간에서 주권이나 국민국가 개념을 내세우는 중국의 시도가 과연 보편적인 설득력을 가질 수 있는지, 그리고 실제로 성공할 수 있을지에 대한 강한 의문이 제기될 수밖에 없다. 아울러 인터넷 주권 이념은 중국 국내에서 성공한 기업들이 해외로 확장하고자 할 때 이들의 발목을 잡는 걸림돌이 될 수도 있다. 이 같은 측면에서 현재 제시된 인터넷 주권 이념은 중국이 패권 도전자의 지위를 넘어 패권 형성자의 지위로 이행하는 과정에서 패권의 물적 토대의 지속적인 확장과정을 오히려 방해할 수 있을 것으로 생각된다.

현재 미국과 중국의 과학기술혁신 부문에서의 경쟁은 양국 기업들의 경쟁은 물론 이념과 제도 경쟁과 맞물려 진행되고 있다. 이제까지 중국의 정보통신 부문에서 미국의 패권에 대한 도전은 중국 인터넷 기업들의 성공적인 부상과 중국 정부의 입장을 내세운 인터넷 주권 이념이 상호 작용하면서 비교적 성공적으로 이루어져 왔다고 평가할 수 있다. 그러나 중국이 패권 도전자로

부상하는 과정을 넘어 중국을 중심으로 하는 새로운 역사적 구조를 창출하는 데는 중국 인터넷 기업들의 지속적인 성장과 시장 확대는 물론 이념과 제도의 설득력과 보편성이 매우 중요하다. 중국이 이제까지 수세적인 입장에서 내세워온 인터넷 주권 이념이 보편성을 획득하면서 새로운 질서를 형성할 것이라고 보기는 어렵다. 중국의 이해를 담되 보편적인 설득력을 가질 수 있는 보다 복합적인 인터넷 주권 이념 혹은 그를 넘는 새로운 이념의 출현이 요구된다.

제5장

전재성 (서울대학교 정치외교학부 교수)

미래 군사기술의 발전과 미중 군사경쟁

1. 서론

전쟁과 기술 발전은 인류 역사상 분리 불가능한 관계를 이루어왔다. 기술은 인류 사회를 다양한 측면에서 풍요롭게 했지만 군사기술이 함께 발전하면서 전쟁은 더욱 치명적이 되었고, 정치체들은 기술을 취득하여 무기로 사용하기 위해 경쟁해왔다. 군사혁명(Revolution in Military Affairs: RMA)은 각 시대별로 독특한 양상을 띠고 비단 전쟁의 승패, 전투 양상뿐 아니라 이를 위한 국가와 사회의 조직, 그리고 국제정치의 기본 조직원리의 변화에까지 막대한 영향을 미쳤다.

인류의 발전은 산업혁명과 더불어 가속화되고 현재는 더욱 빠르게, 그리고 더 융합적으로 발전해가는 소위 제4차 산업혁명을 맞이하고 있다고 이야기된다(박춘우, 2017; 이성우, 2017). 이에 따라 전쟁에 영향을 미치는 중요한 요소들, 즉 군대, 무기, 군수 및 조달, 전략 역시 더불어 빠르게 변화할 것이다. 그 변화의 속도는 더욱 빨라지고 또한 복합적으로 나타나기 때문에 전쟁이 발생하는 원인과 전쟁 수행방식, 전쟁과 사회의 관계, 그리고 전쟁과 국제 사회의 양태 등이 모두 영향을 받을 것으로 예상된다. 21세기 중반에 이르면 지구 인구는 약 97억 명에 이를 것으로 전망되고, 이 중 66%가 도시에 거주할 것이며, 이들 간 "모두에 대한 모든 지식"이 주어질 것으로 본다(Kent, 2015: 1343). 국가 이외의 비국가 행위자들의 폭력기술도 증가할 것이고, 이를 관리할 제도적 장치가 미비한 가운데, 우주와 사이버 공간에서의 충돌 가능성이 높아지고, "자율살상무기체계(LAWS: Lethal Autonomous Weapon Systems)"는 더욱 발전할 것이다(박항현·전경주·윤범식, 2017: 2), 살상용 로봇, 드론 등 자율주행 무기, 우주 무기, 빅데이터와 인공지능을 활용한 무기 등 인간의 통제력이 매우 제한된 형태에서 벌어지는 폭력상황을 과연 통제할 수 있을 것인가의 질문이 제기되고 있다(남보람, 2013). 또한 전쟁의 원인 역시 특별한 전장과 전선이 사라진 상황에서 미래에 닥칠 중요한 변화들, 즉 도시화, 정보화, 빈부격차, 기후변화, 식량부족 등 다양한 원인에서 충돌의 실마리가 발생할 수 있다. 과연 인류가 스스로의 발전에서 유래하는 새로운 전쟁에 충분히 대비가 되어 있는지 많은 성찰이 필요한 때이다.

무엇보다 새롭게 출현하는 기술로 인한 전쟁의 양상을 정확히 예측하고 그 폐해를 막기 위한 대비책을 마련하는 일이 중요하다. 이를 위해서는 기술의 발전현황과 이들 기술의 무기적용 현황을 파악하는 일이 필요하며 이를 관리할 제도적 장치를 마련하는 것도 필수적이다. 상용화되어 사용되고 있는 드론 등 자율주행 시스템, 사이버와 우주의 관리체계, 로봇공학 등은 무기와 관련하여 매우 중요한 분야이다. 현재까지는 핵, 생화학 무기 등 대량살상 무기의 국제적 통제에 초점이 있었다면 향후에는 치명적인 자율무기에 대한 통제가 더욱 중요한 이슈로 등장할 가능성이 크다. 이미 국제연합(UN) 등에서는 이들 무기의 통제를 둘러싼 많은 회의와 토론이 진행 중이며 점차 원칙과 구체적인 법규들이 마련될 가능성도 높다.

이들 기술 발전을 주도하는 국가는 물론 선진 강대국이며 향후 이러한 기술기반을 가진 국가들과 그렇지 못한 국가들 간의 격차는 더욱 커질 것이다. 강대국이 어떠한 군사전략을 추진할 것인가, 이들 간에 협력에 의한 통제가 가능할 것인가, 강대국들 간의 협력 가능성은 얼마나 될 것인가 등 강대국 정치와 관련된 중요한 이슈들이 등장하고 있다. 현재까지 미국이 군사기술 혁신을 이끌고 있는 가운데 빠른 경제성장을 하면서 미국의 패권에 도전하고 있는 중국의 전략 역시 중요해지고 있다. 향후 미중의 경쟁과 기술 발전이 어떠한 형태로 연계될 것인가에 따라 국제정치의 한 축이 결정될 것이다.

이 글은 미래 기술 발전이 군사기술 발전과 전쟁의 형태에 어떠한 영향을 미칠 것이며, 미국과 중국이 이에 어떻게 대처하고 있는가를 살펴본다. 4차 산업혁명, 인공지능 등 다가오는 기술 융합발전은 과거의 군사혁명과는 근본적으로 다른 군사기술로 이어지고 있는가, 이러한 군사 변화는 사회, 국제정치 변화를 가져올 것인가, 그리고 군사혁명의 성과를 선점하려는 강대국들, 특히 미중 간 경쟁은 새로운 기술과 군사경쟁의 측면에서 어떠한 양상을 보이고 있는가 등의 문제를 다룬다.

2. 미래 기술 발전과 전쟁 양상 및 무기 체계의 변화

1) 전쟁 양상의 변화

기술의 발전은 전쟁 기술과 양상을 변화시키는 데 그치지 않고 사회와 정치의 양상을 변화시켜 전쟁의 원인, 사회와 전쟁의 관계를 총체적으로 변화시킨다. 21세기 전반의 사회는 여전히 주권국가가 중요하고, 미국의 군사적 우위가 유지되는 가운데 중국과 러시아의 도전이 이어지고 있다. 북한과 이란 같은 국가들의 도전도 존재하면서 여전히 주권국가 중심의 근대 국제정치가 계속되고 있다. 그러나 근대 국제정치를 특징짓는 폭력의 국가 독점이 유지되기는 점점 어려워질 전망이다. 첨단기술을 쉽게 취득하여 폭력수단으로 사용할 수 있는 비국가 행위자들의 힘이 증가하고 있기 때문이다.

첨단 과학기술에 의한 초연결 사회가 심화될수록 사회적으로 배제되고 소외되는 계층이 증가하는데 이들은 극단주의자가 되어 기존 시스템에 대항해 폭력적 투쟁을 조직하는 데 쉽게 참여할 수 있다. 새로운 국제 분쟁이나 갈등은 전쟁과 평화 전투원과 비전투원의 경계가 모호해지고 전장도 국지적인 동시에 세계적으로 변화하는 특징을 가진다.

이러한 과정에 생명을 위협하는 대량살상 무기를 비국가 행위자가 습득하여 사용하기 쉬운 상황이 전개된다. 기술의 발달로 인해 국제관계에서 새로운 형태의 갈등도 출현한다. 사이버 공간에서 일어나는 교란행위가 실제로 군사 시스템이나 사회 기반시설에 대한 해킹으로 이어질 수 있다. 인간의 직접적인 개입 없이도 일어나는 인간에 대한 공격인 자율무기도 일반화될 것이다. 새로운 공격무기의 등장은 인간의 규범과 윤리에 대한 심각한 도전이 되고 있지만, 기술의 발달에 비해 철학적 성찰은 아직 시작단계에 그치고 있어 이를 통제할 수 있는 기제 역시 약한 상황이다. 신기술이 파괴적 도구를 더 쉽게 만들고 새로운 기술의 결합이 상상할 수 없는 대량 살상의 파괴력을 만들어내는 새로운 시대에 새로운 안보 위협으로 등장할 것으로 예상된다(김홍래, 1996).

무엇보다 전쟁의 개념이 새롭게 변화할 것이다. 기존에는 생각할 수 없었던 융합이 이러한 변화의 추동력인데, 이와 같은 융합으로는 ① 인간과 기계의 융합, ② 현실세계와 가상세계의 융합, ③ 공학적인 것과 생물학적인 것의 융합('합성생물학'은 기술을 통해 인간이 생물학적으로 생명과 사물을 만들기 시작하는 것이다), ④ 조직과 비조직의 융합으로 지금까지는 대기업만이 가질 수 있었던 모든 자원이 소위 공유경제라는 것을 통해 평범한 소시민들도 가질 수 있게 되는 상황이 출현한다. 크라우드 소싱과 3D 프린팅 등은 개인의 힘을 거대 조직의 힘만큼 올려주기 때문에 조직의 힘이 점점 약화될 것으로 예상할 수 있다.

또한 인공위성, 프레데터(Predator)와 같은 첨단 정보수집 수단의 등장으로 피아 표적의 상세 정보를 수집하게 될 것이다. 그렇게 되면 첨단 지휘통제, 통신 체계가 등장하여 실시간으로 전장의 상황을 공유하고, 지휘 결심 시간을 수 분 이내로 단축하게 된다(송기원, 2007; 유재영·조용건, 2009). 또한 인공지능 및 인지기술의 발전으로 다양한 무인전투 체계가 개발되는 등 무인전장 개념이 구현될 것이다.

전장은 한정된 지역에 국한되지 않을 것이다. 전 세계를 대상으로 테러 등이 벌어지고 있는 상황에서 전장은 모든 공간에서 벌어진다. 사이버 전쟁이나 자율전쟁(로봇이나 인공지능이 싸우는 전쟁)은 앞으로 새로운 4차 산업혁명 기술로 인해 벌어질 미래 상황이다(정종·계중읍, 2012; 최창곤, 2007). 4차 산업혁명은 국가안보의 본질에 근본적인 영향을 미칠 것이다. 초연결성이 권력 이동과 안보 위협의 성격까지 바꾸는 것이다.

전쟁과 평화 시 전투원과 비전투원의 경계는 점점 불편할 정도로 흐려지게 될 것이다. 생명을 위협하는 신기술은 손에 넣기도 사용하기도 점차 쉬워지고 더 큰 규모로 피해를 가할 수 있는 방법들이 다양해지고 있다. 기술에 대한 접근성으로 인해 전쟁에서 더욱 정교한 공격이 가능해졌고, 전투원 역시 최첨단 보호장비를 착용할 수 있으며, 전장에서 필수 예비품이나 다른 부품을 3D 프린터로 직접 만들어낼 수도 있다.

이렇게 보면 향후 미래 전쟁의 개념과 양상을 정리해볼 수 있는데, ① 5차원전, ② 네트워크 중심전, ③ 정보·사이버전, ④ 효과 위주 장사정 정밀 타격

전, ⑤ 마비 위주 신속 기동전, ⑥ 분산 비선형전, ⑦ 비살상전, ⑧ 무인로봇전, ⑨ 비대칭전, ⑩ 동시 통합전 등으로 요약할 수 있다(곽태진·서동수·전순용, 2011: 259).

또한 새로운 전쟁수행 개념으로 C4ISR-PGM(C4I+감시정찰 정밀타격 통합체계)[7]과 NCW(Network Centric Warfare, 네트워크 중심전)를 통합하는 전략을 발전시키게 될 것이다. 전쟁의 양상이 네트워크 중심전, 장거리 비접근전, 비선형전, 소규모 분산형 전투, 비살상전, 사이버전의 양상을 점점 강하게 띠게 될 것이다(박춘우, 2017: 82). 또한 무기체계의 지능 자율화 및 무인화의 가속적인 발전을 기반으로 무인로봇에 의한 원격 대리전쟁이 될 것이며, 인공위성을 파괴하고 무력화하며, 우주에서 대기권의 표적을 격파하는 우주전으로 전쟁영역이 확대될 것이다(강유병·곽태진·전순용, 2011: 410~413).

새로운 기술의 발달로 미래는 로봇과 인공지능의 등장에 의해 크게 변화될 것이다. 클라우딩 시스템을 구현하고, 빅데이터 처리능력의 발전 등으로 현재와 전혀 다른 새로운 전쟁수행 개념과 기반체계 구축 등이 요구될 것이다. 육·해·공군을 구분하거나 제대 또는 병과를 적용하는 것 자체가 무의미해질 수도 있다.

이러한 상황에서 무기기술의 발전을 통제하려는 강대국들의 전략적 경쟁이 가속화되는 한편, 전반적인 군사상황을 제도적으로 관리하려는 국제 사회의 노력이 동시에 일어나고 있다. 과거 핵무기가 출현했을 때 핵무기 보유 및 확산 등에 대한 국제 사회의 통제가 핵비확산 레짐에 의해 이루어진 것과 같이 향후 새로운 무기체계를 국제 사회가 통제하려는 노력도 지속될 것이다. 강대국들은 레짐의 형성기에 자국의 이익에 유리한 규범을 창출하기 위해 노력할 전망이 유력하다.

2) 기술의 발달과 무기체계의 변화

기술의 발달은 좀 더 구체적으로 무기체계의 변화를 가져올 것이다. "무기체계"라 함은 유도무기·항공기·함정 등 전장(戰場)에서 전투력을 발휘하기 위한 무기와 이를 운영하는 데 필요한 장비·부품·시설·소프트웨어 등 제반 요소를 통합한 것이다. 크게 통신기 등/ 지휘통제·통신, 레이더 등/ 감시·정찰, 전차·장갑차 등/ 기동, 전투함 등/ 함정, 전투기 등/ 항공·우주, 자주포 등/ 화력, 대공유도무기 등/ 방호, 모의분석·모의훈련 소프트웨어 및 장비 등을 그 밖의 무기체계로 구분하여 다음과 같이 분류할 수 있다.

지휘통제 체계는 네트워크 중심 작전환형에서 전장상황 인식을 공유하고 실시간 의사결정 및 전장 관리를 통해 감시정찰 체계(Sensor)와 타격체계(Shooter)를 상호 연결하여 합동전력의 의사결정을 용이하게 한다. 지휘통제 체계는 감시정찰 체계와 타격체계 간 상호연동성이 보장되어야 하므로 전 전장의 네트워크화를 통한 효과 중심의 동시·통합 작전을 수행할 수 있는 지휘통제 체계가 구축될 것이다.

전술통신 체계는 실시간 정보 유통으로 전장 상황에 대한 공통 인식이 가능하도록 체계를 구축해야 하며, 정보전파가 자동화되고 인공지능화된 시스템에 의해 전술정보가 소통되어야 함과 아울러 통신 방해 및 기만에 대해 대응 가능한 보호능력을 갖추어야 한다. 감시·정찰 무기체계는 결전권 및 우주/관할 해역 등을 포함한 작전/관심 지역 및 잠재적 위협에 대해 지속적으로 실시간 정밀 감시할 수 있는 능력을 구비하는 것을 의미한다.

기동무기 체계는 전통적으로 유인체계가 중심이 되어 육상전투를 수행하기 위해 개발되어 왔으나 앞으로는 무인체계가 유인체계와 복합체계를 이루어 임무를 수행하게 될 것으로 전망된다.

지상 무인체계의 경우 인명피해를 최소화하면서 인간이 활동할 수 없는 영역에서 감시·정찰 및 전투를 수행할 수 있을 것이다 따라서 단기적으로는 무인 정찰차량을 비롯한 무인 경전투 차량과 위험성이 높은 지뢰지대의 탐지 및 제거를 위한 무인차량 등을 확보하고, 장기적으로는 무인 중전투 차량과 합동 지휘 통제체계와 연동된 무인 지휘통제 차량 및 무인 장갑차 등의 확보를 지향하게 된다.

개인 전투체계는 병사의 기본적인 능력인 치명성, 지휘통제, 생존성, 임무 지속성 및 기동성을 극대화하여 효과적으로 전장환경에 적응하고 임무를 수행하는 제반 체계, 즉 센서, 지휘통제·통신, 타격 체계가 개인 병사에게 전술 네트워크와 연동되어 생존성 및 기동성을 획기적으로 개선하는 단위 무기체계 개념을 의미한다.

기동전투 및 기동지원 체계는 적 중심에 대해 결정적 기동과 타격능력을 제공하며 장애물을 극복하여 고속 기동전 및 화력과 군수를 지원하는 체계이다. 따라서 단기적으로 다양한 기동장비를 확보해야 하며, 장기적으로는 장거리까지 작전 가능하고 사거리가 연장된 차기 자주포 및 도하능력이 향상된 차기 전술교량 등을 확보해야 한다.

함정무기 체계는 크게 수상함, 잠수함, 해양 무인체계로 구분할 수 있으며, 일반적으로 함정은 지휘통제 체계와 다양한 종류의 타격 및 센서가 복합체계를 이루고 있어 다른 무기체계에 비해 발전개념이 다소 상이하다.

항공우주무기 체계는 공중 및 우주까지 확대된 전장공간에서 네트워크 기반의 전장 우세를 달성하고 원거리 전력 투사능력을 구비하여 전략적 임무를 효과적으로 수행하기 위한 것이다.

무인기 체계는 일반적으로 정찰용 무인기를 개발해왔으나, 최근의 전쟁 사례를 살펴보면 공격용으로 사용되는 예가 적지 않다. 또한 네트워크 중심 작전환경을 조성하기 위해 통신 중계용 및 전자전을 수행할 수도 있으므로 향후 무인기 체계는 장기체공 능력을 보유하고 다양한 무장과 장비를 탑재할 수 있어야 한다.

점차 중요해지고 있는 우주무기 체계는 감시·정찰을 위해 필수적인 요소로 조기경보는 물론 통신, 정보전파, C4I 체계 구축 및 정밀 요격과 대공방어를 위해 가장 핵심적인 역할을 수행한다. 미래전은 지·해·공·우주 및 사이버 공간으로 일컬어지는 5차원 공간에서 진행되며, 다차원·다전장 전쟁이라고 할 수 있다.

화력무기 체계는 적을 무력화하기 위해 실시하는 물리적 수단으로 네트워크 중심 작전환경에서 감시정찰·지휘통제 체계와 연동하여 합동 차원의 전장 상황에 대한 인식을 공유하고 적 중심을 효과적으로 타격하기 위한 것이다.

유도무기 체계는 항공기, 함정, 차량 등 다양한 플랫폼에 탑재할 수 있도록 발전되어야 하며, 탄도탄이나 유도탄과 같은 고속의 표적을 요격할 수 있는 능력을 보유하는 것을 의미한다. 방호무기는 점차 고속화되고 저고도로 순항하는 적의 유도탄이나 항공기와 같은 공중위협에 대항하기 위한 무기체계이다. 화생방 무기 체계는 더욱 살상력이 높아지는 반면 탐지 및 식별이 어려워지고 있어 조기에 적의 화생방 공격을 탐지하는 것을 목표로 한다.

이러한 다양한 무기체계는 향후 기술의 발달로 많은 변화를 겪을 것이다. 4차 산업혁명의 도래라는 환경 변화에 따라 세계 각국은 새로운 기술 개발 및 획득전략을 모색하고 있다. 국방예산의 확보 제한이라는 시대적 흐름에 맞추어 산업경쟁력을 제고할 수 있는 투자와 효과적인 상업화, 그리고 첨단기술을 국방부문에서 효과적으로 사용할 수 있는 체제를 구축하기 위한 전략을 추진하는 것이다. 이른바 지식 정보화 사회의 기술발달 속도와 미래 전장환경, 4차 산업혁명의 핵심 기술을 반영하여 여러 분야의 기술들을 융합하려고 추진한다. 기술 확산을 추진하는 스핀오프(Spinoff) 패러다임에서 기술 활용(Spin-on) 정책을 국방기술 개발과 병행하여 추진하는 방향으로 전환을 추진하게 될 것이다(정종·계중읍, 2012: 309~314).

3) 새로운 무기 범주의 출현

이러한 변화는 보다 구체적으로 무기의 범주를 변화시킨다. 첫째, 자율무기를 들 수 있다. 자율무기는 인간이 탑승하지 않고, 전 과정을 조종하지 않고도 자율적으로 전개하여 조종하는 능력을 갖춘 무기를 말한다. 현재 약 40개 이상의 국가가 로봇기술을 보유하고 있는 것으로 알려져 있으며 상당 국가들은 자율로봇 기술로 나아갔다고 본다. 이 중 드론기술이 인공지능과 결합된 형태로 인간의 조종 없이 사전에 입력된 좌표에 따라 목표물을 선정하고 조준하는 능력을 갖추게 될 것이다. 스스로 비행하면서 적기와 지상표적을 파괴하는 무인 전투기(UAV)인 드론은 전장과 표적 획득정보를 제공하면서 미사일 운반장치 역할을 한다. 또한 '저비용 무인기 군집기술(LOCUST)'을 이용하여 드론 떼와 수중 드론, 무인 수상함, 수중기뢰 제거장비 등을 상륙작전 시 선봉에 내세워 인명피해를 줄이면서 적의 방어선을 공략할 수 있다(Rae, 2014).

둘째, 우주의 군사화 경향을 들 수 있다. 향후 상업용이나 위성통신 기기는 군사적으로 더욱 중요해질 것이다. 위성 시스템을 군사적으로 활용한 차세대 극초음속 활공무기(Hypersonic Glide Weapon)의 등장으로 미래 전쟁에는 우주가 주요 역할을 할 가능성이 높다. 현재의 메커니즘으로는 우주 군사활동을 규제하기가 어렵다는 우려가 높아지고 있다. 또한 우주기술은 필연적으로 사이버 기술과 연결되어 있어 양자의 연결성은 공수 양면에서 큰 함의를 가지게 되었다.

셋째, 웨어러블(Wearable) 기기를 들 수 있다. 극심한 스트레스를 받는 군인의 건강 증진과 전투력 향상을 이끌어낼 수 있고 90kg의 무게를 쉽게 들어 올릴 수 있는 외골격 기기가 생산되어 전투력을 향상시키는 상황이 출현할 것이다.

넷째, 적층 가공기술(3D 프린터) 활용을 들 수 있다. 전쟁터에서 필요한 교체 부품을 디지털 이미지로 전송받아 현장에서 조달할 수 있는 재료를 사용하여 제조하는 기술이 발전할 수 있다. 이렇게 되면 전쟁에서 핵심적인 조달 상황이 혁명적으로 변화할 것이다. 공급체인이 혁신적으로 변화할 것이다. 입자의 크기와 폭발력을 더욱 정밀하게 조절할 수 있는 탄두를 개발하는 데 활용할 수도 있다.

다섯째, 재생 가능한 에너지 사용을 들 수 있다. 전쟁에서 동력자원은 중요한 요인인데 현장에서 전력을 발생시킬 수 있으며 공급망을 변화시키고 오지에서도 필요에 따라 일부를 만들어내는 기술이 출현하게 될 것이다.

여섯째, 나노기술 활용을 들 수 있다. 나노기술은 자연적으로 발생하지 않는 특성을 함유하고 있는 인공물질인 메타물질, 지능물질의 개발로 연결된다. 이러한 기술을 통해 무기의 성능을 높이고, 더욱 가벼운 이동식 무기를 만들 수 있다. 나노기술은 최종적으로 자기 복제와 증식의 시스템을 구현하게 될 것이다.

일곱째, 생물학 무기를 들 수 있다. 기술 발전은 생물공학, 유전학, 게놈분야 기술의 빠른 발전으로 이어진다. 이들은 고위험 살상무기로 사용될 수 있는데, 공기로 운반되어 감염을 일으키는 바이러스, 인공적으로 조작된 슈퍼버그, 유전적으로 변형된 전염병 등 새로운 무기가 개발될 것이다.

여덟째, 생화학 무기를 들 수 있다. 생물학 무기와 마찬가지로 기술적 혁신으로 인해 이러한 무기를 만드는 일은 DIY 제품을 만드는 것만큼 용이해진다. 드론을 활용해 생화학 무기를 전달하는 것도 큰 변화라 할 수 있다.

아홉째, 전쟁에 직접적으로 사용되는 무기는 아니지만, 소셜 미디어의 활용도 큰 변화로 지적할 수 있다. 디지털 채널을 통해 정보를 확산하여 전쟁을 유리하게 이끄는 것이다. 악의적 콘텐츠와 심리전, 선전활동이 확산되고, 이슬람국가무장세력(ISIS)과 같은 극단주의 집단이 추종자를 모집하고 동원하는 데 활용할 수 있다(박춘우, 2017: 88~89).

4) 무인 자율기술의 발전과 전장의 변화

(1) 커넥티드 카 기술

이러한 기술 이외에 전쟁에 직접 사용하는 무기 패러다임이 발전하게 된다. 이동수단은 전쟁에서 결정적인 영향을 미치게 되는데, 커넥티드 카 기술은 선진국의 무기체계에서 전력 증강에 지대한 영향력을 미칠 것이다. 다양한 센서의 개발과 플랫폼 간 네트워크화, 무기체계의 정밀도 향상, 사거리 증대 등 지상 기반의 정밀타격 체계만으로도 적의 중심을 선별 타격하여 전략적 승리 여건을 조성할 수 있게 되고, 나아가 인공지능 기술의 발달로 지능화된 무인체계가 실용화되어 다양한 분야에서도 선제적 대응이 가능한 무기체계이다(나종철 2013).

이러한 변화는 군사영역뿐 아니라 상업영역에서 이미 시작되었다고 할 수 있다. 글로벌 미래 차 시장 주도권을 놓고 영역파괴 싸움이 벌어지고 있는 것이다. 이미 본격화된 바와 같이 정보통신기술(ICT) 업체인 구글, 애플 등이 자율 주행차 기술 개발에 나선 가운데 삼성전자도 미국 전장장비 부품업체 하만(Harman)을 인수한 바 있다.

차세대 장갑차의 성능 개선과 가상체험 장비 개발도 중요한 분야이다. 미국 레이티온(Raytheon)이 미래 지상차량 기술 GXV-T(Ground X-Vehicle Technologies) 사업에 본격적으로 임하고 있다. 장갑차 내의 전투원들이 차량 외부에서 진행되고 있는 상황을 더욱 잘 인식하면서 공격에 대한 취약성을 감소시킬 수 있도록 하는 가상체험 장비를 개발 중인 것으로 알려져 있다.

이러한 무인 지상차량과 모듈식 차량 플랫폼의 결합은 큰 변화를 일으킬 것이다. 미국 QNA-에스토니아 밀렘(MILREM)이 2016년 무인 지상차량 타이탄(Titan)을 공개하여 완전 모듈식 하이브리드 무인 지상차량(THeMIS: Tracked Hybrid Modular Infantry System)과 전술로봇 제어기(TRC: Tactical Robot Controller) 및 로봇 부가 키트(AK: Robotic Appliqué Kit)를 결합한 무인 지상차량을 추진 중이다.

이러한 기술은 무인 구난차량 성능 개선과 군수지원 능력 향상으로 이어지고 있다. 미국 육군이 미래 분대용 다목적 장비수송 SMET(Squad Multipurpose Equipment Transport)을 개발하고 있어, 무인 구난차량은 전투 현장에서 불가동 장비를 견인·후송할 수 있는 장비로 발전하고 있다.

그 밖에 이스라엘 무인 지상차량 '프로봇 V2', 러시아 BMP-2 보병 전투차량에 베레조크 전투모듈 탑재(BMP-2 보병 전투차량에 사용되는 30mm 2A42 주포와 PKT 7.62mm 동축 기관총, 4대의 9M133 코르넷-E 대전차유도미사일과 1대의 AGS-20 30mm 자동유탄발사기로 무장), 우크라이나 전술 무인차량 'FANTOM' 등이 경쟁하며 미래 전장에 대비하고 있다(구진곤·정대장·이현석·배우정, 2014: 66~68).

(2) 무인 잠수정의 발전

커넥티드 카에 비견되는 것은 바다에서의 무인 잠수정(UUV: Unmanned Underwater Vehicle)이다. 2016년 3월 언론 보도를 통해 미국의 보잉사가 최대 6개월을 잠수하며 작전을 운용할 수 있는 무인 잠수정의 개발을 공개한 바 있다. '에코 보이저'라는 명칭으로 개발 중이며 길이는 약 15.5m, 하이브리드 충전 시스템을 갖추고 최장 6개월간 수중에서 작전 가능한 것으로 알려져 있다(박영빈, 2014).

무인 잠수정의 구분은 운용자율성 정도에 따라 자체적으로 항행 가능한 자율 무인 잠수정(AUV: Auto Unmanned Vehicle)과 원격 무인 잠수정(ROV: Remotely Operated Vehicle)로 구분된다. 무인 잠수정은 은밀성, 정확성 및 음향 최소화로 피탐성이 적어 주어진 임무 수행이 가능하다. 또한 소형으로 여러 발진 함소의 운용이 용이하며, 유인 플랫폼이 작전하기 위험한 임무와 지역에서 작전 가능한 장점을 가지고 있다(이오생, 2017: 82~83).

3. 미국의 군사기술 발전과 전쟁전략의 변화

미국은 21세기 미국이 당면한 군사 위협에 대해 강력한 군사력으로 대처하는 것을 점차 중시하고 있다. 9/11 테러 이후 테러집단과 같은 비국가 행위자들의 도전이 거세지고, 예측 불가능하고 불확실한 위협이 더욱 증가하고 있다. 기존에 국가 행위자들의 도전에 집중했던 것과는 달리 비대칭전에 대응한 복합전 전력을 증강해야 하는 것이다. 중국의 강대국화와 러시아의 공세적 외교, 그리고 북한의 핵개발 및 이란의 핵개발 잠재성 등 역시 미국에게는 큰 안보 도전이다. 중국의 지속적인 경제성장은 향후 아시아는 물론 지구적 차원에서 미국에게 안보 위협으로 연결될 위험성이 있으며 러시아는 유럽, 중동 등지에서 이미 미국의 이익과 충돌하는 전략을 추진하고 있다. 미국 단극체제에 반발하는 각 지역 내 세력들의 성장, 그리고 이들 세력의 군사적 도전도 무시할 수 없는 큰 위협이 되고 있다. 대표적으로 2017년 11월 29일 대륙간탄도미사일 화성 15호를 시험 발사하면서 미국은 북한의 핵미사일 공격권 내에 들어갔다는 판단이 굳어지고 있다. 이란과는 핵협정을 맺어 이란의 핵동결이 유지되고 있지만 향후의 전망은 낙관하기 어렵다.

오바마 대통령은 동맹국들과의 협력 및 국제 사회의 규범에 의한 규범 기반 전략을 추진하는 포괄적 개입전략을 추진했지만, 트럼프 대통령은 동맹국들의 무임승차 및 안보 위협에 대한 미온적 대처 등을 주장하며 미국의 독자적 군사력에 의한 안보전략을 강조하고 있다(윤영식, 2017). 소위 "힘을 통한 평화" 전략으로 2017년 12월 18일에 발표된 백악관의 국가안보 전략에서 그 내용이 보다 구체화된 바 있다. 여기서 미국은 군사력이 향후 영향력 경쟁에서 가장 중요한 요소이며 미국의 통합전력을 통해 사활적 이익을 지켜나가야 한다고 보고 있다. 보고서는 위협에 대한 압도(overmatch) 전략이 필요하며 이를 위해서는 혁신전략, 주된 전쟁에 대한 대응력 향상, 군사력 양적 증강이 필요하다고 보고 있다(White House, 2017: 28). 이를 위해서는 무엇보다 미국 군사기술의 현대화가 필요하다고 보는데, 군수산업의 기반 확대가 필수적이라고 본다. 특히 과학기술의 중요성이 강조되고 있는데 그 기반으로서 기술과 과학의 발전, 대학 프로그램의 혁신, 핵을 비롯한 군사기술에 대한 투자 등을 지적하고 있다(White House, 2017: 30). 핵기술 발전에 대한 강조와 더불어 우주기술, 우주탐사, 부통령 아래 개설된 국가우주위원회(National Space Council) 활동 등을 강조하고 있다. 사이버 안보의 중요성과 정보활동의 중요성 역시 기술혁신과 관련하여 강조되고 있다(White House, 2017: 32).

1) 미국의 과학기술 혁신과 군사력

미국은 기술 발전으로 국방환경이 급속히 변화되고 있다. 미국에서는 새로운 기술 발전이 새로운 도전으로 이어지고 있고, 스텔스 기술에 대비하는 기술(Counter-stealth technology)이 하나의 예라고 보고 있다. 이전에는 기술연구 차원에서 중요했던 기술들이 점차 전장에서 실제로 사용되는 상황이다. 로봇학과 자율 시스템 연구 역시 상업, 제조업, 군사적 차원 모두에서 중요해지고 있다. 점차 가격 하락 중인 3D 프린터 역시 전쟁에 관련되는 조달과 제조를 혁명적으로 변화시킬 것으로 평가되고 있다. 생물학 무기의 발전 역시 새로운 단계에 들어서 있고 대량살상 무기가 전반적으로 변화하고 있다. 이러한 변화가 결국 어떠한 전쟁 상황을 만들어낼지 자체가 불확실하다는 것이다(DOD, 2014: 7~8)

미국은 이러한 상황에 대비하기 위해 국가 차원의 발전계획을 세워나가고 있다. 2012년 산업 인터넷을 제시한 제너럴 일렉트릭(GE)이 항공기·철도·발전기 등 산업기기와 공공 인프라에 설치한 센서 데이터를 수집·해석해 기업 운영에 활용하는 등 기업들이 4차 산업혁명을 주도하고 있다. 더불어 미국 정부는 제조업 경쟁력 강화전략 마련, 공공 성격 과제 추진 등으로 이를 적극 지원하는 계획이다.

오바마 정부는 2011년 6월 미국 대통령 산하 과학기술자문위원회(PCAST: President's Council of Advisors Science and Technology)를 설치하여 선진 제조기술 필요성에 대한 보고서를 발표한 바 있다. 이에 기반을 두고 AMP 프로그램을 추진하며 제조산업 전반의 활성화 및 변화를 도모하고 있다. 제조업 혁신을 위한 국가 네트워크(NNMI: National Network for Manufacturing Innovation)는 제조업 혁신을 위한 각 연구기관의 네트워크 구축, 제조업 혁신과 상업화 촉진을 위한 자원 활용, 효과적 협력체계 구축, 공동투자 등의 전략을 최대한 활용하고 있다. 또한 4차 산업혁명의 핵심 기술인 사이버 물리 시스템(CPS)을 비롯하여 다양한 ICT 분야를 중점적으로 관리하고 있다. 더불어 네트워크정보기술 연구발전(NITRD: The Networking and Information Technology Research and Development)이 선정한 8대 분야 중 특히 「IT와 물리적 세계(Physical World)」는 물리적 정보기술과 인간 상호작용을 연구하며, 물리적 정보기술, 센싱, 물리적 정보기술 시스템 구축 등을 위한 소프트웨어와 하드웨어 강조하고 있다. 정부는 민간과 공동 대응으로 혁신의 중심에 있는 기업들은 자율적으로 컨소시엄을 구축하고 정부는 이를 적극적으로 지원한다는 계획이다.

국방예산의 제약과 전훈 분석을 토대로 미국 국방부는 범세계적 차원의 군사적 우위를 유지하기 위해 새로운 전략개념을 창출하고, 미래 전장환경을 지배할 수 있는 혁신적 기술과 무기를 개발하는 데 노력을 집중하고 있다. 미래 전장환경 변화에 대비한 새로운 개념 발전의 노력은 상쇄전략(Offset Strategy)으로 나타났으며, 이러한 개념 구현을 위해 미래 전장의 판도를 역전시킬 수 있는 게임 체인저 전력 확보가 목표로 설정되어 있다.

예를 들어 인공지능 기능을 갖춘 자율형 무기체계, 맞춤형 드론, 무한 전력 에너지, 홀로그램 훈련 등 10대 미래기술 개발을 추진하고 있다. 'Better Buying Power 3.0' 프로그램을 시행하여 우수 방산업체에 과감한 인센티브를 부여하고, R&D 및 혁신을 유도하며, 미래기술 개발을 위한 중장기 연구·개발을 강화하고, 획득 관련 제도와 행정절차를 간소화하는 노력들을 추진하고 있다.

미래 혁신적 국방가치를 창출할 수 있는 국방 과학기술로서 ICBMS[사물인터넷(IoT), 클라우드 컴퓨팅(Cloud Computing), 빅데이터(Big Data), 모바일(Mobile), 보안(Security)의 각 앞 글자 이니셜을 결합한 용어]라고 불리는 첨단기술 분야와 미래 군사분야에 융합 가능한 드론, 무인로봇, 무인 자동차, 레이저, 나노 및 바이오 기술 등에 대한 연구 개발이 진행 중이다.

2) 미래 전쟁에 대비한 전략개념

미국은 변화하는 전쟁 상황에 대비하기 위해 다양한 전략개념을 고안하고 있다. 예를 들어 자율능력에 관한 국방과학위원회 하계연구(Defense Science Board Summer Study on Autonomy, 2016), 신행정부의 국방 우선순위 7가지(Seven Defense Priorities For The New Administration, 2016) 등을 들 수 있다. 하계연구에 의하면 자율기술은 미국의 국방임무에 혁명적 변화를 가져올 것이다. 국방부는 이러한 변화를 실현하기 위해 더욱 빠른 속도로 움직여야 하는데 동맹국과 적성국 모두가 이러한 기술을 선점하려고 노력하고 있기 때문이다. 결국 속도가 문제로, 미국은 적대국의 작전 사이클을 능가하는 결단의 속도를 가속화함과 동시에 전장에서의 전투력 향상을 위해 자율성을 증가시켜야 한다는 것이다.

이러한 노력은 민간과 정부의 연결성 증가에서도 확인할 수 있다. 실리콘밸리에는 2015년 8월에 설립된 국방혁신실험실(DIUX-Defense Innovation Unit-Experimental)[1]이 위치하고 있다. 이 시설은 미국 국방성에 필요한 실리콘밸리의 진보된 기술을 확보·활용하기 위한 기술 현장이며 보다 적극적으로 새로운 민간 상업기술을 찾아내고 활용하려는 국방성의 정책을 반영하는 공간이다. 국방성은 국방혁신실험실이 비전통적이며 새로운 신기술을 유입하기 위한 개방된 공간이라고 인식하고 있다.

미국 정부는 2016년 국방개혁위원회(The Defense Innovation Board) 설립하여 실리콘밸리와 미국 국방성을 연결하는 기술적 연대를 최적화하고 있다. 위원회는 이사진 12명으로 운영되며 국방성에 대한 자문을 담당한다. 또한 디지털

1) The U.S. Department of Defense(DoD) relies on innovation to deter and prevail in conflict. Defense Innovation Unit Experimental(DIUx) increases DoD's access to commercial technology, with the ultimate goal of accelerating innovation into the hands of the men and women in uniform.

ROTC(Reserve Officers' Training Corps)를 설립하여 인공지능과 기계학습에 대한 연구를 심화하고 있다. 소프트웨어 개발 팀을 만들어 중요한 군사명령을 수행하도록 하고 미래 무기의 전술, 기술, 과정을 연구하며 변화하는 환경에 대한 적응력을 높인다. 이러한 이니셔티브들은 결국 민간과 국방성과의 연대를 강화하는 것으로 기존의 모델과는 다른 융합모델이라고 할 수 있다(김영규·유석진·안효철·김영수, 2010).

이러한 연구들은 결국 군 작전환경의 변화를 심화 연구하는 것으로 연결된다. 현대의 군 작전환경은 종래의 플랫폼 중심전(PCW: Platform Centric Warfare)에서 지상, 공중, 위성 및 해양에 이르기까지 모든 전장 환경요소들의 네트워크화를 통한 정보우위 확보 중심의 네트워크 중심전(NCW: Network Centric Warfare)으로 진화하고 있다. NCW 기반의 군 작전환경은 무기체계의 디지털화, 정보수집량 증가, 합동/연합 작전의 수행 등으로 소요 데이터 용량의 증가를 가속화하고 있으며, NCW 네트워크를 이용한 복합 무기체계의 증가 추세로 상호운용성이 강조되는 등 군 주파수 운용형태는 기존의 단순한 배타적 주파수 확보·운용의 개념에서 다층적·다차원적 형태의 운용개념으로 진화하는 것이다.

미군은 이라크 전쟁과 아프가니스탄 전쟁 경험을 통해 무선 네트워크의 확보가 군 작전 성공과 직결되는 NCW 환경에서 스펙트럼 관리가 얼마나 중요한 것인지 인식하고 있다. NCW 환경에서 스펙트럼 관련 도메인, 조직 간의 운용체계, 운용절차, 데이터베이스 등을 통합 관리·운용하는 스펙트럼 관리체계의 개혁 필요성을 절감하고 있는 것이다.

또한 전자기 스펙트럼 작전(EMSO: Electromagnetic Spectrum Operations) 개념의 구체화를 통해, 미래 NCW 환경에서 스펙트럼 작전을 수행하기 위한 토대를 마련하고 있다. 이러한 노력의 일환으로 2013년 미국 국방부는 국방부 전자기 스펙트럼 전략(DoD Electromagnetic Spectrum Strategy)에서 "언제, 어디서나 성공적인 임무 수행을 위해 요구되는 스펙트럼 접속을 가능하게 하겠다"는 비전을 제시한 바 있다. 또한 스펙트럼 규정 변화에 대한 신속한 대응, 그리고 다변화하는 스펙트럼 환경 적응을 위한 프레임워크를 꾸준히 제시하고 있다.

전자기 스펙트럼(EMS: Electromagnetic Spectrum)은 미군의 정보 수집·분석·공유, ISR(Intelligence, Surveillance, and Reconnaissance) 자산 제어 등과 같은 군 요구사항을 실현하는 데 혁신적인 플랫폼 제공을 목표로 한다. 미군의 스펙트럼 관리 개념의 동향을 살펴보기 위해서는, 현재 적용 중인 전자전(EW: Electronic Warfare)에서 진화된 CEMA(Cyber Electromagnetic Activities)에서의 스펙트럼 관리개념과 EMBM(Electromagnetic Battle Management, 전자기 전장관리) 개념 등을 볼 수 있고, 스펙트럼 관리체계인 GEMSIS(Global Electromagnetic Spectrum Information System)도 중요한 구성요소이다.

미군은 사이버 공간과 EMS의 중요성이 증가하는 사태를 해결하기 위해 2014년 EW 교리를 CEMA 교리로 진화시켰다. CEMA는 사이버 공간과 EMS에 대해 적군보다 우위를 확보하고 이를 유지·이용하는 데 영향을 주는 활동들이며, 동시에 적군의 사용을 거부하고 경감시켜 임무명령 시스템을 보호하는 데 영향을 주는 활동들이다. CEMA의 구성요소는 EW, CO(Cyberspace Operations, 사이버 공간 작전), SMO(Spectrum Management, Operations, 스펙트럼 관리 작전)이다.

SMO는 EMSO을 관리하기 위한 분야로 CO 및 EW의 실행을 가능하게 하고 지원한다. 즉 SMO는 군사작전의 전 단계 동안 EMS 작전환경에서 작전에 대한 계획, 관리 및 수행을 가능하게 하는 스펙트럼 관리, 주파수 지정, 호스트 국가 조정, 그리고 정책 등과 같은 관련된 기능을 모두 포함한다. SMO의 목표는 방공 레이더, 센서, 모든 종류의 유인 및 무인 시스템 등을 비롯한 스펙트럼 의존 시스템들이 허용할 수 없는 전자기 간섭을 야기하거나 영향을 미치지 않으면서 의도된 환경에서 해당 기능을 수행할 수 있게 하는 것이다.

EMBM의 스펙트럼 관리 역시 중요하다. 전자기 작전 환경은 끊임없이 변화해왔으며, 미군은 2009년 공식적으로 전자전 초기능력 개발서(Electronic Warfare Initial Capabilities Document)에서 전술부대를 위한 효과적이고 효율적인 EMS 자원 관리에 대한 요구, 즉 EMBM에 대한 요구사항을 서술하고 있다. EMBM은 EMS를 통해서 정보수집 활동, 작전 지휘통제, 스펙트럼 관리 임무를 수행하는 JEMSO(Joint EMS Operations, 합동 EMS 작전)에 대해 모든 도메인(지상, 해상, 공중, 우주 및 사이버)에서 통합 지원할 수 있는 프레임워크를 제공하기 위해 제작되었다(박재돈·이형주·박종성·정대진·채승호·백광훈, 2017: 19~21).

3) 상쇄전략의 발전

미국 국방성의 국방 과학기술(Military Technology)에 대한 제3차 상쇄전략(3rd Offset Strategy)과 깊은 연관이 있다. 2014년 11월 5일 전 미국 국방부 장관인 척 헤이글(Chuck Hagel)은 레이건 도서관에서 국가안보포럼 연설 도중 제3차 상쇄전략을 언급한 바 있다. 미국은 우선 테러예방과 테러조직과의 전쟁을 치루며 세계 안정화에 주력해왔으나 그 사이 중국과 러시아는 군사력 현대화 프로그램에 많은 국방비를 투자해왔다. 그 결과 미국이 보유한 각종 국방 과학기술의 수준과 엇비슷하게 발전해—예를 들면 진보된 스텔스 전투기, 핵 잠수함, 그리고 장거리 미사일과 정밀타격무기 체계, 대함 미사일과 공대공 미사일 분야, 대(對)우주전 무기, 사이버전, 전자전, 해저 및 공중에서의 공격무기 분야 등— 거의 모든 분야에서 미국과 대등한 군사 과학기술 수준에 이르게 되었다는 것이다.

현재 상황과 판도를 뒤집어놓을 수 있는 게임체인저(game changer)로서 제3차 국방 과학기술 상쇄전략이 필요한 때라는 것이다. 중국은 지난 수년간 꾸준히 여러 무기체계 개발에 국방비를 투자해왔으며, 미국으로 하여금 중국의 일부 관할 지역에 접근하지 못하도록 할 수 있게 되었다. 소위 반접근지역거부 전략(A2/AD: Anti-Access/Area Denial)을 성공적으로 이행한 것이다.

미국은 중국과 러시아가 미국과의 국방 과학기술 격차를 줄이기 위하여—5차원 공간인 지상, 공중, 바다, 우주, 사이버 공간에서 군사능력 차이를 줄이기 위하여— 군사력 현대화를 추진해왔다고 본다. 특히 인공위성과 인터넷에 기반을 두고 있는 미국의 각종 무기체계는 이미 그 기술 내용과 취약점들이 노출되었다고 판단한다.

상쇄전략은 역사적 기원을 가진 전략개념으로서, 1950년대 초반 드와이트 아이젠하워(Dwight Eisenhower) 대통령에 의하여 제1차 상쇄전략인 '새로운 시각(New Look)'이 제시된 바 있다. 이후 1970년대 중반에 미국 국방성 장관인 해럴드 브라운(Harold Brown)이 '상쇄전략'을 내세웠다. 브라운의 상쇄전략은 소련을 중심으로 한 바르샤바조약기구 국가들이 보유한 무기가 수적으로 월등히 많았고, 그러한 무기 숫자상의 불균형을 국방 과학기술력의 우세로 극복하기 위한 전략이었다(김종열, 2016).

제3차 상쇄전략은, 단지 기술에만 한정하는 것을 새로운 군사혁명(RMA)이라고 본다면, 전쟁의 작전적 수준에 포커스를 맞추어서 군사 과학기술적인 요소를 서로 강하게 결합시키려는 전략이라고 할 수 있다. 미국 국방성 부장관 밥 워크(Bob Walk)는 제3차 상쇄전략에 대하여 "제3차 상쇄전략은 중국과 러시아 같은 강대국가에 초점을 둔다. 미국의 재래식 억제력(conventional deterrent)을 절대적으로 강하게 하는 것이며, 미국이 전쟁에 돌입하는 확률을 최소화하

는 것이다"라고 언급하고 있다.[2)]

미국 국방성이 제시하는 제3차 상쇄전략에 포함되어야 할 국방 과학기술 분야는 5가지로 요약할 수 있다. 첫째는 학습하는 기계(Learning Machine) 기술이다. 미국은 사이버 공격이나, 전자전 공격, 그리고 우주에서 공격을 받았을 때 빛의 속도로 반응하는 기계를 개발하고 있다. 스스로 학습하여 대응할 수 있는 기계의 활용이 목적이며 이것의 응용분야가 인공지능이다.

둘째는 인간과 기계의 협동(Human-machine Collaboration)이다. 이는 인간이 적절한 결심을 신속히 할 수 있도록 도와주는 기계에 대한 기술이다. F-35 전투기를 예로 든다면, 조종사에게 전시되는 데이터 전시기는 수많은 정보를 신속히 처리하여 올바른 결심을 하도록 도와주는 기술의 적용을 받는다.

셋째는 기계보조 인간활동(Machine Assisted Human operations) 기술이다. 각종 착용식 전자장치처럼 인간활동이 쉽고 효과적일 수 있도록 보조해주는 기술을 일컫는다. 로봇에 의한 인간활동 보조는 향후 10년 이내에 쉽게 달성될 수 있는 기술로 여겨진다.

넷째는 인간과 기계의 전투조합(Human-machine Combat Teaming) 기술로서 각종 로봇 및 기계들과 인간 전투원이 하나의 전투 임무조가 되어 작전임무를 수행하는 기술이다.

다섯째는 자율무기(Autonomous Weapon) 기술로서 자율주행 자동차처럼 각종 지상 기동무기에 자율무기 기술이 적용될 것이며, 공중과 해상 무기체계에도 다양하고 광범위하게 무인 자동항해와 자동 임무수행 기술이 적용될 것이다.

미국 전략예산평가센터는 제3차 상쇄전략에서 추진해야 할 기술로 전 세계 감시타격 체계(GSS: Global Surveillance and Strike)를 제시하고 있다. 보다 구체적인 구성요소들을 보면 첫째, 글로벌 호크와 같은 무인장비의 개발과 운용을 든다. 둘째, 장거리 정찰 비행과 타격 체계이다. 공군력과 개선된 항공모함을 보유하게 될 해군력이 여기에 해당한다. 셋째, 스텔스 기술로 무장한 무기들

---

2) "The Pentagon's top officials recently gathered at a prominent Washington think tank to make what is likely to be the Obama administration's closing argument for the 'Third Offset' strategy, which aims to direct investments in autonomy, artificial intelligence and other technologies to ensure continued U.S. military dominance and conventional deterrence in the face of competition from Russia and China." Bertuca, Tony. Pentagon Leaders Make Closing Argument For Third Offset, Inside the Pentagon's Inside Missile Defense; Arlington 22.23(Nov 9, 2016).

이다. 넷째, 해저작전수행 능력, 스텔스 기술과 무인 잠수정 등이다. 넷째, 체계공학과 체계통합 능력이다. 이는 복잡하고 다양한 무기체계를 설계에서부터 운용에 이르기까지 개발하고 통합하는 기술이다. 이러한 우세한 기술분야는 GSS를 가능하게 한다는 것이다. 이 체계는 육군, 해군, 공군, 우주, 사이버 5차원에 걸쳐 가용한 자산을 하나의 네트워크로 결합하여 전 세계 어느 곳에서 위협이 발생하더라도 즉각적이고 신속하게 대응 타격하는 체계이다.

한편 미국 국방성 연구개발국은 향후 유망한 국방 과학기술 분야를 네 가지 —인간을 도와줄 자율기계 분야(Autonomy), 양자 컴퓨터와 같은 양자과학 분야(Quantum Science), 인간의 대응능력을 획기적으로 향상시키는 인간체계(Human Systems), 원자레벨의 물질 제조와 같은 나노공학 분야(Nano-engineering)—로 제시하고 있다.

4) 로봇분야

로봇분야는 이미 오래전부터 미국이 힘써온 연구·개발 분야로서 전쟁에 점차적으로 적용되고 있다. 이미 미국은 1980년대부터 국방성 차원의 종합계획인 통합 로봇 프로그램(JRP: Joint Robotics Program)을 추진하여 미래 전투체계(FCS)의 기술기반을 제공했으며, 합참 주관의 공통로봇 분야와 육군 주관의 지상로봇 분야로 개발을 진행해오고 있다. 또한 2007년부터 '무인로봇 체계 종합 로드맵'을 격년 단위로 발간하여 로봇기술 개발 및 전력화를 체계적으로 추진해오고 있다.

특히 미국 국방고등연구계획국(DARPA: Defence Advanced Research Project Agency) 주도로 연구 개발 및 획득을 진행하고 있는 중·대형 및 소형 UGV(unmanned ground vehicle), 근력증강 로봇, 생체모방형 로봇 등 다양한 분야가 있다. 또한 국방로봇 기술을 선도, 다수의 전투 현장에 탈론, 팩봇, 마틸다 등 소형 휴대용 로봇을 운용하여 성능을 입증한 바 있다. 이를 통해 지상 무인로봇 운용영역을 감시정찰, 방호, 전투, 작전지속지원 분야로 구분하고 있다.

DARPA는 1958년 설립된 기관으로 생화학 무기, 국방과학, 정보혁신, 마이크로 시스템 기술, 전략기술, 전술기술 등으로 내부가 구성되어 있다. 이 기관은 운영방식을 혁신적으로 설정하여 새로운 인재를 적극 영입함으로써 기술적 아이디어를 지속적으로 공급하고 있다. 이들 프로그램 매니저들은 산업계, 대학, 정부연구소, 연방기금기반 연구개발센터(FFRDC: Federally Funded Research

& Development Centers) 등 모든 분야로부터 세계적인 명성을 지닌 과학자 및 엔지니어들을 초청하여 충원하고 있다. 이들 프로그램 매니저들은 3년에서 5년 임기로 충원되고 DARPA에서 임무를 마친 후에는 다시 원래 위치로 순환됨으로써 새롭고 신선한 사고와 시각이 DARPA 프로그램에 지속적으로 유입되는 데 기여하고 있다.

DARPA는 현재 전략투자의 중점 분야를 네 영역으로 설정하고 있다. 첫째, 복합군사시스템 분야로 더욱 향상된 무기를 만들어 육상, 해상, 공중, 우주, 사이버 영역에 적용하고 있다. GPS(global positioning system)에 기반하지 않는 위치설정 기술과 테러에 대한 방어를 연구한다. 둘째, 정보혁명 분야로서 빅데이터 활용기술을 연구한다. 셋째, 생명공학 연구 분야로 2014년에 창설되어 최근의 신경과학, 면역학, 유전학 등을 연구한다. 넷째, 기술영역 확대 분야로 심층수학 활용, 화학과 재료학, 양자역학 등의 기초학문 연구를 심화시키고 있다.

4. 중국의 기술 개발과 군사혁신 방향

중국은 21세기 중반까지 세계적인 강대국이 된다는 꿈을 실현하는 데 기술 발전, 특히 군사기술 발전이 중요하다는 것을 충분히 인식하고 있다. 미국에 비해 군사기술에서 열세를 보이는 중국은 미중 경쟁에서 향후 신기술을 앞장서서 받아들이고 혁신을 지속해야 한다는 사실을 체감하고 있다. 시진핑(習近平) 주석은 국가전략의 대강을 밝히는 2017년 10월 18일 제19차 당대회에서 연설한 보고문을 통해 중국군의 미래에 대해 밝히고 있다. 시 주석은 새로운 시대와 새로운 조건에 맞는 군사력과 군사전략을 만들어야 하고 이를 위해 강하고 현대화된 육군, 해군, 공군, 로켓군, 전략군 등을 건설할 것을 주장하고 있다. 특히 중국적 특색을 실현한 현대화된 전투체계를 갖추어야 한다고 역설하고 있다. 중국은 새로운 지국적 군사혁명의 조류에 적응해야 하고 국가안보의 필요에 부응해야 한다는 것이다. 이를 위해 2020년까지 기본적인 자동화를 달성하고 정보기술을 적용하는 한편 전략능력을 발전시켜야 한다고 본다. 이론과 조직, 인력, 무기 등 모든 면에서 현대화를 추구하고 2035년까지는 국가방위를 위한 현대화 완성 계획을 논하고 있다. 그리하여 21세기 중반에 이르러 지구적 최강국의 군사력을 갖춘다는 계획이다.

시 주석은 기술이 곧 핵심 전투 증력이며, 주요 기술에서 혁신을 추구하고 독자적인 혁신정책을 추진할 수 있도록 해야 한다고 주장하고 있다. 또한 주요 프로젝트의 완성을 서두르고 군사와 관련된 과학과 기술, 산업을 개혁해야 한다고 밝히고 있다(시진핑, 2017).

1) 중국의 제조업과 첨단기술 개발 노력

미국과 장차 전략경쟁을 염두에 두고 있는 중국 역시 미래 기술에 대해 상당한 대비를 하고 있다. 중국 정부는 4차 산업혁명에 대비하여 제조업 혁신능력을 제고하기 위해서 중국제조 2025와 인터넷 플러스를 실천전략으로 제시·추진하고 있다. 중국은 제조업 육성전략의 핵심으로 중국제조 2025를 수립하여 미국, 독일, 일본 등의 4차 산업혁명 정책에 대응하는 중국만의 전략적인 결정을 목표로 하고 있다.

중국 정부가 선정한 1개 중점 분야의 융·복합 전략을 중심으로 추진하며, 정부는 인터넷 플러스 전략의 성공적인 추진을 위하여 인프라, 혁신 촉진, 규제 완화, 국제 협력, 인재 육성, 진입장벽 완화 등 다방면에서 정책적으로 지원하고 있다. 또한 ICT 산업 활성화를 위한 공격적인 투자를 위하여 중국 정부는 국가 차원의 핵심 전략 외에도 정부 차원의 정책적인 투자, ICT 관련 기업에 대한 정책적 지원 등을 추진하고 있다.

중국제조 2025는 하드웨어 혁신, 인터넷 플러스는 소프트웨어 인프라 구축을 위한 전략이다. 전 산업의 혁신능력 제고, 품질 제고, 제조업과 정보화 결합, 녹색성장 등 4대 과제를 제시하고 정보기술, 첨단로봇, 항공/우주, 해양플랜트, 선진 교통설비, 전기차, 전력설비, 농기계, 신소재, 바이오/의료기기 등 10대 전략산업 육성을 통해 국가경쟁력을 확보하고자 한다.

중국의 기술발전 전략에 대해서는 자료가 상대적으로 부족하나 미국은 이에 대한 대비 차원에서 정보 축적을 가속화하고 있다. 중국은 2016년 3월 리커창(李克强) 총리의 연설에서 나타난 바와 같이 13차 5개년 계획(2016~2020)을 통해 과학분야 투자에 힘쓸 것으로 보인다. 2016년만 하더라도 과학분야 투자에서 9.1%의 상승률이 예상되며 이는 2710억 위안(약 410억 달러)에 달하는 액수이다. 또한 기술 개발을 가로막는 관료주의를 타파하고 동시에 환경 보존을 위한 기술 개발에도 힘쓴다는 계획이다. 2020년에는 연구 개발비를 GDP 대

비 2.5%로 책정하고 있는데 이는 2014년의 2.05%에 비하면 높은 수준이다.[3)]

민간의 발전도 매우 빠른 속도로 일어나고 있다. 알리바바, 바이두, 텐센트 등의 기술업체는 인공지능 개발계획을 발표했으며 수십억 달러 규모의 프로젝트를 추진하고 있다. 2020년경까지 언어 소통이 가능한 로봇, 초기 질병진단 로봇 등 여러 형태의 기술 개발을 위해 91억 위안(약 13억 달러) 정도를 투입할 예정이다. 이는 2015년 14억 위안(2억 300만 달러)에 비하면 상당히 증가된 액수이다.

중국은 또한 자동화, 로봇 군사기술에 대한 발전계획도 추진하고 있다. 중국은 로봇학과 무인 시스템 연구개발을 위해 높은 수준의 자금 지원을 확대하고 있으며 중국 내 국방산업과 대학 등이 로봇학을 연구해나가고 있다. 중국의 자율 무인차량 개발 역시 빠른 속도로 증가하고 있다. 2013년부터 2020년에 이르는 기간 동안 자율 무인차량 수요는 매년 평균 15% 정도 증가할 것으로 예상되고, 군사용 자율 무인차량은 매년 평균 15% 증가할 것으로 예상된다. 액수로는 2013년 5억 7000만 달러에서 2022년 20억 달러로 증가하는 것이다. 자율 무인차량은 육상과 해상, 잠수함 분야에서 지속적인 기술 진보를 이룩하고 있으며 향후 군사훈련, 시스템 테스트, 산업경쟁 분야에서 큰 변화를 가져올 것으로 보고 있다.

중국의 자율 무인체계는 중국의 가장 중요한 전략 중 하나인 반접근지역거부(A2/AD) 전략에도 큰 이점으로 작용할 것이다. 보다 진전된 정탐능력을 제공하고 장거리 폭격의 정확도 향상, 반잠수함 전투능력을 향상시킬 것이다. 일례로 한 중국 군사 전문가는 고고도 정찰기 the Soar Dragon UAV는 DF-21D라는 항모공격탄도미사일의 유도체계로 사용될 수 있다고 보고 있다. 중국은 미국의 무기체계가 점차 자율 무인체계로 변화하고 있다고 보고 이에 대한 대응을 강구하고 있다. 미국의 무기체계를 혼란시켜 작동하지 못하도록 하는 소위 소프트-킬(soft-kill) 체계를 추진하는 것이다. 미국이 제3의 상쇄전략을 개발해나감에 따라 이에 대한 중국의 대응도 점차 강화되고 있다.

중국은 또한 로봇기술 향상을 위해 불법적 기술 획득도 시도하고 있다. 중국은 미국 정부와 기업들을 상대로 다양한 군사용 자율 무인체계 기술을 탈취

---

3) Kathleen McLaughlin, Science is a major plank in China's new spending plan, Science, March 7, 2016.

하려고 시도한 것으로 본다. 미국 내 많은 인원들이 중국으로 관련 기술과 최첨단 기술, 부품, 재료 등을 반입하는 것이다.[4)]

2) 중국의 민간·군사 기술 향상과 군사전략

이러한 노력을 바탕으로 중국은 실제로 많은 기술적 진전을 이루어냈다. 2017년 1월 8일 미국 라스베이거스에서 세계 최대의 가전 박람회가 끝났다. 참여 업체 3800여 곳 중 1/3 이상이 중국 기업으로 중국의 진출이 두드러졌고, 중국은 드론과 가상현실(VR) 분야에서 기술력으로도 최우선국(First Mover)의 위세를 보인 바 있다.

중국은 또한 2010년에서 2016년 사이 미국의 실리콘밸리에 1천 개 이상의 협약을 체결하여 300억 달러에 해당하는 초기 기술개혁 과정에 투자하고 있다. 이 기간 중 중국의 투자는 10% 정도 향상되었고 인공지능, 로봇학, 증강현실 분야 등이 2016년에 두드러지게 증가 추세이다.[5)]

이러한 기술 개발은 결국 중국의 군사력 향상에 기여할 것으로 보인다. 중국은 미국과의 전략경쟁을 의식하여 특히 해군 현대화 계획에 투자하고 있다. 오늘날 중국 해군이 추진하고 있는 대양해군 건설계획의 이정표는 1980년 중반에 당시 중국 해군 사령관이었던 류화칭(劉華淸)이 수립한 것으로 알려져 있다. 류화칭은 1단계 기간인 1985~2000년까지 해군력을 현대화함으로써 제1도련 안에서 제해권을 확보하는 것을 중국 해군의 목표로 삼았다. 이어 2단계인 2001~2020년까지는 항공모함을 확보하여 제2도련에서 제해권을 확보하고, 중국 해군의 작전범위를 인도네시아까지 확보하고자 했다. 제3단계인 2021~2050년까지는 아시아 전역에서 입체적인 작전능력을 갖춘 해군을 보유함으로써 아시아에서 주도권을 확보하고 사실상 전 세계를 대상으로 하는 대양해군을 건설하겠다는 것이다(윤지원, 2017).

---

4) Jonathan Ray, Katie Atha, Edward Francis, Caleb Dependahl, Dr. James Mulvenon, Daniel Alderman, and Leigh Ann Ragland-Luce, China's Industrial and Military Robotics Development, Research Report Prepared on Behalf of the U.S.-China Economic and Security Review Commission, October 2016.

5) Mozur, Paul; PERLEZ, JANE. China Tech Investment Flying Under the Radar, Pentagon Warns, The New York Times, International edition; New York [New York]08, Apr 2017.

이러한 계획은 항공모함 건조로 그 모습을 나타낸 바 있다. 중국 해군은 우크라이나에서 건조 중이던 바리야그(Varyag)를 개조해서 랴오닝(Liaoning)으로 명명했다. 랴오닝은 2012년부터 운영 중이다. 또한 중국은 중국이 설계한 첫 번째 항모이면서 중국 해군 전체적으로는 두 번째인 산둥(Shandong) 함을 건조하고 있으며, 3번함 건조도 착수한 것으로 알려져 있다. 이는 2021년에 진수 예정으로 타입 001과 타입 001A와는 근본적으로 다르게 핵추진 체계를 탑재할 것이며, 배수량도 미국 항모와 유사할 것으로 예상하고 있다. 전문가들은 중국이 궁극적으로는 4~6척의 항공모함 보유를 목표로 하고 있다고 분석한다.

또한 자동화된 반접근지역거부 전략을 추진하고 있다. 2016년 인민일보는 중국이 높은 수준의 인공지능을 장착한 크루즈 미사일 시스템을 추진하기 시작했다고 보도했다. 이 시스템은 미국이 중국의 영향력 강화에 대비하여 2018년에 전개하려고 하는 해군 미사일을 견제하기 위한 것이라는 보도이다. 장거리 항모공격미사일로 알려진 중국의 무기체계는 반자율 무기로서 인간이 설정한 목표물에 대해 인공지능 기술을 이용하여 방어체계를 뚫고 최종목표 공격을 완성한다는 것이다. 이는 작은 선박으로 항모와 같은 큰 선박을 공격하는 원격전쟁의 개념을 실현한 것으로 평가되고 있다. 이는 실시간 크루즈 미사일을 작동시키는 것으로 상당한 수준의 인공지능과 자동화 기술을 활용하여 목표물 타격하는 것을 추진한다.[6]

미중 간의 전략경쟁에서 결국 중국의 기술 발전은 태평양 지역을 둘러싼 미국과의 군사경쟁에 대비한 것으로 미국의 3차 상쇄전략과 중국의 반접근지역거부 전략이 어떻게 새로운 기술을 적용하는가의 문제로 귀결될 것이다.

5. 결론

개별 기술의 발전 속도가 유례없을 만큼 빨라지고, 기술의 융합으로 향후 사태 진전을 예측하기 어려울 만큼 변화가 가속화되는 현재, 전쟁과 군사의 미래를 예측하기는 매우 어려워지고 있다. 국가들 간의 치열한 전략경쟁과 비국가 행위자들의 새로운 등장, 그리고 이를 규제하려는 국제 사회의 움직임이 맞

6) Zhao Lei, "Nation's next generation of missiles to be highly flexible," *China Daily*, August 19, 2016.

물려 21세기 군사국면이 어떻게 변화할지, 그리고 이를 어떻게 관리할지가 점점 중요한 문제로 등장하고 있다. 다음과 같은 몇 가지 변화를 결론적으로 제시할 수 있겠다. 첫째, 과거 군사혁명(RMA)이라고 불렸던 변화보다 훨씬 근본적인 변화가 펼쳐지고 있어 이제는 혁명이라는 개념으로 미래를 예측하기도 어려운 변화를 겪고 있다. 기술의 변화는 무기의 변화뿐 아니라 사회와 국제정치의 변화를 불러오기 때문에 폭력이 발생하는 원인, 폭력의 주체, 전쟁의 양상 모두가 더욱 빠른 속도로 변화할 것이다. 이 과정에서 국가가 가장 중요한 행위자로 남겠지만 국가의 통제력이 점차 약화되고 비국가 행위자들의 비중이 더욱 커질 전망이다.

둘째, 기존의 강대국과 약소국들 간의 군사력 격차는 더욱 커질 것이다. 4차 산업혁명이나 인공지능 등 미래의 기술은 확고한 과학, 산업, 재정 기반이 있어야 취득과 발전이 가능한 분야로 기존의 약소국들이 이러한 경쟁에서 중요한 행위자가 될 가능성은 점점 적어질 것이다. 또한 이러한 기술을 관리하고 통제하려는 움직임도 후진국의 경우 약화될 수밖에 없을 것이다(Strawser and McMahan, 2013). 현재 UN의 특정재래식무기협약(CCW: Convention on Certain Conventional Weapons)은 치명적 자율무기 통제를 위해 노력을 기울이고 있고 시민단체들 역시 킬러로봇 금지 캠페인을 벌이고 있지만 미국 등 강대국들은 주권적 권리 침해를 반대하고 있다. 향후에 핵비확산조약과 같은 통제체제가 마련되더라도 강대국들의 이익이 중대하게 반영될 가능성이 높다(김병렬, 2015; 이장희, 2013).

셋째, 미래 무기기술 개발은 미중 간의 전략경쟁을 반영하는 형태로 발전할 것이다. 미국은 다양한 무기를 개발하여 테러집단과 본토 안보에 주력하고 있을 뿐 아니라 중국, 러시아 등 전략적 경쟁자들에 대항하는 전력 개발에도 주력하고 있다. 상쇄전략을 추진하기 위한 미래형 무기 개발이 그 한 예이다. 중국 역시 미국의 대중 전략에 맞서기 위해 항공모함 및 대항모탄도미사일 등 반접근지역거부전략 무기 등을 개발하고 있으며 이는 향후 첨단무기와 결합될 것이다. 따라서 미중 간 전략적 협력이 발전하여 상호 간 미래형 군축이 이루어지지 않으면 미래 군사기술은 더욱 치명적으로 발전할 가능성이 높다.

제6장

민병원 (이화여자대학교 정치외교학과 교수)

사이버 안보를 둘러싼 미중 관계와 미국의 대응전략

1. 들어가는 말

중국의 성장은 경제 면에서나 안보 면에서 주변 국가들뿐만 아니라 전통적인 헤게모니로서 미국의 위상을 위협하고 있다. 이런 점에서 오바마 행정부 후반 미국의 대중국 정책은 '재균형(rebalancing)' 정책으로 집약되었고, 새롭게 출범한 트럼프 행정부에서도 중국은 외교정책의 우선순위를 차지하고 있다. 냉전기간의 오랜 갈등과 반목을 벗어나 미국과 중국은 이제 서로에게 없어서는 안 될 경제와 무역 파트너이면서 동시에 'G2'라 불리는 양대 강대국으로 상호 간 위협으로 인식되기도 하는 복합적인 관계에 놓여 있다. 미국과 중국은 경제적으로나 외교적으로 다양한 이슈에 걸쳐 서로 견제와 협력의 대상이 되고 있으며 21세기 세계를 움직이는 두 거인으로 간주되기에 손색이 없다. 미중 관계는 그것이 '강대국 관계'의 새로운 패턴을 상징하고 있다는 점에서 국제정치의 중요한 탐구주제가 되고 있는데, 이는 사이버 안보의 영역에서도 마찬가지라고 할 수 있다.

여타의 경제 및 군사안보 영역과 마찬가지로, 사이버 안보의 이슈는 국제정치의 새로운 관심사항으로 꼽히고 있다. 사이버 공간은 눈에 보이지 않는 가상의 전자적 공간이지만, 이것이 전통적인 국가 행위자의 역할과 역량에 크나큰 영향을 미치고 있다는 점은 결코 부인할 수 없다. 국가의 영토에서 이루어지는 경제 및 안보 행위들이 이 가상공간으로 이동하기 시작했으며, 그로 인한 이해관계의 변동은 어느 국가를 막론하고 사이버 공간으로 관할권을 넓히기 위한 다툼에 나서도록 만들었다. 이런 점에서 정보기술의 선두를 달리고 있는 미국과 중국이 사이버 안보와 관련된 이슈에서 전면에 등장했다는 사실은 전혀 낯설지 않다. 오늘날 사이버 안보의 문제는 국가주권과 영토공간의 차원을 넘어서는 새로운 관할권의 이슈를 제기하고 있으며, 나아가 국력을 가늠하는 지표로서 '기술'의 수준을 드러내는 새로운 전투의 '장(場)'이 되고 있다. 그만큼 사이버 안보를 둘러싼 강대국 간의 경쟁은 초미의 관심사이다.

이 글에서는 지난 10여 년에 걸쳐 미국과 중국 사이에 벌어지고 있는 사이버 안보의 이슈가 미국의 외교정책에 어떻게 반영되고 있는가를 집중적으로 살펴본다. 특히 글로벌 헤게모니로서 미국이 새롭게 도전장을 내밀고 있는 중국의 위협을 어떻게 인식하고 있는지를 논의하고, 이를 '사이버 억지'의 맥락에서 이해하고자 한다. 미국은 전통적으로 '적(敵)'을 어떻게 봉쇄할 것인가에 외교와 안보 정책의 방향을 설정해왔는데, 이런 점에서 사이버 안보는 중국이라는 새로운 적에 대한 미국의 시각과 관심을 드러내기에 좋은 사례라고 할 수 있다. 사이버 공간은 지금도 계속 성장해가고 있는 가상의 공간이지만 기존의 국제법이나 레짐을 통해 관리할 수 없는 신생공간이다. 따라서 압도적으로 기술우위를 지닌 국가들이 선점하고 있으며, 이를 둘러싼 다툼도 계속되고 있다. 이러한 상황을 고려하여 이 글에서는 우선 미국의 사이버 안보 정책이 2015년 미중 간 협정을 통해 어떻게 자리매김해 왔으며, 그것이 지닌 정치적 함의는 무엇인지, 그리고 어떤 방식으로 새로운 사이버 안보의 패러다임을 제시하고 있는지를 분석하고자 한다.

2. 미국의 사이버 안보 정책: 최근의 동향과 변화

1) 2015년 미중 사이버 안보 합의와 내용

2015년 9월 버락 오바마(Barack Obama) 미국 대통령과 시진핑(習近平) 중국 국가주석은 사이버 안보와 관련하여 중요한 협정을 체결함으로써 미중 간 안보관계에 새로운 계기를 만들었다. 이 협정에서 양국 정부는 자국의 상업적 목적에 이익을 도모할 목적으로 사이버 공간에서 무역기밀이나 비즈니스 정보 등 지적재산권을 절취하지 않으며, 정부는 그러한 행위를 지원하지 않을 것임을 천명했다. 이런 합의는 두 초강대국이 사이버 공간에서 적합한 행동규범을 수립하기로 약속한 최초의 노력으로서, 주요 행위자 사이에 일종의 '행동준칙(code of conduct)'을 만들어 국제 공동체에 선포하려는 시도였다. 한 발 더 나아가 이 협정은 국가의 후원을 받는 사이버 공격 행위를 금지하는 일종의 '사이버 군비 통제(cyber arms control)'를 지향하는 협정이라는 의미를 갖는다(Litwak and King, 2015). 지난 10~20여 년 사이에 사이버 공간이 급속도로 발전하면서 여기서 일어나는 다양한 침해행위와 공격행위가 국제 사회의 큰 이슈로 부각되었다는 점에서, 미중 간 이러한 합의는 여러 측면에서 시사하는 바가 크다.

이 협정은 크게 다음과 같은 내용에 대한 합의를 포함한다. ① 사이버상의 악성행위에 대한 정보와 지원을 제공한다. ② 사이버 공간에서 이루어지는 지적재산권 절취행위를 의도적으로 수행하거나 지원하지 않는다. ③ 국제 공동체 내에서 적절한 사이버 공간의 국가 행동규범을 채택하고 증진하는 데 노력한다. ④ 사이버 범죄와 관련 이슈를 논의하기 위한 고위급 대화 창구를 개설한다. 이러한 합의내용은 일단 미국과 중국 사이에만 적용되지만, 사이버 안보의 국제정치 구도에서 양대 축을 이루고 있는 이 두 나라의 위상을 고려할 때 조만간 국제 사회의 공통 규범을 만들기 위한 하나의 초안이라는 의미를 지닌다. 다시 말해 양자 간 협정임에도 불구하고 조만간 이러한 프레임워크가 글로벌 차원의 다자간 원칙으로 자리 잡을 가능성이 크며, 따라서 이 협정은 여러 면에서 향후 국제질서의 중요한 축을 형성할 것으로 보인다.

정상회담에서 이루어진 사이버 안보의 '원칙'은 그 자체로서 상징적인 국제규범으로 간주될 수 있지만, 무엇보다도 미중 사이에 고조되어온 긴장국면을 해소하기 위한 전략적 해법으로서도 큰 의미가 있다. 2014년 5월 미국 법무부는 6개 미국 기관의 네트워크에서 일어난 핵발전소, 지하자원, 태양열 산업에 대한 해킹 및 정보절취 사건과 관련하여 5명의 중국 인민군 해커를 기소한 바 있다. 이 사건과 관련하여 당시 오바마 대통령은 '무역기밀'을 탈취하는 중국의 행위가 '공격행위(act of aggression)'로서, 즉각 멈추어져야 한다고 경고하고 미국은 필요시 '대응조치(countervailing actions)'를 취할 준비가 되어 있다고 강조했다. 이어 2015년 4월에는 행정명령(Executive Order 13694)을 발동하여 미국 밖에서 이루어지는 이러한 공격행위가 미국의 국가안보와 외교정책, 그리고 경제에 '비정상적이고 예외적인 위협'을 제기하기 때문에, 재무부가 이러한 행위를 야기한 개인이나 주체의 재산과 이해관계를 차단하고 미국 입국을 허용하지 말도록 지시했다.

2015년의 합의 이후 중국은 적극적으로 미국에 대한 사이버 공격 행위를 절제하는 것으로 알려지고 있다. 인민해방군에서 사이버 공격을 담당하고 있는 것으로 알려진 61398부대는 중국의 공식 군 편제에 드러나 있지 않지만, 오랫동안 전 세계를 대상으로 해킹과 정보 절취를 수행해온 것으로 알려져 있는데, 미중 사이버 안보 협정 이후 시진핑 주석은 이런 활동을 강하게 통제해온 것으로 알려졌다. 물론 중국 정부가 자국 내 비공식적인 해커 및 사이버 범죄자들을 완전히 통제하기를 바라는 것은 무리이다(Sanger, 2016). 또한 미국 정부가 중국의 해커들을 기소한다고 해서 이들의 신병을 확보할 가능성이 높아지는 것도 아니다. 다만 이와 같은 공개적 기소와 비판을 통해 미국 정부가 사이버 공간의 정보절취 행위에 대한 여론을 형성하고 억지효과를 추구하는 것으로 이해할 수 있다. 또한 중국 정부도 일정한 범위 내에서 이와 같은 신사협정에 동의하고 미국과의 공조체제를 구축하는 데 첫걸음을 내디딘 것으로 해석할 수 있을 것이다.

미국은 미중 사이버 안보 협정을 통해 양국 간의 분쟁문제를 해결함과 동시에 이 이슈를 다루기 위한 국제규범을 만드는 데도 주안점을 두고 있다. 안보와 관련된 국제규범에는 유엔(UN) 헌장과 제네바 협약 등이 포함되지만, 사이버 공간의 안보를 다루는 국제 규범이나 레짐은 상대적으로 미흡한 실정이다. 현재 미국은 사이버 범죄에 관한 유럽 협약, 즉 '부다페스트 협약'에 참여하고 있는데, 이 협약에서는 회원국 사이에 사이버 범죄 감시와 예방, 처벌을 둘러싼 국제 협력에 합의하고 있다(배영자, 2017: 110~112). 다만 중국이 아직 이 협약에 호의적이지 않다는 점에서 미중 양국 간 합의가 국제규범으로 확산되기를 기대하기는 쉽지 않다. 한편 사이버 안보에 관한 유엔 정부 전문가 그룹(UN GGE)이나 동남아시아국가연합(ASEAN)과의 사이버 범죄 관련 협력체계의 경우에는 아직 유의미한 합의에 도달하고 있지 못하지만, 미국과 중국 모두 참여하고 있다는 점에서 국제규범의 수립을 향한 긍정적인 출발을 하고 있다 하겠다.

미중 사이버 안보 협정은 양자 간 합의이기는 해도 장기적으로 국제 사회의 규범을 지향하고 있다는 점에서 주목할 만한 국제정치 현상이라고 할 수 있다. 물론 사이버 안보가 기술적인 특성으로 인해 방어 또는 억지가 쉽지 않으며, 비국가 행위자가 다수 관여하고 있는 상황에서 정부의 역할에도 상당한 제약이 있는 점을 고려할 때 미중 정상 간의 약속이 완전하게 실천되기는 어려울 것이라는 견해에 무게가 실리는 것도 사실이다. 그럼에도 미국과 중국은 정보기술을 이용한 네트워크 침해와 해킹 등 악성 공격행위가 궁극적으로 국제 금융질서와 경제활동에 큰 피해를 줄 것이라는 점에 인식을 같이했으며, 이를 위해 공동으로 노력할 필요가 있다는 점에 합의한 것이다(Greer and Montierth, 2017). 이런 맥락에서 미중 간의 합의는 '양자 간' 문제 해결의 차원에서 시작하여 장기적으로 '다자주의' 방식으로 발전될 것으로 전망되고 있다.

2) 미중 사이버 안보 합의의 정치적 의미

사이버 행동준칙에 대한 미중 간의 합의는 크게 두 가지 면에서 냉전의 유산을 이어받고 있다. 하나는 '군비 통제'의 전통인데, 사이버 공격과 효과를 관찰하기나 측정하기는 어렵지만 이것이 새로운 안보 불안의 근원이라는 점에서 기존의 물리적 위협요인에 더하여 새롭게 규제되어야 할 대상이라는 점에 공감하고 있다는 사실이다. 냉전시기에 핵무기가 가장 중요한 규제대상이었다면, 오늘날에는 전 세계에 만연해 있는 사이버 공격의 위협이 또 다른 위협이라는 인식을 공유하고 있는 것이다. 냉전의 또 다른 유산은 '억지(deterrence)'의 전통인데, 사이버 공격과 그로 인한 피해가 현실화되면서 이를 사전에 방지하기 위한 구체적인 노력이 이루어지기 시작했다는 점이다. 과거에도 핵무기 사용과 관련하여 이러한 억지전략이 수십 년간 작동해왔는데, 사이버 공간에서도 이처럼 상대방의 공격을 막기 위한 목적 아래 다양한 시도가 이루어지고 있는 것이다.

미중 사이의 합의에서 주목할 만한 점에는 다음과 같은 것들이 포함된다. 먼저 사이버 공간에서 이루어지는 공격행위에 대하여 '국가 행위자'와 '비국가 행위자'의 관계를 과거에 비해 더 명확하게 설정하려는 노력이 이루어지고 있다. 사이버 공격은 대부분 비국가 행위자에 의해 이루어지는 경우가 많지만, 사실상 국가기관의 후원이나 사주에 의한 경우도 다수 존재하는 것으로 추정되어왔다. 다만 그 '책임소재(attribution)'를 밝히는 일이 다른 유형의 공격행위에 비해 훨씬 복잡하고 어렵다는 점에서 규제가 대단히 어렵다. 기존의 국제법이 '국가'라는 공식적인 개체를 대상으로 만들어졌기 때문에 국가 이외의 행위자들을 규제하는 데는 여러 난점들이 존재하기 때문이다.

이를 감안하여 최근 미중 간의 합의뿐 아니라 국제법과 국제기구 차원에서는 행위자 차원에서 책임소재를 국가에 집중시키는 '국가 기반(state-based)' 접근을 모색하는 추세이다. 이런 접근방식에서는 사이버 공격의 주체가 국가기관인 경우에는 말할 것도 없고, 비국가 행위자일 경우라 할지라도 그러한 공격의 시발점을 제공한 국가나 경유지가 된 국가 모두에게 책임을 물을 수 있도록 한다는 것이 그 특징이다. 책임소재의 문제를 완벽하게 해결하기 어려운 기술적 난점을 안고 있기는 하지만, 그것이 야기하는 피해의 규모를 감안할 때 다소 불완전한 방식일지라도 국가 행위자들이 자국 내에서 이루어지는 사이버 공격 행위를 한층 더 철저하게 규제하도록 요구하겠다는 것이다. 그동안 '책임소재'의 불명확성을 근거로 '대리 행위자(proxy actors)'의 뒤에 숨어서 사이버 공격을 일삼는 관행에 제동을 걸겠다는 의지를 엿볼 수 있는 것이다.

미중 사이의 합의에서 뚜렷하게 나타나고 있는 또 다른 변화로는 사이버 공격의 '과정'보다도 피해의 '결과'에 초점을 맞추어 대응하겠다는 의지를 꼽을 수 있다. 미국 정부가 특히 이러한 변화를 주도적으로 이끌고 있는데, 이 관점을 택할 경우 공격수단이 무엇이건 간에 그 결과가 일반적인 '무력 행사(use of force)'로 인한 결과와 동일하다면 그에 대한 자위권 발동이나 대응조치 수립이 가능하다고 해석하겠다는 것이다. 즉 사이버 공격에 책임이 있는 국가에 대해서도 유엔 헌장 51조에 의거하여 다양한 수단, 필요할 경우에는 물리적 타격수단을 동원해서 보복할 수 있다는 점을 명시하고 있다. 사이버 공격 행위는 그동안 물리적 충돌에 비하여 덜 치명적인 형태의 정보 탈취나 네트워크 침해 등 상대적으로 경미한 피해를 야기한다고 간주되어왔다. 하지만 2010년에 드러난 스턱스넷(Stuxnet) 공격 사례는 비(非)물리적 수단을 통해서도 물리적으로 심각한 타격을 가할 수 있다는 것을 보여줌으로써 사이버 공격의 위협을 인식하는 데 중요한 전환점을 제공했다. 이처럼 국제법에서 규정하고 있는 사망, 물리적 피해, 대규모 파괴행위 등이 사이버 공격의 '결과'로서 나타날 경우 국제법에 근거하여 합법적으로 대응하겠다는 의지가 점차 강화되고 있는 것이다(Litwak and King, 2015).

이러한 변화들을 고려할 때, 지난 10여 년 사이에 이루어진 여러 사이버 공격의 사례를 통해 국제 사회의 관심이 점차 구체적인 방식으로 수렴해왔음을 알 수 있다.

① 에스토니아에 대한 러시아의 공격(2007): 주로 DDoS 공격으로서 정부기관을 중심으로 웹사이트와 온라인 플랫폼에 대한 접속 불능을 야기했다. 주로 봇넷(botnets)과 같은 컴퓨터 악성코드를 활용했으며, 러시아의 극렬 민족주의적 해커들의 소행으로 드러났으나 러시아 정부의 역할에 대해서는 확실하게 드러난 것이 없었다. 이 공격은 정치적 목적으로 이루어진 최초의 대규모 공격이었다.

② 조지아에 대한 러시아의 공격(2008): 조지아 내 러시아 소수민족 자치지역의 문제로 양측 간에 무력분쟁이 발발했는데, 실제 무력을 행사하기 전에 러시아 해커들이 조지아의 주요 기관과 기간 시설물에 대해 봇넷을 이용한 DDoS 공격을 감행했다.

③ 이란의 핵시설에 대한 미국과 이스라엘의 스턱스넷(Stuxnet) 공격(2008~2010): 부시 행정부 시기부터 추진되어온 이란 핵시설에 대한 온라인 공격으로서 외부 네트워크와 분리된 산업통제시스템(ICS)도 다양한 방식으로 외부에서 침입하여 오작동을 일으킬 수 있다는 것을 보여주었다. 소위 '올림픽 게임(Olympic Games)'이라는 코드명으로 불린 이 작전은 오바마 행정부에서도 그대로 추진되어 2010년 그 정체가 드러났다. 이란 나탄즈에 위치한 우라늄 농축용 원심 분리기들이 오작동을 일으키도록 산업용 통제 프로그램을 원격으로 해킹한 것이 이 사건의 핵심으로서, 일종의 사보타지라고 볼 수 있다. 비록 이 사건이 이란의 핵능력을 좌절시키는 데 결정적인 영향을 미치지는 않았지만, 물리적 수단이 없이도 상대국의 중요 시설물에 큰 타격을 가할 수 있다는 점에서 사이버 안보의 중요한 전환점을 이루고 있다.

④ 미국 소니픽처스(Sony Pictures)에 대한 북한의 사이버 공격(2014): 북한 지도자 김정은을 희화화한 영화를 만들었다는 이유로 북한이 소니픽처스를 해킹하여 데이터를 절취한 사건으로서, 공격주체로 의심되는 북한은 프락시 서버를 이용하여 자신들의 행동에 증거가 남지 않도록 했다. 미국은 이에 대하여 국제법의 '비례대응(proportinal response)' 원칙에 근거하여 이듬해 북한의 주요 서버들에 대한 접속장애를 일으키는 보복조치를 취했다. 하지만 북한의 열악한 인프라 수준을 감안할 때 그 효과는 미미했던 것으로 보인다. 이러한 판단은 미국으로 하여금 "사이버 공격에는 사이버 공격으로 대응한다"는 원칙만으로는 사전 억지가 어렵다는 인식을 불러일으켰고 결국 사이버 수단이라는 '과정' 또는 '도구'의 측면보다 '결과'를 중심으로 상황을 인지하고 대응할 수밖에 없다는 패러다임의 변화를 야기했다.

⑤ 미국의 인사 관리처(OPM) 데이터베이스에 대한 중국의 해킹(2015): 오바마 행정부는

2015년 6월 2200만 명의 전현직 미국 공무원 인사자료가 해킹되어 절취된 사실에 대하여 중국을 비난했는데, 그에 대한 책임소재를 밝히려면 미국의 사이버 능력에 관한 세부적인 정보를 함께 공개해야 하는 딜레마에 처하게 되었다. 이러한 경험들은 미국 정부가 자신들의 사이버 공격 능력을 대외적으로 드러내지 않으면서 동시에 미국 전역에 가해지는 사이버 공격의 피해를 최소화하기 위한 대응조치를 고안하도록 압박해왔다.

이상의 사례에서 살펴보았듯이, 지난 10여 년 남짓 기간에 벌어진 사이버 공격과 범죄 행위는 다양한 방식으로 이루어지고 있지만 크게 '침해(exploitation)' 행위와 '공격(attack)' 행위로 구분된다(Nye, 2016: 47~48). 에스토니아와 조지아에 대한 러시아의 사이버 공격은 상당한 수준의 군사적 공격이라는 특징을 지니고 있는 반면, 기타의 사례 및 매일 일어나는 수많은 사이버 범죄는 대부분 '침해'로 간주할 수 있다. 이러한 침해는 기업의 비밀이나 무역 관련 자료, 기타 경제활동과 관련된 정보를 탈취하는 것을 목적으로 한다. 사실 이와 같은 침해행위가 그동안 국가들 사이의 경제관계에서 일상적으로 일어나는 행위였다는 점을 감안할 때, 미중 간의 합의가 이 문제를 심각하게 다루고 있다는 점은 이 문제를 바라보는 관점의 변화를 뜻하는 것이기도 하다. 즉 미국과 중국은 서로에 대하여, 그리고 국경 밖에서 이루어지는 네트워크 침해 행위를 심각하게 다루기 시작한 것이다.

컴퓨터 네트워크에 대한 침입과 정보 취득이라는 '침해' 행위는 오늘날 미중 간의 대결구도에서도 중요한 정치적 의미를 갖는다. 한 가지는 미국이 과거에 중국의 재산권 침해 행위를 눈감아 주던 관행을 더 이상 용납하지 않겠다는 강한 의지라고 할 수 있다. 이러한 경향은 트럼프 행정부에 들어와서 미국이 국제 사회의 책무와 규범보다도 자국의 이해관계를 더욱 중시하기 시작하면서 강화되고 있다. 일찍이 오바마 행정부 시절부터 미국의 경제적 이해관계가 사이버 안보의 프레임 속에 내재되어 있었지만, 미중 합의를 통해 더 이상 재산권 침해 행위를 용납하지 않겠다는 의사를 분명하게 표명했다.

또한 미국은 9/11 테러 이후 강조해오던 '안보' 목적의 정책과 전략적 행위를 '경제' 목적의 침해 또는 공격행위와 분명하게 구분하고 있는데, 미중 간의 사이버 안보 협정을 통해 이러한 기준을 중국에도 강조하고 있다는 점에 주목할 필요가 있다(Brown and Yung, 2017).

사실 미국은 국가안보국(NSA)을 통해 전 세계를 도청 및 감시하고 있으며,

2013년 에드워드 스노든(Edward Snowden)의 폭로와 더불어 2016년 '섀도우 브로커(Shadow Brokers)' 해킹그룹의 공개로 다양한 사이버 공격 도구를 작동시켜 왔다는 사실이 드러난 바 있다. 이에 대하여 미국 정부가 분명한 입장을 취한 적은 없지만, 적어도 9/11 테러 이후 '국가안보'를 위한 첩보와 정찰, 도청 등의 감시행위는 정당화된다는 암묵적 전제조건을 내세우고 있다. 우방국을 포함한 세계 각국으로부터 쏟아지는 비난 속에서도 미국이 이러한 행위를 포기하지 않고 있는 것도 바로 이런 맥락에서였다. 하지만 미국 정부는 민간분야의 경제를 관리하는 데 있어 여전히 신자유주의적인 시장질서를 옹호하고 있으며, 기업의 활동을 보호하고 무역을 촉진시키기 위해 사이버 공간의 정보탈취 행위를 강력하게 규제 및 처벌해야 한다는 목소리를 높이고 있다. 중국의 해커들이 안보와 경제 영역을 구분하지 않은 채 무차별적으로 미국의 기업과 기관들을 공격하는 데 대하여 미국이 분노하고 있는 것도 바로 이런 맥락에서 이해가 가능하다.

3. 미국 외교정책과 강대국 관계: 억지의 논리와 한계

1) 사이버 안보와 미국의 억지정책

미중 사이버 안보 협정을 안보의 측면에서 이해하기 위해서는 미국 외교정책의 흐름 속에서 전통적인 '억지'의 전략이 어떻게 작동해왔는가를 먼저 이해할 필요가 있다. 그럼으로써 미국이 중국이라는 새로운 상대를 겨냥하여 어떻게 '경제'와 '안보'의 프레임워크를 재편성하고 있는지 가늠해볼 수 있다. 냉전 시기 강대국들의 전통적인 억지전략은 크게 두 가지 개념을 바탕으로 수립되었는데, 하나는 '보복(punishment)'의 위협을 기반으로 한 것이고 다른 하나는 '접근거부(denial)'를 통한 것이었다. 그렇지만 이러한 두 가지 메커니즘은 핵공격의 경우 분명하게 작동할 수 있었으나 사이버 위협의 경우에는 제대로 그 효과를 기대하기 어렵다. 일단 공격의 주체에 국가뿐 아니라 비국가 행위자도 포함되어 있으며 공격의 원천을 밝혀내는 '책임소재'의 문제도 명확하게 규정하기가 어렵기 때문이다. 따라서 사이버 공간에서는 "공격의 비용이 이익에 비해 더 클 것이다"는 메시지가 상대방에게 제대로 전달되기 어렵다(Nye, 2016:

53~54). 다만 최근에 들어와 미국 행정부는 사이버 공격에 대한 보복이 반드시 사이버 수단에 의한 것일 필요가 없으며, 경우에 따라 물리적 타격으로 보복할 수 있다는 강경한 입장으로 선회하고 있다는 점에 주목할 필요가 있다. 또한 책임소재의 문제도 국가들 사이의 협력과 국제규범의 수립을 통해 지속적으로 강화되는 추세를 보이고 있기 때문에 전통적인 억지전략의 프레임워크는 당분간 지속될 것으로 전망된다.

미국의 전통적인 억지전략 가이드라인에 따르면, 억지는 그 유형에 따라 '일반억지(general deterrence)'와 '긴급억지(immediate deterrence)'로 구분할 수 있다. 일반억지는 적어도 한 나라가 다른 나라에 대하여 무력을 행사할 가능성을 지닌 적대관계로서, 자국의 이해에 반하는 상대방의 무력 사용에 자국의 무력으로 대응하겠다는 경고를 제기하는 경우이다. 이에 비해 긴급억지는 일반억지가 실패함으로써 야기되는 위기상황에 대응하기 위한 행위이다. 즉 평화상태에서 갑작스럽게 분쟁이 야기되지는 않으며, 그 과정에서 일반억지와 긴급억지라는 일련의 전략적 관계가 파국으로 이어지면서 분쟁을 야기한다고 볼 수 있다. 이러한 관계는 대략 다음의 과정으로 요약할 수 있다. ① 한 국가가 일반억지를 추진함으로써 다른 나라가 현상유지를 깨뜨리지 않도록 한다. ② 다른 나라가 현상 타파를 위한 도전을 제기할 경우 일반억지 정책은 실패한다. ③ 현상을 유지하려는 국가는 이러한 도전에 대하여 자국의 이해관계를 수호하겠다는 공약을 강화함으로써 긴급억지 정책을 채택한다. ④ 이에 대하여 도전국이 물러서지 않을 경우 긴급억지 정책은 실패한다. ⑤ 현상을 유지하려는 국가는 긴급억지가 실패할 경우 도전국에 대하여 무력을 사용할 것인지 결정한다.

일반억지가 장기적인 관점에서 상대방의 군사적 도발을 무마하려는 목표를 띤 것이라면, 긴급억지는 단기적 차원에서 구체적인 목표를 제시하고 이를 수호하고자 한다. 하지만 실제 갈등과 위기 상황에서는 일반억지와 긴급억지가 서로 맞물리면서 복잡한 결과를 만들어내기도 하는데, 예를 들어 일반억지가 오히려 분쟁을 조장하는 경우도 많지만, 분쟁이 일단 야기된 이후에는 긴급억지로 해결하지 못하는 상황을 해결하는 역할을 떠맡기도 한다. 사이버 억지는 이와 같은 세분화된 억지개념 중에서 '일반억지'의 성격을 지닌다고 할 수 있다. 왜냐하면 억지의 대상을 특정하기 어려운 상황에서 구체적인 금지선을 설정하기도 어렵고 보복의 수준을 사전에 공지하기도 불가능하기 때문이다(민병원, 2015: 89~90). 사이버 공격이 대부분 물리적 차원의 공격과 동시에 이루어진다는 점도 이것이 긴급억지로서 활용되기 어렵게 만드는 요인이다. 이런 속성으로 말미암아 미국 정부는 오랫동안 외부로부터 침입해오는 사이버 공격에 대하여 다양한 방법, 예를 들어 외교적 압박, 경제제재, 국제규범 등을 통하여 '억지'하려는 노력을 기울여왔으며, 미중 간 사이버 안보 협정도 그 일환으로 이해할 수 있다.

한편 사이버 억지의 전략을 수립하는 데 있어 유의해야 할 사항으로 전통적인 억지전략에서 한 단계 더 발전된 개념으로서 '단계적 억지(graduated deterrence)'가 사이버 공간에서는 제대로 작동하지 않거나 더 위험스러운 선택이 될 가능성도 고려할 필요가 있다. 단계적 억지의 개념은 1960년대 초 소련의 공격에 대하여 다양한 수준별로 비슷한 정도의 보복을 가하겠다는 일종의 맞대응 억지전략을 가리킨다. 즉 소련의 수소폭탄 공격에 대해서는 모든 전략 핵무기를 동원하여 보복을 감행하되, 재래식 무기에 대해서는 재래식 무기만으로 보복한다는 원칙을 유지하는 것이다. 하지만 이와 같은 원칙은 탈냉전기에 들어와 더 이상 작동하기 어렵게 되었다. 예를 들어 화학무기와 생물학 무기를 보유하지 않겠다는 협약에 가입한 미국에 대하여 테러집단이 대량살상무기로 공격을 가할 경우, 그에 부합하는 보복수단이 없는 상황에서 이러한 단계적 억지전략이 작동하기 어려울 것이다. 공격의 유형에 맞추어 유사한 대응무기 체계를 갖추고 보복을 통한 억지를 유지하겠다는 것은 비용 면에서나 효과 면에서 그리 바람직한 선택은 아니기 때문이다.

이런 점을 고려할 때 사이버 공격에 대한 별도의 단계적 억지능력을 갖추는 일은 더욱 쉽지 않은 상황이다. 재래식 무기나 핵무기의 공격에 비해 사이버 공격은 대단히 낮은 비용으로 수행할 수 있지만, 사이버 방어는 기술이나 비용 면에서 훨씬 부담이 크다. 따라서 단계적 대응 또는 동등한 수준의 대응으로 사이버 억지의 전략을 실행하는 일은 과거에 비해 더욱 힘든 일이 되어가고 있다. 여기에 더해서 사이버 공간의 행위를 규제할 수 있는 제도와 규범이 존재하지 않는다는 점도 문제를 더욱 심각하게 만들고 있다. 국제정치의 오랜 역사 속에서 분쟁과 관련된 여러 규범체계들이 수립되어 왔는데, 예를 들어 정치 지도자의 암살 금지라든가 민간인 공격 금지 등은 널리 받아들여지고 있는 국제규범이다. 하지만 불가피하게 민간분야에 피해를 줄 수밖에 없는 사이버 공격과 관련한 국제 사회의 규범은 아직 전무한 실정이다. 공격에 비례하여 합법적으로 대응할 수 있는 전쟁법이 사이버 공간에서는 아직 마련되지 않고 있기 때문에 사이버 공격에 대한 단계적 보복조치가 예기치 못한 분쟁의 '상승(escalation)' 효과로 이어질 수 있는 것이다(Sanger et al., 2009).

한편 사이버 공격과 방어 사이의 비대칭성으로 인하여 단계적 억지전략이 제대로 작동하기 어렵다는 점도 사이버 억지를 실행하는 데 중요한 장애요인이 되고 있다. 냉전 초기의 핵억지는 미국과 소련이라는 두 초강대국 사이에 핵공격 능력의 균형과 정책 결정자들의 합리적 판단을 전제로 하고 있었다. 서로 대립하는 두 행위자가 모두 동일한 능력과 사고방식을 공유하고 있다는 전제하에 핵억지 논리가 작동했던 것이다. 예를 들어 1950년대와 1960년대 미국의 정책 결정자들은 소련의 지도자들이 자신들이 느끼고 생각하는 것과 동일하게 위협을 인지하고 합리적 결론에 도달할 것이라는 '거울 이미지(mirror image)'를 통해 핵전략을 수립했다. 이러한 상황은 두 나라의 핵공격 능력, 특히 2차 공격능력을 통한 보복에 서로 취약하다는 점을 인정함으로써 가능한 것으로, 전략무기 체계의 균형으로부터 비롯된 '안정성'이 핵억지의 기반을 이루고 있었다(Payne, 2001).

2) 억지개념의 확대: 연루전략과 사이버 안보 규범, 전략적 재보장

전통적인 억지전략의 메커니즘, 즉 '보복'과 '접근거부'가 사이버 공간에서 쉽사리 작동하지 않는다는 점을 고려할 때 최근 더욱 확장된 형태의 억지전략을 구사할 필요가 있다는 주장에 힘이 실리고 있다. 그중 하나가 '연루(entanglement)' 전략인데, 이것은 상대편과의 정치적·경제적 상호의존성을 강화함으로써 사이버 공격의 결과가 서로에게 피해를 줄 따름이라는 점을 부각시키는 데 초점을 맞춘다. 미국과 중국의 관계는 분명 이런 인식의 공유가 가능한데, 2015년의 미중 합의는 이 같은 상호의존성을 충분하게 인식한 결과라고 볼 수 있다. 이러한 연루전략의 개념을 확장할 경우 '자기억지(self-deterrence)'로 이어질 수 있으며 이는 합리적인 이익을 추구하기 위한 '전략적 자제(strategic restraint)'의 개념과도 일맥상통한다고 볼 수 있다(Posen, 2015). 이러한 상황은 미국과 중국 모두 서로에 대한 사이버 공격을 통해 공격자와 공격대상 모두가 피해를 입을 수 있다는 점을 강조하는데, 보복이나 방어와 별도로 공격행위 자체가 쌍방에 불리한 결과를 초래할 수 있다는 인식에 기반을 둔다.

이런 점에서 최근 미국이 과거에 비해 한층 더 적극적인 방식으로 사이버 안보와 관련한 국제규범을 강화하려고 노력하는 데 주목할 필요가 있다. 국제법과 국제기구가 아직 사이버 안보 문제를 다룰 수 있는 단계에 이르지 못했지만, 미국은 주요 당사국들과의 대화와 협의를 지속하면서 의미 있는 국제규범을 창출하려는 목표를 추진하고 있는 것이다. 여기에는 사이버 안보 관련 국제규범을 수립하고 이를 위반하는 국가와 비국가 행위자에 대해서는 부담을 전가할 수 있는 글로벌 시스템을 구축하는 것이 포함된다. 무엇보다도 '사이버 공격'을 해서는 안 된다는 규범을 '핵무기 선제공격 포기(nuclear non-use)'의 규범과 마찬가지로 국제 사회에서 자타가 준수해야 하는 '강행규범(jus cogens)' 차원으로 격상시키자는 것이 이러한 입장의 근본 취지라 할 수 있다.

아울러 미국은 사이버 공격 행위를 기존의 국제법 규범으로 규제할 수 있는 절차적 메커니즘을 구축하는 데 적극 나서고 있다. 예를 들어 무력충돌법(LOAC: law of armed conflict)에서 금지하고 있는 민간인 또는 민간시설에 대한 공격행위가 사이버 공간에서도 금지되어야 하며, 이를 위반할 경우 정당한 방위 또는 보복이 가능하도록 조문화하는 방향으로 국제규범을 활용하고 있다. 이러한 노력은 북대서양조약기구(NATO) 회원국들과 공동으로 추진하고 있는 탈린 매뉴얼(Tallinn Manual) 작업에서 분명하게 드러나고 있다. 아직 국제 사회의 공식적인 합의에 도달하지는 않았지만, 국제 사회에 공통으로 적용되는 법적 장치를 만들기 위한 노력은 그동안 사이버 안보의 글로벌 규범 수립을 어렵게 만들어온 책임소재 문제에 지나치게 얽매이지 않겠다는 취지를 반영한다. 또한 무력행위를 판단하는 기준을 확대함으로써 국가 행위자가 한층 더 책임 있는 자세로 임할 것을 요구하며, 사이버 공격의 동기나 과정보다는 그 결과를 기준으로 공격의 정당성 여부를 판단하겠다는 의도를 반영하고 있다.

사이버 공간의 안보를 위해 규범을 수립하려는 여러 노력들은 최근 유엔의 후원하에 이루어지고 있는 정부 전문가 그룹(Group of Government Experts: GGE)으로 귀결되고 있다(Nye, 2016; 배영자, 2017: 114~118). 2015년에 발간된 GGE 보고서는 사이버 안보의 위협과 행동규범, 신뢰구축 조치, 국제 협력, 국제법 적용, 미래 이슈 등에 초점을 맞추고 있는데, 새로운 11가지의 사이버 행동규범을 제안하고 있다. 이러한 제안은 크게 '제한규범(limiting norms)'과 '선행(good practices) 및 긍정적 의무(positive duties)'의 두 그룹으로 나눌 수 있다. 제한규범에는 특히 국가가 의도적으로 사이버 범죄 행위를 용인하거나 지원해서는 안 되며, 공급체인 안보를 위한 조치와 더불어 악의적인 활동을 막기 위한 조치를 취할 것을 주문하고 있다. 특히 위기대응 팀(CERT/CSIRTS)을 구축하여 다른 나라와 협력하면서 유엔의 결의를 준수할 것을 강조한다. 선행 및 긍정적 의무와 관련해서는 정보기술의 안정과 안전을 위한 조치, 정보 공개 및 협력, 범죄행위 기소, 기초 인프라 보호, 타국의 지원 요청에 대한 협력, 정보기술 취약성 조치 등에 관한 국가의 의무를 부각시키고 있다.

사이버 억지가 과거의 억지전략과 차별화되는 또 다른 특징으로서 '전략적 재보장(strategic reassurance)'의 요소가 확연하게 부각될 수밖에 없다는 점도 눈여겨볼 필요가 있다. 억지전략과 마찬가지로 전략적 재보장도 지속적인 적대관계 아래 이루어지는데, 다만 전략적 재보장의 경우 적대관계를 유발하는 '취약성'을 활용하여 상대방을 설득한다는 점에서 차이를 보인다. 억지전략의 경우 상대방이 무력을 사용하면 값비싼 대가를 치를 것이라는 점을 설득시키려 하는 반면, 전략적 재보장은 상대방이 무력을 사용하려는 동기 자체를 약화시키는 데 주안점을 둔다. 넓게 보면 이러한 전략은 공포, 오해, 불확실성을 줄임으로써 적대관계 자체를 완화하려는 목적을 지닌다. 이처럼 전략적 재보장은 적대적 관계에 놓인 쌍방의 상호 양보를 이끌어냄으로써 위기를 해소하려는 목적을 지니고 있는데, 1960년대 초 쿠바 미사일 위기는 이러한 협력의 대표적인 사례라고 할 수 있다(Lebow and Stein, 1999).

이처럼 전략적 재보장은 확장억지가 작동하는 우방과의 관계에도 적용될 수 있으며, 정보기술을 통한 상호의존이 비약적으로 증가한 오늘날 사이버 안보 영역에서도 큰 의미를 갖는다. 물론 전략적 재보장이 억지전략과 대비되는 협력 위주의 선택임에도 불구하고 그 실행에서는 전통적인 억지전략에 비해 훨씬 더 어려운 것으로 알려져 있다. 억지전략이 성공적으로 수행되기 위해서는 억지국가의 능력(capability), 신뢰성(credibility), 소통(communication)의 전제 조건들이 충족되어야 하지만, 현실세계에서 이러한 조건을 모두 충족하기는 불가능하다. 특히 방어가 공격에 비해 우위를 차지하는 경우, 현상유지를 원하는 국가가 자신의 우호적인 의사를 상대국에 전달하기 위해서는 일방적인 군비 감축이나 방어적인 군사전략 등 훨씬 더 어려운 선택을 해야만 한다(Jervis, 1982; Tang, 2010). 이와 같이 '억지-협력'의 복합적 접근을 강조하는 시각에서는 정책 결정자들이 완벽한 합리성을 지니고 있다는 과거 억지 패러다임의 전제를 받아들이지 않는다. 오히려 대부분의 정치지도자들이 특정한 목표를 달성하기 위해 자신들에게 제공되는 정보를 선별적으로 받아들이려는 '동기지향적 편견(motivated bias)'을 보이는 경우가 많다는 점에 주목한다. 그래야만 자신들이 기존에 지니고 있던 선입견이나 신념체계에 부합하는 '인지적 일관성'을 유지할 수 있기 때문이다(French, 2014: 74).

이와 같은 '억지-재보장'의 보완적 관계는 오늘날 미국과 중국 사이의 전략적 대결구도에서도 확연하게 드러난다. 미국은 중국의 부상에 대하여 억지와 재보장의 두 가지 목표를 동시에 추진해왔는데, 우선 중국으로 하여금 동아시아의 현상유지를 깨뜨리지 않도록 '억지'하면서 중국이 국제 사회의 책임 있는 당사국으로 행동할 경우 중국의 합법적인 국가이익을 위협하지 않겠다는 '전략적 재보장'을 제시한다. 이 경우 '억지'보다는 '재보장'의 선택이 훨씬 어렵다고 할 수 있는데, 이는 중국 지도부가 지닌 뿌리 깊은 의심과 편견을 극복하면서 동시에 미국의 일관성 있는 신호를 전달해야 하는 이중의 부담을 안고 있기 때문이다(French, 2014: 89~90). 따라서 전략적 재보장을 구사하는 경우에는 훨씬 단호하고도 분명한 메시지를 전달할 필요가 있다. 사이버 공간에서도 이러한 점이 그대로 반영되고 있는데, 네트워크로 연결된 세계화 시대에 전략적 재보장을 통해 상호호혜적인 결과를 도모하려는 취지를 거부하기 어렵다. 문제는 이를 어떻게 달성하는가에 달려 있다. 이런 문제를 고려할 때 전략적 재보장이 보다 포괄적인 맥락에서 억지전략을 포함하는 광범위한 위기관리 패러다임의 한 도구라고 이해할 필요가 있다.

억지전략은 대부분 적국에 대한 영향력을 행사함으로써 특정한 상황이 발생하지 않도록 하는 '조종(manipulation)'이라는 차원에서 논의되고 있다. 하지만 이보다 훨씬 넓은 맥락에서 억지전략이 발생하는 '상황'에 초점을 맞추면서 적국과 더불어 자국의 '위기관리(conflict management)' 전략의 하나로 바라보는 시각도 최근 호응을 얻고 있다. 즉 억지전략은 위기를 관리하는 데 활용할 수 있는 여러 요소들, 예를 들어 분쟁 매개전략, 화해, 유화정책, 설득, 예방전쟁 등 다양한 도구라고 보는 것이다(Rubel, 2012: 684). 억지전략, 특히 맞춤형 억지전략은 위협의 한 형태로 특정한 상황에서 특정한 행동이 일어나지 않도록 하는 데 주안점을 둔다. 하지만 위기관리 전략의 차원에서는 국가와 국가 사이에 보편적 안정이라는 광범위한 목표를 지향하는 경우가 많기 때문에 부정적 위협과 더불어 긍정적 유인책도 포함된다. 전략적 재보장에 동반되는 긍정적인 유인책 역시 이러한 위기관리 차원에서 자주 이용되는 도구라고 할 수 있다. 억지전략을 추진하는 궁극적인 목적이 이처럼 포괄적인 차원의 안정에 있는 것이라면 특정한 상황에 적용되는 정확한 논리와 예측보다는 그러한 상황을 야기한 행위자들의 동기와 이를 다스릴 수 있는 유인책에 대한 관심을 높일 필요가 있다.

4. 미중 사이버 안보 관계의 패러다임 변화와 트럼프 행정부

지난 10여 년에 걸친 사이버 공격의 패턴은 기술적 우위가 여전히 강대국의 전유물이라는 사실을 잘 입증해왔는데, 스턱스넷 공격은 그중에서도 가장 대표적인 사례이다. 그동안 사이버 공격이 사이버 방어에 비해 상대적으로 용이하다는 평가가 지배적이었지만, 방어기술이 발전하면서 이러한 현상이 역전되는 모습도 나타나고 있다(Lindsay, 2013). 그렇다면 바람직한 사이버 전략의 원칙은 어떻게 확립되어야 할까? 핵시대의 억지전략을 그대로 사용할 수 없다면 사이버 공간의 공격과 위협은 어떤 방식으로 이해하고 대비해야 하는 것일까? 미국은 부시와 오바마 행정부를 거쳐 지금의 트럼프 행정부에 이르기까지 국가안보와 경제력 강화를 위한 외교정책의 전면에 사이버 안보를 내세워왔는데, 이 기간 동안 테러리즘과 중국이라는 상대를 겨냥한 미국의 사이버 전략은 점차 다음과 같은 모습으로 진화해왔다(민병원, 2015a).

첫째, 미국은 사이버 억지의 개념이 일회성 사건이나 단순한 선택의 상황에만 적용될 필요가 없다는 점을 강조하고 있다. 일반적으로 분쟁이 일어나지 않으면 억지전략이 성공했다고 평가하는 반면, 분쟁이 일어날 경우에는 그것이 실패했다고 본다. 이와 같은 이분법적 사고는 냉전기의 산물로서, 오늘날 사이버 공간의 복잡성은 그보다 한 단계 더 진화된 형태의 대응전략을 요구한다. 냉전기에는 분쟁과 억지 사이에 하나의 선택만을 요구했지만, 오늘날의 사이버 공간에서는 이 두 가지 현상이 복합적으로 존재하는 경우가 빈번하다. 결국 상황에 따라 억지전략을 구사하거나 아니면 억지를 포기하고 직접 분쟁에 개입하는 양면의 해결책을 구현할 수 있어야 한다. 이러한 복합전략을 효과적으로 구사하는 국가인 이스라엘은 분쟁이 발발할 경우 무력 사용을 할 수 있다는 '위협'과 실제의 '무력 사용'을 동시에 구사해왔다. 이는 장기간에 걸쳐 이스라엘의 전략적 입지를 강화시켜 왔는데, 이와 같이 억지와 무력 사용을 중첩적으로 운용하는 전략을 '누적적 억지(cumulative deterrence)'라고 한다(Sterner, 2011: 70). 사이버 공간에서도 이와 마찬가지로 공격과 억지의 두 전략을 동시에 구사하는 접근방법에 관한 개념화가 요구되고 있는 것이다.

둘째, 억지를 추구하는 데 있어 적이 바라는 바가 무엇인지를 파악하여 이를 수용함으로써 스스로 '자제(restraint)'를 하도록 한다면 굳이 대결구도로 확산되지 않더라도 억지의 목표를 달성하게 된다. 사실 사이버 억지를 구현하는 데 있어서도 냉전기와 마찬가지로 '보복 위협을 통한 억지'와 '거부를 통한 억지'의 두 가지 방법을 모두 활용할 수 있다. 공격의 책임소재를 가리는 일이 쉽지 않지만, 대규모의 사이버 공격을 예방하고 구체적으로 진원지를 추적할 수 있는 기술도 가능하기 때문이다. 하지만 보복 위협이나 방어 이외에도 궁극적으로 적의 자제를 유도함으로써 억지효과를 낼 수도 있다. 예를 들어 경쟁관계에 놓여 있는 적국이 노골적인 공격행위를 취하는 대신 스스로 자제한다면 훨씬 더 매력적인 결과가 보장될 것이라는 확신을 주는 전략이 가능하다. 이를 위해서는 상대방의 이해관계와 선호를 파악하고 있어야 하며, 어느 정도 수준의 제안을 해야 상대를 설득할 수 있는지 고민해야 한다. 이와 같이 상대방의 공격 가능성과 선호를 고려한 다양한 형태의 대응조치를 추구하는 전략을 '맞춤형(tailored) 사이버 억지'라고 부른다(Kugler, 2009: 328~331).

맞춤형 사이버 억지는 특히 강대국에 대한 전략을 추구하는 데 유용한 대안이 될 수 있는데, 과거 핵억지의 경험에서 그 유래를 찾을 수 있다. 원래 핵보유국과 비보유국 간의 비대칭적 관계에서 핵무기를 이용한 억지전략은 신뢰성 있는 메시지를 전달하기 어려운 것으로 알려져 왔다. 핵무기는 '사용할 수 없는 무기'라는 '금기(taboo)'의 관행이 작동한다는 사실을 서로 간에 인지하고 있을 경우, 핵무기를 보유하고 있다는 사실 자체가 스스로의 선택을 제한하는 억지효과를 유발하기 때문이다. 상대방을 억지해야 할 핵무기가 '사용할 수 없는' 속성으로 인해 자기 자신의 행동도 억지하는 역설적인 결과, 즉 '자기억지'가 초래되는 것이다(Paul, 2009: 18~19). 사이버 공격 능력이 비대칭적으로 분포된 상황에서도 이와 같은 자기억지의 가능성이 존재하는데, 미국과 같이 압도적인 능력을 갖춘 나라들이 그 능력에 비례하여 사이버 위협에 노출되어 있다는 점은 앞서 언급한 바와 같다. 따라서 사이버 공격을 시도하는 국가나 사이버 억지를 추구하는 국가 모두 상대방의 사이버 공격 및 방어 역량, 그리고 이해관계에 따라 적절한 맞춤형 전략을 모색할 필요가 있다.

셋째, 사이버 억지의 관념이 지나치게 '갈등'의 상황을 전제로 하고 있다는 점을 고려하여 그 한계를 극복하기 위한 포괄적 대안으로서 '재보장(reassurance)' 전략으로 전환해야 한다는 미국 내 목소리가 높아지고 있다. 과거 냉전의 산물인 억지전략은 '받아들이기 어려운(unaccpetable) 피해'를 가하겠다는 위협을 상대방에게 전달함으로써 목표를 달성하려는 것이었다. 만약 이러한 관계의 이면에 존재하는 '위협의 상호의존성'을 쌍방이 인식한다면, 위협과 억지의 실패로 인한 분쟁 가능성 대신 협력을 통한 상호 이익의 가능성을 부각시킬 수 있을 것이다. 이와 같이 상대방에 대한 '동기' 부여를 통해 자발적인 억지를 유도하는 전략이 바로 재보장 전략이다. 억지전략이 기존의 권력관계를 유지한다는 전제하에 추진되는 전쟁 방지의 수단이라면, 재보장 전략은 상대방의 선호도와 취약성을 간파하여 선의의 이해관계 증진을 목표로 한다. 이런 점에서 재보장 전략은 '자기억지'를 유도하고 협력의 규범을 지향하는 혼합전략이라고 할 수 있다(Lebow and Stein, 1987: 64).

재보장 전략이나 자기억지의 개념은 다양한 정치적 행위자들 사이에 복잡한 상호의존 관계가 형성된 경우 유용하다. 사이버 공간의 특성상 네트워크의 연결과 교류를 통한 상호의존성은 우호적 관계와 적대적 관계를 동시에 포함하고 있기 때문이다. 국가관계가 오로지 적대적인 관계로만 이루어진 경우는 거의 없으며, 대부분 협력적 관계와 적대적 관계를 동시에 유지하는 것이 관례이다. 또한 이러한 협력과 갈등 관계는 시간과 장소, 상황에 따라 그 성격이 수시로 변화한다. 이런 점에서 네트워크상에서 이루어지는 적대적 관계의 이면에 자리 잡고 있는 '우호적 점령(friendly conquest)' 현상에 주목할 필요가 있다. 우호적 점령이란, 사이버 공간에서 행위자들 사이에 자발적인 교류를 통해 발생하는 상호의존 상태를 기반으로 한 나라가 다른 나라에 영향력을 행사하는 상태를 가리킨다. 점령의 우위를 지닌 국가는 상대국에 대하여 지속적인 접촉의 요구를 창출함으로써 선호와 가치체계를 통제할 수 있게 된다(Libicki, 2007: 126). 이와 같은 우호적 점령은 '적대적 점령'이 일어나기 전부터 상대방의 시스템에 침투하고 상호의존적인 관계를 강화함으로써 이탈비용을 증가시키고 억지효과를 부과하는 데 효율적이다(Yannakogeorgos, 2012: 107). 사이버 공간의 기술적 우위를 점령하고 있는 미국은 일찌감치 이러한 우호적 점령을 통해 적대국들과도 연결망을 유지해왔다. 만약 미국과 중국 사이의 갈등으로 인해 이러한 인터넷 구조가 붕괴된다면 미국과 중국 모두 '우호적 점령'으로 인한 피해로부터 자유롭지 못할 것이라는 점은 분명하다.

넷째, 사이버 공간에서 제기되는 위협을 '비정상적인 위기'로 인식하기보다 항상 겪을 수밖에 없는 정상적 상태, 즉 '신(新)일상성(new normalcy)'으로 간주해야 한다는 주장에 주목할 필요가 있다. 이러한 시각은 안보담론의 지나친 확장 대신 한정된 자원으로 외부의 위협에 적절하게 대처해야 한다는 우려를 반영한다. 예를 들어 미국이 테러와 사이버 공격에 대한 최적화된 방어 시스템을 구축하는 데 심혈을 기울여왔지만, 투입된 노력과 자원에 비례하여 그 성과가 확연하게 개선되었다고 보기는 어렵다. 이런 점에서 자원과 위협의 인식 사이에 적절한 균형이 필요하다는 주장은 타당하다. 특히 일상생활에 상존하면서 지속적으로 진화를 거듭하는 사이버 위협을 '신(新)일상성'으로 간주할 경우, 그에 대한 대응전략은 직접적인 억지를 뛰어넘는 근본적인 변화를 요구한다. 질병을 완벽하게 퇴치하는 대신 적절한 수준에서 통제하려는 보건전략과 마찬가지로, 웬만한 수준의 사이버 공격을 감내하며 사회적 부담의 한도 안에서 합리적으로 이를 통제하려는 억지전략이 더 바람직한 대안이 될 수 있기 때문이다(Korns, 2009).

이상의 패러다임 변화를 고려할 때, 조지프 나이(Joseph Nye)가 언급한 대로 미국의 억지전략이 '보복'과 '접근거부'로부터 '연루'와 '규범'으로 확대 개편되고 있다는 지적은 옳다. 이러한 지적은 사이버 안보 영역에서도 그대로 적용된다. 우선 '보복'을 통한 억지전략은 핵공격과 같이 공격자의 신원을 분명하게 확인할 수 있는 경우에는 효과가 있지만 사이버 공격과 같이 이를 특정하기 어려운 경우에는 효과가 반감된다. 또한 공격의 목표가 어디인지도 불투명한 상황에서 '보복의지'를 천명하기란 쉬운 일이 아니다. 또한 '접근거부'를 통한 억지전략 역시 공격자가 비대칭적 우위에 있는 사이버 공격의 특성상 채택하기 어렵다. 다만 최근 들어 다양한 방어기술이 도입되기 시작하면서 공격자의 의도를 약화시키는 '회복력(resilience)'이 점차 강화되고 있는데, 이로 인해 '접근거부'의 선택이 보다 가능해질 것으로 전망되고 있다(Nye, 2016: 55~58).

한편 '연루' 전략은 넓은 의미의 억지전략으로서, 공격으로 얻는 이익보다 비용이 더 크다는 점을 상대방에게 인식시키는 데 주안점을 둔다. 앞서 언급한 '재보장'의 전략과 일맥상통하는 것으로서, 사이버 공격을 시도할 경우 공격자가 감수할 비용도 크기 때문에 가능하면 '현상유지(status quo)'를 하는 것이 더 도움이 된다는 점을 확신시키는 전략이다. 다시 말해 연루전략은 상대방이 합리적 행위자라면 이익과 비용을 계산하여 공격을 하지 않는 편이 바람직하다는 메시지를 담고 있는 것이다. 마찬가지로 '규범' 전략은 사이버 공격으로 초래될 수 있는 '평판도(reputation)' 하락을 강조하는 전략으로서, 상대방의 명성이나 위신 등 '소프트파워'가 중요하다는 점을 부각시키는 데 초점을 맞춘다. 이 경우도 연루전략처럼 공격자에게 비용을 부과한다는 점에서 유사하지만, 규범체계가 작동하기 위해서는 어느 정도의 익명성이 보장되어야 한다는 점에서 차이가 있다. 예를 들어 '핵무기 선제공격 포기' 원칙이나 화학무기 사용금지 원칙 등과 마찬가지로 사이버 공격을 먼저 수행하는 나라에게 국제규범을 위반했다는 멍에를 씌움으로써 포괄적인 억지를 추구하는 것이다(Nye, 2016: 58~62). 이처럼 미국의 사이버 안보 전략은 과거에 좁은 의미로 통용되던 억지의 개념을 넘어 한층 포괄적인 형태로 탈바꿈하고 있다.

한편 2017년 2월 출범한 트럼프 행정부는 미국의 본격적인 사이버 안보 정책을 수립하는 일과 관련하여 다음과 같이 몇 가지 방향을 정해놓고 있다. 첫째, 트럼프 대통령과 행정부 주요 인사들은 과거와 마찬가지로 '사이버 위협(cyber threats)' 및 '사이버 안보(cyber security)'의 중요성에 대해 충분히 인지하고 있다는 점을 강조한다. 이는 대통령 선거기간 중에도 여러 차례 언급되었으며, 정권 출범과 더불어 사이버 안보를 위한 종합계획을 수립하도록 지시하겠다는 의지를 분명히 드러낸다. 둘째, 트럼프 행정부는 정부기관, 기업, 무역기밀 등을 대상으로 하는 사이버 위협을 강조하면서, 이것이 미국의 국가안보에 최우선 순위로서 '국방부'와 '합참', 특히 사이버 사령부(Cyber Command)의 기능과 책임이 중요하다는 점을 강조한 바 있다. 이것은 9/11 테러 이후 미국 안보의 구심점이 국토안보부로 이동했던 이전 행정부의 추세와 비교하여 눈에 띄는 변화라고 할 수 있다. 아울러 정보 및 사이버 안보와 관련하여 국가안보국이 중요한 역할을 맡아왔다는 사실을 고려할 때 새로운 행정부의 무게 중심이 군 관련 기관으로 이동하고 있다는 점은 트럼프 행정부의 사이버 안보 정책에 미묘한 방향 전환을 예고한다.

트럼프 행정부는 해외로부터 제기되는 사이버 위협에 대해 '방어'도 중요하지만 미국이 지니고 있는 기술력을 바탕으로 한 '공격'과 '무기체계'의 우위를 강조하고 있다. 이런 점으로 미루어 보아 미국의 향후 사이버 안보 방향은 그동안의 방어적 성격에서 한층 공격적인 형태로 전환할 것이라 전망된다. 이와 같은 변화는 일찍이 오바마 행정부 후반부에 시작되기는 했지만, 특히 트럼프 행정부에 와서 더욱 강화되고 있다. 눈에 띄는 또 다른 변화는 미국의 사이버 안보를 위협하는 주체로서 '중국'이 미국 외교정책의 전면에 부각되고 있다는 점이다. 사이버 안보 이슈가 북한이나 러시아, 이란 등 다양한 국가에 연계된 형태로 다루어지던 이전 행정부의 모습과 편차를 보이고 있는 것이다. 지난 미국 대선에 사이버 공격을 통해 개입한 것으로 의심을 받고 있는 러시아에 대해서는 상대적으로 언급을 회피하면서도, 트럼프 대통령은 선거기간 내내 미국의 위성 시스템과 정부기관, 연구 개발 시스템 등에 대한 중국의 해킹 시도를 적극적으로 비판해왔다. 중국과 러시아가 적대적 속성에서 동일한 국가가 아니라고 인식하고 있는 것이다(Billingsley, 2016).

이러한 사실은 트럼프 행정부에 들어와 중국의 대미 해킹의심 사례가 증가하고 있다는 점과 밀접하게 연관된다. 2017년 11월 미국 연방검찰은 중국의 해킹그룹으로 추정되는 보안업체 '보유섹(Boyusec)' 관계자들을 기소했는데, 이들은 무디스와 지멘스 등의 기업 네트워크에 침입하여 정보를 빼낸 혐의를 받고 있다. 또한 미중 사이버 안보 협정이 체결된 이후에도 중국 61398부대는 지속적으로 활동하고 있는 것으로 드러난 적이 있는데, 2016년 12월에는 이 부대가 미국 연방예금보험공사(FDIC)를 해킹한 것으로 알려져 있다. 이와 같은 변화는 2년 전의 미중 사이버 안보 협정이 미국의 정권 교체를 거치면서 새로운 국면에 접어든 것이 아닌가 하는 의구심을 자아낸다. 외교와 무역, 군사 문제 등에서 이전 정부에 비해 한층 공세를 강화하고 있는 트럼프 행정부에 대하여 중국이 과거의 신사협정을 충실하게 준수할 것인지는 아직 불명확한 상황이다.

5. 맺는 말

2015년 체결된 미중 사이버 합의는 새로운 가상공간에서 벌어지는 군사적 위협을 줄이기 위한 강대국 사이의 첫 협상이라는 점에서 '최초의 사이버 군비통제'라고 불릴 만하다(Litwak and King, 2015). 하지만 미국과 중국 등 국가 행위자 사이의 합의가 사이버 공간에서 벌어지는 모든 종류의 불법행위를 차단 및 방어하는 데 한계가 있는 것이 사실이다. 무엇보다도 비국가 행위자에 의한 사이버 공격 행위를 감시하고 처벌하는 일이 쉽지 않기 때문이다. 그럼에도 불구하고 이 협정은 글로벌 차원에서 최초로 이루어진 주요 국가들 사이의 사이버 안보 관련 합의라는 점에서 의미가 크다. 유엔에서는 사이버 공간이 지구화 추세의 중요한 요소로서 해양, 공중, 우주와 더불어 '글로벌 공유재(global commons)'라는 점을 천명한 바 있는데, 이러한 공유재로서 사이버 공간에 대하여 기존의 주권국가들이 공동의 인식을 보유하고 거버넌스 체계를 수립하는 데 동의하는 첫 단계를 달성한 것이기 때문이다.

미국은 오랫동안 주요한 '적(enemy)'을 상정하고 그에 맞춘 외교정책의 방향을 설정해왔다. 제2차 세계대전 당시의 독일과 일본, 냉전기의 소련, 탈냉전기의 테러리즘은 미국의 안보에 위협을 가하는 제1의 적으로 간주되었으며, 미국의 국가적 역량은 이들에 대한 대책을 마련하는 데 집중되었다. 경제적 차원에서는 냉전 말기의 일본과 21세기의 중국이 미국의 국가이익을 위협하는 존재로 간주되었는데, 특히 중국은 동아시아에서 미국의 위상을 위협하는 중요한 도전자로 인식되고 있다. 여기에는 경제력이나 군사력뿐만 아니라 중국의 막강한 기술력을 기반으로 한 사이버 공격 능력도 포함되어 있다. 2015년의 미중 간 합의가 서로에 대한 지나친 침해와 공격을 자제하고 시진핑이 언급했던 '신형 대국관계'를 지향하게 될 것인지는 여전히 불투명하다. 하지만 두 강대국이 새롭게 등장하고 있는 사이버 공간을 둘러싸고 벌어지는 경쟁을 조율하면서 동시에 국제 사회의 행동규범과 거버넌스 체계를 구축하는 데 있어 선두주자의 역할을 수행할 것이라는 점은 분명하다.

제3부

미중 무역·금융 경쟁의 정보세계정치

U.S.-China Competition in the Emerging Stage: A Perspective of World Information Politics

제7장

손열 (연세대학교 국제학대학원 교수)

미국과 중국의 아태지역 무역 아키텍처 경쟁과 협력

내장된 자유주의 2.0을 향하여

1. 서론

1945년 이래 아태 지역의 무역질서를 규정하는 아키텍처는 여러 차례 변화를 거듭해왔으나, 기본적으로 자유주의적 질서로 진화해왔다고 평가할 수 있다. 여기에는 시장 행위자의 선호와 국가의 전략적 결정이 개입되어왔으며 그 결과 무역과 안보 간 연계(nexus)가 다양한 방식으로 이루어져 왔다. 세계 양대 경제국인 미국과 중국 간의 무역관계도 예외가 아니어서 미국은 1970년대 중국과의 데탕트 이래 경제적 연계를 확장하는 정책을 지속적으로 추구해왔으며, 아울러 경제관계의 안정화와 확대를 향한 정치외교적 노력도 경주해왔다. 이와 함께 일본을 중심으로 한 무역-투자 네트워크와 화교(華僑) 중심의 동남아시아 경제 네트워크가 상호 교차하면서 아태 지역은 안정적·발전적 제도 환경의 기반을 마련했다. 시장 네트워크의 확산과 심화에 따라 이를 제도화하고자 하는 다양한 노력들이 수반되었던바, 시장 자유화를 추구해온 아시아태평양경제협력체(APEC)가 대표적 사례라 할 수 있다. 결과적으로 중국은 미국이 주도한 아태 지역의 안정과 발전의 최대 수혜자라 할 수 있다. 1978년 개혁개방과 함께 눈부신 경제성장을 거듭한 이면에는 이러한 자유주의 제도

환경이 자리하고 있었다.

그러나 21세기 들면서 중국의 경제적 부상은 역내 무역질서의 변화를 야기하고 있다. 본래 아시아의 성장은 대외지향형, 수출주도형 산업화의 결과로 이루어져 왔기 때문에 무역정책은 국가 경제정책의 대단히 중요한 요소로 간주되어왔다. 냉전기 아시아의 자유진영은 미국으로부터 개방된 무역체제를 제공받았고, 또한 자국의 중상주의적 일탈행위를 일정하게 관용받는 혜택을 누렸다(Ikenberry, 2002). 냉전체제가 끝난 이후 일본, 한국, 대만 등 아시아 국가들은 미국이 경제적 유인에 근거하여 강력한 압박을 가하는, 이른바 공격적 일방주의(aggressive unilateralism)에 직면해야 했다. 특히 중국은 미국 경제의 상대적 쇠퇴에 따라 미국으로부터 보다 강한 압력에 직면하게 된다. 다시 말해서 미국은 중국의 부상에 자국의 이익에 부합하는 방향으로 관여하고 견제하는 전략을 본격화하는 반면, 중국은 차별적 성장에 따라 역내 정치적 영향력을 신장하면서 성장을 지속할 수 있는 무역체제를 지탱하며 주변국 혹은 경쟁국들에 대해 무역을 통해 자국의 경제적·정치적 영향력 확대를 꾀하고 있다.

이렇듯 미중 무역관계는 경제-안보 연계에 의해 규정될 수 있다. 일반적으로 무역에 따른 경제적 이익과 안보적 이익이 상호 교차·연계되는 가운데 양국 관계가 형성·진화한다는 점은 주류 국제정치 이론들 공히 인정하고 있다. 무역의 확대에 따른 경제적 상호의존이 자국 내 평화이익(peace interest)을 확장시켜 평화적 외교정책을 이끈다는 자유주의 이론이나, 국가는 무역에 따른 상대적 이득(relative gain)에 민감하다는 전제하에 무역 상대가 동맹국이면 긍정적 외부효과(positive externality)를 기대하며 무역을 확대하는 반면, 상대가 경쟁국/적국일 경우 안보 비경제(security diseconomy)라는 측면에서 무역의 축소를 추구한다는 현실주의 모두 안보이익과 경제이익 간 연계에 주목하고 있다(Gowa and Mansfield, 1993). 구체적으로, 허시만(Hirschman, 1945)은 무역을 통한 경제적 상호의존이 비대칭적으로 이루어질 경우 상대국에 대한 정치적 영향력의 행사에 영향을 준다는 점을 지적한다. 특정 국가가 상대국에 대한 무역의존도가 클 경우, 상대국과의 무역 중단 혹은 축소에 따른 상대적 손실이 크게 됨에 따라 그 국가에 대한 외교정책적 자율성을 훼손한다는 것이다.

이 글은 아태 지역의 무역 아키텍처 진화를 경제-안보 연계 측면에서 분석하고자 한다. 아키텍처 설계의 주역은 미국이 맡아왔고, 21세기 들어 중국이 경합하는 양상이다. 현재 미국과 중국은 세계 최대규모이자 세계 경제의 성장

동력인 아태 시장을 규율하는 질서 건축에서 주도권을 장악함으로써 경제적 이득을 확보하는 동시에 전략적 영향력의 우위를 점유하고자 경쟁하고 있다. 그 주요 무대는 양자 및 다자로 엮어지는 무역협정의 네트워크 아키텍처이다. 미중 양국은 자국이 제정하는 지역 아키텍처에 행위자들을 편입시키고자 경쟁하고 있다. 여기서 관건은 강대국의 물리적 능력, 질서제공 능력, 그리고 정당한 권위의 확보, 즉 주변국에 대한 권력의 정당화라 할 수 있다. 주변국은 강대국을 구속하고 힘의 사용에 제한을 가할 수 있는, 즉 강대국이 시장개방 기조를 유지하면서 비대칭적 권력을 사용하여 상대국을 압박하지 않는 무역질서를 선호하므로, 이런 방향으로 콘텐츠를 제공하는 강대국에 정당한 권위를 부여하게 된다. 여기서 콘텐츠의 핵심은 무역 플랫폼 혹은 무역의 운영체제라 할 수 있다.[1] 이 글은 아태 지역에서 크게 네 차례의 플랫폼 진화가 이루어져 왔음을 보여주면서 미중 간 경쟁과 협력의 양상을 조명하고자 한다.

2. 플랫폼 1.0: 내장된 중상주의(embedded mercantilism)

아태 지역 냉전기의 무역질서로서 플랫폼 1.0은 제2차 세계대전 후 지구적 패권국으로 등장한 미국의 아키텍처이다. 미국은 지구적 공공재의 제공, 즉 개방된 국제경제 질서를 건축하고 유지하는 책임을 수행하는 한편 이를 자국에 유리하도록 (자국의 냉전적 목표를 성취하도록) 활용할 능력을 갖고 있었다 (Ikenberry, 2001). 1930년대 독일이 주변국들과 무역을 확장하여 이를 정치적으로 활용한 것처럼 미국은 소련에 대항하여 동맹국들에게 경제원조와 시장

1) 다른 글에서 필자는 무역 아키텍처 주도력의 구성요소로서 주도국의 혁신역량을 기반으로 네트워크 연결성, 보완성, 효율성, 사회적 가치를 제시한 바 있다(손열, 2011). 혁신역량이란 주도국이 보유하는 능력으로서 단순히 경제력, 군사력이 아니라 경제의 새로운 패러다임을 이끌 수 있는 혁신능력이라 할 수 있다. 둘째는 연결성, 즉 참가국 간의 상호 연결 정도 및 연결확장성(scalability)을 말한다. 이 경우 지리적으로 참가국을 고정해놓은 선단모델(convoy model)보다는 특정한 기준을 설정하고 이를 만족시키는 국가를 참여하게 하는 클럽모델(club model)이 유리하다. 셋째, 보완성 혹은 상호보완성(complementarity)으로서 참가국 간 산업적 경합보다는 상호보완적 분업을 가능하게 하는 플랫폼을 구성할 경우 구성원 간에 상대적으로 강한 구속력과 동질성을 획득할 수 있다. 넷째, 효율성은 제도가 결과를 가져온다는, 즉 경제적 성과를 가져온다는 기대가 전제될 때 참가국을 확보할 수 있다. 이는 결과중심적 접근을 강조하는 것이라 하겠다. 끝으로 경제적 효율성과 사회적 가치/공생의 가치 간의 균형이 이루어질 때 무역질서에 대한 행위자 간/국가 간 동의와 합의가 이루어질 수 있다.

개방 등 경제적 유인을 제공하여 안보적 이익을 확보하고자 했다. 세계 경제의 안정이 미국의 지정학적 지위와 핵심 가치를 수호하는 데 대단히 중요함을 인식한 까닭이다(Leffler, 1992: 2~3). 이런 차원에서 미국은 유럽에 마셜 플랜(Marshall Plan)을 제공한 것처럼, 아시아의 일본, 한국, 대만 등 냉전 최전선에 위치한 국가들에 대해 경제지원과 비대칭적 시장개방을 통해 전략적 이익, 즉 소련의 봉쇄와 서방 진영의 안정과 결속을 꾀했다. 아시아의 파트너들은 미국이 제공한 광범위한 자유주의적 다자질서(GATT) 아래 '법치'와 '개방경제' 등 핵심 개념과 목표를 수용하는 동시에 자국의 경제발전을 위해 중상주의적 경제통상 정책을 추진했고, 미국은 이를 용인했다. 이러한 냉전의 합의 이면에는 미국이 물리적 권력의 정당화를 지속적으로 추구했다는 점, 즉 강력한 군사력과 경제력, 압도적인 기술혁신 능력, 양자주의적 경제 결속을 통해 안보 파트너 국가들로부터 불균형 권력(unequal power) 질서에 대한 정당성을 확보하고자 하는 노력이 존재했다. 냉전질서는 아시아 국가들에게 미국만의 이익을 강요하는 질서라기보다는 미국이 주도적으로 제시한 규범, 규칙에 대해 아시아 국가들과의 교섭과 합의의 결과로 드러난 질서였다. 따라서 미국 패권이 규범과 규칙에 의해 일정하게 제어하는 측면이 있었다는 것이다(Goh, 2012). 이는 냉전하에서 미국의 지정학적 지위에 더하여 압도적인 경제력, 그리고 안보적 고려를 우선시하는, 즉 경제와 안보를 일체화하는 통상정책(혹은 더 넓게 대외 경제정책)에 의해 가능했다고 볼 수 있다. 생산, 투자, 금융, 기술 모든 면에서 미국은 상대국에 대해 지배적인 위치를 차지하고 있었으며 또한 내수 시장이 크고 자급자족의 정도가 높아서 정책 결정자들은 안보의 논리를 위해 자본의 논리를 일정하게 타협·희생하는 통상정책을 추진할 수 있는 여유를 가질 수 있었다(Block, 1977).

1970년대 들면서 미국이 주도하는 냉전질서는 동요하기 시작한다. 1960년대 베트남전의 수렁에 빠지면서 미국 경제는 인플레로 경제력의 상대적 쇠퇴가 가시화되었다. 리처드 닉슨(Richard Nixon)의 등장과 함께 지구 공공재를 제공하는 패권국으로서 미국의 위상이 하락한다. 데탕트를 추진하는 한편, 경제적으로도 고정환율제를 포기함으로써 브레튼우즈 체제가 붕괴되었다. 두 차례 석유위기, 만성 인플레, 경상수지 적자와 재정적자란 쌍둥이 적자를 겪으면서 미국은 현저한 경쟁력 쇠퇴를 겪었고, 미국 질서에 대해 도전하는 움직임, 예컨대 신국제경제 질서(NIEO)와 같은 구미 선진국이 주도하는 경제질서에 대한 도전세력들이 등장했다(Krasner, 1985). 이런 속에서 미국의 통상정책은 국내 정치에서 주요한 이슈로 부각되었고, 국내 정치적으로 동아시아 국가들에게 그간 용인되어왔던 중상주의적 행태에 대한 강력한 비판이 등장한다(Destler, 1992). 1970년대 초반 미국은 일본의 수출에 여러 제한을 본격화했으며, 닉슨 대통령 시절 당시 재무장관인 존 코널리(John Connally)는 일본이 공정무역(fair trade)을 하지 않을 경우 대미 수출이 중단될 것이라는 위협을 가하기도 했다. 이 시기 미국은 한국과 대만 등의 경공업(면직물 등) 수출에도 서서히 제한을 가하기 시작했다.

3. 플랫폼 2.0: 자유화와 시장개방

아태 지역의 무역 플랫폼 2.0은 탈냉전과 함께 일본과 호주의 주도로 창설된 APEC을 대표로 하는 자유화(liberalization)라 할 수 있다. 냉전체제가 붕괴하는 과정에서 등장한 APEC은 미국이 동아시아와 직접적으로 연결, 아시아 태평양이란 지역횡단적 공간을 구성하여 단일 경제권을 구축하기 위한 플랫폼이며 그 핵심 키워드는 경제적 자유화였었다. 냉전기 정치경제 아래에서 미국이 지정학적 목표를 고려하여 동아시아 국가들이 중상주의적 정책을 취하는 것을 용인해주었던 반면(Pempel, 1998), 냉전 말기인 1980년대와 1990년대 들면서 미국은 막대한 경사수지 적자와 재정적자, 이른바 쌍둥이 적자로 곤경에 빠지면서 막대한 무역수지 흑자를 내고 있는 아시아 무역 파트너들에게 강력한 경제적 압박을 전개하게 된다. 냉전 해체에 따라 무역 안보화가 약화되면서 경제논리와 미국의 국내적 요인이 강조되는 추세가 형성된 것이다. 이른바 '공격적 일방주의(aggresive unilateralism)'로 개념화되듯이 미국은 일본을 필두로 한국과 대만을 불공정 무역 행위자로 지정하여 상계관세 등으로 보복하고 상대국 시장 개방을 강요했다(Prestowitz, 1992; Tyson, 1992). "수퍼 301조"가 상징하는 것처럼 미국 상무부와 통상대표부는 자국법이 부여하는 권한을 불공정 국가를 선별하는 데 사용하면서 마치 자유무역 레짐의 수호자인 것처럼 행동했다. 이는 분명 국제 레짐의 일반적 규칙과 관행에 어긋난 것이었으나 미국의 압도적인 국제적 지위가 이를 특권으로 허용했다.

이러한 양자적 조치와 함께 미국은 아태 공간에서 APEC이란 다자 경제 틀을 통해 탈규제(deregulatation)와 개방을 핵심 가치로 하는 자유화 목표를 강력히 추진했다. 미국은 경제발전의 정도에 따라 회원국들에게 자유화의 속도와 정도에 차별을 허락했지만 자유화 자체에 대한 요구는 강력하여, 심지어 역내 최선진국인 일본마저도 불만을 표시했고, 미국이 야심적으로 추진한 조기자율분야별자유화(EVSL) 계획은 결국 실패로 돌아갔다(Krauss, 2004). 미국의 신자유주의 이념이 '자유화'란 개념으로 플랫폼 2.0의 핵심 가치가 되었으나 회원국들은 이에 자발적·준자발적 동의를 부여하지 않았다. 이런 가운데 1997년 동아시아 금융위기가 발생했고, 미국과 APEC은 회원국들에 대한 직접적인 지원조치를 국제통화기금(IMF)의 처분에 맡김으로써 동아시아 국가들의 신뢰를 상실하는 결과를 가져왔다(Higgott, 1998).

패권국이 주변국들에 대한 파트너십, 규범과 규칙에 대한 교섭과 합의보다는 강요를 선택할 때 질서는 동요하게 되고, 그 결과 신흥 세력이 부상할 수 있는 공간이 열리게 된다. 중국의 부상이 그것이다. 중국은 경제성장률의 차별적 우위를 배경으로 경제적 영향력을 급속히 확대해왔다. 현재 중국은 주위 국가들에게 예외 없이 최대 무역 상대국이고 최대 수출시장이어서 후자는 전자와 비대칭적 상호의존 관계를 맺고 있다. 앞서 언급했듯이 허시만(1945)에 의하면 한 국가가 거래하는 상대 국가에 비해 상호교역 관계에 대한 의존도가 높다면 교역관계가 축소되거나 중단될 때 초래되는 비용이 더욱 클 것이므로, 교역의존도가 낮은 국가의 상대적 협상력이 증대된다. 따라서 약자(즉 거래 상대국에 대한 상대적 의존이 높은 국가)로 하여금 자국의 경제정책과 외교정책을 강자(즉 거래 상대국에 대한 상대적 의존이 낮은 국가)의 선호에 맞추는 결과를 가져올 수 있다. 이런 점에서 중국은 주위 국가들에게 상당한 경제적 영향력을 확보해왔다.

이러한 중국의 부상은 2000년대 들면서 가시화되었다. 여기서 특기해야 할 점은 미국의 역할이다. 미국은 중국의 평화적 부상을 지지하면서 로버트 젤릭(Robert Zoellick)이 말한 국제 사회의 "책임 있는 이해 당사자(responsible stakeholder)"가 되도록 지원했다. 그 대표적 사례는 2001년 중국의 세계무역기구(WTO) 가입에 대한 미국의 지원이었다. 이를 계기로 양자 간 무역은 폭발적으로 증가했으며 중국의 대외 무역관계도 급격히 팽창했다.

2000년대 들어 아태 지역에서는 양자 자유무역협정(FTA)이 우후죽순처럼 쏟아져 나왔다. 유럽에서 1985년 유럽공동체(EC)가 시장통합백서를 유럽 의회에 제출하고 1993년 유럽연합(EU)와 함께 완전한 시장 통합의 길을 걷게 되었고 미국, 캐나다, 멕시코 3국이 1992년에 북미자유무역협정(NAFTA)을 결성하자, 동아시아 국가들은 서로가 지역을 단위로 한 FTA를 결성하지 않으면 세계시장에서 협상력(bargaining power)을 잃게 될 것이라 믿게 되었다(Munakata, 2006: 146). 또한 동아시아 금융위기가 역내 국가들에게 "전염(contagion) 효과"를 통해 서로 간에 경제적 상호의존이 대단히 심화되어 있음을 상기시켜준 계기였던 만큼 역으로 위기는 이들 간의 협력의 필요성을 인식시킨 계기가 되었다.[2) 한편 WTO 등 기존 다자기구의 무역 자유화 추진이 정체되면서 FTA 추진은 가속화되었다. 1999년 시애틀에서 뉴밀레니엄 라운드가 실패한 이래 도하개발어젠다(DDA)가 지지부진하고 APEC이 자유화를 추동하지 못함으로써 한계를 드러내는 가운데 동아시아 국가들은 양자 FTA를 통해 시장의 확보를 꾀하지 않을 수 없는 환경에 처했던 것이다(Dent, 2003: 7; Dobson, 2001: 1004). 이런 배경에서 개별국 단위로 한 양자적 접근이 대두되기 시작했다. 중국은 APT(ASEAN Plus Three)가 출범하자 적극적으로 참여했고 2000년 주룽지(朱镕基) 수상이 중국-ASEAN FTA를 제안한 후 10년 내 FTA 체결에 전격적으로 합의했다. 2002년에는 ASEAN과 연이어 4개의 주요 협정을 맺고 이듬해 ASEAN의 우호협력조약(Treaty of Amity and Cooperation)에 가입하는 최초의 비ASEAN 국가가 되었다. 동아시아에서 양자 FTA 붐의 촉진제 역할을 하게 된 것이다.

4. 플랫폼 2.5: 조절된 자유화

양자 FTA는 대상 국가 간에 자유화 수준을 조정하여 개방에 따른 사회경제적 파급효과를 조절하고 자국의 경제발전 목표와 연계할 수 있는 여지를 가져다주기 때문에 개방을 통한 성장을 원하는 동시에 국내 개혁을 조절하고자 하는 동아시아 국가들이 이를 선호했다. 중국이 ASEAN과의 전격적 합의를 통하여 일본을 포함한 역내 국가들에게 강한 충격을 주면서 여타 국가들이 FTA 편

2) 통화부문에서의 협력이 그 대표적 사례이다. Richard Higgott, "From Trade-Led to Monetary-Led Regionalism," UNU/CRIS e-Working papers 2002-1, T. J. Pempel, "East Asia Institutionalizes Finance," Paper presented at Conference on "Regionalization and the Taming of Globalisation?," held by CSGR at the University of Warwick, October 2005.

승하기(bandawagon)에 나섰고, FTA 따라잡기의 동학이 전개되었다. 특히 중국은 경제발전 수준에 맞는 중범위 FTA 전략을 추진함으로써 상대적으로 체결이 용이한 상황을 만들어냈고 이러한 전략이 역내로 확산되는 결과를 가져왔다.

중국이 점증하는 경제력을 바탕으로 FTA를 통해 ASEAN을 품어 안고 APT라는 지역 다자제도의 주도권을 장악하게 되자 APT의 "plus"를 떼고 명실상부한 동아시아 지역기구를 만들기 위해 동아시아정상회의(EAS) 구상에 적극적으로 나서게 된다. 본래 2001년 동아시아비전그룹(EAVG)에서 장기적 과제로 설정된 EAS의 실현을 앞당겨 베이징에서 첫 회의를 하려는 중국의 행보는 경제적 부상과 외교적 부상에 따른 자신감의 표현이었다. 그러나 일본이 조직적인 반대 행동에 들어가면서 중국의 구상이 흔들리게 된다(김기석, 2007). 일본은 공동체의 원칙으로 열린 지역주의(open regionalism), 기능적 협력, 보편가치의 실현, 안보적 신뢰구축조치 마련 등을 내걸면서 보다 정교한 공동체론을 제시했다. 특히 보편가치를 공유하는 국가로 호주, 뉴질랜드, 인도 등을 새롭게 포함시켜야 한다는 일본의 논리는 당초 EAS에 부정적이던 미국의 호응을 이끌어낼 수 있었고, 결국 자국의 안을 관철시키는 외교적 승리로 이어졌다(Sohn, 2010; Terada, 2010).

중국은 일본이 내건 보편가치 기반의 공동체안이 중국을 억제하기 위한 시도라고 여겼으며, 또한 대항세력으로서 호주와 인도를 끌어들여 중국을 포위하겠다는 전략이라고 받아들여 EAS 물타기에 나섰다. EAS 출범에 즈음하여 동아시아 공동체의 주된 추진체는 APT라고 천명했다. 결과적으로 역내에는 유사한 기능을 하는 APT와 EAS가 공존하는 현실이 도래했고, 이는 역설적으로 양 제도의 기능을 약화시켰다(Terada, 2008).

중국은 APT의 틀 속에서 FTA 망을 구축하는 전략을 펼쳤다. ASEAN과 FTA를 맺은 후 홍콩, 마카오, 대만과 성사시키고 한국을 겨냥했다. 나아가 APT 전체를 대상으로 한 EA FTA를 추진하고자 했다. 그런데 이 모든 FTA는 중국의 경제발전 수준에 걸맞게 개도국 FTA의 성격을 띠고 있다. 고수준이라기보다는 상품무역을 중심으로 하고 민감부문 항목을 제외하는 중-저 수준의 FTA이다. 중국이 이런 방식의 FTA를 추구하는 또 다른 이유는 FTA를 경제후생 증진의 수단인 동시에 외교정책 수단으로 활용하기 때문이다. 이른바 조기 수확 프로그램(early harvest program)으로 ASEAN에게 경제적 유인을 부여할 수 있었던 사례처럼, 중국은 상대국에 유리한 조건을 부여하여 그 국가를 자기편으로 끌어들이고자 했다. 이런 중국 모델은 여러 국가들에게 확산되어 중-저 수준의 협정이 양산되었으며 따라서 실제 차별적 경제효과를 가져오지 못하는 결과를 낳았다(Ravenhill, 2010).

미국도 9/11 테러를 계기로 양자주의 통상정책으로 전환을 하게 된다. 당시 미국 통상대표부(USTR) 대사인 젤릭은 "경쟁적 세계화(competitive liberalization)"란 슬로건 아래 다자 통상과 양자 통상을 병행하는 정책 전환을 마련했다. 젤릭은 2000년대 미국 통상정책의 기조를 다음 네 가지 범주로 나누었다. ① 미국 무역업자와 투자가의 해외 진출을 위한 "비대칭적 상호성(asymmetric reciprocity)", ② 보다 폭넓은 무역협정을 위한 촉매제 혹은 벤치마킹으로서 선례를 수립, ③ 교역 상대국의 시장지향적 개혁과 민주주의 진전을 지원, ④ 지역 중심국가와 전략적 동반자 관계를 강화. 젤릭은 ④의 경우에 무역 자유화가 주는 비용/이득 계산을 넘어 추진이 이루어져야 한다고 주장했다(Zoellick, 2001).

이런 차원에서 양자 FTA에 나선 미국은 FTA 파트너 선정에서 안보적 고려를 중시했다. 요르단, 모로코, 오만, 바레인 등 중동 국가, 그리고 칠레, 코스타리카, 도미니카, 엘살바도르, 과테말라, 온두라스, 니카라과, 페루 등 중남미 국가들과 FTA를 체결했다. 이들은 공히 시장규모가 작은 소국으로서 경제의 논리보다는 안보의 논리가 작동했음을 쉽게 알 수 있다. 이는 당시 9/11 테러란 미증유의 안보 위협 때문이었다. 미국은 초국적 테러조직을 지원하는 깡패국가(rogue states)를 제압하고 테러분자를 혹성할 수 있는 취약국가(fragile states) 혹은 실패국가(failed states)들을 관리하기 위해 새롭고 보다 포괄적인 국가안보 전략을 마련해야 했다. 미국은 이들 국가에 경제적 지원을 제공하여 새로운 파트너십을 구축하고자 했고, 중심 수단으로서 개발원조(ODA)와 FTA를 활용했다(National Security Strategy of the United States, 2002). 젤릭의 적극적인 양자 FTA 전략은 이런 배경에서 나온 것이며 양자 FTA를 늘려간 결과, 한미 FTA 체결로 이어지게 된다(Sohn and Koo, 2011).

아태 지역에서 빠르게 부상한 양자 FTA 플랫폼의 결함은 역내 시장에서 전개되고 있는 변화를 유효하게 반영하지 못한다는 점이다. 양자협정의 문제는 협정들의 내용이 서로 다를수록, 자유화의 일정에 차이가 날수록 FTA의 장점이 줄어들 여지가 크다는 것이다. 즉 배제에 따른 특혜적 이익은 줄어들고 대신 복잡한 원산지 규정 등으로 인한 거래비용이 증가할 수 있는 것이다. 이른바 누들볼(noodle bowl) 효과이다. 더욱이 동아시아의 경우, 국제 분업은 비교우위에 입각한 산업단위의 분업으로부터 생산 공정 또는 태스크 단위의 국제 분업으로 크게 변모했다. 특히 기계산업 부문에서 일본 기업은 다른 다국적 기업과 함께 새로운 국제 분업을 통한 생산 네트워크(production network) 혹은 공급사슬(supply chain)을 구축하는 데 선도적인 역할을 해왔다(安藤光代·木村福成, 2008). 이런 부문에서는 중간재 교역을 중심으로 한 네트워크 내부 교역이 전체 교역의 50% 이상을 차지하고 있을 정도이다(이승주, 2008).

볼드윈(Baldwin, 2011)은 21세기적 생산환경에서 양자협정에 의한 상품 양허 특혜는 무역 행위자들에게 그다지 큰 특혜로 작용하지 않는다고 주장한다. 동아시아 국가들의 경우, 2000년대 들면서 역내외 국가들과 경쟁적으로 협상을 벌이면서 양자 간 FTA 체결건수는 급속도로 증가하여 현재 100건을 상회하고 있지만 특혜대우의 비율은 낮다. 세계 전체로 보아도 무역 중 FTA를 통한 무역이 차지하는 비중이 50%이고, 이 중 특혜(예컨대 관세특혜)는 16.7%에 불과하며, 특혜마진율도 낮다는 것이다(16.7%). 그는 또한 특혜마진과 수입탄력성 간 상관관계가 낮다는 연구결과도 지적하고 있다. 요컨대 볼드윈의 요점은 변화하는 시장환경과 무역협정 간의 괴리이고, 이 괴리를 가장 크게 피부로 느끼는 곳이 바로 미국의 다국적 기업이다. 이들은 국경을 넘어 분산된 생산 공정·태스크 간의 치밀한 조정(coordination)이 요구되는 국제 분업을 추진하는 가운데 대상국의 비즈니스 환경이 이러한 기업활동을 돕도록 국제 규칙 혹은 규범이 성립되기를 원한다. 예컨대 안도와 키무라(Ando and Kimura, 2008)는 다국적 기업의 지역 생산 네트워크 구축을 위한 전략으로 네트워크 구축에 따른 고정비용, 생산블록을 연결하는 서비스 링크 비용, 생산블록 내 생산비용이란 세 가치 측면의 비용 삭감을 지적하면서 금융 서비스, 투자 자유화, 원활화, 정부 조달, 지식재산권 보호, 경쟁정책, 로지스틱스 서비스의 자유화와 효율화를 추동하는 새로운 무역협정 플랫폼의 필요를 역설하고 있다.

양자주의 전략이 갖는 경제적 한계의 대안으로 등장한 것이 이른바 메가 FTA이며 그 대표적 사례는 환태평양경제동반자협정(TPP)이다. TPP는 출범 시 상품분야에서 높은 수준의 개방을 목표로 하여 쌀과 낙농품 등 농산물 시장을 포함하고 투자 및 서비스에서도 고수준의 자유화를 선언했다. 일본의 경우 TPP 합의에 의해 총 9018품목 중 8575품목이 관세 철폐의 대상이 되어 자유화율 95%이며, 공업제품은 100%, 농산물은 81%인 1885품목의 관세가 철폐된다.

상품시장 개방이 공통 양허가 아닌 양자 간 양허협정으로 이루어지는 반면 위생검역, 기술장벽, 지적재산권, 경쟁정책, 전자 상거래, 환경, 노동 규제 등 전통적 무역협정 분야가 아닌 새로운 분야에서는 다자 규칙의 제정을 지향하고 있다. 누적 원산지 규정 도입도 그 일환이다.

미국이 아시아 태평양 지역에 적극적으로 개입하고자 한 이면에는 중국의 경제적 영향력 확대에 대한 전략적 우려도 자리하고 있다. 이미 2000년대 중반 미국은 중국에 의해 태평양이 가로막혀 아시아 시장 진출에 곤란을 겪을 것이라는 현실적 우려를 갖고 있었고, 그것이 한미 FTA에 적극적으로 나선 주요한 이유이기도 했다(Sohn and Koo, 2011). TPP도 이러한 전략적 고려의 일환이라 할 수 있다. 그런데 오바마 정부가 TPP 협상을 적극적으로 주도하기 시작한 2010~2011년 시점에서 TPP 협상국을 보면 호주를 제외하고는 경제소국으로 구성되어 있어 당장 수출 및 일자리 창출에 기여할 여지는 작았다. 또 뉴질랜드와 브루나이 이외의 나머지 국가들과는 이미 양자 FTA를 맺어놓고 있었다. 따라서 세력(혹은 시장)의 확장이 필요했고 태평양의 남쪽을 연결하여 동남아시아까지 다다른 TPP에 동북아시아를 연결하는 것이 관건이었다. 이러한 확산전략은 이미 2008년 부시 정부가 TPP로 이름을 바꾸면서 지역경제 통합을 촉진하는 APEC의 목적에 부합하는, 즉 아시아 태평양 FTA(FTAAP)를 향한 잠재적 경로로 TPP를 정의한 데서도 잘 드러난다. 요컨대 TPP는 개별국을 다자 네트워크에 편입시켜 세력을 확산하는, 일종의 연합 형성의 다자화 전략이라 부를 수 있다(Terada, 2008).

미국의 세력확산 전략의 핵심 고리이자 임계치(critical mass)는 일본과 한국의 참여였다(손열, 2016). 아시아의 두 선진 경제국을 편입하게 되면 TPP의 세가 급격히 확대될 것이란 자명한 계산이었다. 일본은 미국 이외의 8개 TPP 교섭국을 합친 규모보다 크고 한국 역시 기존 8개국보다 경제규모가 컸기 때문에 이들의 참가에 의해 TPP는 단숨에 역내 최고의 무역협정 지위에 오를 수 있는 것이었다. 또한 두 국가의 참여는 미국의 지역전략 차원에서도 긴요했다. 왜냐하면 TPP는 미국의 경제 부흥을 위한 전략적 수단인 동시에 미국의 아시아 개입 전략으로서 지역 아키텍처의 한 축으로 간주되었기 때문이다. 힐러리 클린턴(Hillary Clinton) 미국 국무부 장관의 2010년 10월 "아시아 태평양에 대한 미국의 관여(America's Engagement in the Asia-Pacific)"와 2011년 11월 "미국의 태평양 세기(America's Pacific Century)" 연설로 정리되는 아시아 개입 전략은

① 양자 동맹의 강화, ② 중국 등 신흥국과의 파트너십 심화, ③ 지역 다자제도에 적극적 개입, ④ 무역과 투자의 확대, ⑤ 군사적 전진 배치, ⑥ 민주주의와 인권 신장이란 6개 행동원칙으로 구성된다. 클린턴은 지역질서 건축에서 양자 동맹과 파트너십뿐만 아니라 다자주의의 유용성을 강조하면서 APEC과 EAS 중시, 통상에서 TPP 중시를 명확히 드러내고 있다. TPP는 미국이 "아시아 지역의 도로규칙을 제정하는 데 지도적 역할을 하는 통로"(Froman, 2014)이자 "경제적 재균형의 중심(centerpiece of economic rebalancing), 지역경제 통합의 플랫폼(Donilon, 2013)"이라 규정되듯이 미국이 설계하는 지역 아키텍처의 구성요소로서 한 축을 차지할 만큼 전략적 중요성을 가지는 정책수단인 것이다.

미국은 2008년 TPP 교섭 참가를 선언한 이후 일본과 접촉했고 일본은 TPP를 일본 경제재생 전략의 핵심 축으로 삼으면서 전향적으로 나왔다. 과감한 대외 개방을 통한 구조개혁으로 경쟁 열위부문의 생산성을 높여 성장부문으로 전환할 수 있어야 한다는 경제논리와 함께, 점증하는 중국의 경제적·군사적 영향력을 견제한다는 안보적 논리, 즉 TPP가 사실상 미일 시장통합에 의해 미국의 일본 안보에 대한 의지를 강화하는 기제라는 논리가 대두되었다.

일본의 아베 [illegible](安倍晋三) [illegible] 2013년 3월 TPP 교섭 참가선언에서 TPP의 경제[illegible]뿐만 아니라 동맹국 미국을 [illegible]해 자유, 민주주의, 기본적 인권, [illegible] 지배 등 보편적 가치를 공유하는 국가들[illegible] 아태 지역에서 새로운 규칙을 제정하[illegible] 것이라 규정했다(安倍内閣總理大臣記者會見, 2013.3.15). 이어 그는 2015년 TP[illegible] [illegible]상 타결 즈음하여 "일본과 미[illegible]이 주도하여 자유민주주의, 인권, 법질서를 공[illegible]는 국가들과 함께 [illegible]아 태평양에 자유와 번영의 바다를 만들 것"이라고 이전의 [illegible] 반복했다. 이는 중국을 견제하는 "적극적 평화주의" 안보전략의 통상정책적 재현이라 할 수 있다. 이에 화답하여 버락 오바마(Barack Obama) 대통령은 "지난 20년간의 무역규칙은 중국이 미국과 너무 쉽게 경쟁하도록 만들었고, 이제 그것을 바꿀 필요가 있다"라며 "TPP를 통해 미국 기업들은 공정한 거래를 할 수 있다"고 주장했다. 그리고 "세계 경제의 규칙은 중국과 같은 국가가 아닌 미국이 제정"해야 함을 강조했다.

한편 중국은 TPP를 미국이 주도하는 중국 봉쇄전략으로 비판하면서 "anything-but-TPP" 전략을 펼쳐왔다(Wen, 2012). 중국의 경제적·제도적 조건을 고려할 때 TPP 가입을 위해서는 상당한 구조조정과 정책자율성의 희생/타협이 요구되기 때문이었다. 중국은 TPP 가입을 위한 조건과 환경 정비를 고려하는 자세를 보여주었는데, 2013년 5월 선단양(沈丹陽) 상무부 보도관을 통해 "중국은 평등호리(平等互利) 원칙에 입각하여 TPP 참가의 플러스 마이너스 양면 및 가능성을 진지하게 분석함과 동시에 TPP 가입국과 참가 교섭에 관한 정보 및 자료의 상호교류를 희망한다"는 의사를 표명한 바 있다. 그러나 본심은 TPP에서 자국이 소외될 것이란 우려하에 자국 중심의 네트워크를 마련하는 것이었다.

중국은 한중일 FTA와 역내포괄적경제동반자협정(RCEP) 교섭을 주도하여 TPP의 세력 확장을 견제하고자 했다. 특히 중국은 미국의 TPP 드라이브가 ASEAN을 분단시키고 있다는 ASEAN의 불만을 의식하면서 RCEP에 ASEAN의 적극적 참여를 유도하는 동시에 서서히 자국의 발언권을 증대하는 전략을 경주하고 있다. 이와 함께 중국 정부는 아시아 태평양을 횡단하는 보다 큰 아키텍처 설계를 암중모색하고 있다. 2014년 APEC 정상회의를 주최한 중국의 시진핑(習近平) 주석은 FTAAP 추진을 주창하고 나섰다. 원래 FTAAP는 조지 부시(George W. Bush) 대통령이 2005년 동아시아 FTA와 동아시아포괄적경제파트너십(CEPEA)이 경합하는 가운데 소외를 탈피하기 위해 던진 아이디어이나, 역으로 이를 전면적으로 주창하고 나섰다. 이 역시 아태 전체의 플랫폼을 제시하는 수준이 아니라 TPP를 견제하는 정도의 균형전략으로 이해할 수 있다.

5. 플랫폼 3.0: 내장된 자유주의(embedded liberalism 2.0)

2015년 10월 TPP 협상이 완료된 즈음 이에 대한 강력한 반기가 역설적으로 미국에서 대두되었다. 대선 정국을 맞이하여 도널드 트럼프(Donald Trump) 후보는 TPP 등 자유무역협정이 미국인 중산층의 일자리를 빼앗고 있다는 강력한 선거운동을 전개했고, TPP 초기 추진자였던 힐러리 클린턴 후보도 반대의 입장을 표명해야 할 만큼 국내 분위기가 일변했다. 시장개방과 무역 자유화로 성장이 이루어지고 그 성장의 과실이 사회 전체로 적하효과(trickle down effect)를 가져온다는 믿음이 점증하는 경제적 불평등으로 깨어지게 된 것이다. 저성장 아래 미국 사회에서는 신자유주의적 세계화가 경쟁력 우위 산업의 고용과 임금 상승을 가져온 반면 경쟁력 열위 산업과 지역에 고용 불안과 고용 파괴를 가져온다는 주장이 힘을 얻으면서 보호주의가 대두되었고 대선국면에서 전면에 부상했다(그림 7-1).

그림 7-1 경기변동과 수입규제조치 추이

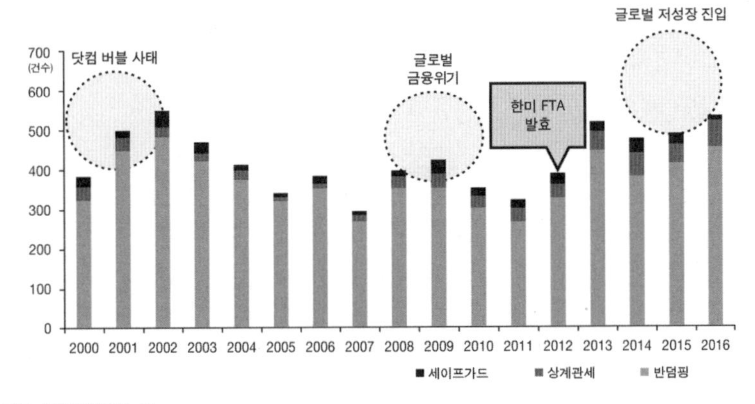

자료: 김형주(2015: 5).

트럼프 후보는 지구화에 의해 쇠퇴해가는 러스트 벨트(rust belt)를 중심으로 한 백인 노동자 계층의 이익을 보호한다는 명분하에 경제민족주의적 수사를 강력하게 발신했고 대통령 취임연설에서 이를 고스란히 드러냈다.

> 무역, 세금, 이민, 외교에 관한 모든 결정은 자국 근로자와 자국 가구의 이익을 고려하여 내려질 것입니다. 우리는 다른 나라들이 우리 제품을 생산하고 우리 기업을 빼앗으며 우리의 일자리를 파괴하는 현실로부터 국경을 방어해야 합니다. 보호가 위대한 번영과 국력을 낳을 것입니다 … 우리는 일자리를 되찾아 올 것입니다. 우리는 국경을 되찾아 올 것입니다. 우리는 부(富)를 되찾아 올 것입니다. 그리고 우리는 꿈을 되찾아 올 것입니다. 우리는 두 가지 간단한 원칙을 고수할 것입니다. 그것은 바로 '미국산 제품을 구매하라'와 '미국 근로자를 고용하라'입니다.

그는 지구화의 수혜자인 엘리트와 기성질서(establishment)를 배격하고 보통(ordinary) 국민들에게 번영을 복원하고자 하는 포퓰리즘(populism)을 기치로 하여 미국 우선주의(America First) 통상정책을 펼치고 있다. 국제 무역에 의해 탈산업화(deindustrialization)가 일어나 제조업 부문의 좋은 일자리가 축소되고 서비스 부문의 나쁜 일자리가 양산되면서 상대적으로 저임금, 저교육, 저소득 계층이 소외되고 있다고 인식하면서 미국 제조업과 중산층 부활의 핵심 수단으로 통상정책을 사용하려는 것이다. 취임 직후 TPP 탈퇴를 선언하고, NAFTA

재협상을 지시했다. 2017년 3월 발표된 USTR의 "2017년 무역 어젠다(2017 Presidential Trade Agenda)"는 미국 우선이란 기본 원칙 아래 ① 무역정책에서 국가주권의 수호, ② 미국 통상법의 엄격한 적용, ③ 모든 가용수단(레버리지)을 동원한 해외시장 개방, ④ 새롭고 더 낳은 무역협정의 체결이란 네 가지 우선순위를 제시하며 자유주의적 다자 규범보다는 경제민족주의에 근거한 관리무역(managed trade)을 강조하고 있다. 특히 트럼프 통상정책은 중국, 일본, 대만, 한국 등 대미 무역흑자를 내고 있는 국가들에게 무역수지 교정을 향한 강력한 압박을 공언하면서 미국은 자국의 기업 보호와 일자리 확대를 위해 공정무역을 강조하고 무역구제/수입제한 조치를 강화하며 시장개방을 강력하게 요구하고 있다.

중국은 트럼프 통상정책의 우선적이고도 궁극적인 공략대상이다. 중국은 위안화 환율 조작과 함께 국영기업 보조금, 중국 시장의 방어벽, 노동기준, 환경규제 미약, 기술 규제 등을 통해 수출가격 경쟁력을 확보하고 수입을 억제하여 막대한 대미 흑자를 내고 있다는 것이다. 중국의 불공정 무역으로 미국의 피해가 야기되므로 통상법을 발동해 강력하고 직접적인 무역제재 조치를 가해야 한다는 주장은 단순히 경상수지적자 교정의 차원이 아니라 자국의 탈산업화를 촉진하여 경제력을 약화시킨다는 국익 차원의 대응이며, 나아가 중국에게 대한 패권적 지위의 약화를 저지하려는 전략적 고려를 담고 있다. 중국의 무역정책이 적대적이고 위협적이라는 인식은 백악관 산하 신설된 국가무역위원회(National Trade Commission)의 피터 나바로(Peter Navarro) 위원장이 대표하고 있다. 그는 트럼프 정부의 무역정책 목표로 ① 무역의 재균형(즉 무역역조 해소), ② 제조업 부활을 통한 양질의 일자리 창출, ③ 미국의 종합 국력(America's comprehensive national power) 회복을 꼽고 있다.

아태 지역에서 트럼프 행정부의 통상정책은 미국 우선주의와 양자주의(bilateralism)에 기초하고 있다. 양자 협상 테이블에서 미국의 힘의 우위를 최대한 활용하여 미국 우선 무역협정을 실현하겠다는 의도로서, TPP 탈퇴는 이런 차원에서 이루어졌다. 미국은 주요국과 양자협정을 추진하고자 하며 일본이 가시권에 들어와 있고, 한미 FTA 재협상도 이런 맥락에서 재기되는 것이다. 그러나 이럴 경우, 아태 지역에 광범위하게 전개되고 있는 가치사슬(value chain) 혹은 생산 네트워크의 원활한 작동을 돕기 위한 메가 FTA 혹은 다자 FTA 추세와 정면으로 배치되는 상황이 된다. 당장 한국과 일본은 트럼프 정부의 일련의 행보에 심각한 우려를 표하고 있다. TPP 탈퇴와 한미 FTA 재협상 요구와 함께 트럼프 대통령이 보여주고 있는 공공연한 경제민족주의적 언사는 한일 양국이 동조하는 미국 주도 아키텍처의 정당성을 훼손하는 것이어서 오히려 중국에 리더십 획득의 기회를 가져다주고 있다.

문제는 시진핑 체제하의 중국의 대응이다. 유사하게도 1980년대와 1990년대 초 일본은 미국의 불공정 무역 공세에 지속적으로 시달리면서 여러 양보를 거듭한 사례가 있는데 그 이면에는 일본이 미일 동맹에 안보를 의존하고 있는 비대칭적 구조 조건이 존재했다. 반면 중국은 미국과 전략적 경쟁국면에 접어들었으며, 따라서 안보적 이유로 경제적 양보를 고려해야 할 처지는 아니다. 또한 미국의 주장은 경제논리상 여러 문제점들을 노정하고 있어 국제 여론전 역시 만만치 않다. 예컨대, 미국의 대중 무역수지 적자는 앞서 언급했듯이 미국의 다국적 기업이 중국에 생산 네트워크를 활용하여 미국에 수출하는 경우처럼 상당 부분 과장되어 있다. 또한 러스트 벨트 제조업 쇠퇴는 무역의 문제라기보다는 자국의 정책 실패에 기인한다는 점에서 미국의 제조업 일자리 보호를 위한 통상압력의 논리 역시 설득력이 약하다. 끝으로 WTO란 다자 제도가 있음에도 불구하고 미국이 일방주의적 보복에 나설 경우 국제 제도를 무력화한다는 비난을 받게 된다. 시진핑 주석은 지난 1월 16일 다보스 포럼 연설에서 보호주의를 강력히 규탄하며 중국이 세계 무대의 중심에 서서 세계화와 자유 시장경제를 견인하겠다고 선언했다.

> 지구 경제는 각국이 피할 수 없는 거대한 바다입니다. 국가 간 자본, 기술, 상품, 산업, 사람의 흐름을 차단하거나, 바닷물을 호수나 강으로 역류시키는 그 어떠한 시도도 현실 가능하지 않습니다. 이는 역사의 추세를 거스르는 일입니다 … 폭풍우와 마주칠 때 항구로 퇴각하면 결코 바다의 저편으로 나아갈 수 없듯이 지구적 연결성(connectivity)을 발전시키는 노력을 배가하여 상호 연결된 성장과 번영을 공유해야 합니다. 우리는 자유무역과 투자를 발전시키고 무역과 투자 자유화를 촉진하며 보호주의를 거부해야 합니다. 보호주의 추구는 자신을 어두운 방에 가두는 일입니다. 어두운 방에서 폭풍우는 피할 수 있지만 빛과 공기도 차단됩니다(Xi, 2017).

그는 이어서 일대일로(一帶一路) 정상포럼에서 '지구화 2.0(Globalization 2.0)'을 선언하고 G20 정상회담에서 보호주의 반대에 앞장섬으로써 미국의 공세에

굴하여 당장 타협에 나서기보다는 명분론을 배경으로 장기적 경쟁전략에 나섰다고 볼 수 있다.[3)]

이렇듯 명분전을 펼치는 중국에 미국이 무차별 공세에 나설 가능성은 낮고, 중국 역시 여러 비관세 장벽이 존재하는 것도 사실이기 때문에 반발에 한계가 있다. 양국은 전면적 무역전쟁은 아니더라도 불공정 무역을 둘러싼 공방과 한정된 보복의 행사 등으로 제한된 갈등상황을 유지할 것으로 보이나, 이는 지난 20여 년간 미중 통상관계의 일반적 특징이라 할 수 있다.

시진핑 주석이 세계화의 기수를 자임하고 있음에도 불구하고 중국이 서비스, 상품, 투자, 금융 등 여러 부문에서 개방 정도가 낮다는 사실은 중국이 전면적 개방/개혁으로 나서지 않는 한 역내 개방무역질서와 경제통합을 주도할 능력에 한계가 있음을 의미한다. 따라서 중국은 저수준의 자유화를 지향할 수 밖에 없으며, 이런 점에서 RCEP는 새로운 플랫폼을 담지 못하고 저수준의 자유화만을 내세우는 것으로서 설사 성사되더라도 지역 무역질서를 주도하고 통합력을 제고하는 기제가 되기는 어렵다. 나아가 중국의 경우 국제 다자규범의 준수보다는 위반의 사례가 빈번하다. 겉으로는 세계화를 천명하지만 정경분리 원칙을 어기면서 한국의 사드(THAAD) 배치에 따른 경제 보복을 지속하는 행위가 그 예이다.

3) "We should build an open platform of cooperation and uphold and grow an open world economy. We should jointly create an environment that will facilitate opening up and development, establish a fair, equitable and transparent system of international trade and investment rules and boost the orderly flow of production factors, efficient resources allocation and full market integration. We welcome efforts made by other countries to grow open economies based on their national conditions, participate in global governance and provide public goods. Together, we can build a broad community of shared interests...Trade is an important engine driving growth. We should embrace the outside world with an open mind, uphold the multilateral trading regime, advance the building of free trade areas and promote liberalization and facilitation of trade and investment. Of course, we should also focus on resolving issues such as imbalances in development, difficulties in governance, digital divide and income disparity and make economic globalization open, inclusive, balanced and beneficial to all."

6. 결론을 대신하여

미중 경쟁을 비유하는 "투키디데스 함정(Thucydides Trap)"은 기성세력과 신흥 세력 간 세력 배분의 변화가 군사 갈등을 유발한다는 것으로서, 경제의 불균등 성장(uneven growth)이 군사력 배분구조의 변화를 가져와 국제적 갈등과 전쟁을 야기한다는 것이다. 그런데 경제력의 변화가 군사적 경쟁으로 이어지는 과정에는 실제 권력(actual power)과 위신(prestige) 사이에 괴리가 발생한다. 부상 도전국은 기성 패권국이 주도한 제도와 질서에 대해 불만을 표출하지만 이를 건축하고 유지 보수할 자격을 부여하는 위신을 갖고 있지 못하기 때문에 이를 획득하고자 기성 권위와 질서에 대한 탈정당화(delegitimation) 공세를 전개하게 된다는 것이다(Gilpin, 1983). 러기(Ruggie, 1982)의 표현대로 권력(물리적 권력)은 질서의 '형태(form)'을 형성할 수 있지만 질서의 '콘텐츠'를 구성하는 것은 아니라는 점에서, 도전국은 상승하는 권력적 지위에 걸맞는 위신을 획득하기 위해 사회적 목적(social purpose)을 담는 '콘텐츠'를 제시하고자 하고, 기성 대국은 위신을 유지하기 위해 기성 규범과 제도, 질서를 미세 조정, 업그레이드하는 다양한 노력을 기울이게 된다.

현재 미중 경제관계는 이러한 탈정당화 국면을 드러내고 있다. 미국은 물리적 권력의 상대적 쇠퇴에 따라 기존의 자유주의 무역질서를 더 이상 지탱하지 못하고, 오히려 포퓰리즘과 자국 중심주의적 무역정책이 대두되는 일종의 정당성의 문제/위기 상황에 봉착해 있다고 볼 수 있다. 미국이 주도해온 TPP를 통한 아태 지역의 질서/건축 전략은 미국 자신으로부터 정당성을 상실하여 역내 미국의 신인을 추락시키는 결과를 가져왔다. 이를 대체하는 트럼프의 구상은 아태 경제질서 재건축 차원에서 비대칭적 국력관계(거대한 시장, 군사적 영향력)를 최대한 활용한 양자 교섭, 경우에 따라 일방적 보복을 가하는 이른바 공격적 일방주의, 즉 1980년대 로널드 레이건(Ronald Reagan) 대통령의 정책을 답습하고 있다. 21세기 변화한 경제사회 환경에서 이 정책이 실효를 거둘 수 있을지는 의문이다. 따라서 미국의 공백은 중국에게 지역의 질서/건축 주도권을 확보하는 절호의 기회를 가져다주고 있다.

그러나 중국은 현재 새로운 무역 플랫폼을 제시하지 못하고 있다. 이제까지 한중일 FTA와 RCEP 교섭을 적극적으로 추진하고, 아시아 태평양을 횡단하는 보다 큰 아키텍처 설계를 암중모색하며 FTAAP 추진을 주창하고 나섰고 아시아와 유럽을 연결하는 "일대일로" 건설과 그 일환으로 "실크로드 FTA"란 거대 FTA 구상을 모색하고 있지만 이를 관통하는 플랫폼을 제시하지 못하고 있다. 즉 급신장한 경제적·물리적 능력에 걸맞은 콘텐츠 제공능력이 보이지 않는 것이다. 향후 중국의 질서주도력의 성패는 21세기 아태 시장에서 전개되는 새로운 초국적 생산 네트워크의 전개를 제도적으로 지지하는 한편 시장개방과 자유화에 따른 경제적 양극화와 사회적 불평등을 완화하는 사회적 목적을 담는 포괄적 자유주의 질서 모델을 제시하는 일, 그리고 안으로 중상주의적·지경학적 경향성을 띤 국가자본주의 체제로부터 진화하여 새로운 자본주의 모델을 제시하는 데 달려 있을 것이다.

제8장

이승주 (중앙대학교 정치국제학과 교수)

미중 경쟁과 디지털 무역 거버넌스의 국제정치경제

1. 서론

정보의 자유로운 유통은 디지털 무역의 기반이다. 디지털 무역은 영화, 비디오 게임 같은 완제품과 이메일 등의 서비스를 모두 포함하며, 전자 상거래의 증가와 궤를 같이한다. 디지털 무역이 유지·확대되기 위해서는 초국적 정보 유통을 안정적으로 관리하는 공통의 규칙을 수립해야 한다는 데 이론의 여지가 없다. 디지털 무역 거버넌스의 수립 필요성이 제기되는 이유는 1990년대 중반 이후 디지털 무역이 빠르게 증가하고 있는 것과 관련이 있다. 주목할 것은 미국과 유럽연합(EU) 사이에 치열하게 전개되었던 디지털 무역 갈등이 2010년대 이후 미국과 중국의 갈등으로 변화하고 있다는 점이다. 이러한 변화의 배경은 미국과 중국의 디지털 무역 규모가 비약적으로 증가하고 있다는 점이다. 2014년 기준 세계 상품무역의 약 14%가 아마존, 알리바바, 이베이 등의 전자 상거래를 통해 이루어졌다. 미국과 중국이 세계 10대 인터넷 기업을 각각 6개와 4개 보유하고 있다는 점에서 디지털 무역이 양국에게 중요하다는 것은 부지의 사실이다. 이 기업들은 전 지구적으로 사업을 확장하고 지속적으로 혁신한다는 점에서 디지털 경제와 무역에서 중추적 역할을 하고 있다. 또한 미국 국제무역위원회에 따르면, 2011년 기준 국내외 디지털 상거래는 미국 GDP를 약 3.4~4.8% 증가시킨 것으로 추산된다. 2012년 미국의 디지털 무역 가운데 수출과 수입은 각각 2229억 달러와 1062억 달러로 나타났다. 특히 미국의 디지털 기반 서비스 무역은 미국 경제의 성장동력으로서 2011년 3560억 달러를 기록했는데 이는 2008년에 비해 740억 달러가 증가한 수치이다(Information Technology and Innovation Foundation, 2016).[1] 중국의 디지털 무역 역시 2014년 301억 달러에서 2016년 858억 달러, 2020년 1577억 달러 규모로 증가가 예상되고 있다(E-Marketer, 2016.6.14).[2] 그 결과 중국은 세계 온라인 상거래의 약 35%를 차지하고 있는 것으로 나타났다(Morgan Stanley, 2015).

기존 세계 무역 거버넌스는 전통 제조업을 중심으로 운영되어왔기 때문에 디지털 무역의 증가는 변화요인으로 대두되고 있다. 초국적으로 유통되는 정보와 데이터에 기반하여 시장 접근을 확보하고 지구적 공급망을 관리해야 하는 초국적 기업의 입장에서 디지털 무역의 중요성이 점증하고 있다. 그럼에도 불구하고 지구적 차원에서 디지털 무역을 관리하는 거버넌스의 수립이 오랫동안 지연되어왔다. 세계무역기구(WTO) 차원의 무역 자유화 협상과 양자 및 메가(mega) FTA의 발효를 통해 정부 차원의 산업정책을 실행할 수 있는 정책 공간이 전반적으로 축소되고 있지만, 디지털 산업 분야의 산업정책에 대한 규제는 여전히 사각지대로 남아 있다. 또한 중국과 브라질을 포함한 상당수 국가들이 디지털 보호주의를 추구하는 예기치 않은 결과가 초래되었다.

디지털 무역 거버넌스의 문제는 미중 양국의 관계에도 영향을 미치고 있다. 디지털 무역 장벽의 출현은 인터넷 관련 산업의 혁신을 선도하는 기업들을 다수 보유한 미국의 입장에서 보면 도전요인이다. 데이터 국지화·의무화, 데이터 유통 제한, 지적재산권 침해, 특수한 표준과 과도한 테스트 요구, 필터링 또는 차단, 사이버 범죄, 정부가 연관된 기업비밀 도용 등은 디지털 무역 분야의

1) 미국 상무부에 따르면, 2014년 기준 디지털 서비스가 미국 서비스 무역의 절반 이상을 차지했다(CRS, 2017).

2) 디지털 무역의 증가는 전자 상거래의 급격한 성장과 관련이 있는데, 중국은 이미 2013년 미국을 추월한 것으로 나타났다. 2005년에서 2014년 사이 데이터 유통의 규모는 무려 45배 성장했다(CRS, 2017). 2014년 중국의 전자 상거래 규모는 6720억 달러 규모로 추산되며, 미국 전자 상거래 규모의 2배에 달한다. 중국의 전자 상거래는 2018년 1조 6천억 달러 규모로 성장할 것으로 예상된다(E-Marketer, 2015.9.25). 중국이 세계 최대의 온라인 상거래 규모를 갖게 된 이유로는 시장의 집중도가 높다는 점을 지적할 수 있다. 중국 온라인 상거래의 약 75%[B2C는 알리바바의 티몰(Tmall), C2C는 타오바오)]가 알리바바를 통해 이루어지고 있다. 2015년 미국에서 아마존의 온라인 시장 점유율이 26%라는 점과 비교할 때, 중국 온라인 상거래의 집중도가 매우 높다(Rijk, 2016). 높은 시장 집중도는 거래를 표준화하고 거래과정을 단순화시키는 데 유리하기 때문에 거래 편의성을 획기적으로 증가시킬 수 있다.

대표적인 무역장벽이다. 이와 관련한 갈등이 미국과 중국 사이에 새롭게 불거지고 있다. 2010년 미국 상원이 중국 업체가 미국 통신 사업자에 통신장비를 판매하지 못하도록 요청하거나, 2012년 미국 하원 정보위원회 보고서에서 미국 통신업체들이 중국 통신장비 업체와 거래하지 않도록 권고했다. 이 같이 중국 장비업체가 미국 업체의 인수를 방지해야 할 필요성을 제기한 것 등이 이 같은 사례에 해당한다(WEF, 2015).

디지털 무역을 둘러싼 미중 양국의 경쟁은 중국이 IT 산업과 디지털 무역의 강자로 부상하는 과정에서 새롭게 대두되는 경쟁 또는 갈등의 신종 축이라고 할 수 있다. 세계 1, 2위의 무역대국인 미중 양국이 디지털 무역 분야에서 상이한 규칙과 규범을 선호하고, 이를 기반으로 새로운 질서를 수립하기 위한 경쟁에 돌입하고 있다. 디지털 무역 거버넌스를 둘러싼 미중의 차별화된 입장은 양국의 경제관계뿐 아니라 세계 경제질서의 변화 방향을 가늠할 수 있는 잣대가 될 수 있다.

이 글은 다음과 같이 구성된다. 제2절에서는 디지털 무역 거버넌스를 둘러싼 논의구조와 주요 쟁점을 검토한다. 제3절에서는 미국과 중국이 디지털 무역 거버넌스의 수립을 시도하는 과정에서 드러낸 인식과 이를 현실화하기 위한 전략을 고찰하고, 미중 양국 사이에 대두되고 있는 주요 쟁점들을 검토한다. 마지막으로 결론에서는 디지털 무역 거버넌스의 현 주소와 향후 발전 방향을 미중 관계의 관점에서 전망한다.

2. 디지털 무역과 거버넌스의 주요 쟁점과 구조

디지털 무역은 1995년 WTO 프레임워크에서 처음으로 의제에 포함되었다. 이후 WTO는 1998년 제네바 장관급 회의(Ministerial Session)에서 지구적 전자상거래가 무역에 미치는 영향에 대하여 검토했는데, 이때 전자 전송(electronic transmission)에 대해 관세를 부과하지 않는 기존 관행을 유지하기로 합의했다(Tuthill, 2016).[3] WTO 차원에서 전개된 디지털 무역과 관련한 논쟁의 핵심은

---

3) WTO는 또한 전자 상거래에 대한 정의를 내리는 일정한 성과를 거두기도 했다. WTO는 전자 상거래를 "전자적 수단(electronic means)에 의한 상품과 서비스의 생산, 유통, 마케팅, 판매, 운송"을 포괄하

디지털 무역 제품 및 서비스에 대한 관세 부과 또는 무역장벽의 문제와 초국적 데이터 이전에 대한 문제이다(Wunsch-Vincent & Hold, 2011).

디지털 무역이 IT 산업이 발달한 선진국들을 중심으로 이루어졌기 때문에 디지털 무역 거버넌스를 둘러싼 갈등의 축은 비교적 최근까지 미국과 유럽을 중심으로 형성되어왔다. 미국은 아직 규칙과 규범이 확립되지 않은 디지털 무역 분야에서 주로 기업의 이해관계를 긴밀하게 투사할 수 있는 거버넌스를 수립하기 위해 다각적인 노력을 해왔다. 이에 대해 유럽 국가들은 전자 상거래 또는 디지털 무역과 관련하여 개인정보의 보호, 지적재산권의 존중, 자유무역의 증진 등 다양한 쟁점들을 두고 미국과 상이한 입장을 견지해왔다. 개인정보, 지적재산권, 자유무역은 개별적으로 모두 중요한 가치이나 미국과 유럽 국가들은 우선순위를 다르게 설정하는 경향이 있다. 또한 현실에서는 세 가지 이슈가 서로 복합적으로 얽혀 있는 경우가 많기 때문에 이 문제를 포괄하는 무역 거버넌스의 수립이 용이한 일은 아니다. 분명한 것은 세계 주요 국가들이 디지털 무역의 중요성을 인식하고 이에 대한 선제적인 대응을 하고 있다는 점이다.

논쟁의 핵심은 몇 가지로 구분된다. 첫째, 현재의 WTO 체제는 GATT(General Agreement on Tariffs and Trade) 규정에 근거하고 있는데, 디지털 제품은 상품 또는 서비스로 분류하고 있다. WTO 회원국들은 GATT 규정에 따라 수입품에 대한 보호무역 조치를 취하는 데 제한을 받고 있다. 서비스 분야의 무역은 서비스 교역에 관한 일반 협정(General Agreement on Trade in Services: GATS) 규정을 따르고 있다. 문제는 GATS가 GATT와 달리 모든 서비스 품목에 대한 시장 접근을 보장하지 않는다. 즉 GATS에 따르면 개별 회원국들이 무역 자유화의 대상이 되는 서비스 품목들을 선택하고, 이 품목에 대해서만 보호무역 규제를 받도록 규정하고 있다. 보다 근본적으로는 GATT와 GATS 규정으로는 디지털 제품이 상품과 서비스의 성격을 모두 갖고 있기 때문에 분류하기 매우 어렵다는 데 문제가 있다. 또한 정보의 제한이 무역 분쟁의 대상이 되는지 여부에 대한 WTO의 명확한 입장이 필요한 데 반해, 정보의 제한이 무역에 미치는 영향을 계량화해야 하는 현실적인 문제로 인해 WTO는 기업과 소비자의 변화에 뒤처지고 있다는 비판에 직면하고 있다.[4]

는 것으로 정의했다(Tuthill, 2016).

둘째, WTO는 또한 정부가 정보 유통을 언제, 어떻게 제한할 수 있고, 이러한 제한이 지구적 차원의 인터넷 거버넌스에 긍정적 영향을 초래할 것인지 여부에 대해 명확한 규정을 만들지 못하고 있다. 이와 관련해 상호운용성(inter-operability), 표현의 자유, 공정한 사용, 법치, 적절한 과정(due process) 등에 대한 구속력 있는 규정을 제시할 필요가 있다. 이런 규정이 포함될 경우, 무역협정은 정보 유통과 관련한 국제적 논의를 하는 장으로서 적합성을 갖는다. 무역협정을 통한 공통의 규칙 제정은 기업과 개인들이 부담해야 할 비용을 감소시키고 데이터의 수집, 저장, 유통에 대한 신뢰를 제고하는 효과를 초래한다.

데이터의 초국적 이동은 무역과 거래의 비용을 획기적으로 감소시키기 때문에 경제적 효과가 상당한 것으로 인식되고 있다. 미국 국제무역위원회는 인터넷으로 인해 무역비용이 약 26% 감소한 것으로 파악한다(US ITC, 2014). 더욱이 무역을 위해 글로벌 인터넷 플랫폼을 사용하는 중소기업의 생존률이 54%로, 그렇지 않은 기업의 생존률보다 약 30% 높은 것으로 나타났다(Austin and Olarreaga, 2012). 아이디어와 정보의 공유, 지식의 전파, 개인 및 기업 간 협력을 촉진하기 때문에 데이터의 자유로운 이동 자체가 혁신의 중요한 동력이 될 수 있다. EU의 경우, 초국적 데이터 이동과 서비스 무역에 대한 제한이 EU 국가들의 전체 GDP를 약 1.3% 감소시키고, EU의 대(對) 미국 수출은 약 11% 감소시키는 것으로 추산된다(Bauer et al., 2013: 3; Castro and McQuinn, 2015). 반대로 데이터의 초국적 이동을 제한하는 장벽의 철폐는 미국 GDP를 약 0.3% 증가시키는 것으로 추산된다(US ITC, 2014). 세계경제포럼이 발간한 '2015 글로벌 혁신 지수(2015 Global Innovation Index)'에 따르면, 데이터를 국제적으로 공유하는 역량이 큰 국가일수록 혁신능력이 좋은 것으로 나타났다(Pepper, 2016). 프리덤하우스는 데이터 접근에 대한 장애가 많을수록 경제적 효과가 작다는 결론을 내리고 있다(Freedom House, 2015).

초국적 데이터 이동에 대한 제한은 보통 네 가지로 구분된다. ① 특정 데이터를 로컬 서버에 저장하도록 요구하고, 특정 응용 프로그램 또는 서비스를 사용하도록 의무화하는 데이터 저장의 국지화, ② 데이터 프라이버시 법의 적용에 따라 적정성(adequacy) 또는 동의 없이 데이터의 이동을 제한하는 데이터

4) 그럼에도 WTO가 여전히 중요한 이유는 개도국들이 디지털 무역과 관련한 무역 규범을 수립하는 데 참여하여 목소리를 낼 수 있는 거의 유일한 제도적 통로로서 기능하고 있기 때문이다.

보호, ③ 개인의 동의 없이 위치(geolocation) 정보의 수집, 공개, 이전, 보관을 허용하지 않는 위치정보 프라이버시, ④ 커뮤니케이션 제공자가 특정 인터넷 트래픽 경로를 사용하도록 하는 데이터 트래픽 경로 지정 등이 있다(Business Roundtable, 2015). 이 가운데 특히 데이터 국지화가 사업비용을 증가시키는 요인으로 작용한다. 미국의 경우, 디지털 커뮤니케이션 산업 부문 대기업과 중소기업 가운데 82%와 52%가 데이터 국지화를 무역장벽으로 꼽을 만큼 국지화의 의무화가 가장 중요한 장애요인으로 평가된다(US ITC, 2014).

디지털 무역과 관련한 세 번째 쟁점은 디지털 무역의 거래과정에서 취득한 정보유통 문제이다. 미국 IT 기업들은 국가 간 디지털 서비스 무역을 증진하고, 인터넷상의 자유와 투명성을 보호하며, 정보의 자유로운 유통을 촉진할 수 있는 새로운 틀을 만들도록 미국 통상대표부(USTR: United States Trade Representative)에 압박을 가하고 있다. 반면 유럽 측은 데이터 보호가 데이터의 자유로운 이동을 제한하는 무역장벽으로 인식되는 데 대해 문제의식을 갖고 있다. EU 집행위원회와 시민사회는 개인정보의 양도 등 민주주의의 근본 원칙에 영향을 줄 수 있는 규칙은 무역 협상의 대상이 되어서는 안 된다는 것이다. 데이터의 이동이 TiSA(Trade in Services Agreement)에 포함될 경우, 개인정보는 예외가 되어야 하며 개인정보 보호에 대한 규제가 무역협정의 다른 규정과 일치하는지 여부를 증명할 필요가 없도록 하자는 입장이다.5)

넷째, 다국적 정보통신 서비스를 제공하는 IT 기업들이 데이터를 수집·저장하는 방식 역시 중요한 이슈이다. IT 기업들은 데이터 센터를 세계 각지에 구축하여 데이터를 저장하는 방식을 취하고 있는데, 일부 국가들은 데이터의 국지화를 요구하고 있기 때문이다. IT 기업들은 데이터 국지화가 실질적 효과가 없다는 입장이나, 이에 반대하는 정부들은 개인정보 보호 및 국가안보를 이유로 들어 반대 입장을 고수하고 있다.

다섯째, IT 기업들은 세계 대다수 국가들에 서비스를 제공하여 사업을 영위

5) TiSA는 궁극적으로 GATS와 유사한 수준의 프라이버시 보호를 위한 세이프가드를 포함시킬 것으로 알려지고 있다. TiSA가 시행되더라도 금융정보의 양도와 관련, 프라이버시의 보호를 규정하는 유럽 국가들의 국내법이 계속 적용될 것으로 보인다. 데이터 양도와 관련 한국-EU FTA의 규정과 유사한 규정의 도입에 대해 논의가 이루어지고 있다. 한국-EU FTA Article 7.43은 "양측이 개인의 기본권과 자유의 보호를 재확인하는 가운데 프라이버시의 보호, 특히 개인정보의 양도에 대한 적절한 세이프가드 조치를 취할 것"임을 규정하고 있다.

하고 있음에도 데이터 센터를 일부 장소에 국한하여 법인세를 사실상 회피하고 있는데, 이 또한 주요 문제 가운데 하나이다. 구글과 같은 다국적 기업에 세금을 부과하는 이른바 '구글세' 추세가 유럽을 중심으로 확산되고 있는 것이 대표적 사례이다. 영국 정부는 2016년 1월 구글에 1억 천만 파운드(약 1932억 원)의 세금을 징수했고, 프랑스와 이탈리아 정부도 각각 16억 유로(약 2조 원), 3억 유로(약 3790억 원)에 달하는 세금 징수를 추진하고 있다. EU 집행위원회는 아일랜드 정부가 애플에 최고 130억 유로와 그에 대한 이자를 추징해야 한다는 결론을 내렸다. 경제협력개발기구(OECD) 또한 한 국가에서 1조 원 이상의 매출규모를 갖고 있는 사이버 관련 다국적 기업에게 세금징수 계획을 밝히는 등 이러한 추세는 점차 확대될 가능성이 있다.

3. 미중 경쟁의 동학

2010년대 이후 디지털 무역 거버넌스의 수립을 둘러싼 경쟁의 축이 미국 대 중국으로 이동하는 양상을 보이고 있다. 미국은 높은 경쟁력을 갖추고 있는 자국 IT 기업의 이익을 우선 반영하여 디지털 무역 거버넌스를 형성하려는 의도를 드러내고 있다. 반면 중국은 사이버 주권을 강조함으로써 미국의 이익이 반영된 디지털 무역 거버넌스의 수립을 지연시키는 가운데, 국내 산업을 육성하기 위한 산업정책을 적극 실행하고 필요에 따라 외국 기업에 대한 차별적 조치를 부과하는 등 상반된 입장을 취하고 있다.

1) 인식과 전략

디지털 무역의 양적 증가에도 불구하고, 미국 국제무역위원회는 외국의 무역장벽이 자국 기업의 디지털 무역에 명백히 부정적인 영향을 미치고 있으며, 모든 무역장벽이 철폐될 경우 미국의 실질 GDP 증가가 167억~414억 달러에 달할 것으로 추산한다(United States International Trade Commission, 2014). 이러한 배경에서 미국은 디지털 산업 분야의 자유무역이 미국의 국익을 증진하는 데 필수적이라는 인식을 갖고 있다(Information Technology and Innovation Foundation, 2016). 디지털 무역의 성장속도가 세계 무역의 증가속도를 추월했고, 서비스 무역의 절반 이상이 데이터의 초국적 이동에 기반하고 있다는 점을 감안할 때, 데이터가 전 지구적으로 유통될 수 있는 생태계의 형성이 디지털 산업의 지속적인 발전에 긴요하다는 것이 미국의 시각이다. 데이터의 초국적 이동과 이를 위한 체제의 수립은 전 세계에 형성된 가치사슬을 운영해야 하는 미국 기업의 이익을 증진하는 데 매우 중요하다.

그러나 도하개발라운드 과정에서 잘 나타나듯이 WTO 차원의 다자간 무역 협상이 선진국 대 개도국의 구조로 진행되면서 농업, 서비스, 노동 등 민감한 사안에 대한 협상이 사실상 어렵게 되었다. 인터넷의 성장과 개별 정부들의 적극적인 역할로 디지털 무역 규모 분야의 다자체제 수립을 위한 논의의 성과 역시 마찬가지였다. 미국은 WTO 차원의 디지털 무역 거버넌스의 수립이 지연되는 동안, 서비스 분야의 무역을 촉진하기 위한 새로운 협상의 장인 TiSA를 그 대안으로 선택했다. TiSA는 금융, 보건, 운송 등 서비스 교역의 자유화를 목적으로 하고 있기 때문에 디지털 무역도 무역 자유화의 대상에 포함시키고 있다. TiSA에 참여하고 있는 국가들은 23개국에 불과하지만, 이 국가들이 세계 서비스 무역에서 차지하는 비중은 약 70%이기 때문에 협상이 신속하게 진행될 수 있을 뿐 아니라 합의가 이루어질 경우 서비스 무역이 실질적으로 세계적 차원에서 자유화되는 효과를 기대할 수 있었다.

그러나 예상과 달리 TiSA 협상도 합의를 도출하는 데 난관에 봉착하자, 미국은 새로운 돌파구를 모색해야 하는 상황에 직면했다. 미국의 첫 번째 전략은 디지털 무역의 논의범위를 확대하는 것이었다. G20은 의제범위를 디지털 무역뿐 아니라 광의의 디지털 보안으로 확대시켰다. 2015 G20 정상회의에서는 디지털 보안 협정에 초점이 맞추어졌는데, 상업적 스파이 행위 금지, 보안, 안정성, 다른 국가들과의 경제관계를 증진할 책임이 국가에 있다는 점 등을 포함하여 디지털 무역 관련 국제규범에 대하여 기본적인 합의를 도출했다. 미국은 이 합의를 도출하는 과정에서 논의를 주도했을 뿐 아니라, 중국의 상업적 스파이 활동을 주요 문제로 부각하는 데 성공했다. 미국은 국가가 지원하는 경제·첩보 활동이 기업활동에 심대한 영향을 미친다는 이유로 제한의 필요성을 제기하는 등 디지털 무역과 관련하여 자국의 이해관계를 일정 정도 투사하는 데 성공했다.[6]

---

6) 한편 B20 그룹은 온라인 상거래 장벽을 제거하기 위해 지구적 전자 상거래 플랫폼(global ecommerce

둘째, 미국은 디지털 무역을 위한 새로운 규칙을 다자 무역체제에 통합시키는 데 사실상 실패한 것을 인정하고, 메가 FTA를 새로운 대안으로 추구했다(Meltzer, 2015). 정보 유통을 촉진하기 위한 플랫폼은 지구적 차원의 개방성을 전제로 한 거버넌스를 필요로 함에도 그동안 진전은 미미한 수준에 머물렀다. 오바마 행정부는 이러한 상황을 타개하는 수단으로 메가 FTA를 선택했고 환태평양경제동반자협정(TPP)에 디지털 무역에 대한 미국의 입장이 대거 포함되었다. 이를 계기로 미국은 TPP를 기반으로 디지털 무역의 글로벌 거버넌스를 수립하기 위한 노력을 가속화했다. 오바마 행정부가 이러한 전략을 취했던 배경에는 메가 FTA 협상과정에서 미국 시장에 대한 접근을 협상의 지렛대로 활용하여 상대국들의 디지털 산업 정책을 제한할 수 있다는 판단이 작용했다. 디지털 산업 정책으로 인해 미국과 메가 FTA를 체결하지 못하는 국가는 메가 FTA를 체결한 국가들에 비해 미국 시장에서 불리한 상황에 처하는 상황을 피하기 위하여 미국이 선호하는 디지털 무역 규칙을 수용할 가능성이 높다고 본 것이다(Shadlen, 2005).

트럼프 행정부는 메가 FTA보다 양자협정에 대한 선호를 명확히 했다. 트럼프 행정부의 양자주의에 대한 선호는 TPP를 기반으로 디지털 무역 규범과 체제를 수립하려던 오바마 행정부의 전략 수정을 의미한다. 트럼프 행정부의 전략은 시장 메커니즘에 기반하기보다 정책을 통해 미국 내 생산자에게 혜택을 주겠다는 명확한 신호인 셈이다. 그러나 트럼프 행정부의 통상정책 전환은 여러 차원에서 문제를 초래할 가능성이 높다. 우선 양자 협상을 성공적으로 타결하더라도 일관성이 결여된 디지털 무역 규칙으로 인해 기업들이 실제적으로 얻는 순이익은 기대한 수준보다 낮을 가능성이 높다(Aaronson, 2016).[7] 트럼프 행정부의 양자주의는 미국에 대한 신뢰도를 저해할 뿐 아니라 협상에 투입되는 시간과 자원 면에서도 비효율적이다. 이러한 점에서 TPP는 비록 미국이 불참하더라도 디지털 무역 거버넌스를 위한 프레임워크로서 중요한 준거점이 될 가능성이 높다.

---

platform)을 수립할 것과 G20 정상회의에서 논의할 주제로 eWTP(electronic world trade platform) 구상을 제안했다. 이 아이디어는 2016년 3월 보아오 포럼에서 알리바바의 마윈이 제안한 것으로, 중소기업들이 전자무역을 하는 데 있어서 직면하는 장벽을 완화하는 것이 목적이다.

7) 다자무역협정을 통해 세계 무역장벽을 완화하는 데 선도적 역할을 했던 미국의 지위에 대한 급격한 변화를 의미한다.

2015년 10월 타결된 TPP에 따르면, 무역과 관련한 정보의 자유로운 유통을 디폴트로 규정하고, 프라이버시, 공중도덕, 국가안보 등 아주 제한된 경우에 한하여 정보 유통을 제한할 수 있도록 규정하고 있다. TPP 규정은 프라이버시에서 사이버 안보에 이르기까지 초국적 정보 유통에 대해 각국 정부가 협력할 수 있는 하나의 기준을 제공한다는 점에서 커다란 영향을 미칠 전망이다. 미국은 TTIP(Transatlantic Trade and Investment Partnership)와 TiSA에도 이러한 규정을 새 기준으로 활용하려는 계획을 갖고 있는 것으로 알려졌다. TPP 등 메가 FTA에서 다루어진 핵심 쟁점은 데이터 국지화에 대한 규제, 국가 간 데이터 유통에 대한 제한, 기술 이전, 디지털 제품에 대한 차별적 조치, 제품 공개 요건 등이다.

USTR은 디지털 무역의 주요 쟁점에 대한 미국의 기본 입장을 '디지털 더즌(Digital Dozen)'을 통해 명시적으로 제시하고 있다. 첫째, TPP 협상국들은 '자유롭고 개방적인 인터넷의 증진(promoting a free and open internet)'으로 소비자가 콘텐츠와 응용 프로그램에 접근할 수 있어야 한다는 점에 합의했다. 이는 소셜 네트워킹, 정보, 엔터테인먼트, e-commerce 등 새로이 대두되는 인터넷 서비스의 성장을 가능하게 하기 때문이다(CH. 14, ART. 10). 둘째, 초국적 데이터 유통을 가능하게 해야 한다는 것이다(enabling cross-border data flows). 정보의 자유로운 유통을 제한할 수 있는 규정을 도입하는 국가들이 증가하고 있는데, 이는 특히 미국 기업에 불리하게 작용한다는 판단이다. 이를 방지하기 위해, 데이터가 외부로 반출될 때 소비자 정보의 보호와 같은 합리적인 세이프가드의 적용을 받도록 하는 등의 조치를 취함으로써 차별적이고 보호주의적인 무역장벽의 퇴치를 위해 노력하겠다는 것이다(CH. 11, Annex 11-B, SEC. B)(CH. 14, ART. 11). 셋째, TPP는 비차별 원칙을 확보하고(securing basic non-discrimination principles), 디지털 관세 부과를 금지하자는 합의를 도출했다(prohibiting digital customs duties). 기본적인 비차별 원칙은 상품과 서비스 무역의 핵심이기 때문에 이 원칙을 디지털 제품에도 동일하게 적용함으로써 역내에서 생산된 디지털 제품을 차별하지 않을 뿐 아니라, 디지털 제품에 대한 관세의 부과를 전면 금지하자는 것이다(CH. 14, ART. 3, 4). 넷째, 상당수 국가들이 데이터 국지화를 의무화함으로써 서비스 제공자와 소비자들에게 불필요한 비용과 부담을 전가하고 있는데, TPP 협상국들은 데이터 국지화를 방지함으로써(preventing localization barriers) 클라우드 컴퓨팅과 인터넷 기반의 제품과 서비스를 제공하는 기업들이 비용을 감소시켜주기로 했다(CH. 14, ART. 13). 다섯째, 강제적인 기술 이전을 금지하고(barring forced technology transfers) 주요 소스코드를 보호(protecting critical source code)한다.[8] 시장 접근과 연계하여 소스코드, 영업 비밀, 또는 대체기술 등을 요구하거나 기술 이전을 의무화해서는 안 된다는 것이다(CH. 9, ART. 9; CH. 14, ART. 17; CH. 8, Annex 8-B, SEC. A).[9]

TPP는 이 밖에도 기업들이 자유롭게 기술을 선택할 수 있도록 보장하고(ensuring techology choice)(CH. 9, ART. 9)(CH. 13, ART. 23), 강력하고 균형 잡힌 저작권을 보호하고 실행하며(promoting strong and balanced copyright protections and enforcement)(CH. 18, SEC. H, ARTS. 65 and 66; SEC. J, ART. 82), 국영기업과의 공정경쟁을 보장(ensuring fair competition with state-owned enterprises)(CH. 17)(CH. 13, ART. 16)하는 등 인터넷 기업들의 초국적 사업을 지원하는 규칙을 다수 포함시켰다. 또한 특히 디지털 무역 분야의 협상을 주도한 미국은 이런 향후 디지털 무역 관련 프레임워크를 구축(building an adaptable framework for digital trade)(CH. 9, ART. 11)(CH. 10, ART. 7)(CH. 11, ART. 10)함으로써 향후 새로운 디지털 무역 거버넌스를 수립하는 과정에서 주도권을 잡으려는 의도를 갖고 있다.

반면 디지털 무역에 대하여 중국은 전통적으로 사이버 영역에서의 주권을 강조해왔다. 중국은 표면적으로는 시장경쟁에서 공정성과 개방성을 강조한다. 2017년 3월 발표된 '사이버 공간 국제협력 전략'에서 중국이 자국의 발전을 추구하는 가운데 협력과 호혜를 통해 디지털 경제와 무역 및 투자를 지구적으로 확산시키기 위해 노력하겠다는 의사를 밝힌 것이 대표적 사례이다. 이 전략에서 중국은 디지털 경제를 위한 개방적이고 안전한 환경을 추구하는 노력을 지지하며, 공정하고 합리적이며 보편적인 인터넷 접근과 인터넷 기술의 대중화, 그리고 인터넷 언어의 다양성을 촉구하고 있다. 또한 중국 정부는 지적재산권을 보호하고, 보호주의를 배격함으로써 온라인 세계 시장을 형성하며, 인터넷 경제를 구축하기 위해 노력한다는 입장을 표명하고 있다(International Strategy of Cooperation on Cyberspace, 2017).[10]

---

8) 이 규정은 혁신을 선도하는 미국 기업들이 주요 코드 또는 전매 알고리즘(proprietary algorithms)을 경쟁자나 국영기업들에게 이전할 수 있는 상대국 규제기관에 양도하지 못하도록 방지하는 데 목적이 있다.

9) 한편 관련 당사자들이 보건, 안전, 기타 정당한 규제 목적을 보호하기 위해 소스코드에 접근할 수 있는 능력을 가질 필요가 있다는 점은 인정하고 있다.

그러나 사이버 공간 국제협력 전략은 "모든 국가들은 대등한 위치에서 독자적인 사이버 발전, 사이버 규제 모델, 인터넷 공공정책과 관련한 경로를 선택할 수 있는 권리를 존중해야 하며, 어떤 국가도 사이버 패권을 추구하여 다른 국가의 내정에 간섭하거나 국가안보를 침해하는 사이버 활동을 지원해서는 안 된다"고 명시함으로써 디지털 무역과 관련한 보편적 규칙과 규범을 수립하는 데 신중한 입장을 보이고 있다. 사이버 공간의 무역을 위한 규칙을 수립하고 국가들이 정책을 효과적으로 조정하려는 노력을 지지한다는 입장의 반복인 셈이다. 더 나아가 중국 정부는 디지털 보호주의에 대해서는 기존 입장을 유지하고 있다. 즉 국내 인터넷 기업뿐 아니라, 제조업, 금융, ICT 부문의 인터넷 관련 기업들이 세계적인 선도 기업이 될 수 있도록 지원하겠다는 방침을 명확히 하고 있다. 이 전략서는 특히 '디지털 경제 협력의 증진(Promoting Cooperation on Digital Economy)'에 대하여 별도의 장을 마련하여 언급하고 있다. 중국이 사이버 발전, IT 응용 프로그램, 빅데이터, '인터넷 플러스'를 위한 국가전략을 적극적으로 실행하고 있다. 이 전략은 전자 상거래 발전을 촉진하고, 디지털 경제와 실물경제의 통합을 증진하며, 자원의 배분을 최적화하고, 총요소 생산성의 증가를 목표로 하고 있다. 이를 통해 혁신을 촉진함으로써 새로운 성장모델로 이행해 나간다는 구상이다(International Strategy of Cooperation on Cyberspace, 2017).

중국이 디지털 무역을 위한 지구적 차원의 플랫폼을 형성하려는 노력을 존중하는 가운데 국내 기업에 대한 지원이라는 다소 상반된 정책목표를 하나의 전략서에 제시하는 이유는 디지털 무역의 규칙과 규범을 수립하기 위한 보편적 가치를 인정하는 모양새를 취하되, 미국을 비롯한 선진국들이 주도하는 규칙과 규범을 무조건적으로 추수하는 것이 아니라 경제적 이익과 사회적 안정 등 자국의 이익과 상충될 경우 기존 입장을 유지하기 위한 것이다.

---

10) 다른 국가들과의 협력과 교류는 인터넷 기술의 혁신과 발전, 디지털 경제로 인한 혜택의 고른 분배, 사이버 공간의 지속가능한 발전이라는 목표를 위해 추진하겠다는 입장을 표명하고 있다.

2) 주요 쟁점

(1) 검열과 규제

미국과 중국은 디지털 무역은 물론 이에 영향을 미칠 수 있는 주요 쟁점에 대해 첨예하게 다른 입장을 견지하고 있다. 중국의 인터넷 검열이 지난 10년 이상 논란이 되어왔다는 점을 고려할 때 이는 새로운 쟁점은 아니다. 그러나 2012년 시진핑 주석이 취임한 이래 상황이 악화되고 있다. 2016년 시진핑 정부에서 작성된 중국 최초의 사이버 안보 전략서는 "정보 보안을 보호하기 위해 가능한 모든 수단을 동원할 것"이라는 강경한 방침을 명확히 했다(*Bloomberg Technology*, 2016.12.27). 실제로 2015년 개정 형법이 도입된 이후 시진핑 정부에서 온라인 표현에 대하여 20여 건의 기소가 이루어졌다. 개정 형법에 따르면, 소셜 미디어를 통해 루머를 확산할 경우 징역 7년에 처해질 수 있으며, 소수종교 집단의 신도가 핸드폰으로 종교 비디오를 시청했다는 이유로 투옥되기도 했다. 이에 더해 ≪이코노미스트(Economist)≫와 ≪사우스차이나모닝포스트(South China Morning Post)≫가 2015년 톈진의 화학공장 폭발 관련 기사와 비평을 게재해 차단당했다(Freedom House, 2016).[11]

그 결과 중국의 인터넷 검열은 세계적으로도 가장 높은 수준인 것으로 평가되고 있다. 그림 8-1의 프리덤하우스(Freedom House) 보고서에 따르면, 중국의 인터넷 자유도는 조사대상 65개국 가운데 가장 낮은 것으로 나타났다. 중국의 인터넷 자유도는 88로, 이란(87), 쿠바(79), 사우디아라비아(72), 러시아(65) 등에 비해서도 낮은 수준에 머물고 있다(Freedom House, 2016). 이와 관련해 USTR은 특히 "중국 정부가 세계에서 가장 이용이 많은 25개 사이트 가운데 8개를 차단하고 있다"는 점에 주목하고 있다. 현재 중국 정부가 차단하고 있는 사이트는 구글, 트위터, 유튜브, 페이스북 등이다. ≪뉴욕타임스≫는 2012년부터 금지되었으며, ≪이코노미스트≫와 ≪타임≫ 역시 차단되고 있다.

미국 측이 중국 당국의 디지털 무역 저해요인으로 파악하는 것은 인터넷 검열과 절도에서 기술 규제에 이르기까지 매우 다양하다. 우선 미국은 USTR의

---

11) 중국 정부는 또한 텔레그램을 포함한 다수의 커뮤니케이션 앱이 인권 변호사들 사이에서 인기가 높고, 시민 활동가들이 중국 공산당과 정부를 비판하는 데 사용한다는 이유로 차단하기도 했다(Freedom House, 2016).

그림 8-1 2016 인터넷 자유도

자료: Freedom House(2016).

2016년 '대외무역장벽보고서(2016 National Trade Estimates of Foreign Trade Barriers)'에서 명시했듯이, 중국이 인터넷 필터링을 하고 있기 때문에 해외 공급자들에게 커다란 부담을 주고 있고, 인터넷에 기반을 둔 중국 기업에도 어려움을 가중시키고 있다는 입장이다. 이 보고서에 따르면, 2016년 중국 당국이 세계적으로 인터넷 트래픽이 가장 많은 25개 사이트 가운데 구글, 트위터, 페이스북, 유튜브, 뉴욕타임스 등 8개를 차단한 데서 나타나듯이 인터넷 검열과 그에 따른 디지털 무역에 대한 부정적 영향이 점증하고 있다(USTR, 2016). 더욱이 중국 당국이 애플 아이튠즈 영화와 아이북스 스토어, 디즈니라이프 서비스를 구체적인 설명 없이 중단시키는 등 중국 인터넷 시장의 불확실성이 증대되고 있는 것에 대한 미국의 우려가 커지고 있다(CRS, 2017).

IT 기술의 도용 역시 디지털 무역의 저해요인이다. 중국은 지적재산권의 최대 도용국가로 파악되고 있다. 미국 측은 미국 기업에 대한 중국 측의 지적재산권 도용의 규모가 2400억 달러에 달하는 것으로 추산하고 있다. 2015년 4월 버락 오바마(Barack Obama) 대통령은 이에 따라 중국의 사이버 첩보 활동에 대해 제재를 승인하는 행정명령을 내린 바 있다. 그 결과 미국과 중국 양국 정부는 자국 기업 또는 산업에 경쟁우위를 제공할 목적으로 지적재산권에 대한 사이버 절도를 직접 행하거나 의도적으로 지원하지 않을 것에 대해 합의했다(The U.S.-China Cybersecurity Working Group).

미중 갈등은 2016년 11월 중국 전국인민대표대회 상무위원회가 인터넷안전법(网络安全法)을 통과시키면서 한층 고조되었다. 중국 당국자들은 이러한 규정이 테러와 반정부 활동을 방지하는 데 필요하고 데이터 보호를 향상시킨다는 명분을 들어 인터넷안전법의 타당성을 주장하고 있다. 그러나 이에 대해 반대하는 측은 정보 보안기술에 대한 제한이 데이터 절도를 더 용이하게 할 뿐 아니라 WTO 규정을 위배하는 것이라고 주장한다. 즉 데이터 저장 규정은 보안상의 이점이 없을 뿐 아니라 진입장벽으로 작용할 가능성이 있으며, 보안 규정 역시 데이터 안전을 오히려 약화하고 WTO 규정의 무역장벽에 해당한다는 것이다.

인터넷안전법에 대한 비판의 핵심은 모호성이다. 구체적으로 중국 정부가 중요 데이터를 '국익 또는 사회적 이익을 위협할 수도 있는 개인 또는 기업 데이터'라고 모호하게 규정하고 있다. 국가인터넷정보판공실(国家互联网信息办公室, Cybersecurity Administration of China)이 해외로 전송되기 이전의 데이터를 검열할 뿐 아니라, 특정 데이터의 해외 이전을 금지하고, 주요 정보 인프라 운영자에 대해서는 데이터 이전과 관련해 추가 제한을 할 수 있는 가능성이 상존한다는 것이다(Miles, 2017).[12]

미국은 이러한 제한이 서비스 제공자에 대한 동등한 대우를 보장하고 있는 GATS 규정을 위반하는 것이라고 비판한다. 중국 당국이 서비스를 제공하는데 필요한 데이터를 규제함으로써 서비스 제공을 실질적으로 제한한다는 것이다. 이는 GATS 17조에 규정된 '자국 서비스 또는 서비스 제공자에게 유리하도록 경쟁조건을 변경한 경우'에 해당한다는 것이다. 반면 중국은 '근본적인 안보 이익의 보호를 위해 필요하다고 간주되는 조치를 취하지 못하도록 해석되어서는 안 된다'고 규정한 GATS 14조에 근거하여 반론을 펴고 있다.[13] 중국 정부는 외국 인터넷 기업에 대해 제재를 가할 수 있는 근거로서 공중도덕이나 공공질서를 보호하기 위해 정부 개입이 허용될 수 있다는 WTO의 면책조항을 제시한다.[14] 이에 대해 미국은 GATS 규정에 따르면 투명성, 공평성, 정부행위의 비차별성 등이 보장되어야 하는데, 중국 정부는 외국 기업에 대해 이러한 GATS 규정을 준수하고 있지 않기 때문에 이 문제를 해결하기 위해 WTO를 활용할 수 있는 근거가 충분하다는 입장이다.[15]

GATS 규정의 해석과 관련 문제를 더욱 복잡하게 하는 것은 EU가 미국의 입장을 옹호하고 있지 않다는 점이다. EU는 일반데이터보호규정(General Data Protection Regulation: GDPR)을 검토 중인데, 이 규제는 EU에 소재하지 않는 기

---

12) 인터넷안전법은 2017년 6월 시행되었는데, 논란의 대상이 되었던 37조의 실행은 2018년 12월로 연기되었다(*South China Morning Post*, 2017.6.1).

13) GATS 14조는 이에 해당하는 국익을 군사, 핵융합 또는 핵분열 관련 활동, 전쟁 또는 국제적 비상사태로 인해 취하는 조치 등 세 가지로 엄격하게 규정하고 있다.

14) 중국의 인터넷 관련 정책에 대해서는 정부 내에서도 이견이 있는 것이 사실이다. 중국 인민정협(人民政協) 부의장 루오후에(羅富和)는 이례적으로 인터넷 검열이 경제 및 과학 발전을 지체시키고, 더 나아가 외국인 투자를 감소시키는 결과를 초래한다는 비판적 입장을 개진했다. 실제로 중국 정부는 가상 사설망(VPN) 등 인터넷 만리장성을 우회하려는 시도를 단속하기 위해 전국적인 캠페인을 무려 14개월에 걸쳐 전개했다.

15) 이와 관련해 미국이 무역 관련 지적재산권 협정(TRIPS) 규정을 활용하는 것이 더 유리할 수 있다는 주장도 있다. TRIPS는 지적재산권 침해에 대한 구체적인 보호규정을 제시하고 있다. 지적재산권 침해 여부와 관련한 패널이 구성되면 지적재산권 침해를 당한 측이 아니라, 침해한 측에서 침해가 없었다는 증명을 해야 하는 부담이 발생한다는 점에서 WTO 규정을 활용하는 것이 미국 측에 유리하다는 것이다(Farwell and Arakelian, 2014).

업 또는 연구소 등이 EU 내에서 이루어진 개인정보에 대한 보호와 이 데이터가 EU 밖으로 이전되는 데 대한 규제 등 프라이버시에 대한 강력한 보호를 주 내용으로 하고 있다.[16] 특히 데이터 이전은 데이터를 받는 국가가 GDPR에 부합하는 수준의 보호를 보장하고, 데이터 처리 주체가 적절한 보호조치를 제공하며, 관련 개인이 데이터 이전에 구체적으로 동의할 때 가능하도록 규정하고 있다.[17]

인터넷안전법은 또한 주요 정보 인프라(critical information infrastructure) 사업자들이 중국 국민의 개인정보 및 중요 데이터를 중국 내에 저장하는 것을 의무사항으로 규정하고 있다. 이 규정을 엄격하게 해석할 경우, 중국에서 수집되고 만들어진 모든 개인정보와 거래정보가 중국 내에 저장되어야 하며, 이는 중국이 세계 주요국들과 차별화된 매우 독자적인 시스템을 구축하여 세계적 차원의 정보 시스템이 파편화되는 단초를 제공할 수 있다는 데 문제가 있다. 이로 인해 국경을 넘어 수시로 데이터를 이동시켜야 하는 다국적 기업들로서는 이 같은 규정의 영향을 심각하게 받을 수밖에 없다(Brown, 2016). 이에 미국, 유럽, 아시아의 46개 기업들은 최근 시행된 사이버 안보 규정이 무역을 저해할 것이라며 중국 정부에 변경을 촉구했다.

중국은 사이버 주권을 지킨다는 명분하에 기업들이 모든 데이터를 중국 내에 보관해야 하고, 모든 데이터에 대한 보안검사를 통과해야 한다고 주장한다. 즉 중국 정부가 자국의 사이버 공간을 감시·감독할 수 있어야 한다는 것이다. 반면 미국은 WTO 서비스 위원회(WTO Services Council)에 제출한 문서에서, 중국 정부가 새로운 법규를 실행에 옮길 경우 초국적 서비스에 상당한 제약을 가하게 될 것이라는 입장을 명확히 했다. 중국 정부가 정보의 초국적 이

16) 중국의 인터넷안전법과 EU의 GDPR은 여전히 구별될 필요가 있다. EU의 GDPR은 데이터 보호의 범위를 개인정보로 명확하게 설정하고 있기 때문에, 중요 데이터를 모호하게 규정하고 있는 중국의 인터넷안전법과 구분된다. 정부의 개입 수준 면에서, EU도 데이터 프라이버시를 관장할 위원회를 설치하고 있지만, 중국 당국은 데이터의 내용을 검토하고 이전이 금지되는 범위를 추가로 선정할 수 있는 권한이 있다는 점에서 다르다. 또한 EU는 미국과 데이터 이전 협정을 체결하고 있는 반면, 중국은 미국 등 주요국들과 유사한 협정을 체결하기 어렵기 때문에 데이터 이전에 대한 제한이 더욱 실질적이고 구체적일 가능성이 높다.

17) 일본의 개인정보보호법(Act on the Protection of Personal Information) 역시 이와 유사한 요건을 규정하고 있다. Act on the Protection of Personal Information Act No. 57 of 2003. http://www.cas.go.jp/jp/seisaku/hourei/data/APPI.pdf

전을 사실상 금지함으로써 일상적인 사업조차도 피해를 입게 될 것이라는 주장이다.

특히 2015년 중국보험감독관리위원회(中国保险监督管理委员会)는 데이터의 국지화·의무화와 '안전하고 통제 가능한' IT 제품을 사용하도록 한 규정을 도입했다. 이 규정은 인터넷 기업이 아닌 금융기관을 대상으로 하고 있다는 점에 주목할 필요가 있다. 이 규제는 중국 은행들의 외국 IT 기술의 사용을 제한하고, 대(對)테러 활동을 이유로 중국에서 사업하는 모든 외국 기업들이 중국 당국이 승인한 암호화 장치를 설치하고 정부 검사를 위해 소스코드를 제출하도록 하고 있다(Bennett, 2015).[18] 또한 보험업에 대하여 기업이 보안제품의 작동방식을 당국에 제출하고, 중국 국민에 대한 정보를 중국 내에 저장할 것을 의무화하고 있다. 이에 대해 해외 보험사들은 중국에서 사업을 하려면 표준 이하 또는 보안에 취약한 기술을 사용하거나 호환성이 떨어지는 제품을 사용하도록 요구받고 있다고 주장한다.

데이터의 초국적 이동이 제한될 경우, 미국 정부는 자국 기업들에게 다양한 문제가 발생할 것으로 보고 있다. 데이터 국지화 규정의 강화는 미국 기업들이 투자와 일자리를 해외로 이전하도록 촉진하고, 초국적 데이터 이동의 제한은 비용을 증가시켜 미국 기업의 혁신능력을 감소시키며, 이는 궁극적으로 미국 기업의 세계 시장 점유율 저하로 이어질 수 있다는 것이다(Information Technology and Innovation Foundation, 2016).

(2) 디지털 보호주의

미국 정부는 중국 정부의 인터넷 정책을 디지털 보호주의로 보고 있다. 인터넷 필터링은 주로 표현의 자유 측면에서 논의되지만, 해외 기업의 국내 시장 접근을 제한하는 조치로 활용될 수 있다는 점에 주목하기도 한다. 실제로 중국 정부가 인터넷 만리장성을 통해 서구 기업들이 중국 시장에 접근하는 것을 차단한 결과 알리바바, 바이두, 텐센트, 타오바오 등 중국 기업들은 선발 기업들을 빠르게 추격할 수 있었고, 현재 세계적인 경쟁력을 갖게 되었다. 이는 디지털 산업 정책의 전형적인 사례이다. 문제는 다른 개도국들도 중국의 사례를 참고하여 디지털 산업 정책을 실행하고 있으며, 디지털 산업 정책이 인터넷 산

---

18) 비단 미국뿐 아니라 유럽과 일본도 이러한 규제에 대해 우려를 제기하고 있다.

업뿐 아니라 인터넷을 활용하는 전통 산업부문에도 커다란 영향을 미치고 있다는 것이다(Azmeh and Foster, 2016).

또한 WTO 가입 이후 중국이 자국 기업의 기술혁신을 정부 구매를 전략적으로 활용하는 경향이 감소했다. 그러나 중국 정부가 국가안보를 이유로 외국 기업의 IT 시장 접근을 제한하는 법규와 규제에 대한 우려가 점증되고 있다. USTR이 2016년 '대외무역장벽보고서'를 통해 "중국의 인터넷 통제가 해외 공급자들에게 상당한 부담을 가하고 있다"고 밝힌 것도 이러한 배경이다. 중국 당국은 중요 정보 인프라가 안전하고 통제 가능해야 한다는 이유를 제시하고 있는데, 외국 기업들은 중국 당국이 명확하게 그 기준을 제시하지 않는 데 문제가 있다는 것이다. 미국 측은 또한 중국 당국이 자국 IT 산업의 발전을 위해 외국 기업의 주요 정보를 요구하는 것으로 인식한다. 미국 상무부는 중국 정부의 이러한 정책이 장기적으로 중국에 상품을 판매하려는 미국 기업에 부정적 영향을 초래할 것으로 판단한다. 기술 유출에 대한 우려와 추가비용 때문에 미국 기업들이 가장 우수한 제품을 중국에 공급하기를 꺼리게 될 것이라는 판단이다(U.S. Department of Commerce, 2016).

구글, 페이스북, 인스타그램, 유튜브 같은 미국 인터넷 기업들이 세계 대부분의 국가에서 지배적 위치를 확보하고 있음에도, 중국 정부가 인터넷 만리장성을 통해 이 기업들의 서비스를 차단함으로써 자국 인터넷 기업의 성장을 지원한 측면이 있다. 바이두, 웨이보, 텐센트는 인터넷 만리장성의 보호를 기반으로 중국 시장에서 빠른 성장을 거듭할 수 있었고, 현재는 미국 기업들과 대등한 수준에서 혁신을 선도하고 있다. 문제는 중국 기업들이 급성장한 이후에도 중국 정부가 디지털 무역을 제한하는 정책들에 대해 완화 의지를 보이지 않고 있다는 점이다. 중국 정부는 인터넷 주권이라는 명분을 활용하여 지구적 차원의 디지털 무역 거버넌스의 발전 방향과는 매우 다른 독자적인 정책을 지속 중이다.

미국 정부는 디지털 보호주의가 디지털 산업의 기술혁신을 선도해온 미국 기업들의 경쟁력을 위협하는 핵심 요인이라고 인식하고 있다. USTR은 미국의 디지털 관련 서비스 무역이 미국 서비스 수출의 약 60%, 미국 전체 무역의 약 17%를 차지했으며, 이 부문의 무역흑자가 2011년 기준 1만 350억 달러에 달한 것으로 발표했다. 미국은 중국 정부가 주요 산업에서 외국 경쟁기업들을 사실상 차별하고 있다고 본다. 즉 중국 정부가 국내 기업을 육성함으로써 외국 기업의 시장 접근을 제한하는 결과를 초래한다는 주장이다(McDonald, 2016). 오바마 행정부 또한 중국 정부가 다양한 방법을 사용해 외국 기업들이 실질적으로 중국 시장에 진출하지 못하도록 차별하고 있다고 비판을 제기한 바 있다.

미국 측은 이러한 배경에서 중국 정부가 외국 기업에 요구하는 사항들을 명확히 해야 한다는 입장을 표명했다. 예를 들어 중국 정부가 외국계 금융기관에 대해 요구하는 '안전하고 통제 가능한' 금융기술의 의미가 대단히 모호하다는 것이다. 미국은 또한 중국 정부가 '국산' 제품 사용을 의무화하고 있는데, '국산(indigenous)'의 의미를 분명히 해달라고 요구했다(Bennett, 2015). 이 규정이 중국 국내기업에 대한 특혜 대우를 제공하는 데 활용될 수도 있기 때문이다. 특히 미국 정부는 보험업에 대한 이와 같은 규제가 중국 기업들이 세계 기술을 선도하고 국내 부품의 사용을 목표로 하는 '중국제조 2025(中国制造2025)', '인터넷 플러스(互联网+)'의 일환으로서 더욱 확대될 가능성을 우려한다.[19]

바이두가 중국 시장에서 구글이 철수한 이후 급성장한 사례에서 나타나듯이, 중국 정부의 이러한 조치가 산업정책의 성격을 갖는 것은 비교적 분명하다.[20] 중국의 산업정책에 대하여 미국 기업들은 부분적으로 순응하는 한편, 미국 정부에 로비를 강화하는 양면전략을 펼치고 있다. 페이스북이 중국 정부의 검열에 적합한 제품을 개발하여 중국 시장 복귀를 추진하는 등 미국의 인터넷 대기업마저도 중국 정부의 디지털 보호주의에 순응하는 경향을 보이기 시작했다. 궁극적으로 인터넷 기업들이 개별 정부의 요구에 따라 변경된 제품과 서비스를 제공하게 되는 것이다. 미국 기업들은 또한 로비, 정치 헌금, 기타 형태의 정치적 행동주의 등 적극적인 정치활동을 벌이고 있다. 구글, 페이스북, 아마존, 야후, 애플, 이베이, 마이크로소프트 등 대기업들뿐 아니라, 스냅챗, 드롭박스, 라피드쉐어, 트위터, 에어비앤비, 익스피디아 등 비교적 신생 기업들과 산업협회들이 매우 활발한 정치활동을 전개하고 있다. 이 가운데 특히 구글 등 일부 대기업들은 로비자금 지출순위에서 상위를 점하고 있다(Azmeh and Foster, 2016).

19) 실제로 중국은 은행업에 대해서도 유사한 규제의 도입을 검토하고 있다.

20) 바이두 주가는 구글이 중국 철수를 발표했던 당일에 16% 상승했다(Barfield, 2016).

5. 결론

인터넷 산업과 디지털 무역의 중요성이 미치는 경제적 영향뿐 아니라 사회적 영향을 고려할 때 그에 부합하는 거버넌스의 필요성은 지속적으로 커지고 있다. 그러나 디지털 무역을 관리하는 다자 무역체제의 수립이 지연되는 동안, 좁게는 미국과 중국, 넓게는 선진국과 개도국들의 갈등이 증가하고 있다. 중국을 포함한 일부 개도국들은 디지털 무역 거버넌스가 미비한 점을 활용하여 산업정책을 적극적으로 추진했다. 문제는 이 국가들이 디지털 산업 정책의 공간이 열려 있는 데 따르는 혜택을 누리는 한편, 초국적 데이터 이동, 데이터 국지화, 기술 이전 의무화, 암호화, 검열과 필터링 등 디지털 경제 또는 무역에 커다란 영향을 미칠 수 있는 정책들을 실행하는 데 있다.

이러한 문제가 발생한 원인은 미국을 포함한 선진국들이 이견을 조정하는 데 실패함으로써 다자 차원의 디지털 무역 거버넌스의 수립이 계속 지연되고 있기 때문이다. 미국이 선발의 이점을 확보하는 데 사실상 실패했기 때문에, 새로운 디지털 무역 거버넌스의 수립은 미국과 중국이 선도적 역할을 할 때 가능하다. 오바마 행정부 당시 미중 사이버 협정을 타결한 것은 긍정적 신호로서, 미중 양국이 프라이버시 보호, 정보 접근, 지적재산권 보호 등에 대해 양국 간 합의를 바탕으로 디지털 무역의 틀을 제시할 필요가 있다.

그러나 미중 양국이 합의에 도달하기 위해서는 다음의 사항들을 고려할 필요가 있다. 우선 데이터의 자유로운 이동과 관련한 규칙을 다자 수준에 맞게 수립하기 위해서는 WTO 회원국, 특히 EU 회원국들의 역할이 중요하다. 미국과 중국 가운데 연합범위를 성공적으로 확대하는 국가가 디지털 거버넌스를 수립하는 데 있어 주도권을 잡을 가능성이 높다. 예를 들어 미국은 EU 회원국들이 GATS 협정을 대단히 협소하게 해석하는 중국 측에 경도되지 않도록 노력할 필요가 있다. 데이터 국지화가 불가피할 경우 국지화의 수준과 범위에 대한 합의를 이끌어내는 것이 매우 중요하다(Mirasola, 2017).[21]

또한 개별 국가들이 개방성과 혁신을 제한하는 '절대안보'(absolute security)와 자유시장과 자유무역을 위한 탈규제 사이에 균형이 이루어질 필요가 있다.

---

21) 이를 위해 미국은 데이터의 보호에 관한 국내법을 정비해야 하는 선결 과제를 우선 해결할 필요가 있다는 지적이 제기된다.

개별 국가의 인터넷 발전 수준과 사이버 보안 능력에는 상당한 차이가 있기 때문에, 하나의 원칙만을 고수할 경우 다자 수준의 디지털 무역 거버넌스가 수립되기 어려울 수 있다.

제9장

김치욱 (울산대학교 국제관계학과 교수)

미중 경쟁과 국제 자본시장의 동조화*

1. 문제 제기

이 글은 국제 자본시장을 미국과 중국 간 패권경쟁의 장으로 상정하고 양국의 상대적 영향력이 어떻게 관찰되는지 분석한다. 좀 더 구체적으로 말하면, 이 글은 글로벌 금융위기를 전후하여 아태 지역의 증권시장에서 대미 또는 대중 동조화(coupling) 여부를 규명하고, 이로써 미국과 중국의 영향력이 국제 시장에서 투자자들의 선택에 어떻게 투영되는지 통계학적으로 검토한다. 따라서 이 글은 아태 주식시장을 미국과 중국이, 의도성 여부에 관계없이, 투자심리 차원에서 영향력을 행사하는 무대로 이해하고, 시장 참여자들의 행태에 주목한다는 점에서 국제 리더십의 미시적 기초를 조명하는 작업이다.

미국에서 트럼프 행정부가 등장한 이래 이른바 'G2 리스크'에 대한 우려가 커지고 있다. 이는 미국과 중국의 경제 정책 및 지표가 한국 등 다른 국가로 파급되는 과정에서 빚어지는 부작용을 염두에 둔 것이다. 그런데 이러한 G2 리스크의 파장이 가장 먼저 관측되는 곳이 바로 각국의 주식시장이라는 점에서, 주식시장을 분석대상으로 삼는 것은 미중 경쟁의 동학을 이해할 수 있는 중요한 바로미터가 될 수 있다.

---

* 이 글은 ≪국제지역연구≫ 26권 3호(2017)에 게재된 논문을 수정·보완한 것이다.

1980년대 이후 자본시장의 개방화와 자유화가 진행되고 정보통신기술이 급격히 발달하면서 각국 금융시장 간의 연계성이 크게 증가했다. 그로 인해 어느 한 국가에서 발생한 경제적 충격은 다른 지역으로 더 빠르고 광범위하게 확산되었다. 1987년 10월 미국에서 시작된 주가 폭락은 전 세계 주요 주식시장의 연쇄적 주가 폭락으로 이어졌다. 1997년 동남아시아 외환위기는 아시아 대부분의 주식시장에 큰 충격을 가했다. 2008년 미국 서브프라임 모기지(sub-prime mortgage) 사태, 2016년 6월 영국 브렉시트(Brexit) 움직임도 예외 없이 세계 금융시장을 요동치게 만들었다. 이처럼 세계 자본시장의 통합이 가속화되면서 각국 주식시장 간의 동조화 경향도 두드러지고 있다. 특히 신흥 시장은 미국 시장의 변동에 민감하게 반응하는 경향을 보여왔다. 이를 반영하듯이 국제 주식시장 동조화에 관한 기존 연구들은 미국, 일본, 유럽 등 선진국 주식시장에 시선을 집중했다.

그런데 2000년대 들어 국제 자본시장의 동조화 논의에서 빼놓을 수 없는 변수로 중국 요인이 등장했다. 이미 2007년 8월에 중국 주식시장의 시가총액(홍콩 증시 포함)은 4조 7200억 달러로 4조 7천억 달러의 일본을 처음 추월하여 동아시아 최대의 증권시장으로 부상했다. 이에 앞서 중국 정부가 2004년 4월에 긴축정책을 공식 천명했을 때 세계 주식시장이 일제히 하락하여 중국의 존재감을 드러낸 바 있다. 중국은 1990년 12월과 이듬해 6월에 각각 상하이와 선전에 증권거래소를 설립했다. 그러나 중국 정부의 통제와 미비한 법령으로 인해 주식시장이 제 기능을 발휘하지 못했다. 그 후 1999년 7월부터 '증권법'을 시행한 이후 주식시장의 선진화가 촉진되었다. 특히 중국은 2001년 세계무역기구(WTO)에 가입한 것을 계기로 주식시장을 단계적으로 개방함으로써 시장 규모가 커지고 국민경제에서의 위상도 높아졌다. 그 결과 표 9-1에 나타난 바와 같이 상하이·홍콩·선전 거래소를 종합한 중국 주식시장은 국제 주식시장에서 미국에 이어 두 번째로 큰 비중을 차지하게 되었다.

그렇다면 아태 국가들은 패권을 다투는 미국과 중국에 대해서 얼마나 민감한가? 또 두 패권 경쟁국 중 누구에 대해서 더 민감한가? 만약 아태 국가들이 중국보다 미국에 더 민감하게 반응한다면 미중 경쟁은 미국에게 유리한 방향으로 진행되고 있다는 뜻이다. 반대로 아태 국가들이 미국보다 중국에 더 민감하게 반응한다면 미중 경쟁의 추가 중국 쪽으로 기울어 있다는 의미일 것이다. 이는 제2절에서 논의하는 것처럼, 상호의존 상태에서 비대칭적인 민감성

표 9-1 세계 주식시장의 시가총액(2015년)

순위	주식시장	국가		시가총액(달러)
1	뉴욕증권거래소(NYSE)	뉴욕	미국	19조 2230억
2	나스닥(NASDAQ)	뉴욕	미국	6조 8310억
3	런던증권거래소	런던	영국	6조 1870억
4	도쿄증권거래소	도쿄	일본	4조 4850억
5	상하이증권거래소	상하이	중국	3조 9860억
6	홍콩증권거래소	홍콩	중국	3조 3250억
7	유로넥스트(통합증시)		네, 벨, 포, 프	3조 3210억
8	선전증권거래소	선전	중국	2조 2850억
9	TMX그룹	토론토	캐나다	1조 9390억
10	독일증권거래소	프랑크푸르트	독일	1조 7620억
15	한국증권거래소(KOSPI)	서울	(대한민국)	1조 2510억

자료: 한국거래소.

은 권력적인 요소를 내포하고 있기 때문이다. 결국 아태 국가의 대미 민감성은 미국의 영향력을, 대중 민감성은 중국의 영향력을 암시하고 그 상대적 크기에 따라 아태 시장에서 미중 경쟁의 향배가 판가름 날 것이다.

이와 같이 국제 자본시장의 반응을 기초로 미중 패권경쟁을 이해하려고 시도하는 작업은 기존 국제정치 연구에 부가가치를 더해준다. 경제주체의 심리적 측면에서 패권 경쟁국의 상대적 영향력을 파악할 수 있기 때문이다. 보통 어떤 외부요인이 어느 한 국가의 시장에 미치는 영향력의 경로는 무역, 환율, 주식시장으로 대별된다. 이 중에서 주식시장 경로는 실물경제와의 연동성에서 오는 영향뿐 아니라 투자심리의 연계성에서 비롯되는 영향을 반영한다. 예를 들면, 최근 세계 경제에서 거론되고 있는 '차이나 리스크'나 '트럼프 리스크'는 중국의 경제 침체 가능성과 미국 경제정책의 불확실성에 대한 국제 시장의 심리적 반응을 표현하고 있다. 어떤 가시적인 현상이 나타나지 않았음에도 불구하고 투자자들의 반응을 야기하고 각국 정부의 정책 대응을 유발하고 있다. 이 점에서 자본시장의 움직임은 흔히 실물경제의 선행지표로 인식된다. 그 연장선에서 이 글은 미중 경쟁에서 일종의 선행신호로서, 국내총생산(GDP), 외환보유고 등 총량적 경제지표 이외에 국제 자본시장의 동조화 과정에 내포된 정치적 의미를 이해하려고 시도한다. 제2절은 민감성 상호의존의 권력적 속성을 다룬 연구와 주식시장의 동조화에 관한 연구를 검토한다. 제3절은 아태 주식시장의 동조화를 실증적으로 분석하기 위해 관련 데이터를 소개하고 추정모형을 도출한 다음, 통계적 분석결과를 토론한다. 제4절은 이 글 전체를 요약하고 이론적·정책적 시사점을 논의한다.

2. 선행연구

자본시장의 동조화는 단순한 경제지표 수렴 그 이상의 권력적 의미를 내포하고 있다. 일반적으로 국제정치학에서 말하는 상호의존은 국가 간 상호 이해관계가 밀접하여 어느 한 국가의 정책 변화에 의해 다른 국가가 심각한 영향을 받게 되는 상태를 뜻한다. 복합적 상호의존론(Complex Interdependence)에서 상호의존 관계는 국제 체제에서 행위자들이 다른 행위자의 행위에 대하여 민감하고 취약한 상태로 정의된다. 상호의존은 외부 충격에 대한 반응의 정도를 뜻하는 민감성(sensitivity), 그리고 정책 변경 등 외부 충격을 흡수하는 데 수반되는 비용을 말하는 취약성(vulnerability) 등 두 측면을 포함한다. 만약 어느 두 국가 간에 비대칭 상호의존이 존재하는 경우, 그중 한 국가는 다른 국가보다 외부 충격에 더 민감하거나 더 취약한 상황이다. 따라서 상호의존 아래 민감성과 취약성은 곧 국력과 영향력의 상대적 크기로 인식될 수 있다(Keohane and Nye, 1977; Baldwin, 1980).

시장 동조화는 상호의존 아래 상대적 민감성에 밀접하게 연관되어 있다. 취약성이 비교적 장기적인 시각에서 상호의존의 의미를 이해하는 반면에, 민감성은 단기적인 시각에서 상호의존 관계를 바라본 것이다. 주식시장의 반응은 시간 또는 일일 단위로 이루어지는 즉각적이라는 점에서 민감성에 훨씬 가깝다. 따라서 어느 한 주식시장이 미국 시장에 더 민감하게 반응하여 대미 민감성이 높으면 미국의 영향력에 노출되어 있는 셈이다. 반면 어느 주식시장이 중국 시장에 더 민감하게 반응하여 대중 민감성이 높으면 중국의 영향력에 노출되어 있다고 말할 수 있다.

지금까지 경제적 상호의존 연구는 거의 예외 없이 무역지표를 중심으로 민감성을 측정했다(Stein, 1993). 그러나 블랑샤르와 립스먼(Blanchard and Ripsman, 2001)은 강력한 경제적 유대는 해외투자와 자본시장의 세계화에 의해서도 형성되며, 금융 제재가 무역 제재 못지않게 빈번하게 사용되고 있다는 점을 고려하면, 무역지표는 한계점을 안고 있다고 주장한다. 이들은 민감성을 측정하기 위해 무역지표, 금융지표, 통화지표를 포괄하는 방식으로 개념적 혁신을 도모했다. 그럼에도 불구하고 이들의 금융지표는 해외투자 및 대부활동, 현금의 유출입만을 포함할 뿐, 주식시장 간 동조화나 전이효과를 나타내는 지표를 배제하고 있다. 하지만 이 글은 민감성은 실물경제적 상호의존뿐 아니라 투자심리적 상호의존에서도 존재한다고 보고, 후자에 주목하여 아태 국가의 대미 및 대중 민감성을 포착하고자 한다.

한편, 세계 주식시장 간의 상호연계성에 관한 연구는 국제금융학 분야를 중심으로 1970년대를 전후한 시기부터 진행되었다(Grubel and Fadner, 1971; Agmon, 1972; Hilliard, 1979). 각국 주식시장 간 정보의 이동에 관한 연구들이 등장하기 시작한 것은 1980년대 후반부터다. 이들은 대부분 미국, 일본, 영국 등 선진국 주식시장 간의 상호작용에 초점을 맞추었다. 한 예로 은과 심(Eun and Shim, 1989)은 미국 등 9개국 주식시장의 주가수익률 상관관계를 분석했는데, 미국 주식시장은 다른 나라의 주식시장에 영향을 미치지만 그 역은 관찰되지 않는다고 밝혔다. 하마오·마수리스·응(Hamao, Masulis, and Ng, 1990)은 미국 시장에서 영국 시장으로, 영국 시장에서 일본 시장으로 전이효과가 존재한다고 주장했다.

1990년대는 경제적 개방화 물결을 타고 국제 금융시장의 통합이 가속화되었다. 특히 1997년 아시아 외환위기 이후 아시아 국가들의 자본시장이 적극적으로 개방되었고, 아시아 시장과 미국, 일본 등 선진국 시장 간의 동조화에 대한 관심이 높아졌다. 대부분의 연구결과는 선진국의 주식시장 변동은 개발 도상국의 주식시장 변동으로 연결된다는 것이다. 예를 들면, 층과 막(Cheung and Mak, 1992)은 미국 주식시장이 아시아 주식시장에 영향을 미친다고 밝혔다. 리우와 판(Liu and Pan, 1997)은 아시아 주식시장에 미치는 미국 주식시장의 영향이 일본 시장보다 크다는 결과를 발표했다. 응(Ng, 2000)은 일본과 미국 주식시장에서 6개 아시아 신흥 시장으로 변동성 전이효과가 있는지를 분석했는데, 전이효과가 유의하게 존재한다는 결과를 제시했다.

그리고 하시오·하시오·야마시타(Hsiao, Hsiao, and Yamashita, 2003)는 미국과 아태 지역의 자본시장 동조화를 분석하여, 미국의 주가 폭락은 일본, 한국, 대만의 주가 하락을 일으키지만 중국 주식시장에 영향을 미치지 않는다고 밝혔다. 달리(Daly, 2003)도 동남아시아 국가들과 미국 주식시장 간의 상호의존성을 분석한 결과, 외환위기 이후 이들 간의 상호의존성이 더욱 강화되었다고 보고했다. 워싱턴과 힉스(Worthington and Higgs, 2004)는 아시아태평양경제협력체(APEC) 회원국 주식시장 간 단기 및 장기 가격 연계성을 검토했다. 이에 의하면, APEC 주식시장 사이에는 안정적인 장기관계는 물론 유의한 단기 인과적 연계성이 관찰되었다.

2008년 글로벌 금융위기 이후의 동조화 현상에 대한 연구도 활발하다. 찬·카림·카림(Chan, Karim and Karim, 2010)은 미국과 일본이 아세안 5개국 시장에 미치는 영향을 분석했고, 하큐와 쿠키(Haque and Kouki, 2010)는 글로벌 금융시장의 수익률 상관관계와 변동성의 동조화 현상이 증가했음을 보여주었다. 호바스와 포르다프(Horvath and Poldauf, 2012)의 연구에서도 글로벌 금융위기 기간 중 세계 금융시장 수익률의 상관계수가 증가함을 보였다. 글로벌 금융위기 이후 주가의 동반 폭락 등으로 주식시장의 동조화 현상이 더 심화되었고 볼 수 있다.

국내 연구로 김명균·최려화(2005)는 중국 증권법 발표시점을 전후로 중국 시장과 동아시아 및 미국 주식시장 간의 관계를 분석했다. 그에 따르면, 중국 시장과 미국 시장 간에는 유의적인 관계가 존재하지 않았고, 한국 시장과도 유의적인 관계가 존재하지 않았다. 또 중국 주식시장은 다른 주식시장으로부터 영향을 거의 받지 않는 것으로 분석되었다. 안병국(2008)은 중국 주식시장과 미국·일본·한국·싱가포르·대만·홍콩·태국·말레이시아 주식시장 간의 상관성과 주가변동성 전이효과를 연구했다. 방승욱(2003)은 중국, 일본, 한국 간의 정보전이 현상에 대해서 실증 분석했고, 김경원·최준환(2006)은 중국 내 4개의 주식시장과 한국 주식시장 간의 정보전달 방향을 분석했다. 그들은 중국의 심천B주 수익률만이 한국 주식시장의 수익률에 영향을 미친다고 밝혔다. 정진호·임준형(2007)은 변동성의 비대칭성을 고려하는 EGARCH(Exponential GARCH) 모형으로 중국, 일본, 미국에서 한국으로 변동성 전이효과를 검토했다. 중국 시장이 한국 시장으로 비대칭적으로 변동성 전이효과를 나타내고 있다고 했다.

주식시장의 동조화를 다룬 국내외 선행연구에서 발견되는 특징 중 하나는 미국, 일본 등 선진국 시장을 시작점으로 하여 이들의 수익률이나 변동성이 여타 시장으로 어떻게 파급되는지 분석하는 데 관심을 기울였다는 점이다. 국내 연구는 많은 경우 한국을 전이효과의 종착점으로 삼고 외국 시장으로부터의 파급효과에 주목했다. 하지만, 미국과 중국의 주식시장이 아태 시장의 주가수익률 및 주가변동성에 끼치는 영향을 분석한 연구를 찾아보기는 어렵다.

3. 아태 자본시장의 동조화 분석

1) 분석모형

이 글은 아태 자본시장에서 미중의 상대적 영향력을 가늠해보는 데 목적이 있다. 이를 위해서 글로벌 금융위기 전후로 역내 주식시장이 미국 시장과 중국 시장의 움직임에 어떤 반응을 보였는지 검토한다. 미국 시장 및 중국 시장과 여타 아태 시장 간의 연계성은 동조화 및 파급효과(spillover effect)로써 측정된다. 보통 파급효과는 전이효과, 정보 리더십 등으로 다양하게 표현되고 있으나, 기본적으로 어느 한 시장의 지표가 다른 시장의 지표에 얼마나 유의미한(significant) 영향을 끼치는지 보여준다.

분석대상은 아태 지역의 대표적 국제기구인 APEC 회원국(21개국) 중에서 주가지수 데이터가 없거나 다른 국내 시장과 중복되는 브루나이, 홍콩, 파푸아뉴기니 등을 제외한 총 18개국 주식시장이다(표 9-2). 분석기간은 2001년 1월 7일부터 2016년 12월 25일까지 16년 동안이며, 주가지수 수익률과 변동성은 주간 데이터이다.[1] 글로벌 금융위기 이전과 이후는 2008년 9월 14일을 기준으로 삼았으며, 관련 자료는 Investing.com과 Google Finance에서 수집되었다.

분석방법으로서, 미국-아태 시장, 중국-아태 시장 간 동조화 여부는 두 시

표 9-2 아태 주식시장의 주요 주가지수

국가	주가지수	범위	국가	주가지수	범위
호주	ASX200	2001.1~2016.12	뉴질랜드	Dow Jones New Zealand	2003.1~2016.12
캐나다	S&P/TSX Composite		페루	S&P Lima General	2001.1~2016.12
칠레	IGPA General		필리핀	FTSE Philippines	
중국	Shanghai Composite		러시아	RTS Index	
인도네시아	Jakarta Composite		싱가포르	FTSE Singapore	
일본	Nikkei225		대만	Taiwan Weighted Index	2006.1~2016.12
한국	KOSPI		태국	FTSE Thailand	2001.1~2016.12
말레이시아	FTSE Malaysia		미국	S&P500	
멕시코	IPC		베트남	Ho Chi Minh Stock Exchange Index(VNI)	

자료: Investing.com

1) 주가지수의 수익률(RT:return)과 변동성(VT:volatility)은 각각 $RT = \ln(\frac{P_t}{P_{t-1}}) \times 100$, $VT = [\ln(\frac{P_t}{P_{t-1}}) \times 100]^2$ 로 계산되었다(Kim, 2005: 344).

장 간 주가수익률 및 주가변동성의 상관분석(correlation analysis)을 활용하여 파악한다. 미국-아태 시장, 중국-아태 시장 간 수익률 및 변동성의 상관계수를 구하여 동조화 정도를 분석한다. 아울러 글로벌 금융위기 전과 후에 동조화 정도에서 변화가 발견되는지 비교한다. 예를 들면, 미국과 한국의 주가수익률이 서로 높은 상관관계를 보인다면, 두 시장의 주가수익률이 같은 방향으로 움직인다는 점에서 서로 동조화되어 있다고 말할 수 있다. 하지만 시장 간 상관관계가 낮은 경우에는, 두 시장의 지표가 탈동조화(decoupling)되어 독립적으로 움직인다고 볼 수 있다.

그런데 문제는 위와 같은 상관분석은 시장 간에 동적인 파급효과를 드러내는 데 한계가 있다는 점이다. 또 주가지수와 같은 금융 시계열 데이터는 정규분포(normal distribution)보다 첨예한 정점과 비대칭적인 두꺼운 꼬리(fat tail)를 갖고 있기 때문에, 정규분포를 전제하는 OLS(Ordinary Least Square) 모형을 사용할 수 없다. 실제로 그림 9-1에 나타난 미국과 중국의 주가수익률은 시간에 따라 분산이 일정하지 않고, 아랫부분이 두툼한 모습을 보여주고 있다. 이는 후술하는 왜도(skewness) 지표를 통해서도 확인된다. 이처럼 자기상관성(autoregression) 문제와, 시간에 따라 분산이 변화하는 이분산성 문제를 해결하기 위해 엥글(Engle, 1982)은 ARCH(Autoregressive Conditional Heteroskedasticity) 모형을 제안했다. 볼러슬레브(Bollerslev, 1986)는 ARCH 모형을 일반화한 GARCH(Generalized ARCH) 모형을 개발하고, 넬슨(Nelson, 1991)은 부정적인 충격이 미치는 영향은 긍정적인 충격에 비해 더 크다는 점을 고려하여 EGARCH(Exponential GARCH) 모형을 제시했다.

이 글에서는 데이터의 집중성과 비대칭성의 문제를 완화할 수 있는 EGARCH 모형을 통해 주가수익률 및 주가변동성의 파급효과를 추정한다.

$$y_t = \alpha_t + \beta_1 x_{1t} + \beta_2 x_{2t} + \epsilon_t \quad \cdots\cdots (1)$$

$$\ln\mathrm{Var}(\epsilon_t) = ln\sigma_t^2 = \gamma_t + \theta_1 z_{t-1} + \theta_2\left(\left|z_{t-1} - \sqrt{\frac{2}{\pi}}\right|\right) + \delta_1 \ln(\sigma_{t-1}^2) \quad \cdots\cdots (2)$$

여기에서 식(1)은 조건부평균방정식이며, 식(2)는 조건부분산방정식이다. 식(1)에서 y_t는 아태 주식시장의 주가수익률, 주가변동성을 가리킨다. x_{1t}는 미국 시장의 주가수익률, 주가변동성을 말한다. x_{2t}는 중국 시장의 주가수익률, 주가변동성을 나타낸다. 한편, $z_{t-1}(=\frac{\epsilon_{t-1}}{\sigma_{t-1}})$ 는 표준화된 잔차로서 이전 시기(t-1)의 예상치 못한 긍정적 혹은 부정적 충격의 유무를 나타내고, $|z_{t-1} - \sqrt{\frac{2}{\pi}}|$ 는 충격의

그림 9-1 미국과 중국의 주가수익률

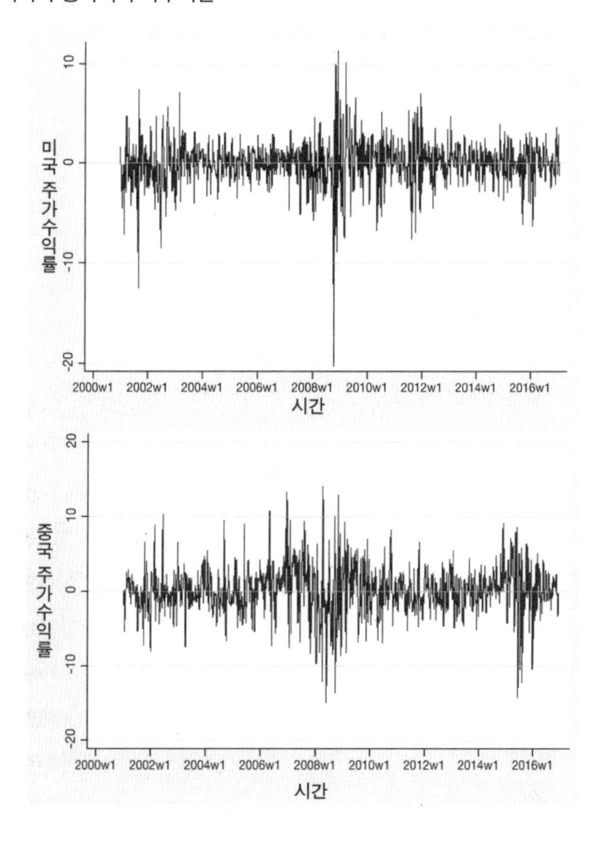

부호를 불문하고 예상치 못한 충격의 유무를 나타낸다($z_t \sim N(0,1)$).[2)]

이 분석에서 궁극적인 관심은 β_1, β_2, θ_1, θ_2 등 계수 값이다. β_1은 미국 시장의 영향력, β_2는 중국 시장의 영향력을 나타낸다. 그 계수 값이 유의미하고 클수록 미국 혹은 중국 시장의 영향력도 크다는 의미다. θ_1은 예상치 못한 비대칭적 충격에 대한 반응, 그리고 θ_2는 예상치 못한 대칭적 충격에 대한 반응을 나타낸다. 이때 θ_1이 양(+)이면, 예상치 못한 긍정적인 충격, 이를테면, 갑작스러운 가격상승 소식에 주가수익률이나 주가변동성의 변동 폭이 더 커진다는 뜻이다. 반면 θ_1이 음(−)이면, 예상치 못한 부정적인 충격, 이를테면, 갑작스러

2) $\ln(\sigma_{t-1}^2)$ 은 조건부 분산으로 EGARCH 항목을 나타내며, ARCH 모형의 수렴 가능성을 높이기 위해서 필요한 경우에 옵션으로 활용하기 때문에(Becketti, 2013: 295), 그 계수는 명시하지 않는다.

운 가격하락 소식에 주가수익률이나 주가변동성의 변동 폭이 더 커진다는 뜻이다. θ_2는 충격이 긍정적이냐 부정적이냐를 따지지 않고 단순히 예상치 못한 충격(뉴스, 혁신)이 분산, 곧 변동 폭에 미치는 효과를 측정한다. 따라서 θ_2가 양(+)이면 예상치 못한 뉴스가 변동 폭을 증가시킨다는 것이고, 반대로 θ_2가 음(−)이면 변동 폭을 감소시킨다는 뜻이다. 이 계수 값들은 통계 패키지인 Stata에서 arch 명령어를 응용하여 얻어졌다.

2) 분석결과

우선 18개 아태 주식시장의 주요 특징을 수익률과 변동성에 대한 기술통계량(descriptive statistics)을 통해 살펴보자. 표 9-3에 따르면, 전체 기간(2001~2016) 동안 주별 평균 주가수익률은 인도네시아(0.31%), 페루(0.30%), 러시아(0.24%) 등의 순으로 높게 나타났다. 최대수익률과 최소수익률은 각각 러시아(34.19%), 태국(-28.20%)이 기록했다. 주가수익률의 표준편차는 뉴질랜드(1.62), 칠레(1.92), 말레이시아(1.93) 등은 낮은 반면, 러시아(4.86), 베트남(4.14), 중국(3.45) 등은 높았다. 2008년 9월 글로벌 금융위기 이전과 이후를 비교하면 6개국(미국, 중국, 일본, 뉴질랜드, 필리핀, 대만)의 수익률은 증가한 반면, 나머지 12개국의 수익률은 감소했다. 같은 기간 주별 주가변동성은 러시아(23.63), 베트남(17.14), 페루(12.51), 중국(11.90) 순으로 높게 조사되었고, 뉴질랜드(2.62), 칠레(3.72), 말레이시아(3.73), 호주(4.62) 등은 낮게 나타났다. 글로벌 금융위기 이후의 주가변동성은 미국, 호주, 캐나다, 칠레 등 10개국에서 증가한 반면, 나머지 6개국에서는 감소했다. 요컨대 글로벌 금융위기를 거치면서 많은 아태 시장의 주가수익률은 감소했지만, 주가변동성은 증가했음을 알 수 있다.

왜도는 분포의 비대칭성을 측정하는 것으로, 그 값이 음(−)이면 분포가 왼쪽으로, 그 값이 양(+)이면 분포가 오른쪽으로 치우치게 된다. 왜도가 클수록 분포도의 꼬리가 길어지고, 음(−)의 왜도는 주식 투자자들이 리스크를 과소 평가하고 있음을 말해준다. 전체 기간 주가수익률의 왜도는 모든 국가에서 음(−)으로 나타나 데이터가 왼쪽에 집중적으로 분포해 있음을 알 수 있다. 이 중 칠레(-1.13), 일본(-1.09), 페루(-1.03), 캐나다(-1.01) 등이 음(−)의 왜도가 비교적 커서 위험선호적 특성을 보였고, 중국(-0.18), 필리핀(-0.27), 베트남(-0.28) 등은 음(−)의 왜도가 상대적으로 작게 나타나 위험기피적인 성향을 보였다.

표 9-3 아태 주식시장 주가수익률(전체 기간)

전체 기간	미국	중국	호주	캐나다	칠레	인도네시아	일본	한국	말레이시아
평균	0.06	0.05	0.07	0.07	0.17	0.31	0.04	0.15	0.11
표준편차	2.45	3.45	2.15	2.31	1.92	3.10	3.11	3.15	1.93
최대값	11.36	13.94	9.11	12.82	11.26	11.59	11.45	17.03	7.11
최소값	-20.08	-14.90	-17.02	-17.54	-17.61	-23.30	-27.88	-22.93	-14.34
왜도	-0.89	-0.18	-0.97	-1.01	-1.13	-0.92	-1.09	-0.68	-0.86
첨도	10.71	5.24	9.05	11.18	13.99	8.75	11.07	8.66	9.00
관측 수	831	831	831	831	831	831	831	831	831
전체 기간	멕시코	뉴질랜드	페루	필리핀	러시아	싱가포르	대만	태국	베트남
평균	0.24	0.08	0.30	0.19	0.24	0.04	0.06	0.18	0.13
표준편차	2.84	1.62	3.53	3.02	4.86	2.68	2.67	3.24	4.14
최대값	18.58	5.46	19.31	16.83	34.19	17.28	9.41	12.91	19.63
최소값	-17.93	-11.67	-34.60	-18.71	-23.73	-17.26	-11.26	-28.20	-20.28
왜도	-0.29	-0.86	-1.03	-0.27	-0.34	-0.42	-0.63	-1.00	-0.28
첨도	8.64	7.94	17.90	6.95	8.27	10.32	4.85	11.04	7.47
관측 수	831	727	831	831	831	831	570	831	831

표 9-4 아태 주식시장 주가변동성(전체 기간)

전체 기간	미국	중국	호주	캐나다	칠레	인도네시아	일본	한국	말레이시아
평균	6.02	11.90	4.62	5.34	3.72	9.67	9.68	9.94	3.73
표준편차	18.67	24.49	13.00	16.93	13.11	26.10	30.63	27.24	10.40
최대값	403.36	221.95	289.55	307.71	310.19	542.76	777.54	525.73	205.67
최소값	0.00	0.00	0.00	0.00	0.00	0.00	0.00	0.00	0.00
왜도	13.38	4.58	13.90	10.62	16.98	11.91	19.52	10.97	11.14
첨도	257.45	29.39	283.57	153.46	371.60	218.38	478.16	176.28	186.59
관측 수	831	831	831	831	831	831	831	831	831
전체 기간	멕시코	뉴질랜드	페루	필리핀	러시아	싱가포르	대만	태국	베트남
평균	8.12	2.62	12.51	9.16	23.63	7.20	7.12	10.52	17.14
표준편차	22.18	6.83	50.58	22.16	63.34	21.96	13.89	32.90	43.48
최대값	345.16	136.25	1197.45	349.94	1168.79	298.71	126.80	795.35	411.21
최소값	0.00	0.00	0.00	0.00	0.00	0.00	0.00	0.00	0.00
왜도	9.74	11.79	17.17	8.60	9.80	9.70	4.47	17.37	5.23
첨도	126.91	209.14	375.37	106.69	146.37	118.80	29.41	396.51	36.11
관측 수	831	727	831	831	831	831	570	831	831

첨도(kurtosis)는 꼬리의 두터운 정도를 측정하는 척도이다. 꼬리가 두꺼운 분포는 투자자들이 극단적인 경우, 즉 큰 손실이나 큰 이득의 가능성을 저평가하고 있다는 뜻이다. 또 첨도 값이 3보다 크면 정규분포보다 더 첨예한 형태를 띠고 있다는 의미다. 이 역시 모든 아태 시장에서 3보다 큰 첨도 값이 관측되었지만, 그중 페루(17.90), 칠레(13.99), 캐나다(11.18), 일본(11.07) 등에서 높게 나타났다. 이들 시장은 큰 손실과 큰 이득에 대한 위험성을 저평가하고 있다고 볼 수 있다. 이와 같이 아태 주식시장 주가수익률의 왜도와 첨도 값은 주가

수익률이 정규분포에서 벗어나 있으며, 미국-아태 시장, 중국-아태 시장 간의 동태적 상관성을 파악하기 위해서는 정규분포를 전제하지 않는 추정모형이 요구된다.[3)]

주식시장 간의 동조화 현상을 분석하는 기본적인 방법은 주식시장 지표 간의 상관관계를 관찰하는 것이다. 표 9-5와 표 9-6은 각각 미국-아태 시장, 중국-아태 시장 간 수익률 및 변동성 상관계수를 전체 기간, 그리고 글로벌 금융위기 전과 후로 구분하여 변화량과 함께 보고하고 있다.[4)]

우선 전체 기간 동안 주가수익률의 대미 동조화를 나타내는 상관계수 모두가 통계적으로 유의미한(significant) 것으로 밝혀졌다. 캐나다(0.79), 멕시코(0.73), 호주(0.66), 싱가포르(0.57) 등은 높은 대미 동조화를 보였으나, 뉴질랜드(0.09), 베트남(0.18), 대만(0.21) 등은 낮은 대미 상관관계를 보였다. 그리고 변화량에서 알 수 있듯이 글로벌 금융위기 이전보다 이후에 모든 아태 시장의 대미 동조화 경향이 증가했다. 특히 대만(+0.39), 인도네시아(+0.35), 러시아(+0.34), 페루(+0.34) 등의 상관계수 증가 폭이 크게 나타났다.

주가수익률의 대중 상관계수는 대미 상관계수에 비해 전반적으로 낮은 수치를 기록했다. 뉴질랜드(0.09 대 0.15)를 제외한 모든 아태 주식시장은 중국 시장보다 미국 시장에 더 동조적인 모습을 보였다. 상대적으로 대중 동조화가 높게 나타난 시장은 지리적·경제적으로 인접성이 높다고 할 수 있는 싱가포르(0.24), 인도네시아(0.22), 말레이시아(0.22), 한국(0.20), 대만(0.20) 등 동아시아 국가들이었다. 글로벌 금융위기를 전후한 상관관계를 보면, 4개국(호주, 인도네시아, 말레이시아, 페루)의 상관계수가 감소한 반면, 12개국의 상관계수는 증가했다. 특히 대만(+0.26), 베트남(+0.14), 필리핀(+0.11) 등에서 증가 폭이 상대적으로 컸다. 이로부터 아태 시장의 대미 동조화가 더욱 견고해진 것과, 동시에 대중 동조화 추세도 점차 강화되고 있음을 엿볼 수 있다.

다음으로 주가변동성 면에서 아태 시장의 대미 및 대중 동조화를 살펴보자. 전체 기간 동안 대미 상관계수는 모두 통계적으로 유의한 가운데, 호주(0.81), 캐나다(0.81), 일본(0.76) 등 선진경제의 상관계수가 높게 관측되었다. 그러나

---

3) 디아고스티노 외(D'Agostino et al., 1990)의 방법에 따라 왜도와 첨도를 동시에 포함하여 정규분포 여부를 검증한 결과, 글로벌 금융위기 이전 시기의 일본 주식수익률 이외에, 다른 모든 국가들의 주식수익률 및 주식변동률은 정규분포를 따르지 않는 것으로 관측되었다.

4) 볼드체로 나타낸 상관계수는 5% 유의 수준에서 유의하지 않음을 의미한다.

표 9-5 미국-아태 시장, 중국-아태 시장의 주가수익률 상관계수

국가	미국				중국			
	전체 기간	위기 전	위기 후	변화량	전체 기간	위기 전	위기 후	변화량
호주	0.66	0.53	0.73	0.2	0.19	0.20	0.19	-0.01
캐나다	0.79	0.71	0.84	0.13	0.12	0.12	0.13	0.01
칠레	0.52	0.38	0.62	0.24	0.16	**0.10**	0.21	0.11
인도네시아	0.35	0.16	0.51	0.35	0.22	0.24	0.20	-0.04
일본	0.59	0.46	0.67	0.21	0.20	0.17	0.23	0.06
한국	0.52	0.43	0.64	0.21	0.21	0.19	0.24	0.05
말레이시아	0.32	0.22	0.45	0.23	0.22	0.25	0.19	-0.06
멕시코	0.73	0.65	0.78	0.13	0.13	0.10	0.15	0.05
뉴질랜드	0.09	**-0.05**	0.16	0.21	0.15	0.13	0.17	0.04
페루	0.46	0.25	0.59	0.34	0.20	0.22	0.19	-0.03
필리핀	0.35	0.24	0.45	0.21	0.17	0.12	0.23	0.11
러시아	0.48	0.27	0.61	0.34	0.14	0.13	0.15	0.02
싱가포르	0.57	0.50	0.63	0.13	0.24	0.21	0.27	0.06
타이완	0.21	**-0.09**	0.30	0.39	0.20	**0.03**	0.29	0.26
태국	0.39	0.22	0.54	0.32	0.18	0.13	0.22	0.09
베트남	0.18	**0.03**	0.35	0.32	0.13	**0.07**	0.21	0.14

표 9-6 미국-아태 시장, 중국-아태 시장의 주가변동성 상관계수

국가	미국				중국			
	전체 기간	위기 전	위기 후	변화량	전체기 간	위기 전	위기 후	변화량
호주	0.81	0.33	0.89	0.56	0.30	0.18	0.39	0.21
캐나다	0.81	0.52	0.85	0.33	0.24	**0.09**	0.34	0.25
칠레	0.71	0.11	0.81	0.7	0.25	0.14	0.33	0.19
인도네시아	0.62	**0.04**	0.79	0.75	0.23	0.10	0.33	0.23
일본	0.76	0.15	0.84	0.69	0.25	**0.09**	0.35	0.26
한국	0.38	0.11	0.47	0.36	0.10	**0.01**	0.17	0.16
말레이시아	0.28	0.11	0.67	0.56	0.11	**0.05**	0.29	0.24
멕시코	0.63	0.43	0.66	0.23	0.15	**0.09**	0.19	0.1
뉴질랜드	0.11	0.14	0.11	-0.03	0.14	0.27	**0.09**	-0.18
페루	0.70	**0.07**	0.80	0.73	0.25	0.11	0.34	0.23
필리핀	0.54	0.11	0.80	0.69	0.22	0.13	0.30	0.17
러시아	0.51	**0.01**	0.58	0.57	0.17	**0.03**	0.25	0.22
싱가포르	0.61	0.58	0.62	0.04	0.21	**0.07**	0.31	0.24
타이완	0.20	**0.05**	0.26	0.21	**0.10**	**0.06**	0.12	0.06
태국	0.67	**0.03**	0.81	0.78	0.23	**0.01**	0.35	0.34
베트남	0.21	**0.00**	0.51	0.51	0.10	**0.01**	0.27	0.26

뉴질랜드(0.11), 대만(0.20), 베트남(0.21), 말레이시아(0.28) 등은 매우 낮은 상관성을 보임으로써 주가변동성의 대미 탈동조화가 관찰되었다. 금융위기 이후에는 뉴질랜드를 제외한 15개 국가에서 대미 동조화가 강화되었다. 그중에서도 태국(+0.78), 인도네시아(+0.75), 일본(+0.69), 필리핀(+0.69) 등의 변동성 상관관계가 심화되었다.

전체 기간에 걸쳐 대중 상관계수는 대만의 경우를 제외하고 여타 아태 국가들에 대해서 통계적 유의성을 보였다. 호주(0.30), 칠레(0.25), 필리핀(0.25), 캐나다(0.24) 등의 시장이 상대적으로 큰 대중 상관관계를 갖고 있었지만, 대만(0.10), 한국(0.10), 베트남(0.10), 말레이시아(0.11) 등은 대중 동조화가 존재하지 않는 것으로 드러났다. 미국과 마찬가지로, 글로벌 금융위기를 전후하여 대중 동조화가 증가한 국가는 뉴질랜드를 제외한 15개국이었고, 특히 태국(+0.34), 베트남(+0.26), 일본(+0.26), 말레이시아(+0.24) 순으로 크게 증가했다. 대체로 점차 더 많은 아태 국가들이 수익률보다는 변동성 측면에서 대중 동조화를 보였다. 그럼에도 불구하고 변동성의 대미 동조화가 대중 동조화를 여전히 압도하고 있는 점에는 변함이 없었다.

위와 같은 상관분석은 주식시장 간의 동조화 정도를 가늠해보는 데 도움을 줄 수 있지만, 시장 간 정보 전이에 따른 동태적인 연관성을 추적하는 데는 한계가 있다. 따라서 이 글은 아태 주식시장에서 미국과 중국의 선도적 영향력을 탐구하기 위해 상관분석에 더하여 시계열 분석인 EGARCH 모형을 추정한다. 시계열 분석은 시계열 데이터가 안정적(stationary)이라는 전제에서 출발한다. 만약 시계열 데이터가 안정적이지 않은 상태에서 통상적인 회귀분석을 하면 허구적 회귀현상(spurious regression)이 발생하여 추정치의 신뢰성이 크게 저하된다. 여기에서는 Dickey-Fuller의 ADF(Augmented Dickey-Fuller) 검정법을 사용하여 시계열 데이터의 안정성을 해치는 단위근(unit root)의 존재 여부를 검토했다. 그 결과 유의 수준 1%에서 '단위근이 존재한다'는 귀무가설(H0)은 기각되었고, 주가수익률과 주가변동성 데이터는 모두 안정적인 시계열을 이루고 있는 것으로 판명되었다.

이제 미국 시장과 중국 시장의 주가수익률 및 주가변동성이 아태 주식시장에 미치는 파급효과를 EGARCH 모형으로 추정한 결과를 검토해보자. 표 9-7 패널 A는 전체 기간 동안 미국과 중국의 주가수익률 및 예기치 못한 충격이 수반하는 효과를 나타내고 있다. 먼저 미국 시장의 파급효과는 계수 β_1으로 표시되어 있는데, 통계적으로 유의한 가운데 뉴질랜드를 제외한 모든 아태 시장에 대해 양(+)의 효과를 미치는 것으로 관측되었다. 이는 대부분의 아태 시장이 미국에서 발생한 주가수익률 변화에 영향을 받고 있으며, 미국 시장의 정보가 아태 시장으로 전이되고 있다는 의미이기도 하다. 미국 시장의 전이효과에 상대적으로 크게 노출되어 있는 국가는 러시아, 멕시코, 일본, 캐나다 등이었

표 9-7 미국과 중국의 주가수익률 전이효과 분석

전체 기간 (A)	호주	캐나다	칠레	인도네시아	일본	한국	말레이시아	멕시코
α	0.045	0.034	0.110*	0.306***	-0.021	0.108	0.125**	0.19***
	0.569***	0.684***	0.364***	0.437***	0.719***	0.627***	0.241***	0.83***
	0.075***	0.042***	0.053***	0.136***	0.110***	0.104***	0.093***	0.03*
	-0.013	0.050**	-0.081**	-0.107***	-0.089*	-0.041	-0.099***	-0.13***
	0.413***	0.537	0.335***	0.369***	0.190**	0.503***	0.420***	0.36***
LR	-1529.89	-1413.59	-1555.96	-2023.14	-1925.58	-1931.68	-1635.47	-1704.6
Obs	831	831	831	831	831	831	831	831
	뉴질랜드	페루	필리핀	러시아	싱가포르	대만	태국	베트남
α	0.126**	0.352***	0.117	0.178	-0.022	0.066	0.153*	-0.006
	-0.053***	0.543***	0.449***	0.833***	0.600***	0.370***	0.507***	0.255***
	0.032***	0.117***	0.101***	0.095***	0.133***	0.129***	0.148***	0.067***
	-0.156***	0.168***	-0.101**	-0.122***	0.003	0.050	-0.006	0.075**
	0.302***	0.443***	0.463***	0.272***	0.339***	0.411***	0.312***	0.472***
LR	-1369.01	-2069.57	-2006.07	-2352.7	-1793.93	-1324.96	-2062.96	-2291.53
Obs	727	831	831	831	831	570	831	831
위기 이전 (B)	호주	캐나다	칠레	인도네시아	일본	한국	말레이시아	멕시코
α	0.101	0.118*	0.213**	0.450***	-0.025	0.275*	0.141	0.392***
	0.442***	0.653***	0.286***	0.227***	0.599***	0.718***	0.191***	0.830***
	0.084***	0.064***	0.042***	0.192***	0.112***	0.131***	0.154***	0.056**
	0.012	0.020	-0.020	-0.176***	-0.036	-0.009	-0.112*	-0.030
	0.382***	0.441***	0.107	0.268***	0.181	0.292***	0.401***	0.318***
LR	-700.578	-675.445	-750.447	-1014.23	-913.415	-1006.31	-852.198	-841.998
Obs	400	400	400	400	400	400	400	400
	뉴질랜드	페루	필리핀	러시아	싱가포르	대만	태국	베트남
α	0.105	0.613***	0.083	0.539**	0.077	0.234	0.199	-0.030
	-0.122***	0.335***	0.397***	0.485***	0.548***	-0.374***	0.396***	0.035
	0.033*	0.132***	0.084**	0.126**	0.149***	-0.055	0.129***	-0.092*
	-0.128	0.056	-0.201***	-0.120*	-0.124*	-0.541***	0.039	0.012
	0.311***	0.759***	0.346***	0.054	0.046	-0.438**	0.114	0.084
LR	-552.3	-963.382	-1016.06	-1111.5	-884.619	-342.638	-1038.97	-1146.19
Obs	296	400	400	400	400	139	400	400
위기 이후 (C)	호주	캐나다	칠레	인도네시아	일본	한국	말레이시아	멕시코
α	-0.050	-0.069	0.035	0.180*	-0.023	-0.008	0.050	0.003
	0.676***	0.764***	0.387***	0.536***	0.798***	0.547***	0.265***	0.831***
	0.045**	0.006	0.064***	0.061	0.097***	0.090***	0.042**	0.006
	-0.038	0.129***	-0.178***	-0.086*	-0.125*	-0.063	-0.100*	-0.295***
	0.370***	0.503***	0.380***	0.388***	0.105	0.664***	0.320***	0.382***
LR	-811.889	-731.48	-798.127	-985.675	-1007.25	-875.874	-755.225	-850.106
Obs	431	431	431	431	431	431	431	431
	뉴질랜드	페루	필리핀	러시아	싱가포르	대만	태국	베트남
α	0.041	-0.044	0.132	-0.221	-0.117*	0.084	0.044	0.027
	0.193***	0.866***	0.469***	1.586***	0.480***	0.385***	0.706***	0.393***
	0.039**	0.079**	0.109***	0.052	0.108***	0.158***	0.087**	0.148***
	0.222***	0.336***	0.005	0.043	-0.129***	0.001	-0.018	0.078
	0.519***	0.265***	0.564***	0.813***	0.154***	0.394***	0.689***	0.088
LR	-785.255	-1077.3	-968.726	-1203.07	-843.492	-969.011	-996.12	-1110.84
Obs	431	431	431	431	431	431	431	431

다. 반면 뉴질랜드, 말레이시아, 베트남 등은 미국의 전이효과에 상대적으로 작게 영향을 받았다. 중국 시장($\beta 2$)도 모두 통계적으로 유의한 양(+)의 전이효과를 아태 시장에게 미치고 있다. 중국은 태국, 인도네시아, 싱가포르, 대만 등 동남아시아 시장에 대해 상대적으로 큰 영향을 미친다. 하지만 멕시코, 뉴질랜드, 캐나다, 칠레 등 미주 시장에 대해서는 중국의 전이효과가 상대적으로 작게 나타났다. 미국 시장과 중국 시장의 전이효과를 비교하면, 모든 아태 시장에서 미국의 영향력이 중국을 압도했고, 역내 국가들의 대미 민감성이 더 강한 것으로 관측되었다.

한편 예상치 못한 비대칭적 주가수익률 충격에 대한 반응(θ_1)을 보면, 12개 시장이 통계적으로 유의한 반응을 보였고 그중에서 캐나다와 페루를 제외한 나머지 10개 시장이 음(−)의 계수 값을 지녔다. 이는 긍정적인 뉴스보다 부정적인 뉴스가 전해질 때 주가수익률 변화에 더 큰 충격을 가한다는 것을 말한다. 특히 뉴질랜드(-0.156), 멕시코(-0.13), 러시아(-0.122)의 주가수익률이 부정적인 뉴스에 상대적으로 민감하게 반응했다. 그렇지만 캐나다(0.050)와 페루(0.168)는 오히려 긍정적인 뉴스에 더 민감하게 반응했다.

그럼에도 불구하고 이러한 비대칭적 충격은 대칭적인 충격에는 크게 미치지 못했다. 이러한 사실은 시장에 가해지는 충격의 긍정 또는 부정 여부에 관계없이 충격의 유무 자체의 효과를 측정하는 θ_2를 보면 알 수 있다. 이 계수 값이 양(+)이면 예상치 못한 뉴스가 주가수익률의 변화 폭을 증가시킨다는 의미다. 반대로 계수 값이 음(−)이면 예상치 못한 충격이 주가수익률의 변화 폭을 감소시킨다는 뜻이다. 표 9-6에 의하면, 캐나다를 제외한 15개 아태 시장은 모두 통계적으로 유의한 양(+)의 값을 갖는 것으로 나타났다. 그중에서도 한국(0.503)의 민감도가 가장 높았고, 베트남(0.472), 필리핀(0.463), 페루(0.443) 등이 뒤를 이었다. 결론적으로 아태 주식시장의 주가수익률은 충격의 부호보다는 충격 그 자체에 민감하게 반응했다고 말할 수 있다.

이제 글로벌 금융위기를 전후하여 미국 시장 및 중국 시장에 대한 아태 시장의 민감성이 어떻게 변화했는지 알아보자. 표 9-7의 패널 B와 패널 C에 의하면, 미국 주가수익률의 전이효과의 경우, 금융위기 전후를 막론하고 모두 통계적으로 유의했으며, 뉴질랜드(-0.122)와 대만(-0.374)을 제외한 나머지 14개 시장에서 양(+)의 파급효과를 수반했다. 금융위기 이전에는 멕시코(0.830), 한국(0.718), 캐나다(0.653) 등에서 높았고, 금융위기 이후에는 러시아(1.586), 페루

(0.866), 일본(0.798) 등에서 높았다. 위기 전후 대미 민감도 변화 여부를 보면, 한국과 싱가포르를 제외한 14개국에서 위기 이후에 미국 시장의 전이효과가 증가했다. 금융위기 이전과 이후 중국 주가수익률의 전이효과의 경우, 대체로 통계적으로 유의한 양(+)의 파급효과를 보였지만 미국 시장의 전이효과에는 크게 뒤졌다. 금융위기 이전에 대중 민감도가 상대적으로 높은 아태 시장은 인도네시아(0.192), 말레이시아(0.154), 싱가포르(0.149), 한국(0.131) 등이었고, 금융위기 이후에는 대만(0.158), 베트남(0.148), 필리핀(0.109), 싱가포르(0.108) 등이 중국 시장발 정보에 민감하게 반응했다. 금융위기를 거치면서 중국의 전이효과가 증가한 시장은 5개국에 불과했고, 나머지 9개국에서는 대중 민감도가 오히려 감소했다. 즉 글로벌 금융위기는 아태 주식시장에서 미국의 영향력을 증대시킨 반면, 중국의 영향력은 감소시키는 데 기여했다고 볼 수 있다.

다음으로 주가변동성 지표로 본 미국 시장과 중국 시장의 전이효과를 검토해본다. 표 9-8 패널 A는 전체 기간 동안 미국과 중국의 주가변동성 및 예기치 못한 충격이 수반하는 효과를 보여준다. 미국 시장에서 발생한 변동성의 변화가 수반하는 파급효과는 계수 β_1으로 표시되어 있다. 미국 시장의 변동성은 뉴질랜드(-0.042)를 제외한 15개 아태 시장에서 통계적으로 유의한 양(+)의 파급효과를 야기했다. 특히 러시아(1.833), 페루(1.352), 일본(1.001), 태국(0.702)의 대미 민감성이 더 높게 나타났다. 그러나 뉴질랜드(-0.042), 칠레(0.153), 말레이시아(0.160) 등은 미국 시장에 대해 덜 민감하게 반응했다.

중국 시장의 변동성 전이효과(β_2)는 모두 통계적으로 유의한 것으로 드러났지만, 전이효과의 방향은 일정하지 않았다. 이를테면, 칠레, 인도네시아, 일본, 멕시코, 페루 등 5개 시장은 중국 시장의 변동성에 반대 방향으로 반응했다. 전이효과의 부호를 불문하고, 대중 민감성이 높은 아태 시장은 러시아(0.188), 베트남(0.139), 일본(-0.111), 페루(-0.108) 등이었다. 미국 시장과 중국 시장의 변동성 전이효과를 비교하면, 모든 아태 시장에서 미국의 영향력이 중국의 영향력을 압도했다. 이는 아태 시장의 대미 민감성이 대중 민감성보다 크다는 것을 말해준다.

그리고 예상치 못한 비대칭적 주가변동성 충격에 대한 반응(θ_1)을 보면, 16개 시장 모두에서 통계적으로 유의한 반응이 관찰되었고, 이 중 한국, 말레이시아, 뉴질랜드, 필리핀, 베트남을 제외한 11개 시장이 음(-)의 계수 값을 지녔다. 이것은 이들 시장에 긍정적인 뉴스보다 부정적인 뉴스가 전해질 때 주가

표 9-8 미국과 중국의 주가변동성 전이효과 분석

전체 기간 (A)	호주	캐나다	칠레	인도네시아	일본	한국	말레이시아	멕시코
α	1.177***	0.577***	1.905***	4.019***	1.978***	5.772***	1.129***	4.081***
	0.408***	0.525***	0.153***	0.502***	1.001***	0.437***	0.160***	0.549***
	0.017***	0.021***	-0.009***	-0.062***	-0.111***	0.046***	0.050***	-0.031***
	-0.127***	-0.063***	-0.157***	-0.358***	-0.370***	1.064***	0.674***	-0.507***
	0.949***	0.696***	0.873***	0.695***	1.025***	-0.303***	0.703***	1.191***
LR	-2659.38	-2452.64	-2611.6	-3589.88	-3509.73	-3540.63	-2871.62	-3154.84
Obs	831	831	831	831	831	831	831	831
	뉴질랜드	페루	필리핀	러시아	싱가포르	대만	태국	베트남
α	2.076***	0.219	2.713***	4.054***	0.553***	1.183***	2.451***	1.954***
	-0.042***	1.352***	0.429***	1.833***	0.327***	0.400***	0.702***	0.208***
	0.028***	-0.108***	0.083***	0.188***	0.033***	0.048***	0.074***	0.139***
	0.951***	-1.334***	0.174***	-0.171***	-0.580***	-1.077***	-0.780***	0.580***
	-0.484***	1.960***	0.854***	1.064***	0.873***	1.438***	1.086***	-0.016***
LR	-2141.78	-3935.03	-3534.78	-4113.15	-2986.06	-2080.64	-3484.87	-3788.82
Obs	727	831	831	831	831	570	831	831
위기 이전 (B)	호주	캐나다	칠레	인도네시아	일본	한국	말레이시아	멕시코
α	1.446***	0.705***	1.215***	9.397***	5.362***	9.198***	3.587***	4.669***
	0.168***	0.477***	0.133***	-0.070***	0.222***	-0.206***	-0.093***	0.416***
	0.026***	0.020**	0.062***	-0.005	0.016	-0.008	0.048***	0.020
	-0.250***	-0.051	-0.718***	1.409***	-0.326***	0.643***	1.699***	-0.550***
	0.879***	0.797***	1.058***	-1.898***	1.267***	-0.343***	-0.657***	0.651***
LR	-1156.88	-1233.21	-1297.35	-1715.63	-1502.37	-1722.21	-1471.96	-1480.78
Obs	400	400	400	400	400	400	400	400
	뉴질랜드	페루	필리핀	러시아	싱가포르	대만	태국	베트남
α	2.332***	5.317***	6.048***	9.589***	3.901***	4.548***	8.473***	-0.379*
	0.036	0.029*	0.198***	0.384***	0.557***	0.161	0.392***	0.145***
	-0.002	0.020***	0.134***	0.224***	-0.001	0.068***	0.051	0.039***
	0.596***	2.056***	1.511***	-0.357***	-0.576***	-1.488***	-0.601***	2.583***
	-0.309***	-0.711***	-0.563***	0.938***	0.989***	0.186	0.507***	-1.537*
LR	-788.482	-1632.38	-1744.31	-1898.78	-1546.01	-561.725	-1771.41	-1878.1
Obs	296	400	400	400	400	139	400	400
위기 이후 (C)	호주	캐나다	칠레	인도네시아	일본	한국	말레이시아	멕시코
α	1.423***	0.638***	1.881***	2.612***	1.609***	1.458***	1.231***	2.185***
	0.485***	0.564***	0.381***	0.371***	1.028***	0.324***	0.130***	0.786***
	0.039***	0.006	-0.006	-0.018	-0.105***	-0.039***	-0.001	-0.046***
	-0.053	0.100***	-0.206**	-0.646***	-0.250**	-0.754***	-0.396***	0.056
	0.937***	0.369***	1.756***	0.888***	1.494***	2.187***	1.013***	1.497***
LR	-1431.11	-1235.14	-1387.01	-1740.57	-1842.6	-1563.77	-1206.34	-1566.02
Obs	431	431	431	431	431	431	431	431
	뉴질랜드	페루	필리핀	러시아	싱가포르	대만	태국	베트남
α	0.451	5.098***	2.108***	4.698***	1.678***	1.510***	2.725***	4.565**
	0.132***	0.972***	0.315***	2.218***	0.322***	0.422***	0.765***	0.501***
	0.002	-0.126***	0.023***	-0.023	0.000	0.032***	-0.048***	0.130***
	-0.631***	-0.712***	-0.466***	-0.298***	-0.220***	-0.686***	-0.600***	-0.401***
	0.896***	1.738***	1.200***	1.234***	0.924***	1.022***	1.027***	0.396***
LR	-1246.51	-1908.4	-1613.5	-2150.79	-1449.89	-1496.18	-1680.6	-1946.9
Obs	431	431	431	431	431	431	431	431

변동성의 변동 폭이 더 크게 요동친다는 의미이다. 반대로 양(+)의 계수 값을 보인 한국 등 5개 시장에서는 오히려 긍정적인 뉴스가 주가변동성을 더욱 불안정하게 만드는 것으로 보인다. 그렇지만 변동성의 비대칭적 효과(θ_1)보다는 대칭적인 효과(θ_2)가 더 큰 것으로 관측되었다. θ_2가 양수이면, 예상치 못한 뉴스가 주가변동성의 변화 폭을 증가시키고, 음수이면 주가변동성의 변화 폭을 감소시킨다는 의미이다. 표 9-8에 의하면, 한국, 뉴질랜드, 베트남 등 3개국은 통계적으로 유의한 음의 θ_2 값을 보였는데, 이는 예상치 못한 충격에 뒤이어 낮은 변동성이 따라온다는 것을 말한다. 나머지 13개 아태 시장은 모두 통계적으로 유의하지만, 양의 θ_2 값을 갖는 것으로 나타났다. 이들에서는 예상치 못한 뉴스가 변동성의 증가 폭을 확대시키고 있다고 할 수 있다. 대체로 주가수익률의 경우와 마찬가지로, 아태 주식시장의 주가변동성은 충격의 부호보다는 충격 그 자체에 더 민감하게 반응한다고 볼 수 있다.

다음으로 글로벌 금융위기를 전후하여 미국 시장 및 중국 시장의 주가변동성에 대한 아태 시장의 민감성이 어떻게 변화했는지 살펴본다. 표 9-8의 패널 B와 패널 C에 따르면, 미국 주가변동성의 전이효과(β_1)는 금융위기 이전보다 이후에 통계적으로 유의한 경우가 많았다. 다만 금융위기 이전에 뉴질랜드와 대만은 미국 시장에 유의하게 반응하지 않았다. 이 두 국가에게 미국의 변동성은 전이효과를 발휘하지 못했다. 또 인도네시아, 한국, 말레이시아 등은 미국발 변동성 흐름에 역행하는 방향으로 움직였다. 금융위기 이전 시기에는 싱가포르(0.557), 캐나다(0.477), 멕시코(0.416) 등이 미국 시장에 대해 민감했지만, 금융위기 이후에는 러시아(2.218), 일본(1.028), 페루(0.972), 멕시코(0.786) 등이 크게 민감했다. 금융위기 전후 미국 주가변동성의 전이효과는 싱가포르 이외에 모든 아태 시장에서 증가했다. 이로부터 금융위기 이후 아태 시장에서 미국의 동조화 영향력이 확대되었음을 엿볼 수 있다.

글로벌 금융위기를 전후한 중국 주가변동성의 전이효과(β_2)는 위기 이전과 이후에 각각 7개국에서 통계적 유의성을 갖지 않았다. 즉 위기 이전에는 인도네시아, 일본, 한국, 멕시코, 뉴질랜드, 대만 등이고, 위기 이후에는 캐나다, 칠레, 인도네시아, 말레이시아, 뉴질랜드, 러시아, 싱가포르 등이었다. 주가변동성 면에서 이들에 대한 중국 시장의 전이효과가 존재하지 않는 것으로 볼 수 있다. 금융위기 이전 시기 중국시장의 주가변동성에 상대적으로 민감하게 반응한 시장은 러시아(0.224), 필리핀(0.134) 등이었고, 금융위기 이후에는 베트남(0.130), 페루(-0.126), 일본(-0.105) 등이었다. 그리고 금융위기를 거치면서 중국의 변동성 전이효과가 증가한 곳과 감소한 곳은 각각 8개국으로 나타나 중국의 동조화 영향력에 별다른 변화가 관찰되지 않았다.

이러한 실증분석 결과를 요약하면, 미국 시장과 중국 시장은 모두 아태 시장의 동조화 및 민감성에 영향을 미치고 있다. 다만 미국의 영향력이 중국의 영향력을 압도하는 가운데, 글로벌 금융위기를 거치면서 아태 시장의 대미 민감도가 더 큰 폭으로 증가했다. 주가변동성으로 본 중국 시장의 전이효과는 금융위기를 전후로 차이를 보이지 않았다. 결국 아태 주식시장에서 관찰되는 미중 경쟁은 미국의 상대적 우세로 진행되고 있다. 역설적이게도 2008년 미국발 글로벌 금융위기는 미국 경제의 상대적 쇠퇴론에 불을 지폈지만 아태 자본시장에서 대미 민감성과 미국의 영향력을 확대하는 데 기여하고 있다.

4. 결론: 이론적·정책적 시사점

이 글은 글로벌 금융위기를 전후로 아태 주식시장의 대미 민감성과 대중 민감성을 실증적으로 분석했다. 아태 시장의 주가지수가 미국 시장에 동조화되는지 중국 시장에 동조화되는지 규명함으로써 양국의 영향력이 투자자들의 선택에 어떻게 투영되는지 조명했다. 최근 미국 트럼프 행정부의 등장 이후 G2 리스크의 부정적 파장에 대한 우려가 안팎에서 고조되고 있다. 어떤 형태든 이들의 정책 변화는 특히 한국 등 아시아 국가에게 중요한 파급효과를 미치곤 한다. 그런데 이러한 정치경제적 파장에 가장 예민하고 신속하게 반응하는 곳이 각국 주식시장이다. 그만큼 미국발 충격과 중국발 충격이 주식시장의 움직임에 어떻게 반영되는지 분석함으로써 미중 리더십의 미시적 동학을 이해할 수 있게 된다.

그동안 주식시장의 동조화를 탐구해온 선행연구는 미국, 일본 등 선진국 시장의 주가수익률이나 주가변동성이 다른 시장으로 파급되는 과정에 분석의 초점을 맞췄다. 국내 연구는 대부분 외국 시장이 한국 시장에 미치는 전이효과의 유무를 검증하는 데 주목했다. 하지만 국제정치경제 시각에서 미국과 중국 주식시장이 아태 시장에 끼치는 상대적 영향을 분석한 연구는 찾아보기 어렵다. 이러한 공백을 메우기 위해서, 이 글은 2001년부터 2016년까지 아태 지역 18개국 주식시장의 주간 주가지수를 활용하여 미국 시장과 중국 시장에 대한 민감성을 측정했다. 아울러 글로벌 금융위기를 전후하여 투자심리 차원에서 발견되는 미중 경쟁구도의 변화를 추적하고자 했다. 방법론으로는 주식시장 간의 동조화를 파악하기 위해 상관분석을 실행했다. 또 주가지수의 자기상관성과 이분산성 문제를 완화하고, 비대칭적 충격의 효과를 추정할 수 있는 EGARCH 모형을 활용했다.

분석결과를 종합하면, 첫째, 기술통계에서 나타난 바와 같이 글로벌 금융위기를 거치면서 많은 아태 시장에서 주가수익률은 감소했지만 주가변동성은 증가했다. 금융위기를 계기로 투자자들이 리스크에 더 민감하게 반응하여 시장의 불안정성이 증가했다는 의미다. 둘째, 상관분석 결과를 보면 주가수익률 면에서 아태 시장의 대미 동조화가 더욱 공고해진 것과 동시에 대중 동조화 추세도 점차 강화되고 있음이 관찰되었다. 대체로 대중 동조화는 수익률보다 변동성 측면에서 더 빈번해지는 추세였지만 여전히 변동성의 대미 동조화가 대중 동조화를 압도하고 있었다.

셋째, EGARCH 모형을 통해 미국 시장과 중국 시장의 전이효과를 보면 양국은 모두 아태 시장의 동조화 및 민감성에 영향을 미쳤다. 미국의 영향력이 중국의 영향력을 압도했으며, 글로벌 금융위기 이후 오히려 아태 시장의 대미 민감도가 큰 폭으로 증가했다. 그렇지만 주가변동성으로 본 중국 시장의 전이효과는 금융위기를 전후로 별다른 차이를 보이지 않았다. 결론적으로 아태 주식시장에서 관찰되는 미중 경쟁은 미국의 상대적 우세로 진행되어왔다. 역설적이게도 2008년 미국발 글로벌 금융위기는 미국 경제의 상대적 쇠퇴론에도 불구하고 아태 자본시장에서 대미 민감성, 즉 미국의 영향력을 강화한 셈이다. 아시아 자본시장의 투자자들은 여전히 중국 시장보다는 미국 시장의 장단에 맞춰 투자를 결정하고 있다고 말할 수 있다.

이 글은 몇 가지 이론적·정책적 시사점을 제공해줄 수 있다. 이론적인 측면에서 복합적 상호의존론의 민감성 개념을 국제 자본시장에 확대 적용함으로써 국제 리더십의 투자심리적 기초를 조명하는 데 도움을 준다. 또 정책적인 차원에서 주식시장 간의 전이효과 분석은 시장의 리스크를 예측하고 대응하고자 할 때 필요한 정보를 정책 당국에 제공함으로써 금융시장의 안정성과 건전성을 도모하게 해준다. 특히 아태 시장의 동조화는 금융 세계화의 조절과 탈동조화 정책의 필요성을 제기한다. 이는 패권국의 리스크에 치명적으로 노출되지 않도록 개방경제를 관리할 필요가 있다는 뜻이다. 그리고 이 글이 추후 과제로 넘긴 몇몇 한계를 인정하지 않을 수 없다. 첫째, 아태 주식시장이 왜 상이한 수준의 대미 민감성 혹은 대중 민감성을 갖는지 설명되어야 한다. 이를테면, 동남아시아 주식시장은 대미 민감성이 높은 가운데서도 다른 국가들보다 상대적으로 대중 민감성이 높게 나타나고 있다. 지리적 인접성이나 화교자본의 지역적 네트워크에서 그 원인을 찾을 수 있을지 검토되어야 한다. 둘째, 주식시장 간의 상호적인 전이효과를 추가적으로 분석해야 한다. 전이효과가 미국 시장으로부터 중국 시장으로 전해진 다음, 다시 중국 시장에서 다른 아태 시장으로 옮겨 가는 과정에 대한 분석이 뒤따라야만 보다 정확한 파급경로가 드러날 것이다.

제10장

이왕휘 (아주대학교 정치외교학과 교수)

핀테크(金融科技)의 국제정치경제*

미국과 중국의 경쟁

1. 머리말

21세기 들어 인공지능과 빅데이터를 활용한 4차 산업혁명이 금융산업에도 심대한 영향을 미치고 있다. 금융과 기술의 결합(Finance+Technology)을 통해 효율성, 접근성, 보안성을 증대하려는 핀테크(FinTech, 金融科技)가 가장 대표적인 예다(Philippon, 2017). 세계경제포럼(WEF: World Economic Forum)은 2015년 『금융 서비스의 미래』 보고서에서 핀테크가 금융 서비스의 내용과 형식을 혁신할 것이라고 예측했다(WEF, 2015).

핀테크가 미래 성장동력으로서 간주되기 시작하면서, 핀테크를 육성하려는 국제적인 경쟁도 치열해지고 있다(한국정보산업연합회, 2015; 최규선, 2015; 김남훈, 2015; Gabor and Brooks, 2017). 세계 최고의 디지털 생태계를 보유한 선도국가 미국에서는 기업들이 핀테크를 주도하고 있지만, 후발국가인 영국(Accenture, 2014; UK Government Office for Science, 2015; UK HM Treasury, 2015; Ernst & Young, 2016; 양효은, 2016), 독일(Dorfleitner et al., 2016), 캐나다(Hinton et al., 2017), 유럽연합(Demertzis et al., 2017) 등에서는 정부가 적극적인 산업 및 금융 정책을 추진하고 있다.

---

* 이 글은 ≪국가전략≫ 24권 2호(2018)에 게재된 논문을 수정·보완한 것이다.

규모와 활용도를 기준으로 현재 핀테크를 주도하는 국가는 미국과 중국이라고 할 수 있다. 2016년 기준으로 핀테크 거래 금액은 미국이 7693억 달러, 중국은 4433억 달러로 영국 1673억 달러, 일본 1367억 달러, 독일 1171억 달러의 서너 배 이상이었다(이윤숙·신미경, 2016: 3에서 재인용). H2 Ventures·KPMG가 집계한 『2017년 100대 글로벌 핀테크』 보고서에서도 미국은 19개, 중국은 9개 기업이 포함되어 있다. 중국 기업은 수자는 미국에 비해 작지만 그 규모는 훨씬 커서, 마이진푸(Ant Financial, 蚂蚁金服), 종안보험(Zhong An, 众安保險), 취뎬(Qudian, 趣店), 루진쉬(Lufax, 陆金所), 징동진룽(JD Finance, 京东金融)이 각각 1, 2, 3, 6, 9위를 차지했다(H2 Ventures·KPMG, 2017).

핀테크에 적용되는 원천기술을 개발한 다수의 기업들이 소재해 있을 뿐만 아니라 가장 크고 정교한 금융시장을 보유한 미국이 세계 1위라는 점은 당연해 보이지만, 금융산업과 과학기술이 비교적 많이 낙후되어 있는 중국이 세계 2위라는 사실은 상당히 놀라운 일이다. 이런 배경에서 이 글은 중국이 핀테크에서 미국과 격차를 얼마나 그리고 어떻게 줄여왔는지를 검토한다. 세계 최대의 인터넷 및 모바일 사용자를 보유한 이점을 살려 중국 기업은 다양한 유형의 핀테크 서비스를 발전시켰다. 규제 당국도 대형 은행들의 기득권을 인정하기보다는 핀테크 기업에게 유리한 방향으로 정책을 전개했다. 이런 우호적인 환경 속에서 핀테크 산업의 대표주자인 알리바바(阿里巴巴)와 텐센트(腾讯)는 모바일 결제분야뿐만 아니라 소액대출(특히 P2P)에서 비약적인 성장을 거듭하여 세계 최대의 핀테크 기업으로 발전하고 있다.

중국 핀테크의 부상은 국제정치경제적으로 중요한 의미를 가진다. 대부분의 세력전이 연구에서 미중 간 가장 격차가 큰 분야로 금융산업과 과학기술이 지적되고 있다(Remler and Yu, 2017, 하영선, 2017). 물론 아직까지 질보다는 양에 치우쳐 있는 것이 사실이지만, 중국 핀테크의 발전은 금융산업과 과학기술 모두에서 그 격차가 빠르게 줄어들 수 있는 가능성을 보여주고 있다(Kennedy, 2017; Sacks, 2018; 배영자, 2017). 특히 인공지능(AI) 분야에서는 중국과 미국이 대등한 수준에서 경쟁하고 있다는 평가까지 나오고 있다(Lee, 2017b; Franco, 2017).

관심이 급증하고 있음에도 불구하고, 현재까지 핀테크에 대한 학문적 연구는 성숙되어 있지 않다. 더 심각한 문제는 핀테크 자체에 대해서도 국제적으로 합의된 정의가 없기 때문에 관련된 정보와 통계 역시 체계적이지도 포괄적이지도 않다. 또한 핀테크의 규모와 기술 모두 매우 빠르게 변화하고 있기 때문에 그나마 있는 자료도 정부나 국제기구보다는 민간회사에서 집계하고 있어 국가 간 비교 분석을 할 수 있을 정도로 엄밀하고 정확하다는 평가를 내리기 어렵다. 이런 문제를 최대한 해소하기 위해서 이 글은 학계는 물론 업계에서 나온 다양한 정보와 통계를 제시하고 상반되는 평가를 검토할 것이다.

이하에서는 미중 간 핀테크 경쟁을 검토한다. 제2절에서는 핀테크의 개념 정의와 발전과정을 자세하게 정리한다. 제3절에서는 미중 간 격차를 다양한 측면에서 분석한다. 제4절에서는 중국 핀테크의 발전 전망을 평가한다. 제5절에서는 미중 경쟁과 협력의 국제정치경제적 함의를 도출할 것이다.

2. 핀테크: 개념 정의와 발전과정

1) 개념

아직도 빠르게 성장하는 단계에 있기 때문에 핀테크를 정확하게 정의하는 것은 쉬운 일이 아니다. WEF는 핀테크를 "금융 서비스에서 기술과 혁신적 비즈니스 모델의 사용(the use of technology and innovative business models in financial services)"이라고 정의한다(WEF, 2015: 3). 국제보험기관감독협의회도 이와 유사하게 핀테크를 "금융 서비스 산업을 변혁할 수 있는 잠재력을 가진 다양한 혁신적 비즈니스 모델과 창발하는 기술(a variety of innovative business models and emerging technologies that have the potential to transform the financial services industry)"로 규정한다(International Association of Insurance Supervisors, 2017: 4). 금융안정위원회(FSB: Financial Stability Board) 역시 핀테크를 "금융 시장과 제도 및 서비스 규정에 연관된 중대한 영향을 가지는 새로운 비즈니스 모델, 적용, 과정 또는 상품으로 귀결될 수 있는 기술적으로 사용 가능한 금융혁신(technologically enabled financial innovation that could result in new business models, applications, processes, or products with an associated material effect on financial markets and institutions and the provision of financial services)"으로 규정한다(Financial Stability Board, 2017). 언스트앤영(Ernst & Young)도 핀테크를 "금융 서비스를 가능하게, 강하게 그리고 와해시키는 혁신적 비즈니스 모델과 기술을 결합한 조직(Organisations combining innovative business models and technology to enable, enhance and disrupt financial services)"으로 정의한다(Ernst & Young, 2017b: 5). 이 정의들을 종합해보면 핀테크는 새로운 기술과 비즈니스 모델을 통한 금융 서비스업의 혁신으로 규정될 수 있다.

여기에서 주의해야 점은 디지털 금융(digital finance)과 전자금융(e-finance)을 핀테크와 구분하는 것이다. 디지털 금융과 핀테크는 금융분야가 아니라 IT 분야에서 기원했으며 금융보다 기술을 더 강조한다는 점에서 공통점을 가진다. 그림 10-1처럼 디지털 금융은 핀테크보다는 조금 더 포괄적인 개념이라고 할 수 있다.

전자금융이 핀테크보다 먼저 등장했다는 점에서 핀테크는 전자금융의 일부로 간주되기도 한다(이충열·정군오, 2016: 7). 그러나 핀테크는 전자금융과는 확연히 구분되는 특징을 가지고 있다. 전자에서는 금융회사가 IT 기술을 활용하는 수준이라면, 후자는 IT 기업이 금융회사를 대체하는 것이다. 즉 전자는 점진적 개선, 후자는 파괴적 혁신으로 구분될 수 있다(박재석, 2015; 장우석·전혜영, 2016). 또한 전자가 금융 서비스의 가치사슬에서 서비스의 효율을 높이는 촉진자(facilitator) 역할의 전통적 핀테크(traditional fintech)라면, 후자는 금융 서비스 전달체계를 혁신하는 파괴자(disruptor) 역할의 신흥 핀테크(emergent fintech)라

그림 10-1 디지털 금융 큐브 및 차원

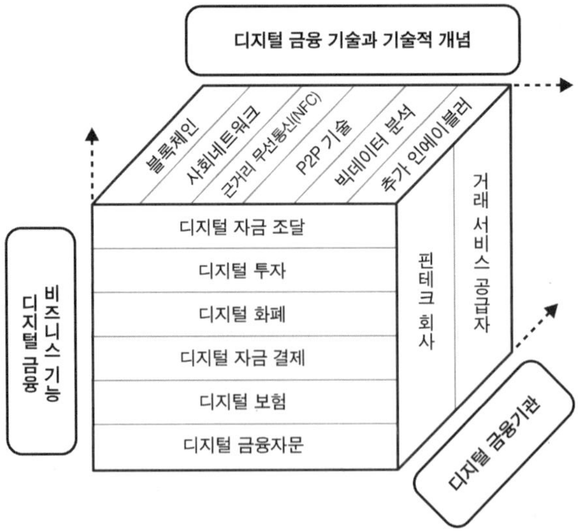

자료: Gomber et al.(2017: 542).

고 할 수 있다(김건우, 2015). 비슷한 맥락에서 핀테크 1.0과 핀테크 2.0을 구분하기도 한다. 전자는 은행시장의 지불, 신용 및 개인금융 조언에 작은 파괴를 불러일으킬 뿐이지만, 후자는 다양한 공급자들이 최종 소비자에게 더 싸고 더 쉽게 사용할 수 있는 제안들을 결합하여 전달하는 가치사슬의 핵심 요소들 전반에 '아주 매끄러운 전문화(seamless specialisation)'를 가져온다(Oliver Wyman, Anthemis Group, and Santander Innoventures, 2015).

2) 발전과정

핀테크의 기원은 디지털 개념의 맹아가 등장했던 19세기 중반까지 거슬러 올라갈 수 있다. 그렇지만 금융의 디지털화가 본격적으로 시작된 시점은 자동 금융거래 단말기(automatic teller's machine: ATM)가 사용되기 시작한 1967년이라고 할 수 있다. 1998년 설립된 미국의 간편 결제 서비스 업체 페이팔(PayPal)은 핀테크를 한 단계 더 도약시키는 데 선구적인 역할을 했다. 2002년 전자 상거래 업체인 이베이(eBay)에 인수된 후 페이팔은 온라인 쇼핑 거래의 결제 서비스도 제공하다가 2015년에는 이베이로부터 분사해 다른 기업들과 업무 제휴를 시도하고 있다. 21세기 들어서는 미국 유수의 IT 기업들이 핀테크 산업에 진입했다. 구글은 2011년 모바일 결제 서비스인 구글 월렛(Google Wallet), 애플은 2014년 애플페이(Apple Pay)를 출시했다. 이 두 회사는 자사가 직접 제작한 스마트폰에 이 서비스를 연동시킴으로써, 지급 결제 서비스의 혁신에 기여했다(김종대·정재훈 2014).

20세기 말 이후 핀테크의 비약적인 성장에는 여러 가지 요소들이 영향을 미쳤다. 먼저 추진요인으로는 금융산업에 첨단기술을 적용할 수 있는 핀테크 생태계의 형성, 창업자들이 새로운 사업모델을 찾을 수 있는 지적 능력의 향상, 그리고 데이터와 분석도구의 향상을 들 수 있다. 또한 견인요인으로서는 상품의 유형과 소비방식에 영향을 미치는 사회적인 변화, 기술이 가져온 경쟁우위, 그리고 사무의 디지털화로 인한 비영업 부서(back office) 효율성 증가가 있다(International Organization of Securities Commissions 2017; Schindler, 2017).

그림 10-2에서 요약되어 있듯이, 이 중에서 가장 중요한 요인은 블록체인과 분산원장 기술, 무선통신 기술과 사물인터넷, 바이오 인증, 빅데이터와 인공지능, 클라우드 컴퓨팅을 포함하는 다양한 디지털 기술의 등장이다(PwC, 2016,

그림 10-2 금융 서비스를 변환시키는 주요 기술

기술		금융 서비스
기반	혁신	지급 / 저축 / 대출 / 위험관리 / 자문
• 인공지능(AI) • 빅데이터	• 머신러닝 • 예측 분석	투자자문(로봇) 신용 결정 레그테크(Reg Tech), 이상거래 탐지 자산 거래
분산 컴퓨팅	분산원장 (블록체인)	결제 B2B 비영업 업무 및 기록 디지털 통화
암호화폐	• 스마트 계약 • 생체 인식	오토매틱 트랜스액션 보안 아이덴티티 프로텍션
모바일 접근 인터넷	• APIs • 디지털 지갑	사용이 간편한 디지털 지갑, 재무 대시보드, P2P 크라우드 펀딩 상호운용성 및 확장가능성

자료: He et al.(2017: 10).

2017; Haddad and Hornuf, 2016; Gai et al., forthcoming). 이 기술은 지급, 청산 및 결제, 여수신 및 자금 조달, 시장 관련 정보·서비스 제공, 투자자산 관리에서 디지털 통화, 거래정보 분산 기록, 모바일 지급, 생체정보 이용 인증, 로보어드바이저, 크라우드 펀딩, P2P 대출 등과 같은 새로운 금융 서비스를 가능하게 만들었다(금융결제국, 2017).

최근까지 핀테크 기술과 서비스의 발전에는 선진국 기업들이 주도적인 역할을 했지만, 핀테크의 도입에서는 개발 도상국이 선진국보다 훨씬 더 적극적인 모습을 보여주고 있다. 표 10-1에 요약되어 있듯이, 언스트앤영이 20개 국가들을 대상으로 조사한 핀테크 적용도입 지수에서 중국, 인도, 브라질, 남아프리카공화국이 미국, 영국, 독일, 홍콩보다 훨씬 높은 평가를 받았다.

개발 도상국이 선진국보다 핀테크 도입에 더 적극적인 태도는 금융 발전의 역설로 설명된다. 그림 10-3의 디지털 와해성 위험에서 알 수 있듯이, 디지털 기술의 도입으로 손해를 보는 기업들은 주로 선진국에 있으며, 반대로 새로운 이익원을 창출하는 기업들은 개발 도상국에 있다. 이런 점에서 스마트폰 사용

표 10-1 분야별 핀테크 도입지수 상위 국가(%)*

순위	송금 및 결제	재무 설계	저축 및 투자	대출	보험
1	중국(83)	중국(22)	중국(58)	중국(46)	인도(47)
2	인도(72)	브라질(21)	인도(39)	인도(20)	영국(43)
3	브라질(60)	인도(20)	브라질(29)	브라질(15)	중국(38)
4	호주(59)	미국(15)	미국(27)	미국(13)	남아공(32)
5	영국(57)	홍콩(13)	홍콩(25)	독일(12)	독일(31)

( )*: 해당 분야 핀테크 서비스 사용 경험이 있는 응답자 비중.
자료: Ernst & Young(2017b: 15).

그림 10-3 디지털 와해성 위험

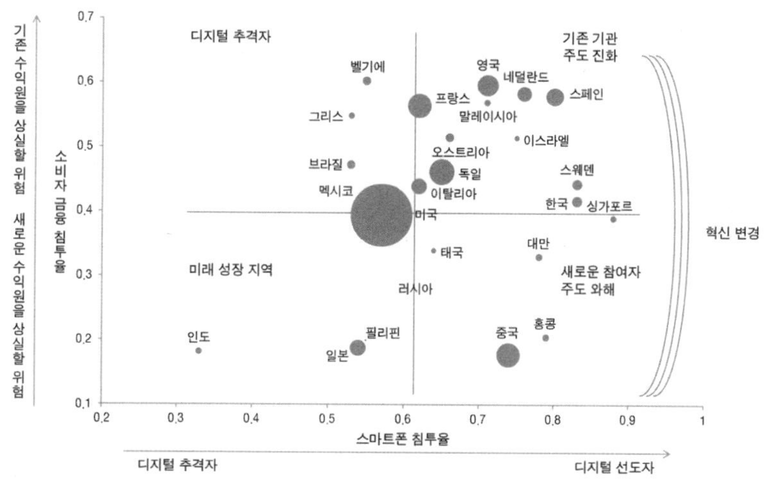

자료: CITI(2016: 28).

자가 많은 개발 도상국이 핀테크 도입에 가장 유리한 환경을 가지고 있다고 할 수 있다.

선진국에서는 전자 상거래에 전문화된 IT 기업들과 소매금융에 기득권을 가진 금융기관들이 핀테크에 참여할 동기가 그다지 크지 않다. 핀테크 산업에 필요한 대부분의 원천기술을 개발하고 응용하는 첨단 IT 기업들이 많이 있지만, 미국에서는 소매금융 기업의 견제 때문에 발전이 지연되고 있다. 예를 들어 JP 모건 체이스(JP Morgan Chase), 뱅크오브아메리카(Bank of America), 웰스 파고(Wells Fargo) 등 대형 은행들은 정보를 제공한 고객들의 계좌에 접속해서 금융정보를 수집·분석하고 재무 관리 서비스를 제공하는 민트닷컴(Mint.com)과 퀴큰(Quicken) 등의 은행서버 접속을 차단했다. 더 나아가 은행들은 금융정보 수집업체(financial aggregator)가 해킹과 정보 도용—제3자에게 비밀번호를 제공하는 행위—을 방지한다는 명분으로 금융정보공유분석센터(FSISAC: Financial Service Information Sharing & Analysis Center)의 보안지침(security guideline)에 핀테크 기업들의 보안수준을 대폭 향상하는 조항을 강제하도록 로비했다(한국금융연구원, 2015). 또한 미국에서는 신용·직불 카드가 대중화되어 있기 때문에 비금융기관 지급 서비스 사업이 성장할 수 있는 여지가 많지 않다. 세계 최대 IT 기업이 개발한 구글 월렛이나 애플 페이는 기대했던 것만큼 광범위하게 사용되고 있지 않으며 모바일 지급 서비스를 제공하는 소프트카드(SoftCard), MCX 등도 시장진입 단계에서부터 난관을 거듭하고 있다. 반면 신흥경제 지역에서는 스마트폰 사용자를 대상으로 한 핀테크가 전통적 금융기법보다 더 저렴하고 효율적인 대안으로 인식되고 있다. 실제로 인도와 중국은 전자 상거래와 지급 결제 서비스를 결합시킴으로써 핀테크 산업이 빠르게 성장하고 있다. 또한 인구가 많기 때문에 초기 투자비용을 회수할 수 있는 기간이 짧다는 점도 유리한 조건이라고 할 수 있다(CITI, 2016).

3. 미국과 중국의 핀테크 비교

아이루이컨설팅(艾瑞咨询)에 따르면 중국의 핀테크 발전과정은 크게 다섯 단계로 구분될 수 있다(艾瑞咨询, 2017: 5). 첫 번째 단계 때는 주로 IT 계통 회사들을 중심으로 발전된 전자금융이 태동되었다. 1997년 중국공상은행(中国工商银行)이 인터넷 뱅킹 서비스를 시작했다. 1998년 도입된 온라인 증권 거래 시스템을 뒷받침하기 위해 2000년 증권감독위원회(中国证券监督管理委员会)는 인터넷증권위탁임시관리방법(网上证券委托暂行管理办法)을 제정했다. 2002년 중국인민보험(中国人民保险, PICC)은 온라인으로 각종 보험에 가입할 수 있는 전자상거래 플랫폼 e-PICC를 출범시켰다. 두 번째 단계는 지급 결제[支付] 서비스가 도입된 2004년을 기점으로 한다. 이 단계에서 알리바바와 텐센트가 독자적으로 개발한 지급 결제 서비스를 확산시켰다. 세 번째 단계는 P2P 금융을 개척한 파이파이따이(拍拍贷)가 설립된 2007년에 시작되었다. 이때 전자금융에서 핀테크로 도약이 시작되었다. 알리바바도 2007년 독자적으로 개발한 전자상거래 내역 기반의 신용평가 모델을 바탕으로 건설은행 및 공상은행과 합동으로 중소기업 대출, 2010년 무담보 개인 소액대출 사업을 시작했다. 네 번째 단계에서는 크라우드 펀딩 플랫폼과 온라인 전용 보험 및 증권 회사가 등장하여 핀테크의 영역이 지급 결제와 P2P 대출에서 보험, 투자 등으로 확대되었다. 2013년 알리바바, 텐센트, 바이두(百度)도 온라인 펀드 판매 플랫폼인 위어바오(余额宝), 리차이퉁(理财通), 바이주안(百赚)을 각각 설립했다. 2015년 텐센트와 알리바바가 인터넷 전문은행인 위뱅크(WeBank)/웨이중은행(微众银行)과 마이뱅크(MyBank)/아리온라인은행(阿里网商银行)을 각각 세웠다. 마지막 단계는 2016년부터 본격화된 생체인식과 같은 기술을 통해 실생활에 핀테크를 적용하는 단계이다(한국무역협회, 2015; 서봉교, 2015; 이윤숙·신미경, 2016; 이성복, 2016; Chen, 2016).

현재 중국 핀테크 시장의 선두주자는 중국의 4대 IT 기업으로 평가되는 텐센트, 알리바바, 바이두, 징동닷컴(JD.com)이라고 할 수 있다. 각 회사가 설립한 자회사들은 모두 핀테크의 거의 전 분야에 상품과 서비스를 제공하고 있다. 비록 순위에 들지 못했지만 중국 최대 가입자를 보유한 웨이신(微信, We-chat)과 연동된 차이푸퉁(财付通, Tenpay) 및 웨이신 즈푸(微信支付, Wechat pay)를 보유한 텐센트를 주목할 필요가 있다. 텐센트는 알리바바와 함께 종안보험을 설립했으며, 호주의 에어월렉스(Airwallex)에도 투자하고 있다.

중국 핀테크의 성장에서 금융 서비스 수요 증가, 인터넷 및 휴대전화 보급 확대, 전자 상거래 급증, 혁신적 기업과 모바일 시대의 등장 등이 중요한 역할

표 10-2 BAT* 핀테크 기업 비교

<table>
<tr><th colspan="2"></th><th>텐센트</th><th>알리바바</th><th>바이두</th></tr>
<tr><td colspan="2">기업가치</td><td>830억 달러</td><td>600억 달러</td><td>30억 달러 이하</td></tr>
<tr><td colspan="2">사용자 수</td><td>약 4억 명</td><td>약 5억 명</td><td>약 6500만 명</td></tr>
<tr><td rowspan="9">분야</td><td>3자 결제</td><td>텐페이(2005년)</td><td>알리페이(2004년)</td><td>바이두 지갑(2008년)</td></tr>
<tr><td>머니마켓펀드(MMF)</td><td>리차이퉁(2014년)</td><td>위어바오(2013년)</td><td>바이파,
바이두 금융(2013년)</td></tr>
<tr><td>모바일 결제</td><td>위챗/QQ 지갑(2014년)</td><td>알리페이 지갑(2013년)</td><td>바이두 지갑(2014년)</td></tr>
<tr><td>손해보험</td><td colspan="2">종안보험(2013년)</td><td rowspan="2">바이안 보험(2015년)</td></tr>
<tr><td>생명보험</td><td></td><td>위어바오
유니버설 라이프(2014년)</td></tr>
<tr><td>대출</td><td rowspan="2">웨이리다이(2015년)</td><td>앤트크레디트(2015년)</td><td>바이두 금융(2013년)</td></tr>
<tr><td>P2P 대출</td><td>자이차이바오(2014년)</td><td rowspan="2">바이신 뱅크(2015년)</td></tr>
<tr><td>인터넷 은행</td><td>위뱅크(2015년)</td><td>마이뱅크(2014년)</td></tr>
<tr><td>신용평가</td><td>텐센트 신용점수(2015년)</td><td>즈마신용(2015년)</td><td></td></tr>
</table>

* 바이두(B), 알리바바(A), 텐센트(T)를 일러 BAT라고 한다.
자료: Ernst & Young(2017a: 14), 백서인·김단비(2017: 13).

을 했다. 중국에서는 지방에서 금융기관의 수도 적었으며 제공하는 서비스도 제한되어 있었다. 또한 2000년대 초반부터 전자 상거래가 폭발적으로 증가하면서 현금 거래가 점점 더 불편해졌다. 또한 정책금융에 전문화된 대규모 국유은행들은 금융 소비자의 불편에 세심한 주의를 기울이지 않았다. 이런 열악한 금융환경은 소규모 IT 기업들이 그들 자체적으로 개발한 전자 상거래 및 게임 결제 서비스를 전국적으로 확장시킬 수 있는 여건을 제공했다(Mittal and Lloyd, 2016).

정부의 정책 지원과 후행(後行) 규제방식도 핀테크의 발전에 기여했다고 할 수 있다(노은영, 2015; 서봉교, 2017; 정대·郝会娟, 2017: 295~305; 黄国平 2017). 2015년 1월 중국 최초의 인터넷 은행인 텐센트의 웨이중은행 개소식에 리커창(李克强) 총리가 직접 참석했다는 사실은 중국 지도부의 핀테크에 대한 관심 정도를 잘 보여준다(Wildau, 2015). 동시에 중국 당국은 핀테크 산업을 처음부터 규제하기보다는 어느 정도 성숙시킨 단계에서 규제를 점점 체계화하는 방식을 선택했다. 또한 법률적 문제가 발생하면 빨리 해결해줌으로써 규제의 부작용을 최소화했다. 그리고 규제도 서민에 대한 혜택을 확대한다는 포용 금융(inclusive finance, 普惠金融) 논리를 내세워 대형 금융기관의 기득권을 보호하기보다는 핀테크 기업들의 활동공간을 확대하는 방향으로 전개했다(Kelly et al., 2017).

미국과 비교한다면 중국은 아직까지 기술과 비즈니스 모델에서 둘 다 훨씬 뒤처져 있다. 그렇지만 발전속도와 성장잠재력에서는 중국이 미국에 뒤떨어진다고 할 수 없다. 맥킨지글로벌연구소에 따르면, 전자 상거래, 간편 결제, 세계적 유니콘 기업—기업가치가 10억 달러(1조 원) 이상인 비상장 기업— 모두에서 미중 간 격차가 줄거나 역전되고 있다. 그중 핀테크의 거래규모에서는 중국이 미국을 압도하고 있다. 2016년 기준으로 미국은 핀테크의 거래금액에서 중국의 거의 2배 이상이었다. 특히 간편 결제에서는 알리페이(Alipay, 支付宝)와 텐페이(Tenpay, 财付通)가 주도하는 중국 시장규모가 미국의 11배로 성장했다(Woetzel et al., 2017b: 2). 예를 들어 2016년 춘절 연휴 6일간 텐센트의 위챗 '홍빠오(红包)'에서 거래된 금액은 320억 달러로 페이팔이 2015년 한 해 동안 거래한 금액인 49억 달러의 무려 6배 이상이었다(Mittal and Lloyd, 2016: 9).

H2 Ventures·KPMG가 선정한 2017년 100대 글로벌 핀테크 기업에도 미국 기업은 19개인 데 반해 중국 기업은 9개에 지나지 않았다. 그렇지만 10대 기업에 중국 기업이 5개—마이진푸(1위), 종안보험(2위), 취뎬(3위), 루진쉬(6위), 징동진롱

(9위)—나 포함되어 있었다. 이들은 유수한 미국 핀테크 기업들을 제치고 각각 1, 2, 3, 6, 9위를 차지했다(H2 Ventures·KPMG 2017).

또한 투자규모에서도 중국이 미국을 앞지르고 있다. 미국의 대형 은행들이 전자금융에 안주하고 있는 사이 중국은 BAT를 중심으로 핀테크에 대규모 투자를 주저하지 않았다. 올리버 와이먼(Oliver Wyman)에 따르면, 세계 핀테크 기업의 투자에서 중국의 비중이 2013년 7%에서 2016년 47%로 급성장하여 미국을 추월했다.

여기에서 주의해야 할 점은 중국 핀테크 산업은 그 규모만 큰 것이 아니라

그림 10-4 핀테크 시장에서 자본거래: 중국과 미국 비교

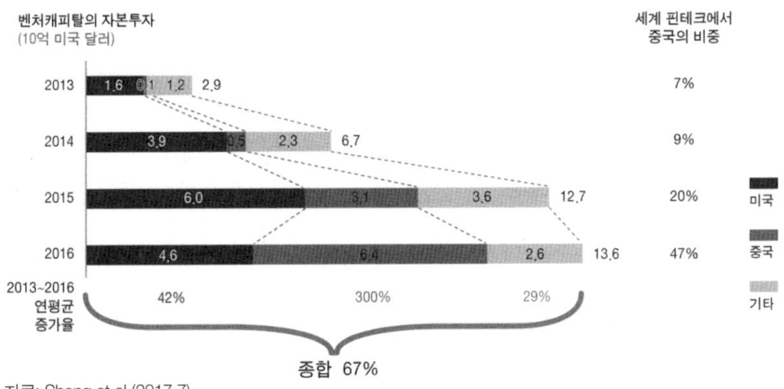

자료: Sheng et al.(2017.7).

그림 10-5 핀테크 도입 지수

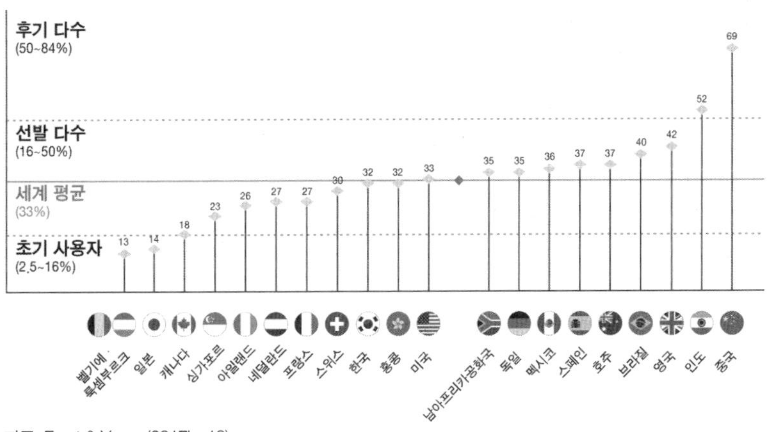

자료: Ernst & Young(2017b: 12).

활용도도 압도적으로 높다는 사실이다. 언스트앤영이 집계한 2017년 핀테크 도입 지수에서 중국은 69%로 조사대상 20개국 중 1위를 차지했다. 미국은 세계 평균과 같은 33%로 10위에 머물렀다.

4. 중국 핀테크의 발전 전망

향후 미중 사이의 핀테크 경쟁에서 중국에게 유리한 점은 상당히 많다. 첫째, 2000년대 들어 중국에서 핀테크 산업이 성장할 수 있는 디지털 생태계가 상당히 빠른 속도로 형성되어왔다(Shim and Shin, 2016). 2016년 디지털 경제 규모가 GDP의 약 1/3 수준인 22조 4천억 위안(약 3조 8천억 달러)으로 추정되었다. 또한 2016년 중국 디지털 경제 성장률이 16.6%로 GDP 성장률(6.7%)의 거의 3배였다(오종혁, 2017). 더 나아가, 중국은 세계 최대의 인터넷 사용자(2016년 말 기준 7.31억 명) 및 스마트폰 사용자(2016년 말 기준 6.95억 명)를 보유하고 있기 때문에 규모의 경제를 실현하는 데 어느 국가보다도 유리하다(김수한·유다형, 2017; 양자수, 2017). 또한 중국이 발간한 2017년 『세계인터넷발전보고(世界互聯網發展報告, World Internet Development Report)』에 따르면 인터넷 활용지수—정보 인프라, 혁신능력, 산업발전, 인터넷 응용, 사이버 안전 및 인터넷 거버넌스—에서도 중국은 한국, 일본, 영국을 제치고 미국 다음으로 높은 2위를 차지했다(中国网络空间研究院, 2017). 물론 이 지수가 중국을 과대평가했다는 비판의 여지가 있다. 인터넷 인프라 성숙도, 산업·기술 혁신, 정보화 응용 수준, 인터넷 안전, 정보화 지속발전 가능성 항목으로 정보화 발전평가 지수를 평가한 중국인터넷정보센터(CNNIC)의 2016년 『국가정보화발전평가보고(国家信息化发展评价报告)』와 아주 큰 차이가 나기 때문이다. 이 보고서에서 중국은 25위로 2016년 미국(1위), 영국(2위), 일본(3위), 스웨덴(4위), 한국(5위)에 비해 한참 뒤쳐져 있었다(유다형, 2017).

둘째, 중국의 과학기술 수준은 애플, 구글, 유튜브를 발굴한 마이클 모리츠(Michael Moritz) 세쿼이아 캐피털(Sequoia Capital) 파트너가 도널드 트럼프(Donald Trump) 대통령에게 "우리는 중국으로부터 배울 것이 많이 있다"고 충고할 정도로 발전했다(Moritz, 2017). 국제경영개발원(IMD) 2016 『세계 경쟁력 연감(World Competitiveness Yearbook)』에 따르면, 중국의 과학·기술 인프라는 3위까지

상승했다(한국과학기술기획평가원, 2017). 이러한 중국 과학기술의 발전속도를 보면 중국 경제가 더 이상 저렴한 노동력에 기반을 둔 제조업에만 의존하지 않을 것이라는 점을 짐작할 수 있다. 아직 많지는 않지만 일부 중국 기업들은 미국, 독일, 일본 기업들과 함께 4차 산업혁명—인공지능, 로봇, 전자 상거래, 핀테크, 드론 등—의 선두에 있다(Woetzel et al., 2017b; Lee, 2017a). 2018년 1월 미국에서 열린 소비자 가전 전시회(Consumer Electronics Show)가 '중국 가전 전시회(China Electronics Show)'로 불릴 만큼 중국 전자산업은 비약적인 발전을 하고 있다(Clark, 2018).

셋째, 중국은 연계성이 세계에서 가장 높은 나라들 중 하나로 평가된다. 상품, 서비스, 금융, 인구 및 데이터의 유입과 유출을 기준으로 측정한 글로벌 연계 지수(Global Connectedness Index)에서 중국은 미국(3위)보다 낮지만 프랑스(8위), 벨기에(9위)와 같은 유럽 국가는 물론 한국(16위), 일본(24위)을 포함하는 아시아 국가보다 더 높은 7위로 평가되었다.

넷째, 중국 정부가 대규모 자원을 동원한 규모의 경제에서 원천기술 개발을 통해 생산성 향상을 도모하는 일련의 혁신주도형 발전전략[創新驅動型發展戰略]을 구현하는 공급 측 개혁(供給側改革), 중국제조(中国制造) 2025, 인터넷 플러스(互联网+) 등을 추진하고 있다. '대중창업 만인창신(大衆創業 萬人創新)'이란 기치

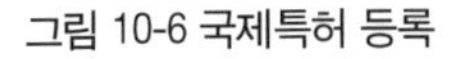
그림 10-6 국제특허 등록

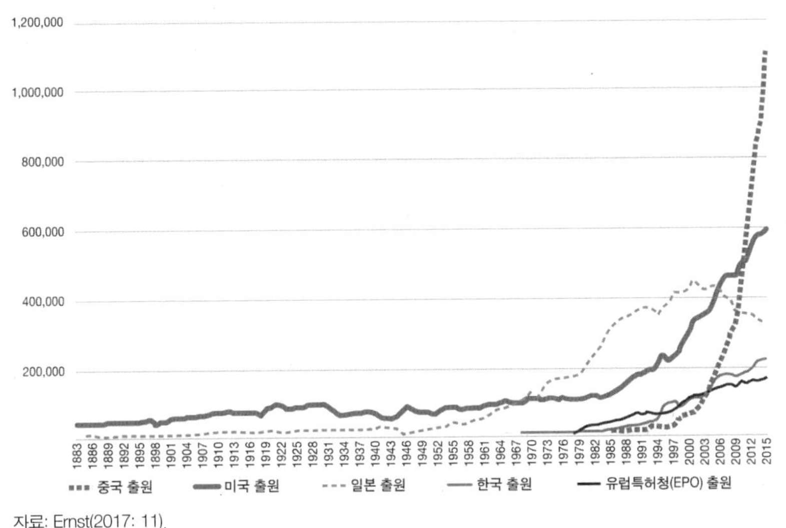

자료: Ernst(2017: 11).

표 10-3 글로벌 연계 지수: 국가별 순위

순위	국가	점수	연계 지수 순위					이동 가치	이동 강도
			상품	서비스	금융	인구	데이터	10억 달러	% of GDP
1	싱가포르	64.2	1	2	2	12	6	1392	452
2	네덜란드	54.3	3	3	6	21	1	1834	211
3	미국	52.7	7	7	3	1	7	6832	39
4	독일	51.9	2	4	8	3	2	3798	99
5	아일랜드	45.9	32	1	1	28	9	559	227
6	영국	40.8	13	5	5	6	3	2336	79
7	중국	34.2	4	16	4	82	38	6480	63
8	프랑스	30.1	11	8	9	7	4	2262	80
9	벨기에	28.0	5	6	33	33	8	1313	246
10	사우디아라비아	22.6	20	28	2	2	53	790	106
11	아랍에미레이트연합	22.2	6	23	17	4	46	789	196
12	스위스	18.0	12	11	10	1	13	848	115
13	캐나다	17.3	16	22	11	11	18	1403	79
14	러시아	16.1	21	25	18	5	25	1059	57
15	스페인	14.4	25	13	19	14	16	1105	79
16	한국	14.0	8	12	28	50	44	1510	107
17	이탈리아	13.4	17	18	24	16	19	1587	74
18	스웨덴	13.0	29	14	22	31	5	572	100
19	오스트리아	11.7	26	17	31	20	12	470	108
20	말레이시아	11.6	9	19	25	26	43	610	187
21	멕시코	10.7	14	63	34	18	41	1022	80
22	태국	10.7	10	15	36	44	64	605	162
23	쿠웨이트	10.6	37	46	13	13	75	306	153
24	일본	10.5	15	20	12	81	20	2498	54

자료: Woetzel et al.(2017a: 12).

를 내건 중국 정부는 모방에서 안주하지 않고 혁신을 추구하겠다는 의지를 표방하고 있다(최윤정 외, 2017; 백서인·김단비, 2017). 국내 특허출원에서 중국은 2010년대 세계 1위, 국제특허조약(Patent Cooperation Treaty) 출원신청량에서는 미국, 일본에 이어 3위로 부상했다(김정향, 2017).

마지막으로, 규모의 경제가 가지는 이점은 해외 기업들이 중국 정부에 협조하려는 동인으로도 작용하고 있다. 시진핑(習近平) 주석의 모교인 칭화 대학교(清華大)의 경제·경영학부 자문위원회에 애플의 팀 쿡(Tim Cook), 페이스북의 마크 저커버그(Mark Zuckerberg), 마이크로소프트의 사티아 나델라(Satya Narayana Nadella) 등이 참여하고 있다(經濟管理學院, 2017). 이들은 2017년 제19차 당대회 직후 10월 30일 베이징 인민대회당에서 개최된 자문위원 간담회에서 시진핑 주석과 면담했다(Yuan, 2017a). 또한 같은 해 12월 중국 우전에서 열린 제4회 세계인터넷회의(World Internet Conference, 世界互联网大会)에는 애플의 쿡, 시스코 시스템즈의 척 로빈스(Chuck Robbins), 구글의 선다 피차이(Sundar Pichai)가 참석했다. 중국의 정책을 홍보하는 이 회의에 실리콘밸리 경영자들이 참석한 이유는 불참 시 예상되는 불이익을 우려했기 때문이라는 보도가 있었다(Lin, 2017; Kubota and Mickle, 2017).

다른 한편, 미중 핀테크 경쟁에서 중국에게 불리하게 작용하는 요인도 적지 않다(문병순·허지성, 2014). 먼저 핀테크의 기반이라고 할 수 있는 금융시장의 경쟁력과 건전성의 측면에서 중국을 아직 미국의 경쟁 상대로 보기 어렵다. 규모에서는 중국이 미국을 어느 정도 따라잡는 데 성공했지만, 국내 금융시장은 물론 세계 금융시장을 효율적이고 안정적으로 관리하는 능력은 아직 확실하게 검증되지 않았다. 중국 금융 당국은 금융 및 자본 자유화의 추진을 시도하고 있지만 2015년 주식시장 폭락, 2016년 1조 달러 내외의 대규모 자본 도피, 2017년 그림자 금융의 과대 팽창과 부채 같은 문제들을 시장원리가 아닌 자본통제, 그림자 금융 및 암호화폐 시장 규제 같은 비시장적 정책수단을 통해 해결했다(Ito et al., 2017; Huang and Wan, 2017; 김민석, 2017; 이왕휘, 2017). 또한 2016년 이후 금융시장을 감독하는 보험감독관리위원회, 증권감독관리위원회 및 은행감독관리위원회의 고위 간부들이 비리 혐의로 낙마하는 사태가 이어지고 있다. 금융 안정에 대한 우려는 2017년 7월 제5차 전국금융공작회의(全国金融工作会议)에 유례없이 시진핑 주석과 정치국 상무위원 5명이 직접 참석했다는 사실에 반영되어 있다(KIEP 북경사무소, 2017: 11). 또한 같은 해 10월 제19차 당대회에서 저우샤오촨(周小川) 중국인민은행 총재가 경기가 둔화할 때 자산가격이 폭락하는 민스키 모멘트(Minsky Moment, 明斯基时刻)를 언급했다는 사실은 중국 금융시장과 제도에 문제가 상당히 심각하다는 사실을 반증하고 있다(周小川, 2017).

핀테크의 기술적 차원에서도 중국의 발전 가능성에 대한 회의론이 제기되고 있다. 현재까지 중국에는 핀테크의 원천기술을 제공하는 플랫폼 기업이 사실상 없다. 핀테크를 주도하고 있는 텐센트나 알리바바는 마이크로소프트, 애플, 구글(알파벳), 페이스북, 아마존처럼 독창적이며 독자적인 플랫폼을 개발하지 못했다. 즉 중국은 핀테크의 선도자가 되기 위해서 필요한 모방과 응용을 넘어서는 혁신에는 성공하지 못했다(McAfee and Brynjolfsson, 2017; 류한석, 2016).

이러한 격차는 국제경영개발원의 세계 디지털 경쟁력 순위(World Digital Competitiveness Rankings)에서 확인된다. 지식, 기술 및 미래 대비를 측정하는 이 순위에서 미국은 2013~2017년에 2위 또는 3위를 유지했다. 반면 중국은 같은 기간 38위에서 31위로 상승하는 데 만족해야 했다. 중국이 상승세에 있는 것은 사실이지만, 미국과 유사한 수준으로 발전하기 위해서는 상당한 기간이 소요될 것으로 예상된다(IMD, 2017).

핀테크 기업이 급속하게 증가하면서 부작용도 점점 더 확대되어 규제가 강화되고 있는 추세 역시 주의해야 한다(Brummer and Yadav, 2017; Buchak et al., 2017; Van Loo, 2017; Magnuson, forthcoming). 중국에서는 소액을 거래하는 P2P 대출시장에서 이런 문제가 이미 심각하다(Wang et al., 2016; Stern et al., 2017; 李智慧, 2017). 이 때문에 중국 정부는 사전 규제의 범위와 강도를 확대·심화시키고 있다(Zhou, 2015; Braggion et al., 2017). 2015년 7월 재정부를 포함하는 10개 정부 부서는 인터넷 금융의 건전한 발전을 위한 지도의견[关于促进互联网金融健康发展的指导意见]을 제시했다. 중앙은행인 중국인민은행은 2017년 5월 핀테크 업무와 관련된 연구 및 계획을 통합적으로 관리·조율하기 위해 핀테크위원회[中国人民银行成立金融科技(FinTech)委员会]를 설립했다. 그리고 7월에는 금융업 정보기술의 인프라를 선진국 수준으로 향상시키는 것을 목표로 하는 중국금융업정보기술 '십삼오' 발전계획(中国金融业信息技术"十三五"发展规划)을, 8월에는 온라인 통합 결제 시스템 구축과 간편 결제 등에 대한 관리 강화 등을 내용으로 하는 방안[中国人民银行支付结算司关于将非银行支付机构网络支付业务由直连模式迁移至网联平台处理的通知]을 연이어 발표했다(胡滨·郑联盛, 2017; 尹振涛, 2017; 尹振涛·郑联盛, 2017; 杨涛, 2017; 한국은행 북경사무소, 2017).

이와 동시에 인터넷 및 사이버 공간에 대한 보안조치도 급속히 강화되고 있다. 중국 정부는 지배구조 및 경영방식에 공산당이 직접적으로 개입할 수 있는 통로를 확대하기 위해 노력을 강화하고 있다. 2017년 6월 1일 발효된 인터넷안전법[网络安全法]과 인터넷뉴스정보서비스관리규정[互联网新闻信息服务管理规定]은 국가안보, 명예 및 이익을 위협할 수 있는 내용에 대한 강력한 규제를 포함하고 있다(정태인 외, 2017; 김진용, 2017). 특히 대형 포털 사이트, 사회관계망 서비스, 스트리밍 서비스 기업이 확보한 빅데이터를 정책의 입안과 홍보에 활용하는 방법을 모색하고 있다(Yuan, 2017b). 또한 중국 당국은 알리바바, 텐센트, 바이두 등 대형 인터넷 기업에게 범죄감시 업무에 대한 적극적인 협조를 요구하고 있다. 특히 감시 카메라, 안면 인식, 인공지능 알고리듬 등과 같은 첨단기술은 범죄의 예방과 수사뿐만 아니라 사이버 공간에서 정치적으로 민감한 주제에 대한 의견 교환을 탐지하는 데 활용되고 있다. 이 법에 따라 텐센트, 바이두 등은 유언비어, 가짜 뉴스 및 포르노 게시에 대한 막대한 벌금을 부과당했다(Lin and Chin, 2017b; Chin and Dou, 2017).

중국 정부는 인터넷 규제의 노력을 지속하고 있다(가오잔위·백승욱, 2017). 2017년 초부터 공식적으로 접속이 금지된 해외 사이트를 이용하는 데 활용되어온 가상 사설망(VPN: virtual private network)을 강력하게 규제하기 시작했다. 중국 국무원 공업정보화부는 차이나 모바일(中國移通), 차이나 유니콤(中國聯通), 차이나 텔레콤(中國電信) 등에 정부로부터 승인을 받지 않는 VPN 업체들의 접촉을 차단하라고 지시했다. 이 조치의 여파는 해외 기업에게도 미쳐, 애플은 앱스토어에서 VPN 앱은 물론 마이크로소프트의 스카이프(Skype) 앱까지 삭제해야만 했다. 사이버 방화벽을 강화시키는 이런 조치들은 중국을 인터넷에서 격리된 내부 전산망(intranet)으로 만들 수도 있다는 우려를 불러일으키고 있다(Kubota, 2017; Lin and Chin, 2017a; Chin, 2017; Browne, 2017). 이런 우려는 제4회 세계인터넷회의에서 사이버 공간의 보안과 질서를 위해 인터넷 주권을 강조한 중국 공산당 정치국 상무위원인 왕후닝(王沪宁)의 연설에서 확인되고 있다(Mozur, 2017).

마지막으로 대내적 차원의 강력한 사이버 보안 정책은 대외적 차원에서 디지털 보호주의의 역풍에 직면할 가능성을 배제할 수 없다. 디지털 보호주의는 해외 기업과 교류를 제한함으로써 두 가지 문제점을 유발시킬 가능성이 있다. 하나는 중국 기업이 해외의 최신 기술을 도입하고 서비스를 이용하는 것을 제한하는 것이다. 또 다른 하나는 중국 기업의 해외 진출을 가로막는 장애가 될 수도 있다. 실제로 미국과 유럽 국가들은 중국 기업의 인수합병에 예전보다 훨씬 더 엄격한 기준을 적용하고 있다(Ferracane and Lee-Makiyama, 2017). 대표적으로 2018년 1월 미국 외국인투자심의위원회(CFIUS)는 금융정보 유출 가능성을 이유로 알리바바의 금융 자회사인 마이진푸의 머니그램(MoneyGram) 인수합병을 최종적으로 불허했다(Rudegeair and O'Keeffe, 2018).

5. 맺음말: 국제정치경제적 함의

미국과 중국의 핀테크 경쟁은 국제정치경제적으로 중요한 함의를 가지고 있다. 중국이 핀테크를 발전시킴으로써 금융 서비스와 과학기술에서 모두 미국과 격차를 빠르게 줄일 수 있기 때문이다. 중국은 아직까지 핀테크 기술과 금융 서비스에서 미국에 뒤쳐져 있지만, 핀테크의 거래 및 투자 규모에서는 이미 미국을 추월했다. 중국은 디지털 경제 및 금융 발전의 차원에서 정부가 핀테크 발전을 위한 여러 가지 계획을 수립해 추진하고 있는 반면, 미국에서는 정부의 적극적인 지원 없이 실리콘밸리와 월스트리트 기업들을 중심으로 핀테크가 발전되어왔다. 그러나 중국의 도전이 더 거세지고 사이버 보안 문제와 연계되면 미국에서도 정부가 적극적으로 개입할 가능성이 높다(Lin, 2016). "중국의 인공지능 야심은 미국 안보에 북한 핵문제보다 더 큰 장기적 위협이 되고 있다"(Luce, 2017). 따라서 핀테크를 둘러싼 미중 경쟁은 앞으로 가속화될 것으로 예상된다.

앞으로 중국이 가지고 있는 잠재력을 극대화하기 위해서는 금융 및 자본 자유화, 플랫폼 개발 및 규제 개혁이 필요하다. 2015년 주가폭락 사건 이후 금융과 자본 시장은 부채 증가와 자본 도피로 인한 불안정성이 완전히 해소되지 않고 있다. 중국 기업들이 플랫폼을 개발하기 위해 자체 개발은 물론 인수합병(M&A)을 시도하고 있지만, 미국 기업의 수준을 단기간에 추격하기는 어렵다. 그리고 플랫폼 발전에서 개방성이 중요성이 중요한데, 2016년 이후 강화되고 있는 사이버 보안 조치와 사전 규제가 기술혁신에 어떤 영향을 미칠 것인가에 대해서도 확신하기 어렵다(Dhar and Stein, 2016). 이런 점에서 핀테크에서 중국과 미국의 격차는 줄어들지 않고 반대로 확대될 가능성도 완전히 배제할 수 없다.

그림 10-4에 나타나 있듯이, 한국은 디지털 생태계가 비교적 발전되어 있어 핀테크 발전에 유리한 기술적 환경을 가지고 있다는 평가를 받고 있다. 그러나 2018년 1월 기준으로 한국에 유니콘 기업이 2개(쿠팡, 옐로 모바일)밖에 없다는 사실—전 세계 유니콘 기업은 220개이다. 이 중 미국이 109개, 중국이 59개이다—은 우리가 이 환경을 제대로 활용하지 못하고 있는 것을 잘 보여준다(CB Insight, 2018). 현재까지 거의 유이한 가시적인 인터넷 전문은행도 자산 및 대출 규모가 너무 제한되어 있어, 기대했던 금융혁신 효과가 나타나지 않고 있다. 이 문

제를 해결하기 위해서는 금융기관의 소극적 태도와 규제 당국의 보수적 자세를 극복해야 한다(김범석 외, 2015; 주강진 외, 2016; 최공필·안창현, 2016; 배병진, 2017).

또한 미중 선도기업과의 협력도 더 적극적으로 고려해야 한다. 미국과 중국이 국가 차원에서는 기술 유출과 사이버 보안 문제 등으로 갈등하고 있지만, 기업 차원에서는 기술 개발, 자본 유치 및 투자, 인력 교류 등 다양한 종류의 협력관계를 발전시켜 나가고 있다는 사실을 유념할 필요가 있다. 현재 한중 협력은 2017년 영업을 개시한 카카오뱅크에 텐센트가, 그리고 케이뱅크에는 알리바바가 각각 주주로 참여하고 있는 수준이다. 한국 기업은 글로벌 생산 네트워크에서 가장 밀접하게 연계되어 있기 때문에 중국 기업과 협력할 수 있는 기회를 더 활용할 필요가 있다(김동수, 2017).

제4부

미중 외교·안보 경쟁의 정보세계정치

제11장

이신화 (고려대학교 정치외교학과 교수)

유엔 다자주의 틀에서의 강대국 정치*

안보리 결의안과 미중 안보경쟁

1. 서론

유엔(국제연합)은 법치와 상호협력을 통하여 세계 평화와 안전 유지를 목적으로 창설되었으며, 현재 193개 회원국이 참여하고 있는 세계 최대 규모의 다자기구이다. 하지만 많은 경우 유엔은 이들 국가 간 상충된 이해관계와 우선순위들로 인해 '국익 경합장'이 되곤 했다. 유엔의 여러 기구들 중 국가들 간의 평화와 안보 중재를 주목적으로 하는 안전보장이사회(이하 안보리)는 회원국들에게 조언이나 촉구만 할 수 있는 유엔의 다른 기구들과는 달리 유엔 헌장 25조에 의거하여 그 결정이 회원국들에 대해 법적 구속력을 갖는다. 전후 세계 평화와 안전을 위협하는 국가 및 비국가 단체에 대한 제재나 무력 사용의 권한도 안보리 승인을 받은 연후에만 가능하다. 그러나 냉전기 유엔은 강대국의 전횡에 휘둘려 그 임무를 제대로 수행하지 못했고, 안보리 내 미소 주도의 거부권 행사로 인해 유엔의 안보기능은 매우 제한적이었다.

냉전이 종식되고 안보리 결의안을 토대로 한 1991년 걸프전을 계기로 유엔의 위상과 기능이 재평가되기 시작했다. 더욱이 이념이라는 강력한 결속력이 없어지면서 급증한 공동체 갈등 및 내전과 인도적 위기 상황으로 인해 유엔의

* 이 글은 ≪동서연구(東西硏究)≫ 제30권 1호(3월호, 2018), 211~237쪽에 게재되었음을 밝힌다.

안보역할이 전통적인 국가 간 분쟁영역을 넘어서게 되었다. 또한 보편적 규범이나 제도의 중요성을 강조하며 세계적 규모의 문제들에 대해 국제 사회가 공동으로 관할하는 글로벌 거버넌스의 중요성이 부각되면서 유엔의 적실성이 주목받기도 했다.

하지만 탈냉전기 유엔도 강대국 중심의 국제질서와 회원국들 간 국가 이기주의라는 구조적 한계를 극복하지 못한 채 그 효과성과 적실성 문제가 끊임없이 제기되어왔다. 전략적 필요성이나 이해관계에 따라 군사행동이나 인도적 개입 여부를 결정하는 선별적·일방주의적인 미국의 유엔 외교, 러시아의 크림반도 강제 합병 및 시리아 사태 등에서의 거부권 남발, 안보리 결의안을 무시한 북한의 지속적인 물리적 도발과 핵실험, 시리아 정권의 민간인 학살 등, 독재자 및 강대국들의 전횡을 제어하는 데 유엔은 무기력한 한계를 노정했다. 특히 강대국인 상임이사국 5개국(P5)이 자신들의 이해관계나 힘의 역학에 따라 자의적으로 거부권을 행사한다는 비판을 받아왔다. 소위 '거부권 정치(vetocracy)' 아래 거부권이 있다는 자체가 P5에게는 특권이요, 여타 많은 국가들에게는 위협일 수 있다(Einsiedel et al., 2015). 그러므로 P5가 지구촌 이슈들을 좌지우지할 수 있는 안보리 구조와 운영방식은 유엔의 정당성과 대표성을 훼손한다는 지적을 받아왔고, 이와 관련하여 안보리 개혁 문제는 지난 수십 년간 유엔의 숙원과제가 되고 있다. 이와 같은 유엔의 딜레마는 최근 10년간 더욱 복잡한 불확실성과 도전을 맞게 되었다. 2008년 세계 금융위기 이후 초강대국 미국의 상대적 힘의 우위가 줄어들면서 미중 패권경쟁이 치열해지는 세력 전이(power shift)의 시대가 도래했다는 시각 속에 우크라이나 사태로 가시화된 미러 갈등이 신냉전을 촉발할 경우, 현실주의적 힘의 정치가 팽배한 가운데 유엔의 안보역할은 또다시 뒷전으로 밀려날 것이라는 우려가 커지고 있다.

그동안 유엔, 특히 안보리 내에서의 강대국 정치에 대한 학술적·정책적 논의들이 적지 않았다. 많은 학자들은 오늘날 안보리의 실상은 1945년 당시 힘의 배분을 답습하고 있으며, 유엔 헌장이 지향하는 국제 사회의 법치가 제대로 이행되지 못하고 있다고 비판한다(Twibanire, 2016; Hurd, 2014). 안보리 개혁이 번번이 무산되어온 이유도 강대국들을 둘러싼 복잡한 역학관계 때문이라고 지적한다(Einsiedel et al., 2015; Kagan, 2014; Gowan et al., 2014). 이런 기존 연구들은 냉전기와 탈냉전기를 거치며 급변하는 세계 안보상황 속에서 유엔의 역할이 어떻게 변화해왔는지, 그리고 유엔은 여전히 적실성(relevance)을 갖고 있는지에 대한 논쟁을 중심으로 진행되어왔다(Jolly et al., 2009). 이런 연구들은 중국의 부상으로 인한 G2 시대에 미국과 중국이 다자주의 틀에서 경쟁하는 경우가 증대하고 있는 국제정세의 변화와 지속성을 가늠하는 데 한계를 노정한다. 특히 강대국들이 안보리에서 지향하는 다자적 접근이 다자주의를 지향하지 않는다는 기존 연구들의 비판은 특정 사례들에 대한 강대국들(특히 탈냉전기 미국)의 정책이나 대응방법에 대한 사례연구들이 주를 이루고 있기 때문이다. 안보리에서의 강대국의 정치적 역학관계를 역사적·종합적으로 검토함으로써 냉전 종식 이후에도 계속되고 있는 현실주의적 힘의 정치 속에서 유엔의 안보역할을 평가할 필요가 있다.

이러한 맥락 아래 이 글은 우선, 다자주의와 다자안보협력의 이론 틀 속에서 유엔의 다자주의적 안보 아이디어와 역할은 어떻게 발전해왔고 어떠한 한계와 의의를 지니는지 고찰할 것이다. 다음으로 안보리 내 강대국들의 정치적 역학관계 및 그 변화양상을 살펴보고자 한다. 보다 구체적으로, 안보리 결의안 채택 및 부결 건수의 증감을 종속변수로 상정하고, 냉전기 미소의 편 가르기식 이념 대립과 탈냉전기 이념요소의 약화 및 강대국들의 상대적 힘의 분포 변화 등에 따라 결의안 채택 여부가 어떻게 결정되어왔는지 조사할 것이다. 이를 토대로 이 글은 역사적으로 안보리 내에서 소극적인 입장을 견지해온 중국 투표행태의 변화양상을 파악하고, 다방면에서 더욱 가시화되고 있는 미중 경쟁관계가 안보리 결의안 채택 건수의 감소와 어떤 상관관계가 있는지 살펴볼 것이다. 안보리 결의안 채택 및 부결 건수의 증감 분석을 통해 유엔에서의 강대국 경쟁을 설명하는 것이 자칫 특정 대상이나 자료에 대한 선택적 측정이라는 표본선택편견(selection bias)을 가져올 수 있다는 점을 고려하여, 결의안 수를 중심으로 한 유엔 내 강대국 간 경쟁의 배경 및 중국의 거부권 행사 사례들의 원인을 분석할 것이다. 이를 통해 점점 가시화되고 있는 미중 갈등이 다자 무대에서는 어떠한 양상을 띨 것인지 가늠하고 안보리 내 미-중-러 안보 경쟁의 향방이 가져올 향후 전략적 함의를 고찰하고자 한다.

2. 유엔 다자주의적 '안보역할'의 한계와 의의

1) 다자주의와 다자안보협력의 이론과 실제

1990년대 들어 학문적 고찰이 본격화된 다자주의는 3개국 이상이 초국가적 외교문제를 조정 또는 해결하기 위해 특정한 원칙, 규범 및 보편적 기준을 만들어가며 자신들의 국가정책 및 상호관계를 조정해가는 관행이나 방식을 일컫는다(Keohane, 1990). 존 러기(John Ruggie)에 따르면, 다자주의 및 다자외교를 추진해나가는 데 있어 특정 집단의 이해관계나 전략적 필요성과 무관하게 모든 참여국들이 동의할 수 있는 '일반화된 행위원칙과 비차별', 참여국끼리 비용과 책임을 분담하고 이익을 공유하는 '가치의 불가분성', 궁극적으로 공동 이익을 추구하는 '포괄적 호혜성'이 중요하다(Ruggie, 1993). 제임스 카포라소(James Caporaso)는 러기의 주장에 동의하면서 다자주의의 주요 특징으로 '일반화된 비차별성 행동원칙'을 강조한다(Caporaso, 1992). 다시 말해, 다자주의는 국가 간 조정과 협력을 이루어가는 제도화 과정, 즉 일종의 제도형식이라 할 수 있으며, 일단 국제 제도가 구축되면 참가국은 제도의 혜택을 받는 동시에 제도가 부여하는 국제 규범이나 규칙을 준수해야 할 의무도 갖게 된다. 이는 주권 및 국익과 관련된 문제에서도 일정 정도의 타협과 양보를 할 수 있어야 함을 의미한다.

다자주의 제도에서 중요한 것은 얼마나 많은 국가가 참여했느냐보다는 참여국들 간에 어떠한 협력관계가 이루어지고 있는가이다. 예를 들어 다자안보의 경우, 유엔이 지향하는 집단안보가 특정 국가(침략국)를 응징하기 위한 목적을 갖는다면, 다자안보협력의 틀 속에서는 잠재적 위협국들도 포용하여 상호 협력을 통해 안보를 확보한다는 데 더 의의가 있다(Snyder, 2012). 여기서 다자안보협력이란 전통적인 자국이익 중심의 안보논리를 벗어나 특정 안보문제에 대해 공동의 이해관계와 목표를 지향하는 국가들이 상호 협력하고 의견을 조율해나가는 방식을 일컫는데, 탈냉전기 공동안보론, 협력안보론 등의 대체 안보개념이 가시화되면 서 주목받기 시작했다. 따라서 다자안보협력은 군사, 정치, 경제, 문화, 사회, 환경 등을 아우르는 다양한 영역에서 갈등과 분쟁의 소지를 사전에 예방하고, 국제적·지역적으로 안보와 평화 증진을 위한 노력을 공유하고 협력의 제도화를 추진하는 과정이다(Keohane, 1990).

대체로 다자외교나 다자안보협력은 강대국보다는 상대적 약소국 혹은 중견국(middle power)들이 선호하는 방식이다. 왜냐하면 다자 외교정책을 통해 강대국과의 양자적 관계에서 선택이나 협력을 강요당하는 상황을 줄일 수 있고, 이해관계가 맞는 또래 국가들과 연대협력을 통해 자국의 외교력과 국제적 위상을 제고할 수 있다고 판단하기 때문이다. 예를 들어 유엔 안보리 개혁과 관련하여 한국, 파키스탄, 이탈리아, 스페인, 캐나다, 멕시코, 아르헨티나 등 대부분 중견국으로 지칭되는 국가들로 구성된 '합의를 위한 단결(UfC)'은 안보리 상임이사국 확대를 도모하는 독일, 일본, 인도, 브라질 등 소위 G4에 반대하는 모임이다(UNM, 2005).

한편 다자보다는 양자적 방식을 선호하는 강대국들의 경우도 다자적 방식에 적극적인 관심을 보인다. 왜냐하면 국가 간 상호의존성과 초국가적 안보위협이 증대하고 있는 국제관계에서 자신들이 추구하는 정책들에 대한 정당성과 지지를 확보하고 책임과 부담은 공유하기 위해 다수의 국가들이 참여하는 국제기구나 다자 협력체가 효과적인 장이 될 수 있기 때문이다. 조지 부시(George W. Bush) 미국 대통령의 일방주의 외교 대신 다자외교를 강조한 버락 오바마(Barack Obama)의 외교안보 전략은 트럼프 행정부가 들어서면서 다시 양자 및 동맹 우선의 전형적인 강대국 외교 양상을 띠고 있다. 하지만 아무리 초강대국이라 할지라도 무력이나 경제력을 앞세워 다자외교의 장을 무시하는 것은 더 이상 효과적이지도, 가능하지도 않은 선택으로 보인다. 대표적인 예로, 2017년 12월 예루살렘을 이스라엘 수도로 인정한 도널드 트럼프(Donald Trump) 대통령의 결정을 무효화하는 결의안이 유엔 총회에서 압도적 다수로 채택되자 이에 반발한 미국 행정부가 원조 주요 수혜국들을 대상으로 원조를 끊겠다는 엄포를 놓았다. 하지만 이러한 미국의 공개위협 외교는 별다른 효과를 얻지 못했을 뿐 아니라 일부 회원국들의 자존심을 건드리고, '예루살렘 선언' 무효에 공동 입장을 취한 국가연합들을 더욱 결속시킴으로써 유엔 내에서 미국의 고립을 자초한 격이 되었다(BBC News, 2017.12.22).

그럼에도 불구하고 다자외교나 국제기구 외교가 다자주의의 목표를 실현하는가에 대해서는 논란의 여지가 많다. 유엔 회의뿐 아니라 연례 지역다자회의에 참석한 국가원수들은 많은 경우 특정 국가와의 양자회담을 더 중시하는 경향을 보인다. 또한 유엔을 비롯한 다자 협력체의 의사결정 과정에서 강대국들은 자신들의 정치적 목적이나 전략적 선호에 따라 약소국들을 '강대국 거수기'

로 만들고 있다는 비판을 종종 받는다(Monbiot, 2004). 결국 다자외교도 개별 주권국가들의 '국익 최우선'이라는 현실적 판단에서 벗어날 수 없기 때문에, 러기나 카포라소가 강조한 다자외교의 불가분성과 포괄적 호혜성을 견지하기 위한 국가들의 단기적 이익 희생과 양보를 얻어낸다는 것은 대단히 힘든 일이다. 유엔에서 군사안보 이슈뿐 아니라 인권, 인도적 위기, 환경문제와 같은 비전통적 안보이슈에 대한 국가 간 협조나 조정이 어려운 점도 이러한 다자안보 협력의 한계를 단적으로 보여주는 예이다.

2) 유엔의 다자 안보역할

유엔은 국가 간 갈등과 전쟁을 법치적 질서로 대체한다는 점에서 제1차 세계대전 이후 전쟁 재발을 막기 위해 설립된 국제연맹(League of Nations)을 계승했다. 하지만 제2차 세계대전을 막지 못한 국제연맹의 실패를 경험 삼아 집단안보 체제를 강화했다. 집단안보 체제란 체제 내 한 회원국에 대한 침략을 다른 모든 회원국들에 대한 공격으로 간주하여 공동으로 침략국에 대해 무력 사용을 포함한 강력한 응징을 한다는 국제 사회의 원칙을 통해 잠재적 침략국의 전쟁 야욕을 사전에 분쇄하여 전쟁을 예방하는 것을 목적으로 한다. 하지만 안보리의 승인 연후에야 발동할 수 있는 집단안보는 유엔 창설 이후 70여 년이 지난 지금까지 1950년 한국전쟁과 1991년 걸프전에만 적용되었을 뿐이다. 이는 안보리 내 거부권을 쥐고 있는 상임이사국의 힘겨루기 경쟁 속에서 유엔의 안보역할이 크게 위축되어 있음을 대변한다.

특히 강대국들은 전략적이나 지정학적 활용가치 혹은 자원효용성이 큰 국가나 지역에서 발생하는 분쟁에 대해서는 지나칠 만큼 적극적으로 개입하는 반면, 그렇지 못한 분쟁지역에는 심각한 인도적 위기 상황이 발생하더라도 지극히 무책임하고 소극적인 태도를 견지해왔다. 이러한 강대국의 일관성 없는 입장은 탈냉전기에도 지속되고 있는데, 소련 붕괴 이후 유일 초강대국으로 군림한 미국의 선별적인 인도주의적 개입이 국제 사회로부터 비난을 받아왔다. 취임 초부터 유엔 역할을 폄하하고 유엔 분담금 축소를 강하게 내세운 트럼프 대통령은 예루살렘 선언에 반대하는 유엔 총회의 결의안 채택 직후 2018~2019년 유엔 예산을 2억 8500만 달러 삭감하는 조치를 취했고, 유엔 평화유지활동(PKO)에 대한 분담금도 줄이겠다고 발표했다. 미국이 회원국들 중 압도적으로 많은 분담금을 제공해왔는데 유엔 재원이 자신들의 의사에 반하는 영역에서 비효율적으로 사용되고 있다는 이유에서이다. 미국의 이러한 결정은 유엔에 치명적일 수밖에 없는데, 미국의 유엔 재원 분담률은 2위에서 4위를 차지하는 중국, 일본 및 독일이 내는 비용 전체를 합친 액수 이상의 규모이기 때문이다(The Guardian, 2017.12.26).

이렇듯 독립적인 예산이나 재정능력이 미흡하고 집행력에서도 한계를 띤 유엔은 회원국들 간 협상이나 합의 과정에서 군사력과 경제력 같은 하드파워를 앞세운 강대국 게임에 이리저리 휘둘린다는 비판을 받아왔다. 이로 인해 보편적 원칙과 규범을 토대로 국제 협력을 촉진하고 전 지구적 공공재나 초국가적 난제에 대한 대안을 제시한다는 대의에도 불구하고 유엔 자체의 정당성이나 기능적 실효성이 약화되었다는 지적도 많다.

사실 유엔은 태생부터 강대국 힘의 역학관계에서 모호성을 띤 다자외교의 장이 될 수밖에 없었다. 플랭클린 루스벨트(Franklin D. Roosevelt) 미국 대통령은 국제연맹의 선례를 들어 의회의 용인을 얻기 위해서는 승전국들에게 거부권을 부여해야 한다고 요구했고, 이에 따라 소련, 영국, 프랑스, 중국도 거부권을 쥐게 되어 안보리 P5가 탄생했다(Schlesinger, 2004). 그러므로 다자주의를 토대로 한 의사결정과 국가 간 협치를 목적으로 설립된 유엔은 실질적으로는 처음부터 국가 간 힘의 불평등 관계를 국제법적으로 용인한 조직이라는 회의적 평가를 받기도 하는 것이다.

냉전기 유엔의 안보 논의에서 핵심은 강대국 간 군비경쟁과 같은 전통적 군사안보 위협이었기 때문에, 유엔은 다자주의 역할을 하기보다는 군사력과 정치적 영향력을 가진 소수의 회원국들에게 권력이 집중된 일종의 과두제(oligarchy) 성격으로 운영되었다. 당시 강대국 간 핵위협이나 또 다른 세계대전을 방지하기 위해서는 강대국 중심의 유엔 외교가 국제문제를 해결하는 데 효율적이라는 명분을 얻을 수 있어 강대국들의 영향력을 유지·확대할 수 있었다(Amstrong et al., 1990).

냉전이 종식되고 외교 방식과 행위자가 다양해졌고, 51개국으로 시작한 유엔 회원국 수가 193개국으로 크게 증가하면서 유엔의 운영방식과 거버넌스 문제를 지적하는 목소리가 높아졌다. 유엔의 의제들도 전통적 군사안보에서 다양한 비전통적 안보문제들로 확대되었을 뿐 아니라 국가 간 상호의존성이 높아지고 비국가적 행위자들에 의한 외교도 중요해지면서, 소수의 힘 있는 국가들이 주도하는 유엔 외교는 점점 더 적실성과 효과성을 잃게 된 것이다. 그럼에도 불구하고 강대국들은 유엔의 '홀로서기'나 역할 강화에 불만을 표명하거나 제동을 걸어왔다. 대표적인 예로, 제6대 사무총장 부트로스 부트로스 갈리(Boutros Boutros Ghali, 재임 1992~1996년)는 15개 안보리 이사국 중 14개국의 지지에도 불구하고 상임이사국 미국의 거부권 행사로 1996년 연임에 실패했다. 미국 대선에서 재임을 추진하던 클린턴 진영은 소말리아와 보스니아 등 분쟁지역에 유엔 평화유지군 파견, 유엔 개혁추진 문제 등으로 미국과 각을 세운 부트로스 갈리를 교체하지 않으면 분담 체납금을 지불하지 않겠다고 했고(Boutros-Ghali, 1999), 결국 가나 출신의 코피 아난(Kofi Annan, 재임 1997~2006년)이 1997년 1월 제7대 사무총장에 취임했다.

하지만 이러한 비판과 한계가 세계 평화와 안보에 대한 유엔의 진화하는 아이디어와 안보역할 자체를 부정할 수는 없다. 1950년대 제2대 사무총장 다그 함마르셸드(Dag Hammarskjold, 재임 1953~1961년)에 의해 도입되었던 예방외교는 냉전기에 발생하는 국지전이 초강대국들이나 지역강국들이 개입하는 전면전으로 확대되지 않도록 사전에 억지하는 데 주안점을 두었다(UNSC, 2011). 이후 1990년대 초 부트로스 갈리 총장은 예방외교 개념을 탈냉전기 유엔 PKO의 주요한 유형으로 분류하여 국가 간 분쟁뿐 아니라 내전발발 위기의 상황을 미연에 방지하거나 발발 시 효과적으로 빠른 시간 내에 대처하여 부정적인 결과를 최소화하는 취지로 발전시켰다(Boutros-Ghali, 1992).

1970년대 미소 대치상황에서도 유엔의 아이디어는 핵 감축·비확산 등의 군사안보이슈에 더하여 개발문제로도 이어졌다. 더욱이 1973년과 1979년 중동발 오일쇼크로 전 세계가 에너지 위기에 빠지게 되자 경제문제를 안보적 시각으로 보기 시작했다. 한편 유엔개발계획(UNDP)은 1990년부터 매년 인간개발지수(HDI)를 만들어 빈곤 및 질병 퇴치, 여성문제, 인간복지 등을 아우르는 삶의 질 지표로 활용하면서 인간 중심의 경제성장을 강조해왔다. 또한 1972년 지구 환경문제를 전담할 유엔환경계획(UNEP)을 설립함으로써 환경안보에 대한 인식도 확산시켰다.

국가 간 전쟁 방지를 최우선 과제로 내걸고 설립된 유엔이 탈냉전기 들어 봉착한 가장 심각한 문제 중 하나가 국가 내에서의 폭력분쟁 급증과 인도적 위기 상황이다. 미소 간 이념 대립이 와해되면서 다민족 국가들 내 다양한 인종과 종교 문제, 역사적 반목, 사회갈등이 분출했고, 그룹 정체성이나 공동체의식으로 인한 갈등이 무력 분규로까지 비화되었기 때문이다. 이러한 내전은 우크라이나, 아프가니스탄 등에서 살펴볼 수 있듯이 강대국들의 전략적·정치적 판단에 따라 국제화 양상을 띠는 경우도 적지 않다(Gurr, 2000).

1948년 예루살렘 정전감시단(UNTSO)을 필두로 시작된 유엔 PKO는 분쟁 당사국들의 요청과 동의에 따라 파견되어 중립성을 견지하며 정전 감시와 치안 유지 및 질서 회복을 위해 유엔 주도로 평화적 분쟁해결 활동을 수행하는 것이다. PKO는 평화적 해결을 강조하지만 구속력이 미흡한 유엔 헌장 제6장과 비군사적·군사적 조치를 포함한 분쟁의 강제적 해결을 허용하는 제7장의 중간 정도에 해당하는 임무로 알려져 있다. 2018년 2월 기준, 총 71개의 PKO 임무가 수행되었고, 이 중 57개(80.3%)가 1988년 이후 진행되었다. 냉전기 평화협정이나 휴전 감시 및 질서 유지가 주 임무였던 PKO는 탈냉전기 급증하는 내전과 인도적 위기 상황 등에 대처하기 위해 그 임무가 확대되었다. 현재 120여 개국 회원국들이 파견한 11만 명 이상의 평화유지군, 군 옵서버 등이 총 15개 지역에서 활동 중이다(UNPKO, 2017). 이에 더하여 유엔은 많은 분쟁이 새로 나타나기보다는 평화정착 과정에서 재발되는 경우가 많다는 점을 인식하고, 분쟁 예방을 위한 전후 평화구축의 중요성을 강조하여 2005년 유엔 평화구축위원회(PBC)와 평화구축기금(PBF)을 설립했다(PBC, 2017). 이러한 유엔 활동은 1992년 부트로스 갈리 총장이 강조한 대로 예방외교, 평화 조성, 평화 유지, 평화 구축, 평화 강제(peace enforcement)의 임무를 포괄적·유기적으로 연계하여 분쟁 예방과 평화 정착, 인도적 지원과 장기적 구호 개발을 이루어야 한다는 유엔의 아이디어에서 비롯된 것이라 할 수 있다.

한편 강대국 중심의 선별적인 인도적 개입에 대한 비판이 일면서 1999년 말 아난 총장은 보다 많은 국가들이 공감할 수 있는 정당하고 효과적인 인도적 개입을 촉구했다. 이에 따라 2001년 캐나다가 주도하는 '개입과 국가주권에 관한 국제위원회(ICISS)'는 해당 국가가 자국 국민들을 폭력과 전쟁, 국가실패, 기근, 자연재해 등으로부터 보호할 능력이나 의사가 없거나 인권 유린을 자행하는 경우 국제 사회가 '보호책임(R2P: Responsibility to Protect)'을 짊어져야 한다고 주장하는 보고서를 출간했다(ICISS, 2001). 유엔은 국가들 간 개입 논란 가능성을 줄여 민간인 보호를 위한 실질적 적용 가능성을 제고하려는 취지에서 4대 범죄(대량학살, 전쟁범죄, 인종청소, 반인도적 범죄)에 국한한 협의의 R2P 개념을 총회에서 만장일치로 채택했다. 하지만 이 협의의 개념 역시 회원국들 간 상이한 입장과 정치적 판단으로 인해 2011년 안보리 결의안에 따라 리비아에서 처음 적용된 것이 유일한 사례였다. 이와 같이 주권 대 인권이라는 틀에서 주권국가에 대한 국제 사회의 무력 개입을 어느 정도 용인할 수 있느냐 하는 문제는 지속적인 유엔의 도전과제이지만, 유엔의 R2P 아이디어는 인권을 보호하기 위해 주권이 일정 정도 제약될 수 있다는 국제 사회의 공감대를 불러일으켰다(Lee, 2013).

요약하면, 글로벌 거버넌스와 다자외교 및 법치와 제도적 협력을 추구하는 유엔이 존재하지 않았다면, 지구촌 도처의 분쟁과 인도적 위기 상황은 강대국의 정치역학과 국가 이기주의로 인해 더욱더 폭력적이고 불안한 혼돈상태에 빠졌을 것이다(이신화, 2015). 2017년 제9대 유엔 사무총장으로 취임한 안토니우 구테헤스(Antonio Guterres)는 분쟁 예방과 민간인 보호 등을 통한 '지속적 평화'를 유엔의 핵심 과제로 내세웠다(UNNC 2017). 지구촌 분쟁재발 방지와 지속적 평화의 성공 여부는 현실주의적 권력정치에서 벗어나지 못하는 P5를 비롯한 유엔 회원국들이 유엔을 매체로 글로벌 이슈에 대응할 법적·규범적 토대를 만들 수 있는 정치적 의지와 역량을 보일 수 있는지에 달려 있다.

3. 유엔 안보리 정치와 미중 다자 안보외교 경쟁

1) 안보리의 정치적 역학관계의 추이

안보리는 유엔 헌장 제5장 24조에 따라 세계 평화와 안전 유지에 '일차적 책임'을 지는 유엔의 가장 핵심적인 집행기관이다. 제2차 세계대전의 승전국들인 미국, 영국, 프랑스, 러시아(구소련), 중국(1971년까지는 대만) 등 5개 상임이사국과 지역별 안배를 고려하여 선출된 2년 임기의 10개 비상임이사국으로 이루어진다. 처음에 비상임이사국 수는 6석이었는데, 1960년대 초 신생 독립국들의 유엔 가입이 증가하면서 지리적 대표성에 대한 논란이 생기면서 1965년 4석을 추가로 늘렸다(UNNC, 2016). 15개 이사국은 정기적 회동을 통해 특정 회원국 정부의 정당성 여부, 국가 간 전쟁, 내전, 자연재해, 군축, 테러리즘과 같은 이슈들을 논의하고 결의안을 도출하는 것을 목적으로 한다. 유엔 헌장 제5장 25조에 근거해 회원국들은 안보리 결정을 준수해야 할 의무가 있는데, 이러한 구속력은 세계대전 재발을 막지 못한 국제연맹의 구조적 한계를 보완하기 위해 부과된 것이다. 특히 평화에 대한 위협, 평화의 파괴 및 침략 행위에 대한 조치를 다룬 제7장 중 41조 무역 제재, 비행금지구역 설정, 자산 동결 및 외교관계 단절과 42조 군사적 행동 조치라는 강력한 강제조치를 할 수 있다. 즉 지구촌 평화에 대한 위협이나 침략행위에 대해서는 경제 제재뿐 아니라 필요시 군사행동까지 결정할 수 있다는 권한을 가지고 있어 안보리는 힘이 있는 것이고 그 역할이 중요한 것이다. 특히 독점적으로 거부권을 가진 P5의 위상은 막강하다. 이들은 제2차 세계대전 승전국이기도 하지만 핵 보유를 '공식적'으로 인정받은 국가들이기도 하다.

안보리 결정사항은 총 15개국 중 9개국 이상이 찬성을 해야 하고 P5 중 한 국가라도 반대하면 부결된다. 비상임이사국들이 행사할 수 있는 '여섯 번째의 거부권'이란 이들 10개국 모두가 결의안 통과 저지를 위해 투표권을 행사할 경우 모든 상임이사국이 찬성한다 해도 결의안이 부결될 수 있는 상황을 의미하는데, 그 가능성은 극히 희박하다. 요약하면, 안보리는 P5 간 힘겨루기 장이 되어왔고, 안보리의 권한과 상징성으로 인해 회원국들은 거부권 없는 비상임이사국 지위라도 획득하고자 치열한 외교경쟁을 벌여왔다.

전 유엔특별고문관인 컬럼비아 대학교의 에드워드 럭(Edward Luck) 교수는 1946년 활동을 시작한 안보리가 오랫동안 진화해왔고, 분쟁현장을 직접 방문하거나 대테러위원회와 같은 산하 기구와의 상호작용을 하는 열린 기구라고 주장한다. 또한 럭 교수는 안보리의 승인을 통해서만 무력 개입이 가능하다는 점 자체가 무력 사용의 정당성에 대한 국제 사회의 규범과 보편적 인식이 확산되었음을 반증한다고 강조 한다. 사실 국제분쟁 종식과 평화 유지를 위한 안보리의 역할은 많은 경우 무력 행사를 허용하기보다는 경제 재재, 여행 금지, 외교적 제한과 같은 비무력적 수단을 우선시해왔다(Fasulo, 2009). 제8대 반기문 사무총장(재임 2007~2016년)은 "안보리 제재는 처벌보다는 설득을 위해 사용될 때 가장 효과적"이라고 강조하면서 안보리 제재가 처벌을 위한 행위라는 비판을 무마하고자 노력했다(Lang, 2008: 99). 하지만 국제 정세가 바뀌고 국가들의 위상 및 기여 등이 확대되고 다양화되면서 안보리 개혁에 대한 논쟁도 끊임없이 이어지고 있다. 2016년 11월 북대서양조약기구(NATO) 정상회의 폐막연설에서 레제프 타이이프 에르도안(Recep Tayyip Erdogan) 터키 대통령이 P5 중 한 나라가 주요 현안에 관해 전 세계를 구속하는 결정을 내리는 것에 대한 부당함을 역설하면서 안보리 개혁의 필요성과 시급성에 또다시 국제 사회의 이목이 집중되고 있다(Sputnik, 2016.6.3). 안보리가 설립 이후 많은 논쟁거리가 되어온 이유는 무엇보다 헌장 제1장에 명기된 무력 사용이나 무력을 통한 위협 금지(2조 4항) 및 주권국가 내부 문제에 불간섭해야 한다는(7조 1항) 원칙이 강대국들에 의해 번번이 위반되었기 때문이다. 분쟁의 평화적 해결을 최우선시하는 헌장 제6장에 기초하여 중재임무, 국제사법재판소 제소, 사절단 파견과 같은 여러 외교적 노력을 촉구하고 있으나 강대국들은 자국민 보호나 무역분쟁과 같은 이유를 들어 다른 나라들에 대한 군사 개입을 감행하기 일쑤였다(김종일, 2006). 군사 개입의 근거와 타당성 및 개입의 주체에 대한 논란과 비판이 끊이지 않는 이유는 안보리의 위협 대응에 관한 결정의 비일관성 때문이다. 안보리를 본질상 정치적이라 하는 이유도 탈냉전기 분쟁상황에 대한 안보리의 무력개입 승인과정에서 볼 수 있듯이, 일관적인 기준 없이 사안에 따라 그때그때 정치적 판단에 휘둘려 매우 다른 접근과 대응이 이루어졌기 때문이다.

안보리의 존재와 역할은 유엔 자체의 존립에 가장 중요한 동력이며, 많은 회원국들이 비상임이사국의 자격으로 안보리 결의 과정에 참여할 것을 희망해왔다. 안보리에서 막대한 영향력을 행사하고 있는 미국, 러시아 및 중국은 물론이거니와, 국제적 위상이 상대적으로 약화되고 있는 영국과 프랑스도 P5 지위를 계속 유지하기 위해 안보리에 최고 정예의 외교관들을 투입하고 의제 선점 등에 있어 적극적인 노력을 기울여왔다(Deudney et al., 2011). 안보리의 대표성이나 효과성에 대해 오랫동안 비판적 입장을 견지해온 브라질, 인도, 독일, 일본 등의 경우도 안보리 개혁을 통해 상임이사국이 되고자 적극적으로 외교적·정치적 노력을 펼쳐왔다. 또한 유엔 회원국 대다수는 분쟁지역이나 인도적 위기 상황에 대한 국제 사회의 새로운 개입을 결정하는 데 있어 안보리가 핵심적인 역할을 해야 한다는 데는 여전히 의견을 같이하고 있다(임갑수·문덕호, 2013). 왜냐하면 여러 가지 한계와 논란에도 불구하고 안보리의 결정은 국제법적 근거와 개입의 정당성을 부여함으로서 강대국들이 독단적으로 세계 경찰관을 자임하는 식의 행동을 일정 정도 제어할 수 있는 유일한 장이라는 인식이 공유되고 있기 때문이다.

한편 2000년대 이후 안보리 역할에서 주요한 특징은 국가 간 안보위협 이슈뿐 아니라 개인이나 특정 인종집단, 사회적·종교적 그룹 차원에서 발생하는 문제들을 다루어야 하는 상황이 점점 늘어나고 있다는 점이다. 특히 테러리즘, 기후변화, 에너지 안보와 같은 비전통 안보 이슈들도 안보리에서 상당한 비중을 차지하는 논의거리가 되었다. 안보리가 전통적인 국가 간 안보영역에 더하여 이러한 새로운 안보영역에 대한 역할 규정 및 증대를 도모한다면, 21세기 복잡하고 불확실한 세계 안보환경 속에서도 중추적 다자기관으로서의 역할을 이어갈 것이라고 보는 시각도 많다(Nasu, 2011).

2) 안보리 결의안을 통해 본 강대국 경쟁

안보리 의사결정은 15개 이사국들의 찬성표와 반대표 및 기권표에 의거하여 결의안 채택과 부결로 구분된다. 표결 시 기권 의사를 표명하거나 회의에 불참할 경우는 기권으로 처리된다. 상정된 안건과 관련하여 이사국이 당사국이거나 이해관계를 가진 경우는 기권하는 것이 의무사항이다. 기권은 안보리 최종 의사결정에 묵인하는 것으로 간주하여 결의안 채택 시 부결로 보지 않는다. 안보리 이사국들은 특정 사안에 대한 불만이나 항의의 표현으로 표결에 불참하기도 하고, 명시적인 찬반의사를 표명함으로써 국제 사회의 비난을 받거나, 자국과 이해관계가 얽힌 국가들과 외교적 마찰을 빚지 않기 위해 기권을 선택하기도 한다. 1950 년 6월 27일 안보리에서 한국전쟁에 유엔군 파견을 결의(결의안 83호)할 때 기권했던 소련은 당시 유엔이 중화인민공화국(중공)을 인정하지 않는 것에 반발하여 '빈자리(empty chair)' 정책을 고수하여 안보리의 표결회의에 불참하거나 투표를 하지 않고 기권한 적이 많았다. 소련이 한국전쟁의 명운을 가를 수 있을 만큼 중요한 투표에 불참했던 이유들로 여러 가지 설이 분분하지만, 만약 소련이 당시 거부권을 행사했다면 유엔군 파견이 불가능했을 것이고 미군이 독자적인 군사행동을 하는 등 전쟁 과정과 결과는 달라졌을 것이다. 탈냉전기 이후 대표적인 기권사례로는 2011년 3월 리비아 내전에 R2P를 적용하여 유엔의 군사적 개입을 승인(결의안 1973호)할 때 러시아와 중국이 기권한 것을 들 수 있다. 당시 양국은 유엔이 리비아 비행금지 구역을 설정하는 것에 대해 반대 입장을 견지해 왔었는데, 카다피 정권에 의해 인명 살상이 자행되자 국제 여론이 급격히 나빠져 반대하기 어려운 상황이 되었다(박홍순, 2012; 조동준, 2011).

유엔 창설 이후 2017년 12월까지 총 2397건의 안보리 결의안이 채택되고 총 202건의 거부권이 행사되었다(Dag Hammarskjöld Library, 2018; UNSC, 2018).

그림 11-1 5년 단위별 채택된 안보리 결의안 횟수

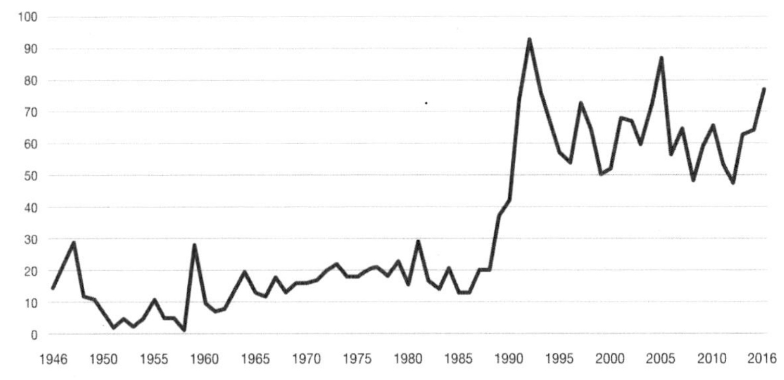

주: 안보리 채택된 결의안 건수는 UN Security Council(2018.1)을 토대로 필자가 집계함.

그림 11-2 5년 단위별 안보리 결의안 거부권 횟수

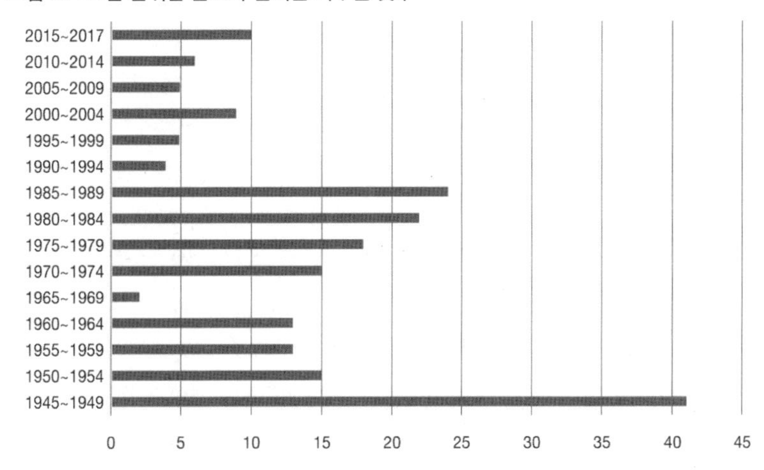

주: 안보리 부결된 결의안 건수는 Dag Hammarskjöld Library(2018.1)을 토대로 필자가 집계함.

그림 11-1에서 5년 단위로 가결된 안보리 결의안 수를 통해 알 수 있듯이 탈냉전기 직후 결의안 건수는 큰 폭으로 늘어났고, 그 이후 부침현상을 보인다. 냉전기 안보리 결의안 건수를 살펴보면, 유엔 창설 이후 첫 5년간 78건이었고, 1950년대 154건, 1960년대 143건, 1970년대 186건, 1980년대 185건이 각각 채택되었다. 이후 탈냉전기 시기에는 결의안 채택 횟수가 크게 늘어나 1990년대에는 638건, 2000년대 623건, 그리고 2010년대 들어 2017년 12월 기준으로 490건을 기록했다(UNSC, 2018).

그림 11-2에 나타난 냉전기 거부권의 경우는 절반 이상이 소련에 의해 이루어진 것이었다. 특히 1960년대 중반까지 상정된 안보리 결의안은 신생 독립국가들의 유엔 가입과 관련된 의제들이 많았는데, 소련은 이에 반대 의사를 표명하기 일쑤였다. 서방 세계의 지원을 받아 독립한 신생 국가들의 가입으로 유엔이 비대해지는 것을 원치 않았던 소련은 미국 주도의 다자주의 체제를 견제하기 위해 계속하여 거부권을 남발한 것이었다. 1970년대 들어 미소 양국은 서로 상대국이 발의한 의제나 자국과 자국의 우방에게 불리할 것 같은 의제에 대해서는 반대 의사를 표명했지만, 소련의 일방적인 거부권 행사는 줄어들었다. 이는 소련이 유엔에 협조적인 자세를 취하게 된 것이라는 의견을 낳기도 했지만, 실상은 소련의 거부권 행사가 명백한 의제에 대해 미국이 결의안 상정 자체를 자제했기 때문이다(Okhovat, 2011). 이후 1980년대 소련은 경제적·정치적 문제에 봉착한 국내 상황을 관리하기 위해 외교적 마찰을 줄이기 시작했고, 1985년 미하일 고르바초프(Mikhail Gorbachev) 서기장이 집권하면서 군축협상이나 여타 국제관계에서 서방에 대해 유화적 태도를 보이기 시작했다.

한편 미국은 1946년 안보리 결의안이 처음 상정된 이래 1970년 3월 남로데지아 상황에 관한 결의안을 거부하기 전까지는 단 한 차례의 거부권도 행사하지 않았다. 유엔 자체가 미국 주도의 서방 국가에 의해 만들어졌고, 안보리에 상정되는 안건들은 전후 다자주의적 자유주의 국제질서를 실질적으로 이끌던 미국 스스로나 서방 국가들에 의해 발의되었기 때문이다. 하지만 1970년대 베트남이나 중동 문제 등과 관련한 안보리 결의안에 대해 미국 단독 혹은 미국, 영국 및 프랑스의 집단적 거부권 행사가 눈에 띄게 증가했다. 이때부터 미국의 이익에 부합되지 않는 안건들이 안보리에 상정되기 시작했다는 반증이기도 하다. 표 11-1에서 볼 수 있듯이 냉전기(1946~1989년) 전체로 보면 소련의 거부권(90건)이 많았다. 하지만 1970~1989년 동안 소련의 거부권은 10건이었고, 미국의 거부권은 53건이었다. 미국이 냉전기에 행사한 거부권은 모두 1970~

표 11-1 안보리 내 미국과 소련(러시아) 거부권 행사 추이

	1946~1949	1950~1959	1960~1969	1970~1979	1980~1989	1990~1999	2000~2009	2010~2017	합계
미국	0	0	0	21	42	5	10	2	80
소련(러시아)	41	25	14	8	2	2	4	14	110

주: Dag Hammarskjöld Library(2018.1)를 토대로 필자가 집계함.

1989년에 이루어진 것이었다. 이는 미국이 의견을 달리하는 팔레스타인과 이스라엘 분쟁을 비롯한 중동 문제가 안보리 의제로 빈번히 상정되었고, 남아프리카공화국과 남미와 관련한 의제들도 미국의 거부권 대상이었기 때문이다.

소련 와해로 러시아가 상임이사국 자리를 계승하고 P5 사이의 갈등이 줄어들면서 1970년대 33건과 1980년대 46건을 기록했던 거부권 횟수가 1990년대 9건으로 감소했다. 이후 2000년대 14건, 그리고 2010년대 들어 2017년 12월까지 16건을 기록하고 있다. 특히 주목할 것은 지난 10년간 시리아, 리비아, 우크라이나 등을 둘러싼 강대국 간 이견이 가시화되었고, 2011년 이후 시리아 사태와 관련해서는 러시아와 중국이 연대를 맺어 지속적인 거부권을 던지며 미국과 각을 세우는 경향이 뚜렷해졌다(Dag Hammarskjöld Library, 2018). 2017년 12월 18일 트럼프 대통령의 예루살렘 수도 선언 철회를 요구하는 안보리 결의안 표결에서 이사국 14개국이 찬성했지만 미국이 거부권을 던져 부결되었다. 이는 2011년 이후 미국이 처음 거부권을 행사한 것이었다. 이 결의안이 안보리에서 부결되자, 앞서 언급한 바와 같이 미국의 공개협박에도 불구하고 총회에서 128개국의 압도적인 찬성으로 결의안이 채택되었다(The New York Times, 2017.12.21). 1970년대 이래 강대국들 간 경쟁뿐 아니라 서구와 중동(비서구) 간 간극의 주요 원인이 되어온 이스라엘-팔레스타인 문제가 예루살렘 선언과 맞물려 중동 내 반미감정과 분쟁의 소지를 확대시킬 뿐 아니라 안보리에서 지속적인 분쟁거리가 될 것으로 보인다. 여기에 미국이 경제력을 포함한 물리력을 내세워 다른 국가들에게 영향력을 행사하려고 한다면, 안보리의 정치역학은 보다 복잡하고 불확실해질 전망이다.

3) 안보리 내 중국 영향력 확대와 강대국 경쟁 추이

유엔 설립 당시 P5로서의 중국은 중화민국(대만)이었다. 1949년 국공내전으로 중국 공산군이 승리한 후 국제 무대에서 대만과 중공은 서로 자신이 중국의 합법정부임을 주장했지만, 소련을 제외한 P5는 중공을 국가로 인정하지 않고 대만과만 국교를 맺고 있었다. 하지만 냉전기에 소련을 견제하기 위해 중공이 필요했던 리처드 닉슨(Richard Nixon) 미국 대통령은 1972년 역사적인 베이징 방문을 통해 우호관계를 맺었다. 이 준비과정 중이던 1971년 10월 제26차 유엔 총회에서 중공을 중국을 대표로 인정하고 대만을 축출하는 결의안 제

2758호가 통과되면서 중공이 안보리 상임이사국이 되었다(Winkler, 2012). 이로 인해 대만은 유엔 관련 국제기구들에서 밀려나게 되었고, 그 이후 유엔 재가입과 관련 국제기구 참여를 꾸준히 시도했으나 '하나의 중국' 원칙을 주장하는 중국의 반대로 뜻을 이루지 못하고 있는 실정이다.

중국의 경우, 소련/러시아와는 달리 명시적인 거부권 행사에 소극적인 태도를 견지하며 기권을 하는 경우가 많았다. 대만이 P5의 중국 자리를 차지하고 있을 때는 미국과 외교적 입장을 같이하여 1955년 단 한 차례만 거부권을 행사했는데, 그 경우도 대만이 중공의 일부라고 여겼던 몽골의 유엔 가입안에 반대한 것이었다. 하지만 몽골을 받아들이지 않으면 향후 모든 신생 독립국에 대한 유엔 가입을 반대하겠다는 소련의 협박에 밀려 대만은 1961년 몽골 가입에 대한 거부권을 철회했다.

중공(이하 중국)이 상임이사국의 자리를 차지한 이후 10개월 만인 1972년 9월 방글라데시의 유엔 가입을 반대하며 첫 거부권을 행사했다. 방글라데시는 1971년 파키스탄으로부터 유혈분쟁을 통해 독립했으나, 파키스탄을 지지하는 중국이 반대 의견을 낸 것이었다. 하지만 유일한 거부권 행사 국가로 남는 것에 부담을 느낀 중국은 2년 뒤 방글라데시의 가입을 거부하지 않았다. 표 11-2에서 살펴볼 수 있듯이, 그 이후 1997년 과테말라에 대한 유엔군 옵서버 파견안을 반대하기까지 냉전기와 탈냉전기에 거친 25년간 단 한 번도 거부권을 행사하지 않았다(Winfield, 1999). 중국이 1997년 과테말라 안과 1999년 마케도니아 평화유지군(전쟁예방군) 주둔 연장안을 반대한 이유는 이 두 국가가 대만을

표 11-2 중국의 거부권행사 일지

일시	결의안 번호	의제	거부권 국가
1972년 8월 25일	S/10771	방글라데시의 유엔 가입	중국
1997년 1월 10일	S/1997/18	과테말라 평화유지군 파견	중국
1999년 2월 25일	S/1999/201	마케도니아 평화유지군 파견	중국
2007년 1월 12일	S/2007/14	미얀마 민주정권 이양 관련	중국, 러시아
2008년 7월 11일	S/2008/447	짐바브웨 정정 불안, 인도적 사태 관련	중국, 러시아
2011년 10월 4일	S/2011/612	시리아 내전과 인도적 사태 관련	중국, 러시아
2012년 2월 4일	S/2012/77	시리아 내전과 인도적 사태 관련	중국, 러시아
2012년 7월 19일	S/2012/538	시리아 내전과 인도적 사태 관련	중국, 러시아
2014년 5월 22일	S/2014/348	시리아 내전과 인도적 사태 관련	중국, 러시아
2016년 12월 5일	S/2016/1026	시리아 내전과 인도적 사태 관련	중국, 러시아
2017년 2월 28일	S/2017/172	시리아 내전과 인도적 사태 관련	중국, 러시아

주: Dag Hammarskjöld Library(2018.1)에 표기된 결의안 내용을 필자가 분석함.

지지하여 중국의 유엔 가입 당시 반대 목소리를 냈기 때문이다(UNSC, 1999).

중국의 안보리 정치는 '기권(abstention)' 전략이라고 불릴 만큼 유엔 무대에서 글로벌 이슈에 자발적이고 독자적인 목소리를 내는 데 소극적인 입장을 견지했다. 이는 안보리의 구조적 체제와 전통적인 절차나 관행과 무관하지 않은데, 안보리 결의안의 초안 발의는 설립 초기부터 대부분 미국, 프랑스, 영국 중 한 국가의 주도로 이루어졌다. 안보리에서 결의안 통과를 위한 투표를 진행하기 전에 이 세 국가는 별도의 모임을 통해 초안에 대한 합의를 이루고 러시아(소련)와 중국의 동의를 구하는 노력을 기울여왔다. 주권에 대한 불개입 원칙을 강조하는 중국은 다자외교에 대해 부정적 혹은 소극적 태도로 일관했다. 특히 유엔을 비롯한 국제기구나 지역기구가 영토 갈등, 내정 간섭, 군사안보와 같은 민감한 의제를 다룰 경우 더욱 부정적인 입장을 보여왔다. 따라서 중국은 유엔에서 결의안 발의를 한 적이 없을 뿐 아니라 채택과 관련해서도 소극적인 태도를 견지해왔다. 이는 미국과 서방 국가들이 중국을 구속하고 압력을 넣는 수단으로 유엔을 비롯한 다자기구를 악용하고 있다는 의구심에서 기인한 것으로 보인다. 냉전기 중국은 '반패권주의'를 내세우면서도 안보리 내 미소 강대국 사이에서 균형자 역할을 하기보다는 갈등과 분쟁의 핵심에서 벗어나 조용한 자세(low profile)를 취하고자 했다(Liu, 2014). 이에 더해 중국의 관망적 입장은 미국이나 소련에 비해 국제 사회에 적극적으로 나설 만큼의 '연륜'이 부족했기 때문인 것으로 보인다.

그러나 중국은 국제 영향력을 점점 확대해나가고 있고, 그 과정에서 '도광양회(韜光養晦, 빛을 감추고 은밀하게 힘을 기른다)'로 불리는 소극적이고 주변부적인 위상에서 탈피하여 '유소작위(有所作爲, 때가되면 적극적으로 할 일을 한다)'의 기치 아래 국제질서에 적극적으로 참여하고 이를 새롭게 구축하는 '책임 있는 대국'을 지향하기 시작했다. 1971년 유엔 입성 이후 1980년대 초까지는 상대적으로 수동적이었으나 1980년대 말 이래에는 유엔의 모든 주요 기구에 가입하고 여타 정부 간 조직의 참여도 확대했다. 특히 제4세대 지도부가 등장하면서 2005년 후진타오(胡錦濤) 주석은 조화로운 세계(화해세계, 和諧世界) 건설을 외교전략으로 내세워 국가 간 상호이익과 다자주의에 기반을 둔 공동 협력을 강조했다. 2003년 후진타오는 호주 의회에서 세계 안보이슈 해결을 위해 유엔에 전적인 지지를 보내야 한다고 촉구했고(Deng et al., 2005), 2005년에는 모든 회원국이 평등하게 참여할 수 있는 유엔 개혁의 필요성을 역설했다(PM China,

2005). 당시 중국의 외교장관인 리자오싱(李肇星)은 세계의 희망은 강한 유엔에 달려 있다고 강조했다(Deng et al., 2005). 중국이 이처럼 유엔에 대해 긍정적으로 발언한 목적은 중국의 군사 대국화와 패권 추구에 대한 국제 사회의 우려를 불식시키는 것, 그리고 미국 주도의 일방적 단극체제를 비판하는 것이었다.

국제 사회에서 적극적인 중국의 태도는 2012년 시진핑(習近平) 주석이 취임하면서 더욱 분명해졌다. 인권, 내정 불간섭, 남중국해 연안 분쟁, 공해에서 자유항행 문제와 같은 여러 가지 의제에서 미국과의 갈등양상이 짙어지고 있는 가운데 2017년 10월 제19차 중국 공산당 전국대표대회(당대회)에서도 신형 국제관계 구축 의지를 밝히고 미국을 상대하는 데 자신감을 보였다. 인류공동운명체 구축을 위한 주도적 역할을 강조하면서도 자국 이익에 위배되는 외교와 안보 및 분쟁 이슈에 대해서는 한 치의 양보도 있을 수 없음을 내비친 당대회는 향후 유엔에서 중국의 공세적 태도를 가늠하게 하게 한다.

1971년 이래 36년간 안보리에서 단 2건의 거부권만 행사했던 중국은 2007년 이후 러시아와 행보를 같이하여 8번의 거부권 행사를 통해 존재감을 드러내기 시작했다. 우선 2007년 미얀마 및 2008년 짐바브웨와 관련한 결의안에 대해 러시아와 연대하여 반대했다. 미얀마 민주화 이슈와 관련한 중국의 거부권 행사는 다음 비판의 표적이 자신들이 될 수 있다는 판단에 따른 것으로 보인다. 또한 짐바브웨 제재 결의안에 대한 반대는 중국이 이 국가와 상당한 경제적 이해관계를 가지고 있는 것과 더불어 아프리카 개도국들과의 연대성을 강조하려는 정치적 판단에서 비롯된 것이라 사려된다. 그 이후 2011~2017년 사이 시리아와 관련한 결의안에 대하여 내정 간섭의 이유를 들어 러시아와 보조를 맞춰 공동으로 6번의 거부권을 사용했다(표 11-2 참조).

전반적으로 볼 때, 지난 10년간 결의안 채택 수가 감소한 것은 중국의 부상이 직접적인 원인이었다기보다는 P5 자리를 여전히 강대국으로서의 주요 발판으로 삼고자 하는 러시아의 정치적 판단이 더 크게 작용한 것이었다. 이렇듯 중국은 안보리에서 여전히 러시아와 연대하여 거부권을 행사함으로써 자신의 뜻을 밝히는 경향을 보이고 있다. 중국은 적어도 당분간은 글로벌 이슈와 관련해 단독으로 초강대국 미국을 견제하기보다는 러시아와 공조하여 자국의 입장을 관철시켜나갈 것으로 보인다. 이는 국력이 신장하고 국제적 자신감이 커졌음에도 안보리와 같은 정치적으로 민감한 제도적 틀 속에서 자국의 이익에 부합하는 전략적 선택을 하는 데 경험과 확신이 아직까지 부족하기 때문인 것으로 추측할 수 있다.

그러나 지난 몇 년 간 이루어진 6번의 거부권이 모두 시리아 사태와 관련되어 있다는 점은 중국의 국내적 요소를 고려한 전략적 선택이라고도 할 수 있다. '비인도적 행위'라는 국제 사회의 강력한 비난에도 불구하고 중국은 시리아 제재 결의안에 대해 2011년 10월과 2012년 2월, 7월에 각각 거부권을 행사했다. 안보리 논의 과정을 문제 삼는 전혀 설득력 없는 이유를 내세웠지만, 중국이 거부권을 던진 진짜 이유는 당시 아랍 지역에 불어닥친 '재스민 혁명'의 여파가 중국 본토로까지 확산되는 것을 우려했기 때문이라는 시각이 크다. 더욱이 러시아와 마찬가지로 시리아에 대한 경제적 이해관계도 중국에게 큰 요소로 작용했는데, 2010년 당시 중국은 시리아의 세 번째로 큰 수입국이었고, 에너지 관련 투자 및 무기 판매 등도 활발히 이루어지고 있었다(Wong, 2012).

이후 중동의 민주화 열풍이 잦아든 2014년, 2016년, 2017년에도 중국이 시리아 제재안에 대해 거부권을 행사하여 시리아 정부를 옹호한 이유는 타국의 국내 이슈에 비간섭·불개입한다는 중국의 오랜 외교정책 기조 때문이라고 볼 수도 있지만, 보다 설득력 있는 것은 시리아에 대한 서구의 개입을 막음으로써 중동에서 자국의 전략적 이해관계를 확대하려는 의도라는 시각이다. 현재 시리아의 아사드 정권은 이란과 가까운 동맹관계이기 때문에 이 정권을 유지함으로써 시리아에 친서방 정권이 들어오는 것을 막고 중동에서 중국의 영향력을 유지할 수 있다고 판단한 것으로 보인다(Lederer, 2017). 또한 중국 서부 신장지역의 회교도 일부가 시리아 반군조직에 가담했다는 데 대해 시진핑 정부가 깊은 우려를 표명하고 있다는 분석도 있다. 혹자는 시리아 내전이 지속될 경우 미국의 관심과 재원이 분산됨으로써 오바마 대통령 시절 '아시아 재균형 정책'으로 인한 중국의 전략적 스트레스가 경감될 수 있다고 판단했기 때문이라고 주장하기도 한다(Sun, 2014). 이러한 여러 가지 전략적 고려 속에서 중국은 현 시리아 정권을 보호해야 할 정치적·경제적 이유가 큰 러시아에 '편승'하여 거부권 행사를 계속해온 것으로 판단된다. 2018년 2월 24일 러시아와 중국을 포함한 안보리는 시리아 내전의 30일간 휴전을 요구하는 결의안을 만장일치로 채택했다. 2011년 이래 총 11번의 거부권을 행사하며 시리아 정부를 비호해온 러시아는 반군의 휴전 준수 보장이 없다는 이유로 결의안 표결에 유보적인 입장을 보였으나, 현지에서 시리아 정부군의 무차별 폭격으로 사상자가 급증하고 중국을 비롯한 비서구 국가들도 찬성 입장을 보이자 찬성표를 던진 것이다(UNNC, 2018). 하지만 이 휴전 결의안의 이행은 계속적인 시리아군의 공세로 실패로 돌아갔을 뿐 아니라 러시아는 이 안을 무시하고 러시아군에게 민간인 사망자가 속출하는 지역에 대한 '5일간 매일 5시간 휴전'을 명령했는데, 이 역시 제대로 이행되지 못했다. 시리아 정부군의 최대 후원국인 러시아의 이 같은 행동은 국제 사회의 비난을 피하려는 미봉책이라는 비판을 받고 있다(The Arab Weekly, 2018.3.16). 이런 상황에서 중국이 계속 러시아에 동조할 것인지 여부는 시리아 내전의 향방에 중요한 변수로서 작용할 것으로 보인다.

군사안보와 경제력 성장을 통한 중국의 국가적 자신감이 안보리에서의 국제적 위상과 영향력을 제고하려는 시진핑의 대외 정책과 맞물린 상태에서 남중국해 분쟁처럼 미국과 이견이 심한 특정 결의안이 상정된다면, 중국도 독자적인 거부권 행사를 통해 강력하게 자신의 의사를 표출할 확률이 높다. 이 경우 강력한 이념적 결집력에 따라 다양한 국내외적 분쟁요소가 통제되어 있던 냉전기와는 달리 다양한 분쟁양상이 난립해 있는 가운데 강대국의 신냉전구도마저 더해져 향후 안보리는 더욱 분열되고 불안정해질 듯하다.

4. 결론

지구촌 최대 다자주의의 장인 유엔에서 냉전기 미소 강대국 대결은 안보리에서의 거부권 남발로 이어져 유엔의 안보역할을 거의 마비시켰다. 소련 붕괴 후 내부적으로 심각한 정치, 경제, 사회 혼란에 시달리게 된 러시아는 국제 사회의 지원을 모색할 수밖에 없게 되었고, 안보리 내 미국 및 다른 상임이사국들과도 협조적 관계를 추진하면서 거부권 행사를 자제하는 입장을 보였고 결의안 채택률이 급증했다. 또한 내전과 인도적 위기 상황 등에 대처할 PKO나 인도적 개입과 같은 유엔의 안보역할에 대한 국제 사회의 기대감이 커진 것도 결의안 채택이 늘어난 중요한 이유 중 하나이다. 이에 더해 탈냉전기 안보 범주가 군사적·비군사적 안보이슈들을 아우르는 포괄적 안보 성격을 띠게 되면서 안보리 의결 안건 수가 늘어났고 이에 따른 결의안 채택 건수도 늘어났다.

하지만 최근 몇 년 간 안보리에서의 결의안 채택은 다시 감소하는 추세이다. 이러한 추이는 중국의 부상보다는 오히려 러시아가 거부권 행사를 주도하며 자신의 영향력을 지속적으로 발휘하고 있기 때문인 것으로 확인되었다. 국제 무대에서 중국의 역량과 위상은 커졌지만, 안보리에서 중국은 여전히 러시아와 공조를 통해 우회적으로 자국의 입장을 밝히는 정책을 펴고 있다. 하지만 중국의 영향력이 점점 커지고 러시아도 계속하여 미국과의 대결구도를 강화할 경우, 안보리에서의 강대국 정치는 다시 거부권 남발양상을 가져올 수 있다. 안보리 내 중국과 러시아의 '투표동맹'이 실용적 협조일지, 고도의 전략일지, 그리고 얼마나 지속적으로 이루어질지 여부는 그 추이를 지켜봐야 알겠지만, 반미감정이 고조되고 있는 중동이 중국과 러시아와 더 가까워지는 상황에서 안보리 내 신냉전구도가 유엔 내에서 나타난 것으로 해석될 수 있다.

결론적으로 강대국의 전략적 계산은 다자외교의 '국익 추구 수단화' 현상을 강화시키고 있고, 이러한 추세는 안보리 결의안 작성 및 표결 전 과정을 통해 국가들 간 편 가르기식 경쟁을 특징으로 하던 냉전시대 상황을 답습하는 결과를 초래하게 되었다. 결국 안보리에서의 표결행태는 오늘날에도 냉전기와 다를 바 없이 현실주의적 힘의 정치 틀에서 국제정치적 상황이나 특정 국가의 외교전략이 반영된 것일 수밖에 없어 보인다. 특히 미-중-러 신냉전시대 도래의 우려와 더불어 유엔의 안보역할에 대한 효과성 논란이 계속되는 이유를 대변한다. 그렇다 해도 강대국들이 어떻게 국익 추구와 안보리의 정당성 확보라는 두 마리 토끼를 잡을 수 있는가는 향후 세계 평화와 안보의 구심점으로서 유엔의 적실성을 가름하는 핵심적인 변수가 될 것이다. 이를 위해 점점 치열해지는 미중 경쟁시대에 강대국들이 상호 갈등과 견제 속에서도 '안보리 건너뛰기'보다는 그 속에서 자국의 이익을 도모함으로써 명분을 확보하고, 다른 국가들과의 위험 분산이나 비용 분담을 통해 국제 정세의 불확실성과 급변성이 가져올 국익 손실에 대처하는 실리를 동시에 챙기는 것이 바람직한 전략적 선택이다.

제12장

구민교 (서울대학교 행정대학원 교수)

미중 해양패권 경쟁

해군력인가, 해양법인가?

1. 서론

동아시아 해양질서가 요동치고 있다. 미중 간의 해양패권 경쟁이 신해양냉전 체제를 형성하고 있다는 우려의 목소리도 나오고 있다. 이 글은 세 가지 질문에 대한 답을 하고자 한다. 첫째, 왜 지금 미국과 중국은 동아시아의 해양을 둘러싸고 경쟁 중인가? 둘째, 미중 해양경쟁의 구체적 내용은 무엇인가? 셋째, 향후 미중 간 해양경쟁은 어떻게 전개될 것인가?

전후 동아시아의 해양질서는 비교적 안정적이었다. 역내 대부분의 국가가 해양을 접하고 있는 연안국가이지만 일부 국가 간의 도서영유권 및 해양경계 문제, 자원개발 문제를 둘러싼 국지적 갈등을 제외하면 태평양 전쟁 이후 대부분의 냉전기간에 동아시아 해역은 안정적인 평화를 유지했다. 한국전쟁과 베트남전, 중국-소련, 중국-베트남, 중국-인도 간의 국경분쟁 등 육상에서의 대규모 전쟁 및 갈등과 비교할 때 바다에서의 평화는 더욱 두드러진다.

냉전기와 탈냉전기에 걸쳐 동아시아의 해양질서는 무엇보다 미국의 패권에 의해 유지되었다. 미국은 막강한 해양 투사력을 바탕으로 구소련 극동함대를

---

* 이 글은 ≪국제지역연구≫ 제25권 3호(2016), 37~65쪽에 게재된 것을 해군력과 국제법의 관점에서 수정·보완한 것이다.

압도했고, 대부분의 역내 갈등을 국지적인 수준에서 봉쇄 또는 봉합해왔다. 그러나 그간 유지되었던 이 균형은 21세기 들어 크게 흔들리고 있다. 냉전 이후 시작된 미국의 상대적 쇠퇴와 그로 인한 힘의 공백을 중국이 공격적인 해양정책과 해군력 증강을 통해 급속히 메우고 있기 때문이다.[1] 미중 간 해양력 경쟁은 과거 냉전시기 태평양과 인도양의 제해권을 두고 미소 양 진영이 치렀던 전통적 해양 군비경쟁과는 다른 양상으로 전개되고 있다. 과거 미소 간 경쟁은 전략이나 해군력 측면에서 미국의 압도적인 우위 속에서 전개되었다. 그러나 미중 간 해양패권 경쟁은 질적으로나 양적으로 지금까지 유지되어온 미국의 해양패권을 위협하기에 충분하다.

과거 미소 간 경쟁이 '선(line)-면(plane)' 대 '점(point)'의 대결이었다면 미중 간 해양패권 경쟁은 '점'-'선'-'면' 전략의 동시다발적 경합과 충돌로 이해할 수 있다. 중국의 해양굴기(海洋堀起), 해양대국화 전략은 동중국해와 남중국해상의 유·무인 도서에 대한 영유권 강화라는 '점' 전략에서 출발하여 남해 9단선, 제1도련, 제2도련으로 대표되는 '선' 전략으로 진화해왔다. 미국의 해양패권에 대한 방어적 성격인 중국의 '반접근지역거부(A2/AD: Anti-Access Area Denial)' 전략은 추후 공격적인 '면' 전략으로 전개되리라 예상된다. 중국이 구상하는 유라시아의 대륙과 해양을 잇는 '일대일로(One Belt, One Road)' 또는 '21세기 해상 실크로드(21st-century Maritime Silk Road)' 전략도 그 연장선에 있다(구민교, 2016a, 2016b).

중국의 해양력 확대에 대한 미국의 대응도 점-선-면 전략 차원에서 이해할 수 있다. 중국의 부상에 따른 제7함대 해양 투사력의 상대적 약화를 보완하기 위해 미국은 '아시아 회귀(pivot to Asia)' 또는 '아시아 재균형(rebalancing to Asia)' 전략을 추진해왔다. 역내 주요 동맹국 및 우방국들과의 연합훈련 강화, 호주 다윈에 미국 해병대 주둔 결정(2011년), 오키나와 미군기지 재편, 괌 주둔 병력 증강, 그리고 필리핀 내 폐쇄된 미군기지 재사용 공식화(2016년)에 이르

1) 미국과 중국뿐만 아니라 동아시아 대부분의 국가가 군비경쟁, 특히 해군력 증강 경쟁에 뛰어들고 있다. 물론 이러한 군비경쟁이 모두 중국의 위협에 대비하기 위함은 아니다. 예를 들어 한국의 국방비 증가는 북한의 위협에 대한 대응이고 인도네시아의 국방비 증가는 전통적인 라이벌 국가인 호주를 견제하기 위함이다. 그럼에도 불구하고 일본과 베트남의 경우와 같이 중국 위협론이 직간접적인 군비 증강 노력으로 이어지는 것도 엄연한 사실이다. 현재 진행되고 있는 역내 해군력 경쟁이 향후 어떻게 진행될지 판단하기는 아직 이르지만 해양안보 환경의 불확실성이 커지고 있는 것만은 분명하다.

기까지 미국의 아시아 재균형 전략의 제1단계 노력은 새로운 거점 확보 및 기존 거점의 강화 노력으로 나타났다. 아울러 미국은 기존의 '공해전투(Air Sea Battle)' 개념[2]에서 한 걸음 더 나아가 2015년부터 육군전력을 포함하는 합동성 개념인 '공역 접근 및 기동을 위한 합동 개념(JAM-GC: Joint Concept for Access and Maneuver in the Global Commons)'으로 발전시켰다. 냉전 이후 약화된 미국 해양패권의 선 전략을 복구함과 동시에 면 전략으로 확대하겠다는 의지의 표현이다(구민교, 2016b: 39).

한편 폐쇄해 또는 반폐쇄해로 구성된 동아시아 대부분의 해역이 연안국의 영해 및 배타적 경제수역으로 편입됨에 따라 이 수역에서 타국의 군사적 활동 가능성 역시 논란의 대상이 되고 있다. 현행 유엔해양법협약은 영해와 배타적 경제수역 내에서 외국 선박이나 항공기의 무해통항권과 항행의 자유/상공비행의 자유를 각각 보장하고 있으나, 군사적 목적의 활동이 보장되는지에 대하여는 구체적인 언급을 피하고 있다. 미국은 타국의 영해와 배타적 경제수역 내에서의 미국 해군의 군사활동도 관습국제법 및 유엔해양법협약에 따라 보호되어야 할 '핵심 이익'으로 규정하고 있다. 이에 맞서 중국은 자국의 영해와 배타적 경제수역 내에서 사전허가 없이 외국 군함이 군사 훈련이나 작전을 수행하지 말 것과 군사시설을 배치하지 말도록 요구하고 있다. 바야흐로 미중 양국은 상대국 영해 내에서의 무해통항권, 배타적 경제수역 내에서의 항행의 자유권의 범위와 조건을 놓고 '법률전쟁(legal warfare, lawfare)'을 벌이고 있다. 최근 큰 이슈가 되었던 필리핀-중국 중재재판 사례도 이런 맥락에서 발생했다(김소연, 2017; 정인섭, 2016).

이와 같이 동아시아 해양안보 환경은 특히 미국과 중국의 해양력 및 규범 경쟁으로 인해 급변하고 있다. 군비경쟁은 '힘의 균형(balance of power)'을 이루게 하여 분쟁을 억제하기도 하지만 경쟁국들을 안보 딜레마에 빠뜨려 분쟁 가능성을 더욱 높이기도 한다. 현재 진행되고 있는 역내 규범경쟁이 향후 어떻게 진행될지 판단하기는 아직 이르다. 하지만 해양법 규범에 관한 마찰적이고 자국 중심적인 강대국들의 해석과 적용 관행이 지속될 때는 국제규범 전체

2) 공해전투는 장거리 작전이 가능한 해군과 공군 위주의 전력으로 적국의 위협을 무력화한다는 개념이다. 해군은 적의 공중 방어망과 위협을 공격·제압하여 공군의 항공 강습과 전방 전개기지 방어에 기여하고 공군은 적 이동 미사일 발사대 강습으로 해군의 기동의 자유를 보장하고 장거리 고성능 폭탄을 이용하여 해군의 강습-봉쇄 작전을 지원한다는 것이다.

에 관한 불확실성을 증가시킬 우려가 있다.

이 글은 미중 간에 전개되고 있는 해군력 및 해양전략 경쟁과 유엔해양법협약의 적용과 해석을 중심으로 벌어지고 있는 규범경쟁의 양상을 분석하고 한국에 대한 정책적 시사점을 도출하는 데 의의가 있다.

제2절은 2000년대 이전 동아시아 해양분쟁과 관련된 미중 관계의 변화를 소개하고 분석한다. 특히 1990년대 들어서며 완성된 중국의 해양법 정비가 향후 해양분쟁에서 군사적 개입의 근거를 확립했다는 의미에서 동아시아 국가들은 물론 미국과의 대립도 심화시키는 계기로 작용했다는 점을 강조한다.

제3절은 2000년대 이후 미중 간 해군력 경쟁양상을 분석한다. 이 시기 미중 양국은 안보 딜레마 상황에 직면한다. 중국은 자국의 해군력 확대가 방어적 목적만 갖고 있을 뿐이라며 미국의 공세적 압박에 강하게 반발해왔다. 중국의 적극적인 해양안보 정책에 대해 2000년대에 들어설 때까지만 해도 별다른 대책을 내놓지 못했던 미국은 이제 중국의 전략목표를 간파하고 동아시아 해양에서의 군사전략을 적극적으로 수정하고 있다. 그 핵심은 아시아 지역에서 미국의 재래식 전력 투사능력을 회복하는 것이다. 중국과 미국의 적극적인 해양정책이 방어적인 것인지 공격적인 것인지에 대해서는 논란의 여지가 있다. 그럼에도 불구하고 해양강국으로서 중국의 부상과 이에 대응하는 전통적 해양강국인 미국의 대립은 동아시아 해역에서의 세력균형은 물론 전 지구적인 힘의 균형에 막대한 영향을 끼칠 것이다.

제4절은 타국 영해에서의 무해통항권과 배타적 경제수역에서의 항행의 자유권의 범위와 조건을 둘러싸고 미국과 중국이 소리 없이 벌이고 있는 규범경쟁을 분석한다. 미국은 제2차 세계대전 이전과는 달리 현재 군함의 무해통항권 및 항행의 자유권을 강력히 주장하고 있다. 반면 중국은 사전허가를 요구하고 있다. 유엔해양법협약과 관습국제법이 이에 대한 명확한 규범적 근거를 제시하지 못함에 따라 같은 이슈를 놓고 앞으로도 계속 미중 간 갈등이 지속될 전망이다. 한편 남해 9단선 등을 둘러싼 필리핀과 중국의 중재재판 사안에 대한 2016년 7월 국제중재재판소의 본안 판정은 관할권 주장의 국제법적 근거, '도서'와 '암석'의 구분, 무분별한 어업행위, 해양환경 보호를 위한 연안국들의 의무 등과 관련된 해양법협약의 적용과 해석을 처음으로 명확히 했다는 점에서 큰 의의가 있다. 동시에 여전히 중국의 판정결과 이행을 담보할 수 있는 강제력이 부족하다는 점에서 큰 한계가 존재한다.

제5절은 결론 및 한국에 대한 정책적 시사점을 도출한다. 해군력 경쟁과 규범경쟁이 동시에 수행되고 있는 동아시아 해역의 안보환경은 당분간 매우 불투명한 상태로 남아 있을 전망이다. 최근 몇 년 간의 상황으로 미루어 볼 때 이익 극대화를 위한 해양안보 정책을 추진하고 있는 중국은 자력을 직간접적으로 시위함으로써 미국을 비롯한 동아시아 주변국들을 지속적으로 위협할 것이다. 미국과 그 동맹국들은 급속히 현실화되고 있는 중국 위협에 대비해 세력균형을 유지할 수 있는 조치, 즉 해군력 증강에 더욱 박차를 가할 것이다. 동시에 동아시아 해양안보 지형은 유엔해양법협약을 중심으로 하는 국제규범 영역에서의 치열한 논쟁과 줄다리기의 결과에 크게 좌우될 것이다. 이러한 미중 간 해양경쟁은 긍정적·부정적 측면을 모두 가질 것으로 보인다.

2. 2000년대 이전 동아시아 해양분쟁 관련 미중 관계의 변화[3)]

전후 동아시아 해양문제의 뿌리는 1951년 샌프란시스코 강화조약에서 파생된 샌프란시스코 체제에서 찾을 수 있다. 동아시아 지역에서 소련의 팽창 억제를 주된 목적으로 한 샌프란시스코 체제는 동아시아의 국제질서를 전승국 미국과 패전국 일본 간의 양자 동맹체제에 기초해 새롭게 재편했다. 이 체제에서 미국은 남중국해와 동중국해 등의 영유권 분쟁에 대해 공식적으로는 중립적 입장을 취해왔지만 사실상 이를 분쟁지역으로 간주해왔다. 역설적으로 미국은 줄곧 전후 동아시아 영토분쟁의 원인 제공자이자 간접 이해 당사자의 역할을 해왔다. 반면 중국은 1960년대 말까지 역내 해양 영유권 분쟁에서 수동적 당사자 입장을 취했다.

1968년 10월 유엔 아시아극동경제위원회(United Nations Economic Commission for Asia and the Far East) 산하 아시아연안합동광물탐사사조정위원회(Committee for Coordination of Joint Prospecting for Mineral Resources in Asian Offshore Areas)는 동중국해 주변 해역의 대륙붕에 풍부한 석유자원이 부존되어 있을 가능성에 대해 보고했다. 그 직후부터 대만, 일본, 중국은 물론 한국까지 자원개발 경쟁에 돌입함으로써 동중국해 해양분쟁은 복잡한 양상으로 전개되기 시작했다.

3) 이 절은 구민교(2015)를 주로 참조했다.

그 이전까지만 해도 연안에 국한되었던 중국의 해양 인식이 주변국들의 자원 개발 경쟁으로 인해 동중국해의 대륙붕으로 전면 확대되었다. 이러한 이해관계에 따라 중국은 당시 남미국가들이 주장하던 200해리 관할권을 적극적으로 지지하기도 했다.

1972년 오키나와 반환 직전만 하더라도 미국은 첨각열도/조어도에 대한 일본의 행정권한(administrative control)을 지지하는 입장이었다. 그러나 중국과의 관계 개선을 고려하여 입장을 중립적으로 바꿨다. 동 분쟁지역에서 미국의 개입은 "어느 당사자의 입장에 대해서도 편견을 보이지 않으며 모든 분쟁은 당사국들 스스로가 해결해야 할 문제("… in no way prejudice any underlying claims … The U.S. considers that any conflicting claims are a matter for resolution by the parties concerned")라고 한 것이다(Park, 1983; Hara, 2001: 376~380). 이 시기에는 전 세계에 퍼져 있는 화교들을 중심으로 '조어도 보호운동(釣魚島保護運動)'과 일본 극우보수 단체인 '세이란카이(晴風改, Blue Storm Group)'가 결성되는 등 전후 중화 민족주의와 일본의 극우 민족주의가 본격적으로 충돌하기 시작했다. 하지만 영유권과 자원 문제 못지않게 베트남전에 따른 미중 간 데탕트 형성 등 동아시아 국제 정세의 변동으로 인해 미중 양국은 물론 일본도 영토분쟁 문제를 표면화하고 싶어 하지 않았다. 1978년 중일 국교 정상화 때 "조어도/첨각열도 영유권 문제 해결을 후대의 지혜에 맡기자"는 중국 지도자 덩샤오핑(鄧小平)의 발언을 정점으로 해양 영토분쟁은 수면 아래로 잠복했다(손기섭, 2012: 276~279; Koo, 2009: 106~112).[4]

중국이 해양주권의 중요성을 인식하고 본격적인 노력을 기울이기 시작한 것은 1982년 제3차 유엔 해양법 회의에서 유엔해양법협약이 채택되면서부터이다. 1980년대는 동중국해와 남중국해의 도서에 대한 영유권은 물론이고 주변 해역의 자원 개발과 해상 교통로에 대한 이용과 통제능력을 강화하고, 더불어 해군 육성을 통한 해양권 장악이 강대국이 되기 위한 필수조건임을 인식하는 전환기였다. 이 시기는 중국이 연안 중심 국가에서 대양 중심 국가로의 인식과 전략 전환을 진행한 시기이기도 했다.

냉전체제의 완화 징후가 나타나기 시작한 1980년대 중반 중국 해군은 중요

4) 덩샤오핑은 "현세대가 방법을 모색하지 못하면 다음 세대가, 다음 세대가 방법을 모색하지 못하면 그 다음 세대가 방법을 모색하면 된다"는 소위 '차세대 해결론'을 제시했다.

한 전략적 변화를 꾀하기 시작한다. 해군의 전략적 목표가 소련의 극동함대나 미국의 제7함대에 의한 공격을 방어하는 소극적 의미의 '연해방어'에서 탈피하여 좀 더 적극적인 '근해방어' 전략으로 옮겨 가기 시작한 것이다. 중국 해군이 현대적 해양전략 개념을 수용하여 대양해군으로 발전할 수 있는 기틀을 마련한 인물은 류화칭(劉華淸) 제독이었다. 덩샤오핑의 전폭적인 지지와 신임을 받았던 그는 현대 중국 해군의 아버지로 추앙받았다. 그는 제1도련과 제2도련 개념을 바탕으로 단계별 해양전략 발전과 해군력 증강계획을 수립했다. 이는 지금까지도 중국 해군 전략의 근간이 되고 있다(박남태 외, 2015: 262).

그러나 이 시기에 여전히 중국은 자국의 경제적 부상과 국제 사회에서의 영향력 확대는 결코 패권주의적 팽창전략이 아니며, 자기 보호와 국제 사회의 공동 발전에 기여하겠다는 의지를 일관되게 표명하면서 미일과의 직접적인 충돌은 피하려 했다. 동아시아 해양분쟁의 전개과정에서 중국이 한편으로는 적극적인 점유경쟁에 가세하는 팽창전략을 취하면서, 다른 한편으로는 군사적 해결보다는 외교적 타협을 강조하는 다소 상충되는 주장을 편 데는 이와 같은 해양전략의 변화가 반영된 것으로 볼 수 있다(이문기, 2008: 48).

그러나 중국은 1992년 영해와 접속수역에 관한 법(Law on the Territorial Sea and the Contiguous Zone)을 선포한 이후 영토주권 문제에 관한 한 원칙적으로 비타협적인 태도를 보이기 시작했다. 동법은 영해의 폭을 측정하기 위하여 직선기선 원칙을 도입했으나, 구체적인 직선기선의 범위 및 내용은 1996년 「중화인민공화국의 영해기선」 선포를 통해서야 드러났다. 이러한 중국의 선언은 주변국들의 강한 반발을 불러왔다. 베트남은 서사군도와 하이난도(海南島)에 대한 중국의 직선기선 정책에 강하게 반발했으며, 서해와 동중국해의 연안국인 한국은 몇몇 구역에서 중국 측 직선기선의 정당성을 문제 삼았다. 잠재적으로 자국 어민들에게 부정적인 영향을 줄 수 있다는 우려 때문에 중국 정부는 1998년 6월까지 배타적 경제수역과 대륙붕에 관한 법률의 공포를 연기하기도 했다. 경계 획정에 관하여 동법은 "중화인민공화국과 해안을 인접하거나 마주한 국가들 간의 배타적 경제수역과 대륙붕에 대한 상반되는 주장은 국제법의 기초 위에서, 그리고 형평의 원칙에 따라 관련국들이 합의하여 해결한다"고 규정하고 있다(Kim, 2004: 184~188).

중국의 해양법 정비는 향후 해양분쟁에서 군사적 개입의 근거를 확립했다는 의미에서 동아시아 국가들은 물론 미국과의 대립도 심화시키는 계기로 작용했다. 1995년 미국 국무부는 "미국은 남중국해에서 국제법에 어긋나는 해양 관련 주장이나 해양활동에 대한 제한은 그 어떤 것도 심각한 우려를 갖고 바라볼 것"이라고 경고했다. 같은 해에 워런 크리스토퍼(Warren Christopher) 미국 국무장관은 필리핀을 방문한 자리에서 이 지역에서 항행의 자유를 지키는 것은 미국의 근본적 이익(fundamental interest)이라고 선언했다. 해양주권에 대한 중국의 인식 변화는 그동안 동아시아 지역 해양을 사실상 지배해오던 미국에게는 강한 위협으로 간주되었으며, 이른바 '중국 위협론'을 역내에 급속도로 확산시켰다. 남중국해의 여러 섬들은 중국에게는 영토적 주권의 대상이지만, 미국에게는 이 지역에서 항행의 자유를 확보하는 요충지들이다. 미국은 동아시아 지역에서 해양패권을 지키기 위해 항행의 자유를 확보하고 해상의 요충지들을 미국의 영향권 내에 묶어둘 필요가 있었다(이삼성, 2007: 14~15). 이 때문에 미국은 영유권 분쟁에 대해서는 여전히 중립적 입장을 취하면서도 1990년대 중반 이후 일본은 물론 동남아시아의 여러 국가들과 안보협력을 강화하기 시작했다.

물론 중국 입장에서 자신의 공세적인 해양정책은 소련이 패망한 이후 일본과 미국이 과거와 같은 전략적 협력관계를 유지하기보다는 오히려 중국을 장기적 위협세력으로 간주하면서 미일 동맹관계를 강화한 것에 대한 반작용의 성격도 있었다. 미국과 일본은 1991년 자위대의 유엔 평화유지군 파병법안을 통과시키고 미국과의 안보협력 강화조치를 취했다. 일본은 나아가 1996년에는 미국과의 안보협력을 강화하고 지역문제뿐만 아니라 지구적 이슈에 대해서도 적극적으로 대응한다는 내용의 '미일 안전보장 공동선언'을 발표하고, 1997년에는 새로운 '미일 방위협력을 위한 가이드라인'을 발표하여 한반도는 물론이고 대만까지 포함한 일본 주변의 비상사태에 대해 미일 군사안보 협력의 길을 열어놓았다. 유사시 미일 군사작전의 범위에 대만까지 포함되었다는 점은 중국이 대(對)서방 외교에서 가장 중요한 전제조건으로 간주했던 '하나의 중국 원칙(One China policy)'에 대한 위협이자, 대만 동북쪽에 위치한 첨각열도/조어도에서 긴장이 고조될 때 일본과 미국이 공동 보조를 취하겠다는 의미로서 중국으로서는 상당한 위협을 느낄 수밖에 없는 조치였다(이문기, 2008: 37~39).[5]

5) 이런 배경하에 1995~1996년 중국군이 대만 부근 해역에 미사일을 연달아 발사해 미국의 항모와 핵잠

3. 2000년대 이후 미중 간 해군력 경쟁

2000년대 들어서 중국은 도서 및 해양 분쟁에서 '주권은 중국에게 있다[主權在我]'는 점을 분명하게 강조하고 있다. 주변국에게 영토주권에 대한 양보나 타협은 없다는 메시지를 전달하고 있는 것이다. 특히 2010년 이후 동중국해와 남중국해는 물론 서해에서 중국이 보여준 공격적인 모습은 세계를 놀라게 했다. 1840년 아편전쟁 이후 1949년 중국 공산당이 중국 본토에 중화인민공화국을 수립하기 전까지 서구 열강 및 일본에 당했던 수모, 즉 '100년의 굴욕[百年國恥]'에 뿌리를 둔 중화 민족주의가 거침없이 분출되고 있다는 평가이다.

앞서 언급한 바와 같이 중국은 해양분쟁이 격화된 배후에 미국의 적극적인, 그리고 적대적인 개입이 있었다고 보고 있다.[6] 2000년대 들어 중국이 일련의 분쟁에서 강경한 정책을 취하는 배경에는 미국의 동아시아 귀환과 중국 포위 전략에 대한 거부감이 도사리고 있다. 특히 중국은 지난 2009년 오바마 행정부가 들어선 이후 기존의 불개입 정책에서 적극 개입으로 정책 전환이 이루어졌다고 판단하고 있다. 아울러 중국은 일본이 일련의 미중 간 갈등을 이용하여 중일 간 분쟁에 미국을 끌어들이려 하고 있으며, 미국 역시 이 분쟁을 계기로 동아시아에서의 미국 복귀를 촉진하고 중국의 부상을 견제하려는 의도가 있다고 보고 있다.[7]

수함이 출동하는 대만해협 위기가 발생했고, 1996년에 중일 양국은 또다시 분쟁도서를 놓고 충돌했다. 당시 중일 관계는 양국 정부가 극단적 대결을 피하려는 노력으로 더 이상 악화되지는 않았지만 양국의 유엔해양법협약 비준과 맞물리면서 영유권 분쟁뿐만 아니라 기선 및 경계획정 문제, 자원개발 문제 등이 더해져 더욱 복잡해졌고 양측의 민족감정은 계속 악화되었다(Koo, 2009: 116~127).

6) 2000년대 들어 부시 행정부의 동아시아 전략은 동아시아 전반에서 미국의 패권적 통제를 사활적인 이익으로 명시했다. 특히 2001년 9월에 발표된 '4개년 방위정책 검토(Quadrennial Defense Review)'에서는 "세계의 핵심 지역들에 대한 적대적인 세력의 지배 방지(precluding hostile domination of critical areas)"를 주요 전략목표로 명시했으며 '동아시아 연안국 지역(East Asian littoral areas)'을 새로운 '핵심 지역'에 포함시켰다. 이는 특히 남중국해 전반에 대한 미국의 해상패권 장악이 미국 동아시아 전략의 사활적 측면임을 공식적으로 선언한 것이다. 이러한 미국의 인식과 전략은 이후 미국의 국방전략 문건에서 재확인되어왔다. 2002년도 미국 국방장관의 대통령과 의회에 대한 '2002년 연례 국방보고서(Annual Defense Review 2002)'는 먼저 "아시아에서 안정된 균형을 유지하는 것"을 주요 과제로 적시한 후 "상당한 자원 토대를 가진 군사적 경쟁자가 이 지역에서 등장할 가능성이 있다"고 말하고 있다. 2005년 3월 미국 국무부 동아태 담당 차관보 대행 에반스 리비어(Evans Revere)가 미국이 필리핀 군부와 협력을 강화하고 다른 동남아시아 국가들에 대한 군사원조도 확대할 것이라는 방침을 밝힌 것도 그러한 맥락에서라고 볼 수 있다(이삼성, 2007: 15).

동아시아 해양안보 이슈가 전 세계적으로 주목받게 된 결정적인 계기는 2015년 여름부터 붉어진 중국 남중국해 도서의 인공섬 및 군사기지화 정책이었다. 중국은 2013년 말부터 2017년 현재까지 남중국해 내에서 실효적으로 지배 중인 8개 암초를 매립과 간척을 통해 인공섬으로 만들고 있다. 이 중에서 수비환초와 미스치프 환초 등은 간조 노출지이기 때문에 유엔해양법협약상 영해나 대륙붕 및 배타적 경제수역을 가질 수 없다. 그럼에도 불구하고 중국은 매립과 간척을 통해 인공섬을 건설 또는 확장해왔다. 미국이 우방국인 말레이시아, 인도네시아 등과 협력하여 전략적 요충지인 말라카 해협을 실질적으로 통제하고 있는 상황에서 남중국해 군사화는 중국의 제1도련선 확보 의지를 가장 극명하게 보여준다. 인공섬 조성 및 군사화가 계속될 경우 중국이 이 지역을 군사적으로 보다 수월하게 통제할 수 있기 때문이다. 이는 곧 남중국해에 대한 중국의 A2/AD 능력의 증대를 의미한다(구민교, 2016b: 49).[8]

이러한 중국의 행보가 우연의 일치가 아닌 것은 중국 리더십 내에서의 변화를 살펴보면 더욱 잘 알 수 있다. 전통적으로 대륙국가 정체성을 유지해왔던 중국의 해양굴기 정책은 시진핑 정부가 출범한 2012년부터 공식화되었다. 시진핑 정부는 중국의 해양권익을 확고히 수호하고 해양강국을 건설하자고 대

---

7) 예를 들어 중국 외교부의 강한 반발에도 불구하고 힐러리 클린턴(Hillary Clinton) 미국 국무부 장관은 중일 간 첨각열도/조어도 분쟁이 한창이던 2010년 9월 마에하라 세이지(前原誠司) 일본 외무상을 만난 자리에서 첨각열도가 미국의 방위의무가 규정된 「미일안보조약」 제5조의 대상이라며 일본 지지 입장을 천명했으며, 며칠 뒤에도 "우리는 일본 국민을 보호하는 의무를 중시하고 있다"며 지지 입장을 재확인했다. 한편 중국은 미국의 개입에 민감하고 강하게 반대할수록 오히려 미국이 개입할 수 있는 여지를 제공하게 되는 딜레마에 빠져 있다. 즉 중국이 미국의 개입을 막기 위해 강경하게 대응할수록 분쟁 상대국들인 일본, 베트남, 필리핀은 미국과 밀착하여 세력균형을 유지하려는 경향을 보여주고 있는 것이다(이동률, 2012: 19~21).

8) 군사안보적 고려뿐만 아니라 경제적 고려도 인공섬을 둘러싼 중국의 마찰적 해양정책에 영향을 미친 것으로 평가된다. 에너지와 원자재를 수송하는 해상 교통로를 확보하는 것이 정책의 우선순위가 되었기 때문이다. 특히 1993년 중국이 원유 순수입국이 되면서 에너지 문제는 남중국해와 동중국해 분쟁의 주요 원인이 되었다(Calder, 1996). 소요 원유를 확보하기 위한 중국의 전략은 세계 원유시장의 구조에 큰 변화를 가져왔다. 또한 중국의 원유 확보전략은 동아시아 국가들의 에너지 안보는 물론 경제적·국가적 안보문제와도 밀접하게 연계되어 있다(이은명, 2004). 중국은 2012년과 2013년 하루 평균 540만 배럴과 560만 배럴의 원유를 각각 수입했는데, 이는 대략 국내 소비의 절반에 해당되는 양이다. 미국 연방정부 산하의 에너지정보부(EIA)에 따르면 중국은 2020년과 2040년까지 자국 내 총 소비의 66%와 72%에 달하는 원유를 지속해서 수입할 것으로 예상된다. 원유 수입이 급증함에 따라 중국은 원유 수입선을 다변화하기 위해 노력하고 있으나, 여전히 원유의 대부분을 중동(2013년 현재 52%)과 아프리카 국가(2013년 현재 23%)들로부터 수입하고 있다(구민교, 2016c).

내적으로 역설해왔다. 시 주석의 '강한 중국'이라는 꿈이 해양에서 먼저 실현될 것이라는 전망도 우세해지고 있다. 이는 최근 중국의 국방백서에서도 잘 나타난다. 2015년 백서는 중국과 주변국 간 영유권 분쟁과 더불어 미국의 남중국해 개입 및 군사적 도전에 대응하기 위해 강력한 해군력을 건설할 것을 천명하고 있다. 인민해방군 해군에 대한 전략적 요구도 2013년 백서에는 근해방어만 명시했으나, 2015년 백서는 근해방어형에서 근해방어 및 원해호위의 결합형으로 변화를 요구하고 있다(구민교, 2016b: 57).

중국의 이러한 정책 변화는 단순한 선언에 그치는 것이 아니라 구체적인 집행으로 나타나고 있다. 중국은 소위 제1도련선 이내 행동의 자유 확보에서 가장 중요한 지역인 남중국해에 대한 통제력을 확보하고, 이후 제2도련선까지 군사력 투사 증진을 시도하고 있다. 미국의 군사안보 전문매체인 더 내셔널 인터레스트(TNI)에 따르면 중국 해군은 오는 2020년까지 추가 항모 4척을 포함해 루야 III급 이지스 구축함, 055형 순양함, 유자오급 대형 상륙함(LPD), 핵탄도미사일 발사 전략 잠수함(SSBN) 등 351척을 보유할 전망이다. 중국은 유사시 인도양과 남중국해를 경유하는 해상 교통로에 의존하고 있는 일본, 대만, 한국 등에도 영향력을 행사할 것이다. 영국의 국제전략문제연구소(IISS)는 2014년 세계 1, 2위인 미국과 중국의 국방예산 지출규모를 각각 5810억 달러와 1294억 달러로 집계했다. 미국의 국방비 규모 감축 추세 속에 중국이 앞으로도 연간 10% 이상 국방예산을 늘린다면 그 격차는 더욱 줄어들 것으로 예상된다(구민교, 2016b: 56).

이처럼 막대한 물량을 투자한 결과 2030년까지 중국은 다수의 항모 전투단을 보유할 것으로 예상된다. 2016년 1월에 발표된 미국의 전략 및 국제문제연구소(CSIS) 보고서에 따르면, 중국의 항모 전투단은 거의 항상 또는 가동기간의 절반 정도를 남중국해에서 운영할 것이기 때문에 주변국들에게 위하적[威嚇的] 효과를 가져올 뿐만 아니라 분쟁의 틀을 바꾸는 요소(game changer)가 될 것이다. 또한 동 보고서는 중국이 설령 분쟁 상대국의 일부 또는 모두와 협의하여 해양자원을 공유하더라도 사실상 남중국해는 오늘날 미국의 카리브 해나 멕시코 만과 같이 "중국의 호수"가 될 것이라고 예상한다. 머지않아 중국 해군은 남중국해 또는 제1도련선에서 잠수함을 제외한 미국 해군의 작전에 위협적인 능력을 보유하게 될 것이며 미국의 범지구적인 국방계획을 무력화할 수 있는 최첨단 전자전, 정보·감시·정찰(ISR: intelligence, surveillance, and reconnaissance) 및 정밀타격 능력을 포함한 주요 무기 수출국이 될 것이다(CSIS, 2016: 48~49). 2017년 현재 중국 해군의 전략목표는 제1단계인 연해방어와 제2단계인 근해방위를 넘어 제3단계인 '원해방어'로 확장되고 있다.

아울러 중국은 자국의 해상 교통로 보호 및 확보를 위해 동남아시아와 인도양의 주요 항구를 하나씩 꿰어 연결하는 차항출해(借港出海, 타국 항구를 빌려 해양 진출) 전략을 펼치고 있다. 시진핑 주석은 인도양 요충지인 몰디브와 스리랑카의 항구에 중국 자본과 기술을 투입하기 위해서 2014년 9월 중국 최고 지도자로는 42년 만에 처음으로 인도양의 섬나라 몰디브를 방문한 데 이어, 28년 만에 스리랑카를 찾았다. 시 주석은 2013년 10월 인도네시아에서 '21세기 새로운 해상 실크로드 건설'을 제안했다. 중국이 구상하는 대로 1조 3천억 달러가 모두 투자되어 육로와 해로를 연결하는 기반시설이 완성된다면 일대일로 프로젝트는 유라시아 대륙과 중동, 그리고 아프리카 대륙의 60개 이상 국가들과 44억 명의 인구를 연결하는 거대한 네트워크가 될 것이다. 2017년 5월 베이징에서 성황리에 개최된 일대일로 정상포럼(One Belt One Road Summit Forum)은 그 잠재력을 과시한 행사였다(예영준, 2017).

중국의 이와 같은 적극적인 해양정책이 방어적인 것인지 공격적인 것인지에 대해서는 논란의 여지가 있다. 그럼에도 불구하고 중국의 일대일로 또는 실크로드 구상은 중국이 지금 누리는 경제적 번영을 지속하기 위한 필연적인 수단임을 의미한다. 군사적 측면에서 중국이 추진 중인 A2/AD 전략도 그 속성상 방어적인 것이다. 그러나 대양해군을 지향하는 중국의 구상이 실현될 경우 해양을 장악한 중국이 여전히 선량한(benign) 패권국으로 남을지에 대해서는 의문이 커지고 있다. 해양강국으로서 중국의 부상은 동아시아 해역에서의 세력균형은 물론 전 지구적인 힘의 균형에 막대한 영향을 끼칠 것이다.

중국의 적극적인 해양안보 정책에 대해 미국은 2000년대에 들어설 때까지만 해도 별다른 대책을 내놓지 못했다. 남중국해 및 동중국해의 영유권 분쟁에 대해서도 미국은 당사자 해결 원칙이라는 원론적 입장만 되풀이했을 뿐 그 이상의 개입은 의식적으로 자제해왔다. 그러나 이제 미국은 중국의 전략목표를 간파하고 있다. 특히 미국 해군은 중국 해양력의 부상에 따라 군사전략을 적극적으로 수정하고 있다. 미국의 새로운 해양전략의 핵심은 2012년부터 본격적으로 시작된 유럽으로부터 아시아로의 해양력 재배치 노력이다(박남태 외, 2015: 255). 이는 2014년 11월 척 헤이글(Chuck Hagel) 미국 국방부 장관이 발표한 국방혁신구상(제3차 상쇄전략)에서도 잘 나타난다. 그 핵심은 아시아 지역에서 미국의 재래식 전력 투사능력을 회복하는 것이다. 미국은 이를 위해 혁신적 작전개념과 과학기술의 결합을 추구하고자 노력하고 있다.

아울러 2015년 1월 미국 국방부와 각 군은 2009년 이후 현재까지의 공해전투 개념 발전 및 새로운 작전의 요구사항을 반영하여 공해전투 개념을 JAM-GC로 대체하는 데 합의했다. 이는 해군과 공군 전력뿐만 아니라 지상군, 해병대 전력을 활용하고 상호 운용성을 제고시키기 위함이다. 기존 공해전투는 '접근(access)'에 치중한 반면 JAM-GC는 '기동(maneuver)' 개념이 추가된 것이 특징이다. 여기서 주목할 점은 점-선-면 전략의 궁극적인 지향점으로서 '공역' 개념이 포함되었다는 점이다. 공역이란 우주공간이나 사이버 공간, 공해, 심해저와 같이 특정 국가에 귀속되지 않고 세계 어느 국가든지 다른 국가의 방해를 받지 않고 사용-활용이 가능한 국제적·초국가적·범국가적 영역으로 이미 해양법협약을 포함한 유엔 차원에서 널리 활용되어온 개념이다.[9]

미국은 중국의 인공섬 매립을 포함한 배타적 해상 교통로 확보전략에 대한 경계와 반대를 분명히 하면서 군사적 차원에서 보다 적극적인 대응을 모색하고 있다. 미국은 동맹국들과의 군사협력 강화, 남중국해 인근 미국의 군사력 재배치, 남중국해상 중국의 A2/AD 전략을 극복하기 위한 새로운 군사전략 및 군사력 운용 개념 확립 등 국방태세를 강화하고 있다.[10]

2017년 1월 미국 우선(America First) 정책을 천명한 트럼프 행정부 출범과 더

---

9) 2015년 8월 미국 국방부가 발표한 '아시아 태평양 해양안보 전략'도 미국의 새로운 전략목표를 확인하고 있다(U.S. Department of Defense, 2015). 그 목표는 인도양-남중국해-동중국해-태평양으로 연결되는 해양공간에서 항행의 자유 보호, 강압과 갈등의 저지, 국제법 및 국제기준 준수 주창으로 요약된다. 이러한 맥락에서 미국 해군은 동맹 및 우방국들과의 합동 및 연합적인 전력 운용을 강조하는 전지구적 관여(engaging partners across the globe)도 강조하고 있다.

10) 이런 맥락에서 미국은 남중국해상에서 공중·해상 정찰을 강화해왔다. 미국 국방부는 중국의 인공섬 12해리 안으로 정찰기와 함정을 보내는 방안을 수개월 동안 신중하게 검토한 끝에 2015년 10월 26일 미국 해군 구축함 라센호(USS Lassen)를 파견하여 수비환초의 12해리 이내를 통과시킨 바 있다. 이는 미국 해군이 남중국해상에서 2012년에 마지막으로 '항행의 자유작전(Freedom of Navigation Operation)'을 펼친 이후 처음으로 동 지역에서 행한 작전으로서 의의를 가진다. 2015년 11월 17일에는 괌에 B-52를 투입하여 '비행의 자유작전(Free Flight Operation)'도 시행했다. 2016년 들어서도 미국의 항행의 자유작전의 강도와 빈도는 더욱 증가했다. 중국이 자국이 실효적으로 지배하는 남중국해 도서의 12해리 이내에서 항해하는 미국의 함정에 대해 영해 침입으로 간주할 것이라고 경고한 가운데 미국은 이들 작전이 '정기적 순찰활동(routine operations)'이라는 주장을 폈다(구민교, 2016b: 51~52).

불어 최소한 '정치적 수사' 측면에서는 미중 관계가 더욱 대립적인 양상을 보이고 있다. 트럼프 대통령은 이미 수차례 중국의 남중국해 도발을 좌시하지 않겠다는 의지를 천명했다. 미국 국무부 장관인 렉스 틸러슨(Rex Tillerson)은 장관 인준을 위한 국회 청문회에서 중국의 인공섬 건설을 "러시아의 크림반도 합병"에 비유하여 중국을 자극하기도 했다(Phillips, 2017). 이를 두고 일부 평론가들은 트럼프 행정부의 남중국해 정책이 '중심 축(pivot)' 정책에서 '망치(hammer)' 전략으로 전환될 것이라고 평가하기도 했다(Dobell, 2016).[11]

아직도 트럼프 행정부의 남중국해 정책이 구체적으로 어떠한 전략과 정책으로 구성될지에 대해 전망하기 어렵다. 2017년 6월 싱가포르에서 개최된 샹그릴라 대화에서도 미국 국방부 장관 제임스 매티스(James Mattis)는 미국의 항행의 자유작전의 정당성을 옹호하는 원론적인 수준의 언급만 했을 뿐, 오바마 행정부의 '아시아로의 회귀' 정책을 대체할 수 있는 새로운 전략을 제시하지는 못했다. 2017년 4월과 11월에 이루어진 미중 양국 정상회담에서도 남중국해 이슈만큼은 뾰족한 접점을 찾지 못했다. 다만 2017년 11월 첫 아시아 순방 중 트럼프 대통령이 수차례에 걸쳐 '자유롭고 열린 인도 태평양' 비전을 언급한 것은 주목할 만하다.[12] 2017년 12월 18일 트럼프 행정부가 발표한 "국가안보전략(NSS: National Security Strategy)"은 미국 본토 방어, 미국의 번영 추구, 힘에 의한 평화 유지, 미국의 영향력 확대라는 네 가지 원칙 아래, 소위 '미국 중심 국가안보전략(America First National Security Strategy)'을 천명했다. 동 문건은 '인도 태평양'이 미국의 전략 어젠다 중 최상위에 위치한다는 점을 명백히 했다. 지리적 범위도 인도 서부 해안에서 태평양 서부 해안까지로 적시했다. 인도 태평양 지리적 공간에서 가장 중요한 파트너로 호주, 인도, 일본을 명시함과 동시에 다른 국가의 참여 가능성도 열어놓았다. 아울러 중국의 팽창주의 행태를 비판하면서 중국 견제 의도가 있음을 명백히 했다. 그러나 동시에 특정 국

---

11) 욕구 5단계 이론으로 유명한 미국의 심리학자 에이브러햄 매슬로(Abraham Maslow)는 "망치만 가지고 있는 사람은 모든 것을 못으로 생각하는 경향이 있다"는 경고를 남겼다("I suppose it is tempting, if the only tool you have is a hammer, to treat everything as if it were a nail.").

12) '자유롭고 열린 인도 태평양 전략(Free and Open Indo-Pacific Strategy)'은 아베 신조(安倍晋三) 일본 총리에 의해 적극적으로 추진되고 있다. 2017년 9월 아베 총리와 나렌드라 모디(Narendra Modi) 인도 총리가 양국 정상회담에서 일본의 새로운 인도 태평양 전략과 인도의 신동방정책(Act East Policy)을 연계하기로 합의하면서 공식화되었다. 이는 중국의 급속한 해양대국화로 인한 안보 위협을 해소하기 위해 인도양과 태평양을 연계하려는 양국의 이해관계가 맞아떨어진 결과로 평가된다.

가를 배제하지 않는다고 강조함으로써 중국의 참여 문제는 여전히 모호한 상태이다(왕선택, 2017; Tatsumi, 2017).

4. 미중 간 규범경쟁

해상 교통로를 포함한 해양공간의 이용과 관련된 규범은 오랜 시간을 거쳐 관습국제법으로 확립되어 왔으며, 1982년에 타결되고 1994년부터 발효된 유엔해양법협약을 통해 명문화되었다. 그러나 특히 타국 군함의 연안국 영해 내에서의 무해통항권과 배타적 경제수역에서의 항행의 자유권의 범위 및 기준과 관련된 규범적 모호성은 해상 교통로 이슈를 새로운 안보이슈로 창발시키는 기폭제 역할을 했다(구민교, 2016b: 45~46).

유엔해양법협약 제17조에 따르면 모든 국가의 선박은 타국 영해에서 연안국의 평화와 안전을 해치지 아니하는 범위 내에서 "계속적이고 신속한(continuous and expeditious)" 통항을 의미하는 무해통항권을 갖는다. 따라서 외국 선박은 통상적인 항해에 부수되는 경우, 조난으로 인해 필요한 경우, 구난작업에 필요한 경우를 제외하고 타국 영해를 무해 통항하는 중에 정박하거나 닻을 내릴 수 없다(유엔해양법협약, 제18조 2항).

동아시아 해양안보의 관점에서 볼 때 상선뿐만 아니라 군함도 타국 영해에서 무해통항권을 갖느냐 여부가 중요한 쟁점이다. 군함의 무해통항권 인정 여부는 1930년 헤이그 법전화 회의나 1958년 제네바 해양법 회의 때도 논란이 되었으나, 해양 강국과 개도국의 대립으로 인해 이를 명문으로 해결하지 못했다. 현행 유엔해양법협약 역시 군함이 연안국 법령을 준수하지 않는 경우 즉시 퇴거를 요구할 수 있다는 조항(제30조)만 두었을 뿐, 군함의 무해통항권 인정 여부에 대해 특별한 규정은 없다.

미국은 제2차 세계대전 이전과는 달리 현재 군함의 무해통항권을 강력히 주장하고 있다. 반면 중국은 1992년에 발효된 자국의 영해와 접속수역에 관한 법에 따라 무해 통항 시 사전허가를 요구하고 있다(정인섭, 2016: 604~605). 물론 중국이 무해 통항 자체를 부인하는 것은 아니다. 지난 2015년 9월 중국 해군에 소속된 함정들이 알래스카 인근의 미국 영해를 무해 통항한 바 있다. 미국 정부는 국제법에 따라 이를 묵인했다. 미국도 동년 10월 26일 남중국해상 중국이 영유권을 주장하는 수비환초의 12해리 이내에 해군 구축함을 통항시켰다. 이에 중국은 미국 해군이 사전허가 없이 불법적으로 자국 영해를 통항했다고 반발했으나 추가적인 조치는 취하지 않았다(구민교, 2016b: 44).

한편, 200해리 배타적 경제수역의 명문화는 유엔해양법협약의 가장 중요한 혁신이었다. 유엔해양법협약 제57조에 의하면, 연안국들은 기선으로부터 200해리까지 배타적 경제수역을 주장할 수 있다. 이 구역 안에서 연안국은 수괴, 해저, 해저면에 있는 생물이나 무생물 등 천연자원의 탐사, 개발, 보존, 관리를 위해 주권과 구분되는 '주권적 권리(sovereign right)'를 갖는다. 연안국은 또한 배타적 경제수역 내에서 인공섬의 설치 및 관리, 해양 과학조사 및 환경보호 등에 관한 '관할권(jurisdiction)'을 갖는다(제56조 1항). 그러나 배타적 경제수역 내에서의 항행의 자유와 상공의 비행, 해저 관선이나 전선 부설 등을 제한할 수 없다(제58조 1항).

동아시아 대부분의 해역이 연안국의 배타적 경제수역으로 편입됨에 따라 이 수역에서 타국의 군사적 활동 가능성 역시 논란의 대상이 되고 있다. 현행 유엔해양법협약은 배타적 경제수역 내에서 외국 선박이나 항공기의 항행의 자유나 상공비행의 자유 등을 보장하고 있으나, 군사적 목적의 활동이 보장되는지에 대해서는 구체적인 언급을 피하고 있다. 앞서 언급한 것처럼 미국은 타국의 배타적 경제수역 내에서 미국 해군의 군사활동도 관습국제법 및 유엔해양법협약에 따라 보호되어야 할 '핵심 이익'으로 규정하고 있다. 이에 맞서 중국은 자국의 배타적 경제수역 내에서 사전허가 없이 외국 군함이 군사훈련이나 작전을 수행하지 말 것과 군사시설을 배치하지 말도록 요구하고 있다(구민교, 2016b: 45).

유엔해양법협약의 해석과 적용을 둘러싼 갈등은 1994년 동 협약의 발효를 앞두고 동아시아 연안국들이 서둘러(그래서 국제규범과 잠재적으로 상충되는) 국내 법령을 강화하는 과정에서 그 씨앗이 뿌려졌다고 볼 수 있다. 특히 중국은 1992년 영해와 접속수역에 관한 법을 선포한 이후 영토주권 문제에 관한 한 원칙적으로 비타협적인 태도를 보이기 시작했다. 앞서 언급한 바와 같이 잠재적으로 자국 어민들에게 부정적인 영향을 줄 수 있다는 우려 때문에 중국 정부는 1998년 6월까지 배타적 경제수역과 대륙붕에 관한 법률의 공포를 연기하기도 했다.

이러한 맥락에서 미국은 중국을 견제하기 위해 해양력 증강과 같은 물리적 접근뿐만 아니라 국제법에 근거한 규범적 접근도 강화하고 있다. 그러나 미국의 이러한 전략은 큰 약점을 안고 있다. 바로 중국을 포함한 대부분의 동아시아 국가들과는 달리 아직 유엔해양법협약을 비준하지 않았다는 사실이다. 물론 미국은 여전히 관습국제법에 따라 자국의 해양 이익을 주장할 수 있고 중국에 대해 규범적인 압박을 가할 수 있는 것이 사실이다. 그럼에도 불구하고 미국의 규범적 주장의 권위가 약화되는 것은 피할 수 없다.

아울러 아직 미국 스스로도 일관되고 체계적인 규범적 전략을 갖추고 있지 않다. 대표적인 사례가 2015년 10월에 이루어진 라센호의 항행의 자유작전이었다. 당시 중국의 반발은 물론 미국 내에서도 라센호의 파견 목적과 성격을 두고 많은 논란이 있었다. 라센호 파견 직후 미국 국방부는 동 작전의 목표는 중국의 과도한 주장, 즉 수비환초의 경우와 같이 애초에 수중 암초였지만 인공섬으로 재탄생한 경우 일정한 안전구역(safety zone) 외에는 영해나 배타적 경제수역과 같이 유엔해양법협약이 규정한 해양공간을 가질 수 없음에도 불구하고 중국이 영해를 주장하는 것을 견제하기 위한 것이었다고 설명했다. 그러나 라센호의 항로는 수비환초의 12해리 이내뿐만 아니라 주변의 다른 합법적인 무인 암초(unoccupied legal rock)의 12해리 내에 포함되었기 때문에 결국 타국 도서 영해 내에서의 무해 통항의 문제로 귀결되었다. 전술적인 측면에서는 물론이고 국제법적인 측면에서도 많은 혼란과 비판을 야기한 라센호 작전을 교훈 삼아 미국 국방부는 2016년 1월 30일 미국 해군 구축함 커티스 윌버호(Curtis Wilbur)로 파라셀 제도의 중국령 트리톤섬(Triton Island) 12해리 내에서 제2차 항행의 자유작전을 펼쳤다. 이번에는 그 법적 성격이 중국의 사전허가 없이 그 영해 내에서 무해 통항을 목적으로 한 것임을 명확히 했다(구민교, 2016b: 51~52).

그러나 무엇보다도 동아시아 해양안보 이슈가 규범적 측면에서 극적으로 드러난 것은 2016년 7월에 내려진 국제중재재판소의 남중국해 중재판결이었다. 2013년 1월 필리핀은 중국 주장의 부당성을 지적하며 유엔해양법협약상 중재재판소(Arbitral Tribunal)에 중국을 제소했다. 이에 대해 2015년 10월 29일 네덜란드 헤이그 소재 상설중재재판소는 필리핀이 제기한 여러 문제들이 중재재판소의 관할권 아래 있다고 판단했다. 동 중재재판의 가장 핵심적인 쟁점은 중국이 지정한 '남해 9단선'이 유엔해양법협약에 저촉되는지 여부와 인공섬의 법적 성격 문제였다. 2016년 7월 12일 중재재판소는 본안 판정에서 중국이 주장하는 남중국해 9단선 내에서의 역사적 권리가 법적인 근거가 없을 뿐만 아니라 필리핀의 배타적 경제수역 내에서 이루어진 중국의 행위는 필리핀의 법적 이익을 침해했고, 인공섬 건설은 해양환경 보호를 위한 국제법적 의무를 위반한 것이라고 판결했다(구민교, 2016b: 52~53).[13)]

필리핀의 제소에 대한 중재재판소의 관할권 인정 결정에 이은 중재판결은 미국 국무부와 국방부 등이 필리핀 정부에게 법률적·외교적 자문을 아끼지 않은 결과라는 것이 중론이다. 유엔해양법협약의 비준을 미루고 있는 미국 정부가 남중국해 이슈를 두고 국제사법기구에 중국 정부를 직접 제소하기는 어렵다. 그래서 필리핀 정부의 제소를 물밑 지원한 것으로 보인다. 미국의 지원을 등에 업은 필리핀 정부는 중국의 회유전략에도 불구하고 동 중재사안을 끝까지 밀고 나가 국제중재재판소 관할권 인정과 자국 주장에 대한 규범적 지지라는 성과를 거두었다(구민교, 2016b: 53).

물론 미국 내에서도 반성의 목소리가 없지는 않다. 특히 미국 정부는 중재재판소에 관찰자(observer) 자격으로 중재재판 과정에 참여할 수 있도록 허가를 요청했으나 동 협약 비준국이 아니라는 이유로 거부당한 바 있다. 이처럼 해양법협약상 미국의 지위가 (중국의 등장으로 인해 상대적으로) 낮아지는 것에 대한 우려가 높아지는 것과 더불어 해양법협약 비준을 촉구하는 목소리도 높아지고 있다. 이는 결국 미중 간 규범경쟁 과정에서 중국뿐만 아니라 미국도 '사회화'가 될 수밖에 없음을 의미한다.

---

13) 중재재판소는 필리핀이 제기한 이슈는 중국의 남중국해에 대한 영유권 주장 자체를 다투는 것이 아니라 중국이 남해 9단선을 근거로 영유권을 주장하는 것이 유엔해양법협약에 합치되는 것인지를 판단하는 문제, 즉 법의 해석(interpretation) 문제를 다루는 것이므로 중재재판소가 관할권을 가진다고 보았다. 아울러 중재재판소는 중국이 인공섬화하고 있는 일부 산호초와 모래톱은 간조 노출지에 해당하기 때문에 12해리 영해를 가질 수 없다고 보았다. 아울러 중국이 실효적으로 지배하고 있는 다른 암초들도 모두 해양법협약 제121조상 사람이 살 수 있거나 그 자체로서의 경제활동을 영위할 수 있는 '도서'가 아니기 때문에 배타적 경제수역이나 대륙붕과 같은 해양영역을 가질 수 없다고 판결했다. 이 사건은 남중국해에서 급속히 세력을 확장하고 있는 중국을 상대로 했다는 점에서, 해양법협약에 따라 중재재판소가 영유권 문제는 다룰 수 없지만 그 판정결과가 오늘날 세계 영토분쟁 가운데 가장 복잡한 양상을 보이는 남중국해의 도서영유권 문제와도 간접적으로 관련이 있으며, 이른바 9단선을 기초로 한 중국의 과도한 남중국해 관할권 주장에 대해 처음으로 법적으로 문제 삼았으며, 해양법협약의 난제 중 하나였던 '도서'와 '암석'의 구분을 직접 다루었으며, 중국의 동시다발적인 인공섬 건설, 무분별한 어업행위, 해양환경 보호를 직접 문제 삼았으며, 그리고 중국이 소송에 직접 참여는 하지 않으면서 밖에서 재판소의 관할권 없음과 재판결과 불이행을 지속적으로 천명했다는 점에서 소송이 진행되는 동안 국제 사회의 큰 관심을 끌었다. 이러한 관심과 그로 인한 부담감을 안고서 중재재판소는 거의 500페이지에 이르는 방대한 분량의 판정문을 내놓았으며, 그 내용은 세기의 판결로 불릴 만큼 많은 중요한 것들을 담고 있다(박영길, 2016).

한편 중국 정부는 중재재판 개시 때부터 지속적으로 중재재판소의 관할권을 부정해왔으며, 중재재판에도 불참했다. 2015년 10월 관할권 판정은 물론 2016년 7월 본안 판정 직후에도 판결이 "무효(null and void)이며 중국에 대하여 구속력이 없다"는 입장을 고수했다. 중국은 남중국해 분쟁은 관련국 간 양자 협상을 통해 해결해야 한다는 입장을 견지하고 있다. 그럼에도 불구하고 중국의 반대 의사와 상관없이 중재판결은 재판 양 당사국 모두에 대해 법적 구속력을 갖는다. 또한 중재판결을 전면적으로 무시하는 행위는 중국이 국제 사회에서 구축하고자 하는 '화평굴기' 이미지에 손상을 줄 수 있다. 때문에 중국은 중재재판 판결에 전면적으로 배치되는 행위를 섣불리 하지는 않을 것이다. 하지만 중재판결에 대해 아무런 조치를 취하지 않을 경우 경제대국으로서 중국의 위상과 유엔 안전보장이사회 상임이사국으로서 중국의 영향력을 고려한다면 국제해양법 레짐은 큰 타격을 입을 것으로 예상된다(구민교, 2016b: 53~54).[14]

5. 결론 및 정책적 시사점

이 글은 동아시아의 해양 군비경쟁, 특히 미중 간에 벌어지고 있는 해양력 경쟁의 양상과 해양법 레짐을 둘러싼 규범경쟁의 파급효과를 분석했다. 동아시아 해양안보 환경은 미중 간 해양력 경쟁으로 인해 급변하고 있다. 냉전시대의 전략적 통제와 같은 구속이 없는 상황에서 중국은 이제 일방적으로 자국 이익의 극대화를 위한 해양안보 정책을 추진하고 있다. 최근 몇 년 간의 상황으로 미루어 볼 때 중국이 자신의 힘을 직간접적으로 시위함에 따라 미국을 비롯한 동아시아 주변국들은 점차 현실화되고 있는 중국 위협에 대비해 세력 균형을 유지할 수 있는 조치, 즉 해군력 증강에 더욱 박차를 가할 가능성이 농

14) 이미 이러한 우려가 현실화되는 것이 아니냐는 목소리가 나오고 있다. 2016년 6월 30일 로드리고 두테르테(Rodrigo Duterte) 대통령이 집권한 이후 필리핀은 급속히 친중반미 정책을 취하고 있다. 이와 같은 상황은 전임 베니그노 아키노 3세(Benigno Aquino III) 정부 시절 필리핀이 서방과 손잡고 중국과 날카롭게 대립했던 남중국해 문제를 중재재판소의 판정과는 반대 방향으로 되돌리고 있다. 2017년 5월 18~19일 중국 구이저우성 구이양에서 남중국해 행동선언(DOC) 등과 관련한 중국-아세안 고위급(차관보급) 회의가 진행된 가운데, 중국과 필리핀은 별도의 '중국-필리핀 남중국해 회담'을 가졌다. 향후 양자 협의채널이 정식으로 구축되면서, 중국이 반대하는 중재재판소 판정에 의한 '처리'는 사실상 어려워질 것으로 전망된다(김외현, 2017).

후하다. 군비경쟁은 경쟁국들 간의 안보 딜레마를 부추겨 분쟁 가능성을 더욱 높인다.

물론 중국의 구상이 지정학적 진공상태에서 쉽게 실현되지는 않을 것이다. 특히 미국은 중국의 인공섬 매립을 포함한 배타적 해상교통로 확보전략에 반대하면서 전술적인 차원은 물론 국제법적 차원에서도 무력화를 시도하고 있다. 미국은 주변국과의 국방/군사협력 강화, 남중국해 인근 미국의 군사력 배치, 남중국해상 중국의 A2/AD 전략 극복을 위한 새로운 군사전략 및 군사력 운용 개념 확립 등 국방 태세를 재검토하기 시작했다. 아울러 미국과 중국은 상대국 영해 내에서의 무해통항권, 배타적 경제수역 내에서의 항행의 자유권과 관련하여 '법률 전쟁'을 벌이고 있다.

해군력 경쟁에서는 중국이 보다 공세적이지만 규범경쟁에서는 미국이 좀 더 공세적이다. 이는 중국은 해양법협약 비준국이고 미국은 미비준국이라는 사실을 놓고 볼 때 다소 역설적이다. 그러나 동 협약의 비준 여부와는 관계없이 중국의 해양법 규범에 대한 태도와 해석은 매우 자의적이고 자기중심적인 것이 사실이다. 미국은 이런 부분을 집중적으로 파고들고 있다. 미국은 중국의 주장을 '과도한 주장(excessive claim)'으로 폄하하며 적극적으로 견제하고 나섰다. 미국은 또한 남중국해상에서의 중국의 영유권 주장에 대해 동맹국을 동원하여 규범적인 압박을 가해왔다. 최근 큰 이슈가 되었던 필리핀-중국 중재재판 사례도 이런 맥락에서 이루어졌다. 그 가시적인 성과는 기대 이상이었다. 거의 대부분의 사안에 대해 국제중재재판소는 필리핀에게는 유리하고 중국에게는 불리한 판결을 내놓았다. 예상대로 중국은 중재판정 결과를 수용하지 않고 있다. 한 걸음 더 나아가 중국은 필리핀과 동남아시아 국가들에 대한 회유적 접근을 통해 규범적 판정결과를 정치적으로 무력화시키려고 노력하고 있다. 그럼에도 불구하고 중국이 이미 입은 규범적인 타격은 상당히 크다.

미중 간의 해양패권 경쟁은 역내 해양질서에 긍정적인 측면과 부정적인 측면을 동시에 갖는다. 긍정적인 측면에서 볼 때 양국 간의 해양력 경쟁은 팽팽한 힘의 균형을 가져와 당분간 안정적 해양질서에 도움을 줄 수 있다. 아울러 양국 간 규범경쟁은 그간 모호한 상태로 남아 있던 일부 국제해양규범을 보다 명확하게 하는 효과도 있다. 물론 안보 딜레마로 인해 역내 군비경쟁이 가속화되면 중장기적으로는 해양질서가 불안정해질 우려가 있고, 강대국의 아전인수격 규범 해석 및 적용은 유엔해양법협약의 규범력을 약화시킬 우려도 안고 있다.

따라서 해군력 경쟁과 규범경쟁이 동시에 수행되고 있는 동아시아 해역의 안보환경을 당분간 매우 불투명한 상태로 남아 있을 전망이다. 최근 몇 년 간의 상황으로 미루어 볼 때 이익 극대화를 위한 해양안보 정책을 추진하고 있는 중국은 자신의 힘을 직간접적으로 시위함으로써 미국을 비롯한 동아시아 주변국들을 지속적으로 위협할 것이다. 미국과 그 동맹국들은 급속히 현실화되고 있는 중국의 위협에 대비해 세력균형을 유지할 수 있는 조치, 즉 해군력 증강에 더욱 박차를 가할 것이다. 동시에 동아시아 해양안보 지형은 유엔해양법협약을 중심으로 하는 국제규범 영역에서의 치열한 논쟁과 줄다리기의 결과에 크게 좌우될 것이다.

미중 간 해양패권 경쟁은 한국에게도 중요한 지정학적 함의를 갖는다. 전통적으로 대륙세력과 해양세력의 접점에서 결정되어온 한국의 지정학은 이제 대륙-해양 복합세력과 해양세력의 대결구도 속으로 빠져들고 있다. 무엇보다 아라비아해-인도양-말라카 해협-남중국해-동중국해로 연결되는 바닷길은 한국 경제의 생명선과도 같다. 한국도 이들 해상 교통로에서의 유사시 상황을 염두에 두고 사전대비를 해야 할 것이다. 그 사전대비는 군사적 차원에서의 꾸준한 해군전력 육성 및 동맹강화 노력 외에 보다 적극적인 외교전략을 요구한다.

지금까지 한국 정부는 동중국해와 남중국해 문제에 대단히 조심스러운 태도를 보여왔다. 불가피한 상황이 아니면 입장 표명을 자제했고, 입장을 밝히더라도 중립적 태도를 유지했다. 그러나 갈수록 동아시아의 해양분쟁이 복잡다기해지는 상황에서 원론적이고 수동적인 수준의 대응만으로는 주변국들의 지지를 얻거나 이들을 설득할 수 없다. 미국과 중국도 한국의 '전략적 모호성'을 인정하지 않고 선택을 강요할 수 있다. '전략'이 있어야 '모호성'의 가치를 인정받을 수 있는데, 한국에는 모호성만 있고 전략이 없다. 무엇보다 한국도 동중국해와 남중국해 해상 교통로 안전의 이해 당사자란 점을 직시해야 한다. 한국에게 바다는 도전과 기회의 공간이다. 신흥 해양안보 공간에서 한국의 역할이 확대되어야 한다. 이를 위해서는 양자적 사고의 틀에서 벗어나 향후 전개될 다자적 노력에 좀 더 적극적으로 참여해야 할 것이다(구민교, 2016a, 2016b).

제13장

이동률 (동덕여자대학교 중어중국학과 교수)

중국의 '글로벌 거버넌스 체제 개혁' 전개와 미중 경쟁*

1. 문제 제기

가파르게 부상하고 있는 중국이 '중화민족의 위대한 부흥'을 기치로 내세우며 '강국화[强起來]' 의지를 명확하게 표출하고 있고, 중국의 외교안보 전략도 이 같은 부상 의지와 연동되어 진화해가고 있다. 시진핑(習近平) 1기 5년간 중국은 '핵심 이익'의 수호 의지를 강력하게 표방하며 영유권 분쟁 등에서 공세적 외교를 전개했다. 그런데 이제는 핵심 이익을 지키는 수준을 넘어서 기존 국제질서에 '도전'하는 것으로 비쳐질 수 있는 제도와 규범을 제시하는 새로운 유형의 외교로 진화하고 있다.

예컨대 중국은 국제 경제·금융 영역에서 아시아인프라투자은행(AIIB)과 신개발은행(NDB)의 창립, 역내포괄적경제동반자협정(RCEP) 주도, 일대일로(一帶一路, Belt and Road) 추진, 그리고 안보영역에서 '아시아 교류 및 신뢰구축 회의(CICA)'를 통한 아시아 신안보관 제시, 남중국해 상설중재재판소(PCA)의 판결과 국제 해양규범에 대한 대응 등이 대표적인 사례들이다. 특히 중국 공산당 제19차 전국대표대회를 통해 권력이 한층 강화된 시진핑 2기 체제가 출범하면

* 이 글은 「중국의 '글로벌 거버넌스 체제 개혁' 추진의 의미와 영향」, ≪중소연구≫ 제42권 제1호(봄호, 2018), 7~41쪽을 수정·보완한 것이다.

서 '글로벌 거버넌스 체제 개혁'을 적극적으로 주창하고 있기도 하다.

시진핑 주석은 2기 정부 출범 후 첫 다자외교 무대였던 아시아태평양경제협력체(APEC) 최고 경영자 서밋(CEO Summit) 연설(2017년 11월 10일)에서 "세계화는 되돌릴 수 없는 역사적 흐름"이라고 강조하면서 아시아 태평양 자유무역협정(FTAAP)과 RCEP를 통한 경제협력 강화를 제안했다. APEC에서 양자협정을 강조하며 보호주의 기조를 유지한 도널드 트럼프(Donald Trump) 대통령과 달리 시 주석은 오히려 자유무역과 다자 협력을 역설하면서 글로벌 리더십을 과시하고자 했다.

중국 외교전략의 이 같은 일련의 진화는 '중국이 궁극적으로 새로운 규범질서를 창출하려는 것인가'라는 논란을 촉발하고 있다. 트럼프 정부가 '국내 우선주의'를 내세우며 국제 사회에서의 역할을 축소시켜가고 있는 상황에서 중국이 글로벌 거버넌스 체제 개혁을 적극적으로 주장하고 나서면서 국제질서의 변화에 대한 논란은 더욱 커지고 있다. 중국은 국력이 증강함에 따라 기존의 국제정치경제 질서의 수용자(rule taker) 위치에만 머물지 않을 것이며, 나아가 글로벌 리더십을 확보하려는 의지도 갈수록 적극적으로 표출하고 있다.

그렇지만 중국이 새로운 국제질서를 창출하려는 것인지, 그리고 어떠한 새로운 질서를 구상하고 있는지는 여전히 불명확하다. 중국 정부도 공식적으로는 중국이 수정주의 국가가 아니라는 입장을 견지하고 있다. 중국이 새롭게 제시하고 있는 제도와 규범들이 과연 기존의 것을 대체할 수 있을지, 아니면 중국이 아직까지는 주장하고 있듯이 '보완'에 그칠지, 또는 미국과 중국이 주도하는 규범과 제도가 상당 기간 공존해갈지 등 다양한 가능성에 대한 논의가 제기되고 있다.

요컨대 시진핑 정부가 이른바 '신시대'에 '신형 국제관계' 수립을 제안하고 있지만 실제 새로운 국제질서를 창출하려는 의지와 능력을 갖추고 대전략(grand strategy) 차원에서 체계적으로 진행되고 있는지는 아직 예단하기 쉽지 않다. 중국의 부상과 대외 전략의 진화는 현재진행형인 데다가 중국 정부 또한 공식적으로는 원론적 입장만 표명하면서 모호성을 유지하고 있기 때문에 내재된 의도를 파악하기가 용이치 않다.

따라서 이 글에서는 일단 중국이 그동안 부상하면서 기존 국제 체제와 질서에 대한 인식과 역할이 역동적으로 변화해왔고 지금도 변화하고 있는 현상에 주목하고자 한다. 즉 중국의 국제 체제와 질서에 대한 인식과 태도의 변화과정을 검토하고 이를 통해 현 체제에 대한 중국의 인식을 규명하고 동시에 중국이 신형 국제관계 수립을 제의하면서 글로벌 거버넌스 체제 개혁을 주창하고 있는 의도를 역사적 맥락을 통해 파악하고자 한다.

아울러 시진핑 정부 1기에서 실제 글로벌 거버넌스 역량 강화를 주장하며 새롭게 제의·주도하고 있는 제도와 규범 사례들을 살펴보고 이를 통해 중국의 새로운 국제질서 창출 의지를 검토하고자 한다. 예컨대 미중 간 규범과 제도 경쟁의 논란을 야기하고 있는 경제영역의 AIIB와 일대일로, 그리고 PCA의 판결로 논란이 확대되고 있는 남중국해 해양분쟁 사례를 통해 중국이 기존 국제규범과 제도에 대해 가지고 있는 인식, 중국이 제시하고 있는 새로운 규범과 제도의 성격 및 함의, 그리고 그에 대한 미국의 대응을 살펴보고자 한다. 끝으로 이상의 논의를 통해 향후 미국과 중국 사이에 국제 규범과 제도 창설을 둘러싼 경쟁과 갈등의 향방에 대해 시론적으로 전망하고자 한다.

2. 중국의 글로벌 거버넌스 체제에 대한 인식과 역할의 변화

1) 저항국에서 적극 참여국으로의 진화

일반적으로 국제 체제에 참여하는 국가의 태도와 역할에 따라 크게 주도국과 비주도국으로 구분하고, 다시 주도국은 일반 주도국과 패권국, 그리고 비주도국은 무임승차국, 소극적 참여국, 적극적 참여국으로 나뉘고 있다(門洪華, 2003: 270~273). 그리고 일반 주도국은 패권국으로 가기 이전 단계의 소수 강대국을 지칭하는 것으로, 국제정치 체제의 구조 및 규범의 결정과 확산에 영향력을 행사하는 핵심 행위자를 의미하고 있다(정재호, 2006: 15~27).

이 기준에서 볼 때 중국은 건국 이후 지난 68년간 이 모든 과정을 거치면서 역동적인 진화를 거듭해왔고 이제 일반 주도국의 위치에까지 이르렀다. 즉 중국은 건국 이후 유엔에 가입하는 1971년까지 기존 국제질서에 강력하게 저항하는 '이단아'였다. 예컨대 중국은 유엔을 소수의 강대국들에 의해 통제되는 '더러운 국제정치 거래소'와 같은 곳이라고 신랄하게 비난했다(人民日報, 1965.1.10). 또한 유엔은 '미국 제국주의자'와 '소련 수정주의자'들이 신식민주의와 대국의 패권정치를 추진하는 도구라고 공격했다(人民日報, 1967.7.8). 이후 중국은 개혁개방 정책을 확대해가면서 국제 체제에 대한 태도와 역할도 극적으로 변화해갔다. 즉 '최대/최소 원칙(a maxi/mini principle)'을 추구하는 무임승차국 또는 소극적 참여국에서 적극적 참여국으로 변해갔고, 그 과정에서 기존 국제 체제의 최대 수혜국이라는 평가를 받기에 이르렀다(Kim, 1999: 66).

중국은 2001년 세계무역기구(WTO) 가입을 기점으로 사실상 국제 체제 진입을 거의 완성했다. 심지어 중국은 상하이협력기구(SCO), 북핵 6자회담, 보아오포럼(BFA) 설립을 주도하고, 동남아시아국가연합(ASEAN)과의 자유무역협정(FTA)을 적극적으로 추진하는 등 지역 다자주의에서는 주도국으로서의 위치를 구체적으로 모색하는 단계에 이르렀다. 이후 중국은 국제 사회에서 발언권을 확대하고 규범 제정에 적극 참여하는 것이 '책임 있는 대국'의 역할이라고 주장하기도 했다. 그리고 2005년에는 '다자주의의 적극적 주도[积极倡导多边主义]'라는 표현이 새롭게 등장하면서 중국의 다자외교가 적극적 참여에 그치는 것이 아니라 주도적인 역할을 하는 방향으로 전환이 모색되고 있음을 시사했다.[1] 이러한 변화는 원자바오(温家宝, 2006.4.3) 총리가 2006년 3월 전국인대 직후 기자회견에서 "중국은 국제 체제의 참여자이며 옹호자이다"라고 했고, 4월 호주 방문 때는 "중국은 국제 체제의 참여자, 옹호자, 그리고 건설자이다"라고 언급한 데서도 재차 확인되고 있다.

한편 중국은 기존 국제 체제의 수혜자임을 부정하지 않고 있지만, 후발 참여국으로서 기존의 제도와 규범은 사실상 중국의 의사와는 무관하게 만들어진 것이며, 중국의 이해관계가 충분히 반영되어 있지 않다고 인식하고 있다. 따라서 국제 체제에 적극적으로 참여하여 '불합리한 규범과 제도'를 점진적으로 개선해가자는 주장을 해왔다. 예컨대 2002년 제16차 당대회 보고에서 '국제 관계의 민주화'를 적시한 것도 중국의 국제 체제에 대한 이러한 인식과 의도를 포괄적으로 표출한 것이다.

2) 주도국으로의 발전과 '글로벌 거버넌스 체제개혁' 주장

2008년 세계 금융위기는 중국이 국제 체제와 질서에 대한 인식과 태도에 변

1) 10기 전국인대 제3차 회의(2005.3.5)에서 원자바오 총리의 정부 공작보고[http://politics.people.com.cn/GB/1024/3243047.html(검색: 2007.3.15)].

화를 야기하는 또 하나의 중요한 계기가 되었다. 중국은 2008년 세계 금융위기 이후 신흥 시장(the emerging market), 신흥 국가(the emerging countries)의 등장에 주목하고 있다. 중국은 국제경제 질서를 주도하던 서방 경제강국들이 2008년 경제위기의 충격으로 쇠퇴하고 있는 반면에 일부 개도국들이 신흥 시장으로 부상하고 있는 현상을 기존 국제경제 체제의 중대한 변화의 징후로 받아들였다(高祖贵·魏宗雷·刘钰, 2009: 1~6).

중국은 세계 금융위기 이후 신흥 경제국들이 기존 체제의 주변, 또는 반주변부에 있던 추격국의 지위에서 중심부로 빠르게 진입하고 있다고 주장했다. 특히 중국은 이들 신흥 경제국이 협력한다면 기존 국제체제에 중대한 변화를 추동할 수 있을 것으로 기대하면서 이들 신흥 국가와의 협력이 중요하다고 강조했다(夏安凌·唐辉·刘恋, 2012).

요컨대 중국은 기존 국제 체제의 참여자이고 수혜자이기도 하지만 여전히 서방 국가들에 의해 구축된 국제규범의 제약을 받고 있으며 이러한 제약을 극복하기 위해 기존 국제질서의 개혁이 필요하고 개혁의 새로운 협력대상으로서 신흥 경제국의 등장에 주목하고 있는 것이다. 중국은 새롭게 등장할 신흥 경제에 대해 현상 변경의 촉진세력, 또는 중국이 주도하는 현상 변경의 조력자로서의 역할을 기대하고 있다.

중국의 이러한 기대는 브릭스(Bricks)의 형성과 G20의 역할 확대를 통해서 실질적으로 구체화되고 있다. 중국은 2008년 G20 정상회의 출범이 신흥 경제의 국제적 지위가 상승했음을 보여주는 가장 대표적인 사례라고 제시하고 있다. 그동안 국제질서는 서방 강대국을 중심으로 형성·발전되어온 반면, 세계 금융위기 이후 G20이 G8을 대체할 수 있는 중요한 국제 다자협력기구로 등장했다고 보고 있다. G20은 기존의 서방 선진국 중심으로 구성된 G8과 달리 터키, 인도네시아, 멕시코, 아르헨티나, 사우디아라비아, 남아프리카공화국 등 신흥 경제국이 포함됨으로써 기존 국제경제 질서에 중요한 변화를 예고한 것으로 인식했다. 즉 중국은 기존의 국제 기구와 레짐에서 권력관계의 변화가 진행되고 있으며, 이것이 결국 기존 국제 체제와 질서의 변화로 발전할 수 있다고 기대하고 있는 것이다. 중국은 항저우에서 개최한 G20 회의를, 이른바 '중국방안(中國方案, chinese solution)'이라는 중국의 글로벌 의제 설정 의지와 능력을 보여주는 장으로 만들기 위해 야심 차게 준비에 나섰다.

이러한 흐름 아래 중국은 러시아, 브라질, 인도, 남아프리카공화국과 함께

'브릭스'를 구성하여 매년 정상회담을 진행해왔으며 2014년 브라질 정상회의에서는 NDB 상하이 설립과 1천억 달러 규모의 위기대응기금 설치를 공식 발표했다. 시진핑 주석은 제6차 브릭스 정상회의에서 "NDB 설립은 브릭스 국가들이 국제 금융영역에서 담론권[话语权]을 확장하는 데 기여할 수 있을 것이며, 브릭스 국가들은 국제관계 민주화의 실천자로서 협력과 단결을 강화해가야 한다"고 역설하여 브릭스를 통한 글로벌 거버넌스 역량 강화 의도를 시사한 바 있다(习近平, 2014.7.15).

그런데 중국은 신흥 경제국에 대해 아직 이중적이고 모호한 인식을 지니고 있다. 중국이 가파른 부상에 따라 국력과 국익이 팽창했지만 신흥 경제국들과 양자 차원에서 상호보완적이고 협력적이기보다는 경쟁하고 상충할 가능성에 대한 우려도 제기되고 있다. 중국은 여전히 소프트파워를 비롯한 다양한 영역에서 개도국으로서의 과제를 안고 있는 만큼, 신흥 경제국은 영역에 따라서는 상호 이해관계가 서로 충돌하고 중국 발전의 경쟁대상이 될 수 있다는 우려와 경계를 동시에 지니고 있는 것이다. 아울러 내부적인 체제 취약성으로 인해 내부 개혁과 발전을 지속해나가야 하는 과제를 갖고 있는 만큼 주변 지역의 안정이 중요하면서도 주권과 영토 문제에 대해서는 확고한 원칙적 입장을 강조하며 주변 신흥 경제국들과 갈등을 야기하고 있다(Wike and Stokes, 2013).

2015년 들어 시진핑 정부는 '글로벌 거버넌스'에 대한 전략적 관심이 커지면서 이른바 '중국 방안'을 구상하기도 했다. 시 주석은 2015년 10월 12일과 2016년 9월 27일 각각 글로벌 거버넌스를 주제로 하는 제27차, 제35차 정치국 집체학습을 개최했다. '글로벌 거버넌스 구조와 글로벌 거버넌스 체제[全球治理格局和全球治理体制]'라는 주제로 진행된 제27차 정치국 집체학습에서 시 주석은 "중국이 글로벌 거버넌스에 참여하는 근본 목적은 '두 개의 백년' 목표와 중화민족의 위대한 부흥이라는 중국의 꿈을 실현시키기 위한 것이다"라고 역설했다. 아울러 글로벌 거버넌스 체제 개혁을 통해 신형 국제관계를 확립할 것임을 강조했다(习近平, 2015.10.13). 즉 글로벌 거버넌스 개혁을 중국의 부상과 직결된 과제로 상정하고 있음을 시사하고 있다. 그리고 제35차 집체학습에서는 "우리는 기회를 잡아 추세에 부응하여 국제질서가 더욱 공정하고 합리적인 방향으로 발전하도록 추진해 중국과 많은 개도국의 공동 이익을 더 잘 지켜야 한다"고 강조하여 글로벌 거버넌스 체제 개혁에 대한 의지를 지속적으로 피력했다(新华社 2016.9.28).

중국이 AIIB와 NDB의 창설을 주도하고, 일대일로를 제시하여 새로운 유형의 경제 협력체를 구성하려고 하는 것이 규칙 제정자로서 글로벌 거버넌스에 참여하는 대표적 사례이다. 중국은 미국과 군사영역에서의 충돌과 갈등은 우회하려고 하면서도 이전과 달리 미국과의 국제 규범 및 제도 경쟁은 회피하지 않고 있다. 특히 미국이 국제규범을 내세워 중국과 연관된 영유권 분쟁에 개입하고 있다고 판단한 후 더욱 적극적으로 규범경쟁에 참여하고 있다. 요컨대 중국의 국제 체제와 질서에 대한 인식과 태도는 일정한 방향으로 진화해왔다. 역사의 추이를 검토한 결과는 중국이 기존 국제 체제와 질서의 수혜자의 위치에만 머물지 않을 가능성을 보여주고 있다. 다만 중국은 현재와 같은 안정적인 부상이 지속되어야 하고 그 과정에서 기성 패권국인 미국과의 직접적인 충돌을 우회해야 하는 과제를 안고 있기 때문에 상당히 오랜 기간을 거쳐 점진적으로 진행될 가능성도 동시에 제시하고 있다.

3. 중국의 글로벌 거버넌스 체제 개혁과 미중 관계

1) 국제 경제 및 금융 영역에서 '중국 방안' 제시: 일대일로와 AIIB

(1) 중국 일대일로 구상의 함의와 전망

시진핑 주석이 2013년 9월과 10월에 각각 카자흐스탄과 인도네시아를 방문하여 '신실크로드 경제지대'와 '21세기 해상 실크로드' 구상을 제의했고 그로부터 일대일로에 대한 관심이 중국 국내는 물론이고 해외에서도 가히 폭발적으로 확장되었다. 그런데 일대일로가 2013년 이후 지난 5년간 실제 전개되고 확산되는 일련의 과정을 돌아보면 이 구상이 처음 제기된 시점에서부터 치밀하게 계획된 대전략이라고 보기는 어렵다. 그동안 일대일로는 큰 방향에서 결과적으로 점차 확장되어 왔다고 할 수 있지만 동시에 일정 기간 소강국면을 거치는 등 정책 추진력이 유동성을 보이기도 했다.

즉 일대일로는 2013년 중국 내외에서 스포트라이트를 받으며 화려하게 출발했지만 그로부터 1년이 다 되어가도록 구체적으로 어떠한 사업을 어떻게 어디서부터 추진할 것인지, 그리고 일대일로에 포함되는 중국 국내와 해외의 지역범위가 어디인지 분명하지 않았다. 일대일로의 이러한 모호성이 한편으로는 혼선과 의구심을 초래하기도 했다. 동시에 일대일로의 불확실성은 참여기회를 확보하려는 중국 국내와 해외에서의 경쟁을 촉발하면서 오히려 일대일로 사업의 내용과 지역범위를 확장시키고 붐을 조성하는 역설적 상황을 불러오기도 했다.

일대일로 구상은 출범 초기 구체성이 부족한 일종의 제안적 성격을 지니고 있었음에도 중국 국가주석이 이례적으로 해외 순방을 통해 직접 발표한 사안이었기 때문에 그 자체로 상당한 무게감을 갖게 되었다. 즉 일대일로 구상은 시진핑 정부의 중화민족의 위대한 부흥이라는 중국몽과 자연스럽게 연계되면서 국내외를 통합하는 국가대전략으로 부각되었다(黄仁伟, 2014). 즉 중국 내에서 일대일로는 경제발전 전략, 국내 정치전략, 그리고 대외 전략을 모두 포괄하는 국가대전략으로서 주목을 받았다.

그런데 다른 한편 일대일로 추진이 중국의 강국화 추이와 맞물리면서 소위 '중국판 마셜 플랜', '신중화질서'로 논의가 확장되었다. 미국이 전후 마셜 플랜을 통해 초강대국의 입지를 확보했듯이 중국 역시 일대일로를 중국 부상의 수단으로 활용하려는 의도가 있다는 '중국 위협론적' 시각이 제기된 것이다(Penna, 2014; Shannon, 2014). 논란이 확산되자 중국은 일대일로에 대한 국제 사회의 반응과 평가에 주목하면서 적극적으로 해명하고 대응했다(冯巍·程国强, 2014).

예컨대 중국 정부는 일대일로를 '전략' 대신에 '창의(倡義)' 또는 '구상(構想)'이라고 명명하여 국제 사회의 경계와 우려를 완화시키고자 했다.[2] 중국 정부는 일대일로의 청사진을 제시하는 한편 '개방성, 포용성, 투명성'을 강조하면서 아직은 여러 측면에서 '구상단계'라는 점을 부각시켰다(中国网, 2015.12.30). 시진핑(习近平, 2015) 주석은 일대일로가 중국의 '독주(独奏)'가 아닌 관련국과의 '합창'이 되어야 하며, '상호존중, 평등대우, 협력공영, 공동발전'의 원칙을 강조하면서 관련국들에게 실질적 이익이 될 수 있다고 주장했다. 양제츠(杨洁篪, 2015) 국무위원 역시 "21세기 해상 실크로드는 특정 국가의 정치적 도구가 아니라 모든 국가가 공유하는 공공재, 운명공동체라는 인식 아래 평등한 협의를 진행할" 것이라고 강조한 바 있다. 그러면서 다른 한편 일대일로가 '중국의 장기 비전과 글로벌 전략의 혁신을 시현한 것'이라는 국제 사회의 호평도 인용하고 있다. 즉 일대일로에 대한 외국의 긍정적 평가를 인용함으로써 우회적으

2) 일대일로의 다양한 명칭에 대한 논의는 이동률(2016a: 11~15) 참조.

로 일대일로를 홍보하기도 했다.

시진핑 정부는 해양강국에 대한 의지가 강하며 이를 실현하기 위해서는 기성 해양패권국인 미국의 견제를 우회하면서 동시에 ASEAN 국가들을 비롯한 주변 국가들의 협력을 견인하는 두 마리 토끼를 동시에 잡아야 한다는 현실 인식을 가지고 있다. 시진핑 주석이 제의한 '실크로드 구상'(일대일로)이 바로 이러한 일석이조 효과에 대한 기대를 담고 있다. 즉 시진핑 정부의 일대일로 구상은 바로 해양강국을 추진하는 과정에서 야기될 수 있는 다양한 도전들을 최소화하는 효율적인 접근방식으로 주목받게 된 것이다.

특히 중국은 해상 실크로드 사업의 이름으로 동남아시아와 인도양의 주요 항구를 개발하고 운영권을 확보하는, 이른바 차항출해(借港出海) 전략을 펼치고 있다. 중국은 2014년 11월에 파키스탄 과다르 항의 43년 장기 운영권을 확보했고, 2016년에는 스리랑카 콜롬보 항 개발사업을 재개한 데 이어서 2017년 1월에는 스리랑카 함반토타 항 99년 장기 운영권도 획득했다. 요컨대 해상 실크로드 사업이 해양강국을 구체화하기 위한 해양 교통로 다변화에 집중되고 있는 것이다(이동률, 2017a: 381). 시진핑 주석이 2014년 9월 중국 최고 지도자로는 각각 42년, 28년 만에 처음으로 인도양의 몰디브와 스리랑카를 방문한 것 역시 이 지역을 통해 출해권을 확보하려는 시도의 일환이었다.

요컨대 일대일로는 중국이 지닌 자본, 잉여 자재, 건설 노하우를 기반으로 AIIB라는 제도를 건설해 대륙과 해양 양방향에서 균형 발전을 실현하려는 시도로 출발한 것이었다. 그리고 일대일로는 진화과정에서 협력을 기반으로 하는 경제 방식과 수단을 동원함으로써 기성 해양패권국인 미국과의 충돌을 우회하면서 해양강국을 추진할 수 있는 대안적 접근방식으로 주목을 받게 되었다(이동률, 2017a: 395~396).

중국은 이러한 시행착오의 과정을 거치면서 제19차 당대회를 전후하여 '일대일로' 붐을 본격적으로 재점화하면서 ASEAN 국가들에 대해 적극적인 경제외교 공세를 펼치고 있다. 시진핑 주석은 2016년 12월 13일 캄보디아, 방글라데시, 인도 3개국 순방에 나섰다. 중국에게 이들 3국은 모두 일대일로의 주요 연선(沿線) 국가이며 전략적으로 중요한 주변국이다. 그리고 2017년 5월에는 29개국 정상을 포함하여 130개국 대표가 참석한 '일대일로 국제협력 고위급 포럼'을 개최했고, 중국 외교부는 이 자리에서 270여 건의 성과 리스트를 발표하는 등 일대일로를 재활성화하기 위한 노력을 경주했다. 팡아이칭(房愛卿, 2016:

12~13) 상무부 부부장은 "일대일로는 중국 경제외교와 대외 개방의 정층설계(頂層設計, Top-level design)이며, 지구적 평화 협력과 공동 발전을 촉진하는 중국식 방안"이라고 했다. 이는 일대일로가 이제 전략수준을 넘어 글로벌 거버넌스의 '중국방안[全球治理的中国方案]' 일환으로까지 그 위상을 격상시켜가고 있음을 의미하는 것이다.

제19차 당대회 보고에서는 제18차 '보고'에서 강조했던 '해양강국' 담론이 약화되고 그 자리를 '일대일로'가 대체하고 있다. 심지어 일대일로는 정책 구상임에도 불구하고 이례적으로 수정된 당헌(黨憲)에 포함되었다. 시진핑 정부 1기의 핵심적인 국정과제였던 '해양강국' 구상이 미국 오바마 정부의 아시아 재균형 전략과 맞물리면서 아시아 각국과 영유권 분쟁을 격화시켰을 뿐만 아니라 오히려 중국의 발전전략으로서 해양 진출도 어려움에 직면했다. 따라서 해양강국 구상과 전략이 야기한 지정학적 경쟁과 안보 딜레마를 완화하면서 해양으로의 진출을 활성화하는 대안으로 '일대일로'를 전면에 내세워 중국의 해양 진출이 '이익공동체'라는 공공재를 창출할 것임을 설득하는 지경제학적 접근을 선택한 것이다.

중국 내에서는 일대일로를 '서진(西进, March Westward) 전략'으로 해석하면서, 미국의 아시아 재균형 전략에 대응하여 동아시아에서 미국과의 갈등과 경쟁을 우회하기 위한 전략이라고 보는 분석도 있었다(王緝思, 2012.10.17). 중국의 일대일로를 처음부터 새로운 세계질서 구축의 시도라고 해석하는 것이 시기상조의 과장된 측면이 있다면, 반대로 서진전략이라는 해석은 축소지향적이다. 중국은 일대일로를 통해 동아시아에서 미국과의 갈등을 일시적으로 회피할 수 있을지 모르지만 장기적으로는 오히려 미국과의 경쟁영역이 유라시아와 인도양 등으로 확장되는 결과를 초래할 가능성도 제기되고 있다(高飞, 2013: 39~50).

일대일로 구상을 오히려 중국의 유럽으로의 전략중심 이동(pivot to Europe)이라고 보다 공세적으로 해석하는 견해도 있다(Fallon, 2014: 75~182). 즉 미국의 아시아 회귀(pivot to Asia)로 인해 야기될 수 있는 유럽에서 미국의 힘의 약화를 중국이 공세적으로 파고들려는 의도가 있다는 것이다.

만일 중국이 효과적인 외교전략을 통해 일대일로 구상을 실행하고 성과를 얻는다면 결국 중국의 부상을 촉진하면서 국제질서의 재편을 자극하게 될 가능성이 있다. 즉 일대일로의 성취는 중국이 대륙-해양 복합형 국가로서의 정체성을 복원하여 유라시아 대륙과 환태평양을 연결하는 중심 국가로서의 위치를 확보하고 중국 부상의 새로운 활로를 확장하는 성과를 불러올 것이다. 그런데 이러한 일대일로 구상의 성과를 기대하기까지 중국 정부가 극복해야 하는 외교과제는 만만치 않다.

우선 일대일로 구상은 중국이 얼마나 많은 연선국가들을 적극적으로 협력에 동참하도록 견인해낼 수 있는지가 성패의 열쇠이다. 아울러 중국은 일대일로가 성공적으로 지속되기 위해서는 역설적이지만 이 구상이 국제질서의 변혁을 시도하는 것이라는 국제 사회의 우려를 불식시켜야 한다. 그래야만 미국 등 기존 강대국들의 견제와 저항을 피할 수 있다. 중국의 성장에 편승하지 않으면 안 되는 연선 신흥 개도국들과 달리 미국, 일본, 러시아, 인도 등 주요 강대국들은 여전히 중국의 부상을 도전과 질서의 재편이라는 세력관계 측면에서 경계하고 있다.

일대일로는 시간이 경과하면서 초기의 구상단계에서 점차 변화·진화하고 있으며 중국 정부의 추진 의지도 강해지고 있다. 그렇지만 일대일로가 성과를 내려면 연선 국가들의 협력을 견인해야 하고, 협력을 유도하기 위해서는 개방성과 공공성을 강조해야 한다. 그러면서 일대일로는 역설적으로 점차 내용과 범위가 불명확하고 구체성이 부족하다는 또 다른 문제를 야기하고 있다.

(2) AIIB 설립의 의미와 전망

일대일로가 중국이 새로운 세계질서를 건축하려는 시도의 일환이라는 논란을 야기한 주요 배경에는 일대일로의 금융 플랫폼 역할을 담당하는 AIIB의 기대 밖의 홍행 성공이 있다. AIIB는 가파르게 부상하고 있는 중국이 제안하고 주도한 최초의 국제 금융기구라는 측면에서 중국이 본격적으로 세계 전략을 전개하기 시작했다는 논란을 야기할 수 있는 개연성이 충분하다. 특히 AIIB가 초기의 예상과는 달리 영국이 참여를 발표한 이후 아시아를 넘어 유럽 국가들까지 가세해 2016년 1월 기준으로 창립 회원국이 57개국으로 확대되었고, 현재(2018년 5월 기준)는 회원국이 86개국으로 아시아개발은행(ADB)의 규모를 능가하게 되면서 결과적으로 더욱 그러한 논란의 불을 지폈다. AIIB의 성공적 출범 그 자체로 중국의 국제적 위상과 영향력이 크게 신장된 것 또한 분명한 사실이다.

중국이 AIIB 설립을 주도한 것은 그간 규칙 제정자로서의 능력을 보여주지 못하고 '미성숙한 초강대국'에 머물러 있던 기존 인식을 돌파한 새로운 시도임이 분명하다. 그럼에도 AIIB의 설립과정을 복기해볼 때, 중국이 처음부터 새로운 세계질서 구축을 상정하고 AIIB를 제안한 것이라고 예단할 만한 근거는 충분치 않다. 우선 중국이 2013년 10월 ASEAN 회의에서 AIIB 설립을 처음 제안했을 때는 현재와 같이 큰 규모와 체제를 상정하지 않았다. 중국은 2015년 3월까지도 창립 회원국을 역내 국가로만 상정하고 있었고, AIIB 활동영역도 아시아로 한정시키고자 했다. 심지어 제의 초기에는 국제 사회의 호응도 높지 않아서 설립 여부조차 낙관하기 어려워 보였다. 그런데 뜻밖에도 2015년 3월 영국이 G7 국가 가운데 처음으로 AIIB 참여를 결정했고, 이후 프랑스, 독일, 이탈리아가 연이어 가입 의사를 표명함으로써 회원국이 크게 증가했다. 즉 중국은 당초 아시아개발은행(ADB)의 역할을 보완하면서 중국이 추진하려는 일대일로의 자금을 확보하고자 AIIB 설립에 나섰지만 기대 밖의 흥행이 이루어졌고, 오히려 회원국의 증가로 인해 역설적으로 AIIB에서 중국의 지분은 당초 예상했던 50%에서 30.34%로 줄어들었다. 이는 AIIB의 규모가 확대될수록 중국의 일방적 지배와 운영이 어려워질 수 있음을 시사한다.

그리고 중국 스스로도 AIIB 설립이 기존 질서의 '대체'가 아닌 '보완'임을 애써 강조하여 AIIB 설립을 통해 기존 국제 금융질서를 변혁하려는 의도가 없음을 강조하고 있다. 중국이 AIIB 설립을 주도한 것은 ADB가 아시아 각국의 사회간접자본 투자에 필요한 자금 수요에 적절한 역할을 하지 못하고 있는 상황에서 일대일로의 기금을 조성하는 데 필요한 대안으로 출발한 것임을 주장하고 있다. 중국은 AIIB와 ADB는 역할이 상이하기 때문에 경쟁관계에 있지 않고 상호보완적이라는 점을 강조하면서 파트너 관계를 유지할 것이라고 누차 밝히고 있다(Zhou, 2015.12.27).

실제로 AIIB가 기대 이상으로 확대된 것은 중국의 치밀한 준비와 전략의 결과라기보다 미국이 안일하게 대응한 결과로서의 측면이 강하다. 중국, 한국 등 신흥국의 의결권을 증대하는 국제통화기금(IMF) 쿼터 개혁은 2010년 한국에서 열린 G20 재무장관회의에서 의결되고 IMF 이사회까지 통과했으나 미국 의회의 반대로 실현되지 못하고 있었다. 즉 미국이 기존의 ADB와 IMF에 대한 개혁 요구에 적절하게 대응하지 못했을 뿐만 아니라 중국이 제안한 AIIB의 파급효과에 대해서도 안일하게 인식하여 단지 동맹국들의 참여를 막으려고 한 것이 결과적으로는 AIIB의 확대로 이어진 측면이 있다. 미국은 AIIB가 미국 중심의 국제질서에 대한 전략적 도전이라고 인식하고 이를 저지하기 위해 AIIB의 거버넌스와 운영방식의 문제를 제기하며 한국 등 동맹국의 참여를 반대했다(손열, 2017: 21~23). 그런데 미국의 명시적 반대에도 불구하고 미국의 가장 강력한 동맹인 영국이 먼저 가입을 결정하고 이어서 프랑스, 독일 등 유럽 국가들이 연이어 가입을 선언함으로써 미국은 더 이상 반대 입장을 유지하기가 어렵게 되었다.

중국은 AIIB가 성공적으로 출범했다는 것은 그 자체로 '기존 질서에 대한 도전'이 아니라 국제 사회에 '공공재를 제공'하고, '기존 질서의 보완과 발전'을 도모하기 위한 것이라는 중국의 입장과 논리가 설득력을 얻은 결과라고 주장하고 있다. 그런데 '공공재 제공'이라는 중국의 주장이 실질적으로 실천되는지에 대한 판단은 AIIB의 지배구조, 의사결정 과정과 운영 등을 더 지켜봐야 확인할 수 있다. 일단 중국 정부는 개방, 포용, 투명, 책임 및 공평의 원칙에 따라 지배구조와 운영방향을 설계하고, 기존의 다자간 개발은행의 장점을 참고하되 잘못된 부분을 수정할 것이라고 밝히고 있다. 실제로 AIIB는 기본적인 제도 설계, 규범, 기능, 운영방식 등에서 ADB 등 기존 개발은행을 벤치마킹하고 있다. 즉 AIIB가 비록 중국이 제안하고 주도하고 있기는 하지만 기본적으로 지배구조와 운영방식은 미국과 일본이 주도하는 기존 브레튼우즈 체제의 다자개발은행(MDB)과 상당히 유사하기 때문에 AIIB의 출현이 기존 금융질서의 근본적 변혁을 시도하고 있다고 보기 어렵다는 평가이다(이왕휘·슈첸, 2016: 172~181).

중국 정부는 ADB의 문제점을 보완할 수 있는 기제로서 AIIB의 설립을 주도한 만큼 ADB의 한계와 문제점을 극복해야 하는 과제를 안고 있다. 동시에 중국이 제안하고 주도한 최초의 국제 금융기구 AIIB를 통해 글로벌 리더로서 중국의 능력을 검증받아야 하는 상황이 되었다. 현시점에서 AIIB 사례를 두고 중국이 새로운 질서 건축을 시도했다고 평가하기는 시기상조이다. 현재 AIIB는 오히려 ADB와의 협조 아래 운영되고 있으며 실제 '보완'의 역할을 할 가능성이 커 보인다. 장기적으로 AIIB가 성공적으로 안착할 경우 ADB와의 경쟁이 진행될 수 있지만 이 역시 기존 국제체제 내에서의 경쟁이지 미국이 주도하는 질서와 차별되는 새로운 질서의 수정주의적 접근이라고 보기는 어렵다. 다시 말해 중국은 기존 국제질서에서 여전히 미국과의 제한적 경쟁에 참여하고 있다.

2) 국제규범에서 미중의 갈등과 경쟁: '항행의 자유'와 PCA 판결

(1) 남중국해 '항행의 자유'를 둘러싼 미중 갈등

동아시아 영토분쟁에 대한 개입에 유보적이었던 미국이 2010년을 전후하여 '항행의 자유(freedom of navigation)'라는 국제규범을 내세우며 적극적으로 입장을 표명하기 시작했다. 힐러리 클린턴(Hillary Clinton) 미국 국무부 장관은 중일 간 댜오위다오(釣魚島, 일본명 센카쿠 열도) 분쟁이 한창이던 2010년 9월 23일 뉴욕에서 마에하라 세이지(前原誠司) 일본 외무상을 만나 댜오위다오가 미국의 방위의무가 규정된 미일 안보조약 5조 대상이라며 사실상 일본 지지 입장을 표명했다. 마이크 멀린(Michael Mullen) 미국 합참의장 또한 기자회견에서 "댜오위다오 사태를 둘러싼 긴장이 외교적 노력을 통해 해소되길 희망한다"면서도 "우리는 분명히 매우 강하게 그 지역의 동맹국인 일본을 지지한다"고 밝혔다(≪세계일보≫, 2010.9.27). 이에 대해 중국은 시진핑 부주석이 직접 나서서 리언 패네타(Leon E. Panetta) 미국 국방부 장관에게 "댜오위다오 분쟁에 개입하지 말고, 사태를 악화시킬 수 있는 언행을 자제하라"며 중립을 강도 높게 요구했다(中国新闻网, 2012.9.19). 중국은 일본이 중일 간 분쟁에 미국을 끌어들이고자 한 것이고 미국 역시 이 분쟁을 계기로 동아시아에서 미국의 복귀를 실현하고 중국의 부상을 견제하려는 의도가 있다고 경계했다.

남중국해 분쟁이 다시 쟁점화된 것도 2010년 3월 방중한 미국 국무부 차관 제임스 스타인버그(James B. Steinberg)와 백악관 국가안보위원회 아시아 담당 고위급 인사에게 처음으로 "남해는 중국의 영토보존이라는 핵심 이익에 관계된다"고 입장을 표명하면서 부터이다(環球時報, 2010.7.4). 이후 중국의 핵심 이익의 문제는 중국 국내외에서 뜨거운 논쟁 의제가 되었으며, 급기야 클린턴 장관은 2010년 7월 아세안지역안보포럼(ARF)에서 "남중국해는 미국의 이해와 직결된 사안"이라고 반격의 포문을 열었다. 이어서 2014년 5월 필리핀이 중국의 '인공섬 건설'에 항의하면서 중국이 남중국해 일대 도서에 매립작업을 진행하고 있다는 것이 국제 사회에 알려졌고, 이로써 미중 간 남중국해 갈등도 새로운 국면으로 발전하게 되었다(Dolven, 2015: 1). 미국은 중국의 도서 매립작업을 강도 높게 비난하기 시작했다. 버락 오바마(Barack Obama) 대통령은 2015년 4월 자메이카를 방문한 자리에서 "중국이 국제규범을 지키지 않고 몸집으로 주변국을 종속시키려 한다"고 비난했다(≪조선일보≫, 2015.4.11). 미국은 아시아안보회의(ASS, 샹그릴라 대화, 5월 30일)와 G7 회의(6월 8일) 등 다자 회의에서도 지속적으로 중국이 모든 간척사업을 즉각적이고 영구적으로 중단할 것을 촉구했다.

이와 함께 미국은 남중국해 공중·해상 정찰활동을 단계적으로 강화했다(이동률, 2017b: 75~91; 김재철, 2017: 247~254). 미국 해군은 2015년 5월 20일 P-8A 포세이돈 해상초계기에 CNN 기자를 탑승시키고 분쟁해역 상공을 비행했다. 이어서 2015년 10월 26일에는 미국 해군 구축함 라센함(USS Lassen)을 파견하여 중국이 매립공사를 진행한 주비다오(渚碧礁, Subi Reef) 해역 12해리 이내를 통과하는 이른바 '항행의 자유작전'을 전개했다. 미국은 이 작전의 목적이 중국의 인공섬 건설과 영해 주장을 견제하기 위한 것이었다고 밝혔다. 그리고 2016년 1월 30일에는 미국 해군 구축함 커티스 윌버호(Curtis Wilbur)로 파라셀 제도의 중국령 트리톤섬(Triton Island) 12해리 내에서 제2차 항행의 자유작전을 펼쳤다. 이번에는 중국의 사전허가 없이 그 영해 내에서 무해 통항(innocent passage)을 목적으로 했음을 명확히 했다. 미국은 중국의 남중국해 도서 매립 행위를 군사기지화로 해석하고 우려를 표명하고 있으며, '항행의 자유'를 주장하고 관련 수역에 자국 군함을 진입시키는 군사적 시위를 전개했다. 미국은 남중국해 영유권 분쟁에서 사실상 당자국이 아닌 입장에서 중국의 해양 진출을 견제하기 위한 방안으로 '항행의 자유'라는 보편적 국제규범을 들고 나온 것이다. 일단 미국이 보편적 국제규범 준수를 주장하면서 중국을 압박하는 데는 일정한 효과를 거두었다고 할 수 있다.

중국은 이에 대해 주권을 위협하는 위험하고 도발적인 행위로 규정하고 미국의 정찰 중지를 요구하는 한편, 해경과 해군 훈련을 지속적으로 실시하고 2014년 이후 연이어 러시아와 합동군사훈련을 실시하는 등 맞대응에 나섰다. 그와 동시에 중국은 미국이 남중국해 문제에 개입할 수 있는 조건과 환경을 축소시키려는 다양한 노력을 기울였다. 중국은 남중국해 문제와 관련해 주권 문제와 비주권 이슈를 분리 대응하는 전략을 구사하고 있다.

중국은 남중국해 도서의 영유권 분쟁과 해양획정 문제는 온전히 영토와 주권과 관련된 사안이기 때문에 철저하게 양자 간 협상을 통해서만 논의할 수 있다는 입장이다. 중국은 남중국해 문제는 중국과 동남아시아 개별 국가 간의 해양영토와 해양권익을 둘러싼 양자 간 분쟁이지, 중국과 ASEAN 간의 문제가 아니며, 국제문제는 더더욱 아니라는 입장을 견지하고 있다. 그래서 남중국해 문제에 대한 중국의 기본 입장은 '국제화, 다자화, 확대화'에 반대한다는 것이다. 중국은 남중국해 분쟁은 직접 당사국들이 우호적인 타협을 통해 평화적으로 해결해야 한다면서 관련 당사국 간 대화와 협상을 위한 채널은 열려 있고 남중국해의 현재 상황은 전반적으로 평화적이고 안정되어 있다고 주장한다. 요컨대 중국은 남중국해 문제는 영유권 분쟁이므로 미국은 비당사국이고 개입할 이유가 없다는 점을 역설하고 있다.

반면 중국은 남중국해 영유권 이외의 문제들, 예컨대 해양통항 안전, 해상테러, 환경보호, 해양재난 구제 등 비전통 안보영역의 문제에 대해서는 다자간 협상과 협력에 참여할 의사가 있다고 밝히고 있다. 중국은 남중국해에서 항행의 자유의 중요성은 자명하며 모든 국가가 그 수혜국이 되어야 하고, 남중국해에서 항행의 자유와 안전은 아시아 국가들과 그 주변국에 특히 중요하며 방해받아서는 안 될 것이라는 입장을 견지하고 있다.[3] 실제로 중국에서도 군용선박이 영해와 배타적 경제수역을 통과할 경우의 '사전동의 절차'를 여전히 강조하고 있지만 외국과의 정치·경제·문화 영역에서 교류와 협력 강화라는 시각하에 접근 필요성을 제시하는 의견도 나오고 있다(韦丹, 2014: 36). 즉 중국은 남중국해에서 항행의 자유를 인정하고 있다는 것을 역설함으로써 중국도 국제규범을 존중하고 있다는 것을 부각시켜 미국의 남중국해 개입 명분을 희석하려고 하는 것이다(구민교, 2016: 37~66; 牟文富, 2013: 45~58).

중국은 자신이 현행 국제법과 국제질서를 부정하는 수정주의 국가로 인식되는 것에 대해 경계하고 있으며, 미국이 오히려 남중국해 불안정의 원인을 제공하고 있다고 공세를 펼치고 있다. 그래서 중국은 미국과 위기관리 협의를 진행하여 미국과의 갈등이 고조되는 것을 관리하려는 움직임도 보였다. 중국은 2015년 10월 우성리(吳勝利) 해군 사령관이 존 리처드슨(John Richardson) 미국 해군 참모총장에게 화상회의를 제의하여 미국 함정의 남중국해 인공섬 진입에 대한 '엄정한 입장'을 전달할 것이라고 했다. 그러면서 이번 회의가 양국이 9월 체결한 '두 개의 상호 신뢰 메커니즘'에 부속문건이 추가된 이후 열리는 첫 통화라는 점을 애써 강조하며, 중국이 역내 불안정을 해소하기 위해 노력을 경주하고 있다는 것을 보여주고자 했다.

3) "中国坚持通过谈判解决中国与菲律宾在南海的有关争议"(2016.7.13).
http://www.fmprc.gov.cn/nanhai/chn/snhwtlcwj/t1380600.htm(검색: 2017.6.15)

중국과 미국 간 갈등의 초점이 되고 있는 항행의 자유작전의 인정 문제는 사실상 원론적 차원에서는 해양대국과 연안국 사이의 쟁점이다. 중국의 해양력 증강 추세를 감안한다면 중국이 연안국의 입장에 머물게 되지 않을 가능성이 있다. 중국의 입장에서 미국과의 관계만을 고려하여 무해 통항에 대한 입장을 고수할 경우 중국이 다른 상대적 약소국, 예컨대 ASEAN 국가들과의 관계에서도 동일한 입장을 견지하는 것이 반드시 중국의 국익에 부합하는가 하는 문제에 직면하게 된다. 그럼에도 중국은 아직까지는 미국이 해양대국이고 중국은 연안국이라는 입장에서 군함의 무해통항 문제에 접근하고 있는 것이다. 따라서 이런 맥락에서 볼 때 중국은 아직은 해양대국으로서의 장기 전략을 갖고 있지 않다고 볼 수도 있다.

(2) PCA 판결에 대한 중국의 저항과 딜레마

필리핀이 PCA에 제소하면서 남중국해 분쟁은 전혀 새로운 국면으로 발전하게 되었다. 즉 남중국해 분쟁은 중국이 기피하고 싶었던 '국제법 이슈'로 확장된 것이다. PCA는 2013년 1월 필리핀이 중국을 상대로 제소한 후 3년 반이 지난 2016년 7월 12일 남중국해를 둘러싼 중국과 필리핀 간의 분쟁에서 중국의 영유권 주장에는 국제법적 근거가 없다고 판결했다.

미국은 판결 결과에 대해 존 커비(John Kirby, 2016.7.12) 국무부 대변인의 성명을 통해 "이번 중재판결은 최종적이고 중국과 필리핀 양국 모두에 구속력이 있으며", "양국 모두 자신들의 의무를 준수하길 희망한다"고 하여 사실상 패소한 중국에게 판결내용의 이행을 압박했다. 반면 중국은 판결 결과에 대해 "이 결정은 무효이며, 구속력이 없고, 수용하지 않으며 인정하지 않는다"는 입장을 분명히 했다.[4] 그래서 중국은 판결 결과에 영향을 받지 않으며, 영토주권에 대한 의지를 대내외에 재차 확인시키기 위해 남중국해에서 연이은 대규모 군사훈련과 무력시위를 전개했다. 중국은 영유권 분쟁수역인 남중국해에 대한 공중순찰 상시화를 선언한 데 이어 다양한 첨단 전투기를 동원하여 순찰작전을 수행했음을 발표했다[5].

4) "中华人民共和国外交部关于应菲律宾共和国请求建立的南海仲裁案仲裁庭所作裁决的声明"(2016.7.12) http://www.fmprc.gov.cn/web/ziliao_674904/1179_674909/t1379490.shtml(검색: 2016.7.15)

5) 중국 공군 대변인은 8월 6일 "신형 전략폭격기 훙(轟)-6K(H-6K), 수호이-30을 포함한 다양한 전투기들이 남중국해 황옌다오와 난사군도 섬과 암초 상공에서 순찰작전을 수행했다"고 밝혔다.

중국은 한편으로는 영유권에 대한 기존 입장을 강화하는 행동들을 하면서 다른 한편으로는 중국이 PCA의 결정을 존중하지 않는 것이 현존 국제법과 국제질서를 훼손시키는 행동이라는 국제 사회의 인식에 대해 적극적으로 해명하고자 했다. 이는 PCA의 결정에 대한 중국의 반박논리에서도 엿볼 수 있다. 중국은 중재결정이 오히려 '법치정신을 위반'하고 '국제법과 국제관계 규칙을 유린'했다고 반박했다.[6]

중국은 판결 결과가 불리하게 나올 것이라는 점을 예상했음에도 막상 결과가 발표된 이후 적지 않은 충격을 받은 것으로 보인다. 무엇보다 '책임대국'을 표방해왔던 중국이 '국제법을 준수하지 않는 대국'이라는 치명적인 이미지 손상을 입게 되었다(이동률, 2016b: 1~3). 특히 중국이 직접 서명하고 참여하고 있는 유엔해양법협약에 기초한 중재재판의 결과이기 때문에 중국으로서는 무조건 거부하는 것에 대한 정치적 부담이 있을 수밖에 없었다.

중국은 1970년대 초 국제 사회에 등장한 이후 상당 기간 서방 세계로부터 '국제 규범과 규칙을 준수하지 않는 국가', 또는 국제기구에서 '최대의 이익과 최소의 의무를 추구하는 국가'라는 비판에 시달려왔던 경험으로 인해 국제법과 규범에 대한 일종의 트라우마가 있다(Kim, 1999: 66). PCA 판결 결과는 결국 중국이 그동안 '책임대국'을 주창하고 아시아를 향해 운명공동체 구축을 기치로 일대일로 건설, AIIB 설립 등 다양한 새로운 비전과 유인기제를 제시하며 해양강국화를 위해 공들여왔던 외교 노력에 상당한 타격을 주었다.

중국은 남중국해 문제를 영유권 문제로 몰고 가 사실상 미국의 견제를 약화시키려 했다. 그런데 결과적으로는 중국의 국제적 이미지가 크게 실추되는 손상을 입게 된 것이다. 중국은 영토주권의 수호 의지를 더욱 명확히 해야 하고, 실추된 국제적 이미지와 외교성과도 복원해야 하며, 특히 시진핑의 권위에 미친 부정적 파장을 회복하기 위한 다목적의 효율적인 대응방법을 찾아내야 한다. 그러나 이들 목적을 동시에 달성하기 위해서는 얼핏 보기에도 서로 상충될 수 있는 대응을 해야 하는 상황이어서 중국의 고민은 클 수밖에 없다. 그리고 해양 영유권 분쟁 자체 역시 쉽게 해법을 찾을 수 없는 사안이라는 점을 고

"中国空军多型主战飞机赴南海战斗巡航"(2016.8.6).
http://www.mod.gov.cn/shouye/2016-08/06/content_4708353.htm(검색: 2016.10.15)

6) "中华人民共和国外交部关于应菲律宾共和国请求建立的南海仲裁案仲裁庭所作裁决的声明"(2016.7.12).

려할 때 중국이 ASEAN 국가들과 해양 영유권 분쟁을 지속하는 것은 안정적인 해양강국 실현이라는 목표에는 결코 도움이 되지 않는다는 딜레마가 있다.

요컨대 중국은 남중국해 문제를 영유권 이슈로 설정하여 사실상 미국 개입과 중국 견제를 약화시켜 해양강국을 위한 기반을 확보하려는 반면, 미국은 이 문제를 국제 규범과 질서의 문제로 몰고 가 중국을 기존 질서를 훼손하는 위협세력으로 국제 사회가 인식하게끔 만들어 미국의 역내 역할과 입지를 확대하고 중국의 해양력 확장을 저지하고자 하는 경쟁이 전개되어왔다. 이 과정에서 중국은 기존의 해양규범의 폐지나 개혁을 주장하지 않으면서 국제규범을 준수하지 않는 국가라는 인식을 불식시키고자 했다. 그러면서 동시에 중국은 해양강국으로 향하는 길목에서 기성강국인 미국과의 불가피한 갈등과 경쟁을 최소화하는 방안을 강구했다. 그런데 문제는 여전히 미국이 양국 관계의 방향과 흐름을 주도하는 열쇠를 쥐고 있다는 것이다.

4. 결론: 미중의 글로벌 거버넌스 경쟁

중국은 기존 국제질서의 이단아에서 주도국으로 극적인 변화를 이루었을 뿐만 아니라 기존 국제질서의 '불합리'와 '불공정'을 역설하면서 체제개혁을 주장하고 있다. 그리고 그러한 주장을 바탕으로 실제로 새로운 제도와 규범을 제시하고 있다. 중국은 미국과 군사영역에서의 충돌과 갈등은 우회하면서도 국제 규범과 제도 경쟁은 회피하지 않고 있다. 특히 미국이 국제규범을 내세워 중국과 연관된 영유권 분쟁에 개입하고 있다고 판단한 이후에는 더욱 적극적으로 규범경쟁에 참여하고 있다.

그러나 중국은 여전히 자신이 상대적으로 강점을 가진 경제영역에서 제한적으로 '보완'적 제도를 제시하고 있으며 안보 관련 영역에서는 기존 규범의 준수를 주장하면서 국제사회로부터 수정주의 국가로 인식되지 않고자 한다. 일대일로와 AIIB가 중국의 의도대로 진전된다면 중국이 글로벌 거버넌스 체제 개혁을 추진하는 데 있어 중요한 동력이 될 수 있다. 그렇지만 이 또한 장기 플랜으로 다양한 변수가 남아 있어 그 성취 여부가 아직은 불투명하다.

시진핑 주석은 제19차 당대회 보고에서 누차에 걸쳐 강조했듯이 '중화민족의 부흥'을 목표로 구체적인 일정까지 제시할 정도로 강국화에 대한 의지는 확고하다. 특히 제19차 당대회에서 시진핑 주석은 기존의 '두 개의 백년' 일정에 새롭게 2035년을 추가하여 '중국의 꿈' 조기 실현에 대한 의지와 자신감을 표출했다.

시진핑 주석은 당대회 보고에서 대외 개방, 국제 협력, 국제주의, 그리고 인류에의 공헌을 강조했다. 특히 중국은 "글로벌 거버넌스 체제 개혁과 건설에 적극적으로 참여하여 중국의 지혜와 역량을 제공할 것"이라고 했다(习近平, 2017). 그리고 왕이(王毅) 외교부장은 당대회 직후 토론회에서 인류사회에 대한 중국의 역할과 공헌을 강조했다. "중국 특색의 사회주의 발전을 통해 개도국의 현대화에 새로운 경로(path)를 제공하고, 인류의 문제 해결을 위해 중국의 방안(solution)을 제시하며, 더 좋은 사회제도를 탐색하는 데 중국의 지혜(wisdom)로 기여할 것"이라고 했다. 그러면서 "중국은 전통대국과는 다른 강국화의 길을 흔들림 없이 걸어갈 것"이라고도 강조했다(王毅, 2017).

중국은 강국화 일정을 진행하는 과정에서 가능한 한 미국과 직접적인 충돌은 우회하고, 미국과 차별적인 강국으로서의 역할과 글로벌 리더십을 점진적으로 확장해가고자 하는 의지를 더욱 분명하게 표출하고 있다. 중국은 여전히 기존의 중국 모델론(Beijing Consensus)을 강요하는 것이 아니며 다만 개도국들에게 기존의 발전모델과 차별성이 있는 새로운 모델을 제시하여 선택지를 다양화하려는 것이라고 설명하고 있다. 그럼에도 그동안 중국이 일관되게 견지해왔던 이른바 '신발론', 즉 개도국들은 각국의 특수 사정에 따라 상이한 발전방식을 선택해야 한다는 주장으로부터 미묘한 변화가 발견된다. 중국은 지난 68년의 과정을 통해 점진적이지만 역동적인 변화를 이루었듯이 향후 2035년, 2050년에 설정된 장기 플랜에 따라 점진적으로 미국과의 국제질서 건축을 둘러싼 경쟁을 준비해가고 있다.

요컨대 시진핑 정부는 트럼프 정부의 고립주의 경향이 지속된다면 중국이 미국과의 직접적인 충돌을 우회하면서 강국화 플랜을 진전시킬 수 있는 중요한 전략적 기회를 잡을 수 있다는 기대를 갖고 있다. 중국은 과거 몇 차례의 중요한 국제적 위기와 변화, 예컨대 1997년 아시아 금융위기, 2001년 9/11 테러, 2008년 세계 금융위기를 계기로 중국의 '상대적 부상'을 촉진시켜왔던 경험이 있다. 중국은 사실상 미국의 위기를 발판으로 상대적 부상을 성취한 것이었다. 시진핑 정부는 트럼프 정부 출범으로 야기되고 있는 불확실성과 불안정의 상황이 중국 부상의 네 번째 기회가 될 수도 있다는 기대를 가지고 있다. 즉 중국은 트럼프 정부의 국제적 개입이 축소되면서 중국에게 전략적 공간이 확대되는 기회가 올 수도 있다는 기대를 갖고 있는 것이다.

오바마 정부가 국제 규범과 원칙을 중시하면서 이를 둘러싼 중국과의 갈등이 커졌던 반면에 트럼프 대통령은 원칙보다 결과를 중요시하는 경향을 보이고 있다. 이에 중국은 상대적으로 가치와 규범 자체의 차이에 따른 충돌은 줄어들 것으로 기대하고 있다. 예컨대 트럼프 정부는 오히려 중국이 제시한 '신형 대국관계', 중미 관계 '14자 방침'에 대해서도 오바마 정부와 달리 긍정적인 메시지를 주고 있다. 즉 2017년 3월 렉스 틸러슨(Rex Tillerson) 미국 국무부 장관이 중국 방문 시 '불충돌, 불대항, 상호존중, 협력공영'을 이례적으로 직접 언급하여 중국의 기조를 수용하는 듯한 입장을 취했다. 요컨대 중국은 트럼프 정부가 중국에게 원칙의 준수를 요구하기보다 중국으로부터 구체적인 실익을 챙기는 데 관심이 집중되어 있다고 판단하고 있다. 중국은 미국과의 관계가 오바마 정부와는 다른 상황으로 전개될 가능성을 상정하고 있다. 따라서 향후 중국은 미국과의 충돌을 우회할 수 범위에서 최대한 중국의 국제적 역할을 확대시켜 나가고자 할 것으로 보인다.

2017년 11월 베이징에서의 미중 정상회담과 베트남에서의 APEC 회의에서 나타난 시진핑의 미묘한 태도 차이가 이러한 중국의 의도를 엿보게 한다. 즉 중국은 양자 정상회담에서는 트럼프발 불확실성을 안정적으로 관리해기 위해 문제의 소지가 있는 뇌관을 건드리지 않는 데 집중했다. 예상된 뇌관인 북핵 문제, 무역 불균형 등이 정상회담의 중심 의제가 되지 않도록 관리하는 한편, 2535억 달러어치의 경제협력 선물 보따리를 제시하여 일단 성공적으로 회담을 마무리 지었다. 중국은 미국과의 정상회담 결과를 실제 이상으로 긍정적으로 평가했다. "양국 정상은 협력만이 유일한 선택이며 윈윈[共赢]이 더 나은 미래로 나아가는 방안이라는 데 공동 인식을 했다"며 "미중 관계의 새 청사진이 드러나고 있다"고 평가했다.

중국은 가파른 부상에도 불구하고 전체적으로 여전히 미국에 대응 또는 반응하는 전략을 견지하고 있다. 그럼에도 경제, 금융 등 선택적 영역에서는 점진적으로 중국 주도의 글로벌 거버넌스 방안을 제시하면서 중국의 부상 일정을 진행시켜가고자 한다. 이러한 중국의 의도는 베이징 정상회담 직후 열린 베트남 APEC 회의를 통해 표출되었다. 시진핑 주석은 다자무대인 APEC 회의에서는 아시아 국가들을 겨냥하여 미국과 차별화된 글로벌 리더십을 제시하고

자 했다. 트럼프가 정부가 TPP 탈퇴를 선언하는 등 자국 우선주의로 전환함에 따라 이전 중국과의 남중국해 분쟁에서 미국에 전략적으로 편승해왔던 ASEAN 국가들은 새로운 도전에 직면해 있었다. 중국은 ASEAN 국가들을 견인하면서 중국의 리더십을 확장할 전략적 기회로 APEC 회의를 활용하고자 한 것이다. 즉 자유무역과 경제 세계화를 역설하면서 미국과의 차별성을 부각시키고, '일대일로'가 국제 사회의 공공재가 될 것임을 강조하여 ASEAN 국가들을 견인하고자 했다. 중국은 미국과의 지정학적 갈등을 우회하면서 점진적으로는 지경학적 부상의 길을 모색하고자 하는 것이다.

향후 중국의 이러한 시도에 대해 트럼프 정부가 어떻게 대응할 것인가가 중요한 변수이다. 미국이 중국의 지경학적 부상 전략을 미국 주도의 기존 질서에 대한 도전으로 판단하고 적극 대응으로 전환할 경우, 아시아에서 미중 간 지정학 경쟁이 부활할 가능성은 남아 있다.

트럼프 정부는 2017년 11월 아시아 5개국 순방을 앞두고 틸러슨 미국 국무부 장관 등 주요 각료들이 인도 태평양(Indo-Pacific) 개념을 언급하면서 동맹국인 일본과 호주, 그리고 인도까지 포함하여 중국의 영향력 확장을 견제하려는 의도를 시사한 바 있다. 그리고 이어서 2017년 12월 18일 발표된 미국 '국가안보전략(NSS)' 보고서에는 중국을 경쟁자로 명시하면서 중국 부상에 대한 견제 필요성을 제시하고 있다. NSS 보고서는 중국을 경쟁자로 명시하고 중국이 국가 주도 경제모델을 확장하면서 중국의 이익에 맞는 지역질서로 재편하고자 한다고 명시하고 있다. 즉 트럼프 정부가 중국의 '전략 의도'를 의심하고 있으며 이를 방관하지 않겠다는 의사를 명확히 한 것이다. 트럼프 정부가 NSS 보고서 내용처럼 실제로 대(對)중국 견제전략을 펼칠게 될지 아직은 예단키 어렵다. 트럼프 정부의 정치 정향이나 미국 국내 정치경제적 난제를 감안할 때 중국과의 경쟁과 갈등을 확대시키는 선택을 하기는 쉽지 않다. 그럼에도 중국의 입장에서는 미국의 견제를 우회하면서 부상 일정을 실현하려는 전략에 일단 적신호가 켜진 만큼, 신중한 접근을 시도할 가능성이 있다.

그리고 중국의 꿈 실현이라는 비전은 중국 체제의 정당성 확보에는 도움이 되겠지만 중국 인민의 민족주의 정서를 과도하게 고양시킴으로써 중국 외교가 융통성을 발휘하는 데 발목을 잡을 가능성이 높다. 이미 중국이 해양 영유권 분쟁과 같이 핵심 이익이라고 규정한 이슈에서 타협하거나 양보하지 않고 강경한 입장을 고수하게 되는 이유이다. 만일 시진핑 정부가 부상 일정을 진행하기 위해 안정적인 주변 환경을 추구하는 외교전략을 구상하면서 인접국들과 주권, 영토 등 핵심 이익과 관련된 분쟁이 재차 발생한다면 중국 인민의 고양된 기대와 국제 사회의 경계를 여하히 조율해가느냐 하는 딜레마에 직면하게 될 것이다.

시진핑 정부는 장기적으로 글로벌 거버넌스 체제의 개혁을 주도하면서 중국의 글로벌 리더십을 강화해가려는 의지를 지니고 있다. 그렇지만 중국은 여전히 대내적으로는 공산당 일당 체제에 대한 다양한 도전, 경제성장세의 후퇴, 그리고 대외적으로도 미국의 견제, 주변국의 경계, 영유권 분쟁 등 극복해야 할 과제가 산적해 있는 만큼 강국화 일정이 순탄치만은 않을 전망이다.

제14장

최은실 (서울대학교 정치외교학부 박사과정)

강대국 규범경쟁과 정당성 게임

미중 전략경제대화 담론 분석

1. 서론

21세기 세계정치에서 가장 큰 화두 중 하나가 중국의 부상이라는 데는 큰 이견이 없을 것이다. 개혁개방 이후 지난 40여 년간 중국은 경제력, 군사력, 소프트파워 면에서 가파른 성장을 이어왔다. 2010년에는 일본을 제치고 국내총생산(GDP) 기준 세계 2위로 자리 잡았으며 불과 4년 후인 2014년에는 10조 3천억 달러에 이르는 성장(2010년 GDP는 약 5조 8천억 달러)을 이루어냈다. 현재 시점을 기준으로 2020~2030년까지 중국의 연평균 경제성장률은 약 7~8%를 상회할 것으로 예측된다. 경제력뿐만 아니라 군사력 성장도 주목할 만하다. 2013년 기준 중국의 군사비 지출액은 약 1880억 달러로 세계 비중의 11%를 점하며 2위를 차지했다. 여전히 미국과 군사력 차이는 존재하지만, 중국의 지난 20여 년 동안 군사비 지출액의 증가는 미국의 증가속도를 훨씬 뛰어넘는 것으로 평가된다(SIPRI, 2014). 이러한 성장속도로 비추어 봤을 때 적어도 2020년 무렵 동아시아 지역에서만큼은 중국의 군사력이 미국의 군사력과 균형을 이룰 것이라는 예측도 나오고 있다. 이러한 경제력 및 국방력의 급속한 증대는 중국의 공세적인 외교정책의 기반으로 여겨지며 주변국의 우려를 증식시키고 있다.

중국의 부상이 주변국을 넘어 패권국인 미국과 서방 세계에 더욱 위협적으로 느껴지는 이유는 물질적 능력의 증대 자체를 넘어서, 근본적으로는 기존 서구 중심으로 운영되었던 국제질서의 인식적 기반과 철학적 가치에 변환을 야기하고 있기 때문이다. 중국의 부상을 위협으로 인식하는 사고의 기반에는 미국과 유럽으로 대표되는 기존 서구 주도의 자유주의적 질서가 '구질서'로 물러나고, 중국을 대표로 하는 비서구 국가들이 주입하는 새로운 원칙과 규범이 포함된 '신질서'로의 개편이 이루어지고 있다는 위기의식이 자리 잡고 있다(Ikenberry, 2011; Zhang, 2013). 중국의 영향력 증대와 그 함의를 조명하는 학계의 담론과 정책 논의들은 이런 인식에 기반하여 "중국이 부상하는 새로운 질서에서 자유주의적 질서는 살아남을 수 있을 것인가?(Can the Liberal System Survive?)"(Ikenberry, 2008) 혹은 "중국의 부상은 궁극적으로 새로운 규범적 질서를 창출할 것인가?(Will China's rise Lead to a New Normative Order?)"(Kinzelbach, 2012)와 같은 질문을 빈번히 제기하고 있다.

실제로 국제질서는 단순한 물질적 능력의 배분상태를 넘어서 지배적인 게임의 원칙이 작동하는 규범적 구조로 이해할 수 있다. 따라서 국제질서 내에서 벌어지는 권력게임과 그 양상은 군사력 및 경제력의 경쟁을 넘어 '행위의 정당성(legitimacy)'에 대한 기준을 설정하거나 혹은 기존의 기준을 변화시키는 노력과도 맞물려 이루어진다. 뒤에서 상술하겠지만, 국제질서의 규범적 구조(normative structure)를 떠받치는 다양한 국제규범(International Norms)은 세계질서가 어떻게 운영될 것인지 혹은 운영되어야 하는지에 대한 하위 원칙을 제시하며, 구조 내 행위자의 행태를 판단하고 평가할 수 있는 기준을 제공한다. 따라서 국제 사회에서 행위자들의 '적절한 행위 기준'을 부여하는 과정에서 특정 주체자(rule-makers)는 그 자체로 인식적 권력과 정당성을 가질 수 있다. 이로써 강대국들은—기존 질서를 유지할 동인을 갖는 강대국이든, 기존 규범을 변화시켜 새로운 정당성을 부여받고자 하는 도전자이든—규범경쟁(norm competition or norm contestation)을 지속적으로 벌이게 된다.

물론 현재의 중국이 기존 질서를 완전히 대체하는 규범적 질서 수립을 목표로 하고 있는 것인지, 혹은 일정 부분 수정과 보완을 구상하는 것인지 확언하기는 어렵지만, 중국이 급속한 경제력과 군사력 증대를 기반으로 기존 질서의 추종자(follower)가 아닌 명실상부한 규칙 제정자, 기존 질서의 대항자로 자리 잡아가고 있음은 부인할 수 없다. 상이한 체제와 관념체계를 보유하고 있는 중국이 자국의 이해관계에 입각한 가치체계를 현 질서에 반영하려는 행태를 보이면서, 기존의 자유주의적 세계질서에 충격을 가하고 있는 것이다. 이러한 중국식 가치관—중국식 민주주의, 중국식 자본주의, 중국식 개발원조, 중국식 주권 등—은 현재 비서구 국가들의 이해관계와 공명하면서 많은 공감을 사고, 동조자 집단을 만들어내고 있다(Chan, Lee, and Chan, 2008). 즉 21세기 패권국인 미국과 부상국 중국의 경쟁은 군사력, 경제력의 경쟁과 더불어 그 이면의 복잡한 규범경쟁과 맞물려 있는 것이다.

물질적 권력게임과 동시에 차기 리더십을 두고 벌어지는 미중 간 규범적 정당성 경쟁은 주권 혹은 경제적 발전과 같은 전통적 영역에서뿐만 아니라, 인권, 원자력, 에너지 안보, 환경, 보건, 인터넷 거버넌스 등의 탈근대 이슈영역 등 전방위적으로 나타나고 있다. 그리고 이러한 가치체계의 충돌과 경쟁은 향후 더욱 치열해질 가능성이 있는데, 그 이유는 미국과 중국이 "다양한 규범영역의 갈등을 어느 한 방향으로 해소하기보다는 현존하는 가치와 원칙들의 정당성의 원천을 찾아내고 지지세력을 모아 강화할 가능성이 더 크다고 볼 수 있"기 때문이다(김헌준, 2016: 185).

이러한 문제의식을 바탕으로 이 글에서는 다양한 영역에 걸쳐 나타나고 있는 미중 경쟁을 '규범갈등'이라는 시각에서 조명하고자 한다. 최근 미국과 중국은 어떤 창구를 통하여 규범경쟁을 벌이고 있고, 각기 어떠한 의제를 제시하고 있는가? 혹은 기존의 지배적인 원칙을 둘러싸고 미중은 어떤 규범적 정향을 보이고 있는가? 이러한 질문에 답하기 위하여 이 글에서는 2009년부터 시작된 미중 전략경제대화(S&ED: Strategic and Economic Dialogue)의 핵심 의제에서 나타나고 있는 상이한 담론을 규범경쟁과 정당성 게임이라는 시각에서 분석한다. 2009년에 시작된 미중 전략경제대화는 양국의 현안뿐만 아니라 다양한 지역, 글로벌 차원의 이슈를 논의하는 최대 고위급 회담이며, 진정한 G2시대의 서막을 알린 것으로 평가받았다.[1] 미중 전략경제대화를 중심으로 한 기존 논의는 대략 세 가지로 나타난다. 첫째, 전략경제대화는 중국의 달라진 위상을 증명하고, 중국이 제시한 '신형 대국관계'를 대표하는 하나의 사례로 다뤄진다(Zeng and Breslin, 2016). 둘째, 미중 협력의 제도화(institutionalization) 및 정례화된 메커니즘으로서 전략경제대화의 의의를 논의하는 작업이 있다(Hoo,

1) 2009년 시작되어 2016년까지 이어진 미중 전략경제대화는 2017년 미중 정상회담을 통해 고위급 회담 4개로 개편하는 데 합의하여 변화를 맞이했다. 자세한 내용은 제3절의 논의 참조.

2013). 셋째, 다양한 연구보고서 형태로 매년 개최되는 전략경제대화의 결과를 놓고 미중 협력의 현 상황과 성과를 평가한다. 기존 논의는 미중 전략경제대화를 본격적인 분석대상으로 다루지 않는 반면, 이 글은 전략경제대화를 제도화된 틀 내에서 미국과 중국이 규범경쟁을 벌이는 장(플랫폼)으로 이해하고, 양국의 이해관계가 대립되어 나타나는 의제를 '강대국 규범권력 게임'이라는 시각에서 면밀히 분석하고자 한다. 주요 의제와 양국의 상이한 이해 및 규범적 입장은 미중 국내외 언론 보도, 공동성명서 및 정부 공식발표 자료, 그리고 기존 보고서를 폭넓게 활용하여 재구성될 것이다. 이러한 분석은 단순히 미중 양국의 상이한 가치체계에서 발현되는 갈등과 긴장이라는 시각을 넘어서, G2 시대 글로벌 거버넌스의 성격과 규범구조가 갖는 유연성(flexibility), 그리고 이에 영향을 가하는 강대국의 행태적 특징을 밝힐 것으로 기대된다.

2. 규범경쟁의 이론적 틀: 규범구조(Normative Architecture)와 강대국의 정당성 게임

국제정치학 분야에서 국제규범에 대한 논의는 주로 구성주의 학자들에 의해서 개별 규범의 탄생 및 진화과정에 주목하여 진행되었다. 카첸스타인(Katzenstein, 1996)에 따르면 국제규범이란, 특정한 정체성을 가진 행위자들의 적절한 행위 여부를 규정하는 집단적 기대(collective expectations for the proper behaviour of actors with a given identity)이다. 국제 사회 내 행위자에게 적절한 행동의 기준(a standard of appropriate behavior)을 제시해줌으로써 국제규범은 행위자의 행동양식을 구성하고 규제하는 특징을 지닌다(Finnemore and Sikkink, 1998: 891; Hopf, 1998: 14). 1세대 구성주의 학자들은 규범을 하나의 독립적인 실체로 상정하여 출현(emergence)-전파 및 수용(acceptance)-내재화(internalization)의 주기를 갖는 진화적 과정을 거친다고 주장했다(Finnemore and Sikkink, 1998: 894~909; Florini, 1996). 따라서 규범이란 사회적 구성물의 결과로 행위자들에게 부과되며, 동시에 이를 따르는 행위자들에 의해서 실천으로 발현되는 것이다.

이러한 구성주의적 국제규범의 형성주기 및 전파에 관한 연구는 '변화과정'의 주기를 거치는 동적인 규범을 이론화했으나, 실제로는 성공적으로 안착된 국제규범의 사례를 설명함으로써 결과(outcomes)로서의 규범을 강조하게 되었다. 샌드홀츠와 스타일스(Sandhotltz and Stiles, 2009: 3~6)가 지적한 바와 같이, 기존 연구들은 구성주의의 이론적 한계와 마찬가지로 결국 규범의 탄생(creation) 외의 동적인 변화 및 진화 과정을 설명하지 못하는 결과를 낳은 것이다. 또한 이러한 연구들은 '규범에 대한 저항'을 선택하는 행위자들의 행태를 포착하지 못했다(Lantis, 2017). 규범의 성공적·긍정적인 결과를 평가하는 과정에서 실제로 해당 국제규범에 대해 순응, 소극적 인정, 대항, 적극적 수정 등의 다양한 태도를 견지하는 행위자들을 주목하지 못했다.

1세대 구성주의 학자들의 한계점을 보완하면서 보다 동적으로 변화하는 규범을 설명하기 위해 비판적 구성주의자들은 새로운 접근법을 제시했다. 2세대 규범 연구자로 불릴 수 있는 비판적 구성주의자들은 행위자의 행위를 규정하고 제약하는 규범이라는 단선적인 시각에서 벗어나 행위자의 역할(the role of Agency)을 더욱 중시했다. 이들이 공통적으로 공유한 전제는 첫째, 규범은 실행 가능성과 그 내용을 둘러싸고 비판과 논쟁의 대상이 되며, 특정 규범의 정당성은 행위자들 사이의 대화와 끊임없는 논쟁을 통해 결정된다는 것(Wiener, 2014)이다. 둘째, 행위자[2]는 규범의 진화 및 전파, 변용, 나아가 소멸을 이끌어내는 상호작용의 주요한 주체이다. 셋째, 규범은 행위자의 개입으로 인하여 지속적으로 변화하는 과정에 있다는 점이다(Sandholtz and Stiles, 2009: 6~12).

와이너(Weiner, 2004, 2009)는 특정 규범에 대한 문제 제기와 논쟁은 해당 규범의 의미와 적용범위를 보다 정교화하면서 규범의 정당성을 강화하거나 발전적 진화를 추동할 수 있다고 주장했고, 이런 주장은 논쟁적 (결과에 의한) 순응(Contested Compliance)으로 요약된다. 반면 로저트와 심벡(Rosert and Schimbeck, 2007) 등은 특정 규범에 대한 도전과 저항은 궁극적으로 정당성을 약화시켜 소멸로 이끌 수 있음을 제시했다. 즉 변화하는 글로벌 컨텍스트에 맞춰서 규범을 어떻게 적용하고 확장시킬 것인지와 관련된 논의는 규범을 더욱 공고화하는 반면, 정당성과 타당성에 대한 의문은 규범의 존재를 훼손시킬 수 있기 때문이다(Deitelhoff and Zimmermann, 2016). 비판적 구성주의의 논의가 갖는 함의

2) 기존 1세대 구성주의자들은 특정 규범을 출현시키는 규범 기획가(norm entrepreneurs)로서 비정부기구의 활동과 기여에 주로 주목했으나, 비판적 구성주의자들에 의해 강조된 행위자(agency)는 주로 국가 행위자, 즉 일국의 지도자 혹은 국가들의 연합(coalitions)을 의미한다.

점은, 국제규범이 도전받지 않고 정태적으로 국가나 개인에게 영향을 끼친다는 가정을 넘어서 국제규범을 둘러싸고 행위자들이 저항과 도전을 통해 경쟁적 게임을 벌일 수 있음을 이론적·경험적으로 제시했다는 부분이다.

이 글의 문제의식과 관련하여, 비판적 구성주의의 지류에서 규범의 적극적인 저항형태인 '변용'을 논의한 연구는 매우 흥미롭다. '규범의 전파' 단계에서 국가 행위자들은 기존 국내적 규범 시스템에 입각하여 국제규범을 받아들인다. 이러한 접근법은 상이한 가치체계와 실천적 행위, 그리고 상이한 (국내적) 규범구조의 존재를 부각시키며, 행위자는 외부의 압력이 주어지는 대로 규범을 수용하는 것이 아닌, 지역화(localization)라는 새로운 형태로 국제규범을 변용시킨다(Acharya, 2004; Cortell and Davis, 2005; Gurowitza, 1999; Krook, 2012). 나아가 행위자들은 보다 적극적인 저항을 하기도 하며, 국제적 압박에 대응하기 위한 고유의 규칙(local norms)을 세우는 대응을 선택하기도 한다(박창건, 2016; Acharya, 2011; Betts and Orchard, 2014). 국가 행위자가 국제규범에 순응할 것인지, 혹은 거부하거나 대항할 것인지의 여부를 결정하는 요소는 실질적으로 해당 국가가 지닌 고유한 가치체계와 정체성을 반영하기 때문에 자국이 지닌 정체성이 규범질서와 불일치하는 경우 국가들은 이를 재해석하고 변형하려는 동기를 가진다. 그리고 이러한 과정에서 실제로 국제규범들은 균열과 변형, 그리고 행위자들 간의 실천 간극을 경험하게 된다.

패권국과 부상국 사이의 규범경쟁과 이로 인한 글로벌 거버넌스의 균열을 논의하고자 하는 이 글의 문제의식에서 살펴보면, 기존 연구들은 몇 가지 한계점을 안고 있다. 먼저, 이러한 연구들은 제2차 세계대전 이후 탄생한 국제규범들의 다양한 측면—형성, 발전, 진화, 전파, 수용 등—을 다뤄왔음에도 불구하고, 연구대상이 되는 국제규범들이 특정 관념체계와 맺은 관계를 문제 삼지 않았다. 즉 19세기부터 21세기에 걸쳐 성립된 국제규범 구조와 다양한 하위 규범들은 미국과 유럽을 위시로 한 서구 행위자들에 상응하는 정체성을 기반으로 형성·진화되어왔다. 비록 국제규범의 주된 행위자가 규범 기획가로 분류되는 개인(individuals)인지, 국가(state agency)인지와 관련된 분석수준의 차이만 존재했을 뿐, 기존 규범 확산에 주된 행위자들은 이데올로기적 갈등, 가치체계의 도전과 저항이라는 동학 속에서 분석되지 않았다. 즉 주요 대상으로 꼽혔던 주권, 경제 자유화, 반핵, 인권, R2P(Responsibility to Protect), 인도적 개입, 기후변화, 젠더 등과 관련된 구체적인 규범들은 실제로 자유주의적 세계(liberal world)의 가치 및 원칙의 흐름을 반영하는 주체들의 이니셔티브로서 형성·발전되었다(Sandholz and Stiles, 2009: 20~23).

보편주의적이고 인도주의적인 규범의 전파는 물론 단순히 자유주의적인 세계질서를 지지하기 위한 수단만은 아니었으나, 실제로 이러한 규범들이 그 자체로 자유주의적·민주주의적 가치를 보유하지 않는 국가들 간의 긴장과 갈등을 일으키는 요소로 작용했음은 그리 지적되지 않았다. 기존 구성주의적 규범연구는 가치체계를 주어진 것으로 보고 이 과정에서 행위자들이 어떤 원칙을 선택하고, 어떤 동학이 펼쳐졌는지를 논하면서 자유주의적 편향성(liberal bias)을 드러내고 있다. '보편성의 원리'로 국제규범의 형성과정에 개입하는 주체적 행위자의 특정 가치체계에 주목하지 않은 결과, 규범의 주기와 동적인 변화는 실제로 이러한 자유주의적 가치 내의 조정(refinement)에 지나지 않았다. 나아가 극단적인 경우, 이러한 상이한 관념 체계와 가치 간의 충돌문제는 '적절성의 논리'에 따라 규범을 수호하는 행위자와 규범을 저해하고(violate) 인도적 가치에 반하는 행위자 간의 단순한 대립구도로 치환되는 결과를 낳았다. 하지만 규범구조와 특정 원칙들이 낳는 경쟁적 속성은 행위자들의 서로 다른 규범성(normativity)에서 기초한 것이며, 이를 기반으로 규범은 고도로 정치적인 경쟁과 해석 과정 속에 놓여 있음을 상기해야 한다. 상이한 레짐과 관념체계 아래 강력한 강대국으로 부상한 중국이 기존 규범질서에 가하는 충격과 불안정성을 고려해본다면 이러한 문제 제기는 일면 타당하다.

두 번째로, 기존 연구들은 국제규범의 형성 및 실천의 근간이 되는 가치와 원칙을 규정하는 강대국의 능력과 의지에 주목하지 않았다. 즉 국제정치학사에서 비교적 최근 발전한 규범연구의 특징들은 특정 규범의 형성과 전파라는 틀에서 개별 행위자의 실천 여부에 천착하여 글로벌 규범 구조에 강대국의 권력이 가하는 압력과 역할을 주로 다루지 않았던 것이다. 어떤 가치가 정당하고 적절한 기준으로 설정된다고 했을 때 이를 규정하는 행위자는 누구인가? 물론 어떤 강대국도 이미 형성된 규범적 질서와 원칙에서 자유롭지는 않지만(Sandholtz and Stiles, 2009: 13~15), 강대국은 스스로의 가치체계에 부합하는 원칙을 글로벌 거버넌스에 투사할 수 있는 능력과 의지를 보유하고 있고, 변혁과 수정을 통해 상당한 파급력을 미칠 수 있기에 규범문제는 실제로 강대국 권력게임의 양상과 매우 밀접하게 연관되어 있다. 실제로 강대국들은 서로 간의 협력과 갈등으로 글로벌 규범 구조의 근간을 세팅하는 역할을 도맡아왔고, 이

문제는 현재 국제규범의 탄생과 적지 않은 연관을 맺고 있다.

서구의 규범체계는 미국과 유럽 국가들 사이에서 공유되어 왔으나, 제2차 세계대전 이후 탄생한 구체적인 원칙들은 초강대국인 미국에 의해 추동되었다. 이 속에서 강대국으로 성장한 중국은 물질적 능력을 증대시키는 과정에서는 현 규범질서에 부분적으로 참여하는 방식으로 이득을 얻었으나, 점차 고유한 정치체제와 문화, 상이한 문명을 강조하는 것으로 나아가고 있다. 중국은 기존의 민주주의, 인권, 발전과 같은 서구식의 지배규범을 재해석하고, 중국 고유의 방식을 강조하기도 하며, 더 나아가 이전에는 존재하지 않았던 의제를 설정함으로써 기존 규범을 수정하려는 행태를 보이고 있다. 기존에는 개도국의 정체성을 공유하는 브릭스(BRICS) 국가들과 함께 대항담론과 대항규범을 내세웠지만, 점차 서구 국가들을 상대로 독자적인 가치체계를 전파하려는 움직임도 나타나고 있다. 이러한 움직임은 주권, 비개입과 불간섭 원칙, 정치체제의 정당성과 같은 국가수준에 부과되는 규범에서부터 국제경제 질서, 반테러리즘, 레짐개혁 등과 같은 국제수준에 적용되는 글로벌 거버넌스 규범, 그리고 인권, 개발협력 및 국제원조, 사이버 안보, 환경문제와 같은 이슈 중심의 원칙들처럼 다층적이고도 전방위적으로 나타나고 있다. 따라서 상당 부분 안정적으로 유지되어왔던 자유주의적 질서는 그 자체로 도전과 변용이 결합하는 경쟁의 대상이 되었다. 규범질서와 규범성에 대한 원칙을 놓고 벌어지는 경쟁은 어떠한 방식과 프레임으로 포착되어야 할까? 이러한 현상은 (현재까지 그래왔던 것처럼) 이슈별로 국제규범에서 일어나는 변화로 파악될 것이 아니라, 현 자유주의적 세계의 규범구조와 그 균열 속에서 벌어지는 강대국 시각의 규범 갈등이라는 프레임으로 재구성되어야 할 것이다.

이 글은 비판적 구성주의자들의 핵심 전제인 규범의 갈등적 속성과 국가 행위자의 적극적 역할이라는 전제를 기반으로, 규범구조라는 근본적인 체계(system)의 차원과 주체적 행위자로서 강대국의 전략적 경쟁을 살펴본다. 필자는 세부적 원칙(norms)의 내용과 범위를 결정짓는 거시적 차원의 규범구조(normative structure) 속에서 강대국들은 구조를 자국에 유리한 방향대로 설정할 의지를 가진다고 전제한다. 또한 강대국은 자국 고유의 가치와 원칙이 '적절성의 원리'에 따라 전파되기를 원하며, 규범성을 결정짓는 '정당성 게임'을 통해 지위를 공고화하고 명성과 위신을 얻는 것을 목표로 한다. 강대국 간의 규범 충돌과 갈등은 글로벌 거버넌스를 지속적인 변화과정 속에 놓으며, 원칙의 세부적 내용을 조정하는 결과를 낳을 것이다. 이러한 시각에서 규범갈등이 강대국의 권력게임의 한 양상임을 드러내기 위해 기존의 서구적 질서를 대변하는 미국과 독자적인 관념체계를 보유한 중국 사이의 규범경쟁을 다룰 것이다. 하지만 이러한 작업을 통해서 항상 미국과 중국이 규범상 충돌하고 갈등을 일으킨다고 주장하려는 건 아니다. 오히려 공동의 대응과 협력 분야가 두드러지는 영역도 존재하고, 이러한 공통의 이해기반도 점차 넓어지는 추세이다. 하지만 패권국가와 도전국 사이에 발생할 수 있는 규범적 갈등을 살펴보는 것은 21세기 미중 관계의 전체 상과 향후 세계질서의 미래지형을 가늠하는 데 매우 중요한 지표가 될 것이다.

3. 규범경쟁의 장으로서 미중 전략경제대화: 의의와 의제

> 어떤 지구적 문제도 미국이나 중국이 단독으로 해결할 수는 없다. 하지만 미국과 중국이 함께한다면 지구상에 해결할 수 없는 문제는 없다(few global problems can be solved by the U.S. or China alone. And few can be solved without the U.S. and China together) (Clinton and Geithnes, 2009.7.27)

미중 전략경제대화는 2009년 4월 런던 G20 정상회의에서 버락 오바마(Barack Obama) 대통령과 후진타오(胡錦濤) 주석이 새로운 전략경제대화의 추진을 선언하면서 탄생했다. 이는 조지 부시(George W. Bush) 대통령과 후진타오 주석의 합의로 만들어진 미중 고위급 전략대화(Senior Strategic Dialogue)와 전략경제대화(Strategic Economic Dialogue)를 합쳐 격상된 고위급 회담이다. 2009년 2월에 방중한 힐러리 클린턴(Hillary Clinton) 국무부 장관이 조 바이든(Joe Biden) 부통령과 원자바오(温家宝) 총리의 정기적 대화를 제의했고, 기존에 유지되던 미중 전략대화를 확대하자고 의견을 제시했다. 이후 같은 해 4월 런던에서 개최된 G20 정상회의에서 오바마-후진타오의 첫 정상회담이 마련되었고 이때 기존의 고위급 회담을 현재의 형태인 '전략경제대화'로 추진하는 데 합의하게 되었다(이태환, 2009: 1). 미중 전략경제대화는 최고 수준의 전략대화로서 양국의 현안과 동시에 지역, 글로벌 이슈영역을 총망라하는 협의의 장으로 발전되었다. 전략경제대화를 통해 기존에 투 트랙으로 진행되던 전략분야와 경제분

표 14-1 미중 전략경제대화 개최 일정

회차	연도	개최일정	개최지
1	2009	7월 28~29일	미국 워싱턴 D.C.
2	2010	5월 24~25일	중국 베이징
3	2011	5월 9~10일	미국 워싱턴 D.C.
4	2012	5월 3~4일	중국 베이징
5	2013	7월 10~11일	미국 워싱턴 D.C.
6	2014	7월 9~10일	중국 베이징
7	2015	6월 22~24일	미국 워싱턴 D.C.
8	2016	6월 6~7일	중국 베이징

야가 하나로 통합되면서 보다 거시적인 이슈 연계와 관련된 대화가 가능해졌다. 이런 정례화된 메커니즘은 미중 양국이 글로벌 현안을 논의하고 나아가 규칙 제정(rule-making)을 벌이는 공식적인 장으로 이해되면서, 미중 관계의 제도화 및 2009년 이후 달라진 중국의 국제적 위상을 반영한 G2 시대를 열었다는 평가를 받았다. 2009년 오바마 행정부 출범 이후 결실을 맺은 이 전략경제대화는 세계 금융위기에 대처하여 양국의 경제적 안정을 도모하고 상호협력을 통해 국제적 환경 변화에 적절히 대응하려는 의도에서 시작되었다. 2009년 7월 28일과 29일 양일 동안 워싱턴에서 개최된 제1차 전략경제대화를 시작으로 미중 전략경제대화는 매년 양국의 수도에서 번갈아 열렸으며, 이는 2017년 개편안이 나오기 이전까지 8년 동안 지속되었다.

2017년 4월 미중 정상회담에서 시진핑(習近平) 주석과 도널드 트럼프(Donald Trump) 대통령은 기존의 전략경제대화가 양자관계에 의미 있는 성과를 가져왔다는 점을 언급하면서 새로운 개편안을 발표했다. 경제대화 및 전략대화로 구성되었던 전략경제대화는 외교안보대화(the Diplomatic and Security Dialogue), 포괄적 경제대화(the Comprehensive Economic Dialogue), 법 집행 및 사이버 안보대화(the Law Enforcement and Cybersecurity Dialogue), 사회문화 대화(the Social and Cultural Issues Dialogue) 총 4개의 고위급 대화로 세분화되었고, 이 외에 모든 이슈를 총망라하는 포괄적 대화(Comprehensive Dialogue)가 설치되었다. 개편안에서 제시하는 세분화된 대화기제는 미중 양국의 효율적인 대화를 이끌고, 사안별 협력과 신뢰 구축을 위한 것으로 제안되었다.[3] 이 글에서는 아직 시작 단계인 2017년 플랫폼에 관한 논의를 제외하고 2016년 미중 전략경제대화까

3) "U.S. Relations with China"[https://www.state.gov/r/pa/ei/bgn/18902.htm(검색: 2017.9.3)].

표 14-2 미중 전략경제대화 의제

회차	연도	의제	비고
1	2009	• 비확산, 테러 방지 • 북한, 파키스탄, 아프가니스탄, 이란 • 국제 레짐, 보건, 친환경 에너지, 기후변화, 인권 등	4 pillars: 1) bilateral relations 2) International Security 3) Global Issues 4) Regional and Stability Issues
2	2010	• 에너지 안보, 기후변화, 유엔 평화유지군, 비확산, 반테러리즘, 보건 등	26개 사안
3	2011	• 지역안보[아태 지역의 안정과 번영/아프리카(수단)·중남미·남아시아·중앙아시아 정책/아프가니스탄], 인권(평등과 상호존중의 기반), 반테러리즘, 비확산, 기후변화협약 및 환경이슈, 에너지(오일, 가스, 에너지 과학), 해양법, 북극이슈, 과학·기술 협력, 양자무역, 관세(관세법 조항), 균형 있고 지속가능한 경제협력, 공중보건, 불법벌목 및 거래금지	47개 사안
4	2012	• 핵안보 정상회의(서울), 핵안보 관련 이슈(비확산 등), 식량안보, 농업과학 협력, 재난관리 대응, 기후변화, 인권, 지역안정(아태/중동/아프리카), 해양안보, 기술협력, 불법벌목 및 거래금지, 환경, 해양법, 북극이슈, PKO, 양국 간 비자이슈(민간교류 확대), 국경분쟁 협력, 수송안정, 재난관리, 에너지(셰일가스), 환경, 원자력, 스마트 그리드	50개 사안
5	2013	• 사이버 안보(워킹그룹), 인권, 비확산, 핵안보, 불법무역, 지역안보 및 다자적 군비 통제·감시, 기술 네트워크, 바이오 기술, 경제협력 확대, 수송안정, 지역안정(한반도/아태/이란/시리아/아프가니스탄), 해양안보(남북극 이슈/로스해), 기후협력 및 환경, 보건(말라리아), PKO, 하위 국가 협력 강화, 핫라인 추가 설치, 에너지(오일, 가스), 과학·기술 협력, 식량안보 등	91개 사안
6	2014	• 군사활동에 대한 신뢰구축조치 확대, 비확산, 반테러리즘, 반부패(다자 협력), 농수산업 보호, 해양안보 협력, 지역안보(한반도/아태/이란/시리아/아프가니스탄 등 중동/수단 및 아프리카), 환경(야생동물 보호/수질/대기), PKO, 지진 및 재난 구조대응, 에너지 안보(셰일가스), 핵규제, 핵기술의 평화적 사용, 핵 민간협력, 친환경기술 개발, 스마트 그리드, 식량안보 및 보건(감염 등), 우주개발 협력	116개 사안
7	2015	• 군사협력 및 정보교류 확대, 비확산, 반부패, 반테러리즘, 인권(장애인권 옹호), 수송안전과 재난관리(지진 및 화산 감시활동), 지역안보, 인도적 지원 확대(중동/아프리카), 환경보호, PKO, 경제협력, 사이버 안보, 기후변화, 빅데이터 프로젝트, 에너지 안보, 해양협력(남중국해 언급), 보건(에볼라 후속조치 등), 건강보험 개혁, 우주개발(위성)	127개 사안
8	2016	• 고위급 대화 확대, 군사협력, 전략안보, 사이버 안보, 비확산, 반부패, 법 집행 협력, 인권, 핵안보, 글로벌 공급체인, 포괄적 위기관리(지진 등 환경이슈), 지역안보(한반도/북한/아프가니스탄/수단/이란/시리아), 반테러리즘, 평화유지, 유엔 및 다자 협의, 인도주의적 지원, 환경, G20, 기후변화 및 에너지 이슈, 해양생태 및 해양안보, 북극이슈, 항공 및 우주 안보, 기술협력 등	120개 사안

자료: 미국 국무부 사이트(www.2009-2017.state.gov)에서 연도별 전략경제대화를 바탕으로 필자 작성.

지의 의제와 미중 담론을 분석한다.

8회에 걸친 미중 전략경제대화에서 양국이 논의한 의제들은 시간의 흐름에 따라 더욱 다양해지고 세분화되는 양상을 띠고 있다. 매해 의논되었던 대표적인 의제들은 표 14-2와 같다.

앞서 언급했듯이 미중 전략경제대화는 양국 간 현안에 대한 논의와 협력이 이루어지는 제도로 해석되지만, 실제 논의되는 이슈 분야를 살펴보았을 때 미국과 중국이 상이한 규범을 내세우고 치열한 경쟁을 벌이는 장이기도 하다. 미중 양국이 각 이슈를 놓고 담론갈등을 벌일 때 해당 이슈 거버넌스의 프레임에 상당한 파급력을 미치게 된다. 전략대화의 틀 안에서는 미중 양국의 고위급 인사들이 직접적인 청중이지만, 기존 강대국과 신흥 강대국 사이에서 벌어지는 담론충돌은 미중 관계를 넘어 여타 국가 행위자들의 정책에 영향을 미치게 되며, 궁극적으로는 기존 거버넌스 강화, 수정 및 변경 등을 이끌어낸다. 다음 절에서는 다양한 이슈들 가운데 미국과 중국이 첨예한 대립각을 세우고 상이한 원칙을 고수하는 남중국해 분쟁 사례와 사이버 안보 이슈를 중심으로 미중 갈등과 규범 균열을 살펴보도록 하겠다. 미중 양국은 동일한 현상에 대해 각기 상이한 원칙과 정책적 처방을 요구하면서 해당 이슈 거버넌스에서의 '정당성'을 확보하고 지지세력을 강화하고자 한다. 다음 절에서 상술하겠지만, 두 이슈를 두고 벌어지는 양국 사이의 프레임 충돌은 현재 해양안보와 사이버 안보의 거버넌스 유동성과 경쟁적 측면을 잘 보여주는 사례이다.

4. 미중 규범경쟁의 동학과 담론 분석

미중 전략경제대화에서 다뤄지는 광범위한 이슈, 그리고 다양한 하위 레벨의 대화와 워킹그룹의 운영은 미국과 중국 차원에서 이루어지는 협력적 기조를 잘 보여주지만, 이러한 협력을 저해하고 미중 관계를 지속적으로 불안하게 하는 의제들 또한 존재한다. 동중국해 및 남중국해 문제로 대별되는 해양안보, 무역 불균형 및 환율, 기후변화, 사이버 안보 이 네 가지 의제는 현재까지 미중 전략경제대화의 협력적 흐름을 방해하는 대표적인 사례로 꼽혀 왔다. 이러한 의제들은 실제로 미중 전략경제대화라는 제도적 틀을 넘어서서 벌어지고 있는 미중 간 갈등영역과 겹쳐 있다.

이 절에서는 미중 규범경쟁이 벌어지는 대표적 사례로 남중국해 분쟁과 사이버 안보 분야를 살펴본다. 남중국해 분쟁은 주권/영토/군사 영역과 관계된 전통적 안보의제이고, 사이버 안보는 21세기 새롭게 등장한 신흥 안보분야의 사례이다. 이 두 가지 의제는 각 의제들이 어떠한 규범으로 다루어져야 하는지, 각 국가의 행위는 어떠한 원칙으로 평가되어야 하는지와 연관된 규범/담론 경쟁에서 파악될 수 있다. 물론 이러한 의제들은 전략대화를 넘어 더욱 큰 맥락에서 살펴보아야 하는 분야이지만, 전략대화에서 나타나는 담론의 충돌은 정례화된 대화에서 상대방을 청중으로 상정하고 공언하는 공적인 담론을 대표한다는 점에서 중요하다. 나아가 공식 브리핑과 연설, 공동성명을 통해서 해당 담론 간의 결론 도출이 이어지고 있고, 이것이 양국의 갈등을 일정 부분 봉합·유지하고 있다는 점에서도 주목을 받을 만하다. 한 해에 발생하는 대표적인 충돌사건과 공명하며 나타나는 전략대화상의 언급을 살펴보는 것은 현재 미중 간 규범경쟁 지형과 담론 지형을 잘 드러내줄 것으로 예상된다.

1) 남중국해 분쟁: 영토주권의 원칙 vs. 항행의 자유 및 국제해양법

2009년 제1차 미중 전략경제대화 폐회연설에서 다이빙궈(戴秉國) 국무위원은 전략대화의 상징적 의미와 미국에 협력할 중국의 의지를 재천명하는 동시에, 미중 관계의 장기적 발전을 보증하는 중요한 전제로 '핵심 국가이익(core interests)의 상호존중'을 언급했다. 여기서 다이빙궈는 중국의 핵심 이익이 중국의 기본 시스템과 국가이익의 유지, 주권 존중과 영토 보전, 경제와 사회의 지속가능한 발전에 있다고 주장했다.[4] 2009년 11월 오바마 대통령의 방중 이후 발표된 미중 공동성명은 "양국의 핵심 이익을 존중하는 것이 미중 관계의 안정된 발전을 위해서 매우 중요하다(respecting each other's core interests is extremely important to ensure steady progress in US-China relations)"[5]고 언급하며 합의에

---

4) "for China, our concern is we must uphold our basic systems, our national security; and secondly, the sovereignty and territorial integrity; and thirdly, economic and social sustained development", Closing Remarks for U.S.-China Strategic and Economic Dialogue. https://2009-2017.state.gov/secretary/20092013clinton/rm/2009a/july/126599.htm(검색: 2017.9.5)

5) "U.S.-China Joint Statement," The White House. https://obamawhitehouse.archives.gov/realitycheck/the-press-office/us-china-joint-statement(검색: 2017.9.5)

도달한 듯 보였으나, 실제로 이는 미중 상호 간의 인식적 충돌과 향후 전략경제대화 내에서 벌어질 갈등을 예고한 것이었다.

중국의 기본 레짐체제 유지 및 주권·영토 보호와 같은 전략적 이익은 실제로 미중 양국이 지향하는 글로벌 질서의 전체 상과 이해관계가 상호 충돌하고 있음을 잘 보여준다. 미중 전략경제대화의 궁극적 목적은 양자관계에서 발생하는 긴장을 완화하고 상호 간 신뢰를 쌓는 데 있지만, '핵심 이익'과 관련된 상호존중은 결과적으로 미국과 중국의 이슈별 갈등으로 연결되고 있다. 미중 사이에서 벌어지는 갈등적 의제들은 중국의 핵심 이익이 걸려 있는 동중국해/남중국해에서 벌어지는 해양갈등, 사이버 안보/사이버 스파이 문제, 무역 불균형 및 (중국으로의) 시장진입 장벽 등(Bush, Dollar, Li, Lieberthal, Pollack, and Ye, 2014: 4)으로 요약될 수 있는데, 이러한 문제의 성격은 앞서 언급한 '핵심 이익'과 밀접한 관련이 있다. '핵심 이익의 존중'은 단순히 양국 합의를 통해 타협 가능한 문제가 아니라 양국이 서로 간에 존중해야 할 기본적인 규칙이다. 핵심 이익이 글로벌 이슈에 투사되는 경우, 핵심 이익을 유지하는 가운데 이를 보장할 국제질서가 어떻게 운영되어야 하는지, 또한 바람직한 방향으로 인정되는 국가행위의 성격은 무엇인지에 대한 규범적 인식 차원과 필연적으로 연관된다.

남중국해를 둘러싼 상이한 양국의 입장은 미중 전략경제대화 의제 중에서도 가장 두드러지게 나타나는 규범갈등의 사례이다. 2010년 3월 다이빙궈는 오바마 대통령의 특사와 만난 자리에서 "중국은 현 국가주권이라는 핵심 이익이 달려 있는 남중국해에 그 어떤 국가의 개입도 불허할 것"이라고 언급했다(Thayer, 2011: 17). 이 발언이 중요한 이유는 이전에 대만, 티베트, 신장 위구르 자치구에 한정되었던 영토주권의 범위에 처음으로 남중국해가 공식 포함되었기 때문이다.

남중국해 문제는 제2차 전략경제대화에서 영토주권의 문제로 재언급되면서 갈등의 씨앗을 낳았다. 전략경제대화 연설에서 다이빙궈는 남중국해는 중국의 핵심 이익에 포함된다는 공언을 했고, 이에 대해 클린턴 국무부 장관은 즉각적으로 반대 의견을 피력한 것으로 알려져 있다("when China first told us at a meeting of the Strategic and Economic Dialogue that they viewed the South China Sea as a core interest, I immediately responded and said we don't agree with that.")(Clinton, 2010). 또한 중국 고위급 군관료인 마샤오톈(馬曉天)은 전략경제대화에서 열린 추가적 군사회담에서 "미중 간 군사관계는 대만으로의 무기 수출, 중국 배타적 경제수역에서 벌어지는 미군 함정 및 항공기의 운항, 군사교류 발전을 저해하는 미국 국내법이라는 세 가지 장벽에 가로막혀 있다(there were three obstacles to stable military-to-military relations: U.S. arms sales to Taiwan; operations by U.S. naval ships and military aircraft in China's Exclusive Economic Zone; and U.S. laws restricting the development of military exchange)"고 언급함으로써 긴장을 야기한 바 있다(Thayer, 2011: 17).

실제로 2009년에서 2010년에 걸쳐 미국에서는 중국의 '핵심 이익'이 갖는 함의에 대해 많은 논쟁이 있었다고 알려지지만, 제2차 전략경제대화가 끝난 이후 남중국해와 관련된 미국의 입장이 공식적으로 정리되고 클린턴 국무부 장관이 2010년 7월 하노이에서 관련 성명을 발표한다. "남중국해 지역에서 (미국이 추구하는) '국가이익'은 과거부터 일관되게 강조되었던 항행의 자유와 항로의 안보를 포함할 뿐만 아니라 해양과 공중의 공유공간 사용, 합법적인 상업행위의 보장 및 국제법 준수 등의 내용을 포함한다. 미국이 강조하는 남중국해 지역의 '국제이익'은 남중국해 지역에 대한 동남아시아 각국의 이익뿐만 아니라 일본, 한국, 인도, 러시아, 캐나다, 호주, 뉴질랜드, 유럽연합(EU) 등 아세안 지역포럼에 참여하는 국가들의 이익 및 기타 해양국가들과 국제 사회 성원들의 이익까지 포함한다"(김택연, 2016: 57~58 재인용). 따라서 남중국해 분쟁은 중국의 강대국으로서의 야심, 그리고 미국의 아시아 회귀(pivot to Asia) 전략이 맞물린 역내 패권경쟁의 논리로 진화되었다. 이후 남중국해를 둘러싼 담론 싸움은 중국이 주장하는 영토주권 논리 및 분쟁 당사자의 권리와 미국 측의 항해의 자유 및 국제해양법의 준수라는 상이한 규범을 중심으로 전개되고 있다. 중국은 영토주권에 관해서는 그 어떤 국가도 이를 침범하거나 간섭할 수 없으며 영토분쟁이 발생했을 때는 분쟁 당사자들만이 '양자 대화'에 관여해야 한다는 입장이다. 반면 미국은 국제해양법과 항행의 자유, 해양안보를 존중해야 하며 이와 관련된 어떤 갈등도 인접국을 포함한 다자적 세팅으로 접근해 해결해야 한다는 입장이다.

2014년 중국이 난사군도에 인공섬 건설을 추진하고 베트남 인근 해안을 따라 원유시추 장비를 설치하는 등 남중국해에서 공세적인 태도를 보임에 따라 남중국해 문제는 새로운 차원으로 발전되었다. 그 이후 중국과 주변국 간의 갈등이 전개되었고 미국과 아세안(ASEAN)의 협력 강화를 통한 중국 압박 분위기가 연출되었다. 이런 가운데 열린 제6차 미중 전략경제대화에서는 남중국해를 둘러싸고 서로 간에 날선 대화가 오고 갔다. 제6차 대화를 앞두고 열린 미국 측 특별 간담회에서 익명의 관료는 남중국해 이슈의 접근에서 중국의 영토/주권 논리에 대해 정면으로 반박하고 보다 정교화된 입장을 피력했다. 해당 관료에 따르면 남중국해와 관련된 해양안보 이슈는 여러 차원에서 이해되어야 하는데, 중국이 주장하는 '주권' 문제에 한해서 미국은 분쟁 당사국 어느 쪽의 편도 들지 않는 공정한 접근법을 채택하고 있다고 강조했다("we will make clear to China, as we have made clear to all of the claimants, that we are not backing one claimant's position against another's when it comes to the question of sovereignty. … That means that the United States is unbiased when it comes to the underlying sovereignty question.").[6] 이에 더해 중국뿐만 아니라, 중국을 포함한 모든 이해 당사국은 국제법을 준수해야 하며, 이에 대한 모호한 혹은 반대되는 입장은 해당 지역의 갈등을 야기할 수밖에 없다고 주장했다. 이러한 논지는 중국이 주장하는 주권문제가 남중국해 문제에는 해당되지 않는다는 점을 강조하는 것이자, '국제법 준수'에 뜻을 같이하는 아세안 국가들의 상황을 고려했을 때, '국제규범을 준수하지 않는' 중국을 지칭하며 압박을 가하는 것으로 해석될 수 있다.

이후 대화에서 존 케리(John Kerry) 미국 국무부 장관은 시진핑의 개막연설을 재인용하면서 중국의 공세적 행태를 경계했고, 양제츠(杨洁篪) 중국 국무위원 또한 분쟁 당사국들을 지원하여 중국의 주권에 도전하게끔 부추기는 미국을 비난한 바 있다(Glaser and Vitello, 2014). 결과적으로 2014년에 고조된 남중국해 갈등은 고위급 대화를 통해서 해결되기보다 양측의 입장을 재확인하는 데 그쳤으며, '해양법 집행기관 사이의 합동그룹 건설(creation of a joint working group between maritime las enforcement agencies)'이라는 느슨한 합의만 남긴 채 종결되었다. 이러한 합의와는 별개로 공동성명을 통해 중국은 동중국해 및 남중국해에서의 영토주권과 해양권을 옹호할 것이라고 재차 강조했다.[7] 이후 2015년 9월 25일 미중 정상회담에서 "예로부터 남중국해의 섬들은 중국의 영토로, 우

---

6) "Background Briefing on the Strategic and Economic Dialogue," Special Briefing, July 7, 2014. https://2009-2017.state.gov/r/pa/prs/ps/2014/07/228852.htm(검색: 2017.10.24)

7) John Kerry, Jacob Lew, Yang Jiechi, and Wang Yang, "Joint U.S.-China Press Statements at the Conclusion of the Strategic & Economic Dialogue," *Joint Statement*, July 10, 2014. https://2009-2017.state.gov/secretary/remarks/2014/07/228999.htm(검색: 2017.10.24)

리는 우리 자신의 영토를 보전해야 할 권리와 합법적이고 정당한 해양의 권익을 보전해야 할 권리가 있다"고 한 시진핑의 언급을 통해 중국이 유지하고 있는 비타협적인 입장을 잘 알 수 있다(김택연, 2016: 59 재인용).

이후 2015년 10월 26일 미국 해군 라센함이 중국이 영해로 간주하는 인공섬 주비자오 근처를 항해하는 사건이 벌어지면서 남중국해 갈등의 여파는 이듬해 제15차 아시아안보회의와 제8차 전략경제대화까지 이어졌다. 2016년 제8차 대화가 시작되기 직전 오바마는 베트남을 방문하여 베트남에 대한 무기수출 금지를 완전히 해제할 것이라고 공표하면서 미국과 베트남의 군사관계를 이전보다 더욱 깊은 관계로 이어나갈 것이라고 강조했다. 이에 더해 미국 국방부 장관 애시턴 카터(Ashton Carter)는 미국 해군사관학교 연설에서 아태 지역에 최신 무기를 배치할 계획을 발표하고, 제8차 대화 이틀 전인 샹그릴라 회의에서는 중국이 해양에서 "고립의 만리장성을 쌓고 있다"고 언급하며 중국을 비난하는 등 공세수준을 더욱 높였다(Zhang, 2016).

이러한 분위기에서 진행된 제8차 대화 개막연설에서 시진핑은 '구동존이(求同存異)'를 내세웠고 미국에 전략적 오판을 저질러서는 안 된다고 경고했다. 이에 케리 국무부 장관은 그 어떤 국가도 해양문제에서 현상유지를 흔들고 일방적인 행동을 해서는 안 된다고 되받았다(정은지, 2016; 홍병문, 2016). 마찬가지로 미국은 '국제법에 기반한 평화적 해결안'을 지지하며, 필리핀과 중국 사이의 분쟁에 대한 중재안을 중국이 받아들일 것을 요청했지만 중국은 이를 거부했고 양측의 대화는 다른 성과와 달리 교착되었다. 2016년 7월 국제상설중재재판소가 중국의 영유권 주장에 국제법적 근거가 없다고 판결을 내리면서 남중국해 이슈는 본격적인 국제법 이슈로 확장되었고 지금까지 여전히 경쟁과 갈등이 지속되고 있다.

2) 사이버 안보: 인터넷 주권 vs. 사이버 범죄 및 개방적 사이버 공간의 논리

사이버 안보 이슈는 2013년 미중 전략경제대화의 의제로서 처음 논의되기 시작하여 2017년 대화 개편 이후 "법 집행 및 사이버 안보 대화(the Law Enforcement and Cybersecurity Dialogue)"의 한 트랙으로 자리 잡을 만큼 급부상한 분야이다. 사이버 안보 분야는 2013년 전략경제대화가 시작되기 전 양국 언론을 통해 '소규모 워킹그룹'에서 집중 논의될 것으로 알려지면서 주목을 받은 바 있다(김근정, 2013; 송기용, 2013). 기존에 미중 양국의 전략적 경쟁이 물리적 공간에서 사이버 공간으로 확장되면서 사이버 안보 경쟁이 낳을 파급력에 대한 관심이 높아진 것이다.

2000년대 들어 사이버 안보 이슈는 양국 간 협력보다는 갈등과 규범 경쟁의 시각에서 주로 논의되었다. 이는 2013년 전략대화에 앞서 미중 간 사이버 안보 이슈를 두고 첨예한 대립이 이전부터 진행되고 있었기 때문이다. 미국의 시각에서 미국 정부 및 기업 컴퓨팅 네트워크에 대한 중국발 해킹은 사이버 안보에서 가장 위협적인 행동으로 규정되었다. 특히 중국 해커들에 의해 기술 정보 및 연구개발 내용이 유출되고 지적재산권이 심각하게 침해된다는 인식은 사이버 안보 이슈에서 미국의 기본적인 입장을 이루고 있다(김상배, 2015a: 78~79, 2015b: 13). 지적재산권 침해를 통해 무역과 경제 분야의 손실을 야기하는 사이버 스파이(cyber espionage) 행위를 지적하면서, 미국은 스스로 중국발 공격에 대항해야 하는 '피해자 담론'을 주도해왔다. 이에 맞서 중국 또한 자국의 해킹 피해가 만만치 않고, 미국의 비난은 구체적인 근거가 없는 것으로 중국을 견제하기 위한 장치라는 주장을 펼쳐온 바 있다(김상배, 2015a: 78~80).

미국의 공세적 입장과 상반되는 사례로서, 미국 정부가 중국에 대해 수백 건의 해킹을 진행해왔다는 2013년 에드워드 스노든(Edward Snowden)의 폭로는 중국발 공세에 힘을 실어주는 계기가 되었다. 미중 전략경제대화 직전에 터진 이 사건을 계기로 전략경제대화의 갈등기제에 새로운 영역이 추가될 것으로 예상되었다. 대표적인 신흥 이슈로서 사이버 안보 거버넌스는 높은 유동성을 보유하고 있었고, 담론을 장악하기 위하여 미중 양국이 경쟁을 벌일 것이라는 점이 명백했던 것이다. 2013년부터 논의되기 시작한 사이버 안보 이슈는 양국이 사이버 전력에 얼마나 투자하고, 서로 간에 해킹과 같은 사이버 공격을 얼마나 지속시켰는지에 대한 실질적인 갈등보다는 사이버 안보 문제를 어떻게 다룰 것인지에 대한 프레이밍(framing) 갈등의 측면에서 진화해오고 있다.

2013년 제5차 전략대화의 개막행사에서 중국 측은 공세적인 입장을 유보하고 사이버 안보 이슈에서의 협력을 진행해 나가자는 입장을 전달했지만, 미국 측은 기존의 피해자 담론과 자국의 공세적 입장을 분명히 했다. 원론적이고 형식적인 측면에서 '사이버 이슈에서도 대화와 협력을 이어나가야 한다'는 중국의 언급과 달리, 바이든 미국 부통령은 "공개적이고, 안정된, 그리고 신뢰할 만한 인터넷 환경으로부터 미중 양국은 이익을 얻을 것"이라고 언급하면서

"현재 미국 기업이 겪고 있는 명백한 사이버 절도 행위는 중단되야 한다"는 입장을 전달했다("both will benefit from an open, secure, reliable Internet. Outright cyber-enabling theft that U.S. companies are experiencing now must be viewed as out of bound and needs to stop."). 이와 더불어 제이콥 루(Jacob Lew) 미국 재무장관은 미중의 발전적 경제관계와 사이버 공격의 연관성을 언급했다. 양국의 기업이 활동하는 장과 글로벌 경제에 참여하는 이들의 권리는 정부의 후원을 받는 사이버 공격(government-sponsored cyber intrusion)으로부터 보호받아야 할 것이라고 덧붙였다.[8]

제5차 전략대화의 폐막성명에서 윌리엄 번스(William Burns) 미국 국무부 부장관은 "이번 대화에서 미국은 무역분야의 기밀사항, 지적재산권, 기업정보에 대한 사이버 절도 행위는 용인될 수 없음을 강조했다(During our engagement this week, we underscored that the cyber-enabled theft of trade secrets, intellectual property, and confidential business information is unacceptable)"는 발언으로 미국의 입장을 요약했다. 반면 중국 국무원 부총리 왕양(汪洋)은 이번 대화를 통해서 '중국은 사이버 해킹 공격의 주체가 아닌 희생자다. 양국 협력을 지속해나갈 것임은 분명하나, 모든 국가들의 사이버 안보 문제를 다루기 위해서는 적절한 국제 사이버 규범과 원칙이 유엔 차원에서 발전되어야 한다'는 취지의 발언으로 대응했다("The Chinese side pointed out that China is a victim of hacking attacks. China's view is that the relevant international cyber rules should be developed by the UN to help uphold cyber security in all countries.").[9] 확실한 원칙과 규범을 내세우지는 않았지만 제5차 전략대화에서 양국 관리의 발언은 이전까지 미중의 입장을 요약해주는 동시에 향후 벌어진 미중 사이버 안보 경쟁의 큰 틀을 보여주고 있다.

중국은 해양안보 및 남중국해 이슈에서 국제적·다자적 접근을 거부하고 당사자 해결 원칙과 주권이라는 측면에서 단호한 입장을 보여주는 것과 반대로,

---

8) John Kerry, Joe Biden, Jacob Lew, Yang Jiechi, and Wang Yang, "U.S.-China Strategic and Economic Dialogue Joint Opening Session," Remarks, July 10, 2013.
https://2009-2017.state.gov/secretary/remarks/2013/07/211773.htm(검색: 2017.10.27)

9) William J. Burns, Jacob Lew, Yang Jiechi, and Wang Yang, "The US-China Closing Statements for US-China Strategic and Economic Dialogue," July 11, 2013.
https://2009-2017.state.gov/s/d/former/burns/remarks/2013/211850.htm(검색: 2017.11.25)

사이버 안보 문제의 해결에는 다자적이고 국제법적인 접근이 필요하다는 태도를 보여준다. 이는 중국의 '핵심 이익'이 사이버 안보 이슈에는 적용되지 않기 때문이며, 아직 확고한 규범 및 원칙이 세워지지 않은 사이버 안보 거버넌스에서 나름의 포지션을 찾아가려는 유연한 대응으로 해석될 수 있다. 즉 당사자로서 남중국해에 보여주는 비타협적인 입장과는 달리, 사이버 해킹 혹은 공격에 대해서는 중국 또한 피해자이자 약소국임을 강조하면서 미국의 비판적 담론을 우회하고 서구 세계가 선호하는 인터넷 거버넌스, 사이버 안보 거버넌스에 대한 반대 입장을 드러내고 있다. 특히 제5차 전략대화의 폐막성명에서 중국이 "적절한 국제 사이버 규범"을 주장한 것은 실제로 미국과 유럽 국가들이 '탈린 매뉴얼', '부다페스트 사이버 범죄 협약' 등을 통해 사이버 안보 문제를 전쟁법과 같은 국제법으로 규정하고자 했던 기존의 시도에 반대하고, 대안적인 원칙이 필요함을 우회적으로 표현한 것이다. 보다 명확한 중국의 입장은 이후 대화에서 드러난다.

미국은 북대서양조약기구(NATO)를 통해 2009년부터 사이버 안보 국제규범에 대해 논의를 시작했고, 2013년 탈린 매뉴얼을 발표하면서 사이버 안보에 대한 전쟁법적인 해석과 세부 원칙을 천명한 바 있다. 또한 '부다페스트 사이버 범죄 협약'으로 완성된 유럽 국가들의 노력에 일찍이 옵저버로 참여하면서 사이버 범죄와 관련된 조약을 국제법으로 확장하기 위해 노력해왔다(배영자, 2017: 110~113). 이렇게 사이버 안보 글로벌 거버넌스의 형성과정에 일찍부터 참여한 미국은 중국을 대상으로 한 사이버 안보 문제에서도 동일한 접근법을 취하고 있다. 즉 제5차 전략대화에서 드러나듯이, 미국은 기존의 국제법적 접근에서 사이버 안보 문제를 다루고 있고, 더불어 정부 및 공공기관, 기업의 해킹문제라는 '사이버 범죄'의 논리를 우선시하고 있다. 또한 미국 기업의 이익에 반하는 절도행위(기밀사항 보호권리)와 지적재산권이라는 이슈를 통해 사이버 안보를 경제이슈와 연계시키는 모습을 보이고 있고, 보다 넓게는 '자유롭고 개방된 인터넷 환경', '프라이버시'의 문제라는 프레임으로 접근하고 있다. 다시 말해 미국은 양국 관계 측면에서는 중국발 사이버 범죄에 대응하고, 글로벌 거버넌스 측면에서는 '자유롭고 신뢰할 수 있는 인터넷 거버넌스'라는 두 축을 중심으로 담론을 형성하여 중국을 압박하고 있다.

2014년 제6차 전략대화에서는 해양안보 이슈와 함께 사이버 안보 문제가 양국 간 갈등을 드러내는 대표적인 사례로 자리 잡았다. 특히 제6차 대화에서 보다 냉랭한 분위기가 형성될 수밖에 없었던 결정적 이유는 미국 법무부가 5월 19일 미국 주요 기업의 비밀정보를 훔친 혐의로 중국군 관계자 5명을 기소했기 때문이다. 에릭 홀더(Eric Holder) 미국 법무부 장관은 '중국군 장교들이 훔친 무역기밀과 기업의 주요 정보는 중국의 국영기업으로 흘러들어 갔고 명백하게 국가가 개입된 사이버 범죄 행위라고 지적하며, 이는 미국의 경제적 이익을 심각하게 훼손하는 일'이라고 강력한 성명을 발표했다(Glaser and Vitello, 2014). 이에 중국 정부는 외교부 성명을 통해 즉각적으로 미국의 기소는 근거가 없는 것이라 반발했고, 주중 미국 대사를 초치하고 항의했다(연합뉴스, 2014.5.20). 또한 친강 외교부 대변인은 "미국이 대화와 협력을 통해 사이버 안보와 관련된 문제를 해결하려는 데 진정성이 부족(lack of sincerity on the part of the US to solve issues related to cyber security through dialogue and cooperation)"하기 때문에 미중 간 사이버 워킹그룹과 관련 대화를 중지할 것이라고 선언했다. 2013년 처음 신설된 미중 사이버 워킹그룹이 1년 만에 중단됨으로써 전략대화 내에서 중국도 사이버 안보 이슈에 대해 명확하고도 공세적인 입장을 드러내는 계기가 형성되었다(Glaser and Vitello, 2014). 중국 고위 관계자들은 중국 또한 미국이 주도하는 해킹 공격으로 심각한 피해를 입었다고 주장하며, 그 사례로 스노든 사건을 언급하며 미국을 강력하게 비난했다.

제6차 전략대화가 열린 베이징에서 케리 국무부 장관은 중국중앙방송국(CCTV)과 인터뷰를 가졌다. 그는 '스노든의 폭로에서처럼 국가안보국(NSA)이 중국의 정부기관 및 무역관료, 기업을 해킹한 것은 미국의 경제적 이익을 위한 것으로, 미국도 마찬가지로 사이버 범죄 행위를 저지르는 것이 아닌가?', '이는 명백한 이중잣대(double standards)가 아닌가'라는 질문에 "미국 기업의 이익을 보장하기 위해서 정부의 안보기관을 통해 정보를 취득하는 행위에 개입한 적은 절대 없다(I can absolutely guarantee you that the United States does not engage in any kind of information gathering through any government security services in order to transfer to any business or to advance American business)"며 미국의 피해자 담론을 더욱 강조했다.[10]

제6차 전략대화 공동 언론 브리핑은 사이버 안보 이슈의 냉각된 분위기를

10) John Kerry and Jack Lew, "Interview with Wang Guan of CCTV," June 30, 2014. https://2009-2017.state.gov/secretary/remarks/2014/06/228904.htm(검색: 2017.11.25)

직접적으로 반영한다. 케리 국무부 장관은 "사이버 공간을 통한 지적재산권의 손실은 혁신과 투자를 냉각시키고 있"으며, "사이버 절도 행위는 미국 기업과 미국의 경쟁력을 훼손시킨다(The loss of intellectual property through cyber has a chilling effect on innovation and investment. Incidents of cyber theft have harmed our businesses and threatened our nation's competitiveness)"고 언급했다. 반면 왕양 부총리는 "사이버 공간이 타국의 이익을 훼손하는 도구로 사용되어서는 안 된다. 중국은 미국이 사이버 이슈에 대해 대화와 협력을 이어나갈 수 있는 조건을 만들어주길 기대한다(The Chinese side believes that cyberspace should not become a tool for damaging the interests of other countries. The Chinese side hopes that the US side would create conditions for the two sides to have dialogue and cooperation on the cyber issue)"고 했다.[11] 양국은 실제로 전략대화를 통해 사이버 안보 위협을 해결하기 위해서 대화가 필요하다는 공감은 표출했으나, 미국의 사이버 범죄 및 산업 스파이 행위에 대한 비난과 중국의 미국 책임론 사이에서 뚜렷한 성과는 내지 못했다. 이런 냉랭한 분위기는 2016년도까지 지속되었다.[12]

실질적으로 사이버 안보 이슈와 관련한 중국 측의 주된 논지와 원칙은 무엇인가? 미중 전략경제대화를 통해 중국은 미국의 피해자 담론에 맞서 동등한 피해자 담론으로 수세적인 입장을 취하고 있는 것처럼 보인다. 그럼에도 중국은 실제로 미국과 몇 가지 뚜렷한 대척점을 보이고 있다. 미중 전략경제대화를 통해 미국은 사이버 안보가 지적재산권 보호라는 '법률'의 측면과 해커에 의한 지식정보 침해라는 '범죄'의 측면에서 다뤄져야 한다고 주장해왔다. 이러한 미국의 담론은 개방적이고 자유로운 인터넷 환경이라는 사이버 공간의 성격과 깊게 연관되어 있고, 개인의 권리와 표현의 자유라는 미국의 정치적 가치를 기반으로 한다. 하지만 사이버 안보 담론에서 중국이 중요시하는 가치는 '정권안보'로 요약되는 인터넷 주권과 사이버 공간의 콘텐츠 규제이다(김상배, 2015a: 83~85). 즉 타국의 해킹 공격으로부터 중국의 핵심 기반시설과 네트워크

11) John Kerry, Jacob Lew, Yang Jiechi, and Wang Yang, "Joint US-China Press Statements at the Conclusion of the Strategic & Economic Dialogue," July 10, 2014. https://2009-2017.state.gov/secretary/remarks/2014/07/228999.htm(검색: 2017.11.22)

12) 2015년 제7차 전략대화에서도 미중 사이버 실무 워킹그룹은 개최되지 않았으며, 중국 측 대변인 루캉(陸慷)은 미국 법무부가 중국군 장교 5명을 기소한 이후 워킹그룹의 협력적 분위기가 중단되고 냉각되었음을 언급했다. 그리고 중단의 이유는 중국에 있는 것이 아니며, 대화 재개는 미국의 행동에 달려 있다고 말했다(Tiezzi, 2015).

및 정보를 보호해야 하는 의무와 더불어, 인터넷상에서 전파되는 정보에 대한 국가의 주권적 통제가 중국의 주요 관심사인 것이다. 이러한 논리에 따라 시진핑 주석은 2014년 "비록 인터넷이 고도의 글로벌화라는 특징을 가지고 있지만 각 국가의 정보영역의 주권이익은 침범당해서는 안 되며, 인터넷 기술이 발달하더라도 타국의 정보주권을 침해해서는 안 된다"라고 주장한 바 있다(김상배, 2015a: 85 재인용). 중국의 이러한 인터넷 주권에 대한 통제와 규제 원칙은 실제로 미국과 유럽이 추진해온 국제법적인 접근과는 대조적이다.

이에 더해 중국은 2014년부터 우전에서 '세계인터넷대회'를 개최하기 시작했다. 이전부터 상하이협력기구(SCO)를 통해 러시아와 공조체계를 마련하여 '정보안보'를 유지하기 위해 '국제정보안보협약' 제정을 주장하고 국가 중심의 다자적인 인터넷 거버넌스 체제 수립을 제시함으로써 사이버 공간의 주권을 강조했는데(배영자, 2017: 121), '세계인터넷대회'를 통해 본격적으로 글로벌 거버넌스의 새로운 대안을 제시하고자 했다. 2015년 제2차 대회 개막연설에서 시진핑 주석은 "인터넷 공간 또한 치외법권 지대가 아니며, 사이버 공간을 통해 중국의 정치체제와 사회의 안전에 위협을 가하는 정보는 관리되어야 한다"고 언급함으로써 미국이 강조하는 사이버 공간 질서에 반격을 가하고 있다(조화순·김민제, 2016: 90~91).

5. 결론

이 글에서는 강대국들이 거시적 차원의 규범구조 속에서 자국 고유의 가치와 원칙이 국제 사회에 전파되기를 원하며, '정당성 게임'을 통해 명성과 위신을 얻고자 규범경쟁을 벌인다는 전제하에 미중 규범경쟁을 살펴보았다. 비판적 구성주의자에 의해 주장된 이론적 프레임의 전제를 공유하면서 미중 전략경제대화에서 나타나는 미중 담론갈등을 분석했다. 미중 전략경제대화의 의의는, 즉 기존 강대국과 신흥 강대국이 서로를 청중으로 상정하고 다양한 이슈분야를 직접적으로 논의하는 제도에서 각 이슈 거버넌스를 둘러싼 미국과 중국의 담론 변화과정을 구체적으로 드러내고 있다는 점에 있다.

이 글에서는 미중 전략경제대화에서 드러나는 갈등적인 이슈 가운데, 전통 안보분야인 해양안보와 신흥 안보분야인 사이버 안보 의제를 선택했다. 남중국해 이슈와 사이버 안보 이슈는 각기 유동적인 거버넌스 속에서 규범이 동적으로 진화하는 대표적 사례이고, 미국과 중국이 적극적으로 (동시에 대조적으로) 정당성을 확보하고자 원칙을 세우는 이슈이기도 하다. 본문에서 살펴본 바와 같이, 남중국해 이슈에서 미국은 항행의 자유와 기존의 국제해양법이라는 규범을 통해 해양안보 이슈에 접근하고 있고, 동남아시아 국가들과의 공조 및 다자적 해법을 강조함으로써 중국의 해군력과 영향력을 억지하고자 한다. 이와 달리 남중국해 이슈를 영토주권과 핵심 이익으로 설정한 중국의 경우, 남중국해 이슈를 해양안보 전반으로 확장시키기보다는 당사자 원칙과 양자적 접근법에 입각한 주권논리로 해석하고자 한다. 따라서 중국은 다른 이슈에 비해 남중국해에서 공세적인 입장을 취하고 있으며, 지역 강대국으로서 주도권을 뺏기지 않으려는 시도와 더불어 '영토적 보존'과 '주권 불간섭'의 규범을 전파하고자 한다.

이와 달리 미중 전략경제대화에서 2013년부터 새로이 설정된 사이버 안보 의제는 표면적으로 산업 스파이 행위 및 사이버 범죄를 근절해야 한다는 미국의 공세적 입장에서 주로 발전된 것처럼 보인다. 하지만 사이버 안보 문제를 사이버 범죄로 접근하려는 미국의 의도는 보다 자유롭고 개방적인 인터넷 환경이라는 가치를 전파하고, 유럽 국가들과의 공조를 통해 기존에 참여하고 있었던 전쟁법적인 시각, 국제법적인 해석을 사이버 거버넌스에 투사하는 것이었다. 이러한 논의에서 미국이 중시하는 가치는 지적재산권과 프라이버시, 미국 정부기관과 기업의 정보 보호라는 차원에서 중국을 겨냥하고 있다. 이와 달리, 사이버 범죄의 피해는 자국에서 더욱 심각하다는 주장을 통해 다소 수세적인 담론을 주도하던 중국이 전략경제대화를 우회하여 직간접적으로 인터넷 주권을 옹호하는 움직임을 보여왔다. 비록 사이버 공간이지만 해당 국가의 주권적 영역에서 벗어날 수 없음을 강조하면서, 중국이 정권안보와 자국의 사회 안정에 위협이 되는 인터넷 정보를 통제해야 한다는 원칙을 내세우고 있다. 이와 동시에 중국은 상하이협력기구, 세계인터넷대회라는 대안적 제도를 통하여 중국의 인터넷 정책이 단지 미국과 서방 세계에 대응하는 것이 아니라 글로벌 거버넌스의 지형을 직접적으로 겨냥하고 있음을 보여주고 있다.

자유주의 세계질서의 대표로서 미국이 보유한 가치는 신흥 강대국으로서 부상한 중국의 고유한 원칙과는 직접적으로 충돌하고 있다. 양국이 벌이는 갈등은 이 글에서 분석한 두 사례를 넘어 경제, 사회, 환경 등 전방위적으로 펴져 있다. 따라서 단순히 물질적 측면의 경쟁을 넘어 규범경쟁의 차원에서 이루어지는 미중 간의 갈등을 살펴보는 것은 21세기 새로운 글로벌 거버넌스의 지형과 강대국 세력경쟁의 새로운 측면을 드러내줄 것으로 기대된다.

제5부

미중 매력·규범 경쟁의 정보세계정치

U.S.-China Competition in the Emerging Stage: A Perspective of World Information Politics

제15장

송태은 (서울대학교 국제문제연구소 선임연구원)

미국과 중국의 공공외교와 국제 평판*

1. 서론

최근 공공외교(public diplomacy)는 많은 국가들이 관련 부서를 설립하고 국가예산을 투자하며 시민사회와 협업을 모색하는 등 이전의 다양한 국가 간 교류나 자국 홍보활동을 넘어서는 주요한 외교형태로 자리 잡아가고 있다. 21세기 디지털 커뮤니케이션 환경에서 다양한 매체를 통해 그 역할과 반경이 확대되고 있는 공공외교는 세계 최대의 하드파워를 보유한 미국이 가장 공격적으로 주도해왔고 중국도 막대한 예산을 들여 다양한 국가사업을 통해 추진해오고 있다. 일반적으로 공공외교는 자국을 우호적으로 인식하는 타국 정부와 타국 여론이 자국이 추구하는 다양한 외교정책에 대해 자발적으로 호응하거나 적어도 반대하지 않는 것을 목표로 한다. 공공외교는 타국 시민의 여론을 통해 타국 정부의 정책에 영향을 끼치려는 것을 목표로 하며, 그러므로 공공외교의 대상, 즉 목표청중(target audience)은 타국 정부의 정책 결정자들이 아닌 일반 시민들이다(US Advisory Commission on Public Diplomacy, 2010: 41). 이렇게 공공

* 이 글은 ≪국제정치논총≫ 제57권 제4호(2017)에 게재한 저자의 논문 「미국 공공외교의 변화와 국제 평판: 미국의 세계적 어젠더와 세계여론에 대한 인식」에 중국 공공외교에 대한 연구를 추가하여 수정·수록한 것이다.

외교가 타국 여론을 염두에 두고 있다는 것은 곧 공공외교를 전개하는 국가가 해외 여론, 즉 세계 여론(foreign public opinion, international public opinion, world public opinion)을 자국 외교정책에 영향을 끼치는 변수로 인식함을 말해준다. 즉 자국에 유리하게 형성된 세계 여론을 통해 자국의 세계적 영향력을 증대시켜 국익을 도모하는 것이 공공외교의 궁극적인 목적이다.

그런데 공공외교의 이러한 목적을 고려할 때 제기될 수 있는 질문은 군사력과 경제력을 통해 자국이 선호하는 외교정책을 추구할 능력과 수단을 가진 미국과 중국이 왜 소프트파워에 관심을 갖고 세계 여론을 개의하느냐이다. 이러한 질문에 답하는 것이 간단하지 않은 이유는 미국의 경우 2003년 이라크 전쟁과 같이 국제 사회의 지지가 필요했던 시점에 세계 여론을 거스르며 군사정책을 전개하거나, 트럼프 행정부의 파리기후변화협약 탈퇴 결정과 같이 과거에는 지지했던 국제규범을 일방적으로 파기한 사례가 종종 있기 때문이다. 또한 흥미로운 현상은 소수민족 인권문제를 비롯하여 동아시아 영토분쟁에서 공세적인 태도를 드러내 세계 여론의 비판을 받아왔던 중국이 최근 트럼프 행정부가 추구하는 미국 우선주의(America First)에 의한 일방주의적 행보를 비판하고 경고하며 다양한 이슈에서 다자주의를 지지하고 있다는 점이다.

이러한 미국과 중국의 행보는 이들 국가의 세계 여론에 대한 인식과 공공외교 활동이 자국 외교의 어떤 수준과 범위에서 의미와 중요성을 갖는 것인지 의문이 들게 한다. 즉 공공외교가 양국 외교정책과 궤를 같이하여 정책목표를 반영하면서 체계적으로 운영되는 것인지, 아니면 단순히 외교정책을 보완하며 부차적인 수준에서 역할을 수행하는지의 여부이다. 이러한 의문을 해소하기 위해서는 두 국가의 공공외교 기조와 접근법이 외교정책의 변화 속에서 어떻게 달라졌는지 살펴볼 필요가 있다. 즉 미국과 중국이 애초에 공공외교에 왜 관심을 갖게 되었으며 양국 외교정책의 변화와 더불어 공공외교의 성격과 방향에는 어떤 변화가 있었는지 탐색함으로써 양국 외교에서 공공외교의 중요성과 역할 수준을 조명해볼 수 있다.

일반적으로 공공외교는 자국 외교정책이나 군사안보 정책과 같은 상위 정치(high politics)를 보완하거나, 타국 정부 혹은 타국 대중의 시각에서 부정적으로 보일 수 있는 자국 외교의 약점이나 반발요인을 무마·상쇄하는 역할을 감당한다. 특히 초강대국이나 강대국은 지역 수준 혹은 세계적 수준에서 특정 어젠다를 제시하며 국제 사회의 협력과 공조를 추구하기도 한다. 지역을 넘어 세계적 차원에서 자국의 정치적·경제적 영향력을 행사할 수 있는 미국이나 중국의 경우 그러한 영향력을 끼칠 수 있는 범위 자체가 제한되어 있는 중견국이나 약소국과는 공공외교의 전개 유인과 범위가 다를 수밖에 없다. 초강대국이 공공외교를 추진하기 위해 동원할 수 있는 경제적 자원의 규모, 대상으로 삼을 수 있는 목표청중의 범위가 중견국이나 약소국에 비해 크고 다양할 것이기 때문이다.

미국은 자유무역주의 확대를 위해 지구적 수준에서 자본주의 시장경제를 뒷받침할 수 있는 경제레짐을 구축하고 유지했으며 미국의 냉전기 프로퍼갠더 활동은 자본주의 세계경제의 우월성을 선전하는 중요한 도구였다. 탈냉전기 미국은 세계적 수준에서 핵 비확산 레짐을 선도하고 세계 각 지역에서 민주주의와 자유의 가치를 설파하고 전파했으며 각국 인권개선 문제에도 적극적으로 간섭했다. 최근에는 미국 트럼프 행정부가 다자주의 무역질서로부터 이탈하고 미국 우선주의와 군사우위로 기울면서 그동안 미국이 이끌었던 자유무역 체제의 최대 수혜자였던 중국이 세계 자유무역 질서의 수호자를 자처하며 지역 내에서뿐만 아니라 세계적 수준에서도 새로운 경제레짐을 창출하고 다양한 어젠다를 내놓고 있다. 중국은 미국이 이탈하고 있는 자유무역 질서와 기후변화협약을 지지하며 미국이 현재 축소하려는 유엔 평화유지활동 분담금을 증대시켜 현재 유엔 회원국 가운데 두 번째로 분담금을 납부하는 국가가 되었다.

그동안 학계의 공공외교에 대한 수많은 논의는 주로 국가정책으로서의 공공외교 전략 자체에 집중되어 왔으므로 국가별로 추진된 공공외교 전략의 구체적인 소개와 공공외교 수단에 대한 고민, 그리고 실제 공공외교 정책의 개발에 초점을 맞춰왔다. 반면 공공외교 기조와 접근법의 변화에서 해외 대중의 각국에 대한 인식이나 여론을 해당 국가가 어떻게 인식하는지, 즉 세계 여론에 대한 고려가 각국 공공외교에 어떤 영향을 끼쳤는지에 대해서는 큰 관심을 갖지 않았다. 하지만 각국이 추진하는 공공외교의 원래 의도가 자국에 대한 호의적인 해외 여론의 조성임을 염두에 둘 때 자국에 대한 세계 여론에 대응하는 과정에서 미국과 중국의 공공외교가 어떻게 추진되었는지 구체적으로 들여다볼 필요가 있다.

이와 같은 문제의식에서 이 글은 탈냉전기 미국과 중국의 공공외교 추진 동기와 기조, 그리고 접근법의 변화가 어떤 계기와 이유에 의한 것이었는지 탐색한다. 또한 양국 공공외교의 변화와 더불어 양국 공공외교의 직접적인 대상인 세계 여론은 어떤 추이를 보였는지도 함께 살펴본다. 먼저 이 글의 제2절은 클린턴 행정부로부터 현재의 트럼프 행정부에 이르기까지 미국의 각 행정부가 추구하는 외교정책과 세계적 어젠다의 성격이 미국 공공외교에 끼친 영향을 논의한다. 탈냉전기 유일한 패권국이자 초강대국인 미국이라 할지라도 지구적 차원에서 자국이 제시한 어젠다가 각국 정부뿐만 아니라 세계 여론의 호응과 지지를 필요로 할 경우 메시지 수신자 중심의 공공외교 접근법을 취했고, 반대로 미국의 어젠다가 해외 대중의 차원에서 지지를 필요로 하는 것이 아닐 경우 미국은 공공외교 관련 부서나 지원예산을 과감하게 축소했다.

이 글의 제3절에서는 미국과 비슷한 시기에 소프트파워와 공공외교에 관심을 갖기 시작한 중국의 장쩌민(江澤民) 체제부터 현재의 시진핑(習近平) 체제에 이르기까지 중국이 어떤 계기와 동기에서 다양한 공공외교 활동을 국가사업으로 추진했는지 살펴본다. 중국은 경제성장을 통해 지역강국에서 세계강국으로 부상하며 자국의 세계적 입지를 넓혀 가는 과정에서 공공외교를 본격적으로 추진했고 1997년 아시아 경제위기와 2008년 미국발 세계 경제위기가 중국의 그러한 부상을 공고히 하는 계기로 작용했다. 그러나 국내 소수민족 문제와 동아시아 영토분쟁에서 자국의 공세적 대응에 대한 세계 여론의 반발을 경험한 중국은 지구적 차원에서 교육 프로그램과 미디어 외교, 그리고 핵심 지역에서 집중적인 경제 투자와 원조를 통해 친구 매수전략 등 다양한 공공외교 활동을 추진했다. 더불어 이 글의 제2절과 제3절에서는 2000년대 초반부터 실시되어온 퓨리서치센터(Pew Research Center)의 미국과 중국에 대한 세계 여론 조사 결과를 함께 살펴보면서 양국에 대한 세계 여론의 추이가 어떤 사안이나 시점과 관련하여 뚜렷하게 변화했는지 고찰한다.

2. 미국 공공외교의 기조와 접근법의 변화

1) 클린턴 행정부: 세계화와 자유무역 질서의 확대

미국 공공외교의 역사는 1953년 아이젠하워 행정부의 대외 공보처(USIA: United States Information Agency) 설립으로 거슬러 올라간다. 드와이트 아이젠하워(Dwight Eisenhower) 대통령은 앞으로의 세계가 미국의 군사력과 경제력보다 미국 사회의 가치를 전달하는 미국의 커뮤니케이션 능력에 의해 영향을 받을 것이라고 언급했다. USIA의 설립은 냉전기 미국의 대외 커뮤니케이션 능력을 발휘하기 위한 국가전략의 일환이었다(Kuo, 2016). 냉전의 산물이었던 USIA는 해외에서의 다양한 교육 프로그램과 타국과의 문화교류를 지원함으로써 미국 외교정책과 미국이 지향하는 세계 어젠다를 설명하고 지지하는 냉전기 '사고의 전쟁(war of ideas)'의 중심에 있었다(Duffey, 2009: 325). 따라서 USIA의 활동은 냉전기 미국의 외교정책으로부터 벗어난 독립적인 활동은 아니었다. USIA가 미국 의회에 제출한 1974년 3월 보고서 「미국의 이야기를 세계에 전하기(Telling America's Story to the World)」는 USIA의 원래 정책목표가 아이젠하워 대통령이 언급한 "자유, 진보, 평화"를 증진시키는 것이었으나 당시는 소련의 프로퍼갠더에 대항하는 활동만이 의회로부터 찬사를 받고 여타 활동은 심각한 비판에 직면했음을 언급한 바 있다.[1] 일찍이 USIA는 정부 차원에서 발신되는 정보가 중립적인 정보로 인식될지 혹은 프로퍼갠더 메시지로 받아들여질지는 정보를 접하는 자의 시각에 달려 있다고 언급함으로써 정보와 프로퍼갠더 구분의 어려움을 논한 바 있다(USIA, 1974: 24~26).

소련 붕괴 후 USIA가 클린턴 행정부 2기였던 1999년 국무부 산하 '공공외교·공보 차관(The Under Secretary for Public Diplomacy and Public Affairs)' 조직으로 편입된 것은 냉전기 USIA의 주요 활동이 소련에 대한 대항 프로퍼갠더 활동에 치중되어 있었음을 시사한다. 프로퍼갠더 활동이 주요 임무였던 냉전기 스타일의 공공외교 활동을 탈냉전기에 더 이상 추구할 유인이 없었던 빌 클린턴(Bill Clinton) 대통령은 탈냉전기 최초의 미국 대통령으로서 냉전기 시기 이전 행정부들이 경험했던 대외정책 환경과는 완전히 다른 세계질서를 운영해야 했다. 세계적 차원에서 체제경쟁을 추구할 이유가 제거된 국제정치 조건에서 클린턴 행정부는 국내 경제의 회복이라는 과제에 상대적으로 이전 행정부보다는 더 집중할 수 있었고, 새로운 국제정치 환경에서 클린턴 행정부의 외교정책은 실험적인 성격을 띠게 되었다. 미국 국내 경제회복을 외교정책에 반영

1) USIA의 1974년 보고서("Telling America's Story to the World: Problems and Issues") 22~25쪽에 이러한 고민이 상세하게 논의되어 있으며, 이 보고서는 미국 정부에 의해 공개되어 있다(http://www.gao.gov/assets/210/202873.pdf). 냉전기 USIA의 프로퍼갠더 활동에 대한 자세한 연구는 Cull(2009) 참고.

한 클린턴 행정부의 대(對)아시아 정책에서 미국인의 고용기회 창출과 같은 경제적 고려는 가장 중요한 변수였고, 그만큼 클린턴 행정부는 당시 경제발전이 가장 역동적이었던 동아시아에 대한 정책을 이전 행정부보다 중시했다고 평가받고 있다(≪한국경제≫, 1994.12.22).

클린턴 행정부 1기 외교정책의 관심과 초점은 새로운 세계경제 질서를 이끄는 미국의 경제적 리더십에 있었다. 클린턴 행정부는 미국과 세계공동체의 경제적 번영을 위한 세계적 수준에서의 경제통합을 탈냉전기 미국의 지구적 어젠다로 내세웠다. 즉 클린턴 행정부는 관세 및 무역에 관한 일반 협정(GATT) 아래 진행되었던 우루과이 라운드 협상을 완결하고 멕시코와의 북미자유무역협정(NAFTA)을 완료하며, 더 나아가 아시아태평양경제협력체(APEC)를 통해 아시아에서 자유무역 확대 기회를 만드는 어젠다를 국내외에 제시했다. 탈냉전 이후 가속화된 세계화와 미국이 이끈 자유무역 질서는 많은 국가 간에 협력뿐만 아니라 갈등과 분쟁도 발생시켰는데 미국은 스스로의 이익을 위해 GATT와 세계무역기구(WTO), 국제통화기금(IMF)과 세계은행(WB)과 같은 세계경제 제도와 레짐을 통해 안정적이고 개방적인 자유주의적 세계질서를 이끌었던 것이다(Ikenberry, 2011). 따라서 USIA의 프로그램들도 이러한 새로운 세계경제 질서를 만들어내는 데 모든 초점이 맞춰졌고 NAFTA에 대한 지지와 러시아에서의 자유시장 개혁 등을 촉구하는 활동을 펼쳐나갔다. 요컨대 '세계화(globalization)'가 클린턴 행정부의 새로운 외교정책 목표이자 지구적 어젠다이며 공공외교 활동의 중심 개념이었던 것이다(Duffey, 2009: 328~331).

하지만 이러한 활동을 왕성하게 펼쳤던 USIA는 클린턴 행정부 2기에 진입하면서 독립적인 기관으로서의 위치를 상실하고 USIA의 기능적 조직들과 상당한 수준의 자원과 예산은 모두 국무부로 편입되었다. 이러한 변화는 당시 미국의 세계화 기치하에 전 세계적 지지를 얻으며 왕성하게 진행된 세계화 추세 속에서 미국 공공외교 활동이 USIA와 같은 독립적인 기관을 통해 전개되지 않아도 미국의 세계화 어젠다가 세계적 동력을 얻고 있었음을 시사한다. 당시 클린턴 행정부의 외교정책 원칙인 '관여와 확대(engagement and enlargement)'는 자유주의적 세계질서를 유지하기 위해 필요한 경우에는 적극적으로 관여하지만 미국의 개입이 유엔 평화유지활동이나 북대서양조약기구(NATO) 차원에서 이루어지는 것임을 분명히 했다. 즉 클린턴 행정부의 외교정책은 자유주의적 국제질서 구축에 초점이 맞춰져 있었으므로 개입과 협상, 타협을 적절하게 사용하여 균형 있는 대외 정책을 펼치고자 했고, 이러한 외교정책이 가능했던 것은 당시 미국의 자유무역질서 구축에 호응하고 적극적으로 참여했던 세계 시장과 각국의 협력이 기여했다고 볼 수 있다(윤영관, 2015: 50~53). 하지만 미국의 군사적 우위를 외교정책 우선순위로 삼지 않았던 클린턴의 외교정책은 네오콘으로 대변되는 미국 내 보수주의자들로부터는 '원칙 없이 표류한 외교정책'이라는 비판을 받아왔다(Henriksen, 1996; Goldman and Berman, 2000: 1~32).

2) 부시 행정부: 9/11 테러와 반미감정의 차단

냉전 종식에 대해 자유주의의 영구 승리를 선언한 1992년 프랜시스 후쿠야마(Francis Fukuyama)의 '역사의 종언'은 탈냉전기 미국 중심의 단극체제에 의한 세계 평화를 약속하는 듯 했으나(Fukuyama, 1992) 약 10년도 지나지 않아 미국은 2001년 9/11 테러를 겪으며 "왜 우리는 미움을 받는가?(why do they hate us?)"라는 질문에 답해야 했다. 하지만 당시 부시 행정부를 장악하고 있던 네오콘은 중동을 포함하여 전 세계에 민주주의와 자유와 같은 가치를 확산시키고 각 지역의 사회적 불만 세력이나 테러리스트들을 제거하는 적극적 군사행동을 펼치는 것이 문제의 해법이라고 판단했다(윤영관, 2015: 54~56). 결국 미국은 국제 사회의 동의 없이 2003년 이라크 전쟁을 감행함으로써 미국 본토에서 일어난 테러에 대해 무력으로써 문제를 일방적으로 해결하려 했고, 이러한 군사우위의 정책은 반미감정이 중동과 아프리카의 이슬람권뿐만 아니라 전 세계적으로 확산되게 하는 결과를 가져왔다.

2003년 이라크 전쟁에 대해 세계적으로 확산된 반전시위를 두고 당시 ≪뉴욕타임스≫는 "지구에 존재하는 2개의 초강력 세력(superpowers)은 미국과 세계 여론(world opinion)"이라고 언급하고 전문가들도 이러한 현상을 세계적 차원에서의 반미주의 부활로 해석했다(Tyler, 2003). 이렇게 9/11 테러 이후 시간이 경과함에 따라 미국에 대해 더욱 적대적으로 변하고 있는 세계 여론을 경험하게 된 미국은 냉전기 프로퍼갠더 활동과 유사하지만 구별되는 외교활동으로서 공공외교에 대한 논의를 시작했다. 2003년 이라크 전쟁 전 미국의 이라크에 대한 선제공격을 제지하기 위해 서구유럽 국가들이 미국에 대해 일종의 외교적 세력균형 전략, 즉 소프트 균형 전략(soft-balancing)을 펼치고(Pape, 2005: 7~45; Walt, 2005) 터키와 사우디아라비아도 이라크 공격을 위해 미군이 자국 영토를 사용하는 데 반대하는 상황을 경험한 미국은 이후 자국에 대한 세계 여론을 주의 깊게 관찰해왔다.[2] 미국 정부는 미국에 적대적인 타국 여론이 타국 정부의 미국 외교정책에 대한 비협조로나 반발로 나타날 가능성에 대해 우려하기 시작했고 다양한 여론조사 기관 등이 수행하는 세계 여론조사에서 미국에 대한 해외 대중의 국가 호감도(favorability)나 국제 평판을 상시적으로 참고하게 된 것이다.

미국 공공외교는 세계 최고의 군사·경제 패권으로서의 자국 하드파워에 대한 과잉 의존을 탈피하고 소프트파워를 통해 세계 대중의 마음을 움직여 미국의 위신과 평판을 회복하는 데 목표를 두고 있다. 그런데 미국의 공공외교가 다른 국가의 공공외교와 구별되는 부분은 미국 정부가 해외 대중의 미국 호감도에 민감해하는 지점이 미국을 우호적으로 바라보는 지역이 아니라 미국에 대한 적대감이 확산되는 지역의 해외 대중이며, 미국은 자국 안보의 차원에서 공공외교를 추구했다는 점이다. 즉 미국의 공공외교는 국가안보의 중요한 한 축을 감당하게 된 것이다. 미국이 미국에 대해 악화 되는 해외 여론을 국가안보의 시각에서 바라보게 된 것은 9/11 테러의 공격대상이 정부 관료보다 일반 미국 시민이었던 것에서 비롯된다. 필립 세이브(Philip Seib)는 미국의 공공외교가 세계 대중의 호감을 얻기 위한 차원보다는 반미감정을 차단하는 차원에서 전개되는 것임을 강조한 바 있다. 설사 타국 정부가 미국에 대해 우호적이라고 해도 그 국가의 시민들이 미국에 적대감(hostility)을 갖는다면 미국과의 무역이나 군사동맹 등에서의 협력이 방해받을 수 있고, 시민들의 적대감은 미국과 미국인에 대한 테러와 같이 폭력행위로 표현되는 증오(hatred)로도 발전할 수 있다는 것이다(Seib, 2009: vii~viii).

미국 정부는 '국가 호감도'를 미국의 상품을 선호하고 구매하는 일종의 선호 '브랜드'와 같은 피상적 차원보다 미국의 '가치'와 '문화'에 대한 호감의 차원에서 이해하고 있다. 미국 정부는 호감도의 층위가 한 국가가 추구하는 대외 정책 등에 대해 타국 대중이 공감하는 수준에서부터 대상 국가 관련 사안에 대해 호의적인 행위를 약속하는 층위, 더 나아가 대상 국가에 도움이 되는 방식으로 행동을 취하는 층위, 그리고 가장 높은 층위로서 대상 국가가 내세우는

2) 세계 여론이 미국의 경제, 군사, 정치적 행위에 어떤 영향을 끼치는지에 대한 논의는 Wyne(2009)을 참고.

정책에 동의하고 찬성하는 층위가 있다고 인식하고 있다.[3] 즉 대상 국가에 대한 해외 대중의 호감도가 높을수록 호감이라는 감정이 대상 국가의 국익에 도움이 되는 방향으로 실제 행위를 통해 나타날 가능성이 커질 수 있다는 판단인 것이다. 요컨대 해외 대중의 미국에 대한 긍정적인 인식은 미국의 지구적 어젠다 달성에서 중요한 변수가 될 수 있으므로 미국 정부는 미국에 대해 부정적이거나 적대적인 해외 여론에 대해서는 공공외교 활동이나 전략 커뮤니케이션 등을 통해 적극적으로 다룰 의지를 보이게 된 것이다.

9/11 테러 이후 미국이 군사적 대응 외에 공공외교에 대한 논의를 본격화한 것은 냉전종식 과정에서 이미 입증된 민주주의에 기반을 둔 미국 문화와 가치의 우월함이 종국적으로 세계에 확산된 반미감정을 희석시킬 것이라는 자신감에 의한 것이다. 9/11 테러 이후 공공외교에 대한 지침을 내놓은 초기 문건 중 공공외교·전략 커뮤니케이션 정책조정위원회(PCC: The Policy Coordinating Committee)의 2007년 보고서 「공공외교와 전략 커뮤니케이션에 대한 국가전략(National Strategy for Public Diplomacy and Strategic Communication)」은 미국의 힘과 안보가 근본적으로는 기본적 가치와 원칙에 대한 미국의 헌신(commitment)에 기반을 두고 있음을 밝혔다. 이러한 가치와 원칙에는 언론, 종교, 정치 참여의 자유를 비롯해 인권과 평등, 법치, 인류의 고귀함과 같은 개념이 포함된다. 미국 정부는 자국의 공공외교 활동이 이러한 가치와 원칙을 공유하거나 혹은 이러한 가치와 원칙을 위해 싸우는 자들을 지원하는 것이며, 테러리즘을 비롯한 증오를 선동하거나 정치적 압제를 지지하는 행위자들을 고립시키고 이들에 대해 반격을 가하는 활동에 우선순위를 두고 있음을 명확히 했다(Policy Coordinating Committee, 2007: 2~3).

부시 행정부가 추진한 미국 공공외교의 핵심 활동은 이러한 인식을 반영하여 교육 프로그램과 미디어 활동에 집중되어 있다. 미국 정부는 공공외교 논의 초기부터 국내외 미국의 교육 프로그램을 공공외교의 가장 중요한 핵심 자

3) 미국 공공외교자문위원회(ACPD: The U.S. Advisory Commission on Public Diplomacy)의 2010년 보고서 「미국 공공외교 평가: 국가모델(Assessing U.S. Public Diplomacy: A National Model)」은 목표 청중을 일반 대중, 엘리트층, 정부 관료로 나누고, 목표지역(target area)과 목표 정책영역(target policy area)을 안보, 경제, 문화 등으로 설정하여 미국에 대한 호감도를 측정했다. 호감도는 정도와 수준을 나누어 단계별로 측정했고 호감도 층위는 다음과 같다. approving < gaining approval < promising < advantageous < consenting.

산으로 인식했다. 9/11 조사위원회(9/11 Commission)도 외국인에 대한 교육 프로그램을 미국 외교정책의 가장 효과적이며 유일한 수단으로 평가하고, 교육 활동이 타 지역 대중의 미국에 대한 이해를 이끌어내어 미국과의 결속을 강화하고 화해를 도모하는 가장 좋은 방법이라고 강조했다. 2007년 PCC의 보고서도 미국 공공외교의 첫 번째 우선순위로 교육 및 교류 프로그램을 꼽았고(Policy Coordinating Committee, 2007: 6, 12, 23) ACPD가 발간한 2016년 보고서도 교육·문화교류를 공공외교의 가장 중요한 분야 중 하나로 언급했다(US Advisory Commission on Public Diplomacy, 2016: 10~15).

미디어 활동은 교육 프로그램과 더불어 미국 공공외교의 가장 주요한 활동이다. 미국은 '미국의 소리(Voice of America)', '자유유럽라디오(Radio Free Europe)', '자유아시아라디오(Radio Free Asia)'와 같은 전통 매체와 인터넷, 소셜 미디어를 활용한 디지털 공공외교 기반과 지원체계를 갖추고 있다. 또한 2003년 국무부 산하 정보자원관리국(Bureau of Information & Resource Management)은 전자외교 사무실(Office of e-Diplomacy)을 두어 국무부의 국내외 부서에 인터넷 기술을 지원하고 있으며,[4] 정부 각 기관에서 소셜 미디어를 통해 해외 대중과 커뮤니케이션 활동을 전개하는 각종 디지털 아웃리치(Digital Outreach) 프로그램들은 전체 예산의 절반 이상을 차지하는 경우가 대다수이다(US Advisory Commission on Public Diplomacy, 2015: 123~127).

요컨대 부시 행정부의 공공외교는 반미감정의 차단을 위한 발신자 중심의 내러티브와 스토리텔링 개발, 미디어와 교육 프로그램을 통해 미국에 대한 올바른 정보 전달에 초점이 맞춰져 있었다. 부시 행정부의 공공외교를 다양한 차원에서 분석한 김명섭·안혜경도 부시 행정부의 공공외교 정책이 실제 기획과 집행에서 선전과 홍보에 치우쳐 양방향성을 강조하는 수사(rhetoric)와 달리 일방향적이고 엘리트 중심적인 시각을 갖고 있다고 평가했다(김명섭·안혜경, 2007: 311~314). 또한 미국은 당시 다양한 커뮤니케이션 매체와 교육 프로그램을 세계 각지에서 운영하고 있었지만 부시 행정부의 공공외교는 현재와 같은 예산과 조직을 갖추지 못했다. 당시 미국 정부의 세계 여론에 대한 외교자금 지원은 클린턴 행정부 이후 꾸준히 줄어들어 2001년에는 이러한 활동이 미국 정부의 전체 외교정책 예산의 4%에도 미치지 않게 되었다. 미국 의회는 1993년 미

4) https://www.state.gov/m/irm/ediplomacy/

국의 국제방송 예산을 8억 4400만 달러에서 2004년 5억 6천만 달러로 삭감하기도 했다(Hoffmann, 2002: 104~115). 2007년 공공외교 예산 요청액이 16억 달러로 대폭 오르기는 했으나 인플레이션을 감안한 실질가치를 고려하고 1인당 국민소득을 감안했을 때 여전히 프랑스나 스페인의 공공외교 예산보다 적다고 평가된다(김명섭·안혜경, 2007: 314~315). 또한 부시 행정부 말기였던 2007년 처음으로 PCC가 '공공외교와 전략 커뮤니케이션에 대한 국가전략' 보고서를 발표했고,[5] 국무부와 미국 국제개발처(USAID: US Agency for International Development)가 미국 공공외교와 공공정책의 전략목표를 합동수행 요지서(Joint Performance Summary)를 통해 처음 제시한 것도 그러한 상황을 말해준다.

그러면 부시 행정부 시기 미국의 국제 평판은 어떠했을까? 미국의 우방이자 동맹인 영국의 여론분석 기관 유고브(YouGov)가 2006년 6월 영국인을 대상으로 실시한 여론조사에서 응답자 대다수는 부시 행정부의 외교정책과 미국의 문화가 세계를 더 위험한 곳으로 만들고 있다고 답했고 응답자의 3/4 이상이 조지 부시(George W. Bush) 대통령을 최악의 세계 지도자로 평가했다. 또한 응답자들은 미국 외교정책이 세계 민주주의 증진을 위한 것이라는 부시 대통령의 주장을 미국 국익을 위한 수사적 발언으로 인식했다. 이러한 조사결과에 대해 영국 정치학자 앤서니 킹(Anthony King)은 미국이 역사상 이보다 더 세계적으로 경멸의 대상이 된 적은 없다고 언급했다(King, 2017).[6] 하지만 2006년 영국인들의 이러한 답변은 다른 유럽 대중의 미국에 대한 평가와 비교했을 때 매우 우호적인 편이다.

퓨리서치센터가 공개한 자료에 의하면, 부시 대통령 재임기간(2000~2008년) 중 미국에 대한 유럽 대중의 호감도 변화 추이는 더욱 우려스럽다. 그림 15-1에 나타나듯 2003년 이라크 전쟁이 실행되면서 유럽인들의 미국 호감도는 부시 행정부 전 기간에 급격히 하락했고 낮아진 호감도는 부시 대통령 임기 동안 회복되지 않았다. 조사기간 동안 영국인들의 미국에 대한 호감도가 여타 국가에 비해 최소 10%에서 최고 30% 차이의 비교적 높은 수치를 보인 반면 프랑스는 부시 행정부 초반에 급락했던 호감도가 2004년 40% 이하로 떨어진

5) 당시 미국 공공외교에 대한 전반적 검토가 이루어진 문건은 https://fas.org/sgp/crs/row/R40989.pdf를 참고.

6) 유고브의 여론조사는 2006년 6월 26~28일 영국 전역의 성인남녀 1962명을 대상으로 했다.

그림 15-1 유럽 대중의 미국에 대한 호감도

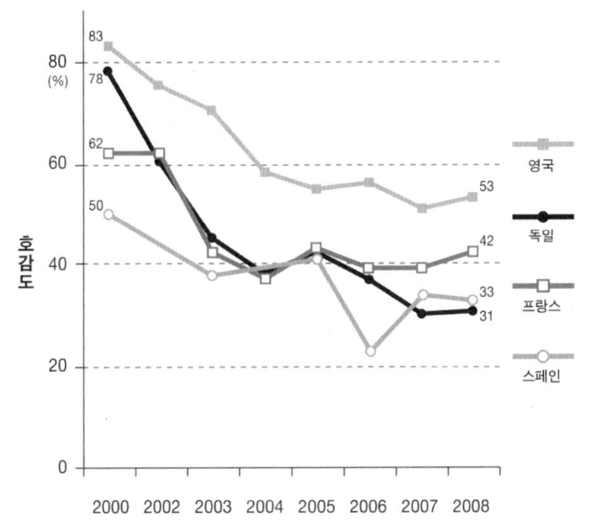

자료: Pew Research Center(2008) 참고.

이후 지속적으로 40% 수준을 유지했다. 독일과 스페인의 경우 2005년 이후 호감도가 40%대에 머무르고 있는 프랑스에 비해 더욱 하락하여 30% 초반까지 내려갔다(Pew Research Center, 2008).

퓨리서치센터의 여론조사에 의하면 2002년 이후 국가로서의 미국뿐 아니라 미국인에 대한 이미지도 지속적으로 나빠졌다. 미국인에 대한 호감도는 이슬람권에서 특히 악화되는데, 인도네시아에서는 2002년 65%에서 2007년 42%로, 요르단에서는 2002년 54%에서 2007년 36%로, 터키에서는 2002년 32%에서 2007년 13%로 호감도가 급하락했다. 하지만 아시아를 포함한 다른 조사 대상국의 경우 미국인에 대한 호감도가 미국에 대한 호감도를 앞질렀고, 다만 라틴아메리카와 아프리카의 경우 미국과 미국인에 대한 호감도가 비슷했다. 해외 지역에서 미국식 민주주의에 대한 호감도도 전반적으로 하락했는데 그 중 하락 폭이 큰 국가인 베네수엘라, 터키, 인도네시아의 경우 미국식 민주주의에 대한 2002년과 2007년 호감도 차이가 무려 23~27%를 기록했다. 이런 추세는 미국 대중의 인식에서도 나타나는데, 세계에서 미국이 민주주의를 고양시키는 노력을 펼쳐야 한다고 응답한 미국인은 2002년 70%에서 2007년 60%로 줄어들었다. 반면 문화나 종교, 가치에서 미국과 충돌하는 방글라데시, 파키스탄, 터키, 팔레스타인, 인도를 제외한 대부분 국가의 대중은 미국의 대중문화와 기술력에 대해서 대체로 호평했다(Pew Research Center, 2007).

이와 같이 퓨리서치센터의 2007년 조사에서 미국 외교정책이나 국가로서 미국 이미지보다 미국인과 미국 문화에 대한 호감도가 더 높게 나타난 것은 미국 소프트파워의 영향력을 보여준다. 하지만 미국 민주주의 대한 평가가 하락하고 있는 것은 부시 행정부의 미국 민주주의 전파와 같은 공공외교 수사(rhetoric)가 설득력을 잃어가는 것으로 볼 수 있다. 퓨리서치센터의 앤드류 코후트(Andrew Kohut) 회장은 세계적 반미정서가 단순히 부시 행정부의 반테러 전쟁에 의한 것만은 아니라고 경고했다. 2007년 미국 하원에서 코후트는 세계 대중이 국가로서의 미국과 미국인 모두에 대해 부정적 인식을 갖게 되었다고 언급하며 이러한 반미정서가 상당히 뿌리 깊게 형성되었음을 증언했다(Wyne, 2009: 42). 그의 증언은 퓨리서치센터가 수행한 일련의 반미감정에 대한 해외 여론조사에 근거하고 있으며 퓨리서치센터는 홈페이지에서 '미국의 세계 이미지와 반미주의'에 대한 섹션을 따로 마련할 정도로 해외 반미주의를 심각하게 다루고 있다.[7]

정리해보면, 부시 행정부 시기 공공외교는 정부 차원에서의 예산 증액과 더불어 그 활동의 중요성이 강조되고는 있었으나 부시 행정부 전반기 외교정책이 군사우위의 일방주의에 경도됨으로써 발신자 중심의 접근법에서 벗어나지 못했던 것으로 보이며, 또한 부시 대통령 임기 동안 세계 여론도 이러한 미국 외교정책에 대한 부정적 인식을 압도적으로 보여주고 있다.

3) 오바마 행정부: 미국 리더십의 재구축과 해외 청중에 대한 관심

오바마 행정부는 2008년 미국발 세계 금융위기와 함께 확산된 미국 쇠퇴론을 무마하고 부시 행정부 시기 퇴조된 미국의 세계 이미지를 회복해야 하는 과제를 안고 2009년 출범했다. 2009년 9월 유엔 총회연설에서 버락 오바마(Barack Obama) 대통령은 핵 없는 세상, 평화 추구, 기후변화 대처, 글로벌 경제의 활성화를 미국이 추구할 주요 어젠다로 제시하며 다양한 지구적 도전에 대한 전 세계 국가들의 협력을 호소했다. 즉 오바마 행정부의 세계적 어젠다는 그야말

---

7) http://www.pewresearch.org/topics/u-s-global-image-and-anti-americanism

로 다자주의와 함께 타국 정부의 적극적인 협조와 세계 대중의 호응 없이는 달성할 수 없는 포괄적인 성격의 지구 문제를 포함했다. 오바마 독트린으로 표현되는 이러한 미국의 새 외교는 다자주의로의 전환을 의미했고, 오바마 행정부 1기 동안에는 지난 10년간 지속된 아프가니스탄과 이라크에서의 전쟁이 마무리되고, 미국 외교정책이 중동지역을 벗어나 아시아 회귀(pivot to Asia) 전략을 추구하면서 미국의 리더십을 재구축할 수 있는 분위기가 조성되었다.

당시 미국의 이러한 의지에 발맞추어 미국 공공외교는 예산과 프로그램, 인력자원을 갖춰나가기 시작했다. 2010년 '반테러 전략 커뮤니케이션 센터(CSCC: Center for Strategic Counterterrorism Communications)'가 설립되었고 국무부가 '시민권력을 통한 선도(Leading Through Civilian Power)'라는 제목으로 발표한 '제1차 4개년 외교개발검토(QDDR: The First Quadrennial Diplomacy & Development Review)'는 전 세계 민주주의의 확산, 정보혁명 및 커뮤니케이션 혁명에 의한 지구적 연결의 확대가 시민사회의 요구에 부응하는 공공외교를 필요로 함을 강조했다. 2010년 QDDR은 공공외교를 미국 외교의 핵심 과제 중 하나로 설정하고, 해외 각지에 미디어 허브를 확장할 것과 미국을 대변하면서 세계의 모든 장소와 시점에서도 공공토론에 참여하는 커뮤니케이터의 역할을 수행할 인력 확보를 주문했다(QDDR, 2010: viii, 16~17).

2015년 QDDR은 국내외 미국인이 시민 외교관(citizen diplomat)으로서 정부의 다양한 활동에 참여할 것을 호소하면서 미국과 뜻을 같이하는 해외 시민사회, 시민운동, 개혁가, 해외 지역공동체와의 파트너십 강화를 강조했다.[8] 이러한 시민 외교관 개념은 이미 2007년 PCC가 제출한 보고서에 제시된 바 있었다(Policy Coordinating Committee, 2007: 16). 해외 목표청중을 적극적으로 포섭하기 위한 미국의 공공외교 전략은 해외 대중과 직접적으로 접촉할 수 있는 미국 시민들의 역량에 대한 강조로 연결되고 있다. 2010년 QDDR이 정부 부처간 협력을 강조하고 외교활동에서 "모든 정부 부처를 동원하는(whole-of-government)" 접근법을 취한 반면, 2015년 QDDR은 '역동적 세계에서의 지속적인 리더십(Enduring Leadership In A Dynamic World)'이라는 제목이 시사하듯 "모든 미국인을 동원하는(whole-of-America)" 외교 접근법을 취한 것이 그러한 기조를

8) 2010년의 QDDR을 세부 전략이 결여된 다소 이상적인 것으로 평가하는 2015년 QDDR은 미국의 전략적 우선순위를 구체적으로 설정하고 있다(US Department of State, 2015: 9~15, 64~65).

시사한다. 또한 ACPD의 2016년 연례 공공외교 보고서가 자원(volunteerism)과 박애의 가치를 이전에 강조해온 기업가 정신(entrepreneurship)만큼 중시한 것은 미국 공공외교가 타국 사회의 청중과 소통하며 미국의 공동체 가치가 해당 사회에서 실제적 역할을 해야 함을 강조하는 것으로 볼 수 있다(US Advisory Commission on Public Diplomacy, 2016: 34). 이렇게 해외 청중과의 소통을 강조하면서 2015년 공공외교 활동의 총 예산 약 20억 달러 중 30%가 방송위원회 활동에 투입되었고(US Advisory Commission on Public Diplomacy, 2016: 17) 인터넷과 소셜 미디어를 적극적으로 사용한 디지털 공공외교 활동도 시작되었다(김상배, 2012: 128~131).

일련의 이러한 시각과 접근법은 오바마 행정부의 공공외교가 세계 청중의 발신자 중심으로 재조정된 것을 보여주며, 부시 행정부 시기 공공외교·전략커뮤니케이션 정책조정위원회의 2007년 보고서에 목표청중에 대한 정의 및 전략이 언급은 되었으나 오바마 행정부에 들어서서 구체적 정책이 마련된 것으로 보인다(Policy Coordinating Committee, 2007: 4~5; US Advisory Commission on Public Diplomacy, 2015: 44~50). 2016년 ACPD 보고서는 그동안의 공공외교 활동 가운데 청중연구(audience research)와 방송위원회(BBG: Broadcasting Board of Governors)의 리더십 및 연구개혁 프로그램을 가장 성공적인 10개 프로그램의 한 사례로서 소개했는데(US Advisory Commission on Public Diplomacy, 2016: 14~15), 청중연구를 비롯하여 공공외교의 효과를 입증하려는 미국 학계의 노력은 미국의 공공외교가 목표청중에 대한 일방적 메시지 발신을 넘어 청중과의 소통에 대해 관심을 갖게 된 것을 반증한다. ACPD가 2010년부터 공공외교 보고서를 정부에 제출하고 있는 것은 9/11 테러 이후 조지프 나이(Joseph Nye)의 소프트파워에 대한 논의로부터(Nye, 2004) 공공외교에 관한 많은 논의가 이루어졌지만 약 10년 후에야 미국 정부가 공공외교의 효과를 검토하기 시작했음을 말해준다.

미국의 자국 공공외교에 대한 평가는, 특히 이슬람권에서의 공공외교에서 강도 높은 성찰과 비판이 이루어지고 있다. 미국이 운영하는 다양한 형태의 공공외교 기반예산은 유럽과 아시아, 남미에 집중되어 있는데, 9/11 테러에 따른 이슬람권 공공외교 예산은 원래의 공공외교 기반예산에 추가펀딩이 더해지는 형식으로 구성되어 이슬람권 인구가 다수인 아프리카, 중앙아시아 및 남아시아에서의 프로그램에 투입되었다. 하지만 중동 지역에 대한 미국의 공공외교 활동에도 불구하고 이 지역의 교육 프로그램이나 인적 교류 및 미디어 활동은 광범위하게 반미감정이 확산되어 있는 중동 사회의 제약으로 제한적으로만 이루어졌고, 그 결과 기대한 효과를 거두지 못했다. 이렇게 효과를 거두지 못한 중동에서의 공공외교에 대해 미국 학계는 미국이 막강한 광고산업을 통해 이슬람권에서의 뿌리 깊은 반미감정을 간단히 해결하려 했다고 비판했다. 이슬람권에 전파하기 위한 미디어 내용도 무슬림에 대해 설득하기보다 자기 확신에 찬, 가르치는 듯한 교만한 태도로 인식되어 거부감을 야기했다는 것이다(Seib, 2016: 44~46).

사례를 들어보면, 9/11 테러 이후 미국이 아랍권 유력 매체인 알자지라(Al Jazeera)를 대신할 매체로서 거대 예산을 들여 아랍어를 사용하는 알후라(Al Hurra) 텔레비전 채널과 라디오 사와(Radio Sawa)를 출범시켰다. 그러나 워싱턴 D.C.에 방송국을 둔 알후라는 미국 정부가 불편해하는 중동권의 민감한 정치 이슈를 다루기 힘들었고, 이렇게 제약된 콘텐츠는 원래의 목표청중인 중동권 시청자를 끌어들이거나 이들의 신뢰를 얻는 데 실패했다. 이러한 이유로 미국은 이른바 '대리에 의한 공공외교(public diplomacy by proxy)' 개념을 고안해냈는데, 중동권 대중을 대상으로 한 매체를 미국이 운영하기보다 중동권 다수 대중이 신뢰하고 시청하는 알자지라에 미국 관료가 출현하여 민감한 질문에 답함으로써 중동권 대중의 주목을 받는 편이 낫다는 것이다. 이렇게 타국 메신저를 통해 자국 이미지를 개선하는 '대리 접근법(proxy approach)'은 자국 메시지의 신용을 고양하는 데 더 효과적일 수 있다(Seib, 2016: 59~60).

그러면 오바마 행정부 시기 미국에 대한 세계 대중의 호감도는 달라졌을까? 퓨리서치센터의 여론조사 결과는 오바마 대통령 취임 후 미국에 대한 세계 대중의 인식이 어떻게 급작스럽게 변화했는지 보여준다. 미국에 대한 호감도 상승이 가장 두드러진 지역은 유럽으로, 프랑스와 독일의 경우 오바마 대통령 취임 후 약 30% 이상 호감도가 상승했고, 영국은 15%, 스페인은 25% 상승했다. 반면 동유럽이나 중동 지역의 호감도는 터키를 포함하여 거의 증가하지 않거나 20% 안팎에 머무는 수준이며, 2010년에 이르면 중동 지역의 호감도는 다시 부시 행정부 시기 수준으로 하락한다. 한편 한국, 일본, 인도를 포함한 대부분의 아시아 국가에서는 미국 호감도가 부시 행정부 시기에 60% 이상을 상회하고 있었으며 오바마 행정부 들어서는 10% 정도 증대했다. 흥미롭게도 중국인의 미국 호감도가 2008년 41%에서 2010년 58%로 약 20% 상승하여 조사된 아시아 국가 가운데 오바마 대통령 취임 후 가장 크게 상승했다(Pew Research Center, 2010). 요컨대 이러한 결과들은 오바마 대통령의 집권이 미국의 호감도를 회복시키는 데 기여했으나 여전히 중동에서는 제한적임을 보여주고 있고, 9/11 테러 이후 중동에서의 미국 공공외교는 이 지역 대중의 반미감정을 약화시키는 데 거의 기여하지 못했음을 간접적으로 보여주고 있다.

4) 트럼프 행정부: 미국 우선주의와 공공외교의 축소

미국의 외교정책은 트럼프 행정부의 출범과 동시에 급격하게 변화했다. 보호무역주의를 주요 외교정책 기조로 삼고 있는 트럼프 행정부는 2017년 출범 직후 오바마 행정부가 주도해온 환태평양경제동반자협정(TPP)에서 탈퇴했고 6월에는 오바마 행정부의 주요 업적 중 하나인 파리기후변화협약으로부터도 탈퇴를 선언했다. 오바마 행정부는 2016년 9월 협정의 국내 비준을 이끌어낸 바 있다. 오바마 행정부가 아시아로의 회귀를 천명하며 추진한 TPP로부터 트럼프 행정부가 탈퇴한 일은 미국 국내에서도 강한 반발을 야기했고 아시아 지역에서는 미국의 아시아 재균형 정책의 실현 가능성에 의문이 제기되었다.

2017년 11월 도널드 트럼프(Donald Trump) 대통령의 아시아 순방에서도 트럼프 대통령이 언급한 인도 태평양 전략의 구체적인 내용은 아직 제시되지 않았다. 신고립주의로 인식되는 트럼프 행정부의 일방적 외교 행보는 가장 먼저 유럽 및 동맹국들에 대해 취해지고 있다. 트럼프 행정부는 2017년 2월 NATO의 방위비 분담 문제를 공식적으로 거론했고 4월에는 NAFTA의 재협상을 선언했으며, 일본에 대해서도 미일 자동차 무역의 비공정성과 일본의 국방비 증액을 주장했다. 마찬가지로 트럼프 행정부는 한국에 대해서 한미 FTA 재협상과 양국 간 균형 있는 무역, 방위비 분담 증액을 언급하는 등 미국 외교정책은 트럼프 행정부의 미국 우선주의에 근거하여 근본적으로 수정되고 있다.

트럼프 행정부의 대외 정책은 부시 행정부 후반부와 오바마 행정부 시기 미국이 전파하고자 한 공공외교 내러티브와 배치된다. 특히 트럼프 행정부의 외교정책 방향은 2010년과 2015년의 QDDR에서 공언한 미국 외교정책 기조의 전체적인 어젠다를 비롯해 공공외교 전략과 완전히 상반되고 있다. 먼저 2017년 1월 새 정부 출범 이후 2주가 채 안 되어 트럼프 대통령은 반(反)이민 행정명령에 서명했고 4월에는 '미국산 제품 구입, 미국인 고용' 행정명령에 따라 예술, 과학, 교육 분야의 교류를 위한 J-1 비자로 해외 청년들이 미국에서 단기로 취업하는 것을 막기 위해 J-1 비자 발급의 축소를 검토할 것도 언급했다. 오랫동안 공공외교 프로그램으로 인식되어온 J-1 비자에 대한 정부의 정책 변경에 대해 공화당과 민주당 상원위원 17명은 반대 의사를 표명했다. 미국 주류 언론들은 이러한 이민정책이 노령화 사회의 미국 내 노동력을 감소시켜 미국 경제에 타격을 줄 것으로 전망하며 반대 목소리를 내고 있다. 하지만 트럼프 행정부는 더 나아가 8월에는 미국 내 합법 이민자 감축법안을 발표했다. 이 법안의 핵심은 취업 기반 비자를 점수제로 바꾸어 영주권 발급 건수를 현재보다 50%가량 줄이는 것이다.

이렇게 달라지고 있는 트럼프 행정부의 외교정책 기조는 국가예산의 비중을 국무부보다 국방부로 확연히 기울게 만들었다. 2017년 2월 트럼프 행정부는 2018년 회계연도의 국방예산을 전년보다 10% 늘려 6030억 달러로 책정하는 한편, 해외 원조와 국무부 외교활동에 배정되는 예산을 국방비 증액분만큼 줄여 4620억 달러로 책정했다. 결과적으로 이후 3월에 공개된 2018년 회계연도 예산안에서 국무부 예산은 28% 삭감되었고 국무부와 USAID가 사용하는 대외원조 예산도 37% 삭감되었다. 트럼프 행정부는 파리기후변화협약에서 탈퇴한 것과 궤를 같이하여 환경보호청(EPA: Environmental Protection Agency)의 예산을 기존 82억 달러에서 56억 달러로 약 31% 낮게 책정하여 40년 만에 가장 낮은 수치를 기록했다. 또한 해외 지역에 대한 공중보건 프로그램 지원도 약 11억 달러 삭감하여 '에이즈 퇴치를 위한 대통령 비상계획(Pepfar: President's Emergency Plan for AIDS Relief)' 지원 대상국을 60개국에서 12개국으로 줄였다. 이러한 계획이 실제로 이행될 경우 아프리카의 전염병 사망 인구는 100만 명 이상이 될 것으로 언론들은 전하고 있다.

세계 각국과 세계 여론의 반대에도 불구하고 2017년 12월 6일 예루살렘을 이스라엘의 수도로 선언하기를 강행하는 등 트럼프 행정부의 일련의 일방주의적 행보는 부시 행정부 시기 학계에서 진행되었던 세계적 반미감정에 대한 논의가 다시 일어나게 하고 있다. 부시 행정부 시기 미국 학계에서는 소프트파워와 공공외교 자체에 대한 논의 외에 전 세계적으로 확산된 반미감정에 대해 다양한 토론을 진행한 바 있다. 피터 카첸슈타인(Peter Katzenstein)과 로버트 코헤인(Robert Keohane)은 반미주의에 대한 논의에서 미국 정부가 세계 여론을 존중하는 다자주의 외교정책을 택한다면 세계적으로 확산된 반미주의가 감소할 것이라고 주장했다. 이들은 미국의 외교행위에 대한 반대와 미국 사회 일반에 대한 부정적인 심리적 경향을 서로 다른 것으로 구분 짓고 반미주의에 다양한 형태가 있음을 언급했다(Katzenstein and Keohane, 2007). 하지만 다른 학자들은 부시 행정부의 반테러전(戰)이 보여준 군사행위가 미국의 가치와 동떨어진 것인지, 아니면 오히려 미국의 가치를 반영하는 것인지 국제 사회가 어떻게 구분하겠냐는 반문을 제기하기도 한다. 현재 트럼프 행정부의 공세적 외교정책은 부시 행정부 시기의 일방주의가 미국의 역사적 예외 사례가 아님을 증명해 보인다는 것이다. 이미 국내외 언론은 2017년 4월 트럼프 행정부의 시리아 폭격과 9월 유엔 총회에서 북한에 대한 '완전파괴' 발언을 부시 행정부의 2003년 이라크 침공과 2002년 1월 국정연설에서의 '악의 축' 발언과 비교하는 등 트럼프 행정부의 외교행태를 부시 행정부의 일방주의적 대외정책과 유사하게 인식하고 있다.

트럼프 행정부의 외교정책이 하드파워의 군사우위 정책을 선호하고 국무부 예산도 크게 삭감되면서 앞으로 미국의 공공외교 활동의 범위와 영향력은 제약될 것으로 보인다. 트럼프 행정부 시기 미국 공공외교 활동의 축소 및 퇴보에 대한 우려에 더해 디지털 공공외교에 대한 개념에도 혼란이 발생하고 있다. 오바마 대통령으로부터 시작된 미국 대통령의 트위터 사용은 미국 대통령이 해외 대중과 직접 소통할 수 있는 디지털 공공외교의 중요한 자산이었다. 하지만 트럼프 대통령의 잦은 트위터 게시글은 하드파워를 강조하거나 혹은 정부 각료들과 합의·조율되지 않은 군사정책을 언급한 것들로서 미국 외교정책에 대한 해석에 혼선을 주고 있다.[9] 이는 역설적이게도 소셜 미디어가 단지 부차적인 외교정책 수단이 아님을 증명하고 있는 셈이며, 그동안 긍정적인 효과 외에 부정적 영향력이 지적되었던 디지털 외교의 위험성이 트럼프 대통령에 의해 증명되었다는 비판도 제기되고 있다. 트럼프 대통령의 트위터 메시지가 미국을 북한과의 전쟁으로 내몰고 있다는 비판에서부터, 사실상 e-외교(e-diplomacy)는 국제관계의 증진을 위한 것이 아닌 국내 정치적 지지 획득의

---

9) 미국 일간지 ≪유에스에이 투데이(USA Today)≫는 트럼프가 2017년 1월 20일 취임한 이후 4월 23일까지 총 440번의 트위터 메시지를 게시했는데, 이는 곧 하루에 약 4.68번의 메시지를 올린 것과 같다고 전하기도 했다.
https://www.usatoday.com/story/news/politics/onpolitics/2017/04/24/what-did-trump-tweet-in-his-first-100-days/100756548(검색: 2017.6.1).

그림 15-2 서구 유럽의 트럼프 행정부 외교정책에 대한 신임도(%)

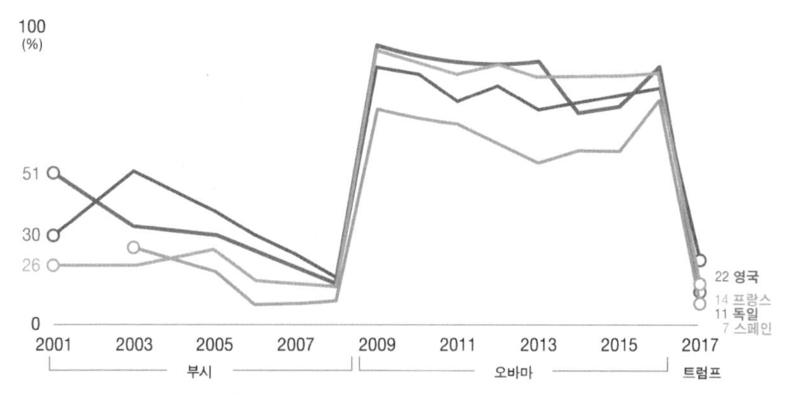

자료: Spring 2017 Global Attitudes Survey, Q30a(Pew Research Center).

수단에 불과하다는 우려도 나타나고 있는 것이다(Bryant, 2017).

퓨리서치센터의 최근 여론조사는 트럼프 행정부의 행보가 얼마나 급격한 세계 여론의 변화를 야기했는지 보여준다. 그림 15-2가 보여주듯이 영국, 프랑스, 독일, 스페인 등 유럽 대중의 트럼프 행정부 외교정책에 대한 신임도는 부시 행정부 시기의 신임도와 비슷하거나 더 하락했고, 오바마 행정부 시기 신임도에 비하면 급격한 하락세를 보여준다.[10]

이 외에도 퓨리서치센터는 오바마 행정부 말기의 미국 외교정책에 대한 신임도와 취임한 지 6개월이 된 트럼프 행정부의 외교정책에 대한 해외 대중의 신임도 여론조사 결과를 발표했는데, 양 행정부에 대한 신임도 차이는 거의 모든 국가에서 크게 벌어졌다. 스웨덴, 독일, 프랑스 등에서 그 차이는 70%에서 83%로 나타나 다른 어느 지역에서보다도 오바마 행정부에 대한 매우 우호적인 평가와 트럼프 행정부에 대한 극단적인 비관이 크게 대조되었다. 이 조사 결과에서 주목할 것은 미국의 동맹국 대중의 트럼프 행정부 외교정책에 대한 신뢰도가 미국 입장에서 우려될 수준으로 하락한 점이다. 미국의 동맹국인 영국, 일본, 호주 모두에서 트럼프 행정부 외교정책에 대해 20%대의 낮은 신임도가 나타났고, 한국은 17%로 동맹국 중 최하위를 기록했다. 이스라엘만이 오바마 행정부 말기의 56%에서 트럼프 행정부 취임 이후 49%로 하락했고, 반이

10) 2017년 6월 23일에 공개한 여론조사 결과는 Pew Research Center(2017c)를 참고.

민 행정명령의 여파로 멕시코의 트럼프 행정부에 대한 신임도는 무려 5%까지 하락했다. 캐나다도 서구 유럽과 마찬가지로 20%대의 낮은 수준을 보여주었다(Pew Research Center, 2017c).

하지만 이러한 세계 여론의 추세에도 불구하고 현재 미국 정부가 추구하는 외교정책에는 해외 대중의 지지를 필요로 하는 세계적 어젠다 자체가 부재해 보이며 미국에 대해 부정적인 현재의 세계 여론이 트럼프 행정부가 추구하는 형태의 국익에 손해를 주고 있다고 말하기는 힘들다. 즉 트럼프 행정부의 미국 우선주의라는 어젠다 자체는 세계적 어젠다가 아닌 자국 이익에 한정된 외교정책이므로 이러한 외교정책 목표를 달성하기 위해 미국이 해외 대중에게 호소할 이유는 없는 것이다. 2017년 11월 트럼프 대통령은 아시아 순방에서 한국, 중국, 일본뿐만 아니라 필리핀, 베트남 등 중국과의 경쟁에서 전략적 위치에 있는 국가들에서도 이들 국가와의 무역에서 미국 무역적자와 미국 내 일자리 창출을 가장 중요한 사안으로서 반복해 언급했다. 즉 트럼프 대통령은 철저하게 자신의 위치를 세계의 지도자가 아닌 미국의 대통령으로 각인시켰고 아시아 순방의 목적을 명확히 했다. 트럼프 행정부가 세계적 어젠다로 국제 사회의 공조를 호소하며 해결하고자 하는 북한 핵문제의 경우도 미국은 중국의 역할과 북한에 대한 전방위적 제재에 집중하고 있으며 군사적 행동의 가능성에 대해서도 빈번하게 거론한 바 있다. 북한의 비핵화 협상을 위한 2018년 6월 북미정상회담에 대해서도 트럼프 대통령은 북미 양국 차원에서의 접근을 선호하고 중국의 개입이나 한국 역할의 지나친 부각을 경계하는 등 미국의 중심적 역할과 영향력을 강조하는 모습을 보여줬다. 요컨대 세계적 어젠다와 공공외교 어젠다가 거의 제시되지 않은 트럼프 행정부의 현재까지의 외교정책은 미국 정부가 세계 여론에 대해 개의치 않고 있음을 여실히 보여주고 있다.

3. 중국 공공외교 계기와 접근법의 변화

1) 장쩌민 시대: 세계화와 지역강국 자리매김

중국이 국제 사회에서 비쳐지는 자국 이미지를 외교정책 차원에서 심각하게 제고하기 시작한 것은 탈냉전기의 시작과 함께 일어난 1989년 6월 톈안먼 사태였다. 당시 중국이 서구 미디어를 통해 인권을 탄압하는 독재국가로 비난받고 국제 사회의 경제 제재로 고립되는 위치에 놓이면서 중국 정부는 사실상 처음으로 중국과 관련된 정보를 중앙집권적으로 조율된 형태로 국내 청중과 국외 청중에 전달해야 할 필요성을 절감했다. 중국 정부는 톈안먼 사태로 인해 중국이 독재국가 이미지로 비쳐지는 것을 희석시키고 국내외 중국 정부에 대한 여론을 관리하고자 1988년에 활동을 중단했던 프로퍼갠더 관련 활동을 부활시키고 1991년에는 국무원의 신문판공실(新聞辦公室, Information Office of the State Council)을 설립했다(Rawnsley, 2009: 286~287). 신문판공실은 중국의 국내외 정책과 사회경제적 발전 현황, 중국의 역사, 과학기술, 문화, 교육을 홍보하고 해외 언론의 중국 취재를 돕는 등 세계에 중국을 알리는 일이 주요 업무이다(김동률, 2013: 61).

중국을 전 세계에 알리려는 노력은 장쩌민 체제의 세계 자유무역 질서로의 적극적 편입 행보 및 중국의 빠른 경제성장과 더불어 이루어졌다. 중국은 이전의 미국과 소련 중심의 강대국 외교를 탈피하여 정치, 경제, 안보 등 다양한 영역에서 주변국 외교, 개발 도상국 외교, 다자외교를 적극적으로 펼쳐나갔다(조영남, 2013: 262). 1997년 제15차 당대회 전후로 '중화민족의 위대한 중흥'이라는 국가적 슬로건이 등장한 것은 중국의 자국 소프트파워의 자신감과 영향력 발휘 의지를 보여주는 대목이다. 당시 장쩌민은 국제 사회에 알려져 있던 인물이 아니었고 톈안먼 사태에 대한 책임과는 거리가 있었으므로 공공외교를 추진하는 데 있어서 이전 체제보다 유리한 위치에 있었다.

1997년 아시아 금융위기는 중국이 자국 경제력을 소프트파워 차원으로 인식하는 계기가 되었다(신종호, 2009: 45). 아시아 금융위기 당시 중국은 위안화 평가절하를 억제하고 금융위기 이후 동남아시아 지역에서의 다양한 경제원조와 투자를 더욱 확대하는 등 자국의 빠른 경제성장을 기반으로 아시아 경제위기를 일종의 '책임지는 대국'의 역할을 취하는 계기로 삼았다. 이러한 계기를 통해 중국은 지역 강대국(regional power)으로서 자리매김했고(조영남, 2013: 26) 지역 내 다자기구에도 적극 참여하여 지역의 안정과 협력에 기여하는 강대국 이미지를 창출해나갔다(Chung, 2010).

중국은 2001년 WTO에 가입하면서 해외 무역을 더욱 확대했고 해외 직접투자(FDI) 유치도 적극적으로 추진했다. 1990년만 해도 중국과 아세안 국가 간 교역액은 75억 달러였으나 1999년에는 269억 달러가 되면서 교역량이 3배 이상 증대했고 2000년대에는 증가율이 급상승하여 2000년 350억 달러에서 2007년 1740억 달러로 5배 증가했다(Storey, 2011: 59~60, 80). 결국 2000년대에 들어 동아시아에서는 과거 일본을 중심으로 한 기러기형 모델이 붕괴되고 중국을 새로운 축으로 하는 역내 생산 네트워크가 출현하면서 동아시아 지역의 경제적 통합이 강화되었다(김재철: 2015, 45~48).

중국은 이렇게 자국의 경제발전에 의한 지역에서의 새로운 입지에 힘입어 미디어를 통해 자국을 알리는 노력을 서서히 시작했는데, 1990년대 후반부터 자국의 전통 철학이나 문화를 다양한 채널을 통해 알렸다. 1997년 9월 CCTV-4를 개통하여 해외 거주 중국인 동포 및 홍콩과 대만 시민을 대상으로 국제방송을 시작한 중국은 2000년 9월에는 중국중앙방송국(CCTV)의 영어 채널인 CCTV-9를 개통하고 뒤이어 12월에는 인터넷 방송인 중국 네트워크 TV를 개통했으며 신화통신의 경우 인터넷에서 "중국을 알리고 세계를 보도하다"라는 기치 아래 영어, 스페인어, 프랑스어, 독일어, 일본어, 아랍어, 포르투갈어 서비스를 제공하고 있다. 이렇게 2000년대부터 활발해지고 있는 미디어에 대한 중국의 투자는 톈안먼 사태 이후 서구 매체의 중국에 대한 비판을 무마하고 자국에 대해 우호적인 세계 여론을 형성하기 위한 노력이다. 하지만 장쩌민 체제에서 영어로 방송되었던 텔레비전은 오직 CCTV-9뿐이었다. 2002년의 한 조사에 의하면 CCTV-9 시청자의 90%가 중국 내 시청자였고 오직 4%만이 외국인 시청자로 나타났다. 그나마 중국 내 시청자 중 80%도 시청의 주요 목적이 영어 학습이었던 것으로 조사되는 등(Qian, 2002) 당시 장쩌민 정부의 미디어를 통한 공공외교 활동은 시작단계에 있었다.

2) 후진타오 시대: 경제적 자신감과 친구매수 전략

2002년 출범하면서 경제성장과 아울러 '전면적 소강사회 건설'을 국가적 어젠다로 내세운 후진타오(胡錦濤) 정부는 2003년에는 경제력을 바탕으로 평화스럽게 부상한다는 의미의 '화평굴기(和平屈起)', 2004년에는 필요한 곳에서는 적극적으로 행동한다는 '유소작위(有所作爲)', 2006년부터는 중국 내부의 사회적 갈등을 해소하며 안정을 도모하고 다른 국가들과 조화롭고 평화로운 관계를 건설한다는 '조화세계(和諧世界)'를 일련의 외교 노선과 개념으로서 제시해 왔다. 당시 중국 정치 지도부는 미국 학계에서 시작된 소프트파워 논의에 관심을 보이기 시작하면서 미국처럼 다자외교 및 책임지는 강대국, 조화세계 등을 강조하며 경제적·문화적 수단을 통해 소프트파워를 구축해야 한다는 인식을 갖고 있었다.

후진타오 정부는 중국 역사상 처음으로 소프트파워의 강화를 국가의 공식 정책으로 채택하여 추진한 정부였다(조영남, 2013: 139). 2007년 제17차 당대회에서 조화로운 세계를 강조함과 동시에 소프트파워를 거론한 후진타오는 중국의 문화를 통한 세계 속에서의 중국 소프트파워의 확장을 중요시했고, 이후 중국 정치인들과 학계는 중국의 문화, 언어, 발전모델, 해외 평화유지군 파견 등 다양한 정책을 통해 중국의 소프트파워를 어떻게 알릴 것인지 논의했다(Callahan, 2011: 5). 신문판공실 주임이었던 자오치정(趙啓正)은 중국의 공공외교 전략이 외교정책 목표와 조화되게 해야 하며 중국이 국제 사회에 제대로 잘 알려지게 해야 한다고 강조하면서 중국이 이제는 듣는 것뿐만 아니라 응답(talk back)도 할 수 있어야 한다고 역설했다. 그는 중국의 영문 인터넷 일간지에 기고한 글에서 중국 위협론을 전 세계에 확산시키는 등 중국에 대한 잘못된 정보가 서구 매체에서 광범위하게 유통되고 있는 점을 지적하며 공공외교를 통해 중국 스스로가 중국에 대한 정확한 정보를 세계에 제공하는 노력을 펼쳐야 한다고 주장한 바 있다(Zhao, 2007).

이러한 문제의식에서 중국의 공공외교도 자국에 우호적인 세계 여론의 형성을 목표로 미국을 비롯한 서구유럽 국가들이 전개하는 것과 같은 교육활동을 본격적으로 추진했다. 중국 교육부 직속기관인 중국국가한판(中国国家汉办)은 2004년부터 비영리 교육기관인 공자학원을 운영하기 시작했다. 2009년 설립된 차아얼[察哈爾] 학회는 민간기관으로서 공공외교 연구와 관련된 학술교류에서 중심 역할을 담당하고 있으며 2010년 3월부터 ≪공공외교계간≫을 발간하고 있다. 또한 공공외교를 연구하는 최초의 기관으로서 공공외교연구센터가 2010년 베이징 외국어대학교에 설립되었고 2012년에는 리자오싱(李肇星) 전 외교부장을 회장으로 하는 중국공공외교협회가 출범했으며 길림 대학교에 교육과정을 갖춘 공공외교 학원이 설치되었다.

중국 공공외교에서 미디어가 보다 본격적인 활동을 시작하게 된 데는 2008년 8월 베이징 올림픽을 전후하여 일어난 일련의 사건이 중요한 계기가 되었다. 2008년 3월 티베트의 독립을 위한 시위를 전개한 티베트 반정부 시위대를 중국 공안이 무력으로 진압하는 사건이 발생했다. 이 사건은 베이징 올림픽을 앞두고 발생한 데다가 1989년 톈안먼 사태를 회상시키는 사건으로 비쳐져 국제 사회의 비난과 외신의 집중적인 취재대상이 되었다. 이미 2007년 8월 미국 의회가 중국의 인권상황에 대해 우려를 표하며 베이징 올림픽을 보이콧하는 결의안을 발의한 바 있었다(김나라, 2007).

베이징 올림픽은 테러행위의 목표시점이 되기도 했는데 올림픽을 며칠 앞두고 위구르족 테러리스트들이 신장 위구르 자치구 카스 지구에서 중국 무장 경찰에게 폭발물을 던져 경찰 16명이 사망했다. 또한 2008년 4월 9일에는 베이징 올림픽의 해외 성화 봉송지였던 미국 샌프란시스코에서 성화 봉송 릴레이 행사 당일 티베트의 자유를 호소하며 중국의 인권 탄압을 규탄하는 시위대와 성화 봉송을 축하하는 약 2만 명의 재미 중국인 및 중국인 유학생과 지식인들이 집결하면서 서로 대치하는 일이 발생하기도 했다.

당시 서구 미디어가 중국에 대하여 왜곡된 보도를 한다고 판단한 재미 중국인들은 중국에 대한 잘못된 정보를 바로잡고자 인터넷을 통해 성화 봉송 집결지 정보를 공유하고 확산시키며 시위를 준비했다. 또한 해외 각지의 중국 네티즌들은 중국의 인권문제를 보도하는 CNN 등 서구 매체에 대항하여 anti-cnn.com 등의 웹사이트를 개설하고 ≪뉴욕타임스≫의 중국에 대한 칼럼에 수많은 반박 댓글을 게시하기도 했다(Li, 2011: 136~155). 이렇게 민족주의 감정에 고

표 15-1 중국에 대한 세계 대중의 호감도

	2005	2006	2007	2008	2009	2010	2011	2012	2013
미국	43	52	42	39	50	49	51	40	37
영국	65	65	49	47	52	46	59	49	48
프랑스	58	60	47	28	41	41	51	40	42
독일	46	56	34	26	29	30	34	29	28
스페인	57	45	39	31	40	47	55	49	48
러시아	60	63	60	60	58	60	63	62	62
터키	40	33	25	24	16	20	18	22	27
요르단	43	49	46	44	50	53	44	47	40
이스라엘	-	-	45	-	56	-	49	-	38
팔레스타인	-	-	46	-	43	-	62	-	47
레바논	66	·	46	50	53	56	59	59	56
파키스탄	79	69	79	76	84	85	82	85	81
인도네시아	73	62	65	58	59	58	67	-	70
일본	-	27	29	14	26	26	34	15	5
멕시코	-	-	43	38	39	39	39	40	45
케냐	-	-	81	-	73	86	71	-	78

자료: Pew Research Center(2011, 2014).

무된 중국 네티즌 활동은 자발적인 형태로서 매우 적극적으로 진행되었지만 이러한 활동은 중국 정부의 소수민족에 대한 억압정책을 옹호하는 것이었기에 시민 차원의 자발적 활동이었음에도 타국 대중의 호응을 얻지 못했다.

퓨리서치센터의 세계 여론조사 결과에 의하면 표 15-1에서 보는 것과 같이 중국에 대한 호감도는 2008년 거의 모든 조사국가에서 전체 조사기간 중 최저점으로 하락했다가 2009년부터 다시 소폭으로 증가하는 추세를 보인다. 2008년 베이징 올림픽 직전 티베트 독립운동과 신장 위구르 자치구에서의 테러 등 중국의 소수민족 문제에 대한 중국 정부의 강압적 대응이 중국에 대한 호감도에 부정적인 영향을 끼친 것으로 짐작할 수 있다. 요컨대 베이징 올림픽은 공공외교로서의 스포츠 행사였음에도 불구하고 소수민족 문제로 중국은 2008년에 세계 여론의 악화를 경험했다.

소수민족 문제와 관련된 사건이 베이징 올림픽을 계기로 오히려 전 세계적으로 대대적으로 보도되고 비판받으면서 중국 정부는 톈안먼 사태 이후 다시 한 번 미디어에 대한 집중적인 투자 필요성을 절감했고 국가 차원에서 공공외교 활동을 본격적으로 추진하게 되었다. 2008년 베이징 올림픽 이후 중국 정부의 소수민족 문제에 대한 입장에는 변화가 없었지만 중국은 자국에 대해 악화된 세계 여론에는 적극 대응해야 했던 것이다. 먼저 중국은 2004년 설립한 공중외교처(公衆外交處)를 2008년 공공외교처(公共外交處)로 개명하고 2009년에는 공공외교처를 공공외교판공실로 격상시켰다. 또한 2009년 중국 정부는 세계적 미디어 활동에 70억 달러를 투입할 것이라고 발표하고, 중국의 3대 주요 미디어인 신화통신, 중국중앙방송국, 인민일보에 각각 150억 위안을 투자했다. 2010년 중국 외교부는 공공외교 원년을 선포한 데 이어 2010년 7월부터 24시간 영어 채널 CNC(China Xinhua News Networks Corporation) World 서비스를 시작했고 CNC World 채널을 유튜브에서도 송출하기 시작했다.

중국의 전략은 미국의 공공외교가 미국 민주주의 체제가 추구하는 가치를 전면에 내세우며 자국 정치체제에 대한 자신감을 표현하고 있는 것과 달리 경제적 자신감으로부터 추진되고 있다. 중국 공공외교의 본격화는 2008년 미국발 세계 경제위기가 미국 쇠퇴론으로 확산되는 시기와 중첩되고 있는데, 이렇게 중국 공공외교의 활동 규모와 범위가 확대된 시점이 2008년이었던 것은 미국의 경제적 쇠퇴와 대비되는 중국의 경제성장에 기인한 자신감과 무관하지 않다. 글로벌 금융위기로 인해 2009년 초 시장에서의 비관론에도 불구하고 중국의 경제성장률은 빠른 회복을 보이며 1분기에는 6.1%, 2분기에는 7.9%, 3분기에는 8.9%까지 상승했고, 결국 2010년 상반기 중국의 경제규모는 일본을 제치고 세계 2위를 차지했다. 더불어 2008년부터 중국은 국방비 지출액 규모가 세계에서 미국에 이어 두 번째를 차지하기 시작했다.

중국은 2009년 4월 세계 경제위기를 논의하고자 개최된 G20 정상회담에서 G2로 불리기 시작했고 자국 경제규모와 세계적 위치에 걸맞게 중국이 아시아 문화와 역사, 전통의 원류이자 담지자임을 대외에 전파하는 노력을 적극적으로 전개했다. 중국 정부는 서구 소프트파워와 구별되는 중국식 소프트파워에 대한 논의를 전개하면서 중국식 경제발전 모델을 의미하는 '베이징 컨센서스'를 비롯하여 '중화문명'의 부흥을 강조하고 경제성장에 기반을 둔 중국식 소프트파워 발굴을 모색했다(신종호, 2009: 39~46).

아프리카나 중동 등에서의 해외 원조는 중국 공공외교의 중요한 도구로서 역할을 하고 있다. 중국 정부는 2000년과 2007년 사이 아프리카에 기부한 액수가 54억 달러에 이르며, 아프리카 지역에 100억 달러 상당의 부채를 면제해 주기도 했다. 한편 2002년에는 아프가니스탄에 500만 달러를 기부했고 2004년에는 인도네시아 쓰나미 희생자들에게 260만 달러를 기부했다. 이 밖에도 2005년 미국 카트리나 재난이나 2006년 인도네시아 자바섬 지진 때도 상당한 액수의 구호금을 전달한 바 있다. 흥미로운 것은 중국이 대만과 외교관계를 맺고 있는 저개발 국가들에게 대만이 아니라 중국과 외교관계를 수립하면 상당한 금액의 해외원조를 제공하겠다고 하며 구호 프로그램과 정치적 어젠다를 함께 추구했다는 점이다. 대만은 중국의 이러한 외교전략을 '친구매수(buying friends)'라고 비판했지만(Rawnsley, 2009: 284), 중국은 2009년부터 아프리카와 중동, 남미의 제3세계를 중심으로 개발원조 및 초국가적 기업의 투자와 기여 등을 통해 공세적인 공공외교를 추진해나갔다.

3) 시진핑 시기: 핵심 지역 공략과 중국 위협론 무마

시진핑 체제는 기존의 외교기조인 '평화적 발전'과 함께 '중화민족의 부흥', 그리고 '핵심 이익'의 수호를 병행하겠다는 의지를 표명하고 동아시아에서도 과거보다 더욱 적극적이고 주도적인 정책을 펼치려는 구상을 제시했다. 시진핑 정부가 2013년에 제시한 동아시아와 유럽 경제권을 연결하는 대형 프로젝트인 육상·해상 실크로드 '일대일로(一帶一路, One Belt & One Road)'는 시진핑 정부의 '실크로드 경제벨트'와 '21세기 새로운 해상 실크로드'를 엮은 것인데, 이러한 구상은 미국의 아시아 재균형 전략에 대한 대응의 성격을 갖고 있다(신종호, 2016: 138~141). 시진핑 체제 출범과 비슷한 시기에 시작된 오바마 행정부 집권 2기는 집권 1기와는 다른 대중국 행보를 취하고 있었다. 오바마 행정부는 2011년 후반부터 아시아 회귀 전략을 본격적으로 추진했는데 이러한 전략은 2010년 미국의 대만에 대한 헬기와 미사일 판매 및 오바마 대통령의 티베트 달라이 라마(Dalai Lama) 접견, 힐러리 클린턴(Hillary Clinton) 국무부 장관의 아시아 순방, 미국의 TPP 주도 등이 예고하듯 중국을 포위하는 전략으로 전환되고 있었다.

시진핑 정부는 후진타오 정부가 추진했던 다양한 공공외교 사업을 세계적 수준에서 더욱 확장시켰다. 먼저 2012년 9월 외교부 대변인실 공공외교판공실이 외교부 공공외교판공실로 승격됨으로써 중국의 외교부 공공외교판공실은 중국 공공외교의 가장 중요한 부처가 되었다. 2012년 11월 제18차 중국 공산당 전국대표대회에서 공공외교 개념은 당대회 문건에도 공식 등장했고, 중국 외교의 4대 중점사항인 강대국 외교, 주변국 외교, 개발 도상국 외교, 다자외교에 추가적으로 공공외교가 포함되었다(이근·김홍규, 2013: 52~60).

신종호는 시진핑 체제의 공공외교 활동으로 화교사회의 활용, 미디어의 현지화, 지방정부의 공공외교 활동을 소개하고 있다. 중국 정부는 해외 화교사회가 세계 각 지역에서 중국의 문화를 전파하며 중국과의 가교 역할을 왕성하게 펼칠 수 있도록 지역별 조직 결성을 후원하고 있으며 해외에서 활동하는 중국 글로벌 미디어들이 현지화에 성공하여 더 효과적으로 중국의 소프트파워를 전파해나갈 수 있도록 후원·관리하고 있다. 또한 중국의 지방정부들도 정부 간 고위급 외교와 민간외교의 중간 형태로서 도시외교를 펼쳐오고 있다. 해외 도시와 다양한 지도자 교류 등을 통해 우호도시 관계를 형성하고 있는 사례는 현재까지 1980년 베이징과 뉴욕 간 우호도시 수립 이후 36개의 성(省)과 주(州), 그리고 165개의 도시 간 교류협력 관계를 들 수 있다. 이러한 지방정부의 공공외교 활동이 전개됨에 따라 중국공공외교협회는 상하이, 광둥, 항저우, 광저우, 톈진 등 각 지역에도 설립되어 도시외교의 성격을 갖춰나가고 있다(신종호, 2014: 149~154).

시진핑 정부는 기존의 교육 프로그램도 세계적 차원에서 더욱 확장시켰는

데, 중국국가한판은 2015년 기준으로 126개 대학에 475개 공자아카데미를, 초중고등학교에 851개의 공자학원을 설립했고,[11] 2020년까지 1천여 개의 공자학원을 설립할 계획이다. 공자학원은 중국어 교육과 관련된 다양한 행사와 기관들의 기능을 통합해나가는 역할을 하고 있으며 현재 인터넷 공자학원과 같은 온라인 플랫폼도 운영하고 있다. 주로 외국 대학에 설립되는 공자학원은 중국 정부기관인 '한반'의 감독하에 운영되는데, 한반의 운영방식에 대해 미국 학계에서 문제가 제기되기도 했다. 미국 대학교수연합(American Association of University Professors)은 공자학원을 운영하는 한반이 중국 정부의 대변자 역할을 하면서 공자학원 수업의 학문적 자유를 심각하게 제약한다고 주장했다. 즉 수업의 토론을 제약하거나 커리큘럼의 선택과 직원 채용에서 대학의 자율권을 제한하여 학문의 독립성을 훼손한다는 것이다(American Association of University Professors, 2014).

중국은 최근 자국의 경제적 능력을 통해 중국이 필요로 하는 천연자원을 보유하고 있는 아프리카나 중동, 중남미 및 아시아 지역 등 개발 도상국들을 중심으로 공적개발원조(ODA)를 비롯한 각종 투자와 평화유지군 활동 등을 활발히 전개하고 있다. 2014년 5월 시진핑 주석은 중국 상하이에서 열린 '아시아 교류 및 신뢰구축 회의(CICA: Conference on Interaction and Confidence-Building Measures in Asia)'에서 '아시아의 안전은 아시아인이 지켜야 한다'는 아시아 안보관을 제시하고 지역안보기구 창설을 주문했다. 또한 2014년 10월 아시아인프라투자은행(AIIB: Asian Infrastructure Investment Bank)과 2015년 7월 신개발은행(NDB: New Development Bank)의 설립 및 일대일로의 추진을 위한 400억 달러 실크로드 기금 구상 등 아시아와 개발 도상국들의 금융협력 및 이 지역에서 중국의 금융 주도권 확보를 위한 구상을 실행에 옮기고 있다. 시진핑 정부의 이러한 행보는 아시아에 한정되지 않고 중동, 아프리카, 남미로도 확장되고 있으며, 미국의 TPP에 대한 대응으로 중국이 주도했던 역내포괄적경제동반자협정(RCEP: Regional Comprehensive Economic Partnership)의 경우 미국의 TPP 탈퇴로 인해 더욱 협상에 탄력을 받고 있으며 중국이 오히려 세계 자유무역 질서와 다자주의의 수호자가 되었다.

시진핑 주석은 2016년 중동 순방 시 2013년 공개했던 일대일로 프로젝트

11) 공자아카데미 홈페이지(http://www.gongja.or.kr/intro.php).

참여를 조건으로 중동 국가들에게 86조 원의 투자를 약속했는데, 사우디아라비아와는 에너지와 인프라 구축 등 14개의 협약과 양해각서(MOU)를 체결했으며 이집트, 이란 등과도 막대한 액수의 투자계약 및 차관제공, 교역규모 증대 등을 제안하여 이 지역으로부터 긍정적인 반응을 얻고 있다. 미국이 중동 출구전략을 추구했던 시기 중국은 역으로 중동 개입전략을 펼치면서 중동 지역은 미국과 중국의 패권경쟁 및 공공외교 경쟁의 새로운 장이 되고 있는 것이다(이준삼, 2016). 중국은 또한 지난 10년 동안 아르헨티나, 브라질, 콜롬비아, 페루, 베네수엘라 등의 중남미 국가에서 석유와 가스 분야에 최대 투자국으로 진출해 있으며 시진핑 주석은 2015년 1월 향후 중남미 지역에 2500억 달러를 투자하겠다고 발표한 바 있다. 이와 같이 국가 경제력에 기반을 둔 막대한 투자와 개발원조를 통한 공공외교 전략은 앞서 언급한 '친구매수' 전략으로 볼 수 있다. 특히 중국의 ODA는 수원국의 정치사회 이슈와 관계없이 내정 불간섭의 원칙을 지지하며 경제개발적 시각으로만 접근하기 때문에 서구 공여국의 원조방식과 구별된다.

2017년 봄 퓨리서치센터가 공개한 여론조사 결과는 미국에 대해 비우호적인 세계 여론이 중국에 반사이익을 주는 것으로 해석될 수도 있지만, 일정 부분 중국의 친구매수 전략이 효과를 거두고 있음도 보여준다. 미국과 중국의 인기도(popularity) 테스트에서 두 국가에 대한 호감도는 지역에 따라 뚜렷한 차이를 보여주었는데, 중국은 최근 경제협력과 투자, 개발원조를 활발히 전개해온 중동, 아프리카, 라틴아메리카에서 미국을 앞섰으며 미국은 유럽과 아시아에서 중국을 앞섰다(Pew Research Center, 2017a). 이러한 추세는 이미 2013년부터 나타났는데, 퓨리서치센터의 2013년 여론조사 결과에 의하면 표 15-2에서와 같이 중국은 아프리카에서의 호감도가 72%에 이르고 라틴아메리카와 아

표 15-2 중국에 대한 지역별 호감도(%)

지역	호의적	비호의적
캐나다	43	45
미국	37	52
아프리카	72	15
라틴아메리카	58	22
아시아	58	35
중동	45	52
유럽	43	47

자료: Pew Research Center(2013).

그림 15-3 중국 소프트파워에 대한 아프리카와 라틴아메리카의 호감도(%)

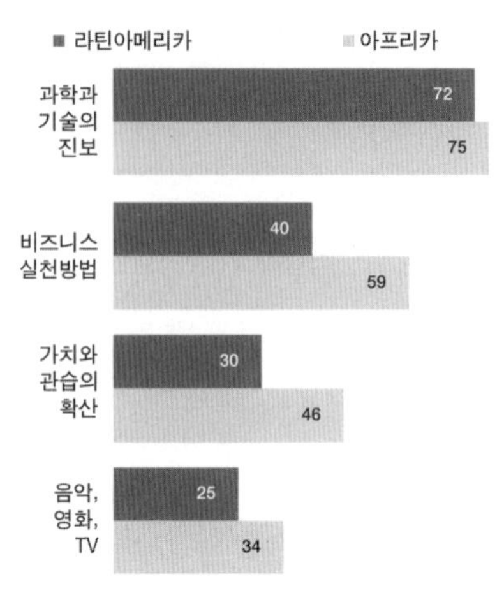

자료: Pew Research Center(2013).

시아에서도 호감도가 58%에 달했다. 반면 유럽, 캐나다와 중동에서는 43~45%의 호감도를, 미국에서는 가장 낮은 37%의 호감도를 기록했다. 퓨리서치센터는 중국에 대한 호감도를 소프트파워 측면에서도 구체적으로 조사했는데, 아프리카와 라틴아메리카에서 중국 소프트파워에 대한 호감도는 그림 15-3에 나타나는 것처럼 과학과 기술의 진보에서 각각 75%와 72%로 압도적으로 높았고, 중국식 가치와 관습이나 음악, 영화, TV 같은 문화적 측면에서는 매우 낮았다.

중국에 대한 지역별 호감도는 표 15-2에 나타난 바 외에도 퓨리서치센터의 다양한 조사결과에서 일관적으로 낮게 나타나고 있으며, 2005년부터 2012년까지 중국 공공외교의 단기효과를 분석한 한 연구에 의하면 미국, 영국, 프랑스, 일본과 같은 강대국에 대한 중국의 공공외교 효과는 거의 미미한 것으로 진단되었다. 다만 러시아에 대한 중국의 공공외교만이 효과적인 것으로 나타났고, 독일에서는 중국 공공외교가 오히려 부정적 영향을 끼친 것으로 나타나기도 했다(Wei, 2016: 399~434). 이러한 결과는 언론이나 표현의 자유를 제약하는 방식을 취하기도 하는 중국의 공공외교가 해외 선진 민주주의 국가에서는 일정한 수준에서 효과를 거두는 데 제약을 갖는 것을 보여준다.

중국 공공외교에서 과거보다 두드러지는 활동 중 하나는 탈냉전기 직후부터 서서히 시작된 평화유지군 활동이 최근 들어 전면적으로 확대되고 있는 점이다. 2012년까지 중국은 전투병력보다 공병과 의료진을 보내왔지만 2015년 5월까지는 유엔 6개 평화유지임무 지구에 15개 분대 총 2837명을 파견했으며 군사참관단 89명을 파견했다. 그리하여 중국은 안전보장이사회 상임이사국 중 최대로 많은 인원을 파견한 국가가 되었다. 중국은 이미 1992년에는 캄보디아에, 2003년에는 콩고와 리비아에, 2004년에는 아이티에, 2006년과 2007년에는 레바논과 수단에, 2011년에는 말리에 평화유지군을 파견한 바 있다. 시진핑 주석은 2015년 9월 유엔 총회에서 중국군 8천명을 유엔 평화유지군 파견을 위한 상설 예비병력으로 확보할 것과 유엔의 평화유지 및 개발 활동에 향후 10년간 10억 달러를 제공할 것이라고 밝힌 바 있다(구자선, 2015: 35~36). 이러한 움직임은 인권문제 등의 내정 간섭에 민감해하는 중국의 이미지를 고려했을 때 전향적인 태도로, 국제 사회의 평화유지 활동에 기여하는 중국이라는 이미지를 구축하기 위한 노력의 일환으로 읽힌다. 한편 중국의 평화유지군 파견은 현지 중국인과 중국 기업을 보호하는 차원이기도 하며, 특히 중국의 투자가 활발한 아프리카와 같은 곳에서 중국의 영향력을 지속적으로 확보하기 위한 움직임으로도 해석되고 있다.

이렇게 다양하게 전개되고 있는 중국 공공외교의 특징 중 하나는 국외 청중과 국내 청중을 동시에 목표청중으로 한다는 것이다. 즉 정부 입장에서 국내의 정치적 불만이나 불안 요소를 관리하는 일이 해외 여론을 관리하는 것만큼 중요한 영역이라는 점이다. 중국은 언론의 자유가 없고 국민 다수의 의견에 의해 정치적 의사 결정이 이루어지지 않는 비민주주의 체제이다. 그러므로 국외의 다양한 매체를 통해 국내 대중에게 알려질 수 있는 세계 여론의 비판과 이러한 비판의 목소리를 인터넷을 통해 접할 수 있는 국내 여론을 동시에 다룰 수 있는 방책으로서 중국 당국은 공공외교를 활용하고 있다. 중국 정부가 중국에 대한 편견을 확산시키고 오해를 깊게 만들며 유언비어가 유포될 가능성이 높다는 이유로 2009년부터 중국 내 페이스북 접속을 차단한 것과 2010년 3월 구글이 중국 정부의 검열정책으로 갈등을 빚어 중국 시장에서 철수한 것은 중국 정부가 국내 여론의 움직임에 얼마나 민감해하는지를 역설적으로 보여주는 대목이다.

중국 외교부 공공외교판공실은 온라인 공간에서 국내 네티즌의 여론을 외교정책에 수렴하기 위한 방도로 온라인 포럼 '외교대가담(外交大家谈)'을 개설하여 네티즌 인터뷰를 정기적으로 시행하기도 했지만 사실상 중국 정부가 펼치는 공공외교에 대한 시민사회로부터의 피드백은 거의 전무하다. 중국 정부가 참고하는 여론은 정부가 지원하는 차어얼 학회와 언론매체에서 제기되는 의견 정도이다(Wang, 2015: 148~150). 특히 중국 정부는 중국의 영토분쟁 이슈나 소수민족 문제와 관련해서 동일한 주장과 메시지의 일관성(consistency)을 추구하므로 중국 정부의 것과 다른 국내 의견을 귀담아들을 가능성은 희박하다. 또한 정보의 투명성과 개방성이 중요한 온라인 공간을 적극 활용하는 공공외교는 중국의 대내외 정책에 대한 국내외 네티즌의 역공과 반박을 자초할 가능성이 크므로(Gong, 2014) 추진된다고 해도 목표로 한 바의 진정한 효과를 거둘 수 있을지는 의문스럽다.

중국 기업의 진출과 투자, 개발원조가 집중적으로 이루어지고 있는 아프리카와 라틴아메리카에서 증대하고 있는 중국에 대한 호감도에도 불구하고 중국 공공외교의 근본적인 한계는 중국이 불식하고자 하는 중국 위협론이 중국 스스로의 군사정책에 의해 확산되고 있는 점이다. 2012년 4월 남중국해에서 중국이 스카버러섬(Scarborough Islands)/황옌다오를 강제 점유하면서 필리핀 함정과 중국의 해양 순시선이 두 달간 대치했고, 2012년 9월 일본이 센카쿠 열도/댜오위다오를 국유화하자 댜오위다오 해역에 대한 상시 순찰을 시작했다. 또한 2013년 1월 중국 군함은 동중국해에서 일본 자위대 함정과 헬기를 레이더로 조준하기도 했고, 7월에는 중국 군함이 일본 영해에 진입했으며, 11월에는 동중국해에서 방공 식별구역을 선포하고 미국과 일본의 항공기들이 이 구역으로 진입하자 중국 군용기를 발진시키기도 했다. 2014년에는 베트남과 분쟁 중인 파라셀 제도에 원유 시추선을 배치하고 이후 양국 선박이 충돌하여 베트남 어선이 침몰하는 상황도 발생했다. 이러한 일련의 군사적 상황은 그동안 중국의 경제적 부상과 함께 확산된 중국 위협론을 사실상 설득력 있게 만들었다. 중국 공공외교가 중국의 평화굴기를 설득력 있게 전파하기에는 최근 동아시아에서 일어난 일련의 군사긴장 상황들은 중국의 그러한 구호를 위장 전략으로 인식되게 한 것이다.

이재현은 2009년 이후 남중국해에서의 중국 군사행동이 중국의 오판이며 중국의 구체적 전략의 부재가 드러난 것이라고 평가한다. 즉 동남아시아 국가들에 대한 중국의 강압적 대응이 2009년 이전까지 중국이 아세안 국가들에 대해 펼친 유화적 노력의 효과를 무용지물로 만들었다는 것이다. 특히 2013년 1월 필리핀이 영토분쟁 문제를 국제상설중재재판소(PCA: Permanent Court of Arbitration)에 가져가도록 방치하고 필리핀의 손을 들어준 재판소 판결 결과에 무효를 주장하며 중국과 필리핀의 양자 해결을 주장한 임기응변적 태도는 중국의 국제법과 국제 여론에 대한 상황판단 오류를 드러냈으며 오바마 행정부의 아시아 재균형 정책에 대한 동아시아 국가의 호의적인 태도를 초래했다는 것이다(이재현, 2016).

시진핑 정부의 중국 평판이 동남아시아에서 고전하고 있는 데는 중국이 이웃 국가들과의 영토분쟁에서 취한 최근 행위가 결정적인 영향을 준 것으로 보인다. 실제로 2014년 7월 퓨리서치센터의 세계 여론조사 결과는 중국의 주변국과의 영토분쟁이 미래에 군사적 충돌로 확대될 가능성이 있다는 아시아 대중의 압도적인 인식을 보여준다. 그림 15-4에 따르면, 최근 동남아시아 대중이 중국과의 영토분쟁에 대해 갖고 있는 우려는 매우 심각한 수준이며 중국과

그림 15-4 중국의 국경분쟁으로 인한 군사충돌 가능성에 대한 아시아 대중의 우려도

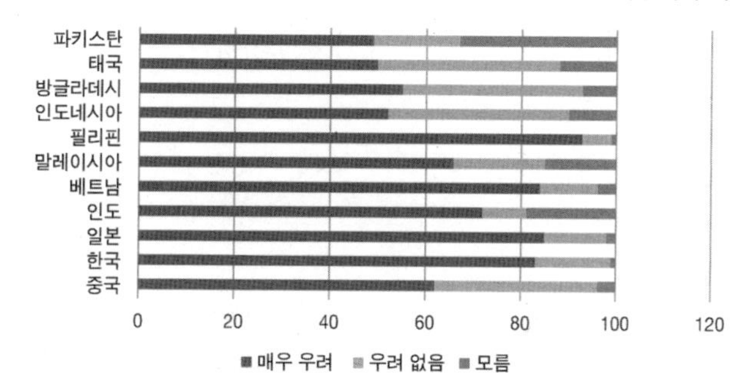

자료: Pew Research Center.

그림 15-5 필리핀 대중의 미국 vs. 중국에 대한 호감도

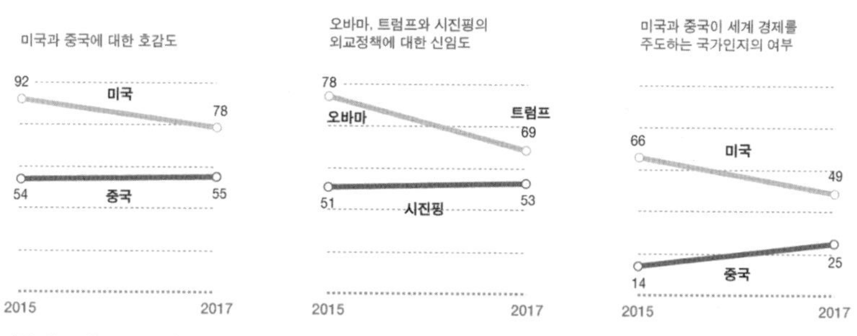

자료: Pew Research Center(2017b.)

빈번하게 충돌한 필리핀과 베트남의 경우 가장 높은 수치를 보이고 있다. 또한 표 15-1에서 나타났듯이 중국에 대한 국제 사회의 호감도는 2012년을 기점으로 급락했는데, 2012년과 2013년 중국이 남중국해와 동중국해에서 분쟁국들에 대해 이전보다 공세적인 태도를 취한 것이 중국에 대한 평판 악화에 기여한 것으로 보인다. 심지어 최근 2017년 퓨리서치센터의 조사결과에서 필리핀 시민들은 여전히 중국보다 미국을 선호하는 것으로 나타났다. 다만 필리핀의 두테르테 정부는 중국에 PCA의 판결 결과 이행을 요구하는 것이 아니라 오히려 친중 행보를 보여 중국의 필리핀에 대한 투자가 급증하고 있다. 양국 간 경제협력 증대로 필리핀 시민들의 중국에 대한 호감도는 그림 15-5에서 보는 바와 같이 서서히 높아지고 있다.

4. 결론

미국은 냉전 종식 후 새로운 국제정치 환경에서 세계 자유무역 질서의 구축에 집중하며 냉전기 프로퍼갠더와 공공외교 활동을 담당했던 USIA를 폐지하기에 이르렀으나 2001년 9/11 테러 이후 반테러 전쟁 과정에서 전 세계에 확산된 반미감정을 무마하고 미국의 안보를 소프트파워 차원에서도 담보하고자 국가 차원의 공공외교를 추진했다. 이후 미국은 오바마 행정부에 들어 기존의 공공외교를 재점검하면서 시민역량과 해외 사회와의 파트너십을 강화했고 그동안 전개한 자국 공공외교의 효과를 평가하기 시작했다. 하지만 최근 미국이 보여주고 있는 군사우위 정책으로의 회귀와 국제규범으로부터의 이탈은 그동안 미국 정부가 막대한 예산을 투입하여 총체적으로 재정비한 공공외교의 효과를 기대하기 힘들게 하고 있다. 더군다나 우호적인 세계 여론 자체를 필요로 하지 않는 트럼프 행정부의 일방주의적 외교정책은 긴 기간에 걸쳐 거둘 수 있는 공공외교의 소프트파워 효과를 빠르게 상쇄시킬 가능성이 있다.

중국은 1997년 아시아 경제위기 과정에서 지역강국으로 자리매김하고 2008년 세계 경제위기 이후 미국의 경제적 쇠퇴와 대비되는 자국의 경제력을 바탕으로 아프리카와 중동, 라틴아메리카 등 제3세계를 중심으로 개발원조 및 초국가적 기업의 투자와 기여 등 중국이 제공하는 이익과 중국의 꿈에 동참할 것을 호소하는 친구매수 전략의 공공외교를 펼쳐왔다. 2008년 티베트에서의 무력충돌을 비롯하여 이후 점점 가시화된 동아시아 국가들과의 영토분쟁으로 설득력을 얻고 있는 중국 위협론을 무마하기 위해 중국은 전 지구적 차원에서 미디어 활동과 교육 프로그램을 확대하는 등 공공외교의 지평을 넓혀 왔다. 요컨대 미국이 "왜 우리를 미워하는가?"에 대한 질문으로부터 공공외교를 전개했다면 중국은 "왜 우리를 두려워하는가?", "왜 우리를 의심하는가?"라는 질문으로부터 공공외교 추진 동기를 갖게 된 셈이다.

양국 공공외교의 성격과 기조가 시간에 따라 변화해온 기저에는 서로 다른 정부가 추구한 외교정책이 자국에 대한 우호적인 세계 여론을 필요로 했는지 여부가 중요하게 작용했다. 양국 정부가 국제 무대에서 제시한 세계적 차원에서의 어젠다 성격이 타국 정부의 호응뿐만 아니라 해외 대중의 광범위한 지지 혹은 최소한의 수긍을 필요로 할 경우 양국은 자국의 국제 평판에 민감해했다. 미국은 자국 민주주의 가치에 대한 자신감, 중국은 자국 경제력에 대한 자신감으로부터 공공외교를 추진했으며 시간이 경과할수록 미국은 자국 메시지의 수신자인 해외 청중에 대해 관심을 갖게 되었고, 중국은 핵심 지역에 대한 과감한 경제적 기여와 투자에 집중했다.

중국처럼 민주주의 국가인 미국의 공공외교도 국무부가 주도하는 중앙집권적 성격을 갖지만 정부가 추진하는 프로그램에 대한 민간단체와 시민사회의 자발적 참여도 중요한 역할을 한다. 하지만 중국의 공공외교는 모든 메시지의 내용과 형식이 철저한 일관성을 갖춘 형태로 여러 정부 부처에 의해 위계적으로 수행되며 민간단체의 참여가 이루어진다고 해도 정부재원의 지원하에 정부 정책기조와 궤를 같이하므로 타국 대중과 진정한 의미에서 소통과 대화를 시도하는 것과는 거리가 있다. 만약 중국 공공외교가 중국의 우수한 전통문화를 전파하며 중국이 추구하는 국가 이미지와 세계질서를 홍보하는 데 그친다면 세계 대중의 시각에서 중국의 공공외교는 국가적 프로퍼갠더로 인식될 가능성이 있다.

퓨리서치센터의 미국과 중국에 대한 일련의 여론조사 결과는 양국의 재정비된 공공외교 경쟁에도 불구하고 해외 여론에서 수치로 드러난 평균적인 의미에서 양국 평판이 그리 만족스러운 수준이 아님을 보여주었다. 특히 강대국의 공격적인 군사정책이나 국제 사회의 규범을 깨뜨리는 형태의 일방적 외교기조는 세계 대중의 시각에서 중대한 위협으로 인식될 수밖에 없다. 즉 단기적 효과는 고사하고 장기간 노력을 통한 공공외교의 효과가 여전히 유효하다고 해도 국가가 추구하는 대외 정책 자체가 국제 사회에서 긍정적으로 인식되지 않는다면 긴 기간에 걸쳐 거둘 수 있는 공공외교의 소프트파워 효과를 상대적으로 급격하게 상쇄할 수 있어 보인다. 세계 여론은 국가의 하드파워와 소프트파워 모두로부터 영향을 받으므로 미국과 중국의 미디어와 문화, 교육 등을 통해 비쳐지는 국가 이미지뿐만 아니라 군사정책과 국내 정치까지 모두 세계 여론에 영향을 끼칠 수 있다. 그러므로 공공외교는 현재 국가가 펼치는 대외 정책을 명분 있게 하고 설득력 있게 만들어주는 역할을 할 때 효과를 발휘할 수 있다. 만약 실제 외교정책과 공공외교의 내용이 서로 모순되고 상반된다면 세계 대중은 그러한 공공외교를 기만적인 프로퍼갠더 전략으로 인식할 가능성이 높다.

특히 트럼프 대통령 취임 이후 미국의 국제 평판이 부시 대통령 시기 수준으로 급격하게 하락한 사실을 통해 볼 때, 강대국에 대한 호감도는 강대국이 기울이는 공공외교의 노력에 비해 상당히 불안정한 기반을 갖는 듯하다. 즉 강대국이 약소국이나 중견국은 펼칠 수 없는 더 넓은 범위와 강도에서의 외교정책 선택지를 가진다는 것을 누구나 인지할 수 있기 때문에 강자에 대한 평가는 더 즉각적으로 빠른 시간 동안 악화될 가능성이 있다. 이런 맥락에서 현재 미국에 대한 평판은 한동안 부정적인 상태로 남을 가능성이 크며 중국의 공공외교 노력도 선진 민주주의 국가에서 효과를 발휘할지는 불확실하다. 한번 형성된 이미지와 평판은 쉽게 변하지 않고 지속적으로 고착화되는 경향이 있는데 이러한 경향은 미국의 중동 지역에 대한 오바마 행정부 시기 공공외교 노력에도 불구하고 이 지역에서의 반미감정이 여전히 회복될 기미를 보이지 않는 것을 통해 충분히 입증된 현상이다.

2012년 헤리티지 재단(Heritage Foundation)의 외교정책연구센터 연구진은 퓨리서치센터의 여론조사 결과를 인용하면서 미국을 포함한 서구의 소프트파워 패권이 과연 얼마나 오래 유지될 수 있을지 강한 의구심을 피력했다. 연구진은 권력의 분산(power diffusion)과 새로운 커뮤니케이션 기술에 힘입어 새로운 정치권력을 갖게 된 세계 대중의 출현으로 21세기 세계정치가 근본적인 변화를 겪고 있다고 주장했다. 즉 이제 지구적 차원에서의 주요 도전은 소프트파워를 통한 해법으로 대응해야 하며 앞으로 세계정치는 누가 세계의 내러티브와 규범을 형성하고 초국가적 네트워크를 동원하여 세계 여론을 장악하는지에 달려 있다는 것이다(Dale et al., 2012: 2). 2015년 조지프 나이는 『미국의 세기는 끝났는가?(Is the American Century Over?)』라는 저서를 통해 현재 미국의 상대적 힘이 약화되었고 미국이 원하는 모든 방식대로 세계질서를 움직일 수는 없지만 미국이 여전히 패권적 지위를 잃지 않는 이유로서 미국의 소프트파워를 언급하며 미국 쇠퇴론을 불식시키고자 했다(Nye, 2015: 29~39). 하지만 현재의 트럼프 행정부의 외교정책 행보를 볼 때 미국 쇠퇴를 유보시켜왔던 미국의 소프트파워는 퇴보하고 있다.

소프트파워의 핵심은 '공유된 합의(a shared consensus)'를 이끌어내는 것으로, 하드파워로서 상대에게 특정 행위를 강제하는 것보다는 힘들지만 공유된 합의에 의한 효과는 훨씬 오래 지속된다. 즉 미국과 중국이 앞으로 해외 대중에 대한 일방적인 일방향 커뮤니케이션이 아닌 공조에 기반을 둔 다양한 버전의 내러티브를 수용할 수 있어야 양국의 공공외교는 힘을 발휘할 수 있다. 효과적인 공공외교 내러티브는 강대국 혼자가 아니라 해외 대중과 함께 만들 때 강대국 공공외교의 정당성이 확보될 수 있다(Roselle, 2017: 77~80). 같은 맥락에서 중국의 경제적 자신감에 기반을 둔 공공외교도 중국의 경제적 기여가 지속되는 한에서만 그 효과를 가질 것이므로 중국이 현재 발휘하는 경제력에 의한 소프트파워는 근본적으로는 하드파워의 속성에 기댄 것이라고 볼 수 있다. 배리 부잔(Barry Buzan)은 공공외교의 핵심인 소프트파워는 군사력이나 경제력이 아닌 시민사회와 문화로부터 나오는 것임을 강조하면서 경제력이 소프트파워의 발휘에 효과로 작용할 수는 있으나 세계 대중의 시각에서는 계산된 이익을 위한 행위로 인식되는 것을 피할 수 없다고 지적한다. 그러한 맥락에서 공자학원도 중국에 대한 비판의 구실이 되고 있다는 것이다(Buzan, 2016).

한 국가에 대한 대중의 호감이나 긍정적인 평판은 그 국가의 하드파워에 대한 인정과는 별개의 사안이다. 즉 해외 대중이 강대국의 영향력과 세계적 지위를 인정해도 그 국가에 대해 부정적인 감정을 가질 수 있고 강대국이 발휘하고자 하는 소프트파워를 인정하지 않을 수 있다. 반대로 세계 대중은 약소국이나 중견국의 제한된 세계적 영향력에도 불구하고 그 국가의 문화나 역사, 가치에 대해서는 긍정적으로 인식할 수도 있다. 이러한 맥락에서 앞으로 미중 경쟁이 더욱 격화되고 세계 각 지역에서 두 국가의 갈등이 가시화되거나 혹은 지역에서 분쟁 유발자로서의 이미지가 두드러지게 되면 양국에 대한 이미지와 평판은 악화될 가능성이 있다. 미국의 경우 경쟁 상대인 중국을 지역 평화를 저해하는 '위협국'으로 부각하고 비판하며 아시아로의 회귀전략을 전면에 내세우고 주변국 여론을 자국에 호의적으로 유도하는 네거티브 전략을 펼쳐 왔다. 즉 아시아에서의 영토분쟁에 대해 중국이 보여준 공세적 태도는 중국 위협론에 설득력을 실어주며 미국의 아시아에 대한 군사안보 정책을 합리화 할 수 있게 해주었던 것이다. 중국의 경우도 국내 인권탄압이나 비민주 정치 체제 유지, 티베트와 신장 위구르 등의 소수민족에 대한 억압정책 및 대만 문제에 대한 국제 사회의 비판과 비우호적인 여론을 공공외교를 통해 무마하고 완화해나갈 수밖에 없기 때문에 공공외교의 효과 측면에서 일정한 한계를 노정할 수밖에 없다. 그러므로 이희옥은 중국의 공공외교가 근본적으로 '부담(liability)'의 성격을 지닌다고 지적했다(이희옥, 2010: 364~365). 결론적으로 미국과 중국의 공공외교는 미국과 중국이 취하는 외교정책에 대한 일관된 설명과 합리화를 제공할 수 있는 것이어야 하며 만약 그러한 설득에 반복적으로 실패할 경우 미국과 중국이 동원하는 공공외교 자원은 소프트파워가 아닌 하드파워의 연장된 권력으로 비쳐질 것이다.

제16장

장기영 (서울대학교 국제문제연구소 선임연구원)

국내 청중 vs. 국외 청중*

중국 인권문제에 대한 미중 외교 갈등과 전략

1. 서론

2014년 12월 중국 관료들이 당시 국제적 비난을 받고 있던 비윤리적인 사형수 장기 적출을 2015년 1월까지 중단하겠다고 발표했을 때 많은 서구의 단체들은 지지와 박수를 보냈다. 하지만 양심수들은 결국 중국의 발표에서 제외되었고 투명성을 요구하는 국제 사회의 압박에도 불구하고 현재까지 중국 정부 당국은 이에 대하여 반응하지 않고 있다. 이처럼 중국은 인권에 관한 국제 사회의 움직임에 민감하며 국내 정치적 이유로 국제 사회와 인권침해로 인한 정치적 갈등을 겪고 있다. 특히 미국은 계속해서 중국 내 인권침해를 언급해 왔으며 인권은 종종 양국 간의 중요한 외교적 문제로 여겨져 왔다.

현재 중국은 여러 주요 인권조약에 가입하고 있지만, 중국의 인권담론과 인권 현실 사이에는 여전히 커다란 간극이 존재하는 게 현실이다. 중국은 미국을 포함한 국제 사회의 '공개적 비난(name and shame)'에도 불구하고, 왜 인권 개선을 위해 충분히 노력하지 않을까? 미중 간 인권외교 분쟁에서 양국의 전략은 무엇이며 인권에 관한 갈등은 중국 정부의 평판(reputation)에 어떠한 영향을 미치는 것일까? 중국의 인권 및 민주주의에 관한 연구는 미중 간 세력 전

* 이 글은 ≪아시아리뷰≫ 제7권 제2호(통권 14호, 2018)에 게재된 논문을 수정·보완한 것이다.

이의 가능성과 관련하여 향후 동북아시아의 정치적 질서뿐만 아니라 규범적 질서와 밀접하게 관련되는 중요한 주제라고 할 수 있다.

미중 간 인권 갈등을 다루는 여러 기존의 연구는 문화 및 역사적 요인에 중점을 두고 미국과 중국의 상이한 인권 해석에 대한 기술에 국한된 측면이 있기에(김영진, 2012: 3~4), 인권에 대한 외교적 갈등 이면에 존재하는 양국의 전략적 측면을 보다 체계적으로 분석할 필요가 있다. 기존의 여러 연구에서 서구의 가치와는 다른 아시아적 가치(Asian value)가 미중 간 인권 갈등의 근본적인 요인으로 여겨지고 있는 것과는 다르게 최근 중국은 보편적인 인권원칙 자체에 대해서는 적극적으로 동의를 표명해왔다. 따라서 이 글은 미중 간 규범 및 가치관의 충돌이라는 다소 추상적인 관점이 아닌 중국 내 소수민족의 분리독립 운동을 의식하는 미중 양국이 인권문제를 어떤 방식으로 이해하고 전략적으로 활용하는지 분석할 필요가 있다.

이 글은 인권분쟁의 전략적 측면을 조명하기 위해 중국 내 청중(domestic audience)과 국제 사회의 청중(international audience) 모두가 인권분쟁의 주요한 관찰자임을 고려해야 한다고 주장한다. 구체적으로 이 글은 인권분쟁에서 국내 청중과 국외 청중이 형성하는 중국 정부의 서로 다른 평판에 주목할 뿐만 아니라 분리독립 운동을 단호하게 응징하는 평판과 동시에 국제법 및 인권을 수호하려는 서로 다른 평판이 갖는 필연적인 상충관계(trade-off)에서 미국과 중국은 과연 어떠한 전략을 갖고 있는지 고찰해본다. 이 글에서 국가의 평판(reputation)이란 특정 국가의 과거 행위에 근거하여 다른 국제관계 행위자들이 해당 국가의 기질이나 경향에 관해 갖게 되는 믿음이라고 정의한다(Dafoe, Renshon, and Huth, 2014).

이 글은 다음과 같이 구성되었다. 제2절에서는 미중 간 인권문제 갈등을 다루는 기존의 연구성과를 소개했다. 제3절은 인권분쟁에서 국내 청중과 국외 청중이 형성하는 중국 정부의 서로 다른 평판에 주목하여 미중 간 인권분쟁을 이해하는 이론적 근거를 제시한다. 제4절에서는 미국과 중국의 전략들을 소개하고 분석한다. 마지막으로 제5절인 결론에서는 이 글을 요약하고 연구결과의 정치적 함의에 대해 논의한다.

2. 인권에 대한 미중 갈등의 원인

인권분야는 전통적으로 동아시아 정치를 이해하는 데 있어 상대적으로 관심을 받지 못했던 분야였지만 1989년의 톈안먼 사건을 계기로 중국의 인권문제는 미중 간 중요한 정치적·외교적 문제로 대두되기 시작했다. 우선 여러 기존 연구들이 동아시아에서는 인권에 관한 보편주의와 상대주의가 대립하는 양상을 띠어왔기 때문에 미중 간 인권분쟁이 필연적으로 발생한다고 주장한다. '보편성과 아시아적 가치'(도널리, 1996), '보편성과 내정 불간섭'(변창구, 2011)이 의미하는 것처럼 이러한 연구들에 따르면 인권문제를 둘러싼 미국과 중국의 갈등 역시 양국의 인권개념이 상이하다는 점에서 일차적 원인을 찾아볼 수 있다. 많은 학자들에 의하면 미국을 비롯한 서구 세계는 국가와의 관계에서 개인의 역할을 중시하는 인간중심적(anthropocentric) 접근법을 취하는 반면(Beitz, 1979, 1983; Donnelly, 2003; O'Neill, 2008), 중국은 인권 보호의 차원을 사회중심적(sociocentric) 방법으로 접근하여 사회적·문화적 권리에 중점을 두어왔다고 할 수 있다(Frost, 1996; Walzer, 1983; Weiner, 1996).

이처럼 서로 다른 국내 관행, 문화, 국내 정치적 이유로 동아시아에서는 서구와는 상이한 인권개념이 발달되어 왔다고 할 수 있지만 이러한 시각은 최근에 보편적인 인권원칙에 대하여 중국을 비롯한 많은 동아시아 국가들이 적극적으로 동의해왔다는 사실을 설명하기에는 한계가 있을 수밖에 없다. 현재 동아시아 국가들 역시 많은 국제 인권조약에 가입하고 있으며, 특히 동북아시아 국가들은 북한을 제외한 모든 국가가 인종차별철폐협약, 경제적·사회적·문화적 권리에 관한 협약, 시민적·정치적 권리에 관한 협약, 여성에 대한 차별철폐협약, 고문방지협약, 어린이·청소년 권리협약, 장애인 권리협약 등에 가입하고 있다(송영훈, 2014).

반면 다른 연구들에서는 중국의 인권정책이 서구와는 다른 이유를 중국이 겪었던 과거의 부정적인 역사적 경험에서 찾고 있다. 이러한 연구들은 중국의 많은 정책이나 관행들이 1800년대 중반부터 1900년대 중반까지의 이른바 '수치의 세기(century of humiliation)'에 의하여 강하게 영향을 받았다고 한다(Wang, 2014). 국제적 정의와 질서에 대한 중국의 인식은 19세기 이래로 제국주의와 국제 개입에 대해 중국이 겪은 부정적인 역사 경험으로 형성되어 왔다고 할 수 있다. 따라서 이러한 시각에 따르면 현재 미중 간 인권분쟁에서 많이 충돌되는 사안은 중국 입장에서는 자국의 주권원칙(sovereignty principle)에 해당되는 것이며 과거의 부정적인 경험으로 인하여 중국은 인권 보편주의를 서구의 간섭 및 개입으로 끊임없이 의심해왔다고 주장한다(Mitter, 2003). 즉 중국이 겪었던 특정 과거 사건들이 이른바 '형성사건(formative event)'으로 작용하여(Reiter, 1996), 현재 중국 외교정책에 많은 영향을 미치고 있다고 가정한다. 하지만 이러한 '형성사건'이 구체적으로 어떠한 인과적 기제(causal mechanism)를 통하여 정책결정 과정에 영향을 미치는지 분명하게 보여주지는 못하고 있다.

이와는 달리 세 번째 관점에서는 중국이 보편적 인권질서 체제에 편입해 가는 사회화(socialization) 과정을 강조한다. 이러한 시각에서 보면 미중 간 인권에 대한 외교적 갈등은 본질적으로 양국의 사회화 과정 차이에서 기인하다고 할 수 있다. 이러한 사회화 과정에서는 미국과 달리 중국이 '초심자(novice)'라는 사실에 주목할 필요가 있다(Johnston, 2008). 중국은 국제적 인권레짐(international human rights regime)에 가입한 지 오래되지 않았기 때문에 국제적 기준에 부합하려면 점진적(gradually)인 사회화 과정에 의존할 수밖에 없지만, 결과적으로 중국 또한 인권에 관한 가치와 규범을 내재화할 수 있을 것이라고 한다(Zhu, 2011). 존스턴(Johnston, 2008)과 켄트(Kent, 2007)는 1980년대 이후 중국이 다양한 국제적 안보레짐(international security regime)에 가입하고 나서 중국의 안보환경과 권력상태가 많이 상승되었다고 주장한다. 이와 유사한 논리로 중국은 규범의 형성자가 아닌 규범의 수용자이기 때문에 중국이 초기에는 규범 실천에서 아직 적극적인 행위자가 되기는 어렵지만 규범에 대하여 국제 사회와 향후 밀접한 상호작용을 통해 보다 많은 규범적 헌신이 가능할 것이라 예측한다(Loke, 2009; Zhu, 2011).

세 번째 시각은 일정 부분 구성주의(constructivism)의 시각과 유사하다고 할 수 있다. 구성주의 학자들에게 보통 규범이란 행위자의 적합한 행동에 대한 집합적 기준을 의미하며(Katzenstein, 1996; Legro, 2005; Thomas, 2001), 여러 구성주의 학자들은 국제적인 규범이 담론, 집단적 혹은 개인적 믿음, 관료주의적 절차 등에 내재되어 왔음에 주목하고 있다(Johnston, 2008). 하지만 이와 같은 시각은 국가의 정책이 규범의 변환뿐만 아니라 국가의 전략적 고려에 의해서도 변할 수 있음을 간과하는 것이라고 할 수 있다. 체켈(Checkel, 2005)은 국가의 이익, 선호, 정체성 등이 국가의 행위 변화의 주요한 원인이 되는 사회화(Type II socialization)와 국제규범과 관련된 사회적 제약과 기대 속에서 '역할 해내기(role playing)' 행위의 일환으로 국가가 자신의 행동을 바꾸지만 관련 국가의 근원적인 이익과 선호는 바뀌지 않는 사회화(Type I socialization)를 구분하고 있다. 이러한 관점에서 볼 때 중국의 인권정책이 국제 사회와 향후 밀접한 상호작용 및 사회화를 통하여 근본적으로 변화하기 위해서는 중국의 핵심적인 이익이나 선호가 변화할 수 있는지를 동시에 살펴보아야 한다. 또한 세 번째 시각은 인권문제에서 중국 정부의 정치적 이익이나 전략적 행위가 인권에 대한 중국 정부의 인권정책 및 미중 간 인권외교 갈등에 영향을 미칠 수 있다는 사실을 간과한 측면이 있다.

마지막으로 미중 간 인권 충돌을 양국의 이익 추구 및 전략적인 관점에서 설명할 수 있다. 이를테면 중국의 인권 개선에 대한 이익 및 비용에 대한 고려가 인권정책에 영향을 미친다고 생각할 수 있으며, 이런 관점은 전형적인 현실주의(realism)나 합리적 접근법(rationalist approach)에 근거하고 있다. 흔히 국제정치학에서 현실주의자들(realists)은 중국과 같은 강대국은 국제규범이나 국제기구의 결정이 강대국의 선호에 부합될 때만 따른다고 주장한다(Downs, Rocke, and Barsoom, 1996). 예를 들어 1980년대 미국의 중국 인권정책 변화는 미소 양국이 1985년 연례정상회담을 가진 이후 미국 입장에서 소련에 대한 전략적 균형자로서의 중국을 이전만큼 필요로 하지 않았기 때문에 발생했다고 주장한다. 이러한 이유로 미국은 중국의 인권침해를 보다 적극적으로 비판했다고 한다(서재진, 2004: 55). 중국 역시 도덕적 정당성이나 윤리적 고려가 아닌 국제 인권규범에 순응하는 것이 유리할 때만 이 규범을 따른다고 할 수 있다. 중국이 1982년 난민지위협약과 난민의정서에 가입한 배경에는 1975년 베트남 통일 이후 발생한 중국계 베트남 난민을 보호하기 위한 중국의 정치적 계산이 작동했다고 볼 수 있다(≪조선일보≫, 2012.2.23).

이 글은 합리적 시각(rationalist approach)에 근거하여 미중 간 외교 갈등의 원인이 무엇이며 인권분쟁에서 양국의 외교적 전략이 무엇인지 살펴본다. 특히 중국 내 소수민족 저항운동이 중국 정부의 입장에서 가장 시급한 문제임을 전제할 때, 인권분쟁에서 중국의 이익을 극대화하는 전략은 무엇인지 살펴본다. 한족에 거의 동화된 여러 소수민족과 달리 현재 중국 내에서 정치사회적으로 문제가 되는 티베트의 장족(藏族)과 신장(新疆)의 위구르족은 소수민족 가운데 가장 독립적인 성향을 띠고 있다. 티베트는 중국에서 가장 경제가 저발전된 지역 중 하나이며 달라이 라마(Dalai Lama)의 망명정부 활동으로 국제적인 주목을 받고 있는 지역이다. 반면에 위구르족은 신장의 서남부 지역에 주로 분포하며 분리주의 운동의 과격함으로 유명하다. 전성흥(2010)에 따르면 티베트 망명정부는 '고도의 자치'를 요구한 반면 신장 위구르족은 분리독립을 요구한다고 한다. 중국 내의 잠정적인 또는 현존하는 분리독립 세력은 미중 간 인권분쟁에서 중요한 역할을 한다고 할 수 있다. 미중 간 인권분쟁이 단순히 문화나 인권개념의 차이로 인해 필연적으로 발생하는 현상이라고 간주하는 것은 인권분쟁 이면에 존재하는 양국의 치열한 국가이익 및 다양한 국내적 상황이나 그에 따른 외교전략을 고려하지 못하는 것이다.

3. 중국의 평판과 인권분쟁: 서로 다른 청중과 평판

현재 미국과 중국 모두 많은 국제 인권조약에 가입하고 명시적으로 인권 수호의 의지를 표명하고 있다. 하지만 역사적으로 인권에 대한 미중 양국의 충돌은 주로 중국의 인권침해에 대한 미국의 비판을 중국이 방어하는 양상으로 진행되어왔다. 미국이 중국의 인권문제에 개입하게 된 시기는 1972년 리처드 닉슨(Richard Nixon)의 중국 방문 이후부터이며, 무엇보다도 1989년 톈안먼 사건을 계기로 중국의 인권문제는 양국 간 첨예한 외교문제로 대두되기 시작했다(서재진, 2004).

현재 미국 국무부는 세계 인권에 관한 연례 보고서를 매년 발표하고 있으며 중국의 인권 상황도 함께 보고되고 있다. 중국은 자국의 인권문제에 대하여 비판하는 미국이 인권문제에 대하여 세 가지 상이한 기준을 가지고 있다고 불평한다. 램턴(Lampton, 1994: 597)에 의하면 "미국은 자국의 인권문제에 대해서는 눈을 감고, 다른 국가의 인권문제에 대해서는 하나의 눈을 뜨며, 중국의 인권문제에 대해서는 양 눈을 다 부릅뜬다". 많은 중국인들 역시 경제적으로 급성장한 중국을 견제하기 위해 미국이 인권을 중국의 내정 간섭용 구실로 삼고 있다고 비난한다. 인권침해에 관한 미국의 비판에 대항하기 위해 중국 정부도 1998년 이후부터 중국인권백서를 매년 발간하고 있으며 이 보고서는 미국 내 인권침해 사항을 자세히 다루고 있다.

1) 서로 다른 청중: 국내 청중 vs. 국외 청중

미중 간 인권분쟁을 지켜보는 관찰자로서 중국 내 청중과 중국 밖의 청중을 생각해볼 수 있다. 이 글에서는 서로 다른 두 청중이 중국 정부가 행하는 인권 침해나 인권개선 정책을 통하여 중국 정부의 경향 및 기질을 유추한다고 가정한다. 바꾸어 말하면 중국 정부는 인권분쟁이 발생했을 경우 '신호 보내기(signaling)'를 통하여 자신이 중요하다고 생각하는 정보를 서로 다른 두 청중에게 각각 보내려고 한다고 할 수 있다.

우선 미국과의 인권 갈등을 지켜보는 국내 청중으로 중국 내 분리주의 세력을 생각해볼 수 있다. 중국에서 행해진 2010년 인구조사에 의하면 한족이 중국 총인구의 91.51%를 차지하고 있으며 한족이 아닌 소수민족은 8.49%에 해당한다(National Bureau of Statistics of China, 2011). 하지만 중국의 소수민족은 전 국토의 64.3%와 중국 국경지역의 90%에 해당하는 영역에 거주하고 있다(Zhu and Blanchford, 2006: 330; Clarke, 2017: 2). 이처럼 다양한 소수민족의 정치화는 중국 내 정치적 불안정의 주요한 요인으로 여겨져 왔으며, 특히 중국 정부는 신장 위구르 자치구나 티베트 등에서 일어나는 분리독립 운동이 중국의 안정화에 저해가 되는 것으로 판단하고 있으며 실제로 미국, 유럽 및 중앙아시아 국가들과의 국제관계에 영향을 미치곤 했다.

특히 중국 내에서 달라이 라마를 구심으로 하는 티베트 망명정부는 고도의 자치를 요구하고 있다. 티베트 망명정부가 원하는 고도의 자치는 중국 정부가 홍콩 및 마카오 양 특별행정구에 허용하고 있는 자본주의 경제체제와 민주주의 정치체제를 인정하는 수준과 같은 정도의 자치이다(이동률, 2004; 전성흥, 2010). 1959년 티베트 독립운동 49년째가 되는 2008년 3월 10일에 티베트 수도승을 포함한 600여 명이 중국 정부에 대한 항의시위를 시작했고 반정부 시위대가 공안과 충돌하면서 대규모 유혈사태로 확산되었다. 베이징 올림픽이 열리기 직전이기 때문에 상대적으로 국제 사회가 더욱 주목했던 사건이라고 할 수 있다. 2009년 7월 중국 서북부 신장 위구르 자치구의 수도 우루무치에서도 대규모 유혈시위가 발생했다. 신장의 경우 1991년 구소련이 해체된 이후 동투르키스탄 분리주의 세력들의 독립운동이 과격하게 전개되고 있다.

『중국의 안보 추구(China's Search for Security)』에서 네이선과 스코벨(Nathan and Scobell, 2012)은 중국이 가진 4개의 안보 고리(four rings of security)를 언급

하며 첫 번째 고리로 중국 국내의 안보 위협을 지적하고 있다. 이들의 주장에 따르면 중국 정부의 입장에서 볼 때 중국 국경 내의 티베트, 신장, 홍콩, 대만, 북한과 접경지역에 거주하는 조선인 등이 잠재적 안보 위협이 될 수 있다. 또한 프라벨(Fravel, 2008)에 의하면, 특히 정권의 안정에 위협이 되는 소수민족 반란이 일어났을 경우 중국 정부는 영토 안의 통제를 강화하기 위하여 인접 국가와의 영토분쟁에서 기꺼이 양보를 하게 된다고 한다. 이와 같은 주장은 중국 입장에서 소수민족의 독립운동이 정권 차원의 가장 심각한 문제임을 보여준다고 할 수 있다.

반면 미중 간 인권분쟁을 지켜보는 중국 밖의 관찰자로는 켁과 시킹크(Keck and Sikkink, 1998)가 언급한 '초국적 가치 옹호 네트워크(transnational advocacy network)'를 생각해볼 수 있다. 초국적 가치 옹호 네트워크는 각국의 인권현황에 대한 정보 교환을 통해 공유된 가치나 신념, 담론을 매개로 결속되는 집단이나 국가로 정의될 수 있다(김상배, 2008). 따라서 인권에 관한 초국적 가치 옹호 네트워크는 인권침해를 경험한 국가의 인권 운동가들이 정부의 행위를 개선시키는 절차를 추진하도록 돕는다. 우선 인권기구(Human Rights Organizations)는 중국 정부가 숨기고자 하는 인권침해 정보를 국내 및 국외 인권 운동가들로부터 취합하여 국제 사회에 알리는 역할을 할 수 있다. 따라서 인권기구는 인권 수호에 대한 중국의 평판에 좋지 않은 영향을 줄 수 있다(Schneider, 2000; Bob, 2005; Krain, 2012). 미디어 역시 중국의 인권침해를 주시하는 초국적 가치 옹호 네트워크의 주요 행위자로 기능할 수 있다. "더 많은 사람들에게 알리기 위하여 가치 옹호 네트워크는 언론의 관심을 얻고자 노력한다 … 네트워크 활동가들은 언론에 신뢰의 평판을 구축하고 미디어의 관심을 얻기 위하여 자신들의 정보를 시의적절하고 극화된 형태로 포장한다"(Keck and Sikkink, 1998: 22). 또한 다른 국가 및 정부 간 국제기구 역시 국외 청중이라고 할 수 있다. 대표적으로 유엔 인권위원회는 개별 국가의 인권문제 개선을 위하여 이른바 국가별 인권상황 정기검토(UPR: Universal Periodic Review)를 통해 모든 유엔 가입국의 인권상황을 4년마다 정기적으로 검토하고 있다. 중국의 인권상황은 2009년과 2013년 유엔 인권위원회 정기심의에서 다루어졌다(김영진, 2012: 5).

인권 갈등을 지켜보는 국내 청중으로 중국 내 분리주의 세력뿐만 아니라 중국의 악화된 인권을 우려하는 비정부 간 인권단체, 국제기구, 유럽 및 미국이 존재한다고 하면 미중 간 인권분쟁은 서로 다른 두 청중을 갖는다고 볼 수 있다. 이렇듯 서로 다른 두 청중이 중국 정부의 인권정책에 대해 주시하고 있는 것을 아는 중국 정부로서는 국제 인권규범이 중국 내 소수민족 정책 및 반체제인사 처우 등과 같은 문제와 직접적으로 연계되지 않기를 바란다. 또한 국제 사회에 중국 정부의 인권 수호에 대한 의지를 강하게 표명할 경우 역설적으로 잠재적 국내 저항세력들에게 중국 정부의 관대한 처벌을 의미하는 잘못된 신호를 보낼 수도 있다는 가능성에 대해서도 고려하지 않을 수 없다.

2) 서로 다른 평판: 단호함에 대한 평판 vs. 인권 수호에 대한 평판

미중 간 인권분쟁에서 양국의 전략을 이해하려면 서로 다른 두 청중을 대상으로 중국이 수호하려는 평판에 주목할 필요가 있다. 일찍이 셸링(Schelling, 1966)은 미국이 3만 명의 병력을 잃으면서까지 한국전쟁에 참여한 이유는 진정으로 한국을 구하기 위해서가 아니라 미국과 유엔의 체면을 살리기 위해서였다고 주장한 바 있다. 이처럼 국가의 평판을 강조한 셸링의 선구적인 연구 이후 최근까지 많은 국제정치학 연구자들은 국가의 평판이 다른 행위자의 행동에 어떠한 영향을 미치는지 연구해왔으며 자신들의 연구 주제 및 관심에 따라 국가가 갖는 특정 영역에서의 서로 다른 평판에 주목해왔다.

예를 들어 학자들은 위기상황에서 위협 엄포(bluffing)가 미래의 협상에 어떻게 불리한 영향을 미치는지 주장하기 위하여 국가의 '정직함에 대한 평판(reputation for honesty)'을 강조했다(Guisinger and Smith, 2002; Sartori, 2002). 그러나 평판에 대한 기존의 논문들은 서로 다른 평판의 상호관계에 대해 간과하고 있다. 반면 다른 학자들은 이전의 분쟁에서 국가가 단호하게 맞서지 못하면 국가는 보다 많은 도전에 직면한다고 주장하면서 국가의 '단호함에 대한 평판(reputation for toughness)'에 주목해왔다(Huth, 1984; Huth and Russet, 1988; Mercer, 1996; Press, 2005; Walter, 2006, 2009). 최근에 국제 레짐 및 국제법을 연구하는 학자들은 주로 국가의 '국제규범을 수호한다는 평판(reputation for compliance with international law)'을 연구해왔다(Guzman, 2008). 이러한 학자들은 주로 국가들의 협조적 행위에 관한 평판이 국제행위에 미치는 영향에 대해 설명하고 있다.

이 글은 빠르게 부상하는 중국이 중요하게 고려할 수밖에 없는 두 가지 평판 사이의 관계에 주목한다(Chang, 2015). 첫째, 중국 정부는 현존하는 질서에 도전하는 중국 내 분리주의 세력들에 대하여 단호한 응징을 시사하는 '단호함에 대한 평판'을 구축해야 한다. 둘째, 중국은 국제 사회의 일원으로서 국제규범을 수호하고 국제 사회에 공헌할 수 있는 의지를 표명하는 '인권 수호에 대한 평판(reputation for human rights protection)' 역시 구축할 필요가 있다. 많은 기존의 국제정치학 연구는 구획된 이슈영역(compartmentalized issue area)에서 국가의 단일 평판이 형성되고 보았고 그러한 평판이 국제관계에 미치는 영향에 주목해왔다(Guzman, 2008; Dafoe, Renshon, and Huth, 2014). 하지만 국가의 단일한 평판이 구획된 단일 이슈영역에서만 영향을 미친다는 가정은 한 국가가 다양한 평판을 가질 수 있고 같은 행위자의 상이한 평판들이 서로 영향을 끼칠 수 있다는 사실을 간과한 것이라고 할 수 있다(Chang, 2015). 중국 인권분쟁 맥락에서 볼 때 신장 위구르나 티베트 등에 잠재적 분리독립운동의 위협이 존재하는 것은 중국 정부의 '인권 수호'에 대한 좋은 평판이 상대적으로 대내외적인 위협에 단호하지 못했음을 보여주는 것이다. 따라서 미중 간 인권분쟁을 통해 중국 정부는 국제 사회에 국제규범 및 인권의 수호 의지를 표명해야 하는 동시에 국내 분리독립 운동에 얼마나 단호하게 대처하는지에 관한 중국 정부의 의지를 잠재적 독립운동 세력에게 표명할 필요가 있다.

4. 인권외교에 대한 양국의 전략

두 가지 서로 다른 평판 사이의 상충관계를 고려할 때 미국은 전략적으로 중국이 '인권 수호에 대한 평판'에 더욱 투자하고 상대적으로 '단호함에 대한 평판'에는 양보하기를 원한다. 보편적 인권가치를 공유하는 보다 민주화된 중국은 미국의 전략적 이익에도 많은 도움이 될 수 있기 때문이다. 미국은 민주주의 및 자유의 전파를 대외 정책의 핵심적 목표로 삼아왔으며 특히 민주주의 국가 사이에 전쟁이 일어나기 어렵다는 '민주 평화론(Democratic Peace)'은 미국 외교정책의 주요한 이론적 토대로 영향을 끼쳐왔다. 따라서 미국 입장에서 볼 때 보편적 가치의 확산을 위한 국제 인권규범을 위해 중국이 자국의 핵심적인 이익을 어느 정도 희생할 수 있을 것인지가 미중 간 인권외교 분쟁에서 핵심적인 변수로 작용해왔다.

중국의 인권침해에 대한 미국의 관심은 1989년 6월 톈안먼 사건으로 비롯되었다. 이 사건으로 말미암아 미중 관계는 급속도로 냉각되었고 인권에 관한 초국적 가치 옹호 네트워크는 미국 정부로 하여금 중국 정부에 강력한 제재를 취하도록 압력을 가했다. 당시 조지 부시(George H. W. Bush) 대통령은 이러한 압력을 무시하기 어려웠으나 미중 관계가 더욱 악화되는 것 역시 바라지 않았다. 미국은 톈안먼 사건 이후부터 1990년대 중반까지 중국의 최혜국 대우(MFN: Most Favored Nation) 유지 여부를 중국 내 인권문제와 연계하여 유용한 정치적 도구로 삼아왔다. 중국의 MFN 지위를 매년 갱신하는 것은 미국과 중국 모두에게 매우 중요한 정치적 쟁점이었다. 하지만 1994년 5월 26일 빌 클린턴(Bill Clinton) 대통령은 이러한 정책의 유효기간 종료를 선언하고 아무 조건 없이 최혜국 대우를 1년 연장했다. 따라서 더 이상 MFN을 중국의 인권과 연계하여 사용할 수 없게 되었다.

중국의 인권침해에 대하여 미국이 채택하는 전형적인 전략은 '공개적 비난'이다. 미국 국무부는 매년 미국을 제외한 세계 각국의 인권현황 연례보고서를 발표하고 있다. 1977년부터 시작된 이 연례보고서는 미국의 인권표준에 따라 중국을 포함한 세계 각국의 인권현황을 평가하고 있다. 이 연례보고서 기술에 의하면 중국 정부는 주로 소수민족 등과 관련된 분리독립 조직 및 개인들을 탄압하고 있으며 정부에 반대하는 시민들도 정치적 탄압대상이다. 미국 의회 역시 반체제 인사 구금, 티베트/신장 위구르 등의 소수민족이나 법륜공 수련자 등에 대한 탄압, 인터넷을 포함한 여론 검열, 탈북자 강제 송환 등에 대하여 많은 결의안을 의결했다(김영진, 2012). 또한 미국은 쌍무적 대화나 국제기구를 통한 인권문제 제기 이외에도 재제조치, 공개적 비난, 의회의 각종 활동, 현지 인권 개선을 위한 해외 지원 프로그램을 동원하여 다방면의 조치들을 취하고 있다(김영진, 2012). 마지막으로 미국은 중국 내 인권침해가 발생하여 여론화될 때나 미국 주요 지도자들이 중국을 방문할 때 자주 인권문제를 제기해왔다. 1990년 12월 중국을 방문한 미국 국무부 인권 담당 차관보는 중국 내 모든 정치범의 석방을 요구했고, 1991년 3월 미국 의회 대표단 역시 석방 정치범들의 명단 제출과 비폭력적인 정치범들의 사면 등을 요구했다(박종귀, 2001: 322~323). 미국을 비롯한 외부 행위자들은 중국 정부의 평판에 대한 위협과 보상으로 어느 정도 제한적인 효과를 거두었다고 할 수 있다. 예를 들어 비록 현재까지 장기밀매는 성행하고 있지만 중국은 2007년 장기거래를 금지하는 정책을 채택했다.

반면 공개적 비난이나 성명이 아닌 '조용한 외교(quiet diplomacy)'를 수행하는 것도 미국의 인권외교 수단이 될 수 있다. 특히 미국 의회나 시민들이 중국의 인권침해에 대하여 민감하게 반응할 때 외교적 목적을 달성하기 어려울 수가 있다. 또한 중국과 같이 민족주의가 강한 국가의 경우 인권침해에 대해 공개적으로 비난하는 것은 중국 정부의 반발이나 중국인들의 민족주의를 초래하여 오히려 인권 개선에 도움이 되지 않을 수 있다. 이런 경우에 조용한 외교는 공개적 비난보다 더욱 유용할 수 있다. 몇몇 학자들 역시 '공개적 비난'은 해당 국가의 전반적인 인권 개선에 도움이 되지 않거나(Tsutsui and Wotipka, 2004; Hafner-Burton, 2008), 공개적 비난으로 정치적 차별을 받고 있는 소수민족들이 전 세계적인 조명을 받게 되면 이들은 더욱 대범해져 정부에 훨씬 거세게 저항하고 이로써 더 많은 인권침해를 양산한다고 주장하기도 한다(Kuperman, 2001; Bob, 2005). 미국 정부는 중국에 대하여, 예를 들면 공개적 비난 외에 국제 사회에서 보편적으로 인식되고 있는 규범 내에서 중국 국민의 기본권을 존중해달라고 '조용한 외교'를 통해 요청했다(박종귀, 2001: 165).

중국이 '인권 수호에 대한 평판'에 더 투자하기를 바라는 미국의 선호와는 달리 중국은 '단호함에 대한 평판'과 '인권 수호에 대한 평판'이 갖는 필연적 상충관계에서 벗어나고자 한다. 즉 중국은 강온 양면적인 외교를 구사하여 중국이 국제 사회에 고립되지 않도록 노력하면서 동시에 잠정적인 국내 분리주의 세력에게 중국의 단호함을 잃지 않는 정책을 펼쳐나가려고 한다고 할 수 있다. 특히 인권 수호에 대한 중국 정부의 향상된 평판이 국내의 잠재적 분리독립 세력에게 중국 정부가 결연(resolve)하지 않다는 잘못된 신호를 보낼 수도 있을 것에 대해 두려워한다. 서라트(Sarotte, 2012)에 의하면 과거 중국 공산당 지도자들은 동유럽 국가에 미쳤던 민주적 변화가 중국 내에 미칠지도 모르는 국내적 혼란과 당내 분열을 두려워한 나머지 톈안먼 사태를 강경하게 진압하게 되었다고 한다.

따라서 중국 정부는 '인권 수호에 대한 평판'을 적절히 유지하면서도 '단호함에 대한 평판' 역시 잃지 않으려고 한다. 우선 국제 사회를 향해 중국은 인권을 중시하며 다른 국가들과 인권문제에서 동등한 입장으로 이 문제를 논의하고 협력할 준비가 되어 있다는 입장을 표명하고 있다. 중국은 경제적·사회적 및 문화적 권리에 관한 국제규약(ICESCR: International Covenant on Economic, Social and Cultural Rights), 고문 및 그 밖의 잔혹하고 비인도적인 또는 굴욕적인 대우나 처벌의 방지에 관한 협약(Convention against Torture and Other Cruel, Inhuman or Degrading Treatment or Punishment), 여성에 대한 모든 형태의 차별철폐협약(Convention on the Elimination of All Forms of Discrimination Against Women), 아동권리협약(CRC: Convention on the Rights of the Child), 난민의 지위에 관한 협약(Convention Relating to the Status of Refugees) 및 난민의 지위에 관한 의정서(Protocol Relating to the Status of Refugees) 등 주요 인권조약에 가입하고 있다.

중국은 이처럼 주요 인권조약에 가입했지만 중국 내 많은 인권침해에 관하여 미국을 비롯한 서방 국가의 비판 및 압력에 자주 직면하고 있다. 이러한 인권 압력에 대해 홍익표(2012)는 중국은 '중국 특색의 인권담론'이라 할 상대주의, 집체주의, 발전주의 세 가지 논리체계로 반박한다고 주장한다. 반면 이상수(2005)는 중국은 반미자주적인 국가들에 대한 내정 간섭의 구실로 '인권문제'를 거론하며 침략과 전쟁 및 정부 전복의 도구로 활용하고 있다고 비난한다. 중국의 입장에서 미국의 인권외교는 미국의 힘을 전 세계적으로 강화하려는 전략적 의도를 숨기고 있다고 할 수 있다. 중국은 고유의 전통과 사정이 있기 때문에 서구의 가치를 전적으로 수용하기는 어려우며, 정부의 적절한 규제가 없으면 혼란에 빠지고 내전으로 치달을 수도 있다고 주장한다(서재진, 2004).

중국이 인권 수호에 대한 결의를 '값비싼 신호(costly signaling)'의 형태로 보여주지 못하는 것은 중국 내의 잠정적 분리주의 세력 때문이라고 할 수 있다. 일례로 탈북자들에게 난민의 지위를 인정하지 않는 이유 역시 중국의 단호함에 대한 평판과 관련된다고 볼 수 있다. 만약 탈북자들에게 난민의 지위를 인정할 경우 티베트나 신장 위구르 지역 등 중국의 변방에서 국경 이탈이 발생하여 중국과 국경을 맞대고 있는 주변 국가들이 그들에 대해 난민의 지위를 인정함으로써 국경 이탈을 자극하고 극단적인 경우 소수민족의 독립이나 영토 분할로 이어질 수 있기 때문이다. 유사한 사례로 코소보(Kosovo) 사태가 발발했을 때 중국 외교부가 공식성명을 내고 중국 관영매체들이 연일 미국을 비난했던 이유는 국제 사회가 소수민족의 인권을 전면적으로 주장할 경우 중국 내 소수민족의 분리주의를 야기할 수 있으며 더 나아가 다민족국가 내의 소수 분리주의자들이 억압을 받았을 때 서방 국가들이 인도주의적 개입이라는 명분 아래 팽창주의적 정책을 취할 가능성을 차단하기 위해서라고 할 수 있다. 이러한 이유로 2011년 1월 후진타오(胡錦濤) 국가주석의 방미 시 미국이 다섯 번이나 중국의 인권문제를 거론한 것에 대하여 중국은 중국 내 분리주의를 고무하는 것이라고 비판했다(양순창, 2011).

중국은 '단호함에 대한 평판'뿐 아니라 '인권 수호에 대한 평판'도 유지하려고 한다. 중국의 입장에서는 국제 인권규범에 대한 인정은 중국이 책임 있는 강대국임을 내외에 알리는 도구이기 때문이다. 우선 미중 간 인권분쟁에서 중국은 '탓하기 게임(blaming game)'을 전개하려고 한다. 즉 중국 정부는 미국이야말로 대표적인 인권침해 국가라고 주장한다. 미국의 연례 인권보고서가 발표된 직후 탓하기 게임의 일환으로서 중국 정부 역시 미국의 인권문제를 비판하는 내용의 세계인권보고서를 발표해오고 있다. 국무원 신문판공실이 해마다 공개하는 이 보고서에서 중국은 미국의 인권침해 사례로 총기 통제, 걸인, 인종갈등, 여성인권 악화, 경찰 폭력, 금권정치 및 정경유착 등을 언급하고 있다.

인권을 위한 국내 개혁은 국제적 규범을 국내에서 얼마나 수용할 수 있는지에 달려 있다고 해도 과언이 아니다. 즉 국제적 규범과 국내적 규범이 상충되지 않을 때야 비로소 인권을 위한 정치개혁이 가능하다고 할 수 있다. 이러한 상황을 염두해볼 때 미국의 '공개적 비난' 전략은 어느 정도 한계를 지닐 수밖에 없다. 서재진(2004)에 따르면 미중 간 인권분쟁을 포함한 외교적 갈등으로 인하여 중국에서는 신민족주의가 등장했는데 이러한 민족주의적 전환은 동유럽과 구소련의 붕괴를 경험으로 중국인들이 민주화 운동 지도자들에게 실망했고 중국의 개혁방식이 보다 우월하다고 생각하게 되었기 때문이라고 한다. 중국 신민족주의의 영향으로 보편적 권리를 앞세우는 미국의 인권정책은 중국에서의 수용에서 어느 정도 한계를 가질 수밖에 없다.

5. 결론

이 글은 미중 간 인권분쟁의 규범적 논의에만 국한하지 않고 인권이라는 이면에 놓인 각국의 전략적 측면을 조명하기 위하여 중국 내 청중과 국제 사회의 청중 모두 인권분쟁의 주요한 관찰자임을 고려해야 한다고 주장한다. 중국 정부는 중국 내 분리주의 세력들에 대하여 단호한 응징을 시사하는 '단호함에 대한 평판'을 구축해야 하고, 동시에 국제 사회에서 '인권 수호에 대한 평판'을 지켜야 할 필요가 있다. 하지만 두 평판 사이에 존재하는 상충관계로 인하여 중국 정부는 인권 수호에 대한 결의를 '값비싼 신호'의 형태로 보낼 수 없는 상황이다. 미국을 포함한 국제 사회의 '공개적 비난'에도 불구하고 중국이 인권

개선을 위하여 충분히 노력할 수 없는 이유는 티베트나 신장 위구르 지역의 분리독립 세력으로부터 중국 정부가 느끼는 국내적 위협에서 찾을 수 있다.

인권외교에서 미중 관계는 협력과 갈등 및 충돌의 가능성이 상존하는 복잡한 관계이다. 미국은 중국이 '인권 수호에 대한 평판' 구축을 위하여 더욱 신경을 쓰고 상대적으로 '단호함에 대한 평판'은 양보하기를 원한다. 반면 중국은 강온 양면적인 외교를 구사하여 국제 사회에서 고립되지 않도록 노력하면서 동시에 잠정적인 국내 분리주의 세력에게 단호함을 잃지 않는 정책을 펼쳐나가려고 한다고 할 수 있다. 따라서 미중 간 인권분쟁에서 중국은 '탓하기 게임'을 전개하고 있다. 월터(Walter, 2009)에 의하면 잠재적인 반군집단은 정부가 이전 도전세력에게 얼마나 단호하게 대처했는지를 관찰하고 정부의 단호함(resolve)을 유추한다고 주장한다. 중국 정부는 분리독립 세력에게 '단호함에 대한 평판'을 형성해왔다고 할 수 있다. 하지만 단호함에 대한 평판을 구축하기 위한 노력은 동시에 '인권 수호를 위한 평판'을 상실하게 만들었다. 인권 개선은 국제적인 규범을 국내에서 얼마나 수용할 수 있는지에 달려 있다. 티베트, 홍콩, 대만, 신장 등의 분리독립 이슈가 중국 정부의 핵심적 국가이익으로 남아 있는 한 인권이슈에서는 당분간 미국이 주도권을 잡고 공세적인 접근을 취할 수밖에 없다고 할 것이다.

제17장

유재광 (중앙대학교 국익연구소 선임연구원)

미중 규범경쟁

경제발전 규범에 관한 대립을 중심으로

1. 퍼즐

미국과 중국은 그 물리적 파워 수준에서 이미 G2 시대로 들어가고 있으며 경제적 책략(economic statecraft) 측면에서 이미 그 대결을 본격화하고 있다. 따라서 이에 관한 연구도 양적·질적으로 급격히 확대되고 있다. 이 글은 미중 경쟁의 다양한 측면 가운데 규범을 둘러싼 경쟁 및 균형의 노력, 그중에서도 특히 경제성장에 관한 규범(norm of economic growth)에 초점을 맞추려 한다.

미국과 중국은 중국의 부상이 본격화된 후 "경제적 성장모델" 혹은 폭넓게 "발전모델"에서 상이한 규범을 발전시켜왔다. 신고전경제학의 영향을 강하게 받은 미국은 워싱턴 컨센서스(Washington Consensus)로 요약되는 자유로운 시장질서에 중심을 둔 경제성장 모델을 설파해왔고 이를 경제위기로 신음하는 많은 남미 국가들에게 경제 회복 및 재성장의 처방으로 권고 혹은 강제해왔다. 비슷한 맥락에서 미국을 중심으로 한 워싱턴 컨센스, 즉 자유 시장경제 신봉자들은 1997년 금융위기를 겪은 아시아 국가들과 이행기 경제를 경험한 러시아 및 동구권 국가들에게 지속가능한 성장모델의 교과서로 자유주의적 경제체제를 위기극복 방안으로 설파해왔다.

2000년대 중반 이후 이러한 신고전주의적 성장모델은 중국의 강한 도전에 직면하게 된다. 워싱턴 컨센서스에 기반을 둔 신자유주의적 개혁의 여러 가지 문제점 혹은 부작용을 비판하며 시장경제의 성장과 권위주의적 정체체제의 공존이 가능하다고 주장하며 중국은 중국식 성장모델(Chinese model of economic growth)에 기반한 새로운 성장규범을 수많은 개도국과 저발전 국가들에 설파하고 있다. 혹자는 이 모델의 속성이 고전적 워싱턴 컨센서스의 핵심 내용과 구별된다는 의미에서 베이징 컨센서스(Beijing Consensus)라 부르고 있다(Ramo, 2004). 이 글에서는 이러한 성장에 대한 상이한 두 규범의 유사성과 상이성을 자세히 분석해보고 규범균형(normative balancing)이라는 분석 틀을 통해 미국과 중국이라는 두 강대국이 성장규범에 관한 치열한 경쟁 및 균형의 노력을 벌이고 있음을 실증하려고 한다.

이 글은 다음과 같이 구성된다. 제1절은 미중 관계의 경쟁 및 균형 양상에 관한 기존 문헌을 자세히 리뷰하고 이 문헌이 놓치고 있는 부분, 즉 균형의 규범적 속성을 강조한다. 제2절에서는 기존의 균형에 관한 이론과 구성주의(constructivism)에서 말하는 비물질적 요소의 중요성을 혼합하여 규범균형이라는 새로운 분석 틀과 이에 기반한 가설을 도출한다. 제3절에서는 이 가설을 입증하는 한 방법으로 핵심사례기법(crucial case study)에 대해 짧게 언급할 것이며, 제4절에서는 위의 가설을 경험적으로 입증할 중국과 미국의 상이한 성장규범과 다국적 금융기구를 통한 이것의 설파, 그리고 이런 설파의 힘의 균형적 요소를 실증한다. 마지막 결론에서는 이 글을 간단히 요약하고 연구의 공헌과 한계, 그리고 연구가 제공하는 정책적 함의를 제시한다.

2. 기존 문헌 검토

중국과 미국의 균형 노력 및 경쟁은 다양한 측면에서 분석되어왔다. 양국의 경쟁이 국제체제 수준의 초강대국 간 경쟁인 만큼 수많은 학자들이 미중 관계의 핵심을 군사적 혹은 강성 균형(hard balancing)의 대표적인 예로 연구해왔다. 이들 연구에서는 미중 간의 군비경쟁, 핵무기 경쟁, 미사일 시스템을 둘러싼 경쟁, 그리고 이 연장선상에서 초미의 관심사인 해양 및 도서 분쟁에 초점이 맞추어져 왔다. 기존의 패권국(hegemonic power) 미국은 자신의 경쟁자(peer competitor)의 등장을 기회보다는 "위협"으로 인식하고 부상하는 중국의 군사력 강화 혹은 군사굴기에 대해 적극적으로 대응하고 있음을 밝혀내고자 한다. 중국 역시 미국이 기존의 헤게모니를 중국에 양보할 뜻이 없음을 알아채고 강성균형에 의거에 대(對) 미국 균형을 추구하고 있다는 것이다. 이런 논의의 중심에서 머시하이머(Mearsheimer, 2006, 2010)를 핵심으로 한 일련의 현실주의 이론가들은 두 초강대국이 일정한 조건을 충족하면 무력충돌(전쟁 포함)을 벌일 수 있다고 조심스럽게 전망하고 있다.

반면 일련의 자유주의 학자들은 미중 간 군비경쟁 균형의 노력과 가까운 미래의 군사적 충돌에 대해 상당히 비판적이다. 잘 알려진 칸티안 모델(The Kantian Peace)을 중국에 적용시켜 미중 양국의 점증하는 경제의존, 중국의 수많은 국제기구에의 자발적 참여 등이 오히려 미중 충돌 가능성을 낮추고 있다고 주장한다. 따라서 칸티안 모델의 마지막 조건인 중국에서의 민주적 개혁을 미국 및 그 우방국들이 유도해내면 미중 관계는 장기적으로 볼 때 협력과 평화의 방향으로 가고 있다고 주장한다(Russet and Oneal, 2001; Acharya, 2003/4; Friedberg, 2005; Goldsmith, 2007).

하지만 이런 기존의 논의들은 지나치게 양국의 관계를 물질적 이해관계, 즉 안보적 이득(relative gain) 혹은 경제적 이득(absolute)에 초점을 두어 해석하려 한다는 비판을 받는다. 국제정치의 또 다른 거대이론인 구성주의에 따르면 강대국 간의 관계는 물질적 이해관계 외에도 규범(norm)과 정체성(identity)에 관한 끊임없는 상호작용의 결과로 변화될 수 있다(Wendt, 1992; Nau, 2003). 만약 강대국들이 상충되는 규범과 정체성에 근거해 상호작용을 하면 이들의 관계는 상당히 갈등적일 수 있으며, 반면 상보적인 규범과 정체성에 기반한 상호작용을 하면 이들의 관계는 상당히 협력적이고 평화지향적일 수 있다고 주장한다. 이런 기존의 논의들에 기반해 이 글은 미중 간 상충적 규범을 둘러싼 갈등과 균형 관계를 살펴보고자 한다.

3. 분석 틀: 규범균형

두 강대국 라이벌리의 다이내믹한 힘의 균형관계를 분석하는 데 절대적으로 많이 원용되는 분석 틀은 케네스 왈츠(Kenneth N. Waltz)의 강성균형 혹은 군사적 균형(military balancing)이다. 부상하는 국가의 힘 혹은 위협감에 대해 기존의 패권국가는 현상을 유지하고자 강성균형을 시도하고 부상하는 국가는 이에 대응해 새로운 패권국이 되고자 역시 강성균형으로 대응한다는 논의다(Waltz, 1979; Mearsheimer, 1991).

이러한 1세대 현실주의적 이론은 이후 많은 국제정치 이론에서 논쟁 및 비판을 양산시켰다. 국제체제의 무정부성이 강대국 간의 군사력을 중심으로 한 강성균형을 가져온다는 것은 지나친 구조주의적 해석이라는 비판, 강대국은 부상하는 패권국가에 반드시 강성균형을 시도하지 않는다는 사례분석을 통한 반증, 군사력 사용을 통한 균형은 국가가 쓸 수 있는 책략의 하나일 뿐이라는 비판 등 이후 학자들의 공세는 상당한 공감대를 얻어왔다.

구조적 현실주의에서 말하는 강성균형의 설명력이 상당히 부족하다고 본, 일련의 왈츠를 넘어서려는 현실주의자들은 강성균형과 구분되는 연성균형(soft balancing)이라는 개념을 도입하여 이론화하려고 노력해왔다. 부상하는 패권국에 대한 기존 패권국의 대응은 반드시 강성균형일 필요가 없으며 기지 사용 제한(territorial denial), 외교적 개입(diplomatic entanglement), 경제적 책략, 대체동맹 형성 신호(signal of forming counter-coalition) 등이 소위 말하는 연성균형 전략으로 단일 패권국의 자의적인 힘의 사용에 거부감을 느낀 국가들이 기존 강대국에 연성적 힘의 균형을 시도한다는 것이다(Pape, 2005). 이 연성권력 이론은 냉전 후 미국이 주도하는 단극체제에 대한 다른 강대국의 강성균형이 부재하는 가운데 미국의 이라크에 대한 일방주의(unilateralism)에 다른 강대국의 균형정책을 좀 더 포괄적 시각에서 바라보려는 노력의 일환이었다.

하지만 강성균형 혹은 연성균형 전략 모두 물질주의적 편견(materialistic bias)을 갖고 있다는 점은 지적되어야 한다. 두 전략 모두 무정부 아래 국가들은 자신의 안보이익 극대화(security maximization)라는 공동의 노력을 취하며 이 노력들의 핵심에는 물질적 수단, 즉 강성적 혹은 연성적 수단이 동원된다는 것이다.

이 글은 이러한 물질적 요소에 기반한 "균형"의 노력들이 간과하고 있는 규범적 차원(normative dimension)에서의 "균형" 노력을 미국과 중국을 중심으로 살펴보고자 한다. 익히 알려져 있다시피 국제정치 이론의 거대한 한 축을 이루고 있는 구성주의 입장에서 국가들 행위의 주요한 동인은 국가의 규범 및 정체성에 대한 관심에서 이해된다. 기존 현실주의 자유주의적 이론의 물질적 이해관계, 즉 상대적 이득과 절대적 이득에 관한 지난한 논쟁을 비생산적이라고 보고 일련의 구성주의 학자들은 국가의 비물질적인 혹은 규범적 관심사

(non-materialistic and normative concerns)가 국가행위의 또 다른 중요한 근거가 된다고 주장해왔다(Wendt, 1999; Adler, 1992).

특히 이들은 기본적으로 국가 간 혹은 체제수준에 내재화된 "문화", "규범" "도덕", "정체성" 등에 초점을 맞추어 이것이 국가들이 국제관계를 형성·발전시켜가는 기본 동인이라고 주장한다. 이런 여러 가지 비물질적인 동인 중 이 글은 "규범"에 대한 고려가 국가 간의 경쟁 혹은 힘의 균형의 한 방법으로 쓰일 수 있다는 것을 주장한다. 특히 국제체제 수준에서 이루어지는 초강대국 간 경쟁의 경우에 자신 나름의 힘의 지배 혹은 패권 확보를 위해 비물질적 차원의 정당성(legitimacy), 특히 자신의 가치를 충족하는 성장 패러다임을 확보하기 위해 경쟁한다는 것은 지난 반세기 동안 미소 양극의 성장규범 경쟁—자유시장 발전규범 대 국가 주도의 통제된 사회주의적 성장규범 간의 경쟁—은 이런 정당성 확보를 통한 규범경쟁의 대표적인 예를 보여준다.

이 분석 틀의 핵심은 다음과 같은 세 가지의 핵심 가정에 근거한다. 첫째, 부상하는 강대국과 쇠퇴하는 강대국은 자신의 성장을 지속하거나 혹은 후퇴를 만회하기 위해 힘의 균형(balance of power)의 노력을 경주한다는 것이다. 제1, 2차 세계대전에 참전한 강대국들 간의 이합집산과 이를 통한 힘의 균형의 노력들, 냉전 아래 미국과 소련의 힘의 균형의 노력들이 그 주요한 예라 할 것이다. 둘째, 강대국의 힘의 균형 노력에서 물질적 차원의 경쟁, 즉 GDP 성장으로 대변되는 경제성장과 군비 강화와 동맹 형성으로 대변되는 물질적 기반에 근거한 균형을 시도하지만 이 외에도 비물질적 차원에서의 균형 노력 역시 시도한다는 것이다. 이 글에서는 이를 규범균형이라 칭하며, 이 균형은 "강대국이 패권 추구 및 이를 지속하고자 서로의 정통성을 비물질적 차원에서 건설 지속하려는 일련의 경쟁행위로 정의하고자 한다(Nau, 2003; Huikuri, 2010). 냉전 시기 소련과 미국은 공포의 균형이라는 핵 균형 및 재래식 군사력의 균형을 시도하면서도 각자의 규범과 이데올로기에 근거한 규범균형 노력도 함께 시도해나갔다. 소련의 경우 하나의 정치경제적 규범, 즉 공산주의의 세계적 확산과 미국의 반공산주의를 이용한 규범균형 노력을 차단하는 데 몰두했었고, 미국의 경우도 정치경제의 조직규범인 시장경제와 민주주의라는 일종의 정치경제적 규범으로 소련의 공산주의적 공세에 균형을 시도했다.

이 분석 틀의 마지막 가정은 강대국들이 경쟁하는 여러 가지의 규범적 노력 중 경제성장에 대한 규범을 놓고 견제균형의 노력을 시도할 수 있다고 주장한다. 국제체제 수준에서 강대국들은 여러 차원의 규범을 놓고 경쟁한다. 이 중 경제성장 규범에 대한 균형 노력은 강대국들의 힘의 균형에서 핵심적인 위치를 차지한다. 특정 경제적 성장에 대한 자신만의 규범을 만들고 이를 국제기구를 통해 전 지구적 차원으로 전파시키려는 노력은 강대국들이 자신들의 경제적·정치적 영향력을 다른 중소국가들에게 행사하는 핵심적 메커니즘이다(Xiaoyu, 2012). 즉 경제성장에 관한 자신만의 규범을 세우고 이를 보편적 규범으로 포장하여 자신들의 영향력 아래 있는 국제기구를 통해 개도국에 전파하는 것은 강대국 스스로의 비물질적 차원에서 정당성 강화와 개도국의 지지라는 유무형의 이익을 창출한다(Stiglitz, 2002). 강대국 각자의 성장규범이 보편적으로 격상될 경우 이들 강대국은 성장에 관한 규칙과 룰을 자신들의 의도대로 쓸 수 있고 이를 성장 및 발전 지원(developmental aid)을 관리하는 자신들의 영향력 아래 있는 국제기구를 통해 개도국 발전에 관한 제언 혹은 조건으로 제시할 수 있다. 만약 이 노력이 성공할 경우 많은 개도국들이 강대국의 규범과 개발 지원에 동참할 것이며 이들 강대국은 자신들의 성장규범을 지구적 차원으로 격상시켜 자신들의 헤게모니 정당성을 강화하는 데 쓸 수 있을 것이다. 이 같은 이론적 논의에서 도출한 가설은 다음과 같다.

4. 가설

강대국 간의 힘의 균형정책은 성장에 관한 규범을 매개로 규범 밸런싱 혹은 규범균형의 모습을 보인다.

1) 연구 설계

이 글은 위의 가설을 테스트하기 위해 강대국 라이벌리의 모델인 미중 간 경쟁, 특히 2008~2015년의 미중 경쟁을 분석하는 데 초점을 둘 것이다. 중국과 미국의 경쟁관계 분석이 이 글의 경험적 사례로 들어가는 이유는 이들 두 강대국이 소위 말하는 강대국 힘의 균형의 다양한 모습을 보여주는 핵심 사례이기 때문이다.

잘 알려진 대로 미중 라이벌리는 1995~1996년의 대만 위기를 기점으로 조정국면에 들어갔고 대만 사태를 기점으로 중국은 그 전략에서 상당히 조심스러운 눈치 보기 부상을 해왔다. 미국의 9/11로 유발된 일방주의(2003~2007년) 역시 미국과 중국 모두에게 라이벌리 타입의 균형 혹은 경쟁을 허락하지 않았다. 미국은 일방적인 군사력의 사용을 통한 강한 일방주의 노선을 견지해왔고 중국의 부상 노력은 이 기간 상당히 후퇴했다. 하지만 2008년 금융위기와 오바마 행정부의 등장은 중국에게 강대국으로서 본격적으로 부상하기 위한 기회의 창(window of opportunity)을 열었고 이 시기 후 중국은 외교·군사·경제 문화의 다차원적 측면에서 미국에 대한 균형을 시도했다. 미국 역시 아시아 회귀(Pivot to Asia)로 요약되는 다차원적인 대(對) 중국 견제책으로 대응했고 이 시기에 미중 간 본격적인 라이벌리 관계 및 다차원적인 균형 노력들이 등장했다. 따라서 위에 언급된 가설을 입증하는 데 미중 간 2008~2015년의 균형은 핵심 사례로 매우 적실하다 할 것이다.

이 핵심사례연구 기법은 사례 분석을 통한 강한 경험적 입증이 성공적으로 수행될 경우 기존의 강대국 관계를 설명해왔던 분석 틀을 반증(disconfirming)하고 새로운 분석 혹은 이론 틀을 확정(confirming)할 수 있다는 장점이 있으며 이 이론 틀을 핵심 사례에 기반해 입증해냄으로써 전반적으로 새로운 분석 틀과 새로운 가설의 도출에 기여한다는 장점이 있다.

반면 핵심사례기법의 단점도 숙지해야 한다. 새로운 분석 틀이 기존의 분석 틀을 반증하고 새로운 가설을 생산해내 경험적으로 입증할 수 있음에도 불구하고 핵심사례 분석을 통한 경험적 증거는 어디까지나 비슷한 상황조건을 만족시키는 다른 후보군에만 적실성을 지니며 새로운 분석 틀, 가설, 입증의 결과는 이들 사례에만 국한적으로 적용·해석되어야 한다. 달리 말하면 핵심사례 분석에서 도출된 분석 틀과 가설들은 사례 전반을 아우르는 일반 이론(general theory)에는 절대 미치지 못하며 이후 수많은 연구들에 의한 다수적 지지를 얻을 때까지 한정적 분석 틀로 고려되어야 할 것이다.

비록 아주 한정적인 핵심사례기법이 원용될지라도 이 기법이 지향하는 바는 규범균형이라는 인과체인이 미중 관계에 존재하는가 여부이다. 이 인과체인의 존재 여부는 다른 통제변수들을 적절히 고려했을 때 미국과 중국이 특정 발전규범을 세팅하고 이를 통해 서로 규범균형을 시도해왔느냐에 대한 입증에 달려 있다. 연구에서는 가장 먼저 서구와 중국식 개발규범을 유형화해보고 이들 규범이 어느 부분에서 상호 대립적이고 배타적인지를 여러 공식자료를 통해 입증해볼 것이다. 이 유형화가 성공적으로 끝날 경우 이 글은 미국과 중국이 이 개발규범을 둘러싸고 벌여온 경쟁의 모습을 균형의 양상으로 보고 이것이 개발담론에 대한 양국의 치열한 경쟁임을 입증할 것이다. 실제로 규범균형이 양자 간의 외교관계, 미중의 다른 국가들과의 외교관계에 어떻게 경쟁적으로 녹아들어 있는지 밝히고 마지막으로 이 양자적 규범균형이 다자 무대에서 구현되어 왔는지 입증할 것이다.

2) 미국의 성장규범: 워싱턴 컨센서스

워싱턴 컨센서스는 1980년대 말 지속되는 남미 경제위기에 대한 대안으로, 미국을 중심으로 한 서구 선진국 지도자들 및 개발경제학자들이 주장한 경제개혁 및 성장(economic reform and growth)에 관한 일종의 "규범"이다. 여러 가지 논쟁에도 불구하고 이 컨센서스의 핵심은 신고전주의 경제학 혹은 주류 경제학에서 이론화하고 정책 결정자들이 합의한 경제발전에 관한 규범들이다. 그 핵심에는 "무역" 및 "금융시장의 자유화", "비효율적인 국영기업의 빠른 민영화", 그리고 "작은 정부에 근거한 재정적자의 대폭 감소 및 균형재정"이 위치하고 있다(Stiglitz, 2002). 이데올로기적으로 보면 이 컨센서스는 자유시장이 성장의 가장 근본적인 동력이며 이 시장은 단기간의 불균형에도 불구하고 통시적으로 경제적 효율을 달성하여 전체 경제 성장 혹은 발전의 근간이 된다는 논리이다. 뚜렷한 정치질서에 대한 이론은 없으나 실제 정책으로 도입된 후 끊임없이 자유민주주의(liberal democracy)를 통한 다원화된 정치질서를 설파해 왔다.

이미 많은 논쟁을 통해 입증되어 왔듯이 이 발전모델은 애덤 스미스(Adam Smith)로부터 밀턴 프리드먼(Milton Friedman)으로 이어진 시장의 우월성과 정부 개입의 비효율성이라는 비교적 간단한 아이디어에 근간하고 있으며 이 경제성장 모델이 전 세계 어느 국가에나 적용될 수 있는 발전의 교과서 역할을 할 수 있다고 본다. 이 흐름은 냉전의 붕괴와 어우러져 신자유주의(neo-liberalism) 혹은 시장근본주의(market fundamentalism)라 불려왔으며 미국은 냉전 후 유일의 단극 파워(unipole)로서 이 발전모델을 미국의 대외 경제정책에 적용해 왔고 이를 국제통화기금(IMF)과 세계은행(World Bank)의 원조의 전제조건(conditionalities)화를 통해 "성장의 규범"으로 설파·강요해왔다. 워싱턴 컨센서스라는 단어를 처음 유통시킨 존 윌리엄스(John Williamson)가 나열한 워싱턴 컨센서스의 주된 내용은 다음과 같다(Williamson, 1993).

1. 건전재정(fiscal discipline)
2. 공적 보조금의 감축(reduction of public subsidies)
3. 세재개혁(tax reform)
4. 시장 주도의 이자율 설정(market-determined interest rates)
5. 경쟁적인 환율(competitive exchange rate)
6. 무역 자유화(trade liberalization)
7. 해외 직접투자의 자유화(free flow of foreign direct investment)
8. 국영기업의 민영화(privatization of state enterprises)
9. 탈규제(deregulation)
10. 소유권의 법적인 보장(legal protection of property rights)

특히 미국은 위에서 언급된 워싱턴 컨센서스를 경제성장의 한 규범으로 정착시키고 이를 다양한 개발 도상국의 경제성장 패러다임으로 전파해왔다. 이 규범의 지구적 전파의 핵심에는 IMF와 세계은행(WB)이 위치해왔다. 당장 경제발전의 재원이 필요한 개도국들에게 이들 국제 금융기관은 개발원조의 핵심적 역할을 했다. 위에서 언급한 워싱턴 컨센서스를 일종의 전제조건으로 규범화하여 원조를 받는 개도국들의 경제성장에 대한 교과서적 처방을 내려온 것이다. 따라서 원조 수혜국인 개도국들은 원조의 결정과 지속적인 집행을 위해 워싱턴 컨센서스에서 규범화한 경제적·정치적 개혁을 추구해왔다.

문제는 이러한 미국 주도의 신자유주의적 성장모델이 경제 저성장과 경제위기에 처한 여러 국가들에서 작동하지 않았다는 것이다. 워싱턴 컨센서스 처방전을 따른 다수의 남미 국가들은 저성장과 주기적인 경제 및 금융 위기의 덫에 빠졌다. 이는 1998년 남미 국가의 지도자들이 "워싱턴 컨센서스에서 도출된 신자유주의적 처방은 남미 국가들의 경제성장을 실패로 이끌었으며 이들 국가 내의 사회경제적인 안전망을 악화시키고 미국과 IMF 그리고 WB라는 미국의 영향력이 지대한 국제기구의 배만 불려줬다"고 비난하게 만든다(Stiglitz, 2002).

또 하나 흥미로운 점은 실제로 경제기적이 이루어진 나라는 남미 국가들이 아니라 동아시아 발전 국가들(developmental states)이었으며 역설적이게도 이들 국가의 경제성장은 국가 혹은 정부의 시장가격 왜곡, 광범위한 정부 보조금의 적절한 배분, 이자율과 환율에 대한 국가 개입, 경쟁력 있는 국영기업 육성이라는 국가의 적극적인 시장 개입으로 이루어졌다는 점이다(Wade, 2003). 이런 점에서 워싱턴 컨센서스는 1990년대를 지나 2000년대 이르러서는 체계적인 약점이 폭로되었고 대안 컨센서스의 등장을 가속화한다.

포스트 워싱턴 컨센서스(The Post-Washington Consensus)가 그 한 예인데 이 개발 혹은 성장 규범에 따르면 과거의 워싱턴 컨센서스가 지나치게 시장 자유화를 통한 발전만을 이야기하며 개도국이 시장경제로 전환하는 과정에서 비롯되는 여러 가지 부작용을 무시했다고 보고 기존 컨센서스를 보완해야 한다는 주장이다. 일단은 시장이 성장의 중심에 있고 자유무역과 투자의 자유화가 성장의 엔진이라는 입장은 양 컨센서스가 공유하는 성장규범이다. 하지만 포스트 워싱턴 컨센서스는 정치 및 국가의 적극적인 개입을 주문한다. 특히 국가의 자유무역과 투자 자유화 과정에 대한 적절한 규제(sound regulation)를 지지하고 있으며 국가의 사회적 역할, 즉 재분배 정책에 크게 관심을 보인다. 그리고 시장경제로의 전환이라는 과정에서 선규제 후자유화를 주장하여 이전의 워싱턴 컨센서스와 구별된다. 이와 아울러 모든 국가에 일관적으로 적용할(one-size-fit-all) 수 있는 성장 매뉴얼은 없다고 보며 개별 국가 상황에 따른 경제정책 어드바이스를 주장한다. 결국 성장을 중심에 놓고 적절한 규제와 사회보장책이 맞물리는 규제된 자유화를 규범화하고 있다(Stiglitz, 2002).

3) 베이징 컨센서스 등장

조슈아 쿠퍼 라모(Joshua Cooper Ramo)는 중국식 발전모델(Chinese model of development) 혹은 베이징 컨센서스라는 개념을 통해 기존의 경제발전 모델에 대폭적인 수정을 가하고 또 다른 성장 모델이 가능하다고 주장한다(Ramo, 2004). 중국식 개발모델의 핵심은 위에서 제시된 미국적 신자유주의 모델이 실제 개발 도상국 및 저발전국의 성장문제를 해결하는 데 실패했다고 보며 이를 보완하는 대안모델 제시에 중점을 둔다. 그 핵심에는 "시장의 경제성장의 핵심역할 인정", 경제성장에 대한 개별 국민소득(GDP per capita) 상승 대신 "성장의 지속성(sustainability)"과 소득의 "균형적 배분(equity)"을 중심으로 한 이해, 그리고

"안정된 정치적 질서"를 기반으로 한 경제성장이 동반할 불평등과 사회혼란 극복 등이 위치하고 있다. 이른바 중국식 발전모델로 불리는 이 모델은 다른 개도국의 성장 실패 혹은 지지부진한 성장속도에 의구심을 가지며 위에서 제시한 경제정책을 채택할 시 다른 개도국도 중국식 성장을 이룰 수 있다고 본다. 좀 더 구체적으로는 권위주의적 레짐과 시장을 통한 경제발전이 공존할 수 있으며 권위주의적 레짐은 시장 중심의 성장이 가져올 부작용 등을 극복할 수 있도록 건설적 역할을 할 수 있다는 논리다. 그 이후의 학자들이 합의를 본 베이징 컨센서스의 내용은 다음과 같다(Ramo, 2004; Bekana, 2015).

1. 혁신에 대한 강한 집념과 지속적인 개혁의 실험(a commitment to innovation and constant experimentation in reform)
2. 발전의 측정 잣대로서 1인당 국민소득(GDP per capita) 대한 강한 부정과 이에 대한 대안으로 사회적 안정과 형평성에 대한 강조(emphasis on sustainability and equality instead of per capita GDP as the only measure of progress)
3. 자결에 대한 노력(a commitment to self-determination)
4. 권위주의하의 경제발전(economic development in authoritarian regime)
5. 국가의 관리 아래 이루어지는 노동, 자본, 상품의 자유로운 왕래
6. 사적 경제섹터의 국가경제와 고용문제의 해결
7. 주식시장의 구축과 농지의 농민에 대한 사적재산권 인정
8. 개방으로 인한 외국 자본과 기술 그리고 경영기술(skill)의 도입
9. 중국 내의 값싼 노동력과 거대한 내수 시장에 근거한 경제성장
10. 국가의 전략적 섹터, 즉 전력, 교통, 정보통신, 금융 및 미디어(utilities, transportation, telecommunication, finance, and media)에 대한 국가 통제
11. 중앙은행에 대한 국가 통제

하지만 라모의 이런 개념화에 대한 회의론도 존재한다. 리, 브로즈가드, 야콥슨(Li, Brodsgaard, and Jacobsen)에 따르면 중국은 혁신(innovation) 주도국이라기보다는 타국의 혁신을 복제하는 개도국이며 중국의 자결에 대한 집착(self-determination)이라는 정치적 슬로건이 베이징 컨센서스에 포함되면 안 된다고 지적한다. 따라서 이들은 라모의 개념화에 기반하면서 좀 더 세밀화된 베이징 컨센서스의 개념을 제공하고 있는데 이는 아래와 같다(Li, Brodsgaard, and Jacobsen, 2009).

1. 최선의 실천 경험의 지역화(localization of best practices borrowed)

2. 성장과 계획의 결합(combination of market and plan)

3. 공도의 목표 실현을 위한 유연성 있는 수단(flexible means to a common end)

4. 국가의 정책 채택의 권리(policy rights)

5. 안정적인 정치적 환경(stable political environment)

6. 자급자족(self-reliance)

7. 지속적인 산업의 업그레이딩(constantly upgrading industry)

8. 토착적 혁신(indigenous innovation)

9. 조심스러운 금융 자유화(prudent financial liberalization)

10. 사회적 화합을 위한 경제성장(economic growth for social harmony)

위의 원칙들을 간단히 설명하면 첫 번째 경제성장에서 도출된 이론과 실천을 경제성장의 대상인 지역 커뮤니티에 일방적으로 주입하거나 무비판적으로 적용하는 것은 실제 의도와 다르게 성장에 방해가 되는 결과로 도출될 수 있으니 항시 지역의 상황에 맞게 적용되어야 한다는 것이다. 덩샤오핑(鄧小平)의 "완전한 서구화의 거부", 즉 "충격요법(Shock Therapy)" 거부와 중국 실정에 맞는 개혁개방에 의거한 중국식 경제성장이 그 예란 것이다.[1)]

두 번째 원칙은 시장과 국가 및 정부의 계획의 적절한 조합이다. 성장은 완전한 자유시장 조건의 창출 혹은 스탈린식의 완전한 계획경제라는 두 극단주의를 피하고 시장과 적절한 정부 개입을 혼합한 정책을 우선순위에 놓여야 한다는 것이다. 공동 목표를 위한 유연성 역시 덩샤오핑의 실용주의적 경제개혁과 개방개혁에 대한 속도 조절에 주목하며 서구식의 단선적인 경제성장 이론에서 물러나 중국의 필요에 맞게 경제성장의 공동 목표를 행함으로써 중국식 성장모델에 기반해야 한다고 역설한다. 덩샤오핑의 "한 국가, 두 개의 시스템"이 이를 반증한다.

정책권리라 함은 각국이 경제발전을 도모할 때 그 정책의 유일한 정당성은 경제발전 주체인 국가에 있고, 타국의 어떠한 경제발전을 이유로 개입하지 말

1) 일방적 서구화 및 충격요법은 기존의 사회주의적 통제경제에서 자본주의로의 급격한 전환을 의미하며, 이들 경제가 전환을 이루기 위해서는 급작스럽고 대대적인 자유주의 경제 실천, 즉 시장제도의 도입과 급격한 자유화 및 민영화 그리고 노동시장의 탄력화를 이행기 경제에 긴급처방식으로 강요해야 한다는 논리다.

아야 한다는 것이다. 경제자립의 원칙은 중국 지도자들이 말해온 경제성장에서 외부 경제에 의존하는 것을 피하고 순수 중국 인민들의 노력과 지혜에 기반하는 것은 의미한다. 지속적인 산업의 업그레이딩은 중국 지도자들이 말하는 금융, 텔리커뮤니케이션, 철강, 전력 산업에 대한 정책의 우선순위 합의와 이들 산업에 국가가 적절히 원조하여 세계적인 생산자로 도약하는 것을 의미한다.

토착적 혁신은 중국 지도자들이 점점 관심을 보이고 있는 중국의 역할—첨단 혁신기술의 수입국에서 그것의 창출자로서의 역할— 전환을 의미한다. 그리고 단순히 기술적 혁신만이 아닌 제도적 혁신에 대해서도 말하고 있다. 신중한 금융 자유화는 중국 지도자들이 보아온 너무 빠른 혹은 규제되지 않은 금융화의 위험들—1980년대와 1990년대 남미 금융위기, 1997년 아시아 금융위기, 2008년 월가 금융위기—에 대한 대응으로 이러한 섣부른 금융 자유화의 위험성을 냉철히 인식하고 금융 자유화 과정의 국가 통제와 속도조절을 주문하는 합의이다. 마지막으로 조화로운 사회를 위한 경제성장은 경제성장이 부득이 하게 가져오는 부의 편중을 국가적 차원에서 줄이겠다는 원칙이다.

이상 두 가지 논의를 통해 본 베이징 컨센서스 혹은 중국식 성장모델은 워싱턴 컨센서스와 확연히 구분되는 몇 가지 핵심적 특징들을 갖고 있다. 먼저 경제성장의 핵심 동력을 시장에서 일어나는 기술의 혁신에서 찾고 있지만 일반적인 경제성장에서는 국가의 적절한 개입과 규제를 끊임없이 요구하고 있다. 국가는 시장의 창출경쟁 제도화에 일종의 역할을 하며 경제성장을 위한 자유무역 체제와 금융 자유화 과정에 적극 개입하여 이들 자유화 과정이 가져올 부작용을 해결하는 데 기여해야 한다. 또한 국가는 전략적 산업의 국내 성

표 17-1 미중 경제발전 규범 비교

	미국 중심의 발전론 (Washington Consensus)	중국이 설파하는 발전론 (Beijing Consensus)
성장의 엔진	시장 주도 혁신	시장 주도 혁신
시장의 과실	성장(GDP per capita growth)	경제성장이 연속성(sustainability) 및 분배 및 형평성(distribution and equity)
시장의 부작용	단기적 불균형(disequilibrium)	부의 양극화 및 정치적·사회적 불안
부작용 해결방안	시장 스스로 해결	적극적 국가 개입
시장과 민주주의 관계	자유시장의 근간은 다원적 민주주의	자유시장과 권위주의적 정치질서는 공존 가능

자료: Zhao(2010: 419~423).

장과 이들 산업의 끊임없는 업그레이딩을 추동해야 하며 이들 경제성장 과정의 필연적인 부산물로서 소득 양극화 혹은 분배정의 실현에 적극 개입해야 한다. 바꿔 말하면 국가는 경제성장이 가져올 여러 가지 경제적·사회적 문제 해결을 위한 안정적인 정치질서의 최종 담지자가 되어야 한다. 두 발전규범의 차이는 표 17-1에 간략히 요약되어 있다.[2)]

5. 워싱턴 컨센서스와 베이징 컨센서스의 등장 및 충돌

중국의 부상은 이제 그 허와 실을 떠나 구체적인 흐름으로 자리 잡고 있다. 지난 30년간 중국의 실질 GDP 성장률 평균은 약 9.7%이며(Williamson, 2012) 이런 경이적인 경제성장은 군사력 성장뿐 아니라 다른 여러 부분에서의 중국 부상으로 이어지고 있다. 중국의 이러한 경제적 성장은 소위 중국식 성장모델의 규범화와 이에 기반한 여러 가지 형태의 경제정책 이니셔티브로 나타나고 서구식 발전규범인 워싱턴 컨센서스와 여러 부분에서 충돌하고 있다. 이 충돌은 미중 간 상이한 국제 금융위기에 대한 인식, 그리고 금융위기의 와중에 어떻게 경제성장을 다시 견인해낼 수 있는지에 대한 경제정책적 처방에 대한 경쟁으로 요약될 수 있다.

1) 금융위기와 두 컨센서스의 대립

중국이 본격적으로 베이징 컨센서스에 기반한 자신들만의 성장규범을 적극 설파하게 된 사건은 1997년 아시아 금융위기와 2008년 미국발 서브프라임 모

2) 베이징 컨센서스에 대한 다양한 논의에도 불구하고 이 컨센서스가 잘못된 관찰과 이에 근거한 그릇된 개념화를 시도하고 있다고 보는 회의론도 존재한다. 특히 스캇 케네디(Scott Kennedy)는 베이징 컨센서스의 세 가지 핵심 가정을 비판한다. 먼저 그는 중국 성장의 핵심이 중국 자력의 기술혁신에 근거하고 있다는 것을 비판한다. 기술혁신이 있을지라도 아직 중국은 중국 밖의 선진국들에서 고안·창조된 기술을 접목해 자신들의 상품과 서비스를 생산하고 있으며 이것이 실제 중국 경제성장의 견인차라고 주장한다. 두 번째로 케네디는 중국이 지속성 있는 그리고 좀 더 공평한 발전을 일구고 있지 못한다고 비판한다. 세 번째로 중국만의 발전경험이 특별(unique)하다고 보는 것은 무리가 있다는 지적이다. 이런 시각에 입각해보면 모든 국가의 발전경험은 다 특별하므로 이를 기준으로 중국식 발전모델을 이야기하기에는 무리가 있다는 것이다, 좀 더 자세한 내용은 Scott Kennedy, "The Myth of the Beijing Consensus," *Journal of Contemporary China* Vol.19 Issue 65(June 2010), pp.467~470.

기지 금융위기였다. 먼저 중국은 아시아 금융위기 시 미국이 주도하는 IMF 차관의 조건이 워싱턴 컨센서스에 기반한 지나친 이데올로기적 편향 아래 미국식 경제성장 규범을 강제하고 있음을 비판하고 이 규범이 강제했던 시장 중심의 경제개혁과 법의 지배, 그리고 투명성이라는 정책들이 미국 재무부-국제금융기관-월가 간의 담합으로 강제되었으며 이런 정책들이 국가의 적극적 개입에 의해 빠르게 성장한 주요 아시아 국가들의 금융위기를 극복하는 데 "약"보다 "독"이 되었다고 진단한다. 특히 IMF와 미국이 주도한 조건들은 오염된 가치, 즉 워싱턴 컨센서스에 기반한 시장근본주의와 작은 정부를 설파함으로써 인도네시아, 한국, 태국의 성장잠재력을 일거에 빼앗아갔다고 비판한다(Jiang, 2011).

아시아 금융위기를 겪으면서 중국은 워싱턴 컨센서스에 기반한 성장모델에 심각한 수정을 가한다. 아시아 금융위기의 소용돌이 속에서 자국 화폐의 절상이 중국으로의 금융위기 확산을 막았다고 자신하며, 이후 중국을 위시한 동아시아 지역 내의 금융 안정화에 앞장서는 지역기구 수립의 선도자가 되겠다고 약속했다. 아시아 금융위기는 또한 중국 정부로 하여금 급속한 금융 자유화에 의구심을 갖게 하고 그 대안으로 중국 정부에 의한 자본 통제의 상시화 혹은 국제 금융자본의 움직임에 대한 국가의 감시장치 강화를 추구하게끔 만들었다(Beslin, 2003).

이러한 아시아 금융위기의 중국식 경험은 중국이 기존의 국제 구제금융 시스템, 즉 IMF-WB-미국의 워싱턴 컨센서스에 기반한 신자유주의적 처방에 정면으로 대응하는 기회를 마련해준다. 중국의 입장에서 완전한 금융 자유화와 이로 인한 국가의 환율정책 포기는 사회경제적 안정성에 심대한 악영향을 미치는 것이다. 아울러 일련의 규제개혁과 정부에 대한 미국식 자본주의적 개혁은 위기에 빠진 국가들의 성장동력을 완전 무너뜨리는 것이다. 중국은 이를 계기로 베이징 컨센서스를 워싱턴 컨센서스의 대안모델로 내세워 국제 사회에서 경쟁시킨다(Jiang, 2011).

2008년 월가(Wall Street)발 금융위기는 베이징 컨센서스를 지지하는 정책 입안자들과 학자들이 금융위기에 대응한 구제금융 패키지(bailout package)의 규모를 설계하고 이를 입안하며 직접 집행하는 데 미국 및 서구와 확연히 구별되는 입장을 보여준 계기였다. 중국의 입장에서 보면 미국은 금융시장에서 신뢰 회복이 급박한 가운데 의회 내 그리고 의회와 대통령 간의 협상 지연, 이로 인한 경기부양책 집행의 연기가 오히려 위기를 악화시킨 주요 원인이라고 보고 있다. 반면 중국 공산당(Chinese Communist Party)은 위계(hierarchy) 근거해 재빠른 경기부양책을 수립·집행할 수 있었고 이런 시의적절한 의사결정은 인접 국가에서 필요로 하는 상품의 공급을 원활하게 했으며 결국 중국 경제 전체가 미국발 금융위기에 빨려 들어가는 것을 막았다는 것이다(Yang, 2011).

좀 더 구체적으로 2008년 위기에 맞서서 중국 정부는 우선 자동차, 철강, 의류, 장비 및 기계류 산업, 그리고 화학 및 조달 산업에 긴급자금을 쏟아부었다. 그리고 시장투입 자본에 대해 국가의 촘촘한 모니터링이 집행되었다. 또한 많은 수의 자금이 노동집약형 사업에 보조금 형식으로 배분되어 이들 사업의 안정성 유지와 투자 활성화에 도움을 주었다. 요약하자면 두 가지 거대한 금융위기를 겪으면서 중국은 관리된 시장경제를 근간으로 하는 베이징 컨센서스를 위기 극복의 대안으로 제시·집행했고 이 성과에 기반해 국제적으로 중국식 성장모델을 알리고 이를 중국의 해외 영향력 확대에 이용한 것이다.

반면 미국이 주도하는 금융위기 극복 방법은 베이징 컨센서스와 그 대척점에 있다. 1997년 아시아 금융위기 당시 미국 재무부-IMF-월스트리트가 제시한 위기극복 방법은 정확히 워싱턴 컨센서스 정신에 부합했다. 우선 금융위기를 초래한 요인이 시장 불균형과 정치의 실패라고 보고 시장에서는 더 빠른 무역 자유화와 금융 자유화를 주문했으며 각종 규제의 철폐를 요구했고 효율성 없는 회사의 퇴출과 비효율적인 국영기업의 민영화(privatization)를 요구했다. 이로써 예상되는 대량 실업과 국내 수요의 축소는 관심 밖이었고 오히려 정부에 초긴축 정책(fiscal austerity)을 요구함으로써 정부의 사회부문 지출을 하락시켰다. 이자율의 상승 또한 압박했으며 환율체제의 완전 경쟁화를 요구했다(Stiglitz, 2002). 아울러 이들 기구는 아시아 국가들의 통치관행에 변화를 요구했다. 민주주의 도입, 법의 지배 및 투명성 확립, 강력한 반부패 드라이브, 그리고 정치인과 기업인들 사이의 유착관계 청산 및 노동시장의 유연화를 요구했다(Stiglitz, 2002). 베이징 컨센서스와 달리 관리된 위기 극복이 아닌 시장 주도의 상당한 휘발성을 가진 신자유주의적 정책대안을 차관 배분의 조건으로 내건 것이다. 따라서 정치적 안정, 실업, 빈곤의 증가에 따른 사회혼란은 피할 수 없는 대세였다.

2008년 미국의 서브프라임 모기지 위기와 이로 인한 국제 금융위기에서도 미국과 IMF 등은 그들이 동아시아 금융위기 당시 유지했던 정책에서 크게 벗어나지 않았다. 국가의 시장 개입을 극히 제한적으로 만들어 긴급 구호자금(bail-out plan)만 투입한 채 시장에서 문제를 일으킨 주체들은 퇴출시켰다. 특히 규모가 큰 회사들에 대해 국가의 임시통제라는 한시적 저책을 집행했으나 이후 경쟁에 기본한 자본주의 원칙에 따라 효율적인 기업만 살아남도록 유도했다. 정치권에서는 과도한 규제와 탈규제론이 충돌했고 최종 합의점은 건전한 규제(sound regulation)라는 모호한 정책으로 귀결되었다.

종합하면 기존의 신자유주의에 의지하던 워싱턴 컨센서스와 분명히 구별되는 베이징 컨센서스는 2개의 금융위기, 즉 1997년 아시아 금융위기와 2008년 미국발 글로벌 금융위기를 거치면서 그 구체적인 모습을 드러냈다. 전자는 일련의 금융위기에 대한 대처방안으로 시장근본주의에 근거해 민영화, 사유화, 긴축재정, 금융 자유화를 내세워왔으며 이를 가장 잘 지원하는 정치체제로 법의 지배와 투명성이 확보된 작은 정부와 자유민주주의 정치질서를 구제금융의 전제조건으로 강요했다. 반면 워싱턴 컨센서스의 대안으로 자리 잡은 베이징 컨센서스는 금융위기 시 무비판적인 시장근본주의적 접근이 상당한 부작용을 가져온다고 보고 국가의 적절한 개입과 경기부양책의 발 빠른 수립 및 집행, 그리고 이 과정에서 생기는 여러 부작용에 대한 국가의 상당한 개입을 주장했다. 이런 과정을 거치면서 두 컨센서스는 상이한 위기 극복과 경제성장의 규범으로 그 대척적 위치를 점유하게 된다.

2) 개발원조 및 경제개발 모델 제공을 둘러싼 충돌

베이징 컨센서스는 워싱턴 컨센서스와 개도국에 대한 개발원조의 조건을 중심으로 다시 충돌한다. 베이징 컨센서스 혹은 중국식 성장모델은 중국이 제공하는 차관 및 발전기금 등의 지원에서 워싱턴 컨센서스와 큰 차별을 보이고 있다고 설파한다. 우선 베이징 컨센서스는 개발원조기금 제공에서 IMF의 전제조건들과 같은 구체적인 이행 조건을 부여하지 않고 있으며 이에 기반해 기금 운용 시 수여국(recipient countries)의 국내 정치적 과정에 절대 개입하려 들지 않을 것이라는 점을 지속적으로 강조해왔다. 이 원조금은 특정 경제 및 정치 질서에 대한 요구가 탈각된 탈가치(value free)의 행보이며 다만 중국이 바라는 것은 이들 원조국가들이 중국의 경제성장에서 교훈을 얻어 특별경제구역(special economic zone)을 마련하고 노동집약적 산업화를 증진하며 이때 필요한 인프라 건설의 재원을 중국이 주도하는 해외 투자 및 개발원조 국제기구, 특히 아시아인프라투자은행(AIIB)에 의탁하라는 것이다.

이런 탈가치적인 원조 행보는 실제 많은 동남아시아 국가들과 저성장의 늪에 빠져 있는 아프리카 국가들에게 큰 어필을 하고 있다(Fatile and Afegbua, 2016). 실제로 위에 열거된 많은 수의 국가들은 아직 민주주의 경험이 일천하거나 부재하며 민주주의로의 이행 의지도 부족하다. 현실이 이러할진대 이들 국가가 미국이나 서구, 그리고 IMF와 WB의 자금을 빌려 사용할 때 경제의 신자유주의적 구조개혁은 말할 것도 없고 정치체제에서 민주주의 혹은 적어도 양질의 거버넌스(good governance)의 압박을 피할 길이 없다(Yao, 2011). 특정 정치체제를 강요하지 않고 기존의 지도자들이 그대로 권력을 유지하는 상황에서 경제개혁과 관련한 국가의 적극적인 개입 필요성을 설파하는 중국식 성장모델은 확실히 위의 개도국들을 중심으로 한 수혜국들에게 매력 및 이점이 있는 것 또한 사실이다.

이런 중국 중심의 베이징 컨센서스는 저발전 국가에게 발전의 또 다른 대안으로 설파되고 있다. 널리 알려져 있다시피 그동안 워싱턴 컨센서스는 개발규범의 독점적 지위를 차지하고 있었다. 작은 정부, 긴축재정, 민영화, 무역 및 투자 자유화, 노동시장의 유연화를 핵심 가치로 하는 워싱턴 컨센서스는 IMF와 WB의 개발 혹은 구조조정 자금 지급 시 전제조건이라는 실질적 정책수단을 통해 많은 개도국 혹은 경제위기를 겪고 있는 국가들에 강요되었으며 이는 1980년대 남미, 1990년대 동아시아, 2000년대 러시아, 2011~2013년 그리스 등에서 끊임없이 그 정당성에 의문이 제기되어왔다(Stiglitz, 2002; Nelson, Bekin, and Mix, 2011).

이에 대한 대안으로 제시되고 있는 베이징 컨센서스는 처음부터 명확하게 전제조건의 존재를 부인하며 컨센서스 정신에 입각해 만들어진 AIIB가 각종 인프라—농업 관련 인프라 확충, 에너지원에 대한 인프라 구축, 환경보호, 교통과 통신 인프라 지원, 수자원 공급과 위생을 위한 인프라 증진, 그리고 도시 개발의 인프라— 확충을 통해 중국과 AIIB 회원국의 공통의 이해관계 증진을 도모하며 상호 발전을 지향하는 개방형 원조를 추구할 것이라고 명시하고 있다(Yao, 2011).

실제 중국은 베이징 컨센서스에 근거해 이란 및 아프리카 지역에 성장모델을 전파하여 이 지역에 대한 미국의 영향력 감소와 이에 비례하는 중국의 영향력 강화를 시도하고 있다. 아프리카와 관련해서 중국은 수단, 콩고민주공화국, 짐바브웨, 앙골라, 콩고, 가나, 나이지리아, 기니아에 이미 수십억 달러의 인프라 건설비용, 즉 도로와 철도, 그리고 댐 건설에 필요한 지원을 약속하고 몇 개의 국가에서는 이미 지원을 진행하고 있다(Yao, 2011). 그리고 이 같은 지원에 대한 환수방법으로 아프리카의 풍부한 자연자원(구리, 코발트, 오일, 철광석, 코코아 등)을 현물로 거래(barter)하고자 희망하고 있다(Jiang, 2016). 이와 더불어 중국은 아시아와 중앙아시아 개도국들에게 이미 직간접적인 원조를 시작했다. 방글라데시 전력 증강 시스템 업그레이드에 1억 6500만 달러 규모의 차관을 승인했으며 인도네시아 슬럼 개발에 2억 1650만 달러 규모의 차관을 제공했고 파키스탄과 타지키스탄의 도로개선 사업에 각각 2750만 달러와 1억 달러 차관도 공여되었다(Forbes, 2017.1.14).

중국 정부가 누차 강조하고 있다시피 중국은 이 많은 재원 투자에 일절 전제조건을 강요하지 않고 있다. 즉 특정 경제정책의 집행이나 특정 정치적 요구를 자제함으로써 대부분 독재국가나 권위주의 국가인 개도국들에게 미국과 서구식 민주주의, 시장경제로의 개혁이라는 잣대를 적용하지 않는 것이다. 따라서 중국의 원조를 받는 여러 국가의 리더들은 중국의 투자 및 경제지원을 "윈윈 전략", "정치개혁 없는 경제발전의 문을 열어줌", "남남 협력의 상징" 등으로 인식하고 있다(Yao, 2011).

더욱더 중요한 점은 중국의 이러한 탈가치적 원조와 투자로 인해 수많은 개도국들이 기존의 워싱턴 컨센서스가 설파한 자유시장·자유민주주의 모델을 버리고 베이징 컨센서스가 설파하는 중국식 성장모델을 채택할 가능성을 높이고 있다는 점이다. 실제로 아프리카의 여러 권위주의적 레짐 혹은 독재자들이 자신들의 영구적인 권력 유지와 최소한의 정당성 유지를 위한 경제성장에 목말라하고 있다. 이들에게 워싱턴 컨센서스식 경제발전은 필연적으로 자신들의 권력 약화와 민주주의로의 이전을 촉발할 것이며 이는 곧 자신들의 정치생명 단축을 의미한다. 하지만 베이징 컨센서스로 대별되는 중국식 발전모델은 정치적 정당성의 희생 없이 권위주의 체제 아래 경제발전이 가능하다는 희망을 이들 아프리카 국가에 주고 있으며 이것이 성공한다면 다른 개도국들에게 보편화된 성장규범으로서의 채택유인이 될 수도 있다(Xinhua, 2017.5.18).

요약하자면 중국은 탈가치적인 중국의 해외 원조에 기반하여 개도국 스스로가 인프라를 재건 혹은 재정비하며 국가 주도의 노동집약적 산업화를 이루게끔 유도하려고 하고 있다. 즉 국가경제의 핵심인 인프라에 대대적으로 투자함으로써 시장친화적인 경제발전을 유도하고 이후 국가가 주도하는 자본 거래시장 혹은 주식시장의 설립과 농지 및 기타 재산에 대한 소유권을 확립하며 이것이 자리를 잡으면 기술, 노동, 자본의 점진적 자유화를 실시해야 한다는 성장규범을 설파하고 있는 것이다. 결국 중국은 통제경제, 자원 중심 경제, 인권 유린 및 반민주주의적 관행으로 일관해온 개도국들이 지속적으로 강요당해온 서구 및 미국의 조건부 지원(conditional aid)이라는 신자유주의적 발전규범에 대안을 제시하고 있는 셈이다.

6. AIIB와 베이징 컨센서스의 세계화

앞서 자세히 논의되었듯이 베이징 컨센서스는 워싱턴 컨센서스의 자유주의적 성장규범과는 상당 부분 거리를 두며 새로운 개발 및 경제성장의 대안을 제시하고 있다. 물론 하나의 성장규범으로서 베이징 컨센서스가 과연 실체가 있는 것인지, 중국 경제성장의 핵심을 객관적으로 잘 다루고 있는 것인지에 대한 의문은 끊임없이 제기되어왔다(Kennedy, 2010). 하지만 중요한 점은 중국이 자신의 성장모델, 즉 중국식 경제발전 모델(Chinese model of economic development)을 미국으로 대변되는 워싱턴 컨센서스(신고전주의 경제발전 모델이라고도 함)의 대항마로 설정하고 이를 세계적으로 설파함으로써 미국과 국제체제 수준에서 경쟁하고 있다는 것 또한 부인할 수 없는 사실이다(Beeson and Li, 2015).

주목할 점은 여러 개발 도상국들이 중국식 성장모델을 높이 사고 중국과의 협력관계를 생성·유지하기 위해 많은 노력을 기울이고 있다는 점이다. 이는 곧 서구적 성장모델의 대변자이자 실천자인 미국의 영향력 축소로 이어지고 있다.

자국의 성공적인 경제성장 경험에 기반해 중국은 중국식 발전모델을 국제적인 차원에서 설파·지원하고자 AIIB를 설립했다. 이견이 있긴 하지만 AIIB는 중국이 자신의 경제적 영향력, 그리고 향후 안보적 영향력을 확산하기 위해 조치한 노력의 일환으로 여겨진다(Lio, 2015). 하지만 이 글에서 중점을 두는 것은 중국식 경제성장 모델과 이를 실천할 수 있는 국제기구, 특히 AIIB가 기존의 워싱턴 컨센서스에서 설파한 시장경제-자유민주주의 교리와 대척점에 있는 중국식 성장규범을 설파하고 있으며 이를 통해 미국 주도의 워싱턴 컨센서스에 기반한 성장규범에 균형을 시도하려고 한다는 점이다.

AIIB는 기술 발전과 자유시장 경쟁체제로 대변되는 고전적 성장모델이 각국 인프라의 중요성을 간과하고 있으며 이 인프라가 제대로 건설·유지될 때 노동과 자본무역의 활성화라는 자유주의적 경제성장이 일어날 것으로 보고 있다. 이와 아울러 개발 도상국 스스로가 경제성장을 달성하고 이들 국가의 경제성장이 기존의 발전된 국가들과의 경제와 연결될 때 지역적 혹은 지구적 차원의 경제성장이 증폭될 것이라고 본다. 여기서 중요한 것은 중국의 AIIB 프로젝트가 앞서 논의된 중국식 성장모델을 거의 반영하고 있다는 점이다. 중국은 AIIB에 투자된 돈으로 개도국 인프라를 개선하게 도움을 줄 경우 이들 국가의 내정에는 절대 개입하지 않겠다는 원칙을 가지고 있다. 당장 필요한 것이 이들 국가의 인프라 구축이라면 AIIB를 통해 지원하는 재원에 미국식 전제조건을 강요하지 않겠다는 것이다. 따라서 AIIB 출범 시 중국의 시진핑(習近平) 주석은 미국이 주도하는 원조기구들, 특히 IMF, WB, 아시아개발은행(ADB)이 이들 개도국 원조에 아주 실망스런 결과를 내놓았으며 중국의 AIIB가 대체 역할을 할 것이라고 강조했다(Xinhua, 2016.1.16).

지난 시기 미국 주도의 국제 금융기구는 수출 주도 성장 및 내수 시장의 안정화, 그리고 민영화와 정부 개입의 최소화 및 법의 지배소유권 강화와 같은 서구적 거버넌스의 경제성장 모델을 개도국에 전파하고 국제기구의 금융지원을 이 모델에 기반해 실행해왔는데 그 결과는 이들 개도국 경제의 미미한 경제성장과 지속적인 빈곤의 대량 생산, 그리고 이것의 악순환이라는 부정적인 결과였기에 중국이 지난 수년간 보여준 경제성장 모델에 기반해 좀 더 장기적이고 맞춤형 발전전략으로서 이들 개도국을 돕겠다는 것이다. 이러한 지원의 핵심에는 중국식 발전에 관한 아이디어 전파, 전략적 지식(tacit Knowledge)의 확산, 정책집행 능력을 키우기 위한 조치에 관한 조언, 그리고 인프라 건설 및 확충을 중심으로 한 수혜국의 경제 구조조정에 관한 금융지원 등이다(Yaggi, 2016).

중국이 AIIB 설립과 운영을 통해 천명한 개도국 발전전략은 서구 및 미국 중심으로 그리고 IMF와 WB가 주도하던 개발원조와 핵심적인 차이가 있다. 이들 서구 중심의 개발원조는 개발원조와 관련된 절차적 정당성과 투명성 재고, 그리고 양질의 거버넌스라는 국제적 기준을 꼭 만족시켜야 했다. 따라서 일련의 워싱턴 컨센서스식 경제정책 변화와 신자유주의 이데올로기에 근거한 경제 및 정치의 구조조정 등이 항시 개발원조의 조건으로 제시되었다. 개도국들이 WB의 개발원조를 받기 위해 협상기간만 5년 이상이 필요하다고 불만을 표하는 것도 현존 국제기구의 전제조건 실행요구에 기인한다.

하지만 베이징 컨센서스에 기반한, 그리고 AIIB를 통해 집행될 중국의 개발원조는 원조 수혜국의 자력적 경제발전에 방점을 찍고 있으나 원조의 조건으로 어떠한 경제적·정치적 개혁도 제시하지 않는다. 바로 이 점이 기존 서구 주도의 개발원조와 중국식 개발원조의 핵심적인 차이라고 할 수 있다. 수혜국의 정치경제적 체제 변화보다는 인프라 건설 및 개선을 통해 총 수요를 창출하고 이에 기반해 장기적 생산성을 끌어올리겠다는 전략이다(Lin and Wang, 2015).

7. 중국식 발전규범과 미국의 대응

중국의 새로운 발전규범과 이에 따른 제도로서 AIIB의 설립, 그리고 그 대상국에 대한 직접적 규범의 정책적 실천은 단순히 새로운 개발 혹은 경제성장 패러다임이 등장해 확산되고 있다는 소극적 함의를 훨씬 넘어서고 있다. 몇몇 학자들이 지적하고 있듯이 다수 개도국의 경제발전에 대한 대안 패러다임을 설정하고 이를 뒷받침하는 국제 금융기구를 설립한다는 것은 이런 토대 아래 성장에 관한 정책 아이디어와 원칙의 국제적 확산을 가져온다(Beeson and Li, 2015). 이 핵심에 위치한 국제 금융기구는 이 기구를 핵심적으로 지원하는 핵심 세력의 정책적 제안을 거절할 수 없는 독립적이고 전문적인 권위(authority)의 등장을 의미한다(Whitol, 2015). 특정 발전규범이 국제기구 차원의 공식적 아이디어로 인정되고 이것이 국제기구의 개발원조 정책에 반영될 경우 이 규범의 지역적·지구적 확산은 필연적이다.

중국으로 대변되는 새로운 발전규범에 관한 논의를 진행하기 전에 기존 브레튼우즈 시스템에서 미국을 중심으로 한 IMF와 WB 주도의 성장 및 발전 규범을 자세히 살펴볼 필요가 있다. 베이징 컨센서스와 AIIB로 대변되는 새로운 국제 발전규범이 등장하기 전에는 미국이 주도하는 자유주의적 성장규범이 상당히 안정적으로 오랫동안 유지되어왔다. 위에서 설명한 바 있는 워싱턴 컨센서스 발전규범은 시장경제를 핵심으로 하는 신자유주의적 규범에 근거하고 있다. 한 국가가 경제 성장과 발전을 이루려면 공정하고 경쟁적인 시장환경이 조성되어야 하고 이러한 시장경제 질서를 자유민주주의가 제도적으로 뒷받침해야 한다. 따라서 법의 지배, 소유권 강화, 탈규제, 민영화, 무역 및 투자의 자유화, 건전한 재정정책 등이 그 구체적인 정책 권고로 등장하고 이를 개도국 발전의 표준적 성장규범으로 강요하려 했다(Liao, 2015; Stiglitz, 2002).

이러한 발전규범은 미국의 영향력이 상당한 IMF와 WB가 경제위기를 겪는 개도국과 경제발전을 원하는 개도국에 금융자원을 지원할 때 일종의 전제조건 형태로 경제 및 정치 개혁을 강제하는 수단으로 사용되어왔다. IMF는 많은 수의 금융위기 국가들에게 자신들의 발전규범, 즉 정부지출의 심각한 축소, 민영화, 그리고 무역 및 투자의 자유화를 일괄적으로 요구했으며 정치적으로는 IMF의 구제금융을 받는 국가들에게 서구식 민주주의의 도입, 즉 법의 지배, 작은 정부, 투명한 정부와 같은 정치적 개혁을 주문하는 행보를 보여왔다. 이러한 전제조건은 지난 제2차 세계대전 후 미국이 주도해온 성장규범이며 IMF와 WB라는 초국적 금융기구에 의해 전 세계적으로 확산되어 국제적 성장규범의 지위를 획득하게 된다(Liao, 2015).

하지만 중국 중심의 베이징 컨센서스가 형성되고 이를 제도적으로 뒷받침할 국제 금융기구 AIIB가 등장함으로써 미국 주도의 성장규범은 심각한 도전에 직면하게 된다. 의도했든 의도하지 않았던 간에 중국 중심의 성장규범은 미국 중심의 성장규범이 내포한 부정적인 측면을 공격한다. 그 핵심에는 기존의 국제 금융기관이 개도국 지원 시 전제조건을 내세워 일종의 미국적 표준규범을 무리하게 부과함으로써 수많은 시행착오와 위기의 연속이라는 부정적 결과를 가져왔다는 것이다. 예를 들어 수혜국의 정치적·경제적 구조 개혁의 압박은 위기의 재생산과 수여국 경제활동의 위축을 가져왔다는 것이다(Whitol, 2015).

특히 IMF는 금융위기 국가들에게 잘 알려진 긴축정책(austerity policy)을 과도하게 요구해왔다. 금융위기는 한 국가의 저성장과 분배 악화에 기인한 경우가 대다수인데 IMF는 무리하게 인플레이션의 방지와 통화가치의 안정화를 처방했고 이는 정부의 실질적인 사회적 지출 삭감으로 이어져 많은 저소득층이 치명적인 타격을 입게 만들었다(Stiglitz, 2002). 같은 맥락에서 민영화, 탈규제, 그리고 무역 및 투자의 자유화는 단기적인 실업률 급상승으로 이어졌다. 민영화, 탈규제, 자유화 모두 국제적 경쟁에서 버틸 수 있는 튼실한 기업을 보호하고 이들의 활동을 촉진한다는 아이디어에서 기인하고 있으나 IMF는 이러한 일련의 경제 자유화 처방이 가져오는 분배의 악화, 실업의 폭증, 가난과 빈곤의 연속이라는 부정적 측면을 간과해왔다(Stiglitz, 2012).

국제 개발원조의 핵심에 위치한 WB 역시 개도국에게 필요한 재원을 저리 혹은 무상으로 제공하는 이점이 있긴 하지만 IMF 와 마찬가지로 특정 발전규범, 즉 자유시장 원칙에 근거한 경제적 구조 개혁과 양질의 거버넌스로 요약되는 정치적 규범을 강요했다는 점에서는 큰 차이가 없다. '밀레니엄 발전 목표'라는 비공식적 내부 컨센서스에 입각해 개도국에 원조를 제공함에 있어서 수혜국 정부가 영유아 사망률 감소, 전염병 확산·통제 등을 실현하고 서구적 거버넌스에 기반한 민주주의와 투명성을 강화해야 한다는 것이다(Liao, 2015). 이는 정치적으로도 국제원조에 대한 투명하고 효율적인 정치적 제도 없이는 원조를 원활히 집행하기가 어렵다는 규범적 합의에 근거하고 있는 것이다(Mingran, 2015). 결국 IMF와 마찬가지로 WB도 시장경제 및 자유민주주의라는 미국식 성장규범을 전파하는 데 핵심적인 역할을 해온 것이다.

중국은 이러한 기존 발전규범에 대한 개도국들의 불만을 인식하고 앞서 언급한 베이징 컨센서스에 기반해 대안적 발전규범을 만들고 외교적으로 설파할 뿐만 아니라 AIIB라는 하나의 제도적 축을 기반으로 이 규범을 국제정치경제에서 미국식 성장규범의 대안으로 제시하려는 노력을 경주하고 있다. 중국식 성장규범의 가장 큰 특징은 호혜성과 양자 간 명확한 이해관계에 근거한 대규모 인프라 투자지원이다. 미국식 발전규범과 중국식 발전규범의 가장 큰 차이는 후자가 부과하는 전제조건이 전무하다는 것이다. 앞서 말한 대로 미국식 발전규범의 핵심에는 시장경제와 자유민주주의라는 오래된 이데올로기적 편향이 존재한다. 이에 반해 중국의 발전규범은 이런 정치경제적 개혁의 조건 만족이 발전원조의 발목을 잡지 말아야 한다고 본다(Chow, 2016). 발전을 원하는 어느 국가이든 간에 중국식 발전모델에 관심이 있다면 수혜국이 될 수 있다. 좀 더 구체적으로 중국은 AIIB를 다국적 금융제도(multilateral financial institution)라고 정의하며 그 목표를 아시아 전 지역에서 급증하고 있는 인프라 개발 수요에 대한 지원으로 규정한다. 이와 아울러 인프라 개선에 방점을 둔 수혜국가의 경제성장과 이들과 다른 아시아 국가들의 연계성을 확보하여 지속적인 경제성장을 도모한다고 주장한다(Yaggi, 2016).

베이징 컨센서스가 보여주듯이 중국식 발전규범에는 여러 가지 요소가 들어 있다. 하지만 중국이 AIIB 설립을 통해 국제적인 발전규범으로 격상하여 설파하고 있는 규범은 경제성장의 가장 근간인 인프라에 대한 투자를 통해서 경제성장의 원동력을 확보하고 이에 기반해 국가가 주도하는 노동집약적 산업화를 유도하여 실질적인 경제성장을 이룬다는 것이다. 또한 중국식 개발규범은 경제가 어느 정도 산업화를 이루면 자유무역 정책을 적극적으로 채택하고 AIIB 내부 간의 역내 해외 직접투자 자유화(liberalization of inward FDI)를 통해 성장의 지속을 유지해야 한다는 것이다. 이러한 발전궤도를 따를 경우 개도국들은 경제성장은 물론 그 성장된 경제의 지역 내 혹은 세계적 차원의 경제협력으로 편입할 수 있다는 것이다.

이러한 중국식 성장규범의 개념화 및 세련화, 그리고 국제 금융기구를 통한 전파의 노력은 미국의 영향력 아래 발전규범을 주도하고 있는 IMF와 WB의 정통성 및 노력들을 근간으로부터 뒤흔드는 것이라고 볼 수 있다. 이 점에서 성장규범을 둘러싼 중국의 규범적인 균형 노력은 단순히 미국과 군사균형을 추구하는 것 이상으로 미국이 주도하는 자유시장 중심의 발전규범과 이 규범을 지탱하고 있는 IMF와 WB를 대체하는 중국식 권위주의적 자본주의(authoritarian capitalism) 규범을 국제화하기 위한 중국의 노력이라고 해석할 수 있다(Halper, 2010).

중국의 부상, 중국식 발전규범의 등장과 확산, 그리고 AIIB라는 제도에 의한 뒷받침에 대해 미국은 공식적·비공식적 방법을 동원하여 중국식 발전규범의 확산에 제동을 걸고 있다. 먼저 비공식적으로는 동맹국들이 AIIB 설립 멤버로 참여하지 않게 외교적 설득을 노골적으로 펼쳐왔다(Reuter, 2015.3.17). 비공식적 측면에서는 미국 내에서 일어나고 있는 중국식 성장규범의 전파 방지에 관한 논의들을 전개해왔다. 중국식 성장규범이 남미 국가들 외에 아프리카와 저발전된 아시아 국가를 노골적으로 목표로 하기 때문에 IMF나 WB가 이들 국가에 대한 정치적·경제적 개혁의 요구 수준을 낮춰야 한다는 주장이 설득력을 얻고 있다(Financial Daily, 2015.7.23).

공식적인 측면에서 미국은 중국식 성장규범의 상승에 환태평양경제동반자협정(TPP)으로 대응하고 있다. 미국은 중국식 성장규범에 대한 공식적 비판이나 중국의 규범 전파에 관한 고립 혹은 억제의 의지를 밝히지 않고 있다. 그러나 이 Mega-FTA는 미국이 중국식 성장규범의 부상에 대항해 다시 한 번 고전적 자유시장경제 체제의 성장규범으로 대응하고 있음을 여실히 보여준다.

먼저 버락 오바마(Barack Obama)의 TPP는 해당 지역의 가장 중요한 무역 파트너, 즉 중국을 제외하고 있다. 오바마의 TPP는 과거의 미국식 성장규범, 즉 자유 시장경제 및 민주주의의 성장이라는 국내 문제의 개입 원칙에서 후퇴하지 않고 있다(Horlick, 2016). 관세·비관세 장벽의 지속적인 철폐와 국가와 해외투자 간의 투자분쟁 시 조정기구의 설립 등을 요구하면서 이러한 성장규범을 따라야 산업분야에서 혁신과 생산성, 그리고 경쟁력이 높아질 것이라고 밝히고 있다. 이런 경제적 이득과 더불어 TPP는 협정 체결국의 투명성과 양질의 거버넌스를 다시 한 번 요구하고 노동과 환경 분야의 규제를 명시하고 있다. TPP 멤버 입장에서 보면 여전히 요구사항이 많은 전형적인 미국식 자유무역협정인 것이다.

얼핏 보기에 이러한 TPP는 참여국의 경제 및 정치 발전을 목표로 한 공공재적 성격이 강한 다자 자유무역협정으로 읽힌다. 하지만 이런 이니셔티브를 중국이 주도하는 AIIB를 통한 개발규범의 확산이라는 맥락에서 놓고 보면 이는 중국이 그 근간을 흔들려고 하는 워싱턴 컨센서스에 기반한 미국식 발전 모델, 그리고 이를 제도적으로 뒷받침하고 있는 IMF와 WB의 정당성에 대한 미국식 대응이자 위 질서의 재공고화 노력으로 보인다(Naughton, Kroeber, and Jonquières, 2015). 경제성장이 시장경제의 산물임을 명확히 하고 경제성장의 동력을 내부적으로는 기술적 혁신에서 외부적으로는 자유무역과 투자 자유화의 활성화에서 찾고 있다는 점, 그리고 이를 지지할 정치적 제도, 즉 투명도가 강한 자유민주주의를 재차 강조하고 있는 것이다. 즉 미국은 중국식 개발규범의 국제적 전파에 대해 지난 수십 년간 추구했던 서구식 성장규범의 재소환을 통해 대응하고 있다.

8. 개발원조 경쟁에서 성장규범 경쟁으로

많은 학자들과 분석가들은 중국식 발전규범에 근거한 AIIB의 등장과 미국 오바마 행정부의 신자유주의적 Mega-FTA의 대결이 단순한 경제적 영향력 확대를 위한 두 강대국의 경쟁을 넘어섰다고 보고 있다. 이 경쟁은 전 지구적 문제의 하나인 개도국 경제발전을 위한 성장규범 경쟁이다. 즉 어떤 개발원조가 개도국의 경제성장과 그들의 지역, 나아가서 전 지구적인 무역과 투자체인으로의 편입을 가능하게 하는 "옳은" 원조인가에 대한 규범적 경쟁이다(Liao, 2015).

중국은 2013년 세계경제포럼(WEF)에서 합의된 개도국의 인프라 시설 미비가 경제의 공급체인 장벽으로 작용하여, 만약 이 장벽이 중국의 인프라 투자를 통해 극복되면 세계경제 GDP가 6배가량 상승한다는 논리로서 중국식 성장규범 설파에 나서고 있다. 바로 이 인프라의 부족 및 부실이 관세보다 더 큰 국가 간 무역장벽의 근간이며 지속적인 저성장을 결과하고 있다고 비판한다. 중국 스스로가 과감한 인프라 확충을 통해 눈부신 경제성장을 경험한 것도 이를 증명하고 있다고 주장한다. 따라서 지속적인 인프라 구축을 통한 경제성장과 세계 시장으로의 편입을 중국식 성장규범으로 정의하고 있으며 이런 성장규범을 국제적 차원의 성장규범으로 자리매김하게 하기 위해 AIIB라는 다자화된 개도국 인프라 지원 금융기관의 지원하에 규범의 지역적 혹은 지구적 확산에 나서고 있다(Stiglitz, 2015).

미국의 저항 역시 만만치 않다. 미국은 시장근본주의라고 불리는 워싱턴 컨세서스식 발전규범을 지속적으로 정당화했으며 이 규범에 의거해 IMF와 WB의 원조에 막대한 영향력을 발휘해왔다. 따라서 이러한 발전규범에 도전하는 경쟁기구들을 배격해왔다. 일례로 1997년 아시아 금융위기에서 일본 정부가 입안한 약 800억 달러의 구제금융 이니셔티브, 즉 새로운 미야자와 플랜(New Miyazawa Initiative)에 제동을 걸었다. 중국의 AIIB를 통한 발전규범에 직접적 대응 성격이 짙은 TPP에서는 기존의 미국식 성장규범, 즉 인프라 확충이 아닌 자유무역의 경제성장 추동자 역할, 이를 위한 관세·비관세 장벽의 지속적인 철폐, 투자 자유화를 통한 경제성장과 투자자의 권익 보호, 기술혁신, 그리고 수혜국 정부의 투명성 보장과 양질의 거버넌스에 대한 노력, 마지막으로 노동과 환경 분야의 규제를 다시 강조하고 있다. 좀 더 요약하자면 워싱턴 컨센서스에 기반한 개발전략들은 하나의 규범이며 이는 옳은 것이고 미국이 IMF와 WB를 통한 개발원조를 진행할 때 반드시 관철시켜야 할 필수요소(imperatives)인 것이다.[3)]

중국은 미국이 제2차 세계대전 후 써내려 온 이러한 성장규범에 도전하며

3) 몇몇 학자들은 IMF와 WB 내부의 개혁 노력에 주목하고 있다. 지난 세기 시장근본주의적 경제 처방의 실패를 경험한 미국 주도의 국제 금융기구가 개도국의 투표권(voting power)을 늘리려 하고 있으며 IMF의 구조조정 프로그램(structural readjustment)을 좀 더 수혜국 사정에 맞게, 그리고 이들 국가의 지도자들의 요구에 맞는 개혁에 나서고 있다는 것이다. 하지만 최근 그리스의 사례에서도 볼 수 있듯이 IMF가 여전히 국가 부채위기를 부채위기 발생 국가의 징세능력과 지하경제 및 비민주적 관행에 책임을 돌리고 있다며 이들 두 기구의 개혁 노력에 의구심을 거두지 않는 그룹 역시 존재한다. 이에 대한 자세한 논의는 Liao(2015: 3~4).

베이징 컨센서스라는 중국식 성장규범을 통해 미국식 질서에 규범적으로 개입(normative engagement)하고 있다. 중국의 입장에서 보면 워싱턴 컨센서스라는 성장규범은 국제 사회에서 도덕적 우위를 점하는 일반적인 규범이 아니다. 이것은 미국이 전후 발전시켜온 자유의적 국제주의(liberal internationalism)에 기반한 시장 중심의 성장규범으로서 여러 성장규범들 중 하나일 뿐이다. 결국 중국은 자신의 성장경험을 규범화하여 이를 국제 사회에 전파하기 위해 AIIB라는 다자간 투자은행을 설립하고 미국식 성장규범에 도전 및 경쟁을 하려고 하고 있는 것이다.

중국의 이러한 움직임은 일찍이 IMF 내에서 목소리(voting power)를 높이고자 한 중국의 일련의 노력에서 감지되기 시작했다. 하지만 중국의 부상이 좀 더 노골화되고 그 영향력이 전 지구적으로 가파르게 상승함에 따라 중국은 스스로 성장에 대한 대안적 규범을 형성하고 이를 집행할 수 있는 다자적 국제금융기구, 즉 AIIB의 설립을 주도해 미국 주도의 세계경제 질서에 규범적 균형을 시도하고 있는 것이다. 이러한 중국의 규범적 개입이 관심과 지지를 얻고 있는 데는 몇 가지 이유가 있다.

먼저 중국 스스로가 일당체제라는 권위주의적 정치질서에서도 세계에서 가장 빠른 경제성장을 이루어냈고 이 성장의 기반에는 과감한 인프라 투자가 위치하고 있다. 즉 중국이 자신만의 개발규범을 수립할 수 있는 역량을 보여준 것이다. 두 번째로 2008~2009년 발생한 뉴욕발 국제 금융위기에 기존의 워싱턴 컨센서스에 기반한, 즉 미국 위주로 재편되어 있던 경제 거버넌스(global economic governance)가 제대로 작동하지 않았다는 점이다. 중국은 이 금융위기에 가장 적은 영향을 받은 국가 중 하나로 꼽힌다(Yu, 2010).

마지막으로 중국식 발전규범의 호소력이다. 미국 주도의 워싱턴 컨센서스는 상당한 이데올로기적 편향이 있다. 일단 개도국의 자유민주주의적 정치 발전을 전제로 하고 있으며 사회보장 장치가 만들어지기 전에 무역과 투자의 자유화를 요구하며 감독기구의 설립에 대한 언급 없이 민영화를 요구한다. 따라서 일련의 가치들, 즉 양질의 통치, 민주주의, 투명성, 법의 지배, 인권 보호 등의 도덕적 원칙을 강조한다(Stiglitz, 2002). 이에 비해 중국식 성장규범은 개발원조에서 어떠한 정치적·경제적 개혁의 요구를 갖지 않는, 가치로부터 자유로운 개발규범이다. 개도국이 경제성장의 의지가 있고 이를 AIIB의 지원을 받아 실행할 의지가 있다면 중국은 개도국의 정치체제 여부에 관계없이 도울 수 있다는 것이다(Liao, 2015). 이런 성장규범과 관련된 유일한 원칙은 인프라 투자 및 성장을 통한 경제발전이다. 이런 입장에서 학자들이 베이징 컨센서스에 기반한 중국식 발전모델이 워싱턴 컨센서스에 기반한 미국과 서구식 발전규범에 도전 및 경쟁을 통한 균형의 노력을 하고 있다고 주장하는 하는 것이다. 리아오(Liao, 2015)는 다음과 같이 미중 간 규범경쟁을 묘사하고 있다.

> AIIB가 지지하는 중국식 성장모델이 브레튼우즈 시스템에서 파생한 국제은행 시스템, 즉 개발보다 정치체제의 민주성을 앞세우는 서구식 시스템을 뿌리째 흔들거나 이들을 성과면에서 압도하려는 노력이다.

9. 맺음말

이 글은 강대국 간의 힘의 균형 노력이 규범적 수단을 통해서도 이루어진다는 가설을 미국과 중국의 성장규범을 둘러싼 견제와 균형의 노력을 통해 입증해보려고 했다. 그동안 미중 간 경쟁관계는 물질적 변수, 즉 GDP 및 군사적(핵 포함) 경쟁의 시각에서 고려되었다. 부상하는 강대국과 쇠퇴하는 강대국의 역동적 관계를 설명하기 위해 이런 물질적 변수들이 동원되어 과연 앞으로 미중관계가 어떻게 펼쳐질 것인가에 대해 대부분의 논의가 집중되어왔다.

하지만 미중 간 경쟁관계가 특정 규범 혹은 아이디어 혹은 이데올로기와 같은 변수를 통해 설명되기도 했다. 중미 간 인권에 관한 경쟁이나 정치체제, 즉 민주주의와 권위주의적 정체체계의 경쟁관계 연구 등이 그 대표적 예라 하겠다. 하지만 이 글은 이러한 비물질적 변수를 근간으로 하는 미중의 경쟁성장에 대한 규범에 초점을 맞추어 미국과 중국이 서로 상충되는 성장규범을 매개로 경쟁하고 상호 균형을 시도하고 있음을 실증하고자 했다. 미국 쪽에서는 "워싱턴 컨센서스"에 기반한 자유주의적 성장규범에, 그리고 중국 쪽에서는 "베이징 컨센서스"에 기반한 탈가치적 성장규범에 초점을 맞추고 이 규범의 충돌이 두 강대국 간의 균형 노력 가운데 하나로 이해될 수 있음을 실증했다.

이 글이 미중 관계에 관한 기존 논의들에 기여할 수 있는 부분은 몇 가지로 요약될 수 있다. 먼저 미중 간 경쟁과 힘의 균형 노력이 비물질적 혹은 규범적 차원에서 진행될 수 있음을 보여주었다. 단순히 영토경쟁, 안보경쟁, 경제적 경쟁, 그리고 군비경쟁이라는 물질적 영역에서뿐만 아니라 비물질적이고 규범적인 측면에서도 미중 간 경쟁과 균형의 노력들이 가능함을 보여주었다. 두 번째로 여러 가지 규범들 중 경제성장에 대한 규범이 미중 규범경쟁의 핵심에 위치함을 논증했다. 기존 연구가 미중 간 경제적 경쟁관계를 경제적·지정학적 영향력 확대를 위한 경쟁으로 본 반면 이 글은 경제성장을 어떤 식으로 하는 것이 옳은가에 대한, 즉 순수한 성장규범에 대한 경쟁 및 균형의 노력이 미국과 중국 사이에서 진행되고 있음을 실증했다. 마지막으로 미중 관계의 대칭적인 성장규범 형성과 이를 전파시키려는 양국의 노력에 초점을 맞추어 이런 규범경쟁의 제도적 도구(institutional tool)로서 중국은 AIIB를, 미국은 IMF와 WB를 적극 사용하고 있음을 보여주었다.

이러한 기여에도 불구하고 이 글은 몇 가지 한계를 내포하고 있다. 가장 먼저 지적될 부분은 이와 같은 성장규범을 둘러싼 양국의 균형 노력이 트럼프 행정부의 등장으로 인해 형성되고 있는 양국 간 규범경쟁을 설명하는 데 한계를 지닌다는 점이다. 오바마 행정부와 시진핑 체제에 초점을 맞추어 연구가 진행된 관계로 이 글에서 발전된 규범균형 이론화와 이에 대한 경험적 근거가 그 일반성이 약하고 두 행정부 간의 관계에 한정적으로 적용될 수밖에 없다는 점을 인정하지 않을 수 있다. 향후 이 주제에 대한 후속 연구가 기대된다. 두 번째로 중국식 성장규범이 아직 형성 중이라 이에 대한 잠정적 정의를 내릴 수밖에 없었다. 이런 약점에 근거하여 향후 연구들은 중국식 성장규범에 대해 좀 더 세밀한 개념화와 정의를 제공할 필요가 있다.

이 글은 한국의 정책 입안자들에게 중요한 정책적 함의를 제공한다. 한국은 지난 세기 동안 미국을 위시한 워싱턴 컨센서스에 크게 문제 제기를 하지 않으면서 IMF와 WB의 한 멤버로 서구식 개발원조에 일조해왔다. 하지만 이 글이 입증하고 있는 바와 같이 중국식 성장규범은 미국의 성장규범에 비해 훨씬 단순 명료하며 개도국에서 큰 반향을 일으키고 있다. 이는 중국식 성장규범이 특정 정치적·경제적 전제조건을 부과하지 않은 탈가치적 개발원조이기 때문이다. 이런 분석에 기반해 이 글은 중국의 AIIB를 위시한 개발원조의 규모와 이에 따른 영향력이 급증할 것이라 예상한다. 미국적 시각의 IMF와 WB를 통해 개발원조에 기여하는 것도 중요하지만 수혜국인 개도국의 지도자들에게 더 호소력이 짙은 중국식 성장규범에 한국이 편승하는 시도도 중요한 것이다. 예측치마다 다른 경제적 성과를 보고하고 있지만 AIIB를 매개로 한 개도국 인프라 시장은 한국 경제에 아주 중요한 기회이다. 좀 더 적극적으로 중국의 성장규범에 동승하는 것이 한국의 국익에 필수적이라는 점을 이 글은 환기시켜 준다.

참고문헌

• 제1장 21세기 아태 신질서 건축: 신흥 주인공과 무대

하영선. 근간 1. 『사랑의 국제정치학』.
http://www.hayoungsun.net/lec2.asp

하영선. 근간 2. 『동아시아질서 건축사: 천하에서 복합까지』.
http://www.hayoungsun.net/lec2.asp

하영선. 근간 2. 『한국 외교사 바로 읽기』.
http://www.hayoungsun.net/lec2.asp

하영선. 2011. 『역사 속의 젊은 그들: 18세기 북학파에서 21세기 복합파까지』. 을유문화사.

하영선. 2018. 「남북한 평화개념의 분단사」. 하영선 외. 『한반도 냉전의 재해석』.

习近平. 2017.10.18. "决胜全面建成小康社会夺取新时代中国特色社会主义伟大胜利." 在中国共产党第十九次全国代表大会上的报告.
http://www.xinhuanet.com/politics/19cpcnc/2017-10/27/c_1121867529.htm

王毅. 2015.3.23. "构建以合作共赢为核心的新型国际关系." 中国发展高层论坛午餐会上的演讲.
http://www.mfa.gov.cn/mfa_chn//ziliao_611306/zyjh_611308/t1247689.shtml

王毅. 2016.6.20. "构建以合作共赢为核心的新型国际关系: 对'21世纪国际关系向何处去' 的中国答案." 『学习时报』.
http://world.people.com.cn/n1/2016/0630/c1002-28510555.htm

中华人民共和国国务院. 2015.5. 『中国制造2025』.
http://www.gov.cn/zhengce/content/201505/19/content_9784.htm

中华人民共和国国务院新闻办公室. 2017.1. 『中国的亚太安全合作政策』. 白皮书.
http://www.gov.cn/zhengce/2017-01/11/content_5158864.htm

Brown, Robert. 2017.3. "The Indo-Asia Pacific and the Multi-Domain Battle Concept."

Military Review.
http://www.armyupress.army.mil/Journals/Military-Review/Online-Exclusive/2017-Online-Exclusive-Articles/The-Indo-Asia-Pacific-and-the-Multi-Domain-Battle-Concept/

Brown, Robert. 2017.11.30. "Economies of China, USA, India from 2017 to 2030." *NextBigFuture.*

Clinton, Hilary. 2011.11. "America's Pacific Century." *Foreign Policy*, No,189.

ex.com/EYQ. 2017. "What makes a company a company when markets are superfluid?" http://www.ey.com/Publication/vwLUAssets/Navigating_superfluid_markets/$File/ey-navigating-superfluid-markets.pdf

Fairbank, John King(eds.). 1968. *Chinese World Order:Traditional China's Foreign Relations.* Cambridge, MA.,Harvard University Press.

Harris, Harry. 2017.4.26. "Statement of Admiral Harry B. Harris JR., U.S. Navy Commander, U.S. Pacific Command Before the House Armed Service COmmittee on U.S. Pacific Command Posture."

Obama, Barack. 2014.5.28. "Commencement Address at the US Military Academy at West Point."
https://obamawhitehouse.archives.gov/the-press-office/2014/05/28/remarks-president-united-states-military-academy-commencement-ceremony

Rossabi, Morris. 1983. *China among Equals: The Middle Kingdom and Its Neighbors, 10th-14th Centuries.* Berkeley, CA: University of California Press.

Russel, Daniel R. 2016.10.11. "AP4.0, an Operating System for the Asia-Pacific Region." https://2009-2017.state.gov/p/eap/rls/rm/2016/10/262968.htm

US White House. 2017.12. National Security Strategy Report of the United States of America.

US Department of Defense. 2018.1. Summary of the 2018 National Defense Strategy of the United States of America: Sharpening the American Military's Competitive Edge.

US Department of Defense. 2018.2. Nuclear Posture Review 2018.

Wang, brian. 2018.2.2. "Infographic-Top Ten Countries Military Spending in 2030." *NextBigFuture.*

김상배. 2010. 「지식-문화 분야에서 IT모델의 확산」. 동북아역사재단 엮음. 『동아시아 공동체의 설립과 평화 구축』, 409~440쪽, 동북아역사재단.

김상배. 2012. 「표준경쟁으로 보는 세계패권경쟁: 미국의 패권, 일본의 좌절, 중국의 도전」. ≪아시아리뷰≫ 2(2): 95~125.

김상배. 2014. 『아라크네의 국제정치학: 네트워크 세계정치이론의 도전』. 한울아카데미.

김상배. 2017. 「정보·문화 산업과 미중 신흥권력 경쟁: 할리우드의 변환과 중국영화의 도전」. ≪한국정치학회보≫ 51(1): 99~127.

김성옥. 2014. 「중국 인터넷서비스산업의 발전과 시사점」. ≪KISDI Premium Report≫ 14-07. 정보통신정책연구원.

김준연. 2017. 「인공지능(AI)과 4차 산업혁명에 대응하는 한국과 중국의 디지털 전환 전략」. Cyber IPE 세미나 발표자료(3월 6일).

박경수·이경현. 2015. 『사물인터넷 전쟁: 누가 승자가 될 것인가?』. 동아엠엔비.

손열 엮음. 2007. 『매력으로 엮는 동아시아: 지역성의 창조와 서울 컨센서스』. 지식마당.

하원규·최남희. 2015. 『제4차 산업혁명』. 콘텐츠하다.

Bu, Fanjin, 2012. "Development Plan of Internet of Things In China." Institute of Electronic Technology Standardization Ministry of Industry and Information Technology of China.

Dynkin, Alexander and Vladimir Pantin. 2012. "A Peaceful Clash: The U.S. And China: Which Model Holds Out Promise For The Future?" *World Futures*, 68(7): 506~517.

Gilpin, Robert. 1987. *The Political Economy of International Relations*. Princeton, NJ: Princeton University Press.

Krugman, Paul. 1994. "Myth of Asia's Miracle." *Foreign Affairs*, 73(6): 62~78.

Modelski, George and William R. Thompson. 1996. *Leading Sectors and World Powers: The Coevolution of Global Politics and Economics*. Columbia: University of South Carolina Press.

Thompson, William R. 1990. "Long Waves, Technological Innovation and Relative Decline." *International Organization*, 44(2): 201~233.

김상배. 2006.「글로벌 지식패권의 국내적 기원: 미국 네트워크 국가론의 모색」. ≪한국정치학보≫ 41(2).

김상배. 2007.『정보화시대의 표준경쟁: 윈텔리즘과 일본의 컴퓨터산업』. 한울아카데미.

김상배. 2014.「사이버 안보의 미중관계: 안보화 이론의 시각」. ≪한국정치학보≫ 49(1): 71~97.

배영자. 2011.「미국과 중국의 IT협력과 갈등: 반도체 산업과 인터넷 규제 사례」. ≪사이버커뮤니케이션학보≫ 28(1): 53~88.

조현석. 1997.「반도체 산업의 미일경쟁과 한국」. 조형제·김용복 엮음.『한국 반도체 산업: 새로운 도약의 조건』, 3~49쪽, 서울: 현대경제사회연구원.

Atta, Richard Van and Marko M. G. Slusarczuk. 2012. "The Tunnel at the End of the Light: The Future of the U.S. Semiconductor Industry." *Issues in Science and Technology*, 28(3)(Spring).

Breznitz, Dan and Michael Murphree. 2011. *Run of the Red Queen: Government, Innovation, Globalization, and Economic Growth in China*. New Haven: Yale University Press.

Chen, Ling and Lan Xue. 2010. "Global Production Network and the Upgrading of China's Integrated Circuit Industry." *China & World Economy*, 18(6): 109~126.

Cheng, Dean and Derek Scissors. 2011. "China and Cybersecurity: Trojan Chips and U.S.-Chinese Relations." *WebMemo*, No.3242(5 May). Heritage Foundation.
http://report.heritage.org/wm3242(2017/12/30 검색)

Clover, Charles and Sherry Fei Ju. 2016. "China Cyber Security Law Sparks Foreign Fears." *Financial Times*, 7 November.

Cortada, James W. 2012. *The Digital Flood: The Diffusion of Information Technology Across the U.S., Europe, and Asia*. Oxford, UK: Oxford University Press.

Dorsch, Jeff and Ed Spering. 2016. "IC Industry Waking up to Security." *Semiconductor Engineering*, 2 June.
https://Semiengineering.com(2017/11/13 검색)

Ernst, Dieter. 2014. "From Catching Up to Forging Ahead? China's Prospects in Semiconductors." East-West Center Working Papers, November.

Ernst, Dieter. 2015. "Xi's Visit Highlights U.S. and Chinese Expectations in the Semi-

conductor Industry." East-West Center, 25 September.
http://www.eastwestcenter.org/print/35322(2016/10/17 검색)

Galeon, Dom. 2017. "DARPA: We Need a New Microchip Technology to Sustain Advances in AI." *Futurism*, 20 September.

Goodrich, Jimmy. 2016. "China's 13th Five-Year Plan: Opportunities & Challenges for the U.S. Semiconductor Industry." Written Testimony Prepared for the U.S.-China Economic & Security Review Commission, Hearing on China's 13th Five-Year Plan, 26 April.

Ikenson, Daniel. 2017. "Cybersecurity or Protectionism?: Defusing the Most Volatile Issue in the U.S.-China Relationship." Cato Institute, 13 July.

Inserra, David and Steven P. Bucci. 2014. "Cyber Supply Chain Security: A Crucial Step Toward U.S. Security, Prosperity, and Freedom in Cyberspace." Backgrounder, No.2880 (6 March). Heritage Foundation.
http://report.heritage.org/bg2880(2017/12/30 검색)

Jackson, James K. 2017. "The Committee on Foreign Investment in the United States (CFIUS)." Congressional Research Service, 11 October.

Kong, Xin Xin et al. 2016. "China's Semiconductor Industry in Global Value Chains." *Asia Pacific Business Review*, 22(1): 150~164.

Lu, Allen. 2015. "Overview of China Semiconductor Industry." SEMI(Semiconductor Equipment and Materials International), 23 April.

Markoff, John. 2012. "The Dangers of Allowing an Adversary Access to a Network." *New York Times*, 11 October.

Ning, Lutao. 2007. "Economic Liberalization for High-Tech Industry Development? Lessons from China's Response in Developing the ICT Manufacturing Sector Compared with the Strategies of Korea and Taiwan." *Journal of Development Studies*, 43(3): 562~587.

Ning, Lutao. 2009. *China's Rise in the World ICT Industry: Industrial Strategies and the Catch-up Development Model*. London and New York: Routledge.

Platzer, Michael D. and John F. Sargent, Jr. 2016. "U.S. Semiconductor Manufacturing: Industry Trends, Global Competition, Federal Policy." Congressional Research Service, 27 June.

Reed, Melinda, John F. Miller, and Popick. 2014. "Supply Chain Attack Patterns: Framework and Catalog." US DoD, Office of the Deputy Assistant Secretary of Defense for

System Engineering, August.
www.acq.osd.mil/se(2017/12/30 검색)
Simonte, Tom. 2017. "China Challenges Nvidia's Hold on AI Chips." *Wired*, 20 November.
The Economist Intelligence Unit. 2012. "Politics, Cyber-security, Trade and the Future of ICT Supply Chain." A Custom Research Report by the Economist Intelligence Unit for Huawei Technologies, Inc., February.
The Economist. 2012.8.4. "Who's afraid of Huawei?"
The Economist. 2016.1.23. "Chips on the Shoulders."
Tiezzi, Shannon. 2013. "China-US Clash Kills IT Trade Agreement." *The Diplomat*, 26 November
U.S. Chamber of Commerce. 2017. *Made in China 2025: Global Ambitions Built on Local Protections*.
U.S. ITO(U.S. Information Technology Office). 2014. "Interview with Miao Wei on Guidelines to Promote National IC Development." 25 June.
https://www.semiconductors.org/(2017/12/30 검색)
U.S. President's Council of Advisors on Science and Technology(PCAST). 2017. "Report to the President: Ensuring Long-Term U.S. Leadership in Semiconductors." United States Executive Office of the President, January.
Villasenor, John D. 2011. "Ensuring Hardware Cybersecurity." *Issues in Technology Innovation*, No.9(May). Brookings Institution.
Villasenor, John D. 2013. "Compromised by Design? Securing the Defense Electronics Supply Chain." Brookings Institution, November.
Walters, Riley. 2017. "CFIUS Tested in the 2018 NDAA, Maintains Focus on National Security." *Issue Brief*, No.4801(20 December). The Heritage Foundation
Weiss, Linda. 2014. *America Inc.? Innovation and Enterprise in the National Security State*. Ithca, NY: Cornell University Press.
Yinug, Falan. 2015. "Made in America: The Facts about Semiconductor Manufacturing." U.S. Semiconductor Industry Association, August.
www.semiconductors.org/(2017/12/30 검색)

• 제4장 미국과 중국의 패권경쟁: 중국 인터넷 기업의 도전과 인터넷 주권 이념을 중심으로

김성옥·전명종. 2013.『중국인터넷산업의 개방화 추세 분석』. 정보통신정책연구원.
김인. 1997.「경찰서비스 공동생산의 효과」. ≪한국행정학보≫ 31(4).
김재현. 2017. "시총 세계 톱10…텐센트는 어떻게 컸나." ≪중앙일보≫, 4월 29일 자.
박정훈. 2016.「아마존 알리바바 혁신의 의미」. 이코노빌.
http://www.econovill.com/news/articleView.html?idxno=291518
배영자. 2011.「미국과 중국의 IT 협력과 갈등 : 반도체 산업과 인터넷 규제 사례」. ≪사이버커뮤니케이션학보≫ 28(1).
배영자. 2017.「사이버 안보 국제규범 연구」. ≪21세기정치학회보≫ 27(1).
선지아·김명숙. 2016.「중국 전자 상거래 기업들의 다각화 전략에 관한 비교연구: 알리바바(阿里)와 징둥(京東)을 중심으로」. ≪국제경영리뷰≫ 20(1).
손강호·박영택. 2014.「기업혁신과 혁신제도의 공진화 혁신」. ≪한국창업학회지≫ 9(4).
신재인. 2003.11.「독일의 國力은 엔진에서 나왔다」. ≪월간조선≫.
연합뉴스. 2017.11.12. "中 광군제 종료…알리바바 하루 매출 28조원 신기록".
우샤오보(吳晓波). 2017.『텐센트 인터넷 세계의 새로운 지배자』. 원미경 옮김. 처음북스.
이경현. 2014.「알리바바(Alibaba)를 말하다」. 버티컬플랫폼.
http://verticalplatform.kr/archives/3687
이코노미조선. 2017."알리바바의 중국 시장 점유율". 6월호.
임대현. 2016.「텐센트, '짝퉁' 만들다 '진퉁' 삼킨 속사연」. 사건인닷컴.
http://www.sagunin.com/sub_read.html?uid=13132#05Fu
정호윤·주영훈. 2017.「아마존, 그들은 누구인가」. 유진투자증권.
천펑취안(陈鹏全). 2015.『텐센트 인터넷 기업들의 미래』. 이현아 옮김. 이레미디어.
최병현. 2014.「중국 온라인산업에서 현지 기업의 동적역량 형성에 관한 연구: 바이두와 텅쉰 QQ를 중심으로」. ≪중소연구≫ 37(4).
티타임즈. 2017.「거인의 어깨 너머로 성공한 텐센트」.
http://ttimes.kr/view.html?no=2017112414437794460&ref=kko

http://www.mrktcap.com/(2017/12 검색). "글로벌 증시 시가총액 순위".
https://www.statista.com/(2017/12 검색). "글로벌 SNS 사용자 수".

Amnesty International. 2015. "Tech companies must reject China's repressive internet rules." 15 December.

Amnesty International. 2006. *Undermining freedom of expression in China: The role of Yahoo!, Microsoft and Google*. London: Amnesty International UK.

Brenkert, George. 2009. "Google, Human Rights, and Moral Compromise." *Journal of Business Ethics*.

Chen Lei. 2015. "全球互联网治理"中国方案"解读"(Interpret "Chinese solution" to Global Cyberspace Governance). 法制日报.
http://www.chinanews.com/gn/2015/12-21/7680398.shtml

China Daily. 2014.11.20. "Key Internet leaders agree on cyber sovereignty."

CNN News. 2010.1.25. "Google vs. China: Free speech, finances or both?"

CNNIC(中国互联网络信息中心). 2008.7.16. "中国域名全球升级行动."

Cox, Robert. 1981. "Social Forces, States and World Orders: Beyond International Relations Theory." *Millennium: Journal of International Studies*.

Du, Zhichao and Yuxia Nan. 2014. "网络主权与国家主权的关系探析"(Analysis of the Relationship between Internet Sovereignty and National Sovereignty). 西南石油大学学报社会科学版 16(6).

Ehrlich, Paul R. and Peter H. Raven. 1964. "Butterflies and Plants: A Study in Coevolution." *Evolution*, 18(4).

Feng, Guangchao Charles and Steve Zhongshi Guo. 2013. "Tracing the route of China's Internet censorship: An empirical study." *Telematics and Informatics*, 30(4).

Filipe, A., A. Renedo, and C. Marston. 2017. "The co-production of what? Knowledge, values, and social relations in health care." PLoS Biol, 15(5).
https://doi.org/10.1371/journal.pbio.2001403

Google Finance. 2017.12. "텐센트와 페이스북 시가총액 종업원 수 비교".

Hughes, Christopher. 2010. "Google and the Great Firewall." *Survival*, March.

Jasanoff, S.(ed.) 2004. *States of Knowledge: The Co-production of Science and the Social Order*. Routledge.

Jiang, M. 2010. "Authoritarian informationalism: China's approach to Internet sovereignty." *SAIS Review of International Affairs*, 30(2).

Jiang, M. 2012. "Internet companies in China: Dancing between the Party line and the bottom line." *Asie Visions*, 47.

Kekel, Bryan. 2009. "Capability of the People's Republic of China to Conduct Cyber-Warfare and Computer Network Exploitation." Washington D.C.: USCC.

Kong, Xiaowei. 2000. "全球化进程中的信息主权"(Information Sovereignty in the Process of Globalization). 国际论坛 2(5).

Lewin, Arie Y., Martin Kenney, and Johann Murmann. 2016. *China's Innovation Challenge.* Cambridge: Cambridge University.

Lu, Chuanyin. 2014. "主权概念的演进及其在网络时代面临的挑战"(The Evolution of Sovereignty and Its Challenges in the Era of Internet). 国际关系研究 1.

Mulvenon, James. 2008. "Golden Shields and Panopticons: Beijing's Evolving Internet Control Policies." *Georgetown Journal of International Affairs.*

Ostrom E. 1996. "Crossing the great divide: Coproduction, synergy, and development." *World Development.*

Pacheco, Desirée F., Jeffrey G. York, and Timothy J. Hargrave. 2014. "The Coevolution of Industries, Social Movements, and Institutions: Wind Power in the United States." *Organization Science*, 25(6).

Pieke, Frank. 2012. "The Communist Party and Social Management in China." *China Information*, 26(2).
http://journals.sagepub.com/doi/abs/10.1177/0920203X12442864

Schmitt, Michael(ed.). 2013. *Tallinn Manual on the International Law Applicable to Cyber Warfare.* Cambridge: Cambridge University Press.

Tai, Zixue. 2006. *The Internet in China: Cyberspace and Civil Society.* Routledge.

Tse, Edward. 2015. *China's Disruptors.* Penguin.

Warner, Eric. 2015. *Patenting and Innovation in China: Incentives, Policy, and Outcomes.* Rand.

Xie, Yu, Chunni Zhang, and Qing Lai. 2014. "China's rise as a major contributor to science and technology." Proceedings of National Academy of Science of USA.

Xinhuanet. 2014.12.3. "Cybersecuriy in China".

Ye, Zheng. 2015. "网络主权已成为国家主权的全新制高点"(Internet Sovereignty Has Become the New Commanding Heights of National Sovereignty). 中国青年报.
http://zqb.cyol.com/html/2015-07/10/nw.D110000zgqnb_20150710_4-09.htm

Zeng, Jinghan, Tim Stevens, and Yaru Chen. 2017. "Chinas Solution to Global Cyber Governance: Unpacking the Domestic Discourse of Internet Sovereignty." *Politics & Policy*, 45(3).

Zhou, Yingying. 2015. "The rapid rise of a research nation." *Nature*, 528(7582).

Zittrain, Jonathan. 2008. *The Future of the Internet and How to Stop It.* Yale University

Press.

• 제5장 미래 군사기술의 발전과 미중 군사경쟁

강유병·곽태진·전순용. 2011. 「미래전 개념 및 전장공간, 전투수단, 전투형태 고찰」. 『제어로봇시스템학회 합동학술대회 논문집』 1(1): 410~416.

곽태진·서동수·전순용. 2011. 「예측되는 미래전장 환경 하에서의 전쟁패턴에 대한 시나리오」. 『제어로봇시스템학회 합동학술대회 논문집』 1(1): 257~263.

구진곤·정대장·이현석·배우정. 2017. 「4차 산업혁명의 선도주자 '커넥티드 카'와 개발중인 무기체계 소개」. ≪국방과 기술≫ 457: 62~69.

김병렬. 2015. 「원격조종무기와 자동무기시스템의 국제법적 규제. ≪인도법논총≫ 35: 123~139.

김영균·유석진·안효철·김영수. 2010. 「국방 분야에서 클라우드 컴퓨팅 기반 무인무기체계의 임무수행 SW에 관한 연구」. 『한국정보과학회 학술발표 논문집』 37(2B): 282~286.

김종열. 2016. 「미국의 제3차 국방과학기술 상쇄전략에 대한 분석」. ≪융합보안 논문지≫ 16(3): 27~35.

김홍래. 1996. 「미래전쟁 양상과 한국의 군사력 정비방향」. ≪국방과 기술≫ 210: 10~21.

나종철. 2013. 「미래전 대응을 위한 지상로봇 운용전략에 관한 연구 (1)」. ≪국방과 기술≫ 412: 89~97.

나종철. 2013. 「미래전 대응을 위한 지상로봇 운용전략에 관한 연구 (2)」. ≪국방과 기술≫ 413: 70~83.

남보람. 2013. 「로봇 전쟁의 시대: 논쟁과 현안」. ≪국방과 기술≫ 415: 62~69.

류선미·이승유·백철훈. 2013. 「유도무기 개발 현황 및 발전 방향: 공중전 중심으로」. ≪항공산업연구≫ 77: 66~91.

박상현·전경주·윤범식. 2017. 「미래의 무인체계, 킬러로봇에 대한 비판적 고찰」. ≪KIDA 주간국방논단≫ 1681(17-30): 1~8.

박영빈. 2014. 「해양무인체계 개발동향과 발전추세」. ≪국방과 기술≫ 428: 76~85.

박재돈·이형주·박종성·정대진·채승호·백광훈. 2017. 「미군 스펙트럼 관리기술 발전동향」. ≪전자공학지≫ 44(4): 18~31.

박춘우. 2017. 「4차 산업혁명과 한국 방위산업의 대응 방안」. ≪국방과 기술≫ 459: 80~89.

박호균. 2013. 「사이버전(Cyber Warfare)의 형태와 정보보호 기술」. ≪한국콘텐츠학회지≫ 11(4): 41-44.

송기원. 2007. 「항법전(Navigation Warfare) 위협과 대응수단」. ≪국방과 기술≫ 345: 38~51.
시진핑. 2017.10.18. 중국 공산당 제19차 당대회 보고문.
유승근·문형곤. 2002. 「국방 시뮬레이션 모형을 활용한 미래전 무기체계 효과분석」. 『한국 시뮬레이션학회 논문집』. 137~141쪽.
유재영·조용건. 2009. 「미래전에서 정보의 네트워크화에 의한 효과 분석」. 『한국통신학회 학술대회 논문집』. 529~530쪽.
윤영식. 2017. 「트럼프 대통령의 군사력 증강 목표와 함의」. ≪국방과 기술≫ 458: 60~71.
윤지원. 2017. 「중국 해군의 급부상: 해양패권을 꿈꾸는 '잠룡'」. ≪국방과 기술≫ 459: 106~117.
이경록·이춘주. 2011. 「한국군 미래 개인전투체계 획득전략 연구」. 『제어로봇시스템학회 합동학술대회 논문집』 1(1): 152~164.
이병무·권세라·이성호·조기호. 2017. 「첨단로봇기술의 국방 군수분야 도입 및 발전방향」. ≪국방과 기술≫ 458: 86~101.
이성우. 2017. 「새로운 산업혁명과 국제정치질서의 전망」. ≪국제정치논총≫ 57(1): 311~346.
이승호. 2015. 「미래전쟁 양상 변화와 지상군 역할」. ≪전략연구≫ 22(3): 107~137.
이오생. 2017. 「해군의 미래전 발전추세와 연계한 대잠전용 대형 무인잠수정 발전방향」. ≪국방과 기술≫ 457: 80~89.
이장희. 2013. 「신무기기술의 사용과 국제인도법의 적용 문제」. ≪인도법논총≫ 33: 39~57.
장진석. 1999. 「무인항공기 발전추세 특징」. 『항공산업연구≫ 50: 62~71.
정종·계중읍. 2012. 「미래전 양상 전망과 무기체계 발전방향」. 『제어로봇시스템학회 합동학술대회 논문집』. 306~318쪽.
조홍제. 2017. 「아시아 우주개발과 우주법」. ≪저스티스≫ 158(3): 476~503.
최창곤. 2007. 「국방로봇의 발전 방향」. ≪국방과 기술≫ 355: 26~37.
하태영·김용환. 2015. 「최근 주변국 해군력 증강과 한국의 대응방향: 해군력의 증강방향과 함정과학기술 발전방향을 중심으로」. ≪전략연구≫ 22(3): 165~193.

Alic, John A. 2007. *Trillions for Military Technology How the Pentagon Innovates and Why It Costs So Much*. New York: Palgrave.
Department of Defense. 2014. *Quadrennial Defense Review*. Washington D.C.: Department of Defense.
Halpin, Edward F., Philippa Trevorrow, David Webb, and Steve Wright. 2006. *Cyberwar, Netwar and the Revolution in Military Affairs*. New York: Palgrave.

Kent, Randolph. 2015. "The Future of Warfare: Are We Ready?" *International Review of the Red Cross*, 97(900): 1341~1378.

McAulay, Alastair D. 2011. *Military Laser Technology for Defense Technology for Revolutionizing 21st Century Warfare*. New Jersey: Wiley.

Mets, David R. 2009. *Airpower and Technology: Smart and Unmanned Weapons*. London: Praeger.

Nath, Vishnu and Stephen E. Levinson. 2014. *Autonomous Military Robotics*. New York: Springer.

Rae, James DeShaw. 2014. *Analyzing the Drone Debates: Targeted Killing, Remote Warfare, and Military Technology*. New York: Palgrave MacMillan.

Strawser, Bradley Jay and Jeff McMahan. 2013. *Killing by Remote Control The Ethics of an Unmanned Military*. Oxford: Oxford University Press.

White House. 2017. *National Security Strategy of the United States of America*. Washington, D.C.: White House.

• 제6장 사이버 안보를 둘러싼 미중 관계와 미국의 대응전략

김상배. 2017.「세계 주요국의 사이버 안보 전략: 비교 국가전략론의 시각」. ≪국제지역연구≫ 26권 3호, 67~108쪽.

김소정·양정윤. 2017.「미국과 중국의 사이버 안보 전략과 한국의 안보정책에 대한 함의」. ≪국가안보와 전략≫ 17권 2호, 1~43쪽.

김종호. 2016.「사이버 공간에서의 안보의 현황과 전쟁억지력」. ≪법학연구≫ 16권 2호, 121~155쪽.

민병원. 2015a.「사이버 공격과 사이버 억지의 국제정치: 규제와 새로운 패러다임을 중심으로」. ≪국가전략≫ 21권 3호, 37~61쪽.

민병원. 2015b.「사이버 억지의 새로운 패러다임: 안보와 국제정치 차원의 함의」. ≪국방연구≫ 59권 3호, 85~110쪽.

배영자. 2017.「사이버 안보 국제규범에 관한 연구」. ≪21세기정치학회보≫ 27집 1호, 105~127쪽.

장노순·김소정. 2016.「미국의 사이버전략 선택과 안보전략적 의미: 방어, 억지, 선제공격 전략의 사례 비교 연구」. ≪정치정보연구≫ 19권 3호, 57~92쪽.

Billingsley, Joe L. 2016. "Trump on Cyber Warfare." *Cyber*, 28 December. http://Magazine milcyber.org/stories/trumponcyberwarfare

Brown, Gary and Christopher Yung. 2017. "Evaluating the US-China Cybersecurity Agreement, Part 1: The US Approach to Cyberspace." *Diplomat*, 19 January.

Eaglen, Mackenzie. 2014. "Budgeting for Austere Defense." *Strategic Studies Quarterly*, 8(3).

French, Erik. 2014. "Motivated Reasoning in US-China Deterrence and Reassurance—Past, Present, and Future." *Strategic Studies Quarterly*, 9(4).

Gartzke, Erik. 2013. "The Myth of Cyberwar: Bringing War in Cyberspace Back Down to Earth." *International Security*, 38(2).

Gates, Robert M. 2009. "A Balanced Strategy: Reprogramming the Pentagon for a New Age." *Foreign Affairs*, 88.

Gauthier, David. 1984. "Deterrence, Maximization, and Rationality." *Ethics*, 94.

Geers, Kenneth. 2010. "The Challenge of Cyber Attack Deterrence." *Computer Law's Security Review*, Vol.26.

Gray, Colin S. 2010. *Making Strategic Sense of Cyber Power*. Carlisle Barracks, PA: US Army War College Press.

Greer, Adam and Nathan Montierth. 2017. "How Are US-China Cyber Relations Progressing?" *Diplomat*, 1 November.

Hale, Thomas, David Held and Kevin Young. 2013. *Gridlock: Why Global Cooperation Is Failing When We Need It Most*. Cambridge: Polity.

Heatley, Jesse. 2017. "Cybersecurity Must Top Agenda as Trump Hosts Xi." *Diplomat*, 5 April.

Howard, Michael. 1982. "Reassurance and Deterrence: Western Defense in the 1980s." *Foreign Affairs*, 61.

Huth, Paul. 1997. "Reputations and Deterrence: A Theoretical and Empirical Assessment." *Security Studies*, 7(1).

Huth, Paul. 1999. "Deterrence and International Conflict: Empirical Findings and Theoretical Debates." *Annual Review of Political Science*, 2.

Jabbour, Kamal and E. Paul Ratazzi. 2013. "Deterrence in Cyberspace." in Adam Lowther(ed.). *Thinking about Deterrence*. Maxwell Air Base: Air University Press.

Jervis, Robert. 1982. "Deterrence and Perception." *International Security*, 7(3).

Kerr, Dara. 2013. "Cyber 9/11 May Be on Horizon, Homeland Security Chief Warns."

CNet, 24 January.

Kim, Sunghyun. 2014. "American Cybersecurity Triad: Governmentwide Integration, Technological Counterintelligence, and Educational Mobilization." in Panayotis Yannakogeorgos and Adam Lowther(eds.). *Conflict and Cooperation in Cyberspace: The Challenge to National Security*, pp.291~309, London: Taylor and Francis.

Koh, Harold H. 2012. "International Law in Cyberspace." *Harvard International Law Journal*, 54: 1~12.

Korns, Stephen W. 2009. "Cyber Operations: The New Balance." *Joint Force Quarterly*, 54(3): 97~102.

Kugler, Richard L. 2009. "Deterrence of Cyber Attacks." in Franklin D. Kramer, Stuart H. Starr, and Larry K. Wentz(eds.). *Cyberpower and National Security*, pp.309~340, Washington, D. C.: National Defense University Press.

Lebow, Richard Ned and Janice Gross Stein. 1999. *We All Lost the Cold War*. Princeton: Princeton University Press.

Libicki, Martin C. 2007. *Conquest in Cyberspace: National Security and Information Warfare*. Cambridge: Cambridge University Press.

Libicki, Martin. 2009. *Cyberdeterrence and Cyberwar*. Santa Monica, CA: Rand.

Lindsay, Jon R. 2013. "Stuxnet and the Limits of Cyber Warfare." *Security Studies*, 22: 365~404.

Litwak, Robert and Meg King. 2015. *Arms Control in Cyberspace?* Wilson Briefs, October.

Lu, Chuanying. 2017. "China's Emerging Cyberspace Strategy." *Diplomat*, 14 May.

Morgan, Patrick M. 1997. *Deterrence: A Conceptual Analysis*. Beverly Hills: Sage.

Morgan, Patrick M. 2003. *Deterrence Now*. Cambridge: Cambridge University Press.

Nye, Joseph S., Jr. 2016. "Deterrence and Dissuasion in Cyberspace." *International Security*, 41(3): 44~71.

Paul, T. V. 2009. "Complex Deterrence: An Introduction." in T. V. Paul, Patrick Morgan, and James Wirtz(eds.). *Complex Deterrence: Strategy in the Global Age*, pp.1~27, Chicago: The University of Chicago Press.

Payne, Keith. 2001. *The Fallacies of Cold War Deterrence and a New Direction*. Lexington, KY: University of Kentucky Press.

Posen, Barry. 2015. *Restraint: A New Foundation for U.S. Grand Strategy*. Cornell: Cornell University Press.

Rid, Thomas. 2013. *Cyber War Will Not Take Place*. Oxford: Oxford University Press.

Rubel, Robert. 2012. "Getting a Grip on Tailored Deterrence: The World of Conflict Management." *Orbis*, 56(4).

Sanger, David, John Markoff and Thom Shanker. 2009. "U.S. Steps Up Effort on Digital Defenses." *New York Times*, 27 April.

Sanger, David. 2016. "Chinese Curb Cyberattacks on US Interests, Report Finds." *New York Times*, 20 January.

Shane, Scott, Nicole Perlroth and David E. Sanger. 2017. "Security Breach and Spilled Secrets Have Shaken the NSA to Its Core." *New York Times*, 12 November.

Steinberg, James and Michael O'Hanlon. 2014. *Strategic Reassurance and Resolve*. Princeton: Princeton University Press.

Sterner, Eric. 2011. "Retaliatory Deterrence in Cyberspace." *Strategic Studies Quarterly*, 5(1).

Tang, Shiping. 2010. *A Theory of Security Strategy for Our Time: Defensive Realism*. New York: Palgrave Macmillan.

Taylor, Fred, Jr. and Jerry Carter. 2014. "Cyberspace Superiority Considerations." in Panayotis Yannakogeorgos and Adam Lowther(eds.). *Conflict and Cooperation in Cyberspace: The Challenge to National Security*, pp.13~25, London: Taylor and Francis.

Yannakogeorgos, Panayotis and Adam Lowther. 2014. "The Prospects for Cyber Deterrence: American Sponsorship of Global Norms." in Panayotis Yannakogeorgos and Adam Lowther(eds.). *Conflict and Cooperation in Cyberspace: The Challenge to National Security*, pp.49~77, London: Taylor and Francis.

Yannakogeorgos, Panayotis. 2012. "Internet Governance and National Security." *Strategic Studies Quarterly*, 6(3): 102~125.

• 제7장 미국과 중국의 아태지역 무역 아키텍처 경쟁과 협력: 내장된 자유주의 2.0을 향하여

김형주. 2015.「한미양국의 미래지향적 경제협력」. 한국무역협회 주최 한미FTA 5주년 기념 컨퍼런스(2015년 3월 15일), 5쪽.

손열. 2011.「위기이후 동아시아 다자경제제도의 건축경쟁」. ≪국가전략≫ 제17권 1호.

손열. 2016.「TPP의 국제 정치경제」. ≪국제정치논총≫ 56-1.

이승주. 2008.「일본의 생산네트워크와 지역주의전략의 변화」. ≪한국정치학회보≫ 43-3.

安藤光代·木村福成. 2008. "東アジアにおける生産ネットワーク." 深尾京司 編.『日本企業の東アジア戦略』. 日本經濟新聞出版社.

Baldwin, R. 2011. "21st Century Regionalism: Filling the gap between 21st century trade and 20th century trade rules." Centre for Economic Policy Research Policy Insight no.56. www.iadb.org/intal/intalcdi/PE/2012/09801a02.pdf(2014/3/17 검색).

Block, Fred. 1977. *The Origins of International Economic Order.* Berkeley: University of California Press.

Destler I. M. 2005. *American Trade Politics*(fourth edition). Washington, D.C., Institute for International Economics Press.

Donillon, Tom. 2013. "Remarks by Tom Donilon, The United States and the Asia- Pacific in 2013." 11 March. https://ustr.gov/about-us/policy-offices/press-office/speeches/transcripts/2014/June/Remarks-by-USTR-Froman-at-Coalition-Services-Industries-on-TiSA

Froman, Michael. 2014. "Remarks by Ambassador Froman at the Coalition of Services Industries on the Trade in Services Agreement." June. https://ustr.gov/about-us/policy-offices/press-office/speeches/transcripts/2014/June/Remarks-by-USTR-Froman-at-Coalition-Services-Industries-on-TiSA

Gilpin, Robert. 1981. *War and Change in World Politics.* Princeton: Princeton University Press.

Gowa, Joanne and Edward Mansfield. 1993. "Power Politics and International Trade." *APSR 87*, 2.

Gowa, Joanne. 1994. *Allies, Adversaries, and International Trade.* Princeton: Princeton University Press.

Hirschman, Albert. 1945. *National Power and the Structure of Foreign Trade.* Berkeley: University of California Press.

Ikenberry, G. 2004. "America in East Asia: Powers, Markets, and Grand Strategy." E. Krauss and T. J. Pempel(eds.). *Beyond Bilateralism: US-Japan Relations in the New Asia-Pacific.* Stanford: Stanford University Press.

Kirk, Ron. 2009. "Remarks on Trans-Pacific Partnership Negotiations." December. https://ustr.gov/about-us/policy-offices/press-office/press-releases/2009/december/ustr-ron-kirk-remarks-trans-pacific-partnership-n

Ravenhill, J. 2010. "The 'new East Asian regionalism': A political domino effect." *Review of International Political Economy*, vol.17, no.2.

Sohn, Yul. 2010. "Japan's New Regionalism: China Shock, Values and the East Asian Community." *Asian Survey*, 50:3.

Yul Sohn and Mingyo Koo. 2011. "Securitizing Trade: The Case of Korea-US FTA." *International Relations of the Asia-Pacific* Vol.11(Fall).

Terada, Takashi. 2006. "Forming an East Asian Community: A Site for Japan-China Struggles." *Japan Studies*, Vol.26., No.1.

Terada, Takashi. 2010. "Origins of ASEAN+6 and Japan's initiatives." *The Pacific Review*, 23(1).

Terada, Takashi. 2014. "The US Struggles in APEC's Trade Politics: Coalition-Building and Regional Integration in the Asia-Pacific." *International Negotiation*.

Tyson, Laura Andrea. 1992. *Reconcilable Differences?: The US-Japan Economic Conflicts*. DC: Brookings Institution.

USTR. 2010. "The President's 2010 Trade Policy Agenda." 2010 Trade Policy Agenda and 2009 Annual Report.
https://ustr.gov/2010-trade-policy-agenda

The White House of the United States of America. 2002. The National Security Strategy of the United States of America, Washington, D.C.: The While House.
http://georgewbush-whitehouse.archives.gov/nsc/nss/2002/

Zoellick, Robert. 2001. 'Free trade and hemispheric hope.' Remarks before the Council of the Americas, Washington, D.C. 7 May.
http://ctrc.sice.oas.org/geograph/westernh/zoellick_3.pdf

Xinhua News Agency. 2013. "China to Further Friendly Relations with Neighboring Countries." 26 October.
www.news.xinhuanet.com

• 제8장 미중 경쟁과 디지털 무역 거버넌스의 국제정치경제

Aaronson, Susan Ariel. 2016. The Digital Trade Imbalance and Its Implications for Internet Governance. Global Commission on Internet Governance. Paper Series No.25.

Asian Trade Center. 2016. "E-Commerce and Digital Trade Proposals for RCEP." Working Paper. Auckland Round.

Azmeh, Shamel and Christopher Foster. 2016. The TPP and the digital trade agenda: Digital industrial policy and Silicon Valley's influence on new trade agreements. LSE International Development Working Paper Series. No.16-175.

Barfield, Claude. 2016. "China's Internet censorship: A WTO challenge is long overdue." 29 April. http://www.techpolicydaily.com/technology/chinas-internet-censorship-a-wto-challenge-is-long-overdue

Bauer, M., F. Erixon, M. Krol, H. Lee-Makiyama, and B. Verschelde. 2013. "The Economic Importance of Getting Data Protection Right: Protecting Privacy, Transmitting Data, Moving Commerce." European Centre for International Political Economy. March. Brussels: ECIPE for the US Chamber of Commerce.

Bennett, Cory. 2015. "US takes Chinese cyber rule frustration to WTO." *The Hill*, 26 March.

Blackwell, Ken. 2016. "China's Hostile Cyber and Trade War: A US National Security Threat." CNSNEWS.Com, 7 October.

Bloomberg Technology. 2016. "China Vows to Protect Information Security 'Using All Means'." 27 December.

Brown, Mayer. 2016. "China Passes Cybersecurity Law." *Mainland China*, June.

Bulman, May. 2017. "Chinese official calls for easing of internet censorship." *The Guardian*, 3 March.

Business Roundtable. 2015. *Putting Data to Work: Maximizing the Value of Information in an Interconnected World*. Washington D.C.: Business Roundtable.

Castro, D. and A. McQuinn. 2015. "Cross-Border Data Flows Enable Growth in All Industries." Washington D.C.: Information Technology and Innovation Foundation.

Coca, Nithin. 2017. "The Missing Trade War against China's Digital Protectionism." https://www.engadget.com/2017/09/15/china-digital-protectionism-firewall-trade/

der Marel, Erik van, Hosuk Lee-Makiyama, Matthias Bauer. 2014. The Costs of Data Localization: Friendly Fire on Economic Recovery. ECIPE.

E-Marketer. 2016. China Embraces Cross-Border Ecommerce. 14 June. https://www.emarketer.com/Article/China-Embraces-Cross-Border-Ecommerce/1014078

Farwell, James P. and Darby Arakelian. 2014. "China Cyber Charges: Take Beijing to the WTO Instead." *The National Interest*, 20 May.

Freedom House. 2016. *Freedom on the Net*. Freedom House.

Information Technology and Innovation Foundation. 2013. *The False Promise of Data Nationalism*. Information Technology and Innovation Foundation.

Information Technology and Innovation Foundation. 2016. Testimony of Robert D. Atkinson, Ph.D. Founder and President Information Technology and Innovation Foundation Before the Committee on Ways and Means Trade Subcommittee. Hearing on "Expanding U.S. Digital Trade and Eliminating Barriers to Digital Exports." 13 July.

Insurance Journal. 2016. "China Likely to Adopt Cyber Rules for Insurers Despite Foreign Business Concerns."
http://www.insurancejournal.com/news/international/2016/05/31/410220.htm

International Strategy of Cooperation on Cyberspace. 2017, 1 March.
http://news.xinhuanet.com/english/china/2017-03/01/c_136094371.htm

Manyika, James et al. 2016. *Digital Globalization: The New Era of Global Flows*. McKinsey Global Institute, March.

McDonald, Joe. 2016. "Business groups appeal to China over cybersecurity law."
http://bigstory.ap.org/article/e87063f3a0fd49aeb8f273752dae1358/business-groups-appeal-china-over-cybersecurity-law

Miles, Tom. 2017. "U.S. Asks China Not to Enforce Cyber Security Law." *Reuters*, 26 September.

Ministry of Foreign Affairs of the People's Republic of China. 2017. International Strategy of Cooperation on Cyberspace, 1 March.
http://news.xinhuanet.com/english/china/2017-03/01/c_136094371.htm

Mirasola, Chris. 2017. "U.S. Criticism of China's Cybersecurity Law and the Nexus of Data Privacy and Trade Law." 10 October.

Morgan Stanley. 2015. China's eCommerce Revolution.
https://www.morganstanley.com/ideas/china-e-commerce-revolution

Pepper, Robert, John Garrity, and Connie LaSalle. 2016. "Cross-Border Data Flows, Digital Innovation, and Economic Growth." World Economic Forum. Digital Trade and Economic Growth.

Rijk, Michel. 2016. "How China Became the World's e-Commerce King."
http://www.thedrum.com/opinion/2016/08/01/how-china-became-world-s-e-commerce-king

Shatz, Howard J. 2016. *U.S. International Economic Strategy in a Turbulent World*. Rand Corporation.

Suominen, Kati. 2014. How Digital Protectionism Threaten to Derail 21st Century Businesses.
https://www.brinknews.com/how-digital-protectionism-threatens-to-derail-21st-century-businesses/
Tong, Frank. 2014. "China officially passes the U.S. in e-commerce." Digital Commerce 360, 29 May.
https://www.digitalcommerce360.com/2014/05/29/china-officially-passes-us-e-commerce
U.S. Department of Commerce. 2016. U.S. Fact Sheet: 26th U.S.-China Joint Commission on Commerce and Trade, 23 November.
United States International Trade Commission. 2014. Digital Trade in the U.S. and Global Economies, Part 2. Publication Number 4485. Investigation Number 332-540.
Wunsch-Vincent, Sacha & Hold, Arno. 2011. "Towards Coherent Rules for Digital Trade: Building on Efforts in Multilateral versus Preferential Trade Negotiations." *World Trade Institute*.
http://www.wti.org/media/filer_public/53/69/5369b2b8-bfdc-4b95-808b-35cbc22dadb7/wunsch_hold_wp_final_11-07-08.pdf
Xinhua. 2016. "China's auto industry moves to protect cyber security."
http://news.xinhuanet.com/english/2016-07/16/c_135517974.htm

• 제9장 미중 경쟁과 국제 자본시장의 동조화

김경원·문규현. 2010.「글로벌금융위기 전후 미국과 중국주식시장이 한국주식시장에 미치는 정보전이 효과 비교」. ≪국제경영연구≫ 21(2): 61~80.
김경원·최준환. 2006.「한국주식시장과 중국주식시장의 정보이전효과 연구」. ≪국제경영연구≫ 17: 31~49.
김명균·최려화. 2005.「동아시아 주식 시장간의 상호관련성 연구: 중국주식시장을 중심으로」. 한국재무관리학회 하계학술대회 발표논문.
김인무·김찬웅. 2001.「한국, 일본, 미국 주식시장의 정보전달: KOSDAQ, JASDAQ, NASDAQ과 거래소시장을 중심으로」. ≪증권학회지≫ 28: 481~513.
김치욱. 2017.「용과 춤을 추자? 미-중 패권 경쟁과 아시아태평양 자본시장의 동조화」. ≪국제지역연구≫ 26(3): 141~171.

박진우. 2009.「중국 주식시장의 동조화 현상과 미국시장의 영향에 관한 연구」. ≪국제지역연구≫ 12(4): 285~306.

박진우. 2010.「동아시아 주식시장의 동조화에 관한 연구」. ≪국제경영연구≫ 21(2): 1~22.

방승욱. 2003.「동북아 지역 주식 시장간의 정보 이전 효과에 관한 연구」. ≪동북아경제연구≫ 15(1): 1~20.

안병국. 2008.「중국 주식시장의 국제주가 동조화 현상에 관한 연구」. ≪POSRI 경영연구≫ 8(1).

안유화. 2012.「중국 주식시장과 한국 주식시장과의 동조화 및 글로벌 주식시장과의 비교 평가」. ≪국제금융연구≫ 2(1): 73~115.

정진호·임준형. 2007.「한국, 중국, 미국 주식시장 간 동조화 현상에 대한 연구」. ≪국제지역연구≫ 11: 838~867.

조영남. 2012.『용과 춤을 추자』. 서울: 민음사.

홍정효·문규현. 2005.「미국 증권시장의 한국 증권시장에 대한 정보이전 효과에 관한 실증적 연구: 대칭적, 비대칭적 정보이전효과」. ≪금융학회지≫ 10(1): 61~93.

Agmon, T. 1972. "The Relations among Equity Markets: A Study of Share Price Co-movement in the United States, United Kingdom, Germany and Japan." *Journal of Finance*, 27: 839~855.

Arshanapalli, B. and J. Doukas. 1993. "International Stock Market Linkage: Evidence from the Pre-and Post-October 1987 Period." *Journal of Banking and Finance*, 17: 193~208.

Baldwin, David A. 1980. "Interdependence and Power: A Conceptual Analysis." *International Organization*, 34: 471~506.

Becker, K. G., J. E. Finnerty, and M. Gupta. 1990. "The Intertemporal Relation Between the U.S. and Japanese Stock Markets." *Journal of Finance*, 14(4): 1297~1306.

Becketti, Sean. 2013. *Introduction to Time Series Using Stata*. College Station: Stata Press.

Blanchard, Jean-Marc and Norrin M. Ripsman. 2001. "Rethinking Sensitivity Interdependence: Assessing the Trade, Financial, and Monetary Links between States." *International Interactions*, 27(2): 95~128.

Bollerslev, T. 1986. "Generalized Autoregressive Conditional Heteroskedasticity." *Journal of Econometrics*, 31: 307~327.

Campbell, J. and Y. L. Hentschel. 1992. "No News is Good News: An Asymmetric Model of Changing Volatility in Stock Returns." *Journal of Financial Economics*, 31: 281~318.

Chan S. G. and M. Z. Karim. 2010. "Volatility Spillovers of the Major Stock Markets in ASEAN-5 with the U.S. and Japanese Stock Markets." *International Research Journal of Finance and Economics*, 57(5): 2223~2261.

Cheung, Yan-Leung and Sui-Choi Mak. 1992. "The International Transmission of Stock Market Fluctuation between the Developed Markets and the Asian-Pacific Markets." *Applied Financial Economics*, 2: 43~47.

D'Agostino, R. B., A. J. Belanger, and R. B. D'Agostino, Jr. 1990. "A Suggestion for Using Powerful and Informative Tests of Normality." *American Statistician*, 44: 316~321.

Daly, K. J. 2003. "Southeast Asian Stock Market Linkages: Evidence from Pre-and Post-October 1997." *ASEAN Economic Bulletin*, 20: 73~85.

Engle, R. F. 1982. "Autoregressive Conditional Heteroscedasticity with Estimates of the Variance of United Kingdom Inflation." *Econometrica*, 58: 525~542.

Eun, C. S. and S. Shim. 1989. "International Transmission of Stock Market Movements." *Journal of Financial and Quantitative Analysis*, 24(2): 241~256.

Grubel, H. and K. Fadner. 1971. "The Interdependence of International Equity Markets." *Journal of Finance*, 26: 89~94.

Hamao, Y., R. W. Masulis, and V. Ng. 1990. "Correlations in Price Changes and Volatility across International Stock Markets." *The Review of Financial Studies*, 3: 281~307.

Haque, M. and I. Kouki. 2010. "Comovements among the Developed and the Emerging Markets." *The International Journal of Finance*, 22(4): 6613~6632.

Hilliard, J. 1979. "The Relationship between Equity Indices on World Exchanges." *Journal of Finance*, 34: 103~114.

Horvath, R. and P. Poldauf. 2012. "International Stock Market Comovements: What Happened during the Financial Crisis?" *Global Economy Journal*, 12(1): 1~19.

Hsiao, Frank S. T., Mei-Chu W. Hsiao, and Akio Yamashita. 2003. "The Impact of the US Economy on the Asia-Pacific Region: Does It Matter?" *Journal of Asian Economics*, 14: 219~241.

Keohane, Robert O. and Joseph S. Nye. 1977. *Power and Interdependence: World Politics in Transition*. Boston: Little, Brown & Co.

Kim, Suk-Joong. 2005. "Information Leadership in the Advanced Asia-Pacific Stock Markets: Return, Volatility and Volume Information Spillovers from the US and Japan." *Journal of Japanese International Economies*, 19: 338~365.

Liu, Y. A. and M. S. Pan. 1997. "Mean and Volatility Spillover Effects in the US and Pacific-Basin stock Markets." *Multinational Finance Journal*, 1: 47~52.

Nelson, D. B. 1991. "Conditional Heteroscedasticity in Asset Returns: A New Approach." *Econometrica*, 59: 347~370.

Ng, A. 2000. "Volatility Spillover Effects from Japan and the US to the Pacific-Basin." *Journal of International Money and Finance*, 19: 207~233.

Stein, Arthur A. 1993. "Governments, Economic Interdependence, and International Cooperation." in Philip E. Tetlock, Jo L. Husbands, Robert Jervis, Paul C. Stern, and Charles Tilly(eds.). *Behavior, Society, and International Conflict*, Vol.3. New York: Oxford University Press.

Worthington, Andrew C. and Helen Higgs. 2004. "Comovements in Asia-Pacific Equity Markets: Developing Patterns in APEC." *Asia-Pacific Journal of Economics and Financial Research*, 8(1): 79~93.

• 제10장 핀테크(金融科技)의 국제정치경제: 미국과 중국의 경쟁

가오잔위(高占宇)·백승욱. 2017. 「시진핑(習近平) 시대의 인터넷 정책: 네트워크 사회관리로 전환」. ≪현대중국연구≫ 제19집 1호.

금융결제국. 2017. 「디지털혁신과 금융서비스의 미래: 도전과 과제」. ≪지급결제조사자료≫, 2017-1.

김건우. 2015. 「전자금융이 쌓아 온 금융아성 핀테크가 뒤흔든다」. ≪LG Business Insight≫.

김남훈. 2015. 「글로벌 핀테크 허브로의 도전과 과제」. ≪주간 하나금융 포커스≫ 제5권 39호.

김동수. 2017. 「4차 산업혁명 시대의 한·중 산업협력 방안」. ≪중국산업브리프≫ 9월호.

김민석. 2017. 「중국경제의 구조 및 제도 변화와 제약요인」. ≪국제경제리뷰≫ 28호.

김범석·이광열·김기범·박광빈. 2015. 「핀테크, 앞서가는 중국 따라가는 한국」. ≪Issue Monitor≫. 삼정 KPMG 경제연구원.

김수한·유다형. 2017. 「중국 인터넷 시장 및 활용 현황」. ≪INChinaBrief≫ Vol.335.

김정향. 2017. 「중국, 글로벌 특허 대국으로 부상: 통상·규제」. ≪KOTRA 해외시장뉴스≫.

김종대·정재훈. 2014. 「수조원 모바일 결제 시장에 수백조 매출 기업들이 뛰어드는 이유」. ≪LG Business Insight≫.

김진용. 2017. 「시진핑 시기 중국의 모바일 인터넷 발전과 통제」. ≪아세아연구≫ 제60권 제2호.

노은영. 2015.「중국 인터넷금융의 감독법제에 관한 연구」. ≪증권법연구≫ 제16권 제2호.
류한석. 2015.「핀테크 산업 트렌드 및 시사점」. ≪디지에코≫.
류한석. 2016.『플랫폼, 시장의 지배자』. KOREA.COM.
문병순·허지성. 2014.「규제 많은 미국이 핀테크를 선도하는 이유」. ≪LG Business Insight≫.
박재석. 2015.「핀테크와 금융 혁신」. ≪Premium Report≫ 15-10. 정보통신정책연구원.
배병진. 2017.「한국의 인터넷전문은행 도입과 금융규제의 정치」. ≪사회과학연구≫ 제33권 제4호.
배영자. 2017.「미중 패권 경쟁과 과학기술 혁신」. 하영선 엮음.『미중의 아태질서 건축 경쟁』. 동아시아연구원.
백서인·김단비. 2017.「중국의 디지털 전환 동향과 시사점」. ≪동향과 이슈≫ 제42호. 과학기술정책연구원.
서봉교. 2015.「중국의 핀테크 금융혁신과 온라인은행의 특징」. ≪東北亞經濟硏究≫ 제29권 제4호.
서봉교. 2017.『중국 핀테크 산업 성장과 규제완화』. ≪한국경제연구원 정책연구≫ 16-27.
양자수. 2017.「2017년 중국 인터넷 발전 현황」. ≪China Info≫ Vol.14. 제주연구원.
양효은. 2016.「영국의 핀테크 산업 지원정책 및 시사점」. ≪오늘의 세계경제≫ Vol.16, No.31. 대외정책경제연구원.
오종혁. 2017.「중국 디지털 경제 발전의 특징과 시사점」. ≪오늘의 세계경제≫ Vol.17, No.14. 대외정책경제연구원.
유다형. 2017.「중국 정보화 발전 수준 및 특징」. ≪최신 중국 동향≫ Vol.197.
이기송. 2014.「국내외 핀테크(fintech) 동향과 전망」.≪KB지식 비타민≫.
이성복. 2016.「중국 핀테크 혁신 4년의 명과 암」. ≪중국 금융시장 포커스≫ 봄호.
이왕휘. 2017.「세계금융위기 이후 미중 통화금융 패권 경쟁과 통화전쟁: 통화금융 책략의 관점」. 하영선 엮음.『미중의 아태질서 건축 경쟁』. 동아시아연구원.
이윤숙·신미경. 2016.「중국 핀테크 산업의 특징과 시사점」. ≪국제경제리뷰≫ 2016-5호.
이충열·정군오. 2016.『전자금융과 핀테크의 이해: 금융사고와 범죄 방지 및 소비자보호를 중심으로』 금융연구원.
장우석·전혜영. 2016.「핀테크(FinTech)의 부상과 금융업의 변화」. ≪VIP 리포트≫. 현대경제연구원.
정대·학회연(郝会娟). 2017.「영국과 중국의 핀테크산업 규제법제에 관한 연구: 인터넷전문은행과 대출형 P2P를 중심으로」. ≪法學論叢≫ 제41권 제2호.
정태인·김주영·김원. 2017.「중국 네트워크 안전법 동향」. ≪정보보호학회지≫ 제27권 제3호.

주강진·이민화·양희진·류두진. 2016.「핀테크 산업의 발전방향에 관한 연구」. ≪한국증권학회지≫ 제45권 제1호.
최공필·안창현. 2016.「핀테크와 플랫폼 생태계의 육성」. ≪韓國經濟의 分析≫ 22권 제2호.
최규선. 2015.『주요국 핀테크 현황 및 시사점』. 금융결제원.
최윤정·박근영·김수연. 2017.「4차 산업혁명 시대를 준비하는 중국의 ICT 융합 전략과 시사점」. ≪Global Strategy Report≫ 16-014. KOTRA.
하영선 엮음.『미중의 아태질서 건축 경쟁』. 동아시아연구원.
한국과학기술기획평가원. 2017.「IMD 2017 세계 경쟁력 연감 분석」. ≪KISTEP 통계브리프≫ 7호.
한국금융연구원. 2015.「미국 은행과 핀테크기업 간 금융정보공유 논란과 시사점」. ≪주간금융브리핑≫ 24권 45호.
한국무역협회. 2015.「급성장하고 있는 중국 핀테크시장」. ≪INSIGHT CHINA≫ Vol.3.
한국은행 북경사무소. 2017.「최근 인민은행의 인터넷금융 관련 관리 및 감독방향」. ≪현지정보≫.
한국정보산업연합회. 2015.「부상하는 Fintech 동향과 IT 및 금융업에 대한 시사점」. ≪FKII Issue Report≫ 2015-02.
KIEP 북경사무소. 2017.「향후 5년간 중국 금융정책 기조와 평가」. ≪KIEP 북경사무소 브리핑≫ Vol.20, No.16.

經濟管理學院. 2017.「清华大学经济管理学院顾问委员会(2017-2018)」. http://www.sem.tsinghua.edu.cn/about/wyhmd.html(2018/1/10 검색)
李智慧. 2017.「中国FinTech産業の光と影」. 野村総合研究所.
艾瑞咨询. 2017.「夜明前: 2017年中国金融科技发展报告」. iResearch.com.cn.
杨涛. 2017.「金融科技下的银行突围」. 国家金融与发展实验室.
尹振涛. 2017.「监管科技(RegTech)的概念、发展与建议」. ≪金融监管评论≫ No.201744.
尹振涛·郑联盛. 2017.「金融科技对监管体系提出新挑战」. 国家金融与发展实验室.
周小川. 2017.「人民银行行长周小川在党的十九大中央金融系统代表团开放日上回答记者提问」. 中国人民银行.
中国网络空间研究院. 2017a.『世界互联网发展报告 2017』总论. http://www.wicwuzhen.cn/web17/achievements/201712/t20171215_6056806.shtml (2018/1/25 검색)
胡滨·郑联盛. 2017.「金融科技倒逼监管改革」. ≪金融监管评论≫ No.201742.
黄国平. 2017.「金融科技促进普惠金融与金融扶贫发展」. 国家金融与发展实验室.

Accenture. 2014. *The Boom in Global Fintech Investment: A New Growth Opportunity for London.*

Accenture. 2015. *The Future of Fintech and Banking: Digitally Disrupted or Reimagined?*

Arner, Douglas W., Janos Nathan Barberis, and Ross P. Buckley. 2015. "The Evolution of Fintech: A New Post-Crisis Paradigm?" University of Hong Kong Faculty of Law Research Paper, No.2015/047.

Braggion, Fabio, Alberto Manconi, and Haikun Zhu. 2017. "Is FinTech a Threat to Financial Stability? Evidence from Peer-to-Peer Lending in China." https://ssrn.com/abstract=2957411

Browne, Andrew. 2017. "China Plays at Web Lockdown." *Wall Street Journal*, 26 July.

Brummer, Chris and Yesha Yadav. 2017. "The Fintech Trilemma." Vanderbilt Law Research Paper, No.17-46.

Buchak, Greg, Gregor Matvos, Tomasz Piskorski, and Amit Seru. 2017. *Fintech, Regulatory Arbitrage, and the Rise of Shadow Banks.* Working Paper, No.23288. NBER.

CB Insight. 2018. The Global Unicorn Club: Current Private Companies Valued At $1B+. https://www.cbinsights.com/research-unicorn-companies

Chen, Long. 2016. "From Fintech to Finlife: the case of Fintech Development in China." *China Economic Journal*, Vol.9, No.3.

Chin, Josh and Eva Dou. 2017. "Beijing Scolds Web Censors Amid Site Shutdowns." *Wall Street Journal*, 13 June.

Chin, Josh. 2017. "Apple Removes VPN Apps in China." *Wall Street Journal*, 31 July.

CITI. 2016. *How FinTech is Forcing Banking to a Tipping Point.*

Clark, Duncan. 2018. "China is Shaping the Future of Global Tech." *Financial Times,* 14 January.

Demertzis, Maria, Silvia Merler, and Guntram B. Wolff. 2017. " Capital Markets Union and the Fintech Opportunity." *Policy Contribution*, No.22.

Dhar, Vasant and Roger M. Stein. 2016. "FinTech Platforms and Strategy." MIT Sloan Research Paper, No.5183-16.

Dietz, Miklos, Somesh Khanna, Tunde Olanrewaju, and Kausik Rajgopal. 2015. *Cutting Through the FinTech Noise: Markers of Success, Imperatives For Banks.* McKinsey & Company.

Dorfleitner, Gregor, Lars Hornuf, Matthias Schmitt, and Martina Weber. 2016. "The Fintech Market in Germany."

https://ssrn.com/abstract=2885931
Dovetail. 2015. *The Rising Tide of US Electronic Payments*. White Paper.
Ernst & Young. 2016. *FinTech on the Cutting Edge*.
Ernst & Young. 2017a. *China and UK FinTech: Unlocking Opportunity*.
Ernst & Young. 2017b. *FinTech Adoption Index 2017: The Rapid Emergence of FinTech*.
Ernst, Dieter. 2017. "China's Standard-Essential Patents Challenge: From Latecomer to (Almost) Equal Player?" Centre for International Governance Innovation.
Ferracane, Martina F. and Hosuk Lee-Makiyama. 2017. "China's Technology Protectionism and its Non-negotiable Rationales." European Centre for International Political Economy.
Financial Stability Board. 2017. Monitoring of FinTech. http://www.fsb.org/what-we-do/policy-development/additional-policy-areas/monitoring-of-fintech/
Forbes. 2016. *Fintech 50*.
Franco, Tim. 2017. "Is China Outsmarting America in A.I.?" *New York Times*, 27 May.
Gabor, Daniela and Sally Brooks. 2017. "The Digital Revolution in Financial Inclusion: International Development in the Fintech Era." *New Political Economy*, Vol.22, No.4
Gai, Keke Meikang Qiu, and Xiaotong Sun. forthcoming. "A Survey on FinTech." *Journal of Network and Computer Applications*.
Gomber, Peter, Jascha-Alexander Koch, and Michael Siering. 2017. "Digital Finance and Fintech: Current Research and Future Research Directions." *Journal of Business Economics*, Vol.87, No.5.
H2 Ventures and KPMG. 2016. *2016 Fintech 100: Leading Global Fintech Innovators*.
H2 Ventures and KPMG. 2017. *2017 Fintech 100: Leading Global Fintech Innovators*.
Haddad, Christian and Lars Hornuf. 2016. "The Emergence of the Global Fintech Market: Economic and Technological Determinants." CESifo Working Paper Series, No.6131.
He, Dong, Ross B. Leckow, Vikram Haksar, Tommaso Mancini Griffoli, Nigel Jenkinson, Mikari Kashima, Tanai Khiaonarong, Celine Rochon, and Hervé Tourpe. 2017. *Fintech and Financial Services: Initial Considerations*. IMF.
Hinton, James W., Domenico Lombardi, and Joanna Wajda. 2017. "Issues in Bringing Canadian Fintech to the International Stage." *Policy Brief*, No.111(Centre for International Governance Innovation 2017).
Huang, Yiping and Xu Wan. 2017. "Building an Efficient Financial System in China: A

Need for Stronger Market Discipline." *Asian Economic Policy Review*, Vol.12, No.2.

IMD. 2017. *World Digital Competitiveness Rankings 2017*.

International Association of Insurance Supervisors. 2017. *FinTech Developments in the Insurance Industry*.

International Organization of Securities Commissions. 2017. *Research Report on Financial Technologies(Fintech)*.

Ito, Takatoshi, Kazumasa Iwata, Colin McKenzie, and Shujiro Urata. 2017. "China's Financial Transformation: Editors' Overview." *Asian Economic Policy Review*, Vol.12, No.2.

Kelly, Sonja, Dennis Ferenzy, and Allyse McGrath. 2017. *How Financial Institutions and Fintechs Are Partnering for Inclusion: Lessons from the Frontlines*. Center for Financial Inclusion at Accion & Institute of International Finance.

Kennedy, Scott. 2017. *The Fat Tech Dragon: Benchmarking China's Innovation Drive, China Innovation Policy Series*. Center for Strategic and International Studies.

Kubota, Yoko and Tripp Mickle. 2017. "Apple CEO to Attend State-Run Internet Conference in China." *Wall Street Journal*, 1 December.

Kubota, Yoko. 2017. "Skype Is Removed From China App Stores." *Wall Street Journal*, 22 November.

Lee, Kai-Fu. 2017a. "China and America Must Shape the Hight-tech Future." *Financial Times*, 4 December.

Lee, Kai-Fu. 2017b. "The Real Threat of Artificial Intelligence." *New York Times,* 24 June.

Lin, Liza. 2017. "U.S. Firms Tout China Despite Web Curbs." *Wall Street Journal,* 4 December.

Lin, Liza and Josh Chin. 2017a. "China VPN Rules Lift Costs for Businesses." *Wall Street Journal*, 3 August.

Lin, Liza and Josh Chin. 2017b. "China's Tech Giants Have a Side Job: Helping Beijing Spy." *Wall Street Journal*, 1 December.

Lin, Tom C. W. 2016. "Financial Weapons of War." *Minnesota Law Review*, Vol.100.

Luce, Edward. 2017. "Trump's Unwitting Surrender to China's AI Ambition." *Financial Times*, November.

Magnuson, William J. Forthcoming. "Regulating Fintech." *Vanderbilt Law Review*.

McAfee, Andrew and Erik Brynjolfsson. 2017. *Machine, Platform, Crowd: Harnessing Our Digital Future*. W.W. Norton and Company.

Mittal, Sachin and James Lloyd. 2016. *The Rise of FinTech in China: Redefining Financial*

Services. DBS & EY.

Moritz, Michael. 2017. "China is Leaving Trump's America Behind." *Financial Times*, 11 September.

Mozur, Paul. 2017. "China's Top Ideologue Calls for Tight Control of Internet." *New York Times*, 3 December.

Oliver Wyman, Anthemis Group, and Santander Innoventures. 2015. *The Fintech 2.0 Paper: Rebooting Financial Services*.

Philippon, Thomas. 2017. "The FinTech Opportunity." BIS Working Paper, No.655.

PwC. 2016. *Global FinTech Survey-Blurred lines: How FinTech is Shaping Financial Services*.

PwC. 2017. *Global FinTech Survey- Redrawing the Lines: FinTech's Growing Influence on Financial Services*.

Remler, Daniel and Ye Yu(eds.). 2017. *Parallel Perspectives on the Global Economic Order: A U.S.-China Essay Collection*. Center for Strategic and International Studies.

Rudegeair, Peter and Kate O'Keeffe. 2018. "U.S. Bars Merger of MoneyGram, China's Ant Financial." *Wall Street Journal*, 3 January.

Sacks, Samm. 2018. *Disruptors, Innovators, and Thieves: Assessing Innovation in China's Digital Economy*. China Innovation Policy Series, Center for Strategic and International Studies.

Schindler, John W. 2017. "FinTech and Financial Innovation: Drivers and Depth." Finance and Economics Discussion Series 2017-081. Washington: Board of Governors of the Federal Reserve System

Sheng, Cliff, Jasper Yip, and James Cheng. 2017. *Fintech In China*. Oliver Wyman.

Shim, Yongwoon and Dong-Hee Shin. 2016. "Analyzing China's Fintech Industry from the Perspective of Actor-Network Theory." *Telecommunications Policy*, Vol.40, No.2-3.

Stern, Caroline, Mikko Mäkinen and Zongxin Qian. 2017. "FinTechs in China: With a Special Focus on Peer to Peer Lending." BOFIT Policy Brief 8/2017.

UK Government Office for Science. 2015. *FinTech Futures: The UK as a World Leader in Financial Technologies*.

UK HM Treasury. 2015. *Banking for the 21st Century: Driving Competition and Choice*.

Van Loo, Rory. 2017. "Making Innovation More Competitive: The Case of Fintech." *UCLA Law Review*, Vol.65, No.1.

Waldrop, Robert et al. 2016. *Breaking New Ground: The Americas Alternative Finance*

Benchmarking Report. University of Cambridge.

Wang, Jingyi, Yan Shen, and Yiping Huang. 2016. "Evaluating the Regulatory Scheme for Internet Finance in China: The Case of Peer-to-peer Lending." *China Economic Journal*, Vol.9, No.3.

Wildau, Gabriel. 2015. "Tencent Launches China's First Online-only Bank." *Financial Times*, 5 January.

Woetzel, Jonathan, Diaan-Yi Lin, Jeongmin Seong, Anu Madgavkar, and Susan Lund. 2017a. *China's Role in the Next Phase of Globalization*. McKinsey Global Institute.

Woetzel, Jonathan, Jeongmin Seong, Kevin Wei Wang, James Manyika, Michael Chui, and Wendy Wong. 2017b. *China's Digital Economy: A Leading Global Force*. Discussion Paper. McKinsey Global Institute.

World Economic Forum. 2015. *The Future of Financial Services: A Paradigm Shift in Small Business Finance*.

Yuan, Li. 2017a. "What Xi's New Term Likely Means for the Internet in China." *Wall Street Journal*, 27 October.

Yuan, Li. 2017b. "U.S. Tech Giants Need to Rethink China Ties." *Wall Street Journal*, 3 November.

Zhou, Weihuan and Douglas W. Arner, and Ross P. Buckley. 2015. "Regulation of Digital Financial Services in China: Last Mover Advantage." *Tsinghua China Law Review*, Vol.8, No.1.

• 제11장 유엔 다자주의 틀에서의 강대국 정치: 안보리 결의안과 미중 안보경쟁

김종일. 2006.「유엔안보리 결의와 국제법의 역할」.≪북한≫ 418: 161~170.

박홍순. 2012.「유엔(UN)과 '보호책임' 원칙의 실행: 리비아 사태에 대한 유엔안보리의 대응과 유엔사무총장의 역할」. ≪Oughtopia≫ 27(2): 71~115.

이신화. 2015.「유엔 안보외교의 미래전략」. 김상배·신범식·신성호·이승주·이신화·조화순·황지환.『한국의 중장기 미래전략: 국가안보의 새로운 방향모색』, 61~110쪽, 서울: 인간사랑.

임갑수·문덕호. 2013.『유엔 안보리 제재의 국제정치학』. 한울아카데미.

정은숙. 2017.「유엔안보리와 강대국 정치: 구조, 절차, 개혁논의」. ≪정세와 정책≫ 12월호, 9~12쪽.

조동준. 2011.「사상최초 유엔 '보호의무'의 리비아 개입」. ≪북한≫ 473: 76~83.

Armstrong, David and Erik Goldstein. 1990. *The End of the Cold War*. London: Frank Cass.

BBC News. 2017. "Jerusalem: UN Resolution Rejects Trump's Declaration." 22 December.

Boutros-Ghali, Boutros. 1992. *An Agenda for Peace*. New York: United Nations.

Boutros-Ghali, Boutros. 1999. *Unvanquished: A U.S.-U.N. Saga*. New York: Random House.

Caporaso, James A. 1992. "International Relations Theory and Multilateralism: The Search for Foundations." *International Organization*, 46(3): 599~632.

Dag Hammarskjöld Library. 2018. "UN Security Council, Veto List." January. http://research.un.org/en/docs/sc/quick/veto(2018/1/12 검색)

Deng, Yong and Fei-Ling Wang. 2005. *China Rising: Power and Motivation in Chinese Foreign Policy*. Lanham: Rowman & Littlefield Publishers.

Deudney, Daniel and Hanns W. Maull. 2011. "How Britain and France Could Reform the UN Security Council." *Survival*, 53(5): 107~128.

Einsiedel, Sebastian von, David M. Malone, and Bruno Stagno Ugarte. 2015. "The UN Security Council in an Age of Great Power Rivalry." *United Nations University Working Paper Series*, No.4., February.

Fasulo, Linda. 2009. *An Insider's Guide to the UN*. New Haven: Yale University Press.

Gowan, Richard and Nora Gordon. 2014. "Pathways to Security Council Reform." Center of International Cooperation Report, New York.

Gurr, Ted Robert. 2000. *People Versus States: Minorities at Risk in the New Century*. Washington D. C: United States Institute of Peace Press.

Hurd, Ian. 2014. "The UN Security Council and the International Rule of Law." *The Chinese Journal of International Politics*, 7(3): 1~19.

Jolly, Richard, Louis Emmerij, and Thomas G. Weiss. 2009. *UN Ideas That Changed the World*. Bloomington: Indiana University Press.

Kagan, Robert. 2014. "Superpowers Don't Get to Retire." *New Republic*, 26 May.

Keohane, Robert O. 1990. "Multilateralism: An Agenda for Research." *International Journal*, 45: 731~764.

Lang, Anthony F., Jr. 2008. *Punishment, Justice and International Relations: Ethics and Order after the Cold War*. New York: Routledge.

Lederer, Edith M. 2017. "Russia and China Veto New Sancion on Syria." *Associated Press*, 1 March.

Lee, Shin-wha. 2013. "The Responsibility to Protect (R2P) after Libya." *IRI Review*, 18(1):

5~37.

Liu, Wei. 2014. *China in the United Nations*. Hackensack: World Century Publishing Corporation.

Monbiot, George. 2004. *The Age of Consent: A Manifesto for a New World Order*. Sydney: HarperCollins Publishers.

Nasu, Hitoshi. 2011. "The Expanded Conception of Security and International Law: Challenges to the UN Collective Security System." *Amsterdam Law Forum*, 3(3): 15~33.

Okhovat, Sahar. 2011. "The United Nations Security Council: Its Veto Power and Its Reform." CPACS Working Paper, No.15/1(December).

Permanent Mission of the People's Republic of China to the UN(PM China). 2005. "Hu Jintao Delivers an Important Speech at the UN Summit." 16 September.
http://www.china-un.org/eng/zt/shnh60/t212614.htm(2017/11/18 검색)

Ruggie, John G. 1998. *Constructing the World Polity: Essays on International Institutionalization*. New York: Routledge.

Schlesinger, Stephen C. 2004. *Act of Creation: The Founding of the United Nations*. Cambridge: Westview Press.

Snyder, Craig A.(ed.) 2012. *Contemporary Security and Strategy*, 3rd edition. New York: Palgrave Macmillan.

Sputnik. 2016. "Turkish Pipe Dreams: Erdogan Rehashes Ida of Reforming UN Security Council." 3 June.

Sun, Yun. 2014. "China's Approach to the Syrian Crisis: Beyond the United Nations." *China Policy Institute: Analysis*, 15 December.

The Arab Weekly. 2018. "Largest Single-day Exodus of the Syrian War as Civilians Flee Eastern Ghouta." 16 March.

The Guardian. 2017. "US to Make at Least $285m Cut to UN Budget after Vote on Jerusalem." 26 December.

The New York Times. 2017. "Defying Trump, UN General Assembly Condemns US Decree on Jerusalem." 21 December.

Twibanire Jean-d'Amour. 2016. "The United Nations Security Council: Imbalance of Power and the Need for Reform." *International Journal of Political Science & Diplomacy*, 2, p.106.

UN News Centre(UNNC). 2016. "Feature: Ahead of Security Council Elections, General Assembly President Explains How a Country Can Get a Non-Permanent Seat." UN

News, 27 June.
UN News Centre(UNNC). 2017. "Guterres Highlights Importance of Recognizing the Links between Peace and Sustainable Development." UN News, 24 January.
UN News Centre(UNNC). 2018. "UN Security Council Agree 30-day Ceasefire in Syria." UN News, 24 February.
UN Peacebuilding Committee(PBC). 2017, "Mandate of the Peacebuilding Commission." http://www.un.org/en/peacebuilding/mandate.shtml(2017/11/10 검색)
UN Peacekeeping(UNPKO). 2017. "Where We Operate." https://peacekeeping.un.org/en/where-we-operate(2017/11/10 검색)
UN Security Council. 1999. "Security Council Fails to Extend Mandate of United Nations Preventive Deployment Force in Former Yugoslav Republic of Macedonia." Press Release SC/6648, 25 February.
UN Security Council. 2011. "Preventive Diplomacy: Delivering Results: Report of the Secretary-General." S/2011/552, 26 August.
UN Security Council. 2018. "Security Council Resolutions." January http://www.un.org/en/sc/documents/resolutions/(2018/1/12 검색)
United Nations Meetings Coverage and Press Releases(UNM). 2005. "Uniting for Consensus." Group of States Introduces Text on Security Council Reform to General Assembly, 26 July.
Winfield, Nicole. 1999. "China Vetoes." Global Policy Forum, Associated Press, 25 February.
Winkler, Sigrid. 2012. "Taiwan's UN Dilemma: To be or Not To Be." Brookings Op-Ed, 20 June.

• 제12장 미중 해양패권 경쟁: 해군력인가, 해양법인가?

구민교. 2015. 「미중 간 패권경쟁의 심화에 따른 새로운 해양역학의 등장과 우리나라의 대응」. 전재성 엮음. 『미중 경쟁 속의 동아시아와 한반도』. 서울: 늘품 플러스.
구민교. 2016a. 「동아시아 해양안보: 해군력인가 해양법인가?" ≪STRATEGY 21≫ 40: 115~130.
구민교. 2016b. 「미중 간의 신 해양패권 경쟁: 해상교통로를 둘러싼 '점-선-면' 경쟁을 중심으로」. ≪국제지역연구≫ 25권 3호, 37~65쪽.

구민교. 2016c. 「해양분쟁/해적/해군력」. 한국해양전략연구소 엮음. ≪동아시아 해양안보 정세와 전망≫ 2015-16. 서울: 한국해양전략연구소,

김성태. 2015. 『미일동맹의 강화와 미일방위협력지침의 개정』. 성남: 세종연구소.

김소연. 2017. 「'항행의 자유' 법률 해석 전쟁과 중국의 해군전략 및 해군력 변화」. 연세대학교 정치외교학과 석사학위논문.

김외현. 2017. "중국에 밀착하는 필리핀 두테르테, 유럽연합 개발원조 거부". ≪한겨레≫, 5월 18일 자.

김현정. 2016. 「필리핀-중국 남중국해 중재재판의 전망과 함의」. ≪KIMS Periscope≫ 44호 (6월 11일 자).
http://file.kims.or.kr/peri44.pdf

박남태·정재호·오순근·임경한. 2015. 「21세기 동북아 해양전략: 미중일러를 중심으로」. ≪STRATEGY 21≫ 38: 250~286.

박영길. 2016. 「필리핀 vs. 중국 간 남중국해 사건 중재판정의 동아시아 역내 함의」. ≪STRATEGY 21≫ 40: 131~143.

박영준. 2015. 「미중 해군력 경쟁의 전망과 한국의 해양전략」. 전재성 엮음. 『미중 경쟁 속의 동아시아와 한반도』. 서울: 늘품 플러스.

손기섭. 2012. 「중일 해양영토 분쟁의 원인과 특성: 갈등사이클을 중심으로」. ≪일본문화연구≫ 43: 273~294.

예영준. 2017. "중 일대일로 포럼 개막…시진핑 29개국 정상 불러모아." ≪중앙일보≫, 5월 14일 자.

왕선택. 2017. 「美 '인도 태평양 전략' 아직 미완성…중국 견제용?」 YTN, 12월 25일 자.
http://www.ytn.co.kr/_ln/0101_201712250503327023

이동률. 2012. 「중국의 해양 대국화와 해양 영유권 분쟁」. ≪동아시아 브리프≫ 7(2): 16~23.

이문기. 2008. 「중국의 해양도서 분쟁 대응전략: 조어도와 남사군도 사례를 중심으로」. ≪아시아연구≫ 10(3): 29~60.

이삼성. 2007. 「21세기 동아시아 지정학: 미국의 동아태지역 해양 패권과 중미관계」. ≪국가전략≫ 13(1): 5~32.

이은명. 2004. 「중국의 원유 확보전략이 원유시장에 미치는 영향과 시사점」. 기본연구보고서 04-14. 에너지경제연구원.

정광호. 2015. 「미국의 태평양 해양전략 전개에 관한 연구: 도전국가의 핵심해양공간 진출에 대한 대응을 중심으로」. 국방대학교 안전보장대학원 박사학위논문.

정인섭. 2016. 『신 국제법 강의: 이론과 사례(6판)』. 서울: 박영사.

Calder, Kent E. 1996. *Pacific Defense: Arms, Energy, and America's Future in Asia*. New Haven: Yale University Press.

Center for Strategic and International Studies(CSIS). 2016. 『美 아시아-태평양 재균형 2025 (Asia-Pacific Rebalance 2025: Capabilities, Presence, and Partnerships)』. 한국해양전략연구소 옮김.

Commander, U.S. Pacific Fleet. 2016. "Carrier Strike Group 5 Conducts South China Sea Patrol." 30 June.
http://www.cpf.navy.mil/news.aspx/110071

Dobell, Graeme. 2016. "From Pivot to Hammer." *The Strategist*. Australian Strategic Policy Institute. 20 November.
http://www.aspistrategist.org.au/from-pivot-to-hammer/

Hara, Kimie. 2001. "50 Years from San Francisco: Re-examining the Peace Treaty and Japan's Territorial Problems." *Pacific Affairs*, 74(3): 361~382.

Kim, Sun Pyo. 2004. *Maritime Delimitation and Interim Arrangements in Northeast Asia*. Hague/London/New York: Martinus Nijhoff Publishers.

Koo, Min Gyo. 2009. *Island Disputes and Maritime Regime Building in East Asia: Between a Rock and a Hard Place*. New York: Springer.

Kuo, Frederick. 2016. "Why China Won't Stop Island Building in the South China Sea." *The Diplomat*.
http://thediplomat.com/2016/07/why-china-wont-stop-island-building-in-the-south-china-sea/

Park, Choon-ho. 1983. "The Sino-Japanese-Korean Sea Resources Controversy and the Hypothesis of a 200-mile Economic Zone." in Choon-ho Park(ed.). *East Asia and the Law of the Sea*. Seoul: Seoul National University Press.

Phillips, Tom. 2017. "China Hits Back at US over South China Sea 'Takeover' Claims." *The Guardian*, 24 January.
http://www.theguardian.com/world/2017/jan/24/trump-white-house-beijing-takeover-south-china-sea

Tatsumi, Yuki. 2017. "The US National Security Strategy: Implications for the Indo-Pacific." *The Diplomat*, 21 December.
https://thediplomat.com/2017/12/the-us-national-security-strategy-implications-for-the-indo-pacific/

U.S. Defense Department. 2015. "The Asia-Pacific Maritime Security Strategy: Achieving

U.S. National Security Objectives in a Changing Environment."
http://www.defense.gov/Portals/1/Documents/pubs/NDAA%20A-P_Maritime_SecuritY_Strategy-08142015-1300-FINALFORMAT.PDF

• 제13장 중국의 '글로벌 거버넌스 체제 개혁' 전개와 미중 경쟁

구민교. 2016. 「미중 간의 신 해양패권 경쟁: 해상교통로를 둘러싼 '점-선-면'의 경쟁을 중심으로」. ≪국제지역연구≫ 25권 3호(가을), 37~66쪽.

김재철. 2017. 『중국과 세계: 국제주의, 민족주의, 외교정책』. 한울아카데미.

≪세계일보≫. 2010.9.27. "美·日 연합에 中 강공…영토·환율·무역까지 전선 확산 양상."

손열. 2017. 「AIIB와 한국의 선택」. 서울대 아시아연구소 미중관계연구센터 엮음. 『미중 사이 한국의 딜레마: 사례와 평가』, 17~30쪽, 서울: 코보.

이동률. 2016a. 「시진핑체제의 신외교전략과 '일대일로'」. 이승주 엮음. 『일대일로: 중국과 아시아』, 11~38쪽, 서울: 명인문화사.

이동률. 2016b.7.26. 「남중국해 판결 이후 중국의 행보」. ≪EAI 논평≫.

이동률. 2017a. 「시진핑 정부 '해양강국' 구상의 지경제학적접근과 지정학적 딜레마」. ≪국제정치논총≫ 제57집 2호, 367~401쪽.

이동률. 2017b. 「남중국해 갈등과 한국의 선택」. 서울대 아시아연구소 미중관계연구센터 엮음. 『미중 사이 한국의 딜레마: 사례와 평가』, 75~91쪽, 서울: 코보.

이왕휘·쉐첸. 2016. "일대일로의 국제금융정책: 아시아인프라투자은행(AIIB)사례」. 이승주 엮음. 『일대일로: 중국과 아시아』, 165~184쪽, 서울: 명인문화사.

정재호 엮음. 2006. 『중국의 강대국화』. 서울: 도서출판 길.

≪조선일보≫. 2015.4.11. "오바마, 남중국해 인공섬 짓는 중국에 '힘으로 작은 나라들 밀어붙이지 말라'."
http://news.chosun.com/site/data/html_dir/2015/04/11/2015041100145.html(2015/5/11 검색)

高飞. 2013. 「中国的'西进'战略与中美俄中亚博变」. ≪外交評論≫ 第5期, pp.39~50.

高祖贵·魏宗雷·刘钰. 2009. 「新兴经济体的崛起及其影响」. ≪国际资料信息≫ 第8期, pp.1~6.

牟文富. 2013. 「互动背景下中国对专属经济区内军事活动的政策选择」. ≪太平洋學報≫ 第21卷 第11期, pp.45~58.

門洪華. 2003. 「國際機制與21世紀的中國外交戰略」. 胡鞍鋼 主編. 『中國大戰略』. 杭州: 浙江人民

出版社.
房爱卿. 2016.「一带一路"建设正在向深耕细作的阶段迈进」. ≪中国经贸导刊≫ 30: 12~13.
习近平. 2014.「新起点 新愿景 新动力—在金砖国家领导人第六次会晤上的讲话」. 7月15日.
http://www.fmprc.gov.cn/mfa_chn/zyxw_602251/t1174958.shtml(2016/11/15 검색).
习近平. 2015.「迈向命运共同体开创亚洲新未来—在博鳌亚洲论坛2015年年会上的主旨演讲」. 海南博鳌. 3月28日.
http://www.fmprc.gov.cn/mfa_chn/zyxw_602251/t1249640.shtml(2015/5/20 검색).
习近平. 2016.「推动全球治理体制更加公正更加合理」.
http://news.xinhuanet.com/politics/2015-10/13/c_1116812159.htm(2016/10/21 검색)
习近平. 2017.10.18.「决胜全面建成小康社会 夺取新时代中国特色社会主义伟大胜利—在中国共产党第十九次全国代表大会上的报告」.
http://politics.people.com.cn/n1/2017/1028/c1001-29613514.html(2017/11/25 검색)
习近平. 2017.11.10.「抓住世界经济转型机遇 谋求亚太更大发展—在亚太经合组织工商领导人峰会上的主旨演讲」.
http://www.fmprc.gov.cn/web/zyxw/t1509676.shtml(2017/11/20 검색)
『新华社』. 2016.9.28.「中共中央政治局进行第三十五次集体学习」.
http://www.gov.cn/xinwen/2016-09/28/content_5113091.htm(2017/10/21 검색)
杨洁篪. 2015.3.29.「共建21世纪海上丝绸之路分论坛暨中国东盟海洋合作年启动仪式」.
http://www.fmprc.gov.cn/mfa_chn/zyxw_602251/t1249710.shtml(2015/6/20 검색)
温家宝总理在霍华德欢迎宴会上的演讲. 2006.4.3.
http://news.xinhuanet.com/newscenter/2006-04/03/content_4379268.htm(2007/3/15 검색)
王毅谈新时代中国外交的新贡献、新作为. 2017.10.19.
http://www.fmprc.gov.cn/web/zyxw/t1503118.shtml(2017/11/20 검색)
王緝思. 2012.10.17. "'西进',中國地緣戰略的再平衡."『環球時報』.
韦丹. 2014.「海洋法上的剩余权利与国家海洋安全」.『公民与法(法学版)』, 第2期.
中国坚持通过谈判解决中国与菲律宾在南海的有关争议. 2016.7.13.
http://www.fmprc.gov.cn/nanhai/chn/snhwtlcwj/t1380600.htm(2017/6/15 검색)
「中国空军多型主战飞机赴南海战斗巡航」. 2016.8.6.
http://www.mod.gov.cn/shouye/2016-08/06/content_4708353.htm(2016/10/15 검색)
『中国网』. 2015.12.30.「外交部: 一带一路"是区域合作倡议不是地缘政治工具」.
http://www.china.com.cn/guoqing/2015-12/30/content_37424095.htm(2016/1/3 검색).
中国新闻网. 2012.9.19.「习近平晤美防长望美谨言慎行不介入钓鱼岛争议」.

http://www.chinanews.com/gn/2012/09-19/4196840.shtml(2013/3/15 검색)
「中华人民共和国外交部关于应菲律宾共和国请求建立的南海仲裁案仲裁庭所作裁决的声明」. 2016.7.12.
http://www.fmprc.gov.cn/web/ziliao_674904/1179_674909/t1379490.shtml(2016/7/15 검색).
冯巍·程国强. 2014.7.14. 「国际社会对"一带一路"倡议的评价」. 『中国经济时报』.
http://theory.gmw.cn/2014-07/14/content_11956029.htm(2015/5/15 검색)
夏安凌·唐辉·刘恋. 2012. 「新兴国家的崛起与国际格局的变化」. ≪教学与研究≫ 第5期, pp. 1~6.
黄仁伟. 2014. 「建设新丝路的战略考量」. ≪社会观察≫ 第6期.
http://www.thepaper.cn/newsDetail_forward_1345260(2015/5/15 검색)
『環球時報』. 2010.7.4.
『人民日報』. 1965.1.10.
『人民日報』. 1967.7.8.
http://politics.people.com.cn/GB/1024/3243047.html(2007/3/15 검색)

Dolven, Ben. 2015. "Chinese Land Reclamation in the South China Sea: Implications and Policy Options." *CRS Report*, 18 June.
Fallon, Theresa. 2014. "China's Pivot to Europe." *American Foreign Policy Interests*, Vol. 36.(May), pp.75~182.
Kim, Samuel S. 1999. "China and the United Nations." in Elizabeth Economy and Michael Oksenberg(ed.). *China Joins the World: Progress and Prospects*. New York: A Council on Foreign Relations Press.
Kirby, John. 2016. "Decision in the Philippines-China Arbitration." *Press Statement*, 12 July. https://2009-2017.state.gov/r/pa/prs/ps/2016/07/259587.htm(2017/6/15 검색)
Penna, Michele. 2014. "China's Marshall Plan: All Silk Roads Lead to Beijing?" *World Politics Review*, 9 December.
Shannon, Tiezzi. 2014. "The New Silk Road: China's Marshall Plan?" *The Diplomat*, 6 November.
Wike, Richard and Bruce Stokes. 2013. "Who Is Up, Who Is Down: Global Views of China and the U.S." Pew Research Center, Global Attitudes Project, July7. http://www.slideshare.net/PewResearchCenter/who-is-up-who-is-downglobal-views-of-china-the-us-71813.
Zhou Xin. 2015. "China-led Asian Infrastructure Investment Bank just months away from first loan." *South China Morning Post*. 27 December.

• 제14장 강대국 규범경쟁과 정당성 게임: 미중 전략경제대화 담론 분석

미국 국무부 홈페이지 www.state.gov

미국 국무부 오바마 행정부 아카이브 www.2009-2017.states.gov

미국 국부무 전략경제대화 아카이브 https://2009-2017.state.gov/e/eb/tpp/bta/sed/

미국 백악관 홈페이지(오바마 행정부 아카이브) https://obamawhitehouse.archives.gov

김근정. 2013.「다음 주 미중 양국, 전략경제대화에서 '사이버 안보 논한다'」. ≪아주경제≫, 7월 5일 자.

김상배. 2015a.「사이버 안보의 미중관계」. ≪한국정치학회보≫ 49(1): 71~92.

김상배. 2015b.「사이버 안보의 복합지정학: 비대칭 전쟁의 국가전략과 과잉 안보담론의 경계」. ≪국제지역연구≫ 24(3): 1~40.

김택연. 2016.「미중관계과 남중국해 분쟁」. ≪아태연구≫ 23(2): 41~76.

박창건. 2016.「국제규범의 제도화로서 적극적 평화주의: 집단적 자위권을 향한 일본의 도전과 딜레마」. ≪국제정치논총≫ 56(3): 165~191.

배상희. 2015.「미국, 중국인 6명 '산업 스파이'로 기소… 미중 사이버전쟁 재점화」. ≪아주경제≫, 5월 20일 자.

배영자. 2017.「사이버 안보 국제규범에 관한 연구」. ≪21세기 정치학회보≫ 27(1): 105~128.

송기용. 2013.「중 10일 전략대화서 미에 사이버 안보 대반격」. ≪머니투데이≫, 7월 7일 자.

연합뉴스. 2014.5.20. "중국, '중국군 해커 기소' 미국 맹비난."
http://news.naver.com/main/read.nhn?mode=LSD&mid=sec&sid1=104&oid=001&aid=0006916381(2017/11/25 검색)

정은지. 2016.「미중 경제전략대화 개막… 남중국해 문제 초반 기싸움」. NEWS1, 6월 6일 자.

조화순·김민제. 2016.「사이버 안보 국제규범에 관한 연구」. ≪21세기 정치학회보≫ 27(1): 105~128.

홍병문. 2016. "[미중 전략경제대화] 美中철강, 세계경제에 毒 공격에…中 대응자제 '칼날 비켜가기'". ≪서울경제≫, 6월 16일 자.

Acharya, A. 2004. "How ideas spread: whose norms matter? Norm localization and institutional change in Asian regionalism." *International organization*, 58(02): 239~275.

Acharya, A. 2011. "Norm subsidiarity and regional orders: sovereignty, regionalism, and rule-making in the third world." *International Studies Quarterly*, 55(1): 95~123.

Betts, A., and P. Orchard(Eds.) 2014. *Implementation and world politics: how interna-*

tional norms change practice. Oxford.

Bush. R. C., D. Dollar, C. Li, K. G. Lieberthal, J. D. Pollack, and Q. Y. Monday. 2014. "What you need to know about the U.S.-China Strategic and Economic Dialogue." *Brookings*.

Chan, L. H., P. K. Lee, and G. Chan. 2008. "Rethinking global governance: a China model in the making?" *Contemporary Politics*, 14(1): 3~19.

Clinton, Hilary and Timothy Geithnes. 2009. "A New Strategic and Economic Dialogue with China." *The Wall Street Journal*, 27 July.
http://www.state.gov/secretary/20092013clinton/rm/2009a/july/126455.htm(2016/10/23 검색)

Clinton, Hilary. 2010. "Interview with Greg Sheridan of the Australian." *Melbourne*. Australia, 8 November.

Cortell, A. P. and J. W. Davis. 2000. "Understanding the domestic impact of international norms: A research agenda." *International Studies Review*, 2(1): 65~87.

Cortell, A. P. and J. W. Davis. 2005. "When norms clash: international norms, domestic practices, and Japan's internalisation of the GATT/WTO." *Review of International Studies*, 31(01): 3~25.

Florini, A. 1996. "The evolution of international norms." *International Studies Quarterly*, 40(3): 363~389.

Glaser, Bonnie and Jacqueline Vitello. 2014. "Still Threading Water, the Sixth S&ED." *Comparative Connections*, 16(2).

Gurowitz, A. 1999. "Mobilizing international norms: domestic actors, immigrants, and the Japanese state." *World Politics*, 51(03): 413~445.

Hoo, T. B. 2013. "G2 or Chimerica? The growing institutionalisation of US-China relations." The S. Rajaratnam School of International Studies(RSIS).

Hopf, T. 1998. "The promise of constructivism in international relations theory." *International security*, 23(1): 171~200.

Ikenberry, G. J. 2008. "The rise of China and the future of the West: can the liberal system survive?" *Foreign affairs*, pp.23~37.

Ikenberry, G. J. 2011. "The future of the liberal world order: internationalism after America." *Foreign affairs*, pp.56~68.

Katzenstein, Peter(ed.). 1996. *The Culture of National Security: Norms and Identity in World Politics*. Columbia University Press.

Kinzelbach, K. 2012. "Will China's Rise Lead to a New Normative Order: An Analysis of China's Statements on Human Rights at the United Nations(2000-2010)." *Netherlands Quarterly of Human Rights*, 30(3): 299~332.

Krook, M. L. and J. True. 2012. "Rethinking the life cycles of international norms: The United Nations and the global promotion of gender equality." *European Journal of International Relations*, 18(1): 103~127.

Lantis, J. S. 2017. "To boldly go where no country has gone before: U.S. norm antipreneurism and the weaponization of out space." in A. Bloomfield and S. V. Scott (eds.). *Norm antipreneurs and the politics of resistance to global normative change*. Routledge.

Nadelmann, E. A. 1990. "Global prohibition regimes: The evolution of norms in international society." *International Organization*, 44(4): 479~526.

Sandholtz, W. and K. Stiles. 2009. *International norms and cycles of change*. Oxford University Press.

SIPRI. 2014. "The SIPRI Military Expenditure Database 1988-2013." Stockholm: SIPRI.

Tiezzi, Shannon. 2015. "US-China Strategic and Economic Dialogue: Putting on a Brave Face." *The Diplomat*, 26 June.

Wiener, A. 2004. "Contested compliance: Interventions on the normative structure of world politics." *European journal of international relations*, 10(2): 189~234.

Wiener, A. 2014. *A theory of contestation*. Springer.

Zeng, J. and S. Breslin. 2016. "China's 'new type of Great Power relations': a G2 with Chinese characteristics?" *International Affairs*, 92(4): 773~794.

Zhang, F. 2016. "South China Sea: Can the US-China Strategic and Economic Dialogue Help?" *The National Interest*, 9 June.

Zhang, Y. 2013. "'China Anxiety': Discourse and Intellectual Challenges." *Development and Change*, 44(6): 1407~1425.

• 제15장 미국과 중국의 공공외교와 국제 평판

구자선. 2015. 「중국의 대중남미 외교정책 분석」. 국립외교원 외교안보연구소 정책연구과제 2015-22.

김나라. 2007. 「미국 의회, 중국 인권상황 관련 2008년 베이징 올림픽 보이콧 결의안 발의」.

http://www.rfa.org/korean/in_focus/us_congressmen_boycott_beijing_olympics-20070824.html
김동률·김성해·김헌식. 2013. 「미디어를 활용한 공공외교 활성화 방안 연구」. 외교부 연구용역 과제 보고서.
김명섭·안혜경. 2007. 「9·11 이후 미국 공공외교의 변화」. ≪세계지역연구논총≫ 제25집 3호.
김상배. 2012. 「소셜 미디어와 공공외교: 행위자-네트워크 이론으로 보는 미국의 전략」. ≪국제정치논총≫ 제52집 2호.
김재철. 2015. 『중국, 미국 그리고 동아시아: 신흥 강대국의 부상과 지역질서』. 한울아카데미.
신종호. 2009. 「중국의 소프트파워 외교의 전개와 국제정치적 함의」. ≪국가전략≫ 제15권 1호.
신종호. 2014. 「시진핑 시기 중국의 공공외교 전략」. 한국국제정치학회 연례학술회의 발표문(12월 6일).
신종호. 2016. 「시진핑 시기 중국의 대외전략 변화와 한반도 정책에 대한 영향」. ≪통일정책연구≫ 제25집 2호.
신진. 2016. 「미국 공공외교의 중앙집중성과 국민참여」. ≪사회과학연구≫ 제27권 4호.
윤영관. 2015. 『외교의 시대』. 서울: 미지북스.
이근·김홍규. 2013. 「한중일 공공외교 협력방안 연구」. 외교부 공공외교정책과 결과보고서.
이재현. 2016. 「남중국해에서 공세적 중국의 실패: 세밀한 계획 부재와 잘못된 상황 판단」. ≪이슈브리프≫. 아산정책연구원.
이준삼. 2016. 「시진핑 미중패권경쟁 전선 중동까지…86조 원 풀어 친구 만들기」. 연합뉴스, 1월 24일 자.
http://www.yonhapnews.co.kr/bulletin/2016/01/24/0200000000AKR20160124060200083.HTML?input=1195m
이희옥. 2010. 「중국공공외교의 확산: 체계와 목표」. ≪중국학연구≫ 제54집.
조영남. 2013. 『중국의 꿈: 시진핑 리더십과 중국의 미래』. 서울: 민음사.
한국경제. 1994.12.22 "클린턴, 대아시아 정책 경제최우선 선택."
http://news.hankyung.com/article/1994122200181(2017/11/16 검색)

American Association of University Professors. 2014. "On Partnerships with Foreign Governments: The Case of Confucius Institutes."
https://www.aaup.org/report/confucius-institutes(2016/5/2 검색).
Bryant, Nick. 2017. "Digital diplomacy's downsides."
https://www.lowyinstitute.org/the-interpreter/digital-diplomacy-s-downsides(2017/6/

30 검색).

Callahan, William A. 2011. "Introduction: Tradition, Modernity, and Foreign Policy in China." in William A. Callahan and Elena Barabantseva(eds.). *China Orders the World: Normative Soft Power and Foreign Policy*. Washington D.C.: Woodrow Wilson Center Press.

Chung, Chien-peng. 2010. *China's Multilateral Cooperation in Asia and the Pacific: Internationalizing Beijing's Good Neighbor Policy*. New York: Routledge.

Cull, Nicholas. 2009. *The Cold War and the United States Information Agency: American Propaganda and Public Diplomacy, 1945-1989*. Cambridge: Cambridge University Press.

Dale, Helle C., Ariel Cohen, and Janice A. Smith. 2012. "Challenging America: How Russia, China, and Other Countries Use Public Diplomacy to Compete with the U.S." Backgrounder, No.1698. Washington D.C.: The Heritage Foundation. http://thf_media.s3.amazonaws.com/2012/pdf/b2698.pdf(2016/2/4 검색).

Duffey, Joseph. 2009. "How Globalization Became U.S. Public Diplomacy at the End of the Cold War." in Nancy Snow and Philip M. Taylor(eds.). *Routledge Handbook of Public Diplomacy*. New York & London: Routledge.

Fukuyama, Francis. 1992. *The End of History and the Last Man*. New York: Free Press.

Goldman, Emily and Larry Berman. 2000. "Engaging the World: First Impression for the Clinton Foreign Policy Legacy." in Colin Campbell and Bert Rockman(eds.). *The Clinton Legacy*. New York: Chatham House.

Gong, Chenzhuo. 2014. "Social Media and China's Public Diplomacy: A Path to the Future." The 5the ECPR Graduate Students Conference, At Innsbruck, Austria.

Henriksen, Thomas H. 1996. *Clinton's Foreign Policy in Somalia, Bosnia, Haiti, and North Korea*. Stanford: Hoover Institution on War, Revolution, and Peace.

Hocking, Brian and Jan Melissen. 2015. "Diplomacy in the Digital Age." Clingendael Report.

Hoffmann, Stanley. 2002. "Clash of globalization." *Foreign Affairs*, 81(4): 104~105.

Ikenberry, John. 2011. *Liberal Leviathan: The Origins, Crisis, and Transformation of the American World Order*. Princeton, New Jersey: Princeton University Press.

Katzenstein, Peter J. and Robert O. Keohane. 2007. *Anti-Americanism in World Politics*. Ithaca & London: Cornell University Press.

King, Anthony. 2017. "Britain falls out of love with America." The Telegraph. http://www.telegraph.co.uk/news/uknews/1522955/Britain-falls-out-of-love-with-Am

erica.html(2017/6/30 검색).

Kuo, Mercy A. 2016. "US-China Relations: Public Diplomacy and Soft Power." http://thediplomat.com/2016/12/us-china-relations-public-diplomacy-and-soft-power (2017/5/3 검색)

Li, Hongmei. 2011. "Chinese diaspora, the internet, and the image of China: A case study of the Beijing Olympic Torch Relay." in Jian Wang(ed.). *Soft Power in China: Public Diplomacy through Communication*. New York: Palgrave Macmillan.

Nye, Joseph. 2004. *Soft Power: The Means to Success in World Politics*. New York: PublicAffairs.

Nye, Joseph. 2015. *Is the American Century Over?* Cambridge: Polity Press.

Pape, Robert A. 2005. "Soft Balancing against the United States." *International Security*, 30(1): 7~45.

Pew Research Center. 2007. "Views of the US and American Foreign Policy." http://www.pewglobal.org/2007/06/27/chapter-1-views-of-the-u-s-and-american-foreign-policy/(2015/3/1 검색)

Pew Research Center. 2008. "Global Public Opinion in the Bush Years, 2001-2008." http://www.pewglobal.org/2008/12/18/global-public-opinion-in-the-bush-years-2001-2008(2015/3/3 검색)

Pew Research Center. 2010. "Obama more popular abroad than at home, global image of U.S. continues to benefit."
http://www.pewglobal.org/2010/06/17/obama-more-popular-abroad-than-at-home (2016/2/5 검색)

Pew Research Center. 2011. "Global Attitudes Project, China Seen Overtaking U.S. as Global Superpower."
http://www.pewglobal.org/2011/07/13/chapter-1-the-global-balance-of-power

Pew Research Center. 2013. "Chapter 3. Attitudes toward China."
http://www.pewglobal.org/2013/07/18/chapter-3-attitudes-toward-china/(2016/2/1 검색)

Pew Research Center. 2014. "Balance of Power: US vs. China."
http://www.pewglobal.org/2014/07/14/chapter-3-balance-of-power-u-s-vs-china(2017/3/4 검색)

Pew Research Center. 2017a. "In global popularity contest, US and China-not Russia-vie for first."
http://www.pewresearch.org/fact-tank/2017/08/23/in-global-popularity-contest-u-s-a

nd-china-not-russia-vie-for-first(2017/7/1 검색)

Pew Research Center. 2017b. "People in the Philippines Still Favor U.S. Over China, but Gap is Narrowing."
http://www.pewglobal.org/2017/09/21/people-in-the-philippines-still-favor-u-s-over-china-but-gap-is-narrowing(2017/12/3 검색)

Pew Research Center. 2017c. "US image suffers as publics around world questions Trump's leadership."
http://www.pewglobal.org/2017/06/26/u-s-image-suffers-as-publics-around-world-question-trumps-leadership(2017/6/28 검색)

Policy Coordinating Committee. 2007. National Strategy for Public Diplomacy and Strategic Communication.
http://www.au.af.mil/au/awc/awcgate/state/natstrat_strat_comm.pdf(2016/3/3 검색)

Qian, W. 2002. *Politics, market and the television system: study on changes in China's television system.* Henan: Henan People's Press.

Rawnsley, Gary D. 2009. "China Talks Back: Public Diplomacy and Soft Power for the Chinese Century." in Nancy Snow and Philip M. Taylor(eds.). *Routledge Handbook of Public Diplomacy.* New York & London: Routledge.

Seib, Philip. 2009. *Toward a New Public Diplomacy: Redirecting U.S. Foreign Policy.* New York: Palgrave macmillan.

Seib, Philip. 2016. *The future of diplomacy.* Cambridge: Policy Press.

Storey, Ian. 2011. *Southeast Asia and the Rise of China.* London: Routledge.

Tyler, Patrick E. 2003. "Threats and Responses: New Analysis: A new power in the streets." *New York Times.*
http://www.nytimes.com/2003/02/17/world/threats-and-responses-news-analysis-a-new-power-in-the-streets.html?mcubz=0(2016/3/3 검색)

US Advisory Commission on Public Diplomacy. "2015 Comprehensive Annual Report on Public Diplomacy & International Broadcasting: Focus on FY 2014 Budget Data."
https://www.state.gov/pdcommission/reports/c68558.htm(2017/3/5 검색)

US Advisory Commission on Public Diplomacy. 2010. "Assessing US Public Diplomacy: A Notional Model."
https://www.state.gov/documents/organization/149966.pdf(2016/10/3 검색)

US Advisory Commission on Public Diplomacy. 2016. "Comprehensive Annual Report on Public Diplomacy & International Broadcasting: Focus on FY 2015 Budget Data."

https://www.state.gov/documents/organization/262381.pdf(2017/5/1 검색)

US Department of State. 2015. "Enduring leadership in a dynamic world." *Quadrennial Diplomacy and Development Review.*

Walt, Stephen, M. 2005. *Taming American Power: The Global Response to U.S. Primacy.* New York: W.W. Norton.

Wang, Weijin. 2015. "Analysis on China's Cyber Diplomacy." The Graduate School of Chinese Academy of Social Science.

Wei, Cao. 2016. "The efficiency of China's public diplomacy." *The Chinese Journal of International Politics*, 9(4): 399~434.

Wyne, Ali S. 2009. "Public opinion and power." in Nancy Snow and Philip M. Taylor (Eds.). *Routledge Handbook of Public Diplomacy.* New York & London: Routledge.

Yang, Aimei, Rong Wang and JIan Wang. 2017. "Green public diplomacy and global governance: The evolution of the US-China climate collaboration network, 2008-2014." https://uscpublicdiplomacy.org/tags/climate-diplomacy(2017/12/1 검색)

• 제16장 국내 청중 vs. 국외 청중: 중국 인권문제에 대한 미중 외교 갈등과 전략

김상배. 2008.「지식네트워크의 세계정치」. ≪세계정치≫ 9: 8~47.

김영진. 2012.「세력전이와 미국의 대중국 인권외교」.≪EAI 중국연구패널보고서≫ 제2호 1-22.

도널리, 잭. 1996.「개념의 보편성과 아시아적 가치」. ≪계간사상≫ 겨울호(통권 제131호), 28~45쪽.

박종귀. 2001.『중미인권분쟁』. 새로운 사람들.

변창구. 2011.「ASEAN의 인권문제와 내정불간섭원칙의 딜레마」. ≪국제정치연구≫ 4(2): 1~ 20.

서재진. 2004.「미국의 중국에 대한 인권정책」. ≪통일정책연구≫ 13(1): 45~81.

송영훈. 2014.「동아시아 인권의 보편성과 상대성: 경험적 분석의 기초」. ≪세계정치≫ 21: 165~206.

양순창. 2011.「북한 인권문제에 대한 중국의 입장」. ≪국제정치연구≫ 14(2): 21~43.

이동률. 2004.「소수민족의 분리주의 운동: 시짱과 신장을 중심으로」. 전성홍 엮음.『전환기의 중국 사회 II: 발전과 위기의 정치경제』. 서울: 오름.

이상수. 2005.「북한과 중국의 미국식 인권개념에 대한 입장」. ≪정신문화연구≫ 28(2): 87~109.

전성홍. 2010.「중국의 소수민족 문제: 저항 운동의 원인과 중앙 정부의 대응」. ≪동아연구≫ 58: 151~182.

≪조선일보≫. 2012.2.23.
http://news.chosun.com/site/data/html_dir/2012/02/23/2012022301801.html(2017/6/9 검색)

홍익표. 2012.「북한인권문제를 둘러싼 동북아 국제갈등」. ≪국제관계연구≫ 17(2): 107~142.

Beitz, Charles B. 1979. *Political Theory and International Relations*. Princeton, NJ: Princeton University Press.

Beitz, Charles B. 1983. "Cosmopolitan Ideas and National Sentiment." *Journal of Philosophy*, 80(10): 591~600.

Bob, Clifford. 2005. *The Marketing of Rebellion: Insurgents, Media, and International Activism*. Cambridge, UK: Cambridge University Press.

Chang, Kiyoung. 2015. "Reputation for Toughness vs. Reputation for Human Rights Protection: When do Rebels Update Beliefs about the Government's Resolve?" Ph.D. Dissertation: University of Maryland.

Checkel, Jeffrey. 2005. "International Institutions and Socialization in Europe: Introduction and Framework." *International Organization*, 59: 801~826.

Clarke, Michael. 2017. "The Impact of Ethnic Minorities on China's Foreign Policy: The Case of Xinjiang and the Uyghur." *China Report*, 53(1): 1~25.

Dafoe, Allan, Jonathan Renshon, and Paul Huth. 2014. "Reputation and Status as Motives for War." *Annual Review of Political Science*, 17: 371~393.

Donnelly, Jack. 2003. *Universalism and Human Rights in Theory and Practice*(2nd ed.). Ithaca, NY: Cornell University Press.

Downs, George W., David M. Rocke, and Peter N. Barsoom. 1996. "Is the Good News about Compliance Good News about Cooperation?" *International Organization*, 50(3): 379~406.

Fravel, M. Taylor. 2008. *Strong Borders, Secure Nation: Cooperation and Conflict in China's Territorial Disputes*. Princeton: Princeton University Press.

Frost, Mervyn. 1996. *Ethics in International Relations: A Constitutive Theory*. Cambridge, MA: Cambridge University Press.

Guisinger, Alexander and Alastair Smith. 2002. "Honest Threats: The Interaction of Reputation and Political Institutions in International Crises." *Journal of Conflict Reso-*

lution, 46(2): 175~200.

Guzman, Andrew. 2008. *How International Law Works: A Rational Choice Theory*. Oxford University Press: New York.

Hafner-Burton, Emilie M. 2008. "Sticks and Stones: Naming and Shaming the Human Rights Enforcement Problem." *International Organization*, 62(4): 689~716.

Huth, Paul and Bruce Russett. 1984. "What Makes Deterrence Work?" *World Politics*, 36(4): 496~526.

Huth, Paul. 1988. "Extended Deterrence and the Outbreak of War." *American Political Science Review*, 2(2): 423~443.

Johnston, Alastair Iain. 2008. *Social States: China in International Institutions, 1980-2000*. Princeton: Princeton University Press.

Katzenstein, Peter J. 1996. *The Culture of National Security: Norms and Identity in World Politics*. New York: Columbia University Press.

Keck, Margaret E. and Kathryn Sikkink. 1998. *Activists Beyond Borders: Advocacy Networks in International Politics*. Ithaca, NY: Cornell University Press.

Kent, Ann. 2007. *Beyond Compliance: China, International Organizations, and Global Security*. Stanford: Stanford University Press.

Krain, Matthew. 2012. "J'accuse! Does Naming and Shaming Perpetrators Reduce the Severity of Genocides or Politicides?" *International Studies Quarterly*, 56: 574~589.

Kuperman, Alan J. 2001. *The Limits of Humanitarian Intervention*. Washington, D.C.: Brookings.

Lampton, David. 1994. "America's China Policy in the Age of the Finance Minister: Clinton Ends Linkage." *The China Quarterly* 139: 597~621.

Legro, Jeffrey W. 1997. "Which Norms Matter? Revisiting the 'Failure' of Internationalism." *International Organization*, 51: 31~63.

Loke, Beverley. 2009. "Between Interest and Responsibility: Accessing China's Foreign Policy and Burgeoning Global Role." *Asian Security*, 5(3): 195~215.

Mercer, Jonathan. 1996. *Reputation and International Politics*. Ithaca: Cornell University Press.

Mitter, Rana. 2003. "An Uneasy Engagement: Chinese Ideas and Global Order and Justice in Historical Perspective." in Rosemary Foot, John Gaddis, and Andrew Hurrell(eds.). *Order and Justice in International Relations*, pp.207~235, New York: Oxford University Press.

Nathan, Andrew and Andrew Scobell. 2012. *China's Search for Security*. New York: Columbia University Press.

National Bureau of Statistics of China. 2011. "Press Release on Major Figures of the 2010 National Population Census." 28 April.
http://www.stats.gov.cn/english/newsevents/201104/t20110428_26448.html(2017/6/9 검색).

O'Neill, William. 2008. "What We Owe to Refugees and IDPs: An Inquiry into the Rights of the Forcibly Displaced." in David Hollenbach, S.J.(ed.) *Refugee Rights: Ethics, Advocacy, and Africa*, pp.27~49, Washington D.C.: Georgetown University Press.

Press, Daryl. 2005. *Calculating Credibility: How Leaders Assess Military Threats*. Ithaca: Cornell University Press.

Reiter, Dan. 1996. *Crucible of Beliefs: Learning, Alliances, and World Wars*. New York: Cornell University Press.

Sarotte, M. E. 2012. "China's Fear of Contagion." *International Security* 37(2): 156~182.

Sartori, Ann. 2002. "The Might of the Pen: A Reputational Theory of Communication in International Disputes." *International Organization*, 56(1): 121㈜149.

Schelling, Thomas C. 1966. *Arms and Influence*. New Haven: Yale University Press.

Schneider, Volker. 2000. "The Global Social Capital of Human Rights Movements: A Case Study on Amnesty International." in K. Ronit and V. Schneider(eds.). *Private Organizations in Global Politics*. London: Routledge.

Thomas, Daniel. 2001. *The Helsinki Effect: International Norms, Human Rights, and the Demise of Communism*. Princeton: Princeton University Press.

Tomz, Michael. 2007. *Reputation and International Cooperation: Sovereign Debt Across Three Centuries*. Princeton: Princeton University Press.

Tsutsui, Kiyoteru and Chritine M. Wotipka. 2007. "Global Civil Society and the International Human Rights Movement: Citizen Participation in Human Rights International Nongovernmental Organizations." *Social Forces*, 83(2): 587~620.

Walter, Barbara F. 2006. "Building Reputation: Why Governments Fight Some Separatists but Not Others." *American Journal of Political Science*, 50(2): 313~330.

Walter, Barbara F. 2009. *Reputation and Civil War*. Cambridge: Cambridge University Press.

Waltzer, Michael. 1983. *Spheres of Justice*. New York: Basic Books.

Wang, Zheng. 2014. *Never Forget National Humiliation*. New York: Columbia University

Press.

Zhu, Yuchao and Dongyan Blanchford. 2006. "China's Fate as a Multi-national State: A Preliminary Assessment." *Journal of Contemporary China*, 15(47): 329~348.

Zhu, Yuchao. 2011. "China and International 'Human Rights Diplomacy'." *China: An International Journal*, 9(2): 217~245.

• 제17장 미중 규범경쟁: 경제발전 규범에 관한 대립을 중심으로

Acharya, A. 2003/4. "Will Asia's past be its future?" *International Security*, 28(3): 149~164.

Adler, Emanuel. 1997. "Seizing the Middle Ground: Constructivism in World Politics." *European Journal of International Relations*, Vol.3, Issue 3, pp.319~325.

Anderlini, Jamil. 2014. "Beijing Pushes for World Bank Rival." *Financial Times*, 25 June.

Beeson, Mark and Fujian Li. 2015. "What Consensus? Geopolitics and Policy Paradigms in China and the United States." *International Affairs*, Vol.91, No.1, p.106

Bekana, D. Mamo. 2015. "Which is the Elixir as a Development Policy: Washington Consensus Liberalization of the Restrictive Beijing Model? Analytical Review." *Bekana/ OIDA International Journal of Sustainable Development*, Vol.8, No.2, p.81.

Berger, T. 2000. "Set for stability? Prospects for conflict and cooperation in Asia." *Review of International Studies*, 26(3): 405~428.

Betts, Richard K. 1993/4. "Wealth, power, and instability: East Asia and the United States after the Cold War." *International Security*, 18(3): 34~77.

Breslin, S. 2003. "Paradigm Shift and Time-Lags? The Politics of Financial Reform in the People's Republic of China." *Asian Business and Management*, Vol.2, No.1, pp.143~145.

Chow, Daniel C. K. 2016. "Why China Established the Asa Infrastructure Investment Bank?" *Vanderbilt Journal of Transnational Law*, Vol.49, p.1255.

Fatile, J. O., I. S. Afegbua, and G. L. Ejalonibu. 2016. "New Global Financial Order and Promotion of Asian Infrastructural Investment Bank(AIIB): Opportunities and Challenges for Africa." *Africa's Public Service*, 1(4): 12~20.

Friedberg, Aaron. 1993/4. "Ripe for rivalry: Prospects for peace in a multipolar Asia." *International Security*, 18(3): 5~33.

Friedberg, Aaron. 2005. "The Future of U.S.-China Relations: Is Conflict Inevitable?" *International Security*, 30(2)(Fall), pp.7~45.

Goldsmith, Benjamin E. 2007. "A liberal peace in Asia?" *Journal of Peace Research*, 44(1): 5~27.

Halper, Stefan. 2010. *The Beijing Consensus: How China's Authoritarian Model Will Dominate the 21st Century*. New York: Basic Books.

Huikuri, Salla. 2010. "Normative Balancing: The European Union's Global Campaign for the Ratification of the Rome Statute of the International Criminal Court." Paper Presented ar the Annual Meeting of the Theory or Policy, 17 February. pp.1~7.

Jiang, Yang. 2011. "Rethinking the Beijing Consensus: How China Responds to Crises." *Pacific Review*, Vol.24, No.3(July), pp.338~352.

Jiang, Yang. 2016. "China's New Development Bank and Infrastructure-led Growth Policy Brief." Norwegian Institute of International Affairs, pp.1~4.

Li, Xin, Kjeld Erik Brødsgaard, and Michael Jacobsen. 2010. "Redefining Beijing Consensus: ten economic principles." *China Economic Journal*, 2(3).

Liao, Rebecca. 2015. "Out of the Bretton Woods-How the AIIB is Different." *Foreign Affairs*, July 27, pp.3~4.

Lin, Justin Yifu and Yan Wang. 2015. "China's Contribution to Development Cooperation: Ideas, Opportunities and Finances." *Ferdi Working Paper P119*, p.2.

Maverick, Tim. 2015. "TPP Versus AIIB: Obama's Uphill Battle." *Wall Street Daily*, 21 July.

Mearsheimer, John. J. 2006. "China's Unpeaceful Rise." *Current History*, pp.160~162.

Mearsheimer, John. J. 2010. "The gathering storm: China's challenge to U.S. in Asia." *Chinese Journal of International Relations*, 3(4): 381~396.

Mingran, Tan. 2015. "On China's Challenge to American Hegemony." *Journal of Chinese Humanities*, Vol.1, No.1, p.316.

Nau, Henry. 2003. "Identity and the balance of power." in G. J. Ikenberry and M. Mastanduno(eds.) *International Relations Theory and the Asia-Pacific*. New York: Columbia University Press.

Naughton, Barry, Arthur R. Kroeber, Guy de Jonquières, and Graham Webster. 2015. "What Will the TPP Mean for China?" *Foreign Policy*, 7: 1~5(October).

Nelson, Rebecca M., Paul Belkin, and Derek E. Mix. 2011. "Greece's Debt Crisis: Overview, Policy Responses and Implications." *Journal of Current Issues in Finance, Business and Economics*, Vol.4, Iss.4, pp.371~392.

Ramo, Joshua Cooper. 2004. *The Beijing Consensus: Notes on the New Physics of Chinese Power*. London: Foreign Policy Center.

Russett, B. and J. Oneal. 2001. *Triangulating Peace: Democracy, Interdependence, and International Organizations.* New York: W. W. Norton & Company.

Sobolewski, Matthias and Jason Lange. 2015. "U.S. urges allies to think twice before joining China-led bank." *Reuters*, 17 March.

Stiglitz, Joseph E. 2002. *Globalization and Its Discontents.* New York: W. W. Norton & Company.

Stiglitz, Joseph E. 2015. "In Defence of the Asian Infrastructure Investment Bank." *Guardian*, 15 April.

Wade, Robert. 2003. *Governing the Market: Economic Theory and the Role of Government in East Asian Industrialization.* NJ: Princeton University Press.

Wendt, Alex. 1999. *Social Theory of International Politics*, pp.92~138, New York: Cambridge University Press.

Wihtol, Robert. 2015. "Beijing's Challenge to the Global Financial Architecture." *Georgetown Journal of Asian Affairs*(Spring/Summer), pp.7~25.

Williamson, John. 1993. "Democracy and Washington Consensus." *World Development*, Vol.21, Issue 8(August), pp.1329~1336.

Xiaoyu, Pu. 2012. "Emerging Powers and the Diffusion of International Norms." *The Chinese Journal of International Politics*, Vol.5, Issue 4(1)(December), pp.341~367.

Xinbo, W. 2008. "A forward-looking partner in a changing East Asia." *Washington Quarterly*, 31(4): 155~163.

Yaggi, Mustafa. 2016. "A Beijing Consensus in Making: The Rise of Chinese Initiatives in the International Political Economy and Implications for Developing Countries." *Perception*, Vol.11, No.2(Summer), p.39.

Yu, Yongding. 2010. "China's Response to the Global Financial Crisis." *East Asian Forum*, 10 January.

Zhao, Suisheng. 2010. "The China Model: Can It Replace the Western Model of Modernization." *Journal of Contemporary China*, 19(65): 419~436.

찾아보기

영문·숫자

㉠

ⓩ

ⓒ

ⓚ

ⓣ

ⓟ

ⓗ

한울아카데미 2082
서울대학교 국제문제연구소 총서 14

신흥 무대의 미중 경쟁

정보세계정치학의 시각

엮은이 | 하영선 · 김상배
지은이 | 하영선 · 김상배 · 조현석 · 배영자 · 전재성 · 민병원 · 손열 · 이승주 · 김치욱 · 이왕휘 · 이신화 · 구민교 · 이동률 · 최은실 · 송태은 · 장기영 · 유재광
펴낸이 | 김종수
펴낸곳 | 한울엠플러스(주)
편 집 | 배유진

초판 1쇄 인쇄 | 2018년 6월 25일
초판 1쇄 발행 | 2018년 8월 17일

주소 | 10881 경기도 파주시 광인사길 153 한울시소빌딩 3층
전화 | 031-955-0655
팩스 | 031-955-0656
홈페이지 | www.hanulmplus.kr
등록번호 | 제406-2015-000143호

Printed in Korea
ISBN 978-89-460-7082-0 93340 (양장)
978-89-460-6506-2 93340 (학생판)

* 책값은 겉표지에 표시되어 있습니다.
* 이 도서는 강의를 위한 학생판 교재를 따로 준비했습니다.
강의 교재로 사용하실 때는 본사로 연락해주십시오.